D1996504

ANGLISTISCHE FORSCHUNGEN
Band 403

Begründet von
Johannes Hoops

Herausgegeben von
Rüdiger Ahrens
Heinz Antor
Klaus Stierstorfer

ANNETTE KERN-STÄHLER

"A Missionary Zeal"

Besatzung, Entnazifizierung und Umerziehung als Aktionsfeld und im Geschichtsbewusstsein britischer Literaten

Universitätsverlag
WINTER
Heidelberg

Bibliografische Information der Deutschen Nationalbibliothek
Die Deutsche Nationalbibliothek verzeichnet diese Publikation in der Deutschen Nationalbibliografie; detaillierte bibliografische Daten sind im Internet über *http://dnb.d-nb.de* abrufbar.

UMSCHLAGBILD
W. H. Auden im zerbombten Nürnberg.

ISBN 978-3-8253-5638-5

Dieses Werk einschließlich aller seiner Teile ist urheberrechtlich geschützt. Jede Verwertung außerhalb der engen Grenzen des Urheberrechtsgesetzes ist ohne Zustimmung des Verlages unzulässig und strafbar. Das gilt insbesondere für Vervielfältigungen, Übersetzungen, Mikroverfilmungen und die Einspeicherung und Verarbeitung in elektronischen Systemen.

© 2009 Universitätsverlag Winter GmbH Heidelberg
Imprimé en Allemagne · Printed in Germany
Druck: Memminger MedienCentrum, 87700 Memmingen

Gedruckt auf umweltfreundlichem, chlorfrei gebleichtem und alterungsbeständigem Papier

Den Verlag erreichen Sie im Internet unter:
www.winter-verlag-hd.de

Meiner Großmutter

Margarete Büchel

(1914 – 2009)

Vorwort

Die vorliegende Studie wurde 2007 vom Fachbereich Philologie der Westfälischen Wilhelms-Universität Münster als Habilitationsschrift angenommen. Rückblickend möchte ich denen danken, die am Zustandekommen dieses Buches beteiligt waren.

Mein Dank gilt an erster Stelle Herrn Prof. Dr. Klaus Stierstorfer, Westfälische Wilhelms-Universität Münster, für seine freundliche Begleitung und engagierte Unterstützung des Projekts. Herzlich danken möchte ich ihm auch dafür, dass er mir während meiner Assistentenzeit immer den nötigen Freiraum für Forschung und die Unterstützung durch das Sekretariat und die studentischen Mitarbeiter/innen an seinem Lehrstuhl gewährt hat. Auch für die Aufnahme der Arbeit in die Reihe Anglistische Forschungen bin ich Herrn Prof. Dr. Stierstorfer – wie auch Herrn Prof. Dr. Dr. h.c. Rüdiger Ahrens und Prof. Dr. Heinz Antor – zu Dank verpflichtet. Herrn Dr. Andreas Barth vom Universitätsverlag Winter danke ich für seine umsichtige Beratung bei der Drucklegung des Manuskripts.

Herrn Prof. Dr. Stephan Kohl, Universität Würzburg, Frau Prof. Dr. Gabriele Müller-Oberhäuser, Universität Münster, und Herrn Prof. Dr. Laurenz Volkmann, Universität Jena, danke ich für hilfreiche Ratschläge und Anregungen und für ihre abschließende Gutachtertätigkeit im Laufe des Habilitationsverfahrens. Mein Dank gilt auch Herrn Prof. Dr. Götz Schmitz, Universität Bonn, der mein Interesse an Stephen Spenders Schriften über Deutschland weckte.

Von grundlegender Bedeutung für die Arbeit war ein Forschungsaufenthalt am Harry Ransom Humanities Research Center der University of Texas at Austin, der mir durch ein Andrew Mellon Fellowship ermöglicht wurde. Der Andrew W. Mellon Foundation bin ich für ihr großzügiges Forschungsstipendium zu Dank verpflichtet; dem Direktor des Harry Ransom Center, Professor Thomas F. Staley, und seinen Mitarbeiter/innen, insbesondere Pat Fox und Richard Workman, danke ich für ihre freundliche Aufnahme und Unterstützung und für die Genehmigung der Druckrechte an im HRC archivierten Beständen. Mein Dank gilt auch dem Leiter des Tricycle Theatre London, Nicolas Kent, und den Mitarbeiter/innen der National Archives, London, der British Library, des Nürnberger Stadtarchivs, des Imperial War Museum London und des Deutschen Literaturarchivs Marbach für ihre freundliche und kompetente Hilfe und die Genehmigung der Druckrechte an dem hier reproduzierten Material. Dank schulde ich auch Keith Reddin und Goran Stefanovski für die Erlaubnis, Einsicht in unveröffentlichte Dramen zu nehmen und daraus zu zitieren.

Herzlich danken möchte ich meinen Kolleginnen und Kollegen an den Universitäten Düsseldorf und Münster, insbesondere Prof. Dr. Beatrix Busse und Dr. Marga Munkelt, die stets Interesse am fachlichen Austausch hatten und mir mit Anteilnahme und freundschaftlicher Ermunterung den Rücken gestärkt haben.

Meinen Kolleginnen und Kollegen an der Universität Duisburg-Essen danke ich für allzeit bereitwillige Unterstützung und für das freundliche und kollegiale Institutsklima. Judith Reinefeld, cand. phil., danke ich für ihr unermüdliches Engagement bei der Ermittlung und Beschaffung von Literatur und ihre unschätzbare Hilfe bei der Druckvorbereitung des Manuskripts. Meiner Sekretärin, Frau Andrea Hennig-Bosserhoff, danke ich für die umsichtige Koordination aller Tätigkeiten im Zusammenhang mit dieser Publikation und für die gute Zusammenarbeit.

Mein herzlicher Dank gilt meinen Eltern für ihr fortwährendes Interesse an meiner Arbeit und ihre vielfältige Unterstützung in allen Phasen dieses Projekts.

Axel, der mir wieder die größte Hilfe war, gilt mein besonderer Dank. Unserem Sohn Timon danke ich für seine Entbehrung und Geduld an so manchem Wochenende und für seine Begeisterung für Forschungsreisen jeder Art.

Die lebhaftesten Gespräche über das Thema dieser Studie habe ich mit meiner Großmutter, Margarete Büchel, geführt – ihrem Gedenken ist dieses Buch gewidmet.

Inhalt

Einleitung

1 Gegenstand und Ziel der Untersuchung

> It is difficult to educate; it is more difficult to re-educate; it is well-nigh impossible to re-educate a foreign nation.[1]

"What, then, shall we do with the German people?"[2] Mit der Frage, wie nach dem Ende des zweiten Weltkriegs mit den Deutschen umzugehen sei, die die späteren Siegermächte bereits seit der Bildung ihrer Allianz im Dezember 1941 beschäftigte,[3] befassten sich auch britische Literaten. Indem sie an der Durchsetzung der Direktiven der für Besatzung, Entnazifizierung und Umerziehung verantwortlichen britischen Kontrollkommission mitwirkten, wurde die britische Besatzungszone in Deutschland für sie zu einem Aktionsfeld, auf dem sie maßgeblich zur geistigen Neuorientierung der Deutschen beitrugen. Wirkmächtig war auch die britische Literatur selbst, die auf verschiedene Weise gezielt zu Umerziehungszwecken eingesetzt wurde. Seitdem blieben die um NS-Deutschland und um Besatzung, Entnazifizierung und Umerziehung kreisenden Fragen ein Thema der britischen Literatur, wobei die Wahrnehmung und Interpretation dieser Prozesse von jeweils gegenwärtigen Erfahrungen (politisch-gesellschaftliche Konstellationen und Interessenslagen) mitbestimmt worden sind. Die Aktivitäten der britischen Literaten in Nachkriegsdeutschland und die engagierte Auseinandersetzung mit den in der Erfahrung mit Nazi- und Nachkriegsdeutschland bewusst gewordenen Problemstellungen in der Literatur (von 1945 bis heute) bilden den Gegenstand der vorliegenden Arbeit.

Die in der Besatzungszeit aufgeworfenen Fragen sind in jüngster Zeit wieder verstärkt ins Interesse der Öffentlichkeit gerückt. Im Zuge der vom Sicherheitsrat der Ver-

[1] Franz L. Neumann, "Re-educating the Germans. The Dilemma of Reconstruction", *Commentary* 3 (1947), 517-25.

[2] Louis Nizer, *What to do with Germany* (Chicago/New York, 1944), 54. Nizer selbst spricht sich gegen folgende Lösungen aus: Ausrottung bzw. Sterilisation aller Deutschen, die politische Aufsplitterung Deutschlands und die erzwungene Migration der Deutschen (3-10).

[3] Wolfgang Benz (Hg.), *Deutschland unter alliierter Besatzung 1945-1949/55* (Berlin: Akademie-Verlag, 1999), 21. In Großbritannien und den USA wurden seit 1940 Umerziehungsdiskussionen geführt. Eine verstärkte Beschäftigung mit der Deutschlandpolitik lässt sich nach der Konstituierung der *European Advisory Commission*, deren Bildung nach der Moskauer Außenministerkonferenz (Oktober 1943) beschlossen worden war und die am 15.12.1943 in London ihre Tätigkeit aufnahm, festellen: Günter Pakschies, "Re-education und die Vorbereitung der britischen Bildungspolitik in Deutschland während des Zweiten Weltkrieges", in: Manfred Heinemann (Hg.), *Umerziehung und Wiederaufbau. Die Bildungspolitik der Besatzungsmächte in Deutschland und Österreich*, Veröffentlichungen der Historischen Kommission der Deutschen Gesellschaft für Erziehungswissenschaft, 5 (Stuttgart: Klett-Cotta, 1981), 103-13, hier 103, 108.

einten Nationen eingesetzten Kriegsverbrechertribunale für das ehemalige Jugoslawien und für Ruanda, in der Diskussion um die Etablierung des am 11. März 2003 eröffneten Ständigen Internationalen Strafgerichtshofes in Den Haag sowie um den Prozess und die Vollstreckung des Todesurteils gegen Saddam Hussein hat insbesondere der Nürnberger Prozess gegen die Hauptkriegsverbrecher erneut Beachtung gefunden.

Der Nürnberger Prozess und die dort festgelegten *Nuremberg Principles* sollten seinerzeit zur Grundlage eines neuen Völkerrechts werden.[4] Der Geschichtsträchtigkeit des Prozesses war sich US-Chefankläger Robert H. Jackson durchaus bewusst: "We must never forget that the record on which we judge these defendants today is the record on which history will judge us tomorrow."[5] Der Nürnberger Prozess, bei dem Staatsmänner erstmals persönlich für Angriffskriege und organisierte Massenvernichtung vor einem internationalen Tribunal zur Verantwortung gezogen und bestraft wurden,[6] ist nun tatsächlich zum Bezugspunkt eines Problems der Gegenwart geworden. Durch die im Zentrum dieser Arbeit stehende und im Laufe dieser Einleitung näher zu bestimmende sinnbildende Tätigkeit des Geschichtsbewusstseins werden die Erfahrungen der Vergangenheit in der Gegenwart gedeutet und zu Handlungsorientierungen für die Zukunft verarbeitet.[7] Im Unterschied zum Nürnberger Prozess und den vom Sicherheitsrat der Vereinten Nationen eingesetzten Ad-hoc-Tribunalen, die jeweils als Reaktion auf Kriegsverbrechen einberufen wurden, ist mit dem Ständigen Internationalen Strafgerichtshof eine Rechtsinstanz geschaffen, die Richtlinien für die Ahndung zukünftiger Verbrechen erarbeitet.

Für die unmittelbare Nachkriegszeit lässt sich die Verarbeitung von Zeiterfahrungen zu "Orientierungen der Lebenspraxis"[8] an Planung und Durchführung der britischen Besatzungspolitik aufzeigen. In Deutschland fanden die britischen Truppen in den Worten des damaligen britischen Gesundheitsministers Aneurin Bevan ein Land vor "without a law, without a constitution, without a single person with whom we could deal, without a single institution to grapple with the situation [...] we have had to build absolutely from the bottom with nothing at all."[9] Zur Bewältigung der als gänzlich neue Erfahrung in ihrer Geschichte bewerteten Aufgabe des Wiederaufbaus eines zerstörten Landes und vor allem der Umerziehung eines Volkes ("a new experience in our histo-

[4] Robert M. W. Kempner, Vorwort zu Joe J. Heydecker, Johannes Leeb, *Der Nürnberger Prozeß. Neue Dokumente, Erkenntnisse und Analysen* (Köln: Kiepenheuer & Witsch, 1979), 11.

[5] Robert H. Jackson, "Opening Address for the United States", 21. November 1945, zit. (in Auszügen) in: Michael R. Marrus, *The Nuremberg War Crimes Trial 1945-46. A Documentary History*, The Bedford Series in History and Culture (Boston et al: Bedford Books, 1997), 79-83, hier 81.

[6] Kempner, Vorwort zu Heydecker, Leeb, *Der Nürnberger Prozeß*, 11.

[7] Jörn Rüsen, *Historische Orientierung. Über die Arbeit des Geschichtsbewußtseins, sich in der Zeit zurechtzufinden* (Köln/Weimar/Wien: Böhlau, 1994), 8.

[8] Rüsen, *Historische Orientierung*, 6.

[9] Zit. Donald Watt, *Britain Looks to Germany. British Opinion and Policy towards Germany since 1945* (London: Wolff, 1965), 68. Bevan war von 1945 bis 1950 Gesundheitsminister.

ry"[10]) rekurrierten die Briten auf vergangene Erfahrungen im Umgang mit anderen Völkern und Kulturen.

Obwohl deutlich zwischen Deutschland, dessen kulturelle Errungenschaften vor 1933 man hoch einschätzte und das man nun von seinen nationalsozialistischen Einflüssen befreien und zu seinen Wurzeln zurückführen wollte,[11] und den vermeintlich primitiven und rückständigen Kolonien unterschieden wurde,[12] folgten die Briten dem Kontrollprinzip, das sie als Kolonialmacht erprobt hatten: "Den krönenden Schlußstein der britischen Deutschlandplanung", so Lothar Kettenacker, "sollte die alliierte Kontrollkommission bilden, die nach dem bewährten kolonialen Herrschaftsprinzip der 'indirect rule' konzipiert war."[13] Ein Mitglied des Unterhauses erklärte: "The model which the Germans would most easily understand and which would train them until they undertake responsibility would be our colonial form of Government."[14]

Zur Durchsetzung der Besatzungspolitik griffen die Briten auf den bestehenden deutschen Verwaltungsapparat zurück,[15] zumal es ihnen an wirtschaftlichen und personellen Ressourcen mangelte.[16] So stellt Donald Watt fest:

[10] Robert Birley, *The German Problem and the Responsibility of Britain*, The Burge Memorial Lecture of 3 December 1947 (London: SCM Press, 1947), 5.

[11] Gabriele Clemens, *Britische Kulturpolitik in Deutschland 1945-1949. Literatur, Film, Musik und Theater*, Historische Mitteilungen, Beiheft 24 (Stuttgart: Franz Steiner, 1997), 52f. Clemens schreibt, dass Umerziehung insofern "eine negative und eine positive Zielsetzung" beinhalte, "als die Deutschen von etwas 'wegerzogen' und zu neuen Zielen 'hinerzogen' werden sollten. Die negative Zielsetzung bestand in der Ausmerzung militaristischer und nationalsozialistischer Ideen, die positive Zielsetzung in der Rückführung zu den positiven Elementen der deutschen Kultur vor 1933 und der Wiedereingliederung Deutschlands in die westeuropäische Kultur": ebd., 38. Die Deutschen sollten wieder an die "Weimarer Klassik als Vermittlerin zeitlos gültiger Werte" anknüpfen: Benz, *Deutschland unter alliierter Besatzung*, 137.

[12] Siehe etwa (für Indien) Aparna Basu, "Policy and Conflict in India: The Reality and Perception of Education", in: Philip G. Altbach, Gail P. Kelly (Hgg.), *Education and Colonialism* (New York: Longman, 1978), 53-68, hier 54-57 und (für Nigeria) Peter K. Tibenderana, *Education and Cultural Change in Northern Nigeria 1906-1966. A Study in the Creation of a Dependent Culture* (Kampala: Fountain Publishers, 2003), 77-79.

[13] Lothar Kettenacker, "Die anglo-amerikanischen Planungen für die Kontrolle Deutschlands", in: Josef Foschepoth (Hg.), *Kalter Krieg und Deutsche Frage. Deutschland im Widerstreit der Mächte 1945-1952*, Veröffentlichungen des Deutschen Historischen Instituts, 16 (Göttingen/Zürich: Vandenhoeck & Ruprecht, 1985), 66-87, 80. Die Briten sprachen sich deutlich gegen eine direkte Verwaltung aus; man zog, so Kettenacker, die Formulierung "subject to a measure of control" dem Ausdruck "administered" vor: Lothar Kettenacker, *Krieg zur Friedenssicherung. Die Deutschlandplanung der britischen Regierung während des Zweiten Weltkrieges*, Veröffentlichungen des Deutschen Historischen Instituts London, 22 (Göttingen/Zürich: Vandenhoeck & Ruprecht, 1989), 311.

[14] Zit. Patricia Meehan, *A Strange Enemy People. Germans under the British, 1945-1950* (London: Owen, 2001), 14.

[15] Kettenacker, "Die anglo-amerikanischen Planungen", 84. Siehe dazu ausführlich Ulrich Reusch, *Deutsches Beamtentum und britische Besatzung. Planung und Politik 1943-1947*, Forschungen und Quellen zur Zeitgeschichte, 6 (Stuttgart: Klett-Cotta, 1985), 103.

> the method of control and re-education bears a strong resemblance to the systems of indirect rule administered in the 1890s by Lord Cromer in Egypt and Lord Lugard in sub-Saharan Africa. [...] [I]t would have been unworkable without a team of regional officers analogous to the district officers of British colonial Africa or the resident political advisers attached by the old government of British India to native potentates in India and the Persian Gulf.[17]

Vor allem die Umerziehung der Deutschen war in allen kulturellen Bereichen durch die indirekte Methode gekennzeichnet,[18] wie bereits aus dem ersten offiziellen Kabinettmemorandum zur "Re-education of Germany" vom 27. Januar 1944 hervorgeht:

> In order to achieve our object, control of German education should aim, on the whole, at being as indirect, invisible and remote as is compatible with its being effective. We should appear to guide rather than to lead, to influence rather than initiate.[19]

Damit erhoffte man sich, Ressentiments und nationalistische Gegenreaktionen von Seiten der Deutschen zu verhindern, die man bei Indoktrinierungsmaßnahmen von außen befürchtete: "Germans would resist influences forced on them from outside and we should fail."[20] Das deutsche Bildungssystem blieb in seinen Strukturen unangetastet,[21]

[16] Kettenacker, "Die anglo-amerikanischen Planungen", 68f. Die britischen Besatzungskosten, die vom britischen Steuerzahler getragen werden mussten, beliefen sich im März 1946 bereits auf 80 Millionen Pfund. Insgesamt berechnete das britische Schatzamt die Besatzungskosten zwischen 1946 und 1948 auf 238 Millionen Pfund. Mit 14 Milliarden Dollar war man bei den USA verschuldet; 60 Millionen Dollar der amerikanischen Anleihen, die für die Versorgung der britischen Bevölkerung gedacht waren, wurden für Lebensmittel für die deutsche Bevölkerung ausgegeben: Angelika Volle, *Deutsch-Britische Beziehungen.* Geschichte und Gegenwart, Politik kurz und aktuell, 43 (Berlin: Landeszentrale für politische Bildungsarbeit, 1985), 18.

[17] Watt, *Britain Looks to Germany*, 72f.

[18] Clemens, *Britische Kulturpolitik in Deutschland*, 55.

[19] Zit. Kettenacker, *Krieg zur Friedenssicherung*, 368.

[20] Thomas H. Marshall, "What to do with Germany?", 9. Juli 1942, zit. Kettenacker, *Krieg zur Friedenssicherung*, 366. Marshall war bis Anfang 1945 Leiter der "German Section", in der seit 1943 im neu begründeten Foreign Office Research Department (F.O.R.D.) Gutachten über Deutschland erstellt wurden: Adolf M. Birke, "Geschichtsauffassung und Deutschlandbild im Foreign Office Research Department", in Bernd-Jürgen Wendt (Hg.), *Das britische Deutschlandbild im Wandel des 19. und 20. Jahrhunderts* (Bochum: Studienverlag Brockmeyer, 1984), 171-97, 177f. Siehe auch David Welch, "Priming the Pump of German Democracy. British 'Re-education' Policy in Germany after the Second World War", in: *Reconstruction in Post-War Germany. British Occupation Policy and the Western Zones, 1945-55*, hg. von Ian D. Turner (Oxford/New York/München: Berg, 1989), 215-238, 217.

[21] Siehe Maria Halbritter, *Schulreformpolitik in der britischen Zone von 1945 bis 1949*, Studien und Dokumentationen zur deutschen Bildungsgeschichte, 13 (Weinheim/Basel: Beltz, 1979), 58. Statt Belehrung der Deutschen sollten diese Beratung und Unterstützung durch die Briten erfahren.

was den Briten zusätzliche Komplikationen ersparte.[22] Man plante, die im Kulturbetrieb tätigen deutschen Intellektuellen umzuerziehen, durch die dann wiederum die deutsche Bevölkerungsmasse eine geistige Neuorientierung erfahren sollte; die bevorzugte Methode war: "Die Umerziehung der 'Erzieher' statt direkter Beeinflussung der Massen".[23] Dementsprechend richtete sich das Kulturprogramm auch nicht an ein Massenpublikum, sondern an die gebildeten Schichten.[24]

Diese 'indirekte Umerziehung' der Deutschen kann als Kompromiss zwischen zwei extremen Positionen bei der damals viel diskutierten Frage "Who shall educate Germany?"[25] gedeutet werden. Denn während die Alliierten sich spätestens seit dem Kommuniqué von Jalta (4.-11. Februar 1945), in dem die Beseitigung der NS-Ideologie und ihres Einflusses auf alle Bereiche des öffentlichen Lebens bekräftigt worden war, über die Zerstörung des Nazi-Apparats und die Aufhebung der NS-Gesetze einig waren[26] und auch über die Notwendigkeit der Umerziehung der Deutschen, die schon seit Kriegsbeginn unter den westlichen Alliierten erörtert worden war, Konsens bestand,[27] existierte weniger Einigkeit darüber, wer diese Umerziehung durchführen sollte: die Vertreter der Siegermächte oder die Deutschen selbst.

Die Grundlage für die britische Umerziehungspolitik bildeten die britischen Deutschland- und Deutschenbilder in den bereits seit Kriegsbeginn entstandenen Schriften über den deutschen Nationalcharakter und die daraus abzuleitenden Konsequenzen, die Jörg Krämer als eine Form der britischen Vorplanungen zum Umgang mit dem besiegten Deutschland bezeichnet.[28] In einer dem Außenministerium zugeordneten Forschungsabteilung (F.O.R.D. = Foreign Office Research Department) war eine Gruppe

[22] Kettenacker, *Krieg zur Friedenssicherung*, 369.

[23] Clemens, *Britische Kulturpolitik in Deutschland*, 55.

[24] Ebd., 287.

[25] So der Titel eines Artikels im *Evening Standard* vom 6. April 1945.

[26] Dem Kommuniqué von Jalta, wo die Grundzüge der Besatzungspolitik zur Debatte standen, waren allgemeiner gehaltene Erklärungen in der Atlantik-Charta (August 1941) und auf der Moskauer Außenministerkonferenz im Oktober 1943 vorausgegangen. Auch die 'Vier Freiheiten' (Meinungs- und Redefreiheit, Religionsfreiheit, Freiheit von Not und Freiheit von Angst), auf deren Grundlage nach Roosevelts Jahresbotschaft an den amerikanischen Kongress vom 6. Januar 1941 eine künftige Friedensordnung gegründet werden sollte, impliziert, so Pakschies, "eine politisch-ideologische Perspektive der Alliierten, die als allgemeinste inhaltliche Ausfüllung des Reeducations-Gedankens interpretiert werden kann": Pakschies, "Re-education und die Vorbereitung der britischen Bildungspolitik in Deutschland", 103. Siehe auch Kettenacker, *Krieg zur Friedenssicherung*, 153; Benz, *Deutschland unter alliierter Besatzung*, 114, Ian D. Turner, "Denazification in the British Zone", in: ders. (Hg.), *Reconstruction in Post-War Germany*, 239-267, 245. Erste konkrete Vorschläge für die Entnazifizierung enthielt erstmals die vom US-State-Department ausgehende Direktive JCS 1067 vom 26. April 1945, die, so Benz, "weitgehend Eingang in die Beschlüsse der Potsdamer Konferenz fanden": Benz, *Deutschland unter alliierter Besatzung*, 114.

[27] Pakschies, "Re-education und die Vorbereitung der britischen Bildungspolitik in Deutschland während des Zweiten Weltkrieges", 107.

[28] Jörg D. Krämer, *Das Verhältnis der politischen Parteien zur Entnazifizierung in Nordrhein-Westfalen*, Europäische Hochschulschriften III, 898 (Frankfurt/M.: Peter Lang, 2001), 35f.

von Wissenschaftlern seit 1943 eigens mit der Erstellung von historischen und politikwissenschaftlichen Memoranden und Gutachten über Deutschland betraut, die wiederum den mit der Deutschlandplanung befassten Ministerien und Stäben zur Meinungsbildung dienen sollten.[29] Das in der Control Commission Germany (British Element)[30] verfasste Informationspapier "The German Character", in dem aus dem Charakter 'der' Deutschen Verhaltensmaßregeln für deren künftige Behandlung durch die Besatzungsmacht entwickelt worden waren,[31] kursierte Anfang März 1945 unter den mit der Deutschlandplanung befassten Stäben der britischen und amerikanischen Verbündeten und fand auf diese Weise Eingang in die Umerziehungspolitik.[32] Auch das Ende 1944 und Anfang 1945 gedruckte Handbuch *Germany. A British Soldier's Pocketbook*,[33] das von der Political Warfare Executive (PWE) des Foreign Office verfasst worden war, informierte die britischen Besatzungssoldaten über die Mentalität 'der' Deutschen ("What the Germans are like", "The Mind of the German" und "How Hitler moulded them"[34]) und leitete daraus in Form einiger "Do's" und Don'ts" einen Verhaltenskatalog ab, der

[29] Birke, "Geschichtsauffassung und Deutschlandbild", 179. Birke weist an gleicher Stelle darauf hin, dass der tatsächliche Einfluss dieser von der 'German Section' verfassten Gutachten nur schwer messbar ist. Gegen Kriegsende sank die Qualität der Gutachen, da die meisten Wissenschaftler der Forschungsabteilung in ihre alten Universitätsstellungen zurückkehrten.

[30] Bis Mai 1945 war die Control Commission Germany (British Element) in London im Norfolk House untergebracht und wurde dann in Etappen nach Deutschland transferiert. Siehe ausführlich die Einführung zu Adolf Birke et al. (Hgg.), *Akten der Britischen Miltitärregierung in Deutschland. Sachinventar 1945-1955*, 11 Bde. (München et al: Saur, 1993), 1, viii-ix (die 11 Bände liefern ein Inventar der ca 29.000 erhaltenen Akten der Control Commission Germany [British Element] in den National Archives [PRO]) und Ulrich Reusch, "Die Londoner Institutionen der britischen Deutschlandpolitik. Eine behördengeschichtliche Untersuchung", *Historisches Jahrbuch* 100 (1980), 318-443, 374ff.

[31] Etwa: "Do play your part as a representative of a conquering power and keep the Germans in their place", oder: "Don't make requests": Birke, "Geschichtsauffassung und Deutschlandbild", 175.

[32] Birke, "Geschichtsauffassung und Deutschlandbild", 171. Siehe dazu auch Vera und Ansgar Nünning, "England", in: Klaus Stierstorfer (Hg.), *Deutschlandbilder im Spiegel anderer Nationen. Literatur, Presse, Film, Funk, Fernsehen* (Reinbek: Rowohlt, 2003), 99-139, 107 und dies., "Autoritätshörig, unpolitisch und opportunistisch. Englische Vorstellungen vom deutschen Nationalcharakter am Ende des Zweiten Weltkriegs", *Geschichte in Wissenschaft und Unterricht* 45 (1994), 224-239. Die Intelligence Group der Control Commission Germany empfahl auch noch sechs Monate nach Beginn der Besatzung: "we should continually plug the fact to all our personnel on the Control Commission that the German does not change his nature for a few months or a few years": zit. Meehan, *A Strange Enemy People*, 56.

[33] The National Archives (PRO), FO 898/480 enthält mehrere Entwürfe dieses Handbuchs, das mittlerweile auch in gedruckter Form vorliegt: *Germany 1944. The British Soldier's Pocketbook.* With a foreword by Charles Wheeler and an introduction by Edward Hampshire (Kew, Richmond: The National Archives, 2006). Siehe dazu ausführlich die Einleitung von Edward Hampshire (viii-xxix) sowie Jill Jones, "Eradicating Nazism from the British Zone of Germany: Early Policy and Practice", *German History* 8 (1990), 145-162, 147.

[34] *Germany. The British Soldier's Pocketbook*, 18-23.

ihre Arbeit in Deutschland bestimmen sollte.[35]

Von großer Bedeutung war in diesem Zusammenhang auch die politische Publizistik, die mit Beiträgen wie "Re-educating Germany",[36] "Germany and our future",[37] "The warped mind of the German youth",[38] "How are we going to re-educate the young Nazi?"[39] und *How to deal with Germany*[40] verstärkt zur kollektiven Wahrnehmung 'der' Deutschen und zur Umerziehungsdiskussion beitrug: "Wie kaum ein anderes Kriegsziel", bemerkt Lothar Kettenacker, "ging der Gedanke der Umerziehung des deutschen Volkes aus der öffentlichen Debatte während des Krieges hervor."[41]

Einen Höhepunkt erlangte die Diskussion mit den zunächst im Rundfunk ausgestrahlten, dann auszugsweise in der *Sunday Times* und schließlich im Jahr 1941 in Buchform unter dem Titel *Black Record* veröffentlichten Thesen Sir Robert Vansittarts, der "the Germans in the plural" unter Berufung auf Tacitus und Heinrich Heine als "barbarians" und "savages" bezeichnete,[42] denen Frieden verhasst sei und die um des Kämpfens willen kämpften.[43] Diese konstatierten Dispositionen der Deutschen waren nach Vansittarts Meinung der geeignete Nährboden für den Nationalsozialismus.[44]

[35] *Germany. The British Soldier's Pocketbook*, 40f. Es folgen Angaben zur deutschen Aussprache, ein kurzes *Phrasebook* (42-62) sowie einige "Security Notes" (63f.).
[36] *Time and Tide* vom 14. April 1945, 59.
[37] *The New Statesman and Nation* vom 26. Juni 1943.
[38] *Sunday Express* vom 22. Oktober 1944, 2.
[39] *Star* vom 15. Februar 1945.
[40] Sir Walter Layton, *How to deal with Germany* (London: News Chronicle Publications Department, 1943).
[41] Kettenacker, *Krieg zur Friedenssicherung*, 363.
[42] Robert Vansittart, *Black Record* (London: Hamish Hamilton, 1941), 7, 21, 34, 51 und dazu A. Goldman, "Germans and the Nazis. The Controversy over 'Vansittarism' in Britain during the Second World War", *Journal of Contemporary History* 14 (1979), 155-191 und Hermann Fromm, *Deutschland in der öffentlichen Kriegszieldiskussion 1939-1945*, Europäische Hochschulschriftenreihe III, 167 (Frankfurt/M.: Peter Lang, 1982), 69-84. Siehe auch Vansittarts Vorwort zu W. W. Coole und M. F. Potter (Hgg.), *Thus Spake Germany* (London: Routledge, 1941). Vansittart war 1930-1938 Permanent Under-Secretary of State for Foreign Affairs und dann Chief Diplomatic Adviser to the Foreign Secretary bis zu seiner Pensionierung im Jahr 1941.
[43] In seiner *Germania* sagt Tacitus über die Germanen, dass ihnen Ruhe unwillkommen ("ingrata genti quies") bzw. verhasst sei ("oderint quietem"): Cornelius Tacitus, *Germania*, in: *Dialogus, Agricola, Germania*, transl. M. Hutton, The Loeb Classical Library, 35 (London: Heinemann, 1946), 263-354, 284. Vgl. Robert Vansittart: "He [Tacitus] says that 'they hate peace'": *Black Record: Germans Past and Present* (London: Hamish Hamilton, 1941), 19f. Die Germanen, so Vansittart unter Bezug auf Tacitus weiter, "think it weak to win with sweat what can be won by blood": Vansittart, *Black Record*, 20 ("pigrum quin immo et iners videtur sudore adquirere quod possis sanguine parare": Tacitus, *Germania*, 284). Heinrich Heine spricht von der "Kampflust [...], die wir bei den alten Deutschen finden, und die nicht kämpft, um zu zernichten, noch um zu siegen, sondern bloß um zu kämpfen": *Zur Geschichte der Religion und Philosophie in Deutschland*, in: Heinrich Heine, *Sämtliche Werke* VII (Leipzig: Max Hesse, 1852) [1834], 11-112, 110. Die Vorstellung von deutscher Friedlosigkeit und Kampfesfreude (*furor teutonicus*) war in England seit dem Mittelalter weit verbreitet. Siehe dazu ausführlich Günther Blaicher, *Das Deutschlandbild in der englischen Literatur* (Darmstadt: Wissenschaftliche Buchgesellschaft, 1992), 13f.

Darüber, dass der Nationalsozialismus keine Zufallserscheinung war und somit für eine neue Friedensordnung ein Gesinnungswandel der Deutschen vonnöten sei, war man sich einig.[45] Die auf Repressionen beruhenden Maßnahmen der Versailler Nachkriegsordnung wollte man vermeiden.[46] Laut Kriegskabinettspapier "On the Future of Germany" vom 8. August 1943 war das Ziel der Umerziehung: "to change the heart of the German people";[47] und dem entsprach die Methode: "to go for the mind instead of

Hamish Hamilton hatte Vansittart wahrscheinlich vor der Ausstrahlung seiner Thesen im BBC angeboten, das Manuskript der Sendereihe zu veröffentlichen. *Black Record* erlebte allein im Jahr 1941 14 Auflagen. Siehe Fromm, *Deutschland in der öffentlichen Kriegszieldiskussion*, 73. In einem Memorandum vom 28.11.1939 warnt Vansittart: "Let us make no further mistake about it: we are fighting the German army, and the German people on whom the Army is based.": zit. Lothar Kettenacker, "Die britische Haltung zum deutschen Widerstand während des Zweiten Weltkriegs", in: ders. (Hg.), *"Das Andere Deutschland" im Zweiten Weltkrieg. Emigration und Widerstand in internationaler Perspektive,* Veröffentlichungen des Deutschen Historischen Instituts London, 2 (Stuttgart: Ernst Klett, 1977), 49-76, 54. Das Bild von den Deutschen als eines barbarischen Volkes war bereits vor dem Zweiten Weltkrieg in England verbreitet. D. H. Lawrence etwa gab seiner Einschätzung der Deutschen während seiner Reise durch Deutschland im Jahr 1928 als "loose, roving gangs of broken, scattered tribes" Ausdruck: *New Statesman and Nation* vom 13. Oktober 1934. Siehe dazu Kingsley Martin, "The Re-education of Germany", *Political Quarterly* (April/Juni 1944), 135-148, 136-138. In Lawrences im Jahr 1924 erschienener Erzählung "The Border Line" erkennt Katherine Farquhar, die (wie Lawrence) von Paris nach Baden-Baden reist, vorzivilisatorische Verhältnisse: "In the great flat field of the Rhine plain, [...] the earth felt strong and barbaric, it seemed to vibrate, with its straight furrows, in a deep, savage undertone. There was the frozen, savage thrill in the air also, something wild and unsubdued, pre-Roman." Bei ihrer Beschreibung des Schwarzwaldes ist der Rückschritt am deutlichsten zu erkennen: "The audible overtone of our civilisation seemed to be wearing thin, the old, low, pine forest hum and roar of the ancient north seemed to be sounding through": *The Tales of D. H. Lawrence* (London: Martin Secker, 1934), 794-810, 805f. Siehe dazu Hans Galinsky, *Deutschland in der Sicht von D. H. Lawrence und T. S. Eliot. Eine Studie zum anglo-amerikanischen Deutschlandbild des 20. Jahrhunderts* (Mainz: Verlag der Akademie der Wissenschaften und der Literatur, 1956), 16; Blaicher, *Das Deutschlandbild in der englischen Literatur*, 214-216.

[44] Robert Vansittart, *Lessons of My Life* (London/New York/Melbourne: Hutchinson & Co, 1943), 205, 208.

[45] So stellte C. Lewis, Professor für Germanistik an der Universität Toronto, im Jahr 1943 eine weitgehende Übereinstimmung in diesem Punkt fest: Ralph Flenley (Hg.), *The Treatment of post-war Germany* (Toronto: Ryerson Press, 1943), 51, 64f.; siehe dazu auch Kurt Koszyk, "'Umerziehung' der Deutschen aus britischer Sicht. Konzepte und Wirklichkeit der 'Re-education' in der Kriegs- und Besatzungsära", *Aus Politik und Zeitgeschichte* 29 (1978), 3-12, 8.

[46] So warnte etwa E. H. Carr, der mit seinen Vorstellungen über eine gerechte Friedensordnung an die Öffentlichkeit trat, vor den Folgen eines "kurzsichtigen, allein auf repressive Maßnahmen abgestellten Friedensvertrags": *Krieg zur Friedenssicherung*, ebd., 364f. Siehe weiter Fromm, *Deutschland in der öffentlichen Kriegszieldiskussion*, 178 und Kettenacker, "Die britische Haltung zum deutschen Widerstand des Zweiten Weltkrieges", 62.

[47] Falk Pingel, "Verborgener Nazismus unter demokratischem Gewand? – Ein Beitrag zum Deutschlandbild im Wandel", in: Wendt (Hg.), *Deutschlandbild*, 198-218, 203. Ähnlich formulierte Adenauer 1946 in einer Rede an der Kölner Universität: "Das deutsche Volk muß in seinem ganzen Denken und Fühlen umerzogen werden": Rede Adenauers in der Aula der Kölner Univer-

the body" (so Nicholas Pronay).[48] Doch während Vansittart, der von einem historisch deformierten Nationalcharakter ausging,[49] eine grundlegende Veränderung ("a fundamental change of soul"[50]) der 'Barbaren' lediglich durch Beeinflussung von außen für möglich hielt,[51] vertrauten vor allem linksliberale Intellektuelle und einige Labour-Politiker und Gewerkschaftler auf eine deutsche Selbstreinigung.[52] Sie vertraten mit der Theorie vom 'anderen Deutschland' den Standpunkt, dass Nationalsozialismus und deutscher Nationalcharakter nicht identisch seien, und lehnten somit eine pauschale Verurteilung aller Deutschen ab.[53]

Infolge der Berichterstattung über das Konzentrationslager Buchenwald durch britische Parlamentarier und Journalisten im April 1945,[54] der in britischen Zeitungen ver-

sität, abgedruckt in: Ernst-Ulrich Huster, Gerhard Kraiker, Burkhard Scherer u.a., *Determinanten der westdeutschen Restauration 1945 bis 1949* (Frankfurt: Suhrkamp, 1972), 294-416, 400f. Im Rückblick auf seine Amtszeit formulierte Montgomery im Jahr 1946, dass 60-70% der Deutschen immer noch Nazis seien und noch zehn Jahre (die ursprünglich zu erwartende Dauer der Besatzungszeit) benötigt würden, um deren 'Herz und Lebensweise' zu ändern: Memorandum "The Problem in Germany: February 1946", The National Archives (PRO), PREM 8/219. Siehe Falk Pingel, "'Die Russen am Rhein?' Zur Wende der britischen Besatzungspolitik im Frühjahr 1946", *Vierteljahreshefte für Zeitgeschichte* 30 (1982), 100ff.

48 Nicholas Pronay, "Introduction" zu Nicholas Pronay, Keith Wilson (Hgg.), *The Political Re-education of Germany and her Allies after World War II* (London/Sydney: Croom Helm, 1985), 1.

49 Vansittart vertrat in einem für das Foreign Office verfassten Memorandum vom 14.3.1940 mit dem Titel "The Nature of the Beast" und in zahlreichen Schriften die These vom barbarischen deutschen Volkscharakter: "We are fighting the *character* of the German people": The National Archives (PRO), FO 371/24389 – C4229, zit. Pakschies, "Re-education und die Vorbereitung der britischen Bildungspolitik in Deutschland während des Zweiten Weltkriegs", 104.

50 Vansittart, *Black Record*, 55.

51 Robert Vansittart, *Lessons of My Life* (London/New York/Melbourne: Hutchinson & Co, 1943), 31f. Siehe auch Fromm, *Deutschland in der öffentlichen Kriegszieldiskussion*, 75. Eine Alternative wurde in einem Beitrag zur *British Zone Review* vorgeschlagen: Die Deutschen sollten Mischehen eingehen, um ihr 'teutonisches Blut' zu verdünnen: *British Zone Review* vom 15. März 1947. Siehe Welch, "Priming the Pump", 221. Wie Michael Balfour feststellt, vertrat die Mehrzahl der Engländer die Einstellung, "daß man die Deutschen fest anpacken müsse", und neigte "zu Vansittarts Thesen, daß sie nichts anderes verstünden als Gewalt": Michael Balfour, *Vier-Mächte-Kontrolle in Deutschland 1945-1946* (Düsseldorf: Droste, 1959), 48.

52 Zu der von den Publikationen Vansittarts ausgelösten Debatte siehe ausführlich Fromm, *Deutschland in der öffentlichen Kriegszieldiskussion*, bes. 69-84, 168-180, 214f.

53 Günter Pakschies, "Re-education", 105. Auch der anglikanische Bischof Bell etwa machte auf das "andere Deutschland" aufmerksam: Krämer, *Das Verhältnis der politischen Parteien zur Entnazifizierung*, 40f. Siehe auch Lothar Kettenacker, "Englische Spekulationen über die Deutschen", in: Günter Trautmann (Hg.), *Die häßlichen Deutschen? Deutschland im Spiegel der westlichen und östlichen Nachbarn* (Darmstadt: Wissenschaftliche Buchgesellschaft, 1991), 194-208, 200.

54 Buchenwald wurde am 11. April 1945 von den Truppen Eisenhowers befreit. Fünf Tage später berichtete der Journalist Ed Murrow im Rundfunk über die Zustände im Lager: "Camp of Death and Misery. Liberation of Buchenwald", *Times* vom 16.4.1945. Am 27. April 1945 veröffentlichte eine von Churchill beauftragte Delegation britischer Parlamentarier ihren Bericht *Buchenwald Camp. The Report of a Parliamentary Delegation. Presented by the Prime Minister, First Lord of*

öffentlichten Fotos und der Radioübertragungen aus dem Konzentrationslager Bergen-Belsen, das am 15. April durch die Briten befreit worden war,[55] wurde die Frage nach der kollektiven Verantwortung der Deutschen in der britischen Öffentlichkeit diskutiert[56] und die Umerziehungsdebatte erneut aufgenommen. Die Publikationen bestätigten frühere Berichte über die grausamen Zustände in den Lagern, denen die Briten zuvor mit Skepsis begegnet waren.[57] Der *Spectator* schreibt:

> As long as there was any conceivable loop-hole of doubt many persons in this country dared to hope that there was at least exaggeration about the hideousness and the scale of atrocities committed in German concentration camps. Some doubts might have been dispelled by the records of Lidice and Lublin, but if any still remains it must vanish forever in view of what was found at Buchenwald [...] Nordhausen and Belsen, perhaps the worst of all.[58]

Ein britischer Besatzungssoldat erklärte einem deutschen Lehrer aus einem kleinen Dorf in der Nähe von Belsen:

> When we came to your area, we came with an open heart. We waved to your women and children, and we didn't take offence when they didn't wave back to us. But since we've seen the concentration camp, the German population can't expect any friendly advance from us any more.[59]

Die grauenvollen Lagerzustände und auch das weitgehend ausbleibende Entsetzen der von den Amerikanern und Briten zum Gang durch das Lager gezwungenen Weimarer Bevölkerung[60] schienen die These von der kollektiven deutschen Grausamkeit zu bekräftigen. Eine Berichterstatterin schrieb:

the Treasury and Minister of Defence, to Parliament by Command of Her Majesty April 1945 (London: His Majesty's Stationery Office, 1945).

[55] Richard Dimbleby berichtete am 19. April 1945 aus dem Lager: Siehe Jon Bridgman, *The End of the Holocaust: The Liberation of the Camps* (Portland, Oregon: Areopagitica Press, 1990), 33.

[56] Fromm, *Deutschland in der öffentlichen Kriegszieldiskussion*, 217.

[57] Peter Reichel, "Auschwitz", in: Etienne François und Hagen Schulze (Hgg.), *Deutsche Erinnerungsorte*, 3 Bde. (München: Beck, 2001), 1, 600-621, 601. Noch Ende Juli 1941 hatte der britische Informationsminister vor 'zu extremen' Darstellungen der Konzentrationslager gewarnt: Fromm, *Deutschland in der öffentlichen Kriegszieldiskussion*, 217.

[58] *Spectator* vom 20. April 1945. Die grausamen Verbrechen, die in den von den Amerikanern befreiten Lagern begangen worden waren, wurden von Delegationen amerikanischer Verleger bestätigt. Siehe dazu Jürgen Zieher, "Amerikanische Reaktionen auf die Befreiung der deutschen Konzentrationslager (April – November 1945), unveröffentlichte Magisterarbeit, Universität Mannheim 1996, 49-51. Zu diesem Zeitpunkt war den Briten noch nichts über die Zustände in den Lagern im Osten bekannt.

[59] Adolf Redderberg, zit. in: Rainer Schulze (Hg.), *Unruhige Zeiten. Erlebnisberichte aus dem Landkreis Celle 1945-1949* (München: Oldenbourg, 1990), 328.

[60] Siehe dazu Rainer Schulze, "A Difficult Interlude: Relations Between British Military Government and the German Population and their Effects for the Constitution of a Democratic Society",

> one woman only did I see who appeared genuinely upset. [...] The citizens of Weimar in the main looked anything but cowed. [...] I was deeply shocked by the faces of many of the German women in Weimar. They were cruel and hard beyond belief. [...] The Hun ambition may be foiled, but the Hun spirit still lives. [...] There is indubitably a deep streak of evil in the German race [...] Only with extreme firmness shall we eradicate the beast from the German heart.[61]

Ähnliches berichtete der politische Berater des britischen Hauptkommandanten in Deutschland, William Strang, über seinen ersten Besuch im besiegten Deutschland:

> There was no sign I could detect of compunction or sense of responsibility for the frightful horrors which their Nazi fellow-citizens had let loose on Europe or for the atrocities in which hundreds of thousands of Germans, both Nazis and non-Nazis, had personally participated. They were not ashamed.[62]

Die *Tribune* versuchte, von 'den' Deutschen ein differenzierteres Bild zu zeichnen, indem sie betonte, dass die Deutschen nicht nur als grausame Täter, sondern ebenso auch als beklagenswerte Opfer zu sehen seien, insofern es sich bei der Mehrzahl der Internierten in Buchenwald um Deutsche gehandelt habe.[63] Darauf wies vor allem auch

in: Alan Bance (Hg.), *The Cultural Legacy of the British Occupation in Germany. The London Symposium*, Stuttgarter Arbeiten zur Germanistik, 350 (Stuttgart: Heinz, 1997), 67-109, 72; Dagmar Barnouw, *Germany 1945. Views of War and Violence* (Bloomington: Indiana UP, 1996), 12; Peter Krahulec, Roland Schopf, Siegfried Wolf, mit einem Begleitwort von Ralph Giordano, *Buchenwald – Weimar: April 1945. Wann lernt der Mensch?*, Studien zum Nationalsozialismus, 4 (Münster: LIT, 1994), bes. 55-69.

[61] Mavis Tate, "More on Buchenwald", *The Spectator* vom 4. Mai 1945, 402f. Auch britische Parlamentarier berichteten, dass sich von der Bevölkerung Weimars kaum jemand über die Lagerzustände entsetzt gezeigt hätte: Fromm, *Deutschland in der öffentlichen Kriegszieldiskussion*, 219.

[62] Lord William Strang, *Home and Abroad* (London: Andre Deutsch, 1956), 231-232.

[63] "Buchenwald", *Tribune* vom 20. April 1945, 2. Die *Tribune* schreibt: "Buchenwald is a camp for Germany's national enemies … and one that was constructed in the first place […] for Germans" und fragt: "Is our press as gagged as Hitler's Gestapo that no one dares to mention [that many Germans are among the present inmates of Buchenwald]? Has it become so pervaded with that spirit of Jingoist hypocrisy that even the fearful discover of Buchenwald serves but as yet another peg for the monotonous reiteration of the tale that all Germans are equally guilty?": "Buchenwald", *Tribune* vom 20. April 1945, 2. Darauf wies wenig später auch der *Daily Herald* hin (28.4.1945). Im Unterhaus erinnerte Georg Strauss am 25.4. daran, dass unter den KZ-Opfern auch Hundertausende Deutscher seien: Fromm, *Deutschland in der öffentlichen Kriegszieldiskussion*, 218. Der Anteil von 'Reichsdeutschen' unter den Internierten veränderte sich allerdings zwischen 1942 und 1944 drastisch, von ca. 34% auf ca. 8%. Während dieser Zeit verzehnfachte sich im Zuge einer Vereinfachung der Verhaftungspraxis, die die Verhaftung von Häftlingen immer mehr ins Ermessen der Befehlshaber der Sicherheitspolizei und des Sicherheitsdienstes in den besetzten Ländern und der einzelnen Gestapostellen stellte, die Häftlingszahl von ca. 8400 im April 1942 auf 84505 Häftlinge im September 1944. Aus dem 1942 von deutschen Häftlingen bestimmten Lager wurde ein "Sammelbecken von Menschen aus allen von Deutschland besetzten

der linksliberale jüdische Verleger Victor Gollancz hin,[64] der mit seinen Publikationen immer wieder auf das 'andere Deutschland' aufmerksam machte. Gollancz war im Oktober und November 1946 durch Deutschland gereist;[65] im Jahr darauf veröffentlichte er unter dem Titel *In Darkest Germany* seine Fotos und Berichte über die Lebenszustände in der britischen Zone.[66] Mit seiner zusammen mit Bertrand Russell und Gilbert Murray gegründeten Organisation 'Save Europe Now' wollte er im englischen Volk das Bewusstsein seiner moralischen Verantwortung für das Schicksal seines besiegten Feindes erwecken.[67]

Deutsche Exilpolitiker in England und den USA[68] sowie junge, aus der Kriegsgefangenschaft oder dem Exil zurückgekehrte deutsche Schriftsteller, vor allem die Beiträger zu der im August 1946 erstmals erschienenen Zeitschrift *Der Ruf* (darunter die Herausgeber Alfred Andersch und Hans Werner Richter), sprachen sich ebenfalls gegen den Gedanken einer Kollektivschuld aus.[69] Die junge Generation der Deutschen, die von

europäischen Nationen", vor allem von Zwangsarbeitern sowjetischer und polnischer Herkunft sowie politischen Häftlingen aus dem besetzten Europa. Siehe dazu ausführlich *Konzentrationslager Buchenwald 1937-1945. Begleitband zur ständigen historischen Ausstellung*, hg. von der Gedenkstätte Buchenwald, erstellt von Harry Stein (Göttingen: Wallstein, 1999), 60-85, 153-170.

64 Victor Gollancz, *What Buchenwald Really Means* (London: Victor Gollancz, 1945), 48ff. Einer der vehementen Kritiker dieser Schrift war Franz Burger, der als ehemaliger KZ-Inhaftierter in Dachau und Buchenwald auf massive Fehler in Gollancz' Darstellung der Konzentrationslager hinwies. Dabei wandte er sich vor allem gegen die von Gollancz postulierte "existence of German political opposition of any size or importance": Franz Burger, *Gollancz's Buchenwald Never Existed* (London: Hutchinson, 1945), 11.

65 Die meiste Zeit verbrachte er in Hamburg, Düsseldorf und an der Ruhr. Siehe dazu auch Julius Braunthal, Einleitung zu *Victor Gollancz, Stimme aus dem Chaos*. Eine Auswahl der Schriften von Victor Gollancz, aus dem Englischen von Werner Buhre et al., hg. von Julius von Braunthal (Nürnberg: Nest, 1948), 12ff.

66 Victor Gollancz, *In Darkest Germany* (London: Victor Gollancz, 1947). Zu Reaktionen, die Gollancz mit dieser Veröffentlichung in Großbritannien auslöste, siehe ebd., 401-432.

67 Im September 1945 appellierte die Organisation an die britische Bevölkerung: "It is not in accordance with the traditions of this country to allow children – even the children of ex-enemies – to starve. ... We ask, therefore, all who read this letter, and who share our concern, immediately to send a postcard ... to 'Save Europe Now'... giving their name and address and saying that they will glady have their rations cut, if thereby alone men, women and children of whatever nationality may be saved from intolerable suffering." Zit. Vera Brittain, *Testament of Experience. An Autobiographical Story of the Years 1925-1950* (London: Virago, 1984) [1957], 380f.

68 Dazu ausführlich Alfons Söllner, *Deutsche Politikwissenschaftler in der Emigration. Studien zu ihrer Akkulturation und Wirkungsgeschichte. Mit einer Bibliographie* (Opladen: Westdeutscher Verlag, 1996), 253f.

69 Wilfried van der Will, "The Agenda of Re-education and the Contributors of *Der Ruf* 1946-47", *German Monitor. The Gruppe 47 Fifty Years on. A Re-Appraisal of its Literary and Political Significance*, hg. von Stuart Parkes und John J. White (Amsterdam: Rodopi, 1999), 1-13, 3. Prominent unter den Kritikern der Kollektivschuldthese war auch Bischof von Galen, der im Juli 1945 betonte: "If it is suggested that the bulk of the German people and each one of us is guilty of the kind of atrocities committed by members of our nation, that is not just." Zit. Meehan, *A Strange Enemy People*, 100. Der wohl bekannteste Beitrag zur Kollektivschulddebatte aus jüngerer Zeit

der älteren "durch ihre Nicht-Verantwortlichkeit für Hitler" getrennt sei,[70] brauche keine *re-education*, die in einem Beitrag von Walter Heist im *Ruf* mit "Rückerziehung" übersetzt wurde.[71] In einer im Dezember 1946 in dieser Zeitschrift abgedruckten Zeichnung liest ein Mädchen unter einem Weihnachtsbaum ein Buch mit dem Titel "Rückerziehung".[72] Andreas Höfele sieht diese Zeichnung als "eine der wenigen zustimmenden Äußerungen zum Kernbegriff des kulturellen Demokratisierungsprozesses",[73] doch ist sie sicherlich ironisch zu verstehen. Denn die Beiträger zur Zeitschrift *Der Ruf* waren dem Programm der Umerziehung gegenüber besonders kritisch eingestellt.[74] So überrascht es nicht, dass Andersch die Äußerungen Stephen Spenders über die Zukunft Deutschlands begrüßte,[75] hatte Spender sich doch seit 1943 in mehreren Beiträgen kritisch mit der Umerziehung der Deutschen durch die Briten auseinandergesetzt. Spender empfand es nicht nur als verwerflich, sondern sogar als gefährlich, wenn die Briten ihrerseits sich nicht in der deutschen Literatur auskannten und versuchten, die Deutschen mit ihnen nicht vertrauten Konzepten zu konfrontieren:

stammt von Karl Jaspers, der 1965 in seinem Buch *Hoffnung und Sorge*, so schreiben Aleida Assmann und Ute Frevert, "den Begriff der Kollektivschuld durch den der Kollektivverantwortung [ersetzt]": Aleida Assmann, Ute Frevert, *Geschichtsvergessenheit – Geschichtsversessenheit: Vom Umgang mit deutschen Vergangenheiten nach 1945* (Stuttgart: Deutsche Verlags-Anstalt, 1999), 86. Jaspers sah es als "sinnwidrig" an, "ein Volk als Ganzes moralisch anzuklagen": "Verbrecher ist immer nur der Einzelne": Karl Jaspers, *Hoffnung und Sorge* (München: Piper, 1965), 84-85.

70 Alfred Andersch, "Das junge Europa formt sein Gesicht", *Ruf* 1 vom 15.8.1946, abgedruckt in Hans Schwab-Felisch (Hg.), *Der Ruf. Eine deutsche Nachkriegszeitschrift* (München: dtv, 1962), 21-26, 25.

71 Walter Heist, "Das deutsche Volk und die Demokratie", *Ruf* 16 vom 1.4.1947, abgedruckt in: Schwab-Felisch (Hg.), *Der Ruf*, 174-80, 178. Siehe dazu van der Will, "The Agenda of Re-education", 8f. Siehe zu der Debatte um den Begriff 're-education' etwa ebd., 36-38, Kurt Jürgensen, "The Concept and Practice of 'Re-education' in Germany", in: Pronay, Wilson (Hgg.), *The Political Re-education of Germany*, 83-96. Auch wenn die Amerikaner den Begriff 're-education' im Jahr 1947 durch den der 're-orientation' ersetzten, blieb ersterer doch im Umlauf: Andreas Höfele, "'Goebbels in reverse'? Re-education und Zensur im deutschen Theater nach 1945", in: Beate Müller (Hg.), *Zensur im modernen deutschen Kulturraum*, Studien und Texte zur Sozialgeschichte der Literatur, 94 (Tübingen: Max Niemeyer, 2003), 97-113, 100.

72 *Ruf* 9 (15.12.1946).

73 Höfele, "'Goebbels in reverse'?", 98.

74 Siehe van der Will, "The Agenda of Re-education". Die in der Zeitschrift geäußerte vehemente Kritik an der alliierten Militärregierung führte schließlich zum Bruch mit den zuständigen Stellen der US-Zone. *Der Ruf*, ursprünglich eine Zeitschrift deutscher Kriegsgefangener in den USA, deren Auflage durchschnittlich 50.000 Exemplare umfasste, wurde im April 1947 von der amerikanischen Militärregierung verboten, erschien aber dennoch bis 1949 unter neuer Herausgeberschaft (erst in München, dann in Mannheim). Die unter der Ägide von Hans Werner Richter gegründete 'Gruppe 47', ging u. a. aus Beiträgern zum *Ruf* hervor. Zur Gruppe 47 siehe die Beiträge in *Die Gruppe 47 in der Geschichte der Bundesrepublik*, hg. von Justus Fetscher, Eberhard Lämmert und Jürgen Schütte (Würzburg: Königshausen & Neumann, 1991).

75 Alfred Andersch, "Grundlagen einer deutschen Opposition", in: Schwab-Felisch (Hg.), *Der Ruf*, 94-99, 97 [ursprünglich *Ruf* 8, 1.12.1946].

> What is dangerous is the idea that the English can re-educate the Germans, without themselves knowing anything of German literature. Nothing would be more fatal than to go to Germany and talk about democracy, internationalism, the Beveridge Report, the working class, and the advantages of being a gentleman.[76]

Die Umerziehung der Deutschen müsste seiner Meinung nach vielmehr durch ihre eigenen Lehrmeister geschehen, wie er ebenfalls bereits 1943 geäußert hatte:

> Re-educating a nation is probably an impossible task. But if there is to be any re-education of Germany it must be through the medium of the greatest German teachers. Some of these are Beethoven, Mozart, Goethe, Heine, Schiller and Hoelderlin. Through their own German language and music, the Germans may perhaps be taught how far they have strayed from their own deepest national tradition [...] the first lesson the Germans can be taught will be their own literature.[77]

Deutsche Lehrmeister sollten, wie Spender später in seinem Reisetagebuch *European Witness* ausführt, auch diejenigen der deutschen geistigen Elite sein, die zu den "good Germans" gehörten. Der Weg der Deutschen in die europäische Gemeinschaft führe über diese "good Germans", denen die Besatzungsmächte und vor allem auch die Deutschen Vertrauen entgegenbrächten:

> It seems to me that the German intelligentsia may play a most important rôle. [...] Moreover these historians, philosophers, theologians, etc., are not discussing problems which conflict with the interests of the Occupation. At the same time, the need of spiritual leadership in Germany is very great. There is certainly, as Mr. Bevin has pointed out, as great a spiritual as a material crisis of starvation in Germany. From this point of view we can regard Germany as Sodom. If we can find ten good Germans, we can save the spiritual life of Germany. That is to say, if we can put ten Germans whom the Germans can respect as being not only Germans, but men accepted and listened to by the outside world, into touch, through every possible means of freedom of movement and publicity, with the German people, and with the outside world, we shall have shown the Germans the path which leads them from despair and darkness, the path which also leads them into the European community.[78]

"[I]n hervorragendem Maße berufen" für die Aufgabe, "das deutsche Geistesleben nach dem Zusammenbruch des Zweiten Weltkrieges aus seiner Isoliertheit herauszuführen", sah sich, von Seiten der von Spender für den geistigen Brückenschlag so wichtig erach-

[76] Stephen Spender, "Hoelderlin, Goethe and Germany", *Horizon* 8 (1943), 273-280, 273. Der Liberale Sir William Beveridge war Präsident eines Expertengremiums über 'Social Insurance and Allied Services' vom November 1942. Für die Nachkriegszeit visierte er ein umfassendes Versicherungs- und Wohlfahrtssystem und einen nationalen Gesundheitsdienst an.
[77] Spender, "Hoelderlin, Goethe and Germany", 273.
[78] Stephen Spender, *European Witness* [1946] (London: Hamish Hamilton, 1947), 412.

teten "German intelligentsia", die Deutsche Shakespeare-Gesellschaft,[79] die – nach Genehmigung des Antrags durch die britische Militärregierung – im Februar 1946 in Arnsberg ihre Neukonstituierung feierte.[80] In ihrer Studie zur *Shakespeare-Rezeption in Deutschland als deutsche Nationsgeschichte* zitiert Silke Meyer aus einer im Juni desselben Jahres von der Deutschen Shakespeare-Gesellschaft an die Presse gegebenen Information, in der ebenfalls die Bedeutung der Gesellschaft für den 'geistigen Brückenschlag' hervorgehoben wird:

> Es liegt auf der Hand, daß gerade der 'Deutschen Shakespeare-Gesellschaft' als einer Institution mit übernationaler Blickrichtung in der gegenwärtigen Lage die allergrößte Bedeutung zukommt. Ruhen doch in den Dramen Shakespeares dichterische Werte von universaler, überzeitlicher Haltung, die in ganz besonderem Maße dazu angetan sind, Wunden zu heilen, Brücken zu schlagen und die Verständigung der europäischen Völker unter sich auf einer höheren geistigen Ebene herbeizuführen.[81]

Im Konzert der Stimmen, wie die Deutschen einzuschätzen und zu behandeln waren, und in der praktischen Entnazifizierungs- und Umerziehungsarbeit spielten britische Literaten keine geringe Rolle. Dieses bislang von der Literaturgeschichtsschreibung nicht wahrgenommene Betätigungsfeld britischer Literaten soll im ersten Kapitel (I) dieser Arbeit im Vordergrund des Interesses stehen. Dabei gilt das Erkenntnisinteresse sowohl den gesellschaftlichen Aktivitäten der Literaten und den Institutionen und Kulturträgern, die diese Aktivitäten gewährleisteten (der sozialen Dimension von Kultur), als auch den Empfindungen, Denkweisen und politischen Überzeugungen (der mentalen Dimension von Kultur), die ihren Niederschlag in Texten und anderen kulturellen Artefakten (der

[79] "Denkschrift der Deutschen Shakespeare-Gesellschaft", *Shakespeare-Jahrbuch* 80/81 (1946), 139-149, 149. Als Verfasser der zu Beginn des Jahres 1946 entstandenen Denkschrift wird das "Generalsekretariat der Hauptgeschäftststelle für die westlichen Zonen" genannt.

[80] Ruth Freifrau von Ledebur, *Deutsche Shakespeare-Rezeption seit 1945* (Frankfurt/M.: Akademische Verlagsgesellschaft, 1974), 105. Die erste Nachkriegssitzung des Geschäfsführenden Ausschusses hatte bereits am 1. August 1945 in Weimar, dem Gründungsort der Deutschen Shakespeare-Gesellschaft, stattgefunden. Im Mai 1945 hatte die Gesellschaft bereits die Lizenz der sowjetischen Militäradministration erhalten. Die erste Nachkriegsversammlung der Gesellschaft fand vom 24.-25. Juli 1946 in Bochum statt: ebd., 105f. Zur Deutschen Shakespeare-Gesellschaft während des Nationalsozialismus vgl. Ruth Freifrau von Ledebur, *Der Mythos vom Deutschen Shakespeare. Die Deutsche Shakespeare-Gesellschaft zwischen Politik und Wissenschaft 1918-1945* (Köln: Böhlau, 2002).

[81] Silke Meyer, *Checkpoint Shakespeare. Shakespeare-Rezeption in Deutschland als deutsche Nationsgeschichte 1945-1990* (Düsseldorf: Grupello, 2006), 238. Dass dabei die geistige Brücke genauer "zwischen Deutschland und der angelsächsischen Geisteswelt" geschlagen wurde ("Denkschrift der Deutschen Shakespeare-Gesellschaft", 139), darf, so schreibt von Ledebur, "nicht losgelöst von politischen Implikationen gesehen werden" (*Deutsche Shakespeare-Rezeption*, 108), und auch Silke Meyer konstatiert in diesem Zusammenhang, "daß eine politische Orientierung an und ein gewünschtes Agieren in und mit der angelsächsischen Welt in der gegebenen Situation der Besetzung Nachkriegsdeutschlands nichts anderes als ein Politikum darstellte": Meyer, *Checkpoint Shakespeare*, 241.

materialen Dimension von Kultur) finden.[82] Diese geben Aufschluss über die Motivation der Britischen Kontrollkommission, britische Literaten in Deutschland einzusetzen, sowie über deren eigene Motivation, nach dem Krieg an der geistigen Neugestaltung Deutschlands mitzuwirken. Orientierungshilfen für diese die Gegenwart und Zukunft betreffenden Entscheidungen boten die durch die Erinnerung vermittelten Erfahrungen aus der Vergangenheit. Dem kulturwissenschaftlichen Ansatz dieser Arbeit entsprechend wird Literatur hier also zum einen in ihrer Funktion als Form der kulturellen Überlieferung betrachtet, die wiederum auf institutionelle Rahmenbedingungen angewiesen ist, zum anderen als eine wesentliche Ausdrucksform von Kultur, die Empfindungen, Werte und Vorstellungen (Mentalitäten) beobachtbar macht.

Das verstärkte Interesse, das die Medien den Zeugen der Besatzungszeit in den letzten Jahren entgegengebracht haben, zeigt, dass man sich allseits bewusst ist, dass die Zeitzeugen langsam 'aussterben'. In einer Zeit, in der die lebendige Erinnerung von Zeitzeugen schwindet, kommt den Texten der Literaten, die an Besatzung, Entnazifizierung und Umerziehung beteiligt waren, als 'kulturellen Artefakten' eine besondere Bedeutung zu. Als Inhalt des kommunikativen Gedächtnisses, das auf mündlicher Überlieferung beruht und höchstens drei Generationen zurückreicht,[83] gehen Besatzung, Entnazifizierung und Umerziehung langsam verloren. Sie finden im Medium der Texte von Zeitzeugen Eingang in das epochenübergreifende kulturelle Gedächtnis[84]: Das "Erfahrungsgedächtnis" wird in ein kulturelles Gedächtnis der Nachwelt "übersetzt".[85] Als Teil des Bestandes kultureller Artefakte, auf die sich das kulturelle Gedächtnis stützt, sind diese Texte an der kollektiven Identitätsbildung beteiligt.[86]

Dieses kollektiv geteilte Wissen über die Vergangenheit wird auch von den Texten derjenigen Autoren vermittelt, die Besatzung, Entnazifizierung und Umerziehung selbst nicht miterlebt haben, die sich damit vielmehr aus zunehmender zeitlicher Distanz be-

[82] Zur Unterscheidung der materialen, sozialen und mentalen Dimension von Kultur siehe Roland Posner, "Kultur als Zeichensystem. Zur semiotischen Explikation kulturwissenschaftlicher Grundbegriffe", in: Aleida Assmann und Dietrich Harth (Hgg.), *Mnemosyne. Formen und Funktionen der kulturellen Erinnerung* (Frankfurt/M.: Fischer, 1991), 37-74, bes. 54.

[83] Aleida Assmann, *Erinnerungsräume. Formen und Wandlungen des kulturellen Gedächtnisses* (München: Beck, 1999), 13.

[84] Unter kulturellem Gedächtnis versteht Jan Assmann "den jeder Gesellschaft und jeder Epoche eigentümlichen Bestand an Wiedergebrauchs-Texten, -Bildern und -Riten zusammen […], in deren 'Pflege' sie ihr Selbstbild stabilisiert und vermittelt, ein kollektiv geteiltes Wissen vorzugsweise [...] über die Vergangenheit, auf das eine Gruppe ihr Bewußtsein von Einheit und Eigenart stützt": Jan Assmann, "Kollektives Gedächtnis und kulturelle Identität", in Jan Assmann, Tonio Hölscher (Hgg.), *Kultur und Gedächtnis* (Frankfurt/M.: Suhrkamp,1988), 9-19, 15.

[85] A. Assmann, *Erinnerungsräume*, 15.

[86] J. Assmann, "Kollektives Gedächtnis und kulturelle Identität", 15. Siehe dazu auch Hans-Joachim Gehrkes Vorwort zu ders. (Hg.), *Geschichtsbilder und Gründungsmythen*, Identitäten und Alteritäten, 7 (Würzburg: Ergon, 2001), 9-20, insb. 9-10. Auf die Bedeutung der Fixierung von Erinnerung hatte Maurice Halbwachs hingewiesen, mit dessen Schriften sich Jan Assmann in den 1990er Jahren auseinandersetzte. Halbwachs' "mémoire collective" (Maurice Halbwachs, *La mémoire collective*, édition critique par G. Namer, Paris 1997 [1950]) baute er zum Konzept des "kulturellen Gedächtnisses" aus.

fassen. Auch diese Autoren wirken maßgeblich dem Verblassen der Vergangenheit entgegen. Wahrnehmung und Interpretation der erinnerten Vergangenheit sind bei ihnen von sich stets wandelnden Erfahrungen und Erwartungen geprägt, sind Ausdruck eines sich stets verändernden Geschichtsbewusstseins.

Sowohl für die Zeitzeugen als auch für die zeitferneren Literaten gilt, dass man hinsichtlich ihrer Wahrnehmung der Vergangenheit mit vielfältigen Brechungen rechnen muss, weil sich der Übergang vom kommunikativen zum kulturellen Gedächtnis nie ohne Metamorphosen, auch nicht – wie Aleida Assmann betont – ohne die Prozesse "der Verzerrung, der Reduktion, der Instrumentalisierung von Erinnerung" vollzieht.[87] Von den sechs Merkmalen, die – nach Jan Assmann – das kulturelle Gedächtnis bestimmen (Identitätskonkretheit oder Gruppenbezogenheit, Rekonstruktivität, Geformtheit, Organisiertheit, Verbindlichkeit und Reflexivität),[88] betrifft dies vor allem die Merkmale der Gruppenbezogenheit und der Rekonstruktivität: Das kulturelle Gedächtnis konserviert nie den Wissensvorrat aller Mitglieder einer Gesellschaft, sondern den einer bestimmten Gruppe, die durch die kulturelle Überlieferung ihre Identität festigt; nicht die Vergangenheit selbst wird bewahrt, sondern deren deutende Rekonstruktion im Bewusstsein des Einzelnen – eine Einsicht der konstruktivistischen Geschichtsforschung, die auch für die Einschätzung der in dieser Arbeit zu untersuchenden Texte maßgeblich ist. Die Auswahl einzelner Erzählgegenstände aus der Fülle pränarrativer Erfahrungen entscheidet mit darüber, welche Orte, Zeiten, Personen und materiellen Objekte Eingang in den (nach Jan Assmann) das kulturelle Gedächtnis mitbestimmenden Bestand an "Wiedergebrauchs-Texten"[89] finden.

Kapitel II der Arbeit fragt nach dem Reservoir des in diesen Texten kulturell Erinnerten und nach den Veränderungen, die sich im Wandel der Zeit von 1945 bis heute bezüglich der Sinndeutung der Prozesse von Besatzung, Entnazifizierung und Umerziehung ergeben haben. Das Erkenntnisinteresse dieses Kapitels ist auf die für eine kulturwissenschaftliche Analyse zentrale Frage gerichtet, inwiefern diese Texte Aufschluss über die Wahrnehmung der historischen Ereignisse und der eigenen sozio-kulturellen Aufgaben im Bewusstsein des Literaten geben: "cultural history [...] records meanings and values, which is to say that its concerns are not so much what individuals actually did, but more what people wanted to do, wished they had done, what they cared about and deplored."[90] Wie zu zeigen sein wird, stimmen die Einstellungen und Wertvorstellungen, die sich in den von den Literaten im Auftrag der britischen Kontrollkommission ausgeführten Handlungen manifestieren, nicht unbedingt mit denen der ausführenden Literaten überein. Ihre Texte eröffnen einen Blick auf Konstruktionen des Anderen und des Selbst, auf das Machtverhältnis zwischen Briten und Deutschen und das Verhältnis zwischen den Briten und den Alliierten in den anderen Besatzungszonen, auf Prozesse der Selbstvergewisserung, der Legitimation von Machtansprüchen und Identitätsfundierung, aber auch der Selbstkritik.

[87] A. Assmann, *Erinnerungsräume*, 15.
[88] J. Assmann, "Kollektives Gedächtnis und kulturelle Identität", 13ff.
[89] Ebd., 15.
[90] Catherine Belsey, "Reading Cultural History", in: Tamsin Spargo (Hg.), *Reading the Past* (Basingstoke: Palgrave, 2000), 103-117, 107.

Kapitel III ergänzt diese primär auf das 'Was' – auf die Inhalte des Geschichtsbewusstseins – gerichtete Untersuchung durch die Frage nach dem 'Wie', nach bevorzugten Mitteln der Artikulation und Konstitution von Geschichtsbewusstsein und den Möglichkeiten, aus der einnerten Vergangenheit Deutungsangebote für die Gegenwart und Orientierungshilfen für die Zukunft zu gewinnen.

Mit der Untersuchung von Geschichtsbewusstsein in einem sich wandelnden Bezugsrahmen und sich dabei auch wandelnden Erfahrungen, Denkformen und Empfindungsweisen verfolgt die Arbeit die Interessen einer sich auf die Kulturgeschichte hin öffnenden Literaturwissenschaft,[91] möchte sie einen Beitrag zu einer kulturwissenschaftlich orientierten englischen Literaturgeschichte der Nachkriegszeit leisten.

2 Theoretische Prämissen

Einige Leitbegriffe sollen in ihrer Relevanz für die nachfolgende Untersuchung näher bestimmt werden: 'Geschichte', 'Geschichtsdarstellung', 'Geschichtsbewusstsein' und 'Geschichtsbild'. Der moderne Geschichtsbegriff umfasst sowohl die historischen Ereignisse (die *res gestae*) als auch deren Darstellung (die *historia rerum gestarum*). Der Begriff 'Geschichtsbewusstsein' zielt auf die Erfahrungen dieser Ereignisse im Bewusstsein des Einzelnen ab und meint "die Art, in der Vergangenheit in Vorstellung und Erkenntnis gegenwärtig ist".[92] In ihrer Gesamtheit konstituieren die Erfahrungen von Geschichte schließlich das 'Geschichtsbild'.

2.1 Geschichte, historiographische und literarische Geschichtsdarstellung

Britische Literaten 'machten' in der Besatzungszeit auf zweierlei, einander durchaus nicht ausschließende Arten 'Geschichte': Sie beeinflussten den Lauf der Dinge (die *res gestae*), und sie textualisierten das historische Geschehen (als *historia rerum gestarum*).[93]

[91] Siehe dazu eingehend Herbert Grabes, "Textwissenschaftlich fundierte Kulturwissenschaft/Landeskunde", Forum "Cultural Studies – British Studies" (Barbara Korte), *Anglistentag Greifswald 1995. Proceedings*, hg. von Jürgen Klein und Dirk Vanderbeke (Tübingen: Niemeyer, 1996), 35-40, 36.

[92] Karl-Ernst Jeismann, "Geschichtsbewußtsein", in: Klaus Bergmann et al. (Hgg.), *Handbuch der Geschichtsdidaktik*, 5., überarbeitete Aufl. (Seelze-Velber: Kallmeyer, 1992) [1979], 40-43, 42.

[93] Im Begriff 'Geschichte', der in der 2. Hälfte des 18. Jahrhunderts in Deutschland den der 'Historie' verdrängte, "verschränken sich also die Ereignisse mit den Erzählungen": Paul Ricoeur, *Zeit und Erzählung 3: Die erzählte Zeit*, aus dem Französischen von Andreas Knop (München: Fink, 1991) [1985], 337. Zum modernen Geschichtsbegriff siehe Reinhart Koselleck, "Die Herausbildung des modernen Geschichtsbegriffs", in: Otto Brunner, Werner Conze, Reinhard Koselleck (Hgg.), *Geschichtliche Grundbegriffe. Historisches Lexikon zur politisch-sozialen Sprache in Deutschland*, 2 (Stuttgart: Klett-Cotta, 1975), 647-717, *s. v.* "Geschichte, Historie". Siehe weiter Reinhart Koselleck, "Wozu noch Historie?", in: *Über das Studium der Geschichte*, hg. von Wolfgang Hardtwig (München: dtv 1990 [1970]), 347-365; ders., *Vergangene Zukunft. Zur Semantik geschichtlicher Zeiten* (Frankfurt: Suhrkamp 1989 [1979], 130; Hugo Aust, *Der historische Roman* (Stuttgart/Weimar: Metzler, 1994), 5-10. Zur Mehrdeutigkeit des Geschichtsbegriffes siehe

Ihre aktive Intervention bestand in praktischer Entnazifizierungs- und Umerziehungsarbeit und zielte insbesondere auf die Steuerung des Bildungs- und Literaturbetriebs. Ihr Aufgabenbereich lag etwa in der Sondierung deutscher Intellektueller und deutscher Bildungsanstalten, in der Entnazifizierung von Bibliotheken, in der Auswahl von Literatur für den deutschen Buchmarkt und in Vortragsreisen in der britischen Zone.

Die Textualisierung des historischen Geschehens ist zugleich die Art und Weise seiner Vermittlung. Denn historische Ereignisse sind nicht unmittelbar, sondern – wie Linda Hutcheon betont – immer nur vermittelt, in 'textualisierter' Form zugänglich: "After all, we can only 'know' [...] the world through our narratives (past and present) of it, or so postmodernism argues. The present, as well as the past, is always already textualized for us."[94] Dies gilt natürlich auch für die Zeit der Besatzung, Entnazifizierung und Umerziehung im Deutschland der Nachkriegszeit und für die kulturellen Praktiken der daran teilhabenden britischen Literaten, die mit ihren Texten maßgeblich zu diesem 'Textualisierungs'-Prozess beitrugen.

Im Kontext dieser Arbeit ist es wichtig, darauf hinzuweisen, dass Literaten bis in die Gegenwart hinein an diesem Prozess der 'Textualisierung' beteiligt sind. Da aber die jeweiligen Entstehungskontexte ihrer Texte variieren, ist es dennoch sinnvoll, zwischen

weiter Jörn Rüsen, *Historische Vernunft. Grundzüge einer Historik I. Die Grundlagen der Geschichtswissenschaft* (Göttingen: Vandenhoeck & Ruprecht 1983); ders., *Rekonstruktion der Vergangenheit. Grundzüge einer Historik II: Die Prinzipien der historischen Forschung* (Göttingen: Vandenhoeck & Ruprecht, 1986).

[94] Linda Hutcheon, *A Poetics of Postmodernism* (London/New York: Routledge, 1989), 128. Ähnlich betont Dominick LaCapra: "the past arrives in the form of texts and textualized remainders – memories, reports, published writings, archives, monuments, and so forth": Dominick LaCapra, *History and Criticism* (Ithaca/London: Cornell University Press, 1985), 128, und Fredric Jameson hebt hervor, "that history is inaccessible to us except in textual form, or in other words, that it can be approached only by way of (re)textualization": Fredric Jameson, *The Political Unconscious: Narrative as a Socially Symbolic Act* (London: Methuen, 1981), 82. Dementsprechend sind die Aufgaben des Historikers Klaus Weimar zufolge wie folgt zu beschreiben: "Historiker erforschen nicht Geschichte, sie lesen *Texte über* Vergangenes; Historiker schreiben nicht Geschichte, vielmehr schreiben sie *Texte über* Geschichte; Historiker erzählen nicht Geschichte; sie schreiben *Texte über* Geschichte, unter anderem auch 'narrative' Texte.": Klaus Weimar, "Der Text, den (Literatur-)Historiker schreiben", in: Hartmut Eggert, Ulrich Profitlich, Klaus R. Scherpe (Hgg.), *Geschichte als Literatur. Formen und Grenzen der Repräsentation von Vergangenheit* (Stuttgart: Metzler, 1990), 29-39, 29. Ankersmit formuliert die Aufgabe des Historikers wie folgt: "to produce narrative substances that can, in the literal sense of the word, function as the *substitutes* for the past they attempt to *replace*": Frank R. Ankersmit, "Reply to Professor Zagorin", *History and Theory* 29 (1990), 275-96, 291. Chris Lorenz weist auf die Probleme hin, die die "Substituierung der Wirklichkeit durch ihre '(Re-)Präsentation' in Texten" mit sich bringt: "nur noch die Texte, ihre gegenseitigen Beziehungen und ihre Bedeutung", werden untersucht: Chris Lorenz, *Konstruktion der Vergangenheit. Eine Einführung in die Geschichtstheorie*, Beiträge zur Geschichtskultur, 13 (Köln/Weimar/Wien: Böhlau, 1997), 177. Einen Überblick über wesentliche Überschneidungen und Unterschiede zwischen den Fragestellungen in Historik und Literaturgeschichtsschreibung bietet Klaus Stierstorfer, "Geschichte und Literaturgeschichte: Vergleichende Problemstellungen", *ZAA* 50 (2002), 113-128.

solchen Texten zu unterscheiden, die von den in der britischen Besatzungszone eingesetzten Literaten *während* ihrer Tätigkeit in der Besatzungszeit verfasst wurden (Tagebücher, Essays, Briefe, fiktionale Texte), und solchen, die zu einem *späteren* Zeitpunkt entstanden sind. Hierbei kann es sich wiederum zum einen um nachzeitiges Erzählen durch Zeitzeugen handeln (in Form überarbeiteter Tagebücher, Memoiren, Autobiographien, fiktionaler Texte), zum anderen um Literatur (erzählende, dramatische, lyrische Dichtung) von Autoren, die selbst nicht an den Prozessen von Besatzung, Entnazifizierung und Umerziehung teilhatten. Insbesondere in den letzten Jahren ist in literarischen Geschichtsdarstellungen ein zunehmendes Interesse an Besatzung, Entnazifizierung und Umerziehung sowie an deren Brechung im Prisma von Ereignissen und Zeitströmungen des späten 20. und frühen 21. Jahrhunderts zu verzeichnen.

Unter dem Einfluss vornehmlich poststrukturalistischer und konstruktivistischer Theorien ist die objektivistische Geschichtsauffassung längst der Einsicht gewichen, dass alle Texte über die Vergangenheit den Grenzen kognitiver und sprachlicher Bedingtheit unterliegen und infolgedessen nicht als objektive Abbildungen der Wirklichkeit, sondern als sprachlich erzeugte und subjektabhängige Konstruktionen von Vergangenheit zu deuten sind.[95] Spätestens durch die geschichtsphilosophischen Arbeiten Michel de Certeaus, Paul Ricoeurs und (insbesondere) Hayden Whites ist das Bewusstsein dafür geschärft worden, dass es sich bei narrativen historiographischen Texten[96] um von Auswahl- und Darstellungsformen abhängige Konstrukte handelt, die nicht 'objektive' Darstellungen historischer Ereignisse sind (nicht Abbildungen, "wie es eigentlich gewesen" ist[97]), sondern Interpretationen der Ereignisse, die den Grenzen sprachlicher Darstellungsformen unterliegen und die imaginativ aufgeladen sind.[98] "Bereits die Tat-

[95] Von entscheidender Bedeutung waren hier die im Begriff 'linguistic turn' zusammengefassten Entwicklungen, denen eine Skepsis gegenüber dem 'Realitäten' schaffenden Medium Sprache gemeinsam ist; folgender Sammelband machte diesen Begriff populär: Richard Rorty (Hg.), *The Linguistic Turn* (Chicago: University of Chicago Press, 1992) [1967]; siehe auch LaCapra, *History and Criticism*. Zu den Interessen einer konstruktivistischen Geistesgeschichte siehe etwa Vera Nünning, "Wahrnehmung und Wirklichkeit. Perspektiven einer konstruktivistischen Geistesgeschichte", in: Gebhard Rusch, Siegfried J. Schmidt (Hgg.), *Konstruktivismus: Geschichte und Anwendung*, DELFIN, 1992 (Frankfurt: Suhrkamp, 1992), 91-118; Ernst von Glaserfeld, *Konstruktivistische Diskurse*, LUMIS-Schriften, 2 (Siegen: Universität Siegen 1984); Humberto R. Maturana, *Erkennen. Die Organisation und Verkörperung von Wirklichkeit. Ausgewählte Arbeiten zur biologischen Epistemologie* (Braunschweig/Wiesbaden: Vieweg, 1982).

[96] White geht bei seiner Darstellung der Parallelen zwischen Historiographie und Literatur vom Typus der narrativen Geschichtsschreibung aus. Siehe Ansgar Nünning, *Von historischer Fiktion zu historiographischer Metafiktion*, 2 Bde. (Trier: wvt, 1995), Bd. 1, 133.

[97] Leopold von Ranke, "Vorrede" zu seiner "Geschichte der romanischen und germanischen Völker von 1494 bis 1535" [1824], in: Wolfgang Hardtwig (Hg.), *Über das Studium der Geschichte* (München: dtv, 1990), 44-46, 45.

[98] In *Metahistory* geht White auf die begrenzte Anzahl rhetorischer Mittel, die bei der Anordnung der Historie zur Verfügung stehen, ein; als die "Four Master Tropes" nennt er Metapher, Metonymie, Synekdoche und Ironie: Einleitungskapitel "The Poetics of History" in: Hayden White, *Metahistory. The Historical Imagination in Nineteenth Century Europe* (Baltimore/London: John Hopkins Press, 1973), 1-42. Siehe dazu auch Jörn Stückrath, Jürg Zbinden (Hgg.), *Metageschich-*

sachenerkenntnis der Wirklichkeit", so Chris Lorenz, hat "interpretativen Charakter",[99] setzt sie doch einen konzeptuellen Begriff für das Faktum voraus, der die Art der Wahrnehmung bestimmt; die Faktenauswahl ist ein weiterer interpretatorischer Eingriff,[100] und auch die Zusammenhänge zwischen vergangenen Ereignissen werden, so betont Frank Ankersmit, erst durch den Historiker hergestellt.[101]

Der Aspekt der Fiktionalität, den Leopold von Ranke (im 19. Jahrhundert) zur Unterscheidung von historiographischen und literarischen Geschichtsdarstellungen herangezogen hatte, ist für Hayden White ein Merkmal *jeder* Narration der Geschichte. Denn auch in der Historiographie, so schreibt White, werden die 'Fakten' in einer "literary, that is to say fiction-making operation"[102] angeordnet (von White als "emplotment"[103] bezeichnet). Während in der neueren Forschung Einigkeit darüber besteht, dass auch narrative historiographische Darstellungen imaginative Elemente enthalten,[104] ist Whites Gleichsetzung von "emplotment", Literarizität und Fiktionalität, die – konsequent verfolgt – zu einer Auflösung der Grenzen zwischen Historiographie und Fiktion führt, überzeugend kritisiert worden.[105] So kann etwa eingewendet werden, dass narrative Darstellungsverfahren nicht notwendigerweise Indikatoren von Fiktionalität sein müssen, dass sie wegen ihrer "Konstruktivität und Kreativität" nicht notwendigerweise Fiktionen sind.[106] Trotz, oder vielmehr gerade wegen ihrer Angreifbarkeit haben Whites Arbeiten einen entscheidenden Anstoß zu einer fruchtbaren Fiktionalitätsdebatte und zur Formu-

te: Hayden White und Paul Ricoeur (Baden-Baden: Nomos, 1997) und Alun Munslow, *Deconstructing History* (London: Routledge, 1997), 140-162. Bereits Droysen hatte erkannt, dass es "einer Darstellungsform [bedarf], in der nicht die Erzählung die Hauptsache ist": Johann Gustav Droysen, *Historik* [1857, 1857/58, 1882], hg. von Peter Leyh, Studienausgabe (Stuttgart/Bad Cannstatt: Frommann-Holzboog, 1977), 249.

99 Lorenz, *Konstruktion der Vergangenheit*, 34.

100 Stierstorfer, "Geschichte und Literaturgeschichte", 116.

101 Frank R. Ankersmit, "Historiography and Postmodernism", *History and Theory* 28 (1989), 137-153, 137. Bereits Collingwood hatte mit seiner Formel, Geschichte sei "the re-enactment of past thought in the historian's own mind" betont, dass diese nicht die Fakten, sondern deren Erkenntnis durch den Historiker darstelle: R. G. Collingwood, *The Idea of History* (Oxford: Clarendon Press, 1946), 15. Siehe dazu Kurt Tetzeli von Rosador, *Das englische Geschichtsdrama seit Shaw* (Heidelberg: Universitätsverlag Winter, 1976), 36.

102 Hayden White, *Tropics of Discourse. Essays in Cultural Criticism* (Baltimore/London: Johns Hopkins Press, 1978), 85.

103 Unter "emplotment" versteht White "the encodation of facts in the chronicle as components of specific kinds of plots structures": White, *Tropics of Discourse*, 83. "How a given historical situation is to be configured depends on the historian's subtlety in matching up a specific plot structure with the set of historical events that he wishes to endow with a meaning of a particular kind. This is essentially a literary, that is to say, fiction-making operation": White, *Tropics*, 85. In seiner Anordnung der Ereignisse wird der Historiograph, wie White in *Metahistory* darstellt, durch die begrenzte Verfügbarkeit rhetorischer Mittel eingeschränkt.

104 Eberhard Lämmert, "Geschichten von der Geschichte. Geschichtsschreibung und Geschichtsdarstellung im Roman", *Poetica* 17 (1985), 228-254, 249.

105 Nünning, *Von historischer Fiktion zu historiographischer Metafiktion*, 1, 142f.; Lorenz, *Konstruktion der Vergangenheit*, 184.

106 Weimar, "Der Text, den (Literatur-)Historiker schreiben", 37.

lierung von formalen und funktionalen Unterscheidungskriterien zwischen narrativ-fiktionaler Geschichtsdarstellung und Historiographie gegeben.[107] Für Wolfgang Iser ist es ein Kennzeichen für "die Literatur im weitesten Sinne, daß sie sich durch ein Signalrepertoire als fiktional zu verstehen gibt",[108] und zuletzt hat Ansgar Nünning Indikatoren herausgearbeitet, die die Fiktionalität eines Textes signalisieren und die zur Unterscheidung zwischen fiktionalen und historiographischen Geschichtsdarstellungen dienen können ("Fiktionalitätsindikatoren").[109]

Die im Rahmen der vorliegenden Arbeit behandelten Texte erheben nicht den Anspruch, historiographische Texte im Sinne wissenschaftlicher Überprüfbarkeit zu sein[110] – ja, sie setzen sich vielmehr bewusst davon ab. Denn in diesen Texten und ihren Kontexten (etwa der "Druckort und die Umstände, unter denen ein Text angeboten wird"[111]) finden sich verschiedene, je nach Text und Textsorte mehr oder weniger dicht gestreute Indikatoren dafür, dass es sich nicht um Geschichtsschreibung, sondern um Geschichtsdarstellung literarischer Art handelt. Die Fiktionalität solcher Texte wird unter anderem durch den Einblick, den diese durch verschiedene spezifisch literarische Darstellungsmittel in Bewusstseinsprozesse historischer Figuren eröffnen, markiert, der im Zusammenhang dieser Arbeit, die sich mit Bewusstseinsinhalten befasst, von besonderem Interesse ist. Insbesondere in Erzählsituationen, in denen die Innenperspektive dominiert (Ich-Erzähler oder *internal focalization*), erhält der Leser Zugang zur Innenwelt einer Figur,[112] und ein heterodiegetischer Erzähler vermag Einblicke in das Bewusstsein

[107] Siehe, stellvertretend für viele andere, Dorrit Cohn, "Fictional versus Historical Lives: Borderlines and Borderline Cases", *Journal of Narrative Technique* 19 (1989), 3-24; dies., "Signposts of Fictionality", *Poetics Today* 11 (1990), 775-804; Gérard Genette, "Fictional Narrative, Factual Narrative", *Poetics Today* 11 (1990), 755-74; Franz K. Stanzel, "Historie, Historischer Roman, Historiographische Metafiktion", *Sprachkunst* 26 (1995), 113-23; Nünning, *Von historischer Fiktion zu historiographischer Metafiktion*, 1, 129-205 sowie die Beiträge in: Johann Holzner, Wolfgang Wiesmüller (Hgg.), *Ästhetik der Geschichte*, Innsbrucker Beiträge zur Kulturwissenschaft, Germanistische Reihe, 54 (Innsbruck: Institut für Germanistik, 1995) und in: Eggert, Profitlich, Scherpe (Hgg.), *Geschichte als Literatur*.

[108] Wolfgang Iser, *Das Fiktive und das Imaginäre. Perspektiven literarischer Hermeneutik* (Frankfurt/M.: Suhrkamp, 1993), 35.

[109] Nünning unterscheidet zwischen paratextuellen, metafiktionalen, strukturellen und textlinguistischen Fiktionalitätsindikatoren, die er ausführlich erläutert: *Von historischer Fiktion zu historiographischer Metafiktion*, 1, 153-172.

[110] Siehe Warner Berthoff, der Historiographie definiert als "the story of happenings, that are, or might be, otherwise knowable": "Fiction, History, Myth: Notes toward the Discrimination of Narrative Forms", in: *The Interpretation of Narrative: Theory and Practice*, hg. von M. W. Bloomfield (Cambridge, Mass.: Harvard University Press, 1970), 263-287, 271.

[111] Eberhard Lämmert, "Geschichte unter wechselndem Blick. Schlußbemerkungen zum Symposion 'Geschichte als Literatur'", in: Eggert, Profitlich, Scherpe (Hgg.), *Geschichte als Literatur*, 415-423, 418.

[112] Siehe etwa Stanzel, der ausführlich beschreibt, wie sich je nach Erzählsituation der Umfang und die Art des Einblicks in die Innenwelt der Charaktere unterscheidet: Franz K. Stanzel, *Theorie des Erzählens*, 4. Aufl. (Göttingen: Vandenhoeck & Ruprecht, 1989) [1979].

mehrerer Figuren zu geben.[113] Literarische Darstellungsmittel wie erlebte Rede, Bewusstseinsbericht und innerer Monolog sind spezifisch literarische Techniken, durch die sich diese Innenwelt dem Leser erschließt. Dieser der literarischen Geschichtsvermittlung eigene Zugang zur Innenwelt der Charaktere, von Genette als "direct access to the subjectivity of characters" beschrieben,[114] die subjektive Brechung von Geschichte im Bewusstsein eines Erzählers oder einer Reflektorfigur, wird nicht verschleiert. Während also sowohl Historiographie als auch Fiktion nach konstruktivistischer Einsicht die Ereignisse in subjektiver Vermittlung darbieten, erweckt die Historiographie immerhin den Anschein von Objektivität und lässt in ihrem Streben nach Objektivität die "human persona" zurücktreten, wie Roland Barthes betont:

> the history seems to write itself. This approach is very widely used, since it fits the so-called 'objective' mode of historical discourse, in which the historian never appears himself. What really happens is that the author discards the human persona but replaces it by an 'objective' one; the authorial subject is as evident as ever, but it has become an objective subject.[115]

Obwohl die von den in der Besatzungszone eingesetzten Literaten verfassten Texte (Essays, Tagebücher, Autobiographien, Memoiren) sicherlich interessante Aussagen über die Ereignisse von Besatzung, Entnazifizierung und Umerziehung machen, geben die hier in den Blick genommenen Texte doch vor allem Einblicke in Bewusstseinsvorgänge und betonen dabei immer wieder (z. T. gattungsbedingt), dass es sich hier weniger um die Darstellung von Ereignissen handelt als um deren Erleben im Bewusstsein des Einzelnen. Autobiographien, Tagebücher und Memoiren, die einen wesentlichen Teil des hier untersuchten Korpus ausmachen, sind offensichtlich subjektorientiert; aber auch der historische Roman der Gegenwart etwa erweckt keineswegs den Anschein von Objektivität. Vielmehr zählt für Ewald Mengel zu den Kennzeichen für die Entwicklung des historischen Romans im 20. Jahrhundert der "in die Form des Romans umgesetzte Zweifel an den Möglichkeiten einer objektivistischen Geschichtsdarstellung".[116] Ähnlich spricht Schabert von dem *im* historischen Roman "dargestellte[n] Erkenntnis- und Vermittlungsprozess".[117]

[113] "[D]as Vorrecht heterodiegetischer Erzählinstanzen, nach Belieben durch die Form des Gedankenberichts Einblick in die psychische Verfassung der Figuren zu geben", so Nünning, ist "ein eindeutiges Fiktionalitätssignal. [...] Während homodiegetische Erzähler den erkenntnistheoretischen Grenzen realer Aktanten unterliegen, setzen die Omnipräsenz und *omniscience* solcher Erzähler kognitive, physische und optische Fähigkeiten voraus, die nur im Kontext der Fiktion vorliegen": Nünning, *Von historischer Fiktion zu historiographischer Metafiktion*, 1, 187.

[114] Genette, "Fictional Narrative, Factual Narrative", 761.

[115] Roland Barthes, "Historical Discourse" [1967], in: Michael Lane (Hg.), *Structuralism. A Reader* (London: Jonathan Cape, 1970), 145-155, 148f.

[116] Ewald Mengel, *Geschichtsbild und Romankonzeption. Drei Typen des Geschichtsverstehens im Reflex der Form des englischen historischen Romans*, Anglistische Forschungen, 190 (Heidelberg: Universitätsverlag Winter, 1986), 27.

[117] Ina Schabert, *Der historische Roman in England und Amerika* (Darmstadt: Wissenschaftliche Buchgesellschaft, 1981), 76. Zur Auseinandersetzung mit Geschichte im postmodernen Roman

Die von Nünning der Gruppe der "Fiktionalitätsindikatoren" zugeordneten Signale historischer Romane, die anzeigen, dass diese Texte subjektabhängige Erfahrungen, Interpretationen und Wertungen von Ereignissen enthalten, sollen im Folgenden 'Subjektivitätssignale' genannt werden. Damit wird eine Unterkategorie eingeführt, die sich besonders für die in dieser Arbeit angestrebte Untersuchung von Geschichtsbewusstsein, von Bewusstseinsinhalten und deren Offenlegung, als brauchbar erweist. Zu Subjektivitätssignalen zählen etwa metafiktionale Verweise auf die Auswahl von Ereignissen und deren Montage, die enthüllen, dass es sich bei dem Text nicht um eine objektive Darstellung historischer 'Fakten' handelt, sondern um deren Vermittlung durch wahrnehmende Subjekte.

Schon die Erzählinstanz kann ein Subjektivitätssignal sein: Die erzählerische Vermittlung durch einen *focalizer* etwa zeigt bereits an, dass Ereignisse als im Bewusstsein eines wahrnehmenden Subjektes perspektivisch gebrochen erscheinen;[118] Referenzbezüge auf Ereignisse haben dann häufig reflexiven Charakter. Subjektivitätssignale können auch paratextueller Art sein.[119] So erwecken einige der hier untersuchten Texte durch einen expliziten Verweis im Untertitel auf ihre Zugehörigkeit zur Textsorte der 'autobiography' oder 'memoir' beim Leser die Erwartung einer subjektiven Darstellung von Ereignissen. In anderen Fällen macht ein Vor- oder Nachwort klar, dass der nachfolgende bzw. vorangehende Text als Darstellung von Bewusstseinsprozessen verstanden werden will. Zu Subjektivitätssignalen textueller Art gehören etwa die zeiträumliche Deixis, bei der das Orientierungszentrum in das 'Jetzt und Hier' einer Figur verlegt wird,[120] und die "Verben der inneren Vorgänge".[121]

Geschichtsdarstellungen literarischer Art werden im Folgenden nicht als defizitäre Darstellungen historischer Ereignisse betrachtet, sondern als Texte besonderer Art, deren spezifisches Potential erkannt, genutzt und analysiert werden soll. Als Darstellungen eines subjektiven Erlebens, ob zeitgenössisch oder gebrochen im Prisma späterer Jahrzehnte oder Jahrhunderte, sind diese Texte nicht (oder doch nur sehr bedingt) als Quellen für 'historische Fakten' lesbar; aber sie lassen in hervorragender Weise (besser und offensichtlicher als andere Texte) die Subjektivität des Erlebens im Bewusstsein des Einzelnen erkennen. Ist nach konstruktivistischer Einsicht historiographischen Texten und literarischen Darstellungen von Geschichte gemeinsam, dass sie Interpretationen der Vergangenheit sind, die sich literarischer Darstellungsformen bedienen, so

siehe auch Eva Manske, "History and Fabulation. Zur Auseinandersetzung postmodernistischer Schriftsteller mit der Geschichte", *Zeitschrift für Anglistik und Amerikanistik* 35 (1987), 136-146.

[118] Siehe dazu etwa Monika Fludernik, *The Fictions of Language and the Languages of Fiction* (London: Routledge, 1993); Nünning, *Von historischer Fiktion zu historiographischer Metafiktion*, 1, 116-124.

[119] Zum Paratext siehe Gérard Genette, *Palimpseste: Die Literatur auf zweiter Stufe* (Frankfurt/M.: Suhrkamp, 1993) [1982], 11ff. Peter Stolz rechnet Titel und Gattungstitel bereits zum Text: Peter Stolz, "Der literarische Gattungsbegriff. Aporien einer literaturwissenschaftlichen Diskussion. Versuch eines Forschungsberichtes zum Problem der 'literarischen Gattungen'", *Romanistische Zeitschrift für Literaturgeschichte* 14 (1990), 209-227, 211f.

[120] Siehe Stanzel, *Theorie des Erzählens*, 126f.

[121] Käte Hamburger, *Die Logik der Dichtung* (Stuttgart: Klett, 1957), 39ff.

leisten es vornehmlich letztere, Bewusstseinsinhalte greifbar zu machen und Mentalitäten zu reflektieren.[122] "Wohl nur in Ausnahmefällen", betont Straub, sei das Erzählte "als historisches Wissen" wichtig, zu beurteilen "am Maßstab geschichtswissenschaftlicher Erkenntnisse und Verfahren"; Aufmerksamkeit verdienten vielmehr die "psychischen Realitäten", auf die hin die Erzählungen transparent seien.[123]

Das Interesse meiner Untersuchung ist demzufolge ein konstruktivistisches und richtet sich nicht primär auf die 'Fakten', die in diesen Texten geschildert werden,[124] sondern darauf, wie das 'Tatsächliche' als Erfahrenes dargestellt wird, und damit auf die literarischen Texten eigenen Möglichkeiten, psychische und mentale Vorgänge kenntlich und nachvollziehbar zu machen. Es ist eben diese Qualität literarischer Texte, die die Literaturwissenschaft als besonders geeignet erscheinen lässt, "Kulturgeschichte zu schreiben". Geht man davon aus, so Eberhard Lämmert, "daß die poetische Literatur mit Vorzug gerade diejenigen menschlichen Lebenssbewandtnisse und -konflikte zu ihrem Thema macht, die weder von den staatlichen Instanzen noch auch von den institutionalisierten Wissenschaften schon versöhnt oder wenigstens geregelt sind", dann

> ist am Ende die Literaturwissenschaft vor anderen Disziplinen fähig, eine profunde Kulturgeschichte zu schreiben, in der für unsere Zeitgenossen die Herkunft ihrer heutigen Lebensverfassung samt ihren Nöten und unerfüllten Wünschen allgemeiner und besser sichtbar zu machen ist als mit der bloßen Beschreibung ihrer politischen und wirtschaftlichen Geschichte.[125]

Mit ähnlicher Begründung ist für Herbert Grabes die "Bevorzugung von Literatur im Sinne fiktionaler Texte [...] gerechtfertigt, weil sie mehr als alle anderen Textarten jene 'thick descriptions' enthält, die die moderne Kulturanthropologie mit Geertz für das *non plus ultra* hält".[126]

[122] Zum Begriff der Mentalität siehe eingehend Volker Sellin, "Mentalität und Mentalitätsgeschichte", *Historische Zeitschrift* 241 (1985), 555-598.

[123] Jürgen Straub, "Geschichten erzählen, Geschichte bilden. Grundzüge einer narrativen Psychologie historischer Sinnbildung", in: ders. (Hg.), *Erzählung, Identität und historisches Bewußtsein. Die psychologische Konstruktion von Zeit und Geschichte*, Erinnerung, Geschichte, Identität, 1 (Frankfurt/M.: Suhrkamp, 1998), 81-169, 137f.

[124] Versuchte man, anhand der Texte ein Geschehen jenseits der erzählten Geschichte zu rekonstruieren, beginge man den von Bonheim als "representational fallacy" bezeichneten Irrtum, den bereits Barthes kritisiert hatte: "the mistake of trying to explore a reality which almost certainly never existed except in the imagination of the writer.": Barthes, "Historical Discourse", 148f.

[125] Eberhard Lämmert, "Die Geisteswissenschaft in der Hochschulpolitik des letzten Jahrzehnts", in: Georg Stötzel (Hg.), *Germanistik – Forschungsstand und Perspektiven*, 2. Teil (Berlin/New York: de Gruyter 1986), 1-23, 20. Bereits 1969 plädierte Lämmert für eine interdisziplinäre Erweiterung der Germanistik auf eine Kulturwissenschaft hin: "Das Ende der Germanistik und ihre Zukunft", in: Jürgen Kolbe (Hg.), *Ansichten einer künftigen Germanistik* (München: Hanser, 1969), 79-104, 92.

[126] Herbert Grabes, "Textwissenschaftlich fundierte Kulturwissenschaft/Landeskunde", Forum "Cultural Studies – British Studies" (Barbara Korte), *Anglistentag Greifswald 1995. Proceedings*, hg. von Jürgen Klein und Dirk Vanderbeke (Tübingen: Niemeyer, 1996), 35-40, 36.

2.2 Geschichtsbewusstsein

Gemäß der Einsicht, dass Texte über die Vergangenheit nicht "'die' Geschichte unmittelbar, sondern nur eine Fülle von Bewusstseinsinhalten, die Vergangenheit betreffend" wiedergeben,[127] also Zugang zu einer jeweils subjektiv gebrochenen Vergangenheit verschaffen, gilt das Interesse an den im Rahmen dieser Arbeit behandelten Texten weniger dem Aussagewert, den sie im Hinblick auf 'eine' historische Wirklichkeit haben könnten, als vielmehr den in ihnen zugänglichen Wahrnehmungen, Rekonstruktionen und Interpretationen von historischen Ereignissen im Bewusstsein betroffener oder sich erinnernder Subjekte. Das Interesse gilt also nicht der Geschichte im Sinne der *res gestae*, nicht 'Fakten' und Ereignissen, sondern der Geschichte als "Inhalt von Geschichtsbewusstsein".[128]

Durch die Arbeiten Wilhelm Diltheys (1833-1911) avancierte die Kategorie des Geschichtsbewusstseins im 20. Jahrhundert zum "zentralen Begriff der modernen Geschichtsphilosophie".[129] "Das mitfühlende Verstehen alles Vergangenen muß zu einer Kraft werden, das Künftige zu gestalten", so fasste Dilthey die Funktion des 'geschichtlichen Bewusstseins'.[130] Auch in der aktuellen Debatte um das Geschichtsbewusstsein wird seine von Dilthey bereits angedeutete orientierende und handlungsleitende Funktion immer wieder hervorgehoben. So argumentiert Karl-Ernst Jeismann, dass das Geschichtsbewusstsein "Orientierung in der Zeit, Selbstverständnis für einzelne wie für Gruppen, Handlungswillen und Entscheidungsbegründung möglich"[131] mache. Ähnlich benennt Jörn Rüsen in einer neueren Arbeit als die wichtigsten Funktionen des Geschichtsbewusstseins "Gemeinschaftsbildung, Formierung von Identität, Erschließung von Welt, Erzeugung von Sinn in der Form spezifischer Deutungsmuster".[132] Diese zen-

[127] Karl-Ernst Jeismann, "'Geschichtsbewußtsein'. Überlegungen zur zentralen Kategorie eines neuen Ansatzes der Geschichtsdidaktik", in: Hans Süssmuth (Hg.), *Geschichtsdidaktische Positionen. Bestandsaufnahme und Neuorientierung* (Paderborn: Schöningh, 1980), 179-222, 187.

[128] Jörn Rüsen, *Historische Orientierung. Über die Arbeit des Geschichtsbewußtseins, sich in der Zeit zurechtzufinden* (Köln/Weimar/Wien: Böhlau, 1994), 7. Zur Kategorie des Geschichtsbewusstseins liegt bislang keine konsensfähige Definition vor. Siehe dazu Karl-Ernst Jeismann, "Geschichtsbewußtsein als zentrale Kategorie der Geschichtsdidaktik", in: Gerhard Schneider (Hg.), *Geschichtsbewußtsein und historisch-politisches Lernen* (Pfaffenweiler: Centaurus, 1988), 1-24, 7; Hans-Jürgen Pandel, "Dimensionen des Geschichtsbewußtseins. Ein Versuch, seine Struktur für Empirie und Pragmatik diskutierbar zu machen", *Geschichtsdidaktik. Probleme, Projekte, Perspektiven* 12 (1987), 130-142; Straub, "Geschichten erzählen", 95.

[129] Erich Bayer (ed.), *Wörterbuch zur Geschichte. Begriffe und Fachausdrücke*, 4., überarbeitete Auflage (Stuttgart: Kröner, 1980) [1960], *s. v.* "Geschichtsbewußtsein".

[130] W. Dilthey, *Vom Anfang des geschichtlichen Bewußtseins* [1917] (*Gesammelte Schriften, 1923-31*), zit. in: ebd.

[131] Jeismann, "'Geschichtsbewußtsein'. Überlegungen zur zentralen Kategorie eines neuen Ansatzes der Geschichtsdidaktik", 199.

[132] Jörn Rüsen, "Einleitung. Geschichtsbewußtsein thematisieren – Problemlagen und Analysestrategien", in: ders. (Hg.), *Geschichtsbewußtsein. Psychologische Grundlagen, Entwicklungskonzepte, empirische Befunde*, Beiträge zur Geschichtskultur, 21 (Köln: Böhlau, 2001), 1-13, 10.

tralen Funktionen des Geschichtsbewusstseins sieht Rüsen subsumiert in seiner allgemeinen Funktion, eine "bestimmte historische Orientierung" auszubilden.[133]

Die Kategorie des Geschichtsbewusstseins, wie sie insbesondere von Rüsen und Jeismann in der Geschichtsdidaktik sowie (in der Psychologie historischer Sinnbildung) von Jürgen Straub reflektiert worden ist, basiert auf der oben ausgeführten grundlegenden Annahme, dass "'Geschichte' [...] nicht als Abbild vergangener Realität, sondern nur als ihre aus Zeugnissen erstellte, auswählende und deutende Rekonstruktion ins Bewußtsein treten kann",[134] und trägt somit der "Bedingtheit aller Aussagen über Geschichte" Rechnung.[135]

Eigene Deutungen, Normen, Werte, Erwartungen und Erfahrungen fließen in jede Darstellung von Geschichte mit ein, die damit "subjektive Elemente" enthält.[136] Da, wie Jeismann betont, Geschichtsdarstellungen "nicht die Geschichte als Zustand, sondern Elemente von Geschichtsbewußtsein" enthalten,[137] gilt sein Interesse an ihnen, ebenso wie das dieser Studie, weniger dem Aussagewert, den sie für historische Ereignisse haben, als vielmehr der Frage, wie sich diese Ereignisse im Bewusstsein des Einzelnen niederschlagen; weniger dem Vergangenen, als der "Art, in der Vergangenes in Vorstellung und Erkenntnis gegenwärtig ist"[138]; weniger der 'Geschichte' als dem veränderbaren "Bezug einer Person zur [...] Geschichte".[139] Denn während historische Ereignisse als solche konstant bleiben, unterliegen die das Geschichtsbewusstsein bildenden Wahrnehmungen und Erfahrungen fortwährendem Wandel. Bereits Arthur Danto hat auf die nachträgliche Bedeutungszuweisung historischer Ereignisse durch nachfolgende Ereignisse hingewiesen: "events are continually being re-described, and their significance re-evaluated in the light of later information."[140] Mit zunehmender zeitlicher Distanz wer-

[133] Rüsen unterscheidet zwischen einer traditionellen, exemplarischen, kritischen und genetischen Orientierung: Jörn Rüsen, *Lebendige Geschichte. Grundzüge einer Historik III: Formen und Funktionen des historischen Wissens* (Göttingen: Vandenhoeck & Ruprecht, 1989), 126ff.

[134] Jeismann, "Geschichtsbewußtsein", 40.

[135] Jeismann, "'Geschichtsbewußtsein'. Überlegungen zur zentralen Kategorie eines neuen Ansatzes der Geschichtsdidaktik", 188. Auch Ricoeur betont, dass das historische Bewusstsein das Geschehen zwar 'repräsentieren', aber nie genau abbilden könne: Ricoeur, *Zeit und Erzählung*, 3, 223.

[136] Rüsen, *Historische Orientierung*, 7.

[137] Jeismann, "'Geschichtsbewußtsein'. Überlegungen zur zentralen Kategorie eines neuen Ansatzes der Geschichtsdidaktik", 187.

[138] Jeismann, "Geschichtsbewußtein", 42.

[139] Nina Leonhard, *Politik- und Geschichtsbewusstsein im Wandel. Die politische Bedeutung der nationalsozialistischen Vergangenheit im Verlauf von drei Generationen in Ost- und Westdeutschland*, Politik und Geschichte, 3 (Münster: LIT, 2002), 24. Ähnlich formuliert Stephen Bann, dass für die Untersuchung des Geschichtsbewusstseins die Frage, wie der Bezug einer Person zur Geschichte ("their relationship to history") artikuliert wird, in den Blick genommen werden muss: Stephen Bann, "The Sense of the Past: Image, Text, and Object in the Formation of Historical Consciousness in Nineteenth-Century Britain", in: *The New Historicism*, hg. von H. Aram Veeser (New York/London: Routledge, 1989), 102-115, 104.

[140] Arthur C. Danto, *Analytical Philosophy of History* (Cambridge: Cambridge University Press, 1965), 11. Siehe dazu weiter Ricoeur, *Zeit und Erzählung* 1, 215-221.

den die das Geschichtsbewusstsein bildenden Erfahrungen somit von immer neuen Erfahrungen[141] und Erwartungen überlagert. Diesen Erfahrungswandel beschreibt Reinhart Koselleck wie folgt: "auch Erfahrungen ändern sich, obwohl sie als einmal gemachte immer dieselben sind. Dies ist die temporale Struktur der Erfahrung, die ohne rückwärtswirkende Erwartung nicht zu sammeln ist. [...] Erfahrungen überlagern sich, imprägnieren sich gegenseitig. Mehr noch, neue Hoffnungen oder Enttäuschungen schießen rückwirkend in sie ein."[142] Kosellecks Ausführungen zum Erfahrungswandel vermögen zu erklären, warum "verschiedene Inhalte und Formen von Geschichtsbewußtsein zur 'gleichen' Vergangenheit auftreten".[143] "Die Vergangenheit", so hat Italo Svevo es bereits zu Anfang des 20. Jahrhunderts ausgedrückt, "ist immer neu. [...] Die Gegenwart dirigiert die Vergangenheit wie die Mitglieder eines Orchesters. Sie benötigt diese Töne und keine anderen. So erscheint die Vergangenheit bald lang, bald kurz. Bald klingt sie auf, bald verstummt sie. In die Gegenwart wirkt nur jener Teil des Vergangenen hinein, der dazu bestimmt ist, sie zu erhellen oder zu verdunkeln."[144]

Wie historische Ereignisse wahrgenommen, erfahren, gedeutet und auf die Zukunft bezogen werden, ist demnach kontextabhängig. Ihr Sinn, so Mengel, "liegt [...] nicht ein- für allemal fest, sondern muß vom jeweils späteren Zeitpunkt aus immer wieder neu gefunden werden."[145] Auch Straub betont, dass "für die Operationen und Objektivationen des historischen Bewußtseins also der Standort, die Perspektiven, Relevanzsetzungen und das Vokabular des jeweiligen Subjekts maßgeblich" sind.[146] Ähnlich führt Jan Assmann aus: "Der Sinn des Vergangenen bestimmt sich von der Gegenwart her, und nur das tritt als Ereignis hervor, was zum Werden des Gegenwärtigen beigetragen hat."[147] Erfahrungen aus der Vergangenheit werden in der Gegenwart gedeutet

[141] Unter "Erfahrung" versteht Koselleck "gegenwärtige Vergangenheit, deren Ereignisse einverleibt worden sind und erinnert werden können": Reinhart Koselleck, *Vergangene Zukunft. Zur Semantik geschichtlicher Zeiten* (Frankfurt: Suhrkamp 1989) [1979], 354.

[142] Koselleck, *Vergangene Zukunft*, 358.

[143] Jeismann, "Geschichtsbewußtsein", 42. Wie Jack Goody und Ian Watt erläutern, liegen in literalen Gesellschaften schriftliche Aufzeichnungen verschiedener 'Vergangenheitsversionen' vor; eine "strukturelle Amnäsie" ist nicht möglich. Die 'Umbildung' der Vergangenheit in literalen Gesellschaften, deren Mitgleider mit „dauerhaft aufgezeichneten Darstellungen der Vergangenheit und ihrer Überzeugung konfrontiert sind" ist nicht in der gleichen Weise wie in nicht-literalen Gesellschaften möglich. Zum Unterschied zwischen der "Überlieferung des kulturellen Erbes in nicht-literalen und alphabetisch-literalen Gesellschaften" siehe Jack Goody und Ian Watt, "Konsequenzen der Literalität", in: dies. (Hgg.), *Entstehung und Folgen der Schriftkultur* (Frankfurt/M.: Suhrkamp, 1991) [1968], 63-122, insb. 104-121.

[144] Italo Svevo, *Zeno Cosini*, übers. Piero Rismondo (Hamburg: Rowohlt, 1959), 467, zit. in: A. Assmann, *Erinnerungsräume*, 17.

[145] Mengel, *Geschichtsbild und Romankonzeption*, 51.

[146] Straub, "Geschichten erzählen", 99.

[147] Jan Assmann, "Stein und Zeit. Das 'monumentale' Gedächtnis der altägyptischen Kultur", in: Jan Assmann, Tonio Hölscher (Hgg.), *Kultur und Gedächtnis* (Frankfurt/M.: Suhrkamp, 1988), 87-114, 103. Was ein Ereignis zu einem Ereignis macht, so auch Jauß, "besteht nicht mehr unabhängig von Kategorien der Wahrnehmung und des Verstehens, das heißt von der Auffassung der Betroffenen, der Handelnden oder der späteren Betrachter, wie andererseits von dem 'Gesichts-

und auf die Zukunft bezogen: Die Vergangenheit wird für gegenwärtige und zukünftige Entscheidungen herangezogen.[148] Rüsen beschreibt die sinnbildende Tätigkeit des Geschichtsbewusstseins wie folgt:

> Angestoßen wird die Tätigkeit des Geschichtsbewußtseins von deutungsbedürftigen Zeiterfahrungen der Gegenwart [...]. Es lenkt diesen Anstoß in der Form einer Anfrage an die Vergangenheit; diese wird so durch Erinnerung vergegenwärtigt, daß an und mit ihrem Erfahrungsbestand das, was deutungsbedürftig gegenwärtig geschieht, verstanden und damit auch handelnd bewältigt werden kann. Eine solche Bewältigung ist dann geleistet, wenn angesichts und in der herausfordernden Gegenwartserfahrung durch die Erinnerung Zukunft in der Form einer handlungsleitenden Perspektive eröffnet, als sinnvoll erwartet werden kann.[149]

So ist die Zukunftsperspektive von der Deutung der Vergangenheit in der Gegenwart abhängig, und die Perspektive auf und die Konstruktion von Vergangenheit ist ihrerseits von gegenwärtigen Erfahrungen bestimmt.[150] Unter Bezugnahme auf Arthur Danto und auf George Herbert Mead, der auf die Abhängigkeit jeder Vergangenheit von der Situation, in der sie gebildet wird, hingewiesen hat,[151] resümiert Jürgen Straub: "'Offenheit' ist nicht nur ein Merkmal der Zukunft, sondern, freilich auf eigene Weise, auch der Vergangenheit."[152] Straub weist darauf hin, dass die wechselseitige Abhängigkeit der Zeitebenen noch an Komplexität gewinnt, wenn man Vergangenheit und Zukunft jeweils zergliedert,

> *beispielsweise* also die thematisierte Vergangenheit ihrerseits als ehemalige Gegenwart [begreift], der aus dieser oder jener Perspektive wiederum spezifische Vergangenheitsdeutungen und Zukunftserwartungen zugeordnet werden können. Wenn also jemand das

punkt der neuen Tatsache', von dem aus ein Ereignis neue Bedeutung gewinnen oder seine Bedeutung überhaupt einbüßen, gleichgültig werden und wieder zum bloßen Faktum gerinnen kann.": Hans Robert Jauß, "Zur Analogie von literarischem und historischem Ereignis", in: Reinhard Koselleck, W.-D. Stempel (Hgg.), *Geschichte – Ereignis und Erzählung* (München: Fink, 1973), 535f., Zitat 536. In mehreren Beiträgen weist auch Eric Hobsbawm auf die Beziehungen zwischen Vergangenheit, Gegenwart und Zukunft hin: "The Sense of the Past", "What Can History Tell Us about Contemporary Society?" und "Looking Forward: History and the Future", in: Eric Hobsbawm, *On History* (London: Weidefeld & Nicolson, 1997), 10-55.

[148] In anderen Worten: Angestoßen durch Gegenwartserfahrungen und entzündet "an Erfahrungen noch gegenwärtiger Vergangenheit", bewegt sich das Geschichtsbewusstsein "von der Gegenwart in die Vergangenheit, um von ihr her in die Gegenwart zurückkehrend Zukunft erfahrungsgesättigt als Handlungsperspektive eröffnen zu können.": Rüsen, *Historische Orientierung*, 9.

[149] Rüsen, *Historische Orientierung*, 8.

[150] Ähnlich spricht Ricoeur von einem komplexen Spiel "sich wechselseitig bedingender Bedeutungen, das zwischen unseren auf die Zukunft gerichteten Erwartungen und unseren auf die Vergangenheit zielenden Interpretationen stattfindet": *Zeit und Erzählung* 3, 335.

[151] Siehe George Herbert Mead, *The Philosophy of the Present* (Amherst, NY: Prometheus Books, 2002) [1932]; Straub, "Geschichten erzählen", 97.

[152] Straub, "Geschichten erzählen", 98.

> Handeln der Menschen aus anderen Zeiten zu verstehen versucht, könnte er dabei nicht nur seine eigene Gegenwart von der Vergangenheit unterscheiden und diese Differenz für das angestrebte Verständnis ins Spiel bringen, sondern darüber hinaus das interessierende Handeln als temporal komplexes Konstrukt betrachten: auch dieses Handeln wurde von Menschen vollzogen, die ihre Praxis im Lichte *ihrer* (möglicherweise diffusen, konfliktbeladenen etc.) Vergangenheitsdeutungen und Zukunftserwartungen gestalteten.[153]

Das somit als "Konstruktion von Zeitdifferenzen und Zeitrelationen" verstandene Geschichtsbewusstsein,[154] in dem die drei Zeitebenen in einen inneren Zusammenhang gebracht werden, wird Rüsen zufolge durch die Erinnerung vermittelt: "Geschichtsbewußtsein ist Inbegriff der mentalen (emotionalen und kognitiven, unbewußten und bewußten) Operationen, durch die die Erfahrung von Zeit im Medium der Erinnerung zu Orientierungen der Lebenspraxis verarbeitet wird."[155] Anders als für Rüsen ist für Straub Erinnerung nicht notwendigerweise eine Bedingung für das Geschichtsbewusstsein: "Demgegenüber möchte ich von historischem Bewußtsein auch dann sprechen, wenn die Vergangenheit und Erinnerung keine (explizite) Rolle für die Konstruktion der Wirklichkeit spielen, sondern allein Fragen nach der Relationierung von Gegenwart und Zukunft anstehen".[156] Während das Geschichtsbewusstsein Rüsen zufolge "die biologischen Zeitgrenzen der Subjekte" überschreitet, also nur solche Ereignisse Bestand des Geschichtsbewusstseins sind, die über die eigene Lebensspanne hinausgehen,[157] sollen im Kontext dieser Studie mit Straub auch die mit dem zeitgeschichtlichen Bewusstsein zusammenhängenden eigenen biographischen Erlebnisse zum Geschichtsbewusstsein gezählt werden.[158] Für die vorliegende Arbeit ist dies insofern von besonderer Bedeutung, als es sich bei vielen der hier zu untersuchenden Texte um Erinnerungen an eigene Erfahrungen handelt. Bedingung ist dann allerdings, dass die Ereignisse "für ein *Kollektiv* bedeutsam sind"[159] – im Fall von Memoiren, Autobiographien und Tagebüchern

[153] Ebd., 96.
[154] Ebd., 101.
[155] Rüsen, *Historische Orientierung*, 6. Siehe auch ders., *Historische Vernunft. Grundzüge einer Historik I: Die Grundlagen der Geschichtswissenschaft* (Göttingen: Vandenhoeck & Ruprecht, 1983), 48-50.
[156] Straub, "Geschichten erzählen", 101.
[157] Siehe Jörn Rüsen, Klaus Fröhlich, Hubert Horstkötter, Hans-Günter Schmidt, "Untersuchungen zum Geschichtsbewußtsein von Abiturienten im Ruhrgebiet", in: Bodo von Borries, Hans-Jürgen Pandel, Jörn Rüsen (Hgg.), *Geschichtsbewußtsein empirisch* (Pfaffenweiler: Centaurus, 1991), 221-344, 232.
[158] Straub, "Geschichten erzählen", 85f. Anm. 5. Straub räumt ein, dass es zwischen dem zeitgeschichtlichen Bewusstsein und dem historischen Bewusstsein, das sich auf vor die eigene Lebensspanne bezogene Ereignisse bezieht, gravierende Unterschiede gibt, etwa was die Quellen angeht, doch, so Straub, ändern "[s]olche Differenzen [...] nichts daran, daß wir es in beiden Fällen mit historischem Bewußtsein zu tun haben. [...] Der Begriff des historischen Bewußtseins läßt sich nicht an biologisch bedingten Lebensdaten festmachen. Seine Definition erfordert vielmehr eine Bezugnahme auf die aktiven Distanzierungs-, Reflexions- und Konstruktionsleistungen, durch die die Historie gebildet bzw. vergegenwärtigt wird.": ebd.
[159] Ebd., 85.

heißt dies, dass sie über das Interesse am Einzelschicksal hinausgehen müssen. Allerdings kann es sich, so merkt Straub an späterer Stelle an, auch bei vielen Erzählungen, die zunächst nur eine Einzelperson zu betreffen scheinen, um "transindividuell bedeutsame und verbindliche Sachverhalte der einen oder anderen Art" handeln.[160]

Besatzung, Entnazifizierung und Umerziehung bilden also einen Teil des Geschichtsbewusstseins sowohl derjenigen Personen, die diese Prozesse miterlebt haben, als auch der Nachgeborenen; allerdings – und das ist gleichfalls wichtig – sind es Inhalte eines sich wandelnden Geschichtsbewusstseins.

2.3 Historisches Erzählen

Die in der sinnbildenden Tätigkeit des Geschichtsbewusstseins gedeutete Zeiterfahrung nimmt, so Rüsen, "die Form einer Geschichte" an.[161] Historisches Erzählen ist "Sinnbildung über Zeiterfahrung",[162] es ist der Bewusstseinsvorgang, in dem sich die "formale Struktur der historischen Erkenntnis" bildet,[163] es ist eine "Sprachhandlung, [...] in der sich Geschichtsbewußtsein realisiert"[164] und durch die sich Geschichtsbewusstsein konstituiert: "Das historische Erzählen vergegenwärtigt die Vergangenheit immer in einem Zeitbewußtsein, in dem Vergangenheit, Gegenwart und Zukunft einen inneren, schlüssigen Zusammenhang bilden, und eben dadurch konstituiert es Geschichtsbewusstsein."[165] Vergangene Vorgänge werden in einer Erzählung (von Emil Angehrn als "Zeitlichkeit entwerfende Sprache" bezeichnet[166]) demnach in einer zeitlichen Abfolge vergegenwärtigt, in der die drei Zeitebenen auf solche Weise in einen inneren Zusammenhang gebracht werden, dass dabei gegenwärtige Vorgänge gedeutet und Perspektiven für die Zukunft entworfen werden: "Das Geschichtsbewußtsein artikuliert eine solche Zeitverlaufsvorstellung dadurch, daß es die erinnerten Vorgänge zeitlicher Veränderungen in der Vergangenheit 'erzählt', also narrativ ausdrückt. [...] Geschichtsbewußtsein äußert sich daher immer in narrativ verfaßten sprachlichen Gebilden."[167]

[160] Ebd., 157.

[161] Rüsen, *Historische Orientierung*, 10.

[162] Rüsen, "Geschichtsdidaktische Konsequenzen", 135. So auch Straub: "Im Erzählen erhält alles, was zur Sprache kommt, eine zeitliche Struktur": Straub, "Geschichten erzählen", 118.

[163] Rüsen, "Geschichtsdidaktische Konsequenzen", 133.

[164] Rüsen, *Historische Vernunft*, 52.

[165] Ebd., 56. Historisch sind nach Rüsen Begriffe erst dann, wenn sie "explizit oder implizit die zeitliche Qualität von Sachverhalten der menschlichen Vergangenheit zum Ausdruck bringen, die diese Sachverhalte in einem bestimmten Sinn- und Bedeutungszusammenhang mit Gegenwart und Zukunft haben": Rüsen, *Rekonstruktion der Vergangenheit*, 80. Für Ricoeur entspricht nur die narrative Struktur der Struktur der Zeitlichkeit. Menschliche Zeit ist "narrativ artikuliert": *Zeit und Erzählung* 1, 13.

[166] Emil Angehrn, *Geschichte und Identität* (Berlin, New York: de Gruyter, 1985), 36.

[167] Rüsen, *Historische Orientierung*, 10f. Dabei treten solche Gebilde nicht nur als gesprochene oder sonstwie objektivierte Sprache auf, sondern auch als Gebilde, die Geschichten repräsentieren, z. B. als Denkmäler oder historische Symbole. Auch "narrative Abbreviaturen" (z. B. Auschwitz) erzählen implizit eine Geschichte: ebd., 10f.

In semiotisch und konstruktivistisch orientierten kulturwissenschaftlichen Arbeiten wird betont, dass in den materiellen Formen kultureller Produktion Einstellungen und Bewusstseinsinhalte "beobachtbar" werden, die sonst nicht greifbar sind,[168] und dass umgekehrt durch die kulturelle Produktion Bewusstseinsinhalte geformt und transportiert werden. Literatur ist die zentrale materielle Manifestation, in der das in der sprachlichen Äußerung des historischen Erzählens artikulierte, subjektabhängige Geschichtsbewusstsein 'beobachtbar' wird. Umgekehrt wird durch die Literatur Geschichtsbewusstsein gebildet und transportiert. Von dieser Wechselwirkung zwischen literarischem Text und historischer Wirklichkeit[169] gehen auch neuere literaturwissenschaftliche, vor allem poststrukturalistische und funktionsgeschichtliche sowie die unter dem Begriff des 'New Historicism' zusammengefassten Theorien aus.[170] Es wird angenommen, dass literarische Texte nicht eine vorgegebene Wirklichkeit nachahmen (als *mimesis*), sondern in einem Akt produktiver Hervorbringung fiktionale Wirklichkeitsmodelle entwerfen (als *poiesis*[171]) und neue Vorstellungen formen – nach funktionalistischer Betrachtungsweise durch den Zuschuss des Imaginären, der, so Fluck in seiner wegweisenden Studie über das kulturelle Imaginäre, "aus Wirklichkeit Möglichkeit [macht], um aus imaginierter Möglichkeit neue Wirklichkeit entstehen zu lassen."[172]

[168] Siegfried J. Schmidt, "Medien, Kultur, Medienkultur: Ein konstruktivistisches Gesprächsangebot", in: ders. (Hg.), *Kognition und Gesellschaft: Der Diskurs des Radikalen Konstruktivismus 2* (Frankfurt/M.: Suhrkamp, 1992), 425-450, 436; Roland Posner, "Kultur als Zeichensystem. Zur semiotischen Explikation kulturwissenschaftlicher Grundbegriffe", in: Assmann/Harth (Hgg.), *Mnemosyne*, 37-74.

[169] Bereits René Wellek hatte diese Wechselwirkung wie folgt beschrieben: "The writer is not only influenced by society; he influences it. Art not merely reproduces life but also shapes it. People may model their lives upon the patterns of fictional heroes and heroines": René Wellek, Austin Warren, *Theory of Literature*, 3. Aufl. (Harmondsworth: Penguin, 1973) [1949], 96.

[170] 'Die *New Historicists*' bilden keineswegs eine homogene Gruppe, sondern bedienen sich ganz unterschiedlicher Ansätze. Die trotz aller Unterschiede vorliegenden Gemeinsamkeiten werden zusammengefasst in Harold Aram Veesers Einleitung zu *The New Historicism* (London: Routledge, 1989), xi.

[171] Hans Robert Jauß benennt mit 'Poiesis' (herstellendem Tun) den produktiven Aspekt der ästhetischen Erfahrung: Hans Robert Jauß, *Ästhetische Erfahrung und literarische Hermeneutik 1: Versuche im Feld der ästhetischen Erfahrung* (München: Wilhelm Fink Verlag, 1977), 77ff. Siehe auch Hubert Zapf, "Poiesis", *Metzler Lexikon Literatur- und Kulturtheorie*, hg. von Ansgar Nünning, 2., überarbeitete und erweiterte Aufl. (Stuttgart: Metzler, 2001) [1998].

[172] Winfried Fluck, *Das kulturelle Imaginäre. Eine Funktionsgeschichte des amerikanischen Romans 1790-1900* (Frankfurt: Suhrkamp, 1997), 21. Fluck geht von Wolfgang Isers funktionalistischer Betrachtungsweise aus, dass fiktionale Texte "nicht als Abbild gegenwärtiger Verhältnisse zu verstehen" sind: Wolfgang Iser, *Der Akt des Lesens* (München: Fink, 1976), 117. Iser empfiehlt, "die Zweistelligkeit von Fiktion und Wirklichkeit durch eine dreistellige Beziehung zu ersetzen": Wolfgang Iser, "Akte des Fingierens oder Was ist das Fiktive im fiktionalen Text?", in: Dieter Henrich, Wolfgang Iser (Hgg.), *Funktionen des Fiktiven*, Poetik und Hermeneutik, 10 (München: Fink, 1983), 121-151, 121. Hierbei handelt es sich um die "Triade des Realen, Fiktiven und Imaginären" (ebd., 122), wobei der Text die Verbindung zwischen Realem und Imaginärem darstellt.

Ansgar Nünning beschreibt die Wechselwirkung zwischen Literatur und Wirklichkeit wie folgt:

> Einerseits werden fiktionale Wirklichkeitsentwürfe insofern als Produkte ihres Entstehungskontexts aufgefaßt, als sie gesellschaftliche Entwicklungsprobleme und das kulturelle Wissen ihrer Zeit aufgreifen und mit literaturspezifischen Gestaltungsmitteln kommentierend und interpretierend verarbeiten. Andererseits wird hervorgehoben, daß literarische Texte in mannigfaltiger Weise auf die Gesellschaft zurückwirken, indem sie etwa zur Ausbildung neuer Wahrnehmungs-, Denk- und Empfindungsweisen beitragen.[173]

Die allgemein für literarische Texte geltende poietische Funktion bedeutet für das historische Erzählen, dass die durch das historische Erzählen artikulierten, narrativ überlieferten Inhalte des Geschichtsbewusstseins wiederum Geschichtsbewusstsein konstituieren. Historisches Erzählen wird damit zum Vehikel der für das Geschichtsbewusstsein festgestellten Funktionen von kultureller Orientierung und (personaler und sozialer) Identitätsbildung.

Die narrative Psychologie versucht, diese Funktionen näher zu bestimmen.[174] Zwar stehen in der psychologischen Praxis das erzählende Subjekt und das "autobiographische Verstehen [dieses] Individuums" im Zentrum des Interesses,[175] doch betont Jürgen Straub, dass sich Erzählungen "immer *an jemanden richten*", weshalb die "psychologische Analyse möglicher Funktionen des Erzählens pragmatische und soziale Dimensionen mit [einschließt]".[176] Die Funktionen des historischen Erzählens beziehen sich damit sowohl auf Erzähler als auch auf Zuhörer bzw. Leser.[177]

In seiner Darstellung der Grundzüge einer narrativen Psychologie historischer Sinnbildung[178] hat Straub die Funktionen von historischen Erzählungen herausgearbeitet:

1. Historische Erzählungen gestalten eine "Vorstellung des Selbst und der Welt als einer zeitlich strukturierten, einer gewordenen, veränderlichen oder vergänglichen, speziell eben historischen, Wirklichkeit"[179] (*Wirklichkeitskonstitution und Temporalisierung*).

2. Über diese von ihnen geschaffene und beschriebene Welt informieren sie und erfüllen auf diese Weise Funktionen der *Information, Wissensbildung und Wissensvermittlung*.

3. Neben dieser Bildung auf kognitiver Ebene sind historische Erzählungen identitätsstiftend (*Identitätsbildung, Identitätsreproduktion, Identitätspräsentation*); Subjek-

[173] Nünning, *Von historischer Fiktion zu historiographischer Metafiktion*, 1, 54.

[174] Zu parallelen Interessen zwischen der Geschichtswissenschaft und der narrativen Psychologie siehe Donald E. Polkinghorne, "Narrative Psychologie und Geschichtsbewußtsein. Beziehungen und Perspektiven", in Straub (Hg.), *Erzählung, Identität und historisches Bewußtsein*, 12-45, 38-45.

[175] Polkinghorne, "Narrative Psychologie und Geschichtsbewußtsein", 38.

[176] Straub, "Geschichten erzählen", 125.

[177] Ebd., 124f.

[178] Ebd., 124-62.

[179] Ebd., 129.

te situieren sich in dem von historischen Erzählungen artikulierten Zusammenhang, der "als sinn- und bedeutungsstrukturierte Einheit von Ereignissen, Widerfahrnissen und Handlungen wahrgenommen"[180] wird, und identifizieren sich mit oder distanzieren sich von den zur Sprache kommenden "identitätsrelevanten Bezugskollektive[n]";[181] diese Funktion wird als die komplexeste Leistung der historischen Erzählung verstanden, der sich die folgenden Funktionen unterordnen lassen:

4. Historische Erzählungen dienen als Orientierungsrahmen, indem sie Handlungsmöglichkeiten aufzeigen, zu Handlungen auffordern, sie begründen oder legitimieren (*praktische Funktionen, Orientierungsbildung*).

5. Diese in historischen Erzählungen implizierten Handlungsorientierungen können auch moralisch-pädagogischer Art sein; historische Erzählungen vermitteln Normen und Erfahrungen, Erwartungen, Werte (*moralische und pädagogische Funktionen*).

6. Indem sie anderen gleiche oder aber heterogene Vergangenheiten zuweisen, "tragen historische Erzählungen zur Sozialisation einzelner, zur sozialen Integration und auch Distinktion, zur Traditionsbildung und kulturellen Reproduktion bei";[182] sie dokumentieren und stiften soziale Bindungen (*soziale, einschließlich phatischer Funktionen*).

7. Sie erfüllen *psychische Funktionen* im engeren Sinne, also solche, die "speziell mit 'inneren' oder 'internalen' Zuständen und Vorgängen zu tun haben";[183] dazu gehören *Selbstrechtfertigung* und *Selbstschutz*, *Entlastung des Gewissens*, *Selbsterhöhung* oder *Selbsbezichtigung* und *kritische Selbstreflexion*, *Abfuhr von Aggressionen*, *Angstverarbeitung bzw. -reduktion*,[184] *heilende Funktionen* (im Falle von traumatischen Erlebnissen),[185] *Wunscherfüllung*, *Sicherheit* und *Stabilität*, *Hoffnung*, *Interesse und Motivation* (das "Gewesene [und das Zukünftige] wird in Richtung des [...] Ersehnten und Begehrten" präsentiert[186]). Hinzu kommt als wesentliche psychische Funktion die der *kognitiven Bearbeitung von Kontingenz*: Historische Erzählungen integrieren Begebenheiten, schaffen neue Ordnung, zwingen zum Umorganisieren, stiften Verbindungen und Zusammenhänge und transformieren auf diese Weise das zuvor unbegriffene Geschehen: "Indem Wirklichkeit als kontingent gedacht wird, mit der Enttäuschung von Erwartungen, kurz: mit Unbeständigkeit und nicht intendierten Veränderungen gerechnet wird, werden nicht zuletzt neue Möglichkeiten des Denkens und Handelns er-

[180] Ebd., 128.
[181] Ebd., 129.
[182] Ebd., 132.
[183] Ebd., 133f.
[184] Diese Funktion des historischen Erzählens wird von der Psychoanalyse hervorgehoben: ebd., 138f.
[185] Straub hebt allerdings hervor, dass schwere Traumata unter Umständen nicht durch Erzählungen geheilt werden können: ebd., 140f.
[186] Ebd., 141f.

öffnet."[187] Denn "[h]istorische Orientierung bedarf einer Wirklichkeitsordnung, in der mit Kontingenz, mit Neuem, mit Veränderung 'gerechnet' wird."[188]

Die von Straub ausdifferenzierten Funktionen des historischen Erzählens lassen sich als Bezugsrahmen für die in dieser Arbeit anvisierte Untersuchung des auf Besatzung, Entnazifizierung und Umerziehung bezogenen Geschichtsbewusstseins sinnvoll nutzen. Als eine "Sonderform des historischen Erzählens"[189] behandelt Ansgar Nünning den historischen Roman. Ausgehend von Rüsens Definition des historischen Erzählens als "Sinnbildung über Zeiterfahrung",[190] charakterisiert Nünning den historischen Roman als "fiktionales Medium narrativer Sinnbildung über Zeiterfahrung".[191] Den viel diskutierten Gattungsbegriff des historischen Romans sucht Nünning zu präzisieren, ohne ihn dabei normativ einzuengen, indem er – unter Berufung auf Demetz und Gallmeister[192] – ein "Spannungsverhältnis zwischen verschiedenen Zeitebenen"[193] als konstitutives Gattungsmerkmal vorschlägt.[194] Denn historische Romane behandeln nicht nur geschichtliche Stoffe, sondern auch "Probleme der Zeit, in der sie entstehen";[195] sie oszillieren zwischen Vergangenheit und Gegenwart im Spektrum von dominanter Vergangenheitsorientiertheit bis hin zur dominanten Gegenwartsorientiertheit.[196]

Bereits Avrom Fleishman hat für den englischen historischen Roman seit der Moderne eine Akzentverlagerung von "units of history" zu "units of consciousness-of-history" festgestellt – auf "the memories, impressions, and associations by which the past still lives in the minds of the living".[197] Der Beginn der Moderne bzw. das Ende des

[187] Ebd., 151. Zur narrativen Funktion von Kontingenz siehe insb. auch Ricoeur, *Zufall und Vernunft in der Geschichte* (Tübingen: Konkursbuchverlag, 1985).

[188] Straub, "Geschichten erzählen", 150.

[189] Nünning, *Von historischer Fiktion zu historiographischer Metafiktion*, 1, 109.

[190] Rüsen, "Geschichtsdidaktische Konsequenzen", 135.

[191] Nünning, *Von historischer Fiktion zu historiographischer Metafiktion*, 1, 109.

[192] Peter Demetz, "Der historische Roman. Skizze eines Modells", in: ders., *Formen des Realismus. Theodor Fontane. Kritische Untersuchungen* (München: Hanser, 1964), 17-50, 18; Petra Gallmeister, "Der historische Roman", in: *Formen der Literatur. In Einzeldarstellungen*, hg. von Otto Knörrich (Stuttgart: Kröner, 1981), 160-170, 160. Auch für Hugo Aust ist dies das "Erkennungszeichen des historischen Romans": Hugo Aust, *Der historische Roman* (Stuttgart/Weimar: Metzler, 1994), 22f.

[193] Nünning, *Von historischer Fiktion zu historiographischer Metafiktion*, 1, 107. Gallmeister schreibt: "Viele historische Romane behandeln jedoch nicht nur eine historische Thematik, sondern reflektieren auch Probleme der Zeit, in der sie entstehen. Ein historischer Roman bewegt sich demnach häufig auf zwei Zeitebenen: Er schildert eine vergangene Epoche, und er handelt Konflikte der Gegenwart des Autors ab. [...] Historische Romane stehen in einem Spannungsverhältnis zwischen Vergangenheit und Gegenwart.": Gallmeister, "Der historische Roman", 160.

[194] Nünning, *Von historischer Fiktion zu historiographischer Metafiktion*, 1, bes. 105-108. Zur Definitionsproblematik siehe ebd., 90-104.

[195] Gallmeister, "Der historische Roman", 160.

[196] Nünning, *Von historischer Fiktion zu historiographischer Metafiktion*, 1, 106f.

[197] Avrom Fleishman, *The English Historical Novel. Walter Scott to Virginia Woolf* (Baltimore, London: The Johns Hopkins Press, 1971), 246. Auf den Gegenwartsbezug historischer Romane des 19. Jahrhunderts wurde verschiedentlich hingewiesen; siehe dazu Mengel, *Geschichtsbild und Romankonzeption*, 24f. Hier kommt v. a. Erwin Wolffs funktionsgeschichtlichem Ansatz eine

Zweiten Weltkriegs markiert auch für Elisabeth Wesseling einen entscheidenden Wendepunkt in der Entwicklung des historischen Romans: In der dann verstärkt einsetzenden selbstreflexiven Schreibweise werde nicht die Vergangenheit an sich, sondern ihre retrospektive Erschließung zum literarischen Thema.[198] Das Spannungsverhältnis zwischen den Zeitebenen findet sich etwa in der von D. L. Higdon als "retrospective narratives" bezeichneten Gruppe von Romanen aus den 1960er und 1970er Jahren, an denen Higdon die Tendenz beobachtet, dass sich der Protagonist mit seiner Vergangenheit konfrontiert sieht und sich in seinem Bewusstsein rückblickend mit seiner Lebensgeschichte auseinandersetzt.[199] Dieselbe Tendenz wird von Sabine Birchall für die von ihr unter dem Typus des 'Erinnerungsromans' gefassten[200] Texte beschrieben. Birchall zufolge ist die Verschränkung zweier Zeitebenen seit den 1980er und 1990er Jahren im englischen Roman verstärkt und insbesondere mit Blick auf Kriegserinnerungen zu beobachten, wobei sie eine Verschiebung von der persönlichen zur kollektiven Erinnerung wahrnimmt.[201] Die Autoren wie auch die Figuren dieser Romane gehören, so Birchall, der Kinder- oder Enkelgeneration der Zeitzeugen an und sind infolgedessen auf Erinnerungen angewiesen.[202]

Eine Verschränkung verschiedener Zeitebenen lässt sich auch in dem von Jörg Helbig als 'parahistorische Romane' bezeichneten Entwürfen alternativer Geschichtsverläu-

große Bedeutung zu: Erwin Wolff, "Sir Walter Scott und Dr. Dryasdust: Zum Problem der Entstehung des historischen Romans im 19. Jh.", in: *Dargestellte Geschichte in der europäischen Literatur des 19. Jahrhunderts*, hg. von Wolfgang Iser und F. Schalk (Frankfurt: Klostermann, 1970), 15-37; zu den wichtigen Arbeiten, die den Gegenwartsbezug des historischen Romans des 19. Jahrhunderts herausarbeiten, zählen auch Heinz-Joachim Müllenbrock, "Der historische Roman der frühviktorianischen Epoche zwischen Vergangenheit und Gegenwart: Eine Analyse unter dem Aspekt seiner zeitgenössischen Orientierung", *Anglia* 94 (1976), 404-430; ders., "Die Entstehung des Scottschen historischen Romans als Problem der Literaturgeschichtsschreibung", *Anglia* 99 (1981), 355-378; Andrew Sanders, *The Victorian Historical Novel 1840-1880* (London: Macmillan, 1978) und James C. Simmons, *The Novelist as Historian: Essays on the Victorian Historical Novel* (The Hague/Paris: Mouton, 1973).

198 Elisabeth Wesseling, *Writing History as a Prophet* (Amsterdam: Benjamins, 1991), 82-89. "I regard self-reflexivity as a strategy, or rather a bundle of strategies, which disrupts the supposedly direct relation between [the *res gestae* and the *historia rerum gestarum*]" (ebd., 83). Zu den von Wesseling genannten Beispielen zählen Faulkners *Absalom, Absalom!* und Woolfs *Between the Acts*.

199 David L. Higdon, *Shadows of the Past in Contemporary British Fiction* (London/Basingstoke: Macmillan, 1984), 9.

200 Sabine Birchall, *Erinnerung und kollektive Identitäten. Zur Wahrnehmung der Kriegsvergangenheit im englischen Roman der Gegenwart*, Beiträge zur anglo-amerikanischen Literatur, 4 (Frankfurt/M.: Peter Lang, 2003), 61. Birchalls Anliegen, die Romane, die zwei Zeitebenen (Gegenwart und Vergangenheit) miteinander verweben, als eigenständigen Romantyp (Erinnerungsroman) – und nicht, "im Anschluss an Nünning, als Subgattung des *historischen Romans*" – zu begreifen (ebd.), ist nicht nachvollziehbar, da Nünning ja gerade das "Spannungsverhältnis zwischen den Zeitebenen" als konstitutives Merkmal des historischen Romans benennt: Nünning, *Von historischer Fiktion zu historiographischer Metafiktion*, 1, 107 (s.o).

201 Birchall, *Erinnerung und kollektive Identitäten*, 63.

202 Ebd., 16.

fe (auch als *alternate history* und *allohistory* bekannt) feststellen, die einen "spekulative[n] Spielraum für Gedankenexperimente" bieten.[203] Zwar entwerfen die meisten britischen parahistorischen Romane seit den 1930er Jahren vor allem Gedankenentwürfe über Implikationen einer englischen Niederlage gegen Nazideutschland;[204] doch mit Stephen Frys *Making History* (1996) liegt ein parahistorischer Roman vor, in dem durch den Eingriff in die Geschichte rückwirkend eine Form der 'Entnazifizierung' versucht wird und der damit für das Erkenntnisinteresse dieser Arbeit von Bedeutung ist.

Unbeachtet blieb bislang, dass in britischen Romanen zunehmend auch Erinnerungen an die unmittelbare *Nach*kriegszeit festzustellen sind; dazu zählen Romane, in denen Besatzung, Entnazifizierung und Umerziehung Inhalt und Objekt des dargestellten und vermittelten Geschichtsbewusstseins bilden. In diesen Romanen stehen sich in den Ruinen deutscher Städte Briten und Deutsche, Sieger und Besiegte, gegenüber. Zu den Erinnerungen zählen durchaus auch solche, die als unangenehm empfunden werden, wie Margaret Scanlan feststellt: "[t]he idea that we ought to pay attention to the 'unspeakable', to the repressed, [...] that matter so much to contemporary theoreticians [...] clearly corresponds to the practices of several recent British novelists."[205] Im Zentrum dieser Romane steht die Rolle der Briten bei den Prozessen von Besatzung, Entnazifizierung und Umerziehung, deren Notwendigkeit, aber auch Versäumnisse und Missstände, das Machtverhältnis und der Rekurs auf koloniale Muster sowie interkulturelle Verstehensprozesse. Die Hinwendung zu diesen historischen Stoffen wird in vielen dieser Romane mit einem für Linda Hutcheon die Postmoderne kennzeichenden hohen Maß an Selbstreflexivität und metahistorischer Rückbezüglichkeit verbunden ("historiographic metafiction").[206]

[203] Jörg Helbig, *Der parahistorische Roman. Ein literaturhistorischer und gattungstypologischer Beitrag zur Allotopieforschung* (Frankfurt/M.: Lang, 1988), 22. Siehe auch Manfred Pfister (Hg.), *Alternative Welten* (München: Fink, 1982); Wilhelm Füger, "Streifzüge durch Allotopia: Zur Topographie eines fiktionalen Gestaltungsraums", *Anglia* 102 (1984), 349-391 und Alexander Demandt, *Ungeschehene Geschichte* (Göttingen: Vandenhoeck & Ruprecht, 1986).

[204] Jörg Helbig, "When Helmut Came. Das britische Deutschlandbild im Spiegel aktueller Unterhaltungsliteratur", in: Dieter Petzold/Eberhard Späth (Hgg.), *Unterhaltungsliteratur der achtziger und neunziger Jahre*, Erlanger Forschungen, Reihe A, 81 (Erlangen, 1998), 213-228, 217.

[205] Margaret Scanlan, *Traces of Another Time. History and Politics in Postwar British Fiction* (Princeton: Princeton University Press, 1990), 15.

[206] Linda Hutcheon, *A Poetics of Postmodernism: History, Theory, Fiction* (New York/London: Routledge, 1988, rpt. 1992), 5, 105ff.; dies., "Beginning to Theorize Postmodernism", *Textual Practice* 1 (1987), 10-31; dies., "'The Pastime of Past Time': Fiction, History, Historiographic Metafiction", in: Marjorie Perloff (Hg.), *Postmodern Genres* (Norman: University of Oklahoma Press, 1988), 54f. Der Begriff "historiographic metafiction" sowie dessen Gleichsetzung mit der Postmoderne ist vielfach kritisiert worden. Siehe dazu zusammenfassend Ansgar Nünnings Artikel "Historiographische Metafiktion", in: ders. (Hg.), *Metzler Lexikon Literatur- und Kulturtheorie. Ansätze – Personen – Grundbegriffe*, 2., überarbeitete und erweiterte Aufl. (Stuttgart/Weimar: Metzler, 2001) [1998], 252.

Von besonderem Interesse für diese Arbeit sind die narrativen Gestaltungsmittel, die die 'Gegenwärtigkeit der Vergangenheit' ("the presence of the past"[207]) und ihre Bedeutung für die Zukunft hervorheben und damit die orientierende, handlungsanweisende Funktion dieser Romane befördern. Das für Nünning für die Gattung des historischen Romans konstitutive "Spannungsverhältnis zwischen verschiedenen Zeitebenen"[208] ist ebenso in der lyrischen Dichtung und insbesondere im historischen Drama zu beobachten. Demzufolge werden in dieser Arbeit auch Texte dieser Gattungen unter 'historischem Erzählen' gefasst, insofern auf sie das (nach Rüsen) das historische Erzählen kennzeichnende Merkmal zutrifft, die Vergangenheit in einem Zeitbewusstsein zu vergegenwärtigen, "in dem Vergangenheit, Gegenwart und Zukunft einen inneren, schlüssigen Zusammenhang bilden".[209]

In der Lyrik sind als Beispiele etwa die aus großem zeitlichen Abstand zur NS-Zeit entstandenen englischen Gedichte über den Holocaust zu nennen. Zu diesem Zeitpunkt lag es nahe, so schreibt Paul Goetsch, "vom Standpunkt der Gegenwart aus über die Bedeutung der Vergangenheit nachzudenken und die historischen Ereignisse weitgehend als bekannt vorauszusetzen".[210] Diese Erinnerungsgedichte gehen häufig von einem äußeren Anlass aus – dem Eichmann-Prozess etwa oder dem Gang durch ein Konzentrationslager – und ermahnen zum verantwortlichen Handeln in Gegenwart und Zukunft.[211] Auch die Besatzungszeit wird in einigen Gedichten mit vorausgehenden Erfahrungen und mit Zukunftserwartungen verknüpft.

Analog zum historischen Roman werden nicht mehr nur noch unbedingt solche Dramen zu historischen Dramen gerechnet, deren Figurenhandlung in der Vergangenheit

[207] Hutcheon, *Poetics of Postmodernism*, 4. In der deutschen Literatur wäre hier etwa Uwe Johnsons vierbändiger Roman *Jahrestage* (1970-1983) zu nennen, für den Eberhard Lämmert die Tendenz feststellt, "die Geschichte gegenwärtig zu halten": Lämmert, "Geschichten von der Geschichte", 247.

[208] Nünning, *Von historischer Fiktion zu historiographischer Metafiktion*, 1, 107.

[209] Rüsen, *Historische Vernunft*, 52.

[210] Paul Goetsch, "Der Holocaust in der englischen und amerikanischen Lyrik", in: Frank Link (Hg.), *Jewish Life and Suffering as Mirrored in English and American Literature/Jüdisches Leben und Leiden im Spiegel der englischen und amerikanischen Literatur*, Beiträge zur Englischen und Amerikanischen Literatur, 6 (Paderborn: Ferdinand Schöningh, 1987), 165-189, 174.

[211] Goetsch, "Der Holocaust in der englischen und amerikanischen Lyrik", 174ff. So verwendet der schottische Lyriker und Marxist Alan Bold die Inschrift "JEDEM DAS SEINE" auf dem Lagertor als Leitmotiv seiner Betrachtung über "die menschliche Verantwortlichkeit in Vergangenheit, Gegenwart und Zukunft und ermahnt den Leser, Buchenwald nicht als bloßes Wort aufzufassen, sondern als Verpflichtung, Unfreiheit und Ungleichheit aus dem Weg zu schaffen und nicht in der Resignation zu verharren" (177): "We are not helpless / Creatures crashing onwards irresistibly to doom. / There is time for everything and time to choose / For everything. We are that time, that choice. / Everybody gets what he deserves.": Alan Bold, "June 1967 in Buchenwald", in: *British Poetry since 1945*, hg. von Edward Lucie-Smith (Harmondsworth: Penguin, 1970), 335. Siehe auch Thomas Blackburn, "A Signpost to Dachau", in: *Selected Poems* (London: Hutchinson, 1975), 70 und dazu Goetsch, "Der Holocaust in der englischen und amerikanischen Lyrik", 178f.

lokalisiert ist,[212] sondern auch jene Dramen, die einen Bezug zur Geschichte herstellen[213] und die Bedeutung der Geschichte für die Gegenwart diskutieren.[214] Das englische Drama der Gegenwart ist Ulrich Broich zufolge "geprägt von der Präsenz der Vergangenheit im Bewußtsein der Charaktere".[215] War es im Rahmen der aristotelischen Dramenform und ihrer Einheit der Zeit nicht möglich, Vergangenheit und Gegenwart szenisch nebeneinander und auf diese Weise miteinander in Beziehung zu setzen, "zeichnet sich das *New English Drama*" für Stefan Glomb "durch eine sämtliche Aspekte dramatischer Bauform betreffende Experimentierfreudigkeit aus, die die auch formal angemessene Gestaltung gerade solcher Themen, die den Rahmen der klassisch aristotelischen Dramenform sprengen, überhaupt erst ermöglicht."[216] Historischer 'Stoff' und Probleme der Gegenwart werden miteinander in Beziehung gesetzt. So kann die etwa durch Kostüme und archaisierende Sprache erzielte Fiktion von Historizität mit Ereignissen oder Darstellungsformen der Gegenwart verschränkt werden.[217] Das Spannungsverhältnis verschiedener Zeitebenen lässt sich auch mit dramatischen Figuren, die sich an Vergangenes erinnern,[218] oder durch die Einspielung von Filmmaterial auf die Bühne bringen. Broich sieht die Aufgabe der heutigen Geschichtsdramen darin, "in einer Zeit, in der der Sinn für die historische Dimension unserer Existenz weitgehend verlorengegangen ist, wieder ein Bewußtsein für Geschichte und für unsere Geschichtlichkeit zu schaffen."[219]

Insbesondere in dem sich auf Besatzung, Entnazifizierung und Umerziehung beziehenden historischen Erzählen liegt eine Reihe von (zum größten Teil von der Forschung nicht oder nur wenig beachteten) Texten vor, in denen sich die Kontinuität zwischen verschiedenen Zeitebenen und der durch den Begriff des Geschichtsbewusstseins akzentuierte "Zusammenhang von Vergangenheitsdeutung, Gegenwartsverständnis und Zu-

[212] Siehe zur Definitionsproblematik ausführlich Nünning, *Von historischer Fiktion zu historiographischer Metafiktion*, 1, 90-110.

[213] Ulrich Broich, "Das englische historische Drama der Gegenwart", *Anglia* 98 (1980), 357-382.

[214] Vgl. Hildegard Hammerschmidt, *Das historische Drama in England (1956-1971): Erscheinungsformen und Entwicklungstendenzen* (Wiesbaden: Humanitas-Verlag, 1972), die unter dem historischen Drama "alle jene Werke [...], deren Stoff und Handlung auf authentischem Material basieren [...] und deren Charaktere größtenteils geschichtlich sind", fasst (11f.). Zum historischen Drama allgemein siehe Peter Zahn, "Das Geschichtsdrama", in: Knörrich (Hg.), *Formen der Literatur*, 123-135.

[215] Broich, "Das englische historische Drama der Gegenwart", 359.

[216] Stefan Glomb, *Erinnerung und Identität im britischen Gegenwartsdrama*, Mannheimer Beiträge zur Sprach- und Literaturwissenschaft, 34 (Tübingen: Narr, 1997), 30, Zitat 32.

[217] Siehe Kurt Tetzeli von Rosador, *Das englische Geschichtsdrama seit Shaw* (Heidelberg: Universitätsverlag Winter, 1976), 44f.

[218] Marion Gymnich, "Individuelle Identität und Erinnerung aus Sicht von Identitätstheorie und Gedächtnisforschung sowie als Gegenstand literarischer Inszenierung", in: Astrid Erll, Marion Gymnich, Ansgar Nünning (Hgg.), *Literatur-Erinnerung-Identität. Theoriekonzeptionen und Fallstudien*, ELK 11 (Trier: wvt, 2003), 29-48, 42ff.

[219] Broich, "Das englische historische Drama der Gegenwart", 382. Siehe auch ders., Einleitung zum "Syposium: Das Europäische Geschichtsdrama nach 1945", *Literaturwissenschaftliches Jahrbuch* 28 (1987), 153-65, 159.

kunftsperspektive"[220] artikuliert finden. Das Bewusstsein, dass Erwartungen auf Erfahrungen bezogen werden, tritt in diesen Texten deutlich hervor, und die Aktualität der Vergangenheit wird betont.

2.4 Geschichtsbild, Identität, historische Orientierung

Wie Straub in seiner narrativen Psychologie historischer Sinnbildung betont, schaffen historische Erzählungen Einsichten in eine von Kontingenz durchsetzte Wirklichkeit, womit sie (wie oben erläutert) Denk- und Handlungsmöglichkeiten eröffnen. Darüber hinaus vermitteln historische Erzählungen "Bedeutsames über Handlungs- und Lebenswege, auf denen Individuen oder Kollektive erfahrungsgemäß Leid und Glück, neue Handlungschancen oder aber Einschränkungen von Selbstbestimmungsmöglichkeiten erwarten."[221]

Dieser Zusammenhang zwischen Handlungschancen, historischem Erzählen und Geschichtsbewusstsein lässt sich weiter mit einem Blick auf den Begriff des 'Geschichtsbilds' fassen.[222] Zum Geschichtsbild werden die im Geschichtsbewusstsein geordneten und strukturierten Erfahrungen historischer Ereignisse zusammengefasst;[223] Gegenwartsvorstellungen und Zukunftserwartungen wirken auf das Geschichtsbild zurück.[224] Indem historisches Erzählen Geschichtbewusstsein artikuliert und konstituiert, bestimmt es auch das Geschichtsbild mit, das als "die Summe der im Geschichtsbewußtsein geformten Vorstellungen vom Lauf der Geschichte und der eigenen Stellung in ihr, die ein Mensch, eine Gemeinschaft, v. a. ein Volk hat", verstanden wird.[225] Das Geschichtsbild ermöglicht demnach die (Selbst-)Positionierung von Individuen und Kollektiven mittels gedeuteter Zeiterfahrungen,[226] und die für das Geschichtsbewusstsein beschriebenen Funktionen der Identitätsformation und der historischen Orientierung erweisen sich somit als unmittelbar relevant auch für das (wie das Geschichtsbewusstsein) kontextabhängige Geschichtsbild. Denn dieses ist als die jeweilige "*Gesamtvorstellung* vom Sinn, Verlauf und Ziel der Geschichte sowie der sie bestimmenden Kräfte, Ereignisse und Gestalten"[227] Ausdruck unterschiedlicher Weltsichten, die nicht nur die Stellung des

[220] Jeismann, "Geschichtsbewußtsein", 40.
[221] Straub, "Geschichten erzählen", 159.
[222] Der Begriff 'Geschichtsbild' wird häufig synonym mit 'Geschichtsauffassung' verwendet: Nünning, *Von historischer Fiktion zu historiographischer Metafiktion*, 1, 112.
[223] Bayer, *Wörterbuch zur Geschichte*, 176.
[224] Gerhard Schneider und Irmgard Wilhelm, "Geschichtsbild", in: Bergmann et al. (Hg..), *Handbuch der Geschichtsdidaktik*, 290-93, 290.
[225] Bayer, *Wörterbuch zur Geschichte, s. v.* "Geschichtsbild".
[226] Wesentlich an der Konstitution eines Geschichtsbildes beteiligt ist die Zeit, wobei geschichtliche Zeit immer eine gedeutete Zeit ist – im Gegensatz zur Naturzeit, die zunächst bedeutungsneutral ist: siehe Reinhart Koselleck, "Geschichte, Geschichten und formale Zeitstrukturen", in: ders., Stempel (Hgg.), *Geschichte – Ereignis und Erzählung*, 211-222, 213.
[227] Schneider, Wilharm, "Geschichtsbild", 261.

Subjekts (individuell und kollektiv) und damit seine Identität in Relation zu dem Anderen determinieren, sondern auch die Handlungsfähigkeit dieses Subjekts.

Während die einem zyklischen Geschichtsbild zugrundeliegenden Geschichtsdarstellungen von der Fremdbestimmtheit des Menschen, von naturhafter Notwendigkeit, Zyklizität und der Fügung in das Unabwendbare ausgehen, artikulieren die mit dem seit der Aufklärung prävalenten, von Gedanken des Fortschritts geprägten Geschichtsbild[228] verknüpften Geschichtsdarstellungen menschliche Selbstbestimmung, die Veränderbarkeit von Geschichte, Fortschritt und die Hoffnung auf Besseres, "womöglich auf ein aus eigener Kraft zu erschaffendes Besseres."[229] Der "schicksalhafte[n] Unvermeidbarkeit" des zyklischen Geschichtsverlaufs[230] steht in dem von Gedanken des Fortschritts geprägten Geschichtsbild die Veränderbarkeit gegenüber: Hier ist der Mensch Objekt, dort Subjekt der Geschichte;[231] hier wird der Mensch zum Spielball, dort 'macht' er Geschichte.

Planung und Durchführung von Entnazifizierung und Umerziehung bauen auf einem von der Veränderbarkeit und 'Machbarkeit' von Geschichte ausgehenden Geschichtsbild auf. Die Reformierbarkeit der Deutschen war unter den Alliierten heftig diskutiert worden, ließen doch die Gräueltaten der Deutschen ein nie dagewesenen Ausmaß an Grausamkeit erkennen, die das bereits vor Beginn und verstärkt während des Krieges zirkulierende Bild der Deutschen als eines 'barbarischen Volks' bestätigten und ihm noch erschreckendere, unmenschliche Züge hinzufügten. Doch die Entscheidung, die Deutschen umzuerziehen, zeugt vom Vertrauen in die Wiederherstellbarkeit der Zivilisation in Deutschland, deren Zusammenbruch von den Befürwortern der Umerziehung als temporär gesehen wurde.[232] Für sie bestand ihre Aufgabe darin, "to lead Germany *back* to the culture of other nations, and to the cultural activity banned by the National Socialists."[233] Die Entscheidung, die Deutschen umzuerziehen, weist darüber hinaus auch darauf hin, dass man sich (und vor allem auch den britischen Literaten, die ver-

[228] Siehe dazu ausführlich Ricoeur, *Zeit und Erzählung* 3, 338ff. und Koselleck, *Vergangene Zukunft*, 262ff.

[229] Herbert Stachowiak, "Über Historiographische Beschreibungsmodelle", in: Willie Oelmüller (Hg.), *Wozu noch Geschichte?* (München, 1977), 182-202, 196. Stachowiak sieht diese beiden "Grundstrukturtypen von [historiographischen] Beschreibungsmodellen" von unterschiedlichen Weltsichten geprägt: Die durch Zyklizität gekennzeichnete ist von einer pessimistischen, die durch Fortschritt gekennzeichnete ist von einer optimistischen Weltsicht geprägt: ebd. Mengel kritisiert zurecht, dass es sich hier um eine "unzutreffende Verallgemeinerung" handelt: Mengel, *Geschichtsbild und Romankonzeption*, 48. Denn in der zyklischen Geschichtsauffassung kann Geschichte, wird der aufsteigende Teil betont, als "Erneuerung" oder "Aufschwung" gesehen werden (ebd., 49); umgekehrt "kann die linear-teleologischen Zeit als allmählicher Verfall und Untergang gedeutet werden" (ebd., 48).

[230] Rosador, *Das englische Geschichtsdrama*, 97.

[231] Ebd. Diesen Geschichtsauffassungen fügt Rosador die christliche Geschichtsauffassung hinzu, die Mengel hingegen nicht als "eigenständige Form der Geschichtsbetrachtung" begreift, sondern als "Mischform" (Mengel, *Geschichtsbild und Romankonzeption*, 49), die "sowohl am linear-teleologischen, als auch am zyklischen Zeitbegriff Anteil" habe: ebd., 58.

[232] Siehe Kettenacker, "Die anglo-amerikanischen Planungen", 65f., 71.

[233] Zit. Clemens, *Britische Kulturpolitik in Deutschland*, 53f. [meine Hervorhebung].

stärkt in diesen Prozessen eingesetzt wurden) zutraute, in die Geschichte einzugreifen, durch eigenes Handeln den Lauf der Geschichte ändern zu können und dadurch, so betonen einige der an der Umerziehung beteiligten Literaten, den Untergang der westlichen Zivilisation zu verhindern. Sie sprechen von einem "missionary zeal"[234] und ihrem Vertrauen in die Möglichkeit, "to influence the course of history".[235] 1944 schreibt der aus Prag in die USA emigrierte deutsch-jüdische Schriftsteller Franz Carl Weiskopf an Ernst Sommer von der Pflicht des Schriftstellers, sich an der Umerziehung zu beteiligen:

> ist es nicht die Pflicht des Schriftstellers, auf seinem Feld und mit seinen Mitteln Erkenntnissen zum Durchbruch zu verhelfen? ... Mein Plädoyer gilt der Idee, dass Menschen ebenso zu Barbaren wie zu nützlichen Mitgliedern der Gemeinschaft erzogen werden können: dass es nicht auserwählte Rassen oder Nationen gibt, auch nicht auserwählt teuflische.[236]

In seinem Roman *Himmelsfahrtskommando*, der in englischer Übersetzung mit dem Titel *The Firing Squad* erschien,[237] beschäftigt er sich mit den Fragen, wie "ein an sich gutmuetiger Mensch zum Biest" werde und ob "der Deutsche umzuerziehen" sei. "Wie immer", erklärt er, "wollte ich auch diesmal nicht einfach einen Roman schreiben, sondern mit den Mitteln des Romanschreibers Leser aktivieren."[238]

Ein von der Schicksalhaftigkeit schrecklicher Ereignisse und zyklisch wiederkehrender Gräueltaten ausgehendes Geschichtsbild hingegen stünde der Umerziehung eines Volkes entgegen, und es wurden durchaus auch Stimmen laut, welche die Deutschen als ein unheilbares Volk von Barbaren apostrophierten, die sich allerdings nicht gegen die Befürworter der Umerziehung, die an der Reformierbarkeit der Deutschen festhielt, durchsetzen konnten.

Die aus zunehmender zeitlicher Distanz zu Besatzung, Entnazifizierung und Umerziehung entstandenen Texte verlagern das Interesse von den Ereignissen selbst auf die Bedeutung, die sie durch neu hinzugetretene Geschehnisse und in Erwartung zukünftiger Ereignisse im jeweiligen Entstehungskontext einnehmen. Ewald Mengel hebt hervor, dass während sowohl im zyklischen als auch in dem von Gedanken des Fortschritts geprägten Geschichtsbild Geschichte als ein dem Betrachter objektiv vorgegebener, sinnvoller und abgeschlossener Ereigniszusammenhang erscheint, ein die Kontingenz der Geschichte betonendes Geschichtsbild "Geschichte als ein im nachhinein zustande-

[234] Herbert Read, Letter to Edwald Dahlberg, 13.2.1949, zit. James King, *The Last Modern. A Life of Herbert Read* (New York: St. Martin's Press, 1990), 245.
[235] Stephen Spender, *European Witness*, 87.
[236] Deutsches Literaturarchiv Marbach, 89.66.269: Brief an Ernst Sommer von Franz Carl Weiskopf, 8. November 1944, New York.
[237] Franz C. Weiskopf, *Himmelfahrtskommando* (Berlin: Dietz, 1944); *The Firing Squad* (New York: Alfred Knopf, 1944).
[238] Deutsches Literaturarchiv Marbach, 89.66.269: F. C. Weiskopf an Ernst Sommer, 29. November 1947[?], New York.

kommendes Konstrukt" betrachtet.[239] Erst in der Retrospektive werden Verknüpfungen zwischen einzelnen Ereignissen vorgenommen, die ihnen Bedeutung verleihen. "Außerhalb der Geschichte betrachtet", schreibt Ricoeur, "ist das Ereignis nichts anderes als ein *Vorfall* (*occurrence*), das heißt etwas, das auf eine bestimmte Art und Weise geschieht, aber auch anders oder überhaupt nicht geschehen könnte, was die Definition der Kontingenz schlechthin ist."[240] Erst indem die Ereignisse in einer Erzählung integriert werden, werden sie als etwas Bestimmtes oder Bedeutungsvolles qualifiziert.[241] Mit ihrer Verknüpfung unterschiedlicher 'Vorfälle' oder Vorkommnisse in Form von 'Geschichte/n' kommt britischen Literaten heute eine bedeutende Rolle für die Strukturierung von Sinn- und Bedeutungszusammenhängen zu. Der narrative Umgang mit Kontingenz schafft Ordnung, so dass eine Handlungsorientierung möglich wird:

> Historische Orientierung bedarf einer Wirklichkeitsordnung, in der mit Kontingenz, mit Neuem, mit Veränderung 'gerechnet' wird. *Historisch orientiert* und damit in spezifischem Sinne *vernunftorientiert* handeln heißt nicht zuletzt, sich kognitiv und praktisch darauf einzustellen, daß dies oder jenes anders geworden ist, daß so gut wie alles anders werden könnte. An dieser radikal zeitlichen Wirklichkeitsauffassung sein Wollen und Handeln orientieren, ohne in überwältigende, emotionale und motivationale Nöte zu geraten, gehört zum historischen Denken und schließlich zu einem Leben im Horizont dieses Denkens.[242]

Mit Blick auf die (Selbst-) Positionierung von Individuen und Kollektiven in der Geschichte kulminiert die Bedeutung des Geschichtsbildes also möglicherweise in der Frage, ob der Mensch in die Geschichte eingreifen kann oder nicht. Mit der Frage der Fremd- oder Selbstbestimmung von Individuen und Kollektiven berührt sich die Kategorie des Geschichtsbildes eng mit Konzeptionen von personaler und kollektiver Identität, die sich unter anderem als nationale Identität ausprägt.[243] Die durch das Geschichtsbild subjektiv (individuell und kollektiv) beeinflusste Handlungsfähigkeit des Subjekts ist ein wesentlicher Faktor für nationale Identitäten, da sie determiniert, welche Rolle eine Nation in der Geschichte hat oder haben sollte – in der Selbst- ebenso wie in der Fremdwahrnehmung: "Gruppen bilden gewöhnlich ihre Identität durch Aufarbeitung ihrer Vergangenheit: Sie verankern sich historisch, indem sie sich in bestimmte Traditionen einordnen, denen sie wiederum ihre Identität entnehmen."[244] Für personale Iden-

[239] Mengel, *Geschichtsbild und Romankonzeption*, 50.
[240] Ricoeur, *Zufall und Vernunft*, 11.
[241] Straub, "Geschichten erzählen", 144.
[242] Ebd., 150.
[243] Aleida Assmann, Heidrun Friese, Einleitung zu: dies. (Hgg.), *Identitäten*, Erinnerung, Geschichte, Identität, 3 (Frankfurt/M.: Suhrkamp, 1998), 11-23, 11. Besonders Eric Hobsbawm hat in den letzten Jahren auf den Zusammenhang zwischen Geschichtsvorstellungen und kollektiver Identitätsbildung hingewiesen: Eric Hobsbawm, *Nations and Nationalism since 1780. Programme, Myth, Reality* (Cambridge: CUP, 1990), ders., *On History* (London: Weidenfeld & Nicolson, 1997).
[244] Lorenz, *Konstruktion der Vergangenheit*, 410. Auf Nachkriegsdeutschland bezogen argumentiert Lorenz weiter: "Das ist vor allem dann der Fall, wenn das Verhältnis von Gegenwart und

titäten ist die Frage nach der Handlungsfähigkeit des Subjekts nicht weniger signifikant, da auch im Fall des Individuums das jeweilige Geschichtsbild seine 'historische' Handlungsmotivation (mit-)bestimmt.[245] Der unmittelbare Bezug zu der handlungsleitenden Orientierungsfunktion des Geschichtsbewusstseins ist hier offensichtlich.

Neben dem Aspekt der Handlungsfähigkeit des Subjekts berühren sich Geschichtsbild und Identitätskonzeptionen aber auch darin, dass beide als von Zeiterfahrungen abhängig verstanden werden und dass beide auf Selbst- und Fremdwahrnehmungen beruhen. Von Straub als "kommunikative Konstrukte" bezeichnet,[246] sind Identitäten (oder das jeweils von dem Begriff Bezeichnete) immer innerhalb eines Beziehungsgeflechtes konstitutiver Relationen situiert, und Identität ist deshalb ein relationaler Begriff: "Identität gibt es nicht an und für sich, sie bestimmt sich immer als Differenz zum anderen, zum Fremden."[247] Personale Identität wird verstanden als der "von der oder dem einzelnen immer wieder zu bewerkstelligende, am Schnittpunkt von gesellschaftlicher Interaktion und individueller Biographie stattfindende Prozeß der Konstruktion und Revision von Selbstbildern".[248] Der Identitäts-'Prozess' lässt sich darüber hinaus beschreiben als "a continuous defining and redefining, evaluating and re-evaluating of oneself on the basis of one's past and present experiences, internalizing as well as rejecting definitions and evaluations suggested or imposed by others".[249] In struktureller Analogie zu der personalen oder persönlichen Identität ist die kollektive Identität zu bestimmen, die allerdings "der Binnenstärkung durch das kulturelle Gedächtnis (A. und

Vergangenheit durch einen *abrupten Bruch* in wichtigen Traditionen 'gestört' wird. Radikale Veränderungen machen nämlich eine neue Definition der Identität und damit eine Neubesinnung auf die Vergangenheit notwendig. [...] 1945 mußten die Deutschen einen radikalen Bruch mit ihrer Vergangenheit vollziehen: Sie saßen buchstäblich und im übertragenen Sinne auf den Trümmerhaufen ihrer Geschichte. Neben riesigen Territorien verloren die Deutschen ihre nationale Identität, da sie seit 1949 in zwei deutschen Staaten lebten. [Auschwitz machte] es vielen Deutschen besonders schwer, ihrer direkten Vorgeschichte [...] ins Auge zu sehen und sich damit zu identitifizieren. Sie wurde entsprechend lange heftig verdrängt. Die alte [...] Identität vieler behinderte ihre neue [...] stark.": ebd., 410f.

245 "Individuen und Gruppen orientieren unter anderem an ihrer Identitätsvorstellung ihr Handeln": ebd., 408.

246 Jürgen Straub, "Personale und kollektive Identität. Zur Analyse eines theoretischen Begriffs", in: Assmann, Friese (Hgg.), *Identitäten*, 73-104, 104.

247 Mario Erdheim, "Zur Problematik kultureller Identität", in: ders., *Psychoanalyse und Unbewußtheit in der Kultur* (Frankfurt/M.: Suhrkamp, 1988), 345-63, 345. Zur Entwicklung des Identitätsbegriffs siehe Heidrun Friese, "Identität: Begehren, Name und Differenz", in: Assmann, Friese (Hgg.), *Identitäten*, 24-43.

248 Stefan Glomb, "Identität, persönliche" (Art.), in: Nünning (Hg.), *Metzler Lexikon Literatur- und Kulturtheorie*, 267.

249 Karmela Liebkind, "Ethnic Identity – Challenging the Boundaries of Social Psychology", in: Glynis M. Breakwell (Hg.), *Social Psychology of Identity and the Self Concept*, Surrey Seminars in Social Psychology (London: Surrey University Press published by Academic Press, 1992), 147-85, 177.

J. Assmann) in Form von Ritualen, festen Einheitssymbolen und -mythen sowie durch das stigmatisierende Konstrukt einer kollektiven Alterität" bedarf.[250]

Der dynamische Charakter des Identitätsprozesses als einer kontinuierlichen Interaktion zwischen dem 'Selbst' und dem 'Anderen'[251] in einer temporalen Dimension, in der Vergangenheit und Zukunft in der Gegenwart durch Erfahrungen und Erwartungen aufeinander bezogen und gedeutet werden, macht den engen Zusammenhang von Identität und Erinnerung (auf individueller wie auf kollektiver Ebene) deutlich. Literatur erweist sich in diesem Zusammenhang als identitätstiftend. Sie ist wesentlich an der Konstruktion und Verbreitung von nationalen Selbst- und Fremdbildern beteiligt.[252] Nationen erscheinen hier als "constructs",[253] und "[n]ationalism is, at the outset, a creation of writers";[254] nationale Charakteristika sind imaginiert, sind diskursive Konstruktionen, "in order to meet current demands".[255] Kurz gefasst lässt sich diese Einsicht auf den von Benedict Anderson geprägten Begriff der "imagined communities" reduzieren.[256] An der Konstruktion des britischen Deutschlandbildes der Nachkriegszeit und – in Abgrenzung dazu – an der Konstruktion des britischen Selbstbildes waren britische Literaten maßgeblich beteiligt.

Historisches Erzählen ist ein wesentlicher Faktor dieser 'literarischen' Konstruktion von Selbst- und Fremdbildern bzw. ihrer Forcierung oder Infragestellung. Literatur erweist sich aus diesem Grund auch als ein manipulativer Faktor, mit dem – angesichts

[250] Horatschek, "Identität, kollektive" (Art.), in: Nünning (Hg.), *Metzler Lexikon Literatur- und Kulturtheorie*, 267.

[251] Liebkind, "Ethnic Identity", 177.

[252] Die Entstehung und Wirkung von nationalen Fremd- und Eigenbildern wird im Rahmen der komparatistischen Imagologie erforscht. Siehe dazu den Forschungsüberblick von Klaus Stierstorfer in: ders. (Hg.), *Deutschlandbilder*, 7-17, 12f. und Hugo Dyserinck, "Komparatistische Imagologie. Zur politischen Tragweite einer europäischen Wissenschaft von der Literatur" in: ders./Karl-Ulrich Syndram (Hgg.), *Europa und das nationale Selbstverständnis* (Bonn: Bouvier, 1988), 13-37.

[253] Benedict Anderson, *Imagined Communities: Reflections on the Origin and Spread of Nationalism*, rev. ed. (London: Verso, 1991) [1983], 6.

[254] Gerald Newman, *The Rise of English Nationalism. A Cultural History 1740-1830* (New York: St. Martin's Press, 1987), 87. So auch Raphael Samuel: "The idea of a nation, though a potent one, belongs to the realm of the imaginary rather than the real. [...] Its alleged continuities are fictions": Raphael Samuel, *Patriotism. The Making and Unmaking of British National Identity* (London: Routledge, 1989), 16f.

[255] Vera Nünning, "Where Literature, Culture, and the History of Mentalities Meet", 213. Nünning zitiert Eric Hobsbawm: "What makes a nation is the past, what justifies a nation against others is the past, and historians are the people who produce it": *Anthropology Today* 8 (1992), 3. So betont etwa Raphael Samuel: "Britishness, instead of being a secure, genetic identity, can be seen as something culturally and historically conditioned, always in the making, never made.": Raphael Samuel, *Island Stories. Unravelling Britain, Theatres of Memory, vol. II*, hg. von Alison Light mit Sally Alexander und Gareth Stedman Jones (London: Verso, 1998), 22. Zu England als "imagined community" und zu Englishness als "silent, private communion with an imagined past" siehe Raphaël Ingelbien, "Imagined Communities/Imagined Solitudes: Versions of Englishness in Postwar Literature", *European Journal of English Studies* 8 (2004), 159-171, Zitat 169.

[256] Anderson, *Imagined Communities*.

ihrer poietischen Funktion – Selbst- und Fremdbilder formiert, verstärkt oder aber verändert werden können. Im (post-)kolonialen Kontext ist diese Funktion der Literatur bereits seit längerem Gegenstand der Forschung.[257] Ein weiteres Feld, auf dem sie sich im Zusammenhang mit den identitätsstiftenden und Orientierung gebenden Funktionen des Geschichtsbewusstseins sinnvoll untersuchen lässt, ist die Zeit der Besatzung, Entnazifizierung und Umerziehung. Literatur wurde gleichermaßen zu Umerziehungszwecken funktionalisiert wie auch zur Vermittlung von Selbst- und Fremdbildern. Es handelt sich damit um historisch wirkmächtige Texte, um Texte, die 'Geschichte machen'.[258] Auch die aus zeitlicher Distanz zu Besatzung, Entnazifizierung und Umerziehung entstandenen literarischen Texte können als Handlungsanweisungen dienen und vermitteln Selbst- und Fremdbilder: Die Rolle der Briten als Besatzungsmacht wird glorifiziert oder aber kritisiert; die Briten erscheinen in dieser Funktion geeint oder aber als in ihrer Haltung zur Besatzungsmacht gespalten. In ihnen werden Geschichten, die eine Kultur definieren (Kulturnarrative[259]), erzählt und umerzählt. "Das Umerzählen", so betonen Jeanne Cortiel und Walter Grünzweig, "ist von besonderer Bedeutung. Kulturelle Narrative können sich affirmativ zu ihrer Kultur verhalten, sie können jedoch auch subversiv zu ihr stehen."[260]

Was das durch die Literatur vermittelte Deutschen- und Deutschlandbild betrifft, so zeugen vor allem Agenten- und Spionageromane (ähnlich wie die Massenmedien[261])

[257] Zur Funktion von Literatur bei der Formierung des englischen Nationalcharakters in der Kolonialzeit siehe etwa Vera Nünning, "Where Literature, Culture and the History of Mentalities Meet".

[258] Thomas Healy und Jonathan Sawday sprechen in einem anderen Untersuchungszusammenhang von "texts which are involved in the actual production of history": Thomas Healy, Jonathan Sawday, "Introduction: 'Warre is all the world about'" in: dies. (Hgg.), *Literature and the English Civil War* (Cambridge: CUP, 1990), 1-17, 2.

[259] Roger Betsworth, *Social Ethics. An Examination of American Moral Traditions* (Louisville, KY: Westminster Knox, 1990), 15. Betsworth schreibt über Kulturnarrative: "Cultural narratives differ from ordinary stories told in a culture. In order to be told, a story must be set within a world. The cultural narrative establishes the world in which an ordinary story makes sense. It informs people's sense of the story in which they set the story of their own lives. The history, scriptures, and literary narratives of a culture, the stories told of and in family and clan, and the stories of popular culture all articulate and clarify the world of the cultural narrative in which they are set." (ebd.)

[260] Jeanne Cortiel, Walter Grünzweig, "Das Erzählen in der Kultur. Narrativ, Religion und Kulturanalyse", in: Friedrich Jäger (Hg.), *Kulturwissenschaftliche Perspektiven der Nordamerika-Forschung* (Tübingen: Stauffenburg 2001), 27-40, 31.

[261] Zum Deutschlandbild in den britischen Medien siehe (stellvertretend für viele) Jürgen Krönig, "Vergiften die Medien die deutsch-britischen Beziehungen?", in: Reinhard Tenberg (Hg.), *Intercultural Perspectives. Images of Germany in Education and the Media* (München: Iudicium, 1999), 5-29; Reinhard Tenberg, "'Szenen einer Beziehung': Zum Deutschlandbild in den britischen Medien nach der Wende", in: ders. (Hg.), *Intercultural Perspectives*, 16-29; Lachlan R. Moyle, "Once a German – Always a German! Germans and Germany in Contemporary British Press Cartoons", in: Cedric C. Barfoot (Hg.), *Beyond Pug's Tour. National and ethnic stereotyping in theory and literary practice* (Amsterdam: Rodopi, 1997), 423-444; Harald Husemann,

zwar vom “unausrottbaren britischen Glauben an die Existenz eines deutschen ‘Nationalcharakters’”,[262] dessen Bezugspunkte der Zweite Weltkrieg und das Dritte Reich bilden.[263] Jedoch ist das durch den Nationalsozialismus geprägte Deutschlandbild, auf das vielfach hingewiesen wurde,[264] unbedingt zu ergänzen. Denn insbesondere die jüngere britische Literatur bricht vielfach Stereotype auf und entwirft vielschichtigere Images[265]: Die Deutschen erscheinen nicht mehr nur als immerwährende Nazis, sondern es findet sich zunehmend Literatur, in der sich ein durch die Erfahrung mit Besatzung, Entnazifizierung und Umerziehung verändertes Deutschenbild abzeichnet und in der auch das britische Selbstbild von diesen Erfahrungen beeinflusst ist.[266]

“Sour Krauts Wrapped in English Newspapers”, in: *Anglistentag 1994 Graz: Proceedings*, XVI, hg. von Wolfgang Riehle und Hugo Keiper (Tübingen: Niemeyer, 1995), 577-592; Helmut Rodewald, “Anti-deutsche Wellen und kritische Gegenreaktionen in der britischen Presse der 90er Jahre”, *Hard Times. Neue Deutsch-Britische Gesellschaft* 59/60 (1997), 8-11. Zum Deutschlandbild im britischen Agentenroman siehe etwa Peter Hasenberg, “‘The Teuton’s inbred mistake...’”: Das Deutschlandbild im britischen Agentenroman”, *Images of Germany*, Anglistik & Englischunterricht, 29/30 (Heidelberg: Universitätsverlag Winter, 1986), 217-45.

262 Nünning/Nünning, “England”, 107. In ihren Memoiren bekennt sich Margaret Thatcher im Kontext der deutschen Wiedervereinigung offen zu ihrem Glauben an einen Nationalcharakter: “I do believe in national character, which is moulded by a range of complex factors.”: Margaret Thatcher, *The Downing Street Years* (London: Harper Collins, 1993), 791. Am 24. März 1990 hatten die zu einem von Thatcher einberufenen Deutschland-Seminar geladenen britischen Deutschlandexperten einen Katalog von ‘typisch deutschen’ Charaktereigenschaften entworfen: “‘Wer sind die Deutschen?’ Geheimprotokoll eines von Premierministerin Thatcher einberufenen Deutschland-Seminars”, *Der Spiegel* 29 (1990), 109-112, 109f. und dazu Nünning/Nünning, “England”, 111f.

263 Auch wenn, wie Trautmann schreibt, die “Nazi-Vergangenheit [...] in der Außenwahrnehmung der Deutschen ... zunehmend relativiert wird” (Trautmann, “Die häßlichen Deutschen?”, 10), so geht aus einer vom Goethe-Institut in Auftrag gegebenen Umfrage vom 24.11.1989 hervor, dass das britische Deutschlandbild immer noch bis zu 46% durch die Erinnerung an den Zweiten Weltkrieg geprägt ist: Kettenacker, “Englische Spekulationen”, 202.

264 So schreibt Marion Schöink-Huppe, “that Germany’s contemporary image in Britain and in British popular fiction is formed overwhelmingly by National Socialism”: “The Image of Nazi Germany in British Popular Literature”, in: *Beyond Pug’s Tour*, 393-411, 407.

265 Zur Unterscheidung zwischen Image und Stereotyp siehe Hans Kleinsteuber, “Stereotype, Images und Vorurteile – Die Bilder in den Köpfen der Menschen”, in: Trautmann (Hg.), *Die hässlichen Deutschen?*, 60-75, 62-65.

266 Diese Veränderungen im Selbst- und Fremdbild wirken der “construction of an enduring national character” entgegen: Vera Nünning, “Where Literature, Culture and the History of Mentalities Meet. Changes in British National Identity as a Paradigm for a New Kind of Literary/Cultural History”, in: *REAL. Yearbook of Research in English and American Literature, 17: Literary History/Cultural History: Force-Fields and Tensions*, hg. von Herbert Grabes (Tübingen: Gunter Narr, 2001), 211-38, 211. Zur unauflöslichen Verknüpfung von Fremd- und Selbstbildern siehe auch Thomas Blank, “Wer sind die Deutschen? Nationalismus, Patriotismus, Identität – Ergebnisse einer empirischen Längsschnittstudie”, *Aus Politik und Zeitgeschichte* 13 (1997), 38-46, 44.

I Britische Literaten, Institutionen und britische Literatur im besetzten Deutschland

I.1 Projekte und Aktivitäten bei der Entnazifizierung und Umerziehung der Deutschen

Bei der Entnazifizierung und Umerziehung der Deutschen in der Besatzungszeit spielten britische Literaten und ihre Schriften eine wichtige Rolle. Einerseits war ihre Literatur, die zu Umerziehungszwecken eingesetzt wurde, unmittelbar wirkmächtig. Andererseits waren britische Literaten auch durch den persönlichen Einsatz in der britischen Besatzungszone oder in den sich in Großbritannien befindenden Ausschüssen aktiv an der Durchsetzung der entsprechenden Direktiven der britischen Kontrollkommission beteiligt – etwa durch die Sondierung deutscher Intellektueller und deutscher Bildungsanstalten, durch Vortragsreisen oder durch ihre Mitarbeit in dem schon im Sommer 1945 gegründeten Book Selection Committee.

Der britische Schriftsteller Stephen Spender hielt sich im Juli und August 1945 in Deutschland auf und war mit der Aufgabe betraut, über die Haltung deutscher Intellektueller zu berichten.[1] Im September desselben Jahres folgte ein weiterer Deutschlandaufenthalt des Dichters,[2] eine Reise quer durch die britische Zone;[3] Spender sollte dabei im Auftrag der Foreign Office Political Intelligence Division (PID) die Bibliotheken in der britischen Zone, deren Wiedereröffnung den Briten in Anbetracht des bevorstehenden Winters besonders wichtig war ("to provide the Germans with something else to think about during the following months, than their living conditions", EW, 149), prüfen, entnazifizieren und wiedereröffnen: "I was supposed to carry out a policy of 'purging' the libraries of the Nazi members of their staff and also of their Nazi literature. We did not wish the Nazi books to be destroyed, but we wished them to be in a separate room, under lock and key."[4] Später – in den 1950er Jahren – hielt er Vorträge

[1] In Bad Oeynhausen erklärte Spender gegenüber Brigadier W- (einem Oxforder Gelehrten und Soldaten): "I had come to Germany to write reports on the attitude of mind of German intellectuals": Stephen Spender, *European Witness* [1946] (London: Hamish Hamilton, 1947), 10; im Folgenden EW.

[2] Vor seiner zweiten Reise in die britische Besatzungszone in Deutschland schrieb Spender an John Lehmann: "I have to go to Germany again on 22nd August, this time to Berlin, Hamburg, Luebeck, Kiel, Hanover and Goettingen. The conditions will be much better, as they are going to provide me with a car and a driver." Letter to John Lehmann, 14. August 1945, Harry Ransom Center, University of Texas at Austin [im Folgenden HRC], J. Lehmann Collection, 5.44.

[3] Stephen Spender, *The Thirties and After. Poetry, Politics, People (1933-75)* (London: Macmillan, 1978), 100.

[4] Spender, *European Witness* (im Folgenden EW), 149. In *The Thirties and After* schreibt Spender: "I volunteered for the Occupying Forces in the British Zone of Germany, and was asked to de-Nazify and then re-open public libraries. [...] My job was neatly summed up for me by one

in mehreren deutschen Städten. Auch T. S. Eliot, Vera Brittain, Herbert Read, Elizabeth Bowen u. a. hatten durch Vorträge teil an der Umerziehung der Deutschen. Außerdem waren Literaten wie die zuletzt genannte Elizabeth Bowen, der Verleger und Autor Michael Sadleir sowie der Journalist und Schriftsteller Morgan G. Rees Mitglieder des Book Selection Committee, in dem Vorschläge für die zu Umerziehungszwecken in Deutschland einzusetzenden Bücher erarbeitet wurden.[5] Die Fokuserweiterung vom Text auf das Literatursystem (oder "cultural 'subsystem'"[6]) zeigt also, dass die Rolle britischer Literaten im Deutschland der Nachkriegszeit nicht auf die Literaturproduktion beschränkt war.

Vermittlungsinstanzen der Umerziehung in der britischen Besatzungszone waren u. a. die 1946 und 1947 in zahlreichen deutschen Städten eingerichteten British Centres, die kollektiv unter dem Namen 'Die Brücke' bekannt wurden. Sie boten nicht nur den Rahmen für Vorträge, sondern stellten außerdem, wie im Falle des British Centre in Düsseldorf, eine Bibliothek, einen Ausstellungsraum, ein Filmstudio, einen Radioraum und einen Gesellschaftsraum bereit,[7] und darüber hinaus gab es hier die Möglichkeit zur

lady librarian at a library I re-opened. 'I understand exactly what you want, Herr Spender. I must take all the books by Nazis off the shelves and put them in the cellars, and bring up from the cellars all the books by Jews and put them on the shelves.'" (99f.) Zu Spenders Tätigkeit als Library Officer siehe weiter EW, 149-154. Arthur Dickens, der während der ersten Monate der Besatzung als Journalist in der britischen Zone tätig war, schreibt über die Stadtbücherei Lübeck: "The City Library, which contains 300,000 volumes, has re-opened and the local appetite for books now exceeds all previous records. Soon after 1933 the Nazis ordered the withdrawal of over 2,000 unsuitable volumes from circulation, but these, instead of being destroyed, were placed in the "Poison Chest" (*Giftschrank*) under the library. To this room, wired up for security, only the chief librarian had the key. When we first came, all the 'dangerous men' still lay there, cheek by jowl – Franz Werfel, Leonhard Frank, Stefan Zweig, Thomas and Heinrich Mann, Upton Sinclair and Sinclair Lewis, not to mention those twin pillars of orthodoxy Marx and Lenin. Even Chesterton's The Man Who Was Thursday and Aldous Huxley's Brave New World awaited liberation. Now the revolution is accomplished, the good resurrected and the wicked consigned to the Inferno. The present chief librarian commented today on the new appetite of the public for poetry, which I imagine to be an aspect of the widespread escapist tendency." Arthur Geoffrey Dickens, *Lübeck Diary* (London: Victor Gollancz, 1947), 126. Zur 'Entnazifizierung' deutscher Bibliotheken siehe Clemens, *Britische Kulturpolitik in Deutschland*, 206 und Peter Hoare, "'Hungry for Reading': Libraries in the British Zone of Occupation", in: Alan Bance (Hg.), *The Cultural Legacy of the British Occupation in Germany. The London Symposium*, Stuttgarter Arbeiten zur Germanistik, 350; gleichzeitig Publications of the Institute of Germanic Studies, 70 (Stuttgart: Hans-Dieter Heinz, Akademischer Verlag Stuttgart, 1997), 205-22, 210ff. Hoare schreibt hier: "Libraries were to be purged of Nazi literature (which was not closely defined), and could then be re-opened after scrutiny by military authorities, followed later in 1945 by a system of inspectors sent out from Britain." (210).

[5] Clemens, *Britische Kulturpolitik in Deutschland*, 149.

[6] Grabes, "Literary History and Cultural History", 23.

[7] Hierbei handelt es sich um Kategorie A der 'Brücken'; Die British Centres der Kategorien B und C waren schlechter ausgestattet. Ursprünglich sollten 60 British Centres in allen Städten der Britischen Zone, die mehr als 50000 Einwohner hatten, sowie ein British Centre in Berlin entstehen. Mitte 1947 waren mehr als 60 Zentren vorhanden: George Murray, "The British Contribu-

stillen Lektüre. Was Roger Chartier in seiner Studie über das Lektüreverhalten und die Lesegesellschaften des 18. Jahrhunderts gezeigt hat,[8] lässt sich insbesondere auch für die Besatzungszeit konstatieren: Es ist von entscheidender Bedeutung, ob ein Text leise zu Hause oder in einem Gruppenraum gelesen wird oder ob er in einem öffentlichen Vortrag gehört und eventuell im Anschluss diskutiert wird. In den British Centres konnte in solchen Diskussionen, in denen freimütige Äußerungen durchaus zugelassen waren, eine demokratische Soziabilität "eingeübt" werden.[9]

Auch in diesen kulturellen Institutionen waren britische Literaten nicht nur als Produzenten der dort angebotenen Literatur, sondern auch als deren Vermittler tätig. Zu den Rednern im British Centre in Berlin zählten T. S. Eliot, Bertrand Russell, Herbert Read, Vera Brittain, Harold Nicolson, Stephen Spender und Elizabeth Bowen.[10] Herbert Read, der im Dezember 1948 und im Januar 1949 mehrfach in Deutschland vortrug, reiste aus 'missionarischem Eifer' nach Deutschland, wie er in einem Brief an Edward Dahlberg betonte:

> What drives me out into the world is not the desire for fame (to which I am indifferent as anyone could honestly be), nor the desire for lucre (my journeys to Germany, for example, were a dead loss of time and money), but simply a missionary zeal, which may be vain in itself, but is surely not despicable.[11]

Vera Brittain brach am 19. Juli 1947 im Auftrag des Education Department der Kontrollkommission nach Deutschland auf, wo sie unter anderem in Kiel, Lübeck, Hamburg und Münster vortrug.[12] Wie aus einem Schreiben des Control Office an den British Council hervorgeht, bemühte man sich bereits 1946, britische Redner für Vorträge in

tion", in: Arthur Hearnden (Hg.), *The British in Germany: Educational Reconstruction after 1945* (London: Hamish Hamilton, 1978), 64-94, 90f.; Annette Kern-Stähler, Stephan Kohl, "University Control Officers, British Writers and an Enemy People: Education Policy in the British Zone", *Anglistentag 2002 Bayreuth: Proceedings*, hg. von Ewald Mengel, Hans-Jörg Schmid, Michael Steppat (Trier: wvt, 2003), 110-130, 114-15.

[8] Roger Chartier, *Lesewelten. Buch und Lektüre in der frühen Neuzeit* (Frankfurt/M., New York: Campus, 1990).

[9] Vgl. Roger Chartier, "Der Lesezirkel", in: Heinz-Gerhard Haupt (Hg.), *Orte des Alltags. Miniaturen aus der europäischen Kulturgeschichte* (München: Beck, 1994), 184-192.

[10] Trevor Davies, "A British View of Education in Berlin", in: Hearnden (Hg.), *The British in Germany*, 212-223, 216.

[11] Brief an Dahlberg vom 13. Februar 1949, zit. in: James King, *The Last Modern. A Life of Herbert Read* (New York: St. Martin's Press, 1990), 245. Read schreibt über die Zerstörungen vor allem in Hamburg und Berlin: "No one can have any conception of reality – the subhuman reality – of Germany today who has not been there. That sensitive human beings should be condemned to live like half-starved rats among the ruins of their pride is perhaps just a visitation of fate. [...] They feel like pariah-dogs and seek a hand to lick." (ebd.) Dahlberg hatte ihm vorgeworfen, in Deutschland vorzutragen, um damit Ruhm zu erlangen. Siehe auch Reginald C. Terry (Hg.), "Edward Dahlberg and Herbert Read. An Exchange of Letters", in: Robin Skelton (Hg.), *A Memorial Symposium, The Malahat Review* 9 (1969), 95-126, 100.

[12] Vera Brittain, *Testament of Experience. An Autobiographical Story of the Years 1925-1950* (London: Virago, 1984) [1957], 298, 420f.

den Universitätsstädten der britischen Zone zu gewinnen: "The Control Office is trying to secure lecturers to go out, either singly or in pairs, round the university towns of the British Zone."[13] Insbesondere für diejenigen jungen Deutschen, die keinen Platz an einer Universität erhalten hatten, sollten Sommerferienkurse eingerichtet werden, welche von britischen Dozenten geleitet werden sollten, die etwa in den Bereichen Geschichte oder zeitgenössischer Literatur ausgewiesen waren:

> Preliminary information has been received by the Control Office concerning courses which it is proposed to organize in certain towns in the British Zone, primarily for the benefit of young people who have been unable to gain admission to the university. For these courses it is hoped to obtain the services of between 20 and 30 lecturers from British Universities and Adult Education Organisations – primarily specialists in History, Economics, Current Affairs, the Social Sciences and modern English literature.[14]

An der Universität Münster trug auch Vera Brittain im Rahmen eines Ferienkurses vor. Die sich an ihre Vorträge anschließenden Diskussionen betrachtete sie als Beitrag zur Linderung der angespannten Stimmung in Deutschland:

> as the summer temperature rose my lectures, each followed by a long discussion, increased to three a day. "The discussions help to ventilate German grievances and hence mitigate the tense atmosphere," I wrote to John, "but they are extremely exhausting as one is a target of every kind of bitterness and one has to answer, explicitly, honestly and discreetly. Each discussion takes at least two hours".[15]

Nachdem Elizabeth Bowen im Jahr 1952 der Einladung des Foreign Office, nach Deutschland zu reisen, um dort in Universitäten und British Centres vorzutragen, nicht hatte nachkommen können, trat das Foreign Office am 6. Mai 1953 mit dieser Bitte erneut an sie heran:

> You will remember that we asked you to go to Germany for a short visit last year, in order to lecture at Universities and to general audiences at our British Centres, but at that time you were unfortunately unable to accept our invitation. We are now drawing up our 1953-1954 programme and I am, therefore, venturing, as I threatened to do, to ask you again

[13] The National Archives (PRO), British Council: Registered Files, Germany, BW 32/3: From Control Office for Germany and Austria, Norfolk House, to British Council London. On: assistance in schemes for sending Lecturers and Educational Material to Germany, 24. Juli 1946.
[14] Ebd.
[15] Brittain, *Testament of Experience*, 423f. Brittain hatte Typoskripte der folgenden Vorträge bei sich: "Rebuilding Culture in Post-War Europe", "The Progress of Women in Britain" und eine umgearbeitete Version von "Shaping the Future": ebd., 421. In Münster trug sie über "The World and its Problems as seen from without Germany" vor: ebd., 429. Brittain trug sich mit der Hoffnung, "[i]t might even be possible to mitigate in small ways some effects of Britain's political and social mistakes, which I had seen described in newspaper articles and such first-hand reports as Victor Gollancz's *In Darkest Germany*": ebd., 422.

> whether there is any possibility of your being able to help us some time this year or in the early months of 1954.[16]

Dieser Einladung folgte Bowen; 1954 brach sie zu ihrer Vortragsreise nach Deutschland auf.[17]

Auch über T. S. Eliots Vorträge in Deutschland ist bislang nicht veröffentlicht worden, doch finden sich in den Akten über die 'Specialist Tours' in den National Archives Hinweise auf die Stationen seiner vom British Council und Foreign Office organisierten Deutschlandtour, auf sein Vortragsprogramm in Hamburg und die Begeisterung, mit der seine Vorträge dort aufgenommen worden sind. Eliot wollte Hamburg, München, Berlin, Göttingen und Bonn besuchen; entsprechend äußerte er im Vorfeld: "my German programme is a very arduous one, and I expect to be exhausted by the end of it".[18] Die Reise führte Eliot zunächst nach Hamburg, wo er am 27. Oktober 1949 ankam und sich bis zum 31. Oktober aufhielt. Neben einer 'Tea Party' im Frauenclub und einem Mittagessen im Anglo-German Club hielt er mehrere Vorträge an der Hamburger Universität und in der 'Brücke'. An der Universität sprach er über "The Aims of Poetic Drama" und, am Englischen Seminar, über "The Development of Shakespeare's Versification", in der 'Brücke' über "The Idea of a European Society".[19] Ein Bericht über Eliots Besuch in Hamburg an das Commissioner's Office der Stadt Hamburg spricht von der Begeisterung, mit der Eliots Vorträge von den Deutschen aufgenommen wurden:

[16] HRC, Elizabeth Bowen Collection 11.5; letter from Foreign Office to Elizabeth Bowen, 6. Mai 1953.

[17] Am 12. Mai 1953 teilte Elizabeth Bowen dem Foreign Office mit, dass sie im Januar 1954 nach Deutschland reisen könne: "I shall be glad to go to Germany in January next – as early, in fact, in that month as you find it convenient to arrange." HRC, Elizabeth Bowen Collection 10.4; letter from Elizabeth Bowen to R. A. Chaput de Saintonge. Glendenning gibt Februar für die zweiwöchige Vortragsreise an: "a two-week lecture tour in Germany in February, 1954, for the British Council and a stay in Bonn (where Charles Ritchie was from that year till 1958, as Canadian Ambassador to the Federal Republic)": Victoria Glendinning, *Elizabeth Bowen. A Biography* (New York: Avon Books, 1977), 240. Ein Brief Bowens an Alan Pryce-Jones, den Hearusgeber der *TLS*, vom 3. Juni 1954 lässt vermuten, dass Bowen im Juni 1954 Deutschland erneut besuchte: "I'd love to have done a signed book-piece for the T.L.S., on the lines you say; but the way I'm placed for this month, I simply can't. [...] I'm also going to Germany on about the 24th, which will mean a further disturbance.": HRC, Elizabeth Bowen Collection 12.1. Zwischen 1948 und 1950 war Bowen bereits für den British Council in der Tschechoslovakei und in Österreich gewesen: Ebd., 198-200. Im Auftrag des British Council trug sie auch in Italien vor: ebd., 239.

[18] The National Archives (PRO), British Council: Registered Files, Tours by Specialists, BW 83/9: London Sponsored Tours 1949. Eliot an Mrs Noel-Paton (British Council), 13. Juli 1949. Mit dieser Begründung schlug Eliot die Einladung nach Wien aus. Er war gebeten worden, im Anschluss an seine Deutschlandtour auch in Wien vorzutragen.

[19] Das Programm seines Aufenthaltes in Hamburg befindet sich in den National Archives (PRO), British Council: Registered Files, Tours by Specialists, BW 83/9.

> It was obvious a few weeks before that many people in Hamburg were looking forward to the visit. It was announced in newspapers, often with brief notices of Mr. Eliot's reputation. Students asked many questions about his poetry [...]. There was a talk on his poetry in "Die Brücke". My records of the readings of the "Four Quartets" are still being asked for. I was instrumental in arranging for Mr. Eliot to give a lecture to a small number of students from the English Seminar: when news of this academic lecture became public, I was beset by requests to attend from students, teachers and professors in Kiel as well as in Hamburg, and eventually a larger hall, holding about one hundred and fifty listeners, was taken. All tickets for all the lectures were issued well before Mr. Eliot's arrival. The largest University hall was full for the lecture on "The Aims of Poetic Drama". The thesis of the lecture was that poetry, because of its imaginative nature, was the natural medium of drama. [...] The University lecture on Shakespearean versification was attended by a more academic type of listener. It was an excellent university lecture – an object-lesson on the British method of basing arguments directly on facts, in this case the corpus of Shakespearean verse. Only a poet, with his sensitive insight into verse and poetry, could have delivered such a lecture. The final lecture in "Die Brücke" was also well attended. The Director went to great pains to utilise every inch of space in the building. Many listeners were in rooms where they could not see Mr. Eliot, but heard his lecture over amplifiers. Mr. Eliot was amusingly and worthingly introduced by the Regional Commissioner, Dr. Dunlop, whose relations with, and regard for Mr. Eliot were obviously of the most cordial. The ideas in the lecture were similar to these to Mr. Eliot's book "Notes towards the Definition of Culture" [...]. From discussions I have had, from remarks and newspaper reports, it is evident that Mr. Eliot has increased the number of his admirers in Hamburg, and won the respect of all who heard him. I have heard some disagreement with, and criticism of his ideas, but there is no doubt that Mr. Eliot's personality and conviction have impressed even the sharpest of critics. On Sunday Mr. Eliot read some of his poems at the British Forces Network studio. [...] The recital was repeated later in the week, and was, I know, listened to by several students at least.[20]

Stephen Spender trug 1955 in Frankfurt, Düsseldorf, Bonn, Kiel und Berlin vor der 1949 gegründeten Deutsch-Englischen Gesellschaft vor,[21] die mit einer Vielzahl von Vorträgen und Lesungen ebenfalls dazu beitrug, Interesse für die englische Literatur zu erwecken.[22] Der 1934 gegründete British Council setzte zu diesem Zweck Gastdozen-

[20] The National Archives (PRO), British Council: Registered Files, Tours by Specialists, BW 83/9: London Sponsored Tours 1949. Bericht des Englischen Seminars Hamburg vom 24.11.1949.

[21] Siehe Spender, *Journals 1939-1983*, hg. von John Goldsmith (London: Faber and Faber, 1985), 166 (Eintrag 9.10.1953). Spender sprach über George Orwell und D. H. Lawrence.

[22] Zur deutsch-englischen Gesellschaft siehe Ralph Uhlig, *Die deutsch-englische Gesellschaft 1949-1983. Der Beitrag ihrer "Königswinter-Konferenzen" zur britisch-deutschen Verständigung* (Göttingen/Zürich: Vandenhoeck & Ruprecht, 1966); Stephen G. Thomas, "The Königswinter Conferences", in: Rolf Breitenstein (Hg.), *Pillars of Partnership. After "Total War to Total Trust" – The Second Volume of Personal Accounts of 30 Years of Anglo-German Relations – The*

turen an deutschen Universitäten ein.[23] 1956 wurde der britische Dichter D. J. Enright für die Dauer von zwei Semestern zum Gastdozent an der Freien Universität Berlin ernannt und qualifizierte sich damit, in seinen eigenen Worten, "for a sort of associate membership of Allied Forces (British) Berlin."[24] Enright schreibt in seinen Memoiren, dass er von Seiten der Freien Universität, die es vorgezogen habe, ihre Mitarbeiter selbst auszuwählen, als ein ihr von der britischen Militärregierung 'aufgezwungenes' Mitglied des Lehrkörpers wahrgenommen wurde: "the Free University showed itself somewhat hostile, regarding me as an academic nobody whom for reasons yet to emerge British Military Government was interested in foisting upon them in collusion with the British Council. The war had been over for some time, and naturally the university preferred to choose its own staff."[25] Die britische Regierung, so schreibt er weiter, zweifelte ebenfalls an ihm, jedoch aus anderen Gründen:

> In the eyes of the British Government I was equally dubious, though in other ways. I was frowned upon for not wearing a sports jacked instead of a dark suit (German academics wore dark suits, and I ought to conform) and for not owning a car (German academics didn't usually run cars, and as a representative of the victorious side I ought to demonstrate superiority by not conforming).[26]

Der British Council finanzierte auch Gastvorträge über englische Literatur. So bedankte sich Professor Wolfgang Clemen am 29. November 1949 beim British Council

Vital Role of Non-Governmental Organisations (London: Oswald Wolff, 1978), 48-68; Doris Krug, "Young Königswinter", in: ebd., 69-74.

[23] Zum British Council siehe ausführlich Frances Donaldson, *The British Council. The First Fifty Years* (London: Jonathan Cape, 1984). Die kulturelle Zuständigkeit für die Bundesrepublik, die zunächst die Kontrollkommission, dann die britische Botschaft innehatte, wechselte 1958 zum British Council, der am 1.10.1959 offiziell seine Arbeit in der Bundesrepublik Deutschland aufnahm: ebd., 210; Volle, *Deutsch-Britische Beziehungen*, 53. James McDonaugh, der bereits im Frühjahr 1958 zum Deputy Counsellor 'Cultural' to the Embassy ernannt worden war und mit der Aufgabe betraut wurde, die Überführung der Zuständigkeiten von der britischen Botschaft zum British Council durchzuführen, schreibt darüber: "It was vital to continue as much as possible the good work being done and it was equally vital to establish the British Council's identity as different from and separate from the the CRD [the Embassy's Cultural Relations Department, Donaldson]. The reason is, of course, obvious. The work of the CRD derives from the occupation; it began with the re-indoctrination of the German people with the ideas and concepts of democratic government, and at every turn it was still in 1958 instinct with a sense of political mission. […] Over the years these insitutes had added other purposes and connotations […]. By 1957 […] the political basis for cultural work was an anachronism." Zit. in: Donaldson, *The British Council*, 210-11.

[24] D. J. Enright, *Memoirs of a Mendicant Professor* (London: Chatto & Windus, 1969), 53. Zu Enright in Berlin siehe etwa Ingo Pommerening, "Als Gastdozent und Lyriker im Berlin der fünfziger Jahre: D. J. Enright", in: Jörg Helbig (Hg.), *Welcome to Berlin. Das Image Berlins in der englischsprachigen Welt von 1700-heute*, mit einem Vorwort von Anthony Burgess (Berlin: Stapp, 1987), 131-41.

[25] Enright, *Memoirs of a Mendicant Professor*, 53.

[26] Ebd., 53f.

für die Unterstützung der Reise von Professorin Una Ellis-Fermor (Bedford College) nach München im Mai 1949, wo sie an der Universität zwei Vorträge zum "Elizabethan Drama" gehalten hatte: "Her visit was a great success", schreibt Clemen, "and the faculty as well as my students were grateful and delighted that this invitation which had been prepared for such a long time, did finally come off."[27] Deutschen Schülern wurde britische Literatur auch über den im November 1945 wieder aufgenommenen Schulfunk nahegebracht. In Hamburg waren Mitglieder der britischen Kontrollkommission daran beteiligt, indem sie die Skripte für die Hörfolge "Britain in Prose, Poetry and Song" sowie dramatisierte Fassungen britischer Romane erstellten, in denen sie auch die Sprechrollen übernahmen.[28] Das Ziel der Hörfolge formulierte das *British Zone Review* wie folgt: "They aimed at giving an insight into British literature and poetry with a dash of history, at the same time a little about the physical geography of England".[29]

Die geistige Isolation der Deutschen infolge des Nationalsozialismus nahmen viele Briten, die sich im besetzten Deutschland aufhielten, wahr; über ein Gespräch zwischen zwei Bonner Professoren, die ihren Lehrplan absprechen, notiert Spender: "They are obliged to limit the curriculum to the available books. It is very curious to hear them talk about books that have appeared in England and France during the past five years. [...] Nothing made me realize more how completely Germany has been cut off from the rest of civilization more than this conversation" (EW, 159). Ähnlich berichten 1947 zwei Mitglieder der British Academy, H. I. Bell und C. Webster, über die desolate Buchausstattung deutschen Bibliotheken:

> Even where no serious damage has occurred the isolation of Germany from the rest of the world has entailed the almost total lack of recent publications; indeed more than one person stressed the difficulty of even discovering what works of importance had appeared during the war. […] The prevailing impression and the central problem is the urgent need of books. In comparison with this all else is of minor importance.[30]

Die britische Kontrollkommission trat als "entrepreneur" auf, indem sie mit britischen Autoren, deren Werke für den deutschen Markt vorgesehen waren, verhandelte,[31] und beauftragte bestimmte deutsche Verlage mit der Vertretung der englischen Litera-

[27] The National Archives (PRO), British Council: Registered Files, Tours by Specialists, BW 83/9: London Sponsored Tours 1949. W. H. Clemen an Mr. Scott, 29.11.1949.
[28] "English Broadcasts to 'German Schools'", *British Zone Review* vom 25. Oktober 1947, 17.
[29] Ebd.
[30] The National Archives (PRO), British Council: Registered Files, Germany, BW 32/3. Sie fügen an: "The most helpful suggestion in this respect was that it should be made possible for young Docenten to come to England, visit libraries here, and make lists of recent works which would be welcomed. This seems a matter in which the British Council might perhaps be of assistance." Diesen Vorschlag griff John Churchill vom German Education Department des Foreign Office am 10.12.1947 gegenüber R. Burnell vom British Council auf: "The suggestion […] that the British Council might be able to assist young German Dozenten to come to England to visit libraries here and to make lists of recent works is worth considering." (ebd.)
[31] Clemens, *Britische Kulturpolitik in Deutschland*, 147f.

ten in Deutschland – als "agent" für George Bernard Shaw etwa wurde Suhrkamp ernannt. Am 13. Juni 1950 schrieb Shaw an seinen deutschen Übersetzer Siegfried Trebitsch: "the Fischer connexion ceased in 1914-18 (the Judenhetze) and [...] Su[h]rkamp has since been my agent, appointed by the British Control."[32] Der British High Commissioner betonte in seinem offiziellen Bericht für Oktober-Dezember 1950 die Wichtigkeit, die Deutschen mit britischer Literatur bekannt zu machen:

> For twelve years or more the German public had been prevented from reading British and other foreign literature, and to remedy this situation large numbers of books, both in English and in German, were purchased in England, Switzerland and Sweden. In addition, the translation rights of British titles selected by a Foreign Office Committee were purchased under licence for sterling and sold to German publishers for marks. Under this scheme 300 works by well-known British writers have already been published by German firms in German (and occasionally English) versions, and there are many more titles still to appear.[33]

Von großer Bedeutung war in diesem Zusammenhang die Verlegertätigkeit Ernst Rowohlts, der von 1946 bis zur Währungsreform Übersetzungen fremdsprachlicher Literatur zweispaltig auf Zeitungspapier und in Quartform drucken ließ. Die Rowohlt-Rotations-Romane, deren Druck von der ISC Branch (=Information Services Division Branch) mit einer weit überdurchschnittlichen Zuteilung der Mangelware Papier unterstützt wurde,[34] erschienen in Auflagen von Hunderttausend und wurden zum Preis von 50 Pfennig verkauft.[35]

[32] HRC, George Bernard Shaw Collection, Letters to Siegfried Trebitsch, 1938-1950.

[33] Zit Rhys W. Williams, "'The Selections of the Committee are not in Accord with the Requirements of Germany': Contemporary English Literature and the Selected Book Scheme in the British Zone of Germany (1945-1950)", in: Bance (Hg.), *The Cultural Legacy of the British Occupation in Germany*, 110-38, 119.

[34] Ernst Rowohlt erhielt im Sommer 1946 mit seinem Vorschlag, Literatur auf diese Weise zu drucken, 15 Tonnen Paper pro Monat im Vergleich zu den durchschnittlich zwei Tonnen Papier, die anderen Verlegern zur Verfügung standen: Clemens, *Britische Kulturpolitik in Deutschland*, 229. Zum deutschen Verlagswesen in der Nachkriegszeit siehe ebd., 210-231; zum Buchhandel siehe Ernst Umlauff, *Der Wiederaufbau des Buchhandels. Beiträge zur Geschichte des Büchermarktes in Westdeutschland nach 1945* (Frankfurt/M.: Buchhändler-Vereinigung, 1978).

[35] Clemens, *Britische Kulturpolitik in Deutschland*, 229; Meehan, *A Strange Enemy People*, 179. Zur Verlegertätigkeit Rowohlts siehe ausführlich Kurt Pinthus, "Ernst Rowohlt und sein Verlag", in: *Rowohlt Almanach 1908-1962*, hg. von Mara Hintermeier und Fritz J. Raddatz (Reinbek: Rowohlt, 1962); Kurt Wolff, *Ernst Rowohlt. Doppelheft für die Ausstellung von Juni-Dezember 1987 im Schiller-Nationalmuseum Marbach am Neckar*, hg. von Ulrich Ott (Marbach a.N.: Deutsche Schillergesellschaft, 1987). Zu den ersten Rowohlt-Rotations-Romanen zählen Ernest Hemingways *In einem anderen Land* (1946), Joseph Conrads *Taifun* (1946), Theodor Pleviers *Stalingrad* (1947), André Gides *Die Verließe des Vatikans* (1947) und Ignazio Silones *Fontamera* (1947): Clemens, *Britische Kulturpolitik in Deutschland*, 229. In der amerikanischen Zone erhielt der Kurt Desch Verlag in München die erste Verlagslizenz in Bayern. Siehe Hans Dollinger (Hg.), *Deutschland unter den Besatzungsmächten 1945-1949. Seine Geschichte in Texten, Bildern*

Veröffentlichungen in deutschen Zeitschriften, wie die Übersetzung eines Aufsatzes von Gerry Raffles in der Zeitschrift *Theater der Zeit* über den im Jahr 1945 von ihm zusammen mit seiner Frau Joan Littlewood und Ewan MacCall gegründeten Theatre Workshop, machten deutsche Leser auch mit der Theaterszene in England bekannt.[36] Aufführungen dieser Theatertruppe konnten die Deutschen 1947 besuchen, als der Theatre Workshop 1947 durch Deutschland tourte. Raffles beschreibt in seinen Briefen an Joan Littlewood, die in England geblieben war, wie die englischen und deutschen Zuschauer die Stücke aufgenommen haben. Über die erste Aufführung am 3. Februar 1947 in Celle schreibt er: "From all accounts the majority of the R.A.F. was restive and flippant – the show was Uranium – but the Germans were completely held."[37] Die Truppe spielte im Anschluss in Bückeburg, Minden, Bad Oeynhausen, Wuppertal, Düsseldorf, Iserlohn, Hannover und Lüneburg.[38] Wie Theo Stemmler gezeigt hat, wurden zwischen 1946 und 1950 in der Zeitschrift *Diese Woche* und ihrem Nachfolger *Der Spiegel* vor allem Dramen (britische und amerikanische) besprochen;[39] angesichts der Vielzahl der in den ersten Nachkriegsjahren in Deutschland aufgeführten ausländischen Dramen sprach *Der Spiegel* später von einem "Nachholkurs ausländischer Dramatik kurz nach Kriegsende".[40]

Die britische und auch die amerikanische Militärregierung, die für eine gewisse Zeit die Übersetzungs- und Aufführungsrechte ausländischer Stücke erwarben und als "Vermittlungsagenturen" fungierten,[41] "schätzten das Theater vor allem als Instrument der

und Dokumenten (München: Kurt Desch, 1967), 230f. Zur Verlegertätigkeit Ernst Rowohlts und seines Sohnes Heinrich Maria Ledig-Rowohlt in der amerikanischen Zone siehe Martin Meyer, "American Literature in Cold War Germany", *Libraries & Culture* 36 (2001), 162-171, 164.

[36] HRC, Michael Roberts Collection, Subseries C, Box 2.5. Letter to Joan Maud Littlewood, 1.[?] Februar 1947. Die Übersetzung trug den Titel "Theatre Workshop. Ein [sic!] avantgarde Bühne".

[37] HRC, Michael Barker Collection, 2.5, 3.[?] Februar 1947.

[38] Außer *Uranium* spielten sie *Johnny Noble* und *Proposal.* Siehe die Briefe an Joan Littlewood vom 6.[?]2.1947, vom 18.2.1947, vom 19.2.1947, vom 21.[?]2.1947, vom 24.2.1947 und vom 3.[?]3.1947; sämtlich HRC, Michael Barker Collection, Subsection C, Box 2.5.

[39] Als Begründung nennt Stemmler: "foreign books were difficult to obtain. […] it is no surprise that critics concentrated on the stage that was so much more readily accessible and tended to neglect the relatively meagre range of books published in Germany." Theo Stemmler, "English and American Literature in *DER SPIEGEL*. The First Decade (1946-1955)", in: *Common Currency? Aspects of Anglo-German Literary Relations since 1945. London Symposium*, hg. von John L. Flood, Stuttgarter Arbeiten zur Germanistik, 253 (Stuttgart: Verlag Hans-Dieter Heinz, Akademischer Verlag Stuttgart, 1991), 31-45, 38.

[40] *Spiegel* 15 (1954), 38, zit. in: ebd., 38. Am 16. November 1946 erschien die erste Ausgabe von *Diese Woche*, deren Erscheinen am 21.12. desselben Jahres eingestellt wurde und nach der Weihnachtspause unter dem Titel *Der Spiegel* veröffentlicht wurde (mit offizieller Lizenz): Stemmler, "English and American Literature in *DER SPIEGEL*", 32.

[41] Dies war die Aufgabe des PID (=Political Intelligence Department) und der PMD Section/ COGA (=Publications, Music and Drama Section des Control Office for Germany and Austria): Clemens, *Britische Kulturpolitik in Deutschland*, 193. "Ab Frühjahr 1948", so schreibt Clemens, "konnten deutsche Bühnenvermittler/Theateragenturen die deutschen Aufführungsrechte für britische Stücke direkt von den britischen Agenturen gegen die Zahlung von 'blocked marks'

Kulturpropaganda und der Umerziehung."[42] Bei den britischen Dramen, die für die deutsche Bühne ausgewählt wurden,[43] handelte es sich, wie Gabriele Clemens gezeigt hat, vorrangig um zeitgenössische britische Stücke, die in England bereits große Publikumserfolge erzielt hatten "und damit auch die Gewähr zu bieten schienen, daß sie auch in Deutschland gut aufgenommen wurden und das Ansehen des britischen Theaters steigern konnten."[44] Die Dramen John B. Priestleys, James Bridies und T. S. Eliots wurden bevorzugt ausgewählt,[45] und auch die Dramen G. B. Shaws zählten zu den vom Book Selection Committee empfohlenen Titeln.[46]

Um britische Literatur in Deutschland bekannt zu machen, gab die britische Kontrollkommission auch Anthologien in Auftrag, unter anderem bei John Lehmann, der Stephen Spender 1947 für zwei Beiträge zu gewinnen hoffte: "I have been asked by the Control Commission for Germany to edit an anthology of critical essays to be published

erwerben, womit die Kontrolle über den Import britischer Theaterstücke durch britische Stellen entfiel" (ebd., 194).

[42] Glaser, "Das England-Bild in der Zeitschrift *Der Monat*", 180. Die Amerikaner stellten nach Schillers Auffassung des Theaters als moralischer Anstalt eine Liste von wünschenswerten moralischen Lektionen auf, die in Theaterstücken vorgeführt werden sollten. Unter "Liberty and Democracy" etwa wurden Ibsens *Peer Gynt* und Shaws *The Devil's Disciple*, unter "Equality of Man" etwa Maxim Gorkis *Lower Depths*, unter "Corruption and Death" Shakespeares *Hamlet*, unter "glorifications of dictatorship" *Coriolanus* und *Julius Caesar* aufgelistet: Saunders, *The Cultural Cold War*, 21. Die Theaterleiter in der amerikanischen Zone konnten, sobald ihnen eine Lizenz für den Spielbetrieb übertragen wurde, das Repertoire selbst bestimmen, vorausgesetzt, sie führten nicht Stücke mit militaristischer und faschistischer Tendenz oder solche Stücke, die gegen die Besatzungsmächte gerichtet waren, auf. Wie Andreas Höfele gezeigt hat, unterlagen gerade die Lizensierungsverfahren für die Aufführungen von Dramen amerikanischer Autoren der Zensur. Höfele schreibt, dass "die im Rahmen der re-education betriebene Theaterpolitik schwerlich liberaler sein konnte, als das politische Klima der USA im Zeichen des Kalten Krieges es zuließ." Höfele, "'Goebbels in reverse'?", 102-03, Zitat 103. Zum deutschen Theater nach 1945 siehe ausführlich Hans Daiber, *Deutsches Theater nach 1945: Bundesrepublik Deutschland, Deutsche Demokratische Republik, Österreich, Schweiz* (Stuttgart: Reclam, 1976) und Wolfgang Horn, *Kulturpolitik in Düsseldorf. Situation und Neubeginn nach 1945* (Opladen: Leske und Budrich, 1981).

[43] Für die Auswahl der britischen Theaterstücke für die deutsche Bühne, mit der im Sommer 1945 begonnen wurde, war die Theatre and Music Section der Information Services Control Branch bzw. später der Cultural Relations Branch der Information Services Division zuständig (in Zusammenarbeit mit den deutschen Bühnen): Clemens, *Britische Kulturpolitik in Deutschland*, 192, 198. Die Information Services Division wurde von dem Musikexperten Brian Dunn geleitet; innerhalb der Theatre and Music Section war der Dramatiker Ashley Dukes, Inhaber des Mercury Theatre in Notting Hill, für die Auswahl der Theaterstücke verantwortlich (ebd., 192-93).

[44] Ebd., 196.

[45] Ebd.

[46] Am 13.1.1950 setzte das Book Selection Committee neben 20 Exemplaren von Priestleys *Complete Plays* auch 20 Exemplare von Shaws *Complete Plays* auf ihre Bestellliste: The National Archives (PRO), FO 1050/1363: Libraries and Library Books, Book Selection Committee. From Commissioner's Office Hamburg, 13.1.1950, to British Centres Düsseldorf, Hannover, Hamburg, Kiel, Berlin.

in Germany under their auspices. I would very much like to include your Creative Imagination on the World Today [...] and Prescriptions for a Modern Masterpiece".[47] Bereits 1945 hatte das Foreign Office John Lehmann mit der Publikation einer Ausgabe der deutschen Zeitschrift *Thema* beauftragt, zu der etwa Louis MacNeice beitrug,[48] und der britische Besatzungssoldat William Peters notierte 1945 in sein Tagebuch: "Allied authorities publish a German edition of a sort of Readers' Digest with contributions by Shaw, Paul Valery, U.S. Secretary of State Stettinius, the German artist Kaethe Kollwitz and others".[49]

Auch über Zeitschriften und Literaturmagazine, z. B. die *Neue Auslese*, *Das Karrussell*, *Die Sammlung* und die *British Book News*, die der British Council aus England in die Britische Zone verschicken wollte,[50] sollten die Deutschen wieder an internationale Literatur herangeführt werden.[51] Die Information Services Control Branch der

[47] HRC, John Lehmann Collection, Letters. Letter to Stephen Spender, 12. Juni 1947, 5.44. Lehmann schreibt weiter: "With regard to fees, you may know the Control Commission do not offer anything large. I would like to quote from a letter I have received from them on the subject: [...] 'the only offer which I am able to make for the German rights is not a generous one. [...] But, as you know, we are dependent on a restricted Treasury grant and the sterling payment which we offer is in effect taxpayers' money since owing to exchange restrictions and the dubious position of the mark, it is impracticable to make contracts on a normal royalty basis. I hope, therefore, that in these rather special circumstances you will be able to convince the authors that the very small remuneration should not be regarded as being in any way derogatory to the value of their work but as the result of the restrictions to which our contracts are subject.' I hope that, under the circumstances, you will be prepared to accept what will in fact, be only a nominal fee?"

[48] In einem unveröffentlichten Brief Lehmanns an Louis MacNeice vom 16. Oktober 1945 heißt es: "Dear Louis, I am most frightfully sorry that this small cheque due to you for your contribution to the 'English' number of the German publication THEMA hasn't reached you before. My apologies; but it was a chapter of accidents, and needed a lot of disentangling. The sum represents your share of the £30 the Foreign Office allowed me for this work. [...]" HRC, Lehmann, J., letters.

[49] William Peters, *In Germany Now. A Diary of Impressions in Germany August-December, 1945* (London: Progress Publishing, 1946), 58.

[50] The National Archives (PRO), British Council: Registered Files, Germany, BW 32/3: R. Seymour an W. H. Montagu-Pollock vom Foreign Office, 29.8.1947: "As far as we know, 'British Book News' does not go to Germany. We learn there is a demand for it and we should be glad to distribute it to addresses given us by the Control Comittion [sic!]."

[51] Zu den Zeitschriften *Das Karrussell* und *Die Sammlung* siehe etwa Williams, "The Selections of the Committee", 122f. Auch in der amerikanischen Zone wurden die Deutschen mit britischer Literatur bekannt gemacht. In einem unveröffentlichten Brief an Louis MacNeice schreibt John Lehmann am 3. August 1948: "I was asked some time ago to prepare an English number of a magazine Prisma published in the American zone of Germany, and have been collecting a representative selection of English poems, short stories and critical articles for their use. The British Consulate in Munich is very keen to further this, and the Control Commission is allowing a tiny nominal sum for token payments. Would you be prepared to let Prisma use your poem Explorations? I know they would appreciate it, and I am sure you would be doing a good service to the cause of our literature over there." HRC, John Lehmann Collection, Letters. Auch die Zeitschrift *Der Monat* würdigte die Werke britischer Autoren (etwa Aldous Huxley, George Orwell

Kontrollkommission appellierte an die Leser der *British Zone Review* ("the official organ of the Control Commission [which] publishes news of its activities, problems, aims and achievements"[52]), den British Centres Bücher, Zeitschriften und Zeitungen zu spenden:

> The chief object of these Centres is to give the Germans access to books, magazines and newspapers of all kinds and opinions in order to stimulate their minds and give them contact with the outside world. The Centres are very popular and greatly appreciated, but many of them are short of material. If, therefore, you have any books or magazines – especially those suitable for students – which you no longer require, we should be very grateful if you would post them to us.[53]

Stephen Spender, der für eine Wieder-Einbindung Deutschlands in die europäische Kultur plädierte,[54] sah eine Möglichkeit zur Verwirklichung dieses Vorhabens – und dies zeigt wieder, welch hohes Maß an Wirkmächtigkeit er der Literatur zuschrieb – in der Gründung einer *International Review for Europe*, in der deutsche, englische, französische und eventuell auch russische Beiträge publiziert werden sollten (EW, 213),[55] und Clarissa Churchill, eine Nichte Winston Churchills, schrieb über das Ziel, das mit der Zeitschrift *Die Auslese* verfolgt wurde: "Its primary aim is to bring back to Germany a spirit of universality in intellectual matters and reintroduce the Germans to international literature."[56]

und Christopher Fry): Hermann Glaser, "'Dieses England!' Das England-Bild in der ersten Phase der Zeitschrift *Der Monat*", in: Bance (Hg.), *The Cultural Legacy of the British Occupation in Germany*, 169-88, 171ff. Glaser, bes. 171ff. *Der Monat* wurde am 1.10.1948 gegründet; die Redaktion war in Berlin; Druck und Vertrieb erfolgte durch die *Neue Zeitung*, München. Die Zeitschrift wurde herausgegeben von Melvyn Jonah Lasky, der 1945 Kriegsberichterstatter, 1946-48 Auslandskorrespondent gewesen war. Zu Lasky siehe Saunders, *The Cultural Cold War*, bes. 27-31, 71-79, 170, 371-88. Sie wurde zunächst vom CIA, dann von der Ford Foundation, schließlich wieder vom CIA finanziert. Ziel der Zeitschrift war, so schreibt Saunders: "winning large sections of the German intelligentsia away from Communist influence": Saunders, *The Cultural Cold War*, 30. Entsprechend wurde die Zeitschrift später per Luftbrücke nach Berlin geschafft (ebd.).

[52] "British Zone Review", *British Zone Review* vom 28. Juni 1947, 3.

[53] "Appeal for English Books for Germans", *British Zone Review* vom 28. Juni 1947, 14. Der Aufruf wurde in mehreren Ausgaben des *British Zone Review* publiziert.

[54] Eine Isolierung, wie Deutschland sie nach dem 1. Weltkrieg erfahren hatte, würde nur zu verstärktem Nationalismus führen (EW, 213).

[55] Über Spenders Bemühungen nach dem Krieg, die europäischen Intellektuellen zusammenzuführen, ereiferte sich am 29. Mai 1947 Dylan Thomas, der Spender in Florenz getroffen hatte, in einem Brief an John Davenport: "I met Stephen Spender there [in Florence] a few weeks ago. He is on a lecture-tour. It is very sad. He is bringing the European intellectuals together. It is impossible. He said, in a lecture I saw reported: 'All poets speak the same language.' It is a bloody lie: who talks Spender?" HRC, Thomas, D., Letters.

[56] Clarissa Churchill, "Berlin Letter", *Horizon* 13 (1946), 188-94, 191. Clarissa Churchill (geb. 1920) heiratete 1952 Anthony Eden.

Besonders in den britischen Kriegsgefangenenlagern war Umerziehung ein Anliegen.[57] Dort stand in Büchereien Lesestoff (Zeitungen, Bücher, Broschüren) zur Verfügung; es wurden englischsprachige Filme gezeigt, ausgewählte Rundfunksendungen eingesetzt, Arbeitsgemeinschaften gebildet und Literaturkurse eingerichtet.[58] Diese Anstrengungen Großbritanniens hob Alfred Andersch 1946 lobend hervor: "Soweit dies bereits zu übersehen ist, ist England der einzige Staat, der es unternimmt, einen großangelegten Versuch zur Neu-Orientierung der auf den britischen Inseln befindlichen rund 400000 Kriegsgefangenen anzustellen."[59] Tatsächlich hatte nur Großbritannien ein ausführliches Programm für die Umerziehung von Kriegsgefangenen entworfen, das in einer Kabinettssitzung vom 18. September 1944 beschlossen worden war.[60] Ausdrücklich wurden in britischen Kriegsgefangenenlagern auch Theateraufführungen für die Umerziehung eingesetzt. Die entsprechende Direktive sah vor, dass 50% der Bühnenkapazität "für erzieherisch wirksame Dramen zu benutzen" sei.[61] Ein Kriegsgefangener aus dem Kriegsgefangenenlager 18 schrieb über das Theater als Mittel der Umerziehung:

> Keine Kunst ist geeigneter, das Gewissen der Menschen und die verschütteten Gefühle für Recht und Unrecht neu zu wecken, als das Theater, weil der Weg zum Herzen durch das Mittel der Sinne viel schneller erschlossen wird. Deshalb darf ein Schauspieldirektor sich

[57] Das englischen Kriegskabinett hatte bereits im Herbst 1944 die Umerziehung der deutschen Kriegsgefangenen in England (zu dieser Zeit etwa 150.000) beschlossen. Kettenacker nennt als einen Auslöser die Ermordung mehrerer Kriegsgefangener durch Nationalsozialisten unter den Gefangenen: Kettenacker, "The Planning of 'Re-education' During the Second World War", in: Nicholas Pronay, Keith Wilson (Hgg.), *The Political Re-education of Germany and Her Allies After World War II* (London: Croom Helm, 1985), 59-81, 73. Mit dem Umerziehungsprogramm wurde die Prisoner of War Division (POWD), eine Abteilung des Political Intelligence Department im Foreign Office, beauftragt: Heiner Wember, *Umerziehung im Lager. Internierung und Bestrafung von Nationalsozialisten in der britischen Besatzungszone Deutschlands*, Düsseldorfer Schriften zur Neueren Landesgeschichte und zur Geschichte Nordrhein-Westfalens, 30 (Essen: Klartext, 1991), 155f.

[58] Wember, *Umerziehung im Lager*, 159.

[59] Andersch, "Die Kriegsgefangenen – Licht und Schatten", *Der Ruf* Heft 5, 15. Oktober 1946, in: Schwab-Felisch, *Der Ruf*, 62-71, 68. Siehe dazu van der Will, "The Agenda of Re-education", 7. Andersch selbst war bis zum Herbst 1945 Kriegsgefangener in den USA, wo er an Umerziehungskursen teilnahm. Siehe Rhys W. Williams, "'Nicht programmatisch, sondern human': Alfred Andersch's Image of England and English Literature", in: Flood (Hg.), *Common Currency*, 57-70, 60-61. "Andersch", so schreibt Rhys, "was clearly drawn to approve of British attempts at re-education, largely because British efforts were geared towards the re-education of all prisoners, rather than concentrating on an élite group, as both Russians and Americans did" (ebd., 61).

[60] Matthew Barker Sullivan, *Thresholds of Peace. Four Hundred Thousand German Prisoners and the People of Britain 1944-1948* (London: Hamish Hamilton, 1979), 93.

[61] Zu den aufgeführten Dramen gehörte Robert Ardreys *Leuchtfeuer*: Henry Faulk, *Die deutschen Kriegsgefangenen in Großbritannien, Re-education*, Zur Geschichte der deutschen Kriegsgefangenen des zweiten Weltkrieges, XI, 2 (München/Bielefeld: Gieseking, 1970), 209.

heute dem Geschmack des Publikums nicht beugen, sondern die Bühne muß zu einer Kampfansage gegen das ewig Gestrige und für die Geburt des Neuen werden.[62]

Auch Lagerzeitschriften (etwa *Die Wochenpost*, *English for All*, *Der Ausblick*) und Seminare machten die Kriegsgefangenen mit britischer Literatur bekannt,[63] wobei der Zugang durch den Erwerb bzw. die Vertiefung der englischen Sprachkenntnisse in dem in einigen Kriegsgefangenenlagern abgehaltenen, überdurchschnittlich gut besuchten Englischunterricht erleichtert wurde.[64] So berichtet die deutsche Lagerleitung aus dem Arbeitslager 96 im August 1945, dass man "mit den Fortschritten in der englischen Sprache gleichlaufende Inanspruchnahme der englisch geschriebenen Bücher festellen" könne.[65]

Von herausragender Bedeutung in diesem Zusammenhang war das Kriegsgefangenenlager 300, Wilton Park in Buckinghamshire, das als "Ausbildungsanstalt [...] die allgemeinen Umerziehungsversuche in den Kriegsgefangenenlagern ergänzen und ihnen die Krone aufsetzen" sollte.[66] Auch hier wurde Literatur zu Umerziehungszwecken eingesetzt. In diesem von Andersch als "Gefangenen-Universität" bezeichneten Lager[67] wurde eine Vielzahl von Vorträgen über englische Literatur, etwa ein Vortrag über "Englische Dichtkunst"[68] und die Vortragsreihe "English Literature – Vorträge und Rezitationen", angeboten.[69] Im Januar 1947 wurden erstmals auch deutsche Zivilisten (zunächst nur aus der britischen Zone) eingeladen, an dem Bildungsprogramm teilzunehmen.[70] Nachdem die letzten Kriegsgefangenen im Juni 1948 Großbritannien verließen, wurde Wilton Park in ein ziviles englisch-deutsches Diskussionszentrum umgewandelt.[71] Aus den Teilnehmern gingen viele spätere deutsche Regierungsmitglieder hervor, darunter Willy Brandt, der rückblickend erklärte: "Almost a whole generation of German politicians defined their concept of and attitude towards Britain and the British

[62] Dieser Bericht wurde in der im Kriegsgefangenenlager Wilton Park herausgegebenen Lagerzeitung *Die Brücke* abgedruckt: zit. Faulk, *Die deutschen Kriegsgefangenen in Großbritannien*, 505.
[63] Ebd., 295-303, 309-338, 537. Die Zeitschrift *Der Ausblick* beschreibt Spender als "[d]igest of articles from foreign periodicals published in Germany": Spender, EW, 160.
[64] Faulk, *Die deutschen Kriegsgefangenen in Großbritannien*, 303.
[65] Zit. in: ebd., 307.
[66] So eine Broschüre für die Lagerleitung, zit. in: ebd., 186. Das *Wilton Park Centre* wurde am 1. Januar 1946 mit 300 Studenten eröffnet.
[67] Andersch, "Die Kriegsgefangenen", 68.
[68] Faulk, *Die deutschen Kriegsgefangenen in Großbritannien*, 205.
[69] In dieser Vortragsreihe wurden u. a. Chaucer, Shakespeare, Spencer, Marlowe, Milton, Byron sowie Literatur der Moderne (Huxley, Lawrence, Forster, Shaw, Joyce, Auden) vorgestellt: ebd., 212. Siehe auch ebd., 205 und 505.
[70] Dexter Keezer, *A Unique Contribution to International Relations. The Story of Wilton Park* (Maidenhead: McGraw-Hill, 1973), 21. Auf diese Weise stießen in den folgenden 18 Monaten für die jeweils sechswöchigen Seminareinheiten durchschnittlich etwa 50 Deutsche zu den 250 Kriegsgefangenen hinzu: ebd.
[71] Ebd., 21f. Der Educational Adviser Robert Birley hatte sich maßgeblich dafür eingesetzt.

on the basis of impressions they received at Wilton Park."[72] Zu den Gastrednern gehörten neben Politikern wie Jennie Lee auch Kingsley Martin, Barbara Ward, Bertrand Russell und Victor Gollancz.[73]

Auch die Schriftsteller W. H. Auden und James Stern meldeten sich zum Dienst im besetzten Deutschland.[74] Sie waren 1939 – mit nur wenigen Monaten Abstand – in die USA ausgewandert.[75] Beide gehörten 1945 für mehrere Monate der Morale Division des United States Strategic Bombing Survey (USSBS) an, der unmittelbar hinter der Besatzungsarmee herzog und dessen Aufgabe darin bestand, das Ausmaß der Auswirkungen der amerikanischen Luftangriffe, vor allem auf die Kriegsindustrie, festzustellen (Abb. 1).[76] Als Mitglieder der Morale Division waren Auden und Stern damit betraut, zu untersuchen, welchen Effekt die Luftangriffe auf die Moral der deutschen Zivilbevölkerung hatten.[77] In *The Hidden Damage* schreibt Stern darüber:

[72] Sullivan, *Thresholds of Peace*, 255. Ähnlich urteilte Ex-Bundeskanzler Helmut Schmidt: "Das England-Bild fast einer ganzen Generation deutscher Politiker erhielt in Wilton Park klare Umrisse. In einer Zeit, in der die deutsch-britischen Beziehungen unter einem weniger günstigen Stern standen als heute, war Wilton Park einer der Brücken, auf deren Tragfähigkeit man sich verlassen konnte." Helmut Schmidt zum 25-jährigen Bestehen von Wilton Park, in: *Bulletin* 96 (24.6.1971), 1057. Auch Ralf Dahrendorf, Rainer Barzel und Hildegard Hamm-Brücher zählten zu den Kursteilnehmern von Wilton Park: Volle, *Britisch-Deutsche Beziehungen*, 55.

[73] Siehe Keezer, *A Unique Contribution to International Relations*, 17f. Zu Wilton Park siehe auch Sullivan, *Threshold of Peace*, 240-257 und David Welch, "Citizenship and Politics: The Legacy of Wilton Park for Post-War Reconstruction", in: Bance (Hg.), *The Cultural Legacy of the British Occupation in Germany*, 223-37. Gollancz' Rede ist abgedruckt in: Victor Gollancz, *On reconciliation: Two speeches* (London: Victor Gollancz, 1948), 41-60; deutsch: Victor Gollancz, *Versöhnung* (Hamburg: Hammerich & Lesser, 1948).

[74] James Stern wurde 1904 in Irland geboren. Nach Aufenthalten in Südafrika, Deutschland und Amerika ließ er sich in England nieder. Er starb 1993.

[75] Im Januar 1946 nahm Auden die amerikanische Staatsbürgerschaft an. Siehe weiter Nicholas Jenkins, "Auden in America", in: Stan Smith (Hg.), *The Cambridge Companion to W. H. Auden* (Cambridge: CUP, 2004), 39-54.

[76] Zum USSBS siehe die Memoiren von George W. Ball, *The Past has another Pattern. A Memoir* (New York/London: Norton, 1982), bes. 49 und von John Kenneth Galbraith, der von George Ball rekrutiert worden war: *A Life in Our Times. Memoirs* (London: Deutsch, 1981), bes. 199. Der USSBS war am 3. November 1944 von Roosevelt ins Leben gerufen worden. Im Vorwort des 1. Bandes von *The United States Strategic Bombing Survey* (=The National Archives [PRO], AIR 48/70) heißt es: "The Table of Organization provided for 300 civilians, 350 officers and 500 enlisted men. The Survey operated from headquarters of London and established forward headquarters and regional headquarters in Germany immediately follow the advance of the Allied armies." Zu Auden beim USSBS siehe auch Lincoln Kirstein, "Siegfriedslage", in: Stephen Spender (Hg.), *W. H. Auden. A Tribute*, Nachdr. (London: Weidenfeld & Nicolson, 1975) [1974], 128-33, 130f. und Nicolas Nabokov, "Excerpts from memories", in: ebd., 133-48, 134-47.

[77] Auden beschwerte sich gegenüber seinem Freund, dem Komponisten Nabokov, über die Bezeichnung 'Morale Division': "This *Morale* title still makes me squirm ... it is illiterate and absurd.... *Morale* with an 'e' at the end is psycho-sociological nonsense." Zit. Cornelia Pearsall, "The Poet and the Postwar City", *Raritan* 17.2 (1997), 104-20, 108. Insgesamt führte die Morale Division des USSBS ca. 4000 Interviews durch. Ihre Aufgabe war: "To determine the direct and

> We were to make notes of every answer, to fill in what was known as a 'face-sheet' – a chart of details concerning the German's family, his occupation and address before and during the war; whether bombing had affected his health, his work, his sleep (!); what air-raid casualties there had been in his family; what damage his home had suffered; whether he had claimed indemnity after it had been bombed, how much he had claimed and how much received. After some further particulars about the sewage, drainage, and electric systems, we had to make a rating on the truthfulness of the answers, state whether he was hostile or friendly, unfriendly but reserved, or just plain friendly and talkative, and finally indicate the shade (black, gray, or white!) of his sympathies for or against the Nazi regime.[78]

In seinem Gedicht "Siegfriedslage" nimmt Lincoln Kirstein, der mit der US-'Arms and Monuments Unit' in Deutschland war, auf die Interviews, die diese Intellektuellen mit den Deutschen führten, Bezug:

> Intellectuals cosmopolitan
> Sworn to high secrecy on topflight mission.
> What they're now up to here, one may not say:
> (Investigating the repentant kraut?
> Did he mind bombing more by night or day?
> From RAF or form a US plane?)[79]

Während ihres Aufenthaltes in Deutschland sprachen Auden und Stern auch mit KZ-Überlebenden, und in München befragte Auden auf seine eigene Initiative hin Zeugen der Verschwörung gegen Hitler von 1944 und erforschte die Auswirkungen von Kriegsbedingungen auf die Prostitution.[80]

indirect effects of bombing upon the attitudes, behavior and health of the civilian population, with particular reference to its effect upon the willingness and capacity of the bombed population to give effective and continued support to the German war effort." The National Archives (PRO), AIR 48/70: *The United States Strategic Bombing Survey* (1947), Bd. 1, IV. Insgesamt wurden zu diesem Zweck im Juni und Juli 1945 3711 Interviews mit Deutschen durchgeführt (ebd., 2). Über die Interviewmethode heißt es: "The indirect interviewing method was used. This procedure represents the application of clinical methodology to problems of social psychology. The interviewer sits down with the respondent and encourages a free narrative story within the framework of the prescribed questions." (ebd., 109). Zu den Fragen zählten etwa: "How is it going with you now under the occupation?", "When was your city bombed for the very first time?", "Did the first air raid surprise you, or had you expected it?" (ebd.). Die anderen Teams des USSBS untersuchten die wirtschaftlichen, umweltbezogenen oder medizinischen Auswirkungen der Luftangriffe.

[78] James Stern, *The Hidden Damage* (New York: Harcourt Brace, 1947), 120. Zur Genese und zur Rezeption von *The Hidden Damage* siehe: Miles Huddleston. *James Stern. A Life in Letters. 1904-1993* (Norwich: Michael Russell, 2002), 116-140.

[79] In: Spender (Hg.), *Auden. A Tribute*, 128-130, hier 129.

[80] Richard P. T. Davenport-Hines, *Auden* (London: Heinemann, 1995), 231; Humphrey Carpenter, *W. H. Auden. A biography*, überarbeitete Ausgabe (London: Unwin Paperbacks, 1983) [1981],

Abb. 1: W. H. Auden im zerbombten Nürnberg. Aus: Stephen Spender (Hg.), *W. H. Auden. A Tribute*, Nachdr. (London: Weidenfeld & Nicholson, 1975 [1974])

Die hier skizzierte Beteiligung britischer Literaten an der Besatzung Deutschlands und insbesondere an der Umerziehung der Deutschen wirft unmittelbar die Frage nach der Rolle britischer Literaten und der Funktion von Literatur in sowohl Selbst- als auch Fremdeinschätzung auf. Es ergeben sich die zwei folgenden Leitfragen, die diesem Kapitel zugrunde gelegt werden:

1. Aus welchen Gründen setzte der Kontrollrat britische Literaten und ihre Literatur ein?
2. Aus welcher Motivation heraus waren Literaten an diesen Aufgaben interessiert und bewarben sich um eine Tätigkeit in Deutschland?

Beide Entscheidungsprozesse lassen sich mit Hilfe der in der Einleitung bereits ausführlich beschriebenen Tätigkeit des Geschichtsbewusstseins erklären, das sich, angestoßen durch Gegenwartserfahrungen, "von der Gegenwart in die Vergangenheit bewegt, um von ihr her in die Gegenwart zurückkehrend Zukunft erfahrungsgesättigt als Handlungsperspektive eröffnen zu können."[81] Denn sowohl der Entscheidung, britische

335f. Auden erreichte Deutschland am 5. Mai; Mitte August verließ er Deutschland wieder: ebd., 334, 336. Siehe auch Katherine Bucknell und Nicholas Jenkins (Hgg.), *"In Solitude, for Company". W. H. Auden after 1940: Unpublished Prose, and criticism*, Auden Studies, 3 (Oxford: Clarendon Press, 1995), 58 (Brief von Auden an James und Tania Stern).

[81] Rüsen, *Historische Orientierung*, 9.

Literaten und ihre Literatur einzusetzen, als auch dem außergewöhnlichen Engagement britischer Literaten im besetzten Deutschland liegen Erfahrungen der Vergangenheit zugrunde, die handlungsleitende Perspektiven für Gegenwart und Zukunft boten.

I.2 Leitmuster und Motive für die Organisation des Kulturbetriebs in Nachkriegsdeutschland durch britische Regierungsstellen

I.2.1 "The imperial mode": Rückgriff auf koloniale Erfahrungen

Der gezielte Einsatz von britischen Literaten, Kulturinstitutionen und britischer Literatur in Nachkriegsdeutschland wird verständlich, wenn man ihn im Kontext der (bereits in der Einleitung skizzierten) Orientierung der britischen Besatzungsmacht an dem in den Kolonien erprobten Kontrollprinzip der indirekten Herrschaft betrachtet. Das Selbstverständnis der Briten als Besatzungsmacht war von ihrem Selbstbild als Kolonialmacht vorgeprägt; und trotz der Unterschiede, die durchaus zwischen den Kolonien und dem besetzten Deutschland gesehen wurden,[1] war die britische Deutschlandplanung und Zonenverwaltung doch deutlich am Modell kolonialer Herrschaft ausgerichtet, beeinflussten die Erfahrungen der Briten als Kolonialmacht ihre Praxis in der britischen Besatzungszone Deutschlands.

Auf die 'Erfahrungen' der Briten als Kolonialmacht spielt (sicherlich nicht ohne Kritik) Robert Birleys amerikanischer Kollege an, als Birley die großzügige Unterstützung deutscher Jugendorganisationen durch die Amerikaner moniert: "you may well be right. But do remember that you British have been occupying countries all your life".[2] In der Tat konnten einige Mitglieder der britischen Kontrollkommission ihre Erfahrungen als Kolonialbeamte einsetzen, wechselten doch viele Kolonialbeamte, für die das schwindende Empire keine Verwendung mehr hatte, in die Kontrollkommission.[3] In

[1] Dazu ausführlich die Einleitung.

[2] Robert Birley, "British Policy in Retrospect", in: Hearnden (Hg.), *The British in Germany*, 46-63, 48f. Birley war in den Jahren 1947-1949 Educational Adviser to the Military Governor. Zu Robert Birleys Wirken in Deutschland siehe ausführlich Arthur Hearnden, *Red Robert. A Life of Robert Birley* (London: Hamish Hamilton, 1984) und Birley, "Potsdam in Practice", in: Brian Rees (Hg.), *History and Idealism. Essays, Addresses and Letters* (Frome, London: John Murray, 1990), 75-93. Auf die mangelnde Erfahrung der Amerikaner im 'Besetzen' anderer Länder spielt auch der amerikanische Ankläger Lawson in der Verfilmung *Judgment at Nuremberg* an: "There's one thing about Americans. We're not cut out to be occupiers. We're new at it and we're not very good at it": Abby Mann, *Judgment at Nuremberg. The Script of the Film* (London: Cassell, 1961), 77. Die Briten hingegen merkten bald, dass die Amerikaner ihnen in der Anwendung der indirekten Herrschaft einiges voraus hatten: Ende 1946 umfasste die Britische Kontrollkommission ein Personal von 24.785, wohingegen das amerikanische Besatzungspersonal nur 5.008 Personen umfasste. General Gerald Templer, Chief of Staff to the Military Governor, kommentierte diese Diskrepanz wie folgt: "The Americans have mastered the art of Indirect Control. It is evident that we have not. Direct Control with a backward race is feasible and probably the only means to rule. This principle does not and cannot apply to a race which has attained the standard of education and scientific development of the Germans." The National Archives (PRO), FO 1030/3320, zit. in: Meehan, *A Strange Enemy People*, 60.

[3] Meehan, *A Strange Enemy People*, 60; Noel Annan, *Changing Enemies. The Defeat and Regeneration of Germany* (London: Harper Collins, 1995), 151. Von den University Control Officers waren jedoch viele als kämpfende Soldaten in Afrika, Burma und Indien gewesen, nicht als Kolonialverwalter: Phillips, *German Universities after the Surrender*, 149.

seinem Reisetagebuch *European Witness* berichtet Spender, dass ihm während seines zweiten Aufenthalts in der britischen Besatzungszone in einem Offiziersclub in Düsseldorf von einem Major geraten wurde, die Deutschen wie Inder zu behandeln:

> He [a Major] told me that he had been in India, and he advised me in my work, to treat the Germans as Indians. "Put one of them in a position of responsibility and say to him 'On thy head be it,' if those under him misbehave." (EW, 139)[4]

Der SPD-Parteivorsitzende Kurt Schumacher kritisierte den Einsatz von Kolonialbeamten im besetzten Deutschland. In seinen Augen sprach gegen die Unabhängigkeit Indiens einzig und allein, dass in deren Folge der indische *Civil Service* in Deutschland eingesetzt werden würde.[5] Das britische Verhalten gegenüber den Deutschen soll er mit der Bemerkung "*Wir sind kein Negervolk*" kommentiert haben.[6]

Einige frühere Kolonialbeamte wurden in Deutschland Kreis Resident Officers, was ihren früheren Aufgaben als District Officers entsprach,[7] und es hieß, dass als Leiter der Education Branch ursprünglich ein Beamter des indischen Civil Service vorgesehen war: "Even if the story is apocryphal it does illustrate what seems to be the principle that first inspired the British as they set about the task of promoting a new educational policy in Germany, one that may best be described in colonial terms as 'Indirect Rule'."[8]

Diese Anknüpfung an die Kolonialpolitik lässt sich auf die Verwaltung der britischen Zone insgesamt ausweiten. "Each within its own zone", so schreibt Patricia Meehan, "the Allied powers set about creating a Germany in their own image. The British

[4] Auf diese aus der Kolonialverwaltung übernommene Übertragung von Verantwortung an einzelne Teile der Zivilbevölkerung geht auch Sir Geoffrey Wilson ein, der 1945 für das britische Außenministerium tätig war: "we carried with us the administrative system with which we were familiar. We did it in our colonies – where on the whole it has survived – and we did it for our short period of control in Germany: military administration under ultimate civilian control, maximum possible use of the local population, and plenty of scope for voluntary organisations. It worked reasonably well. The military – who on the whole were civilians dressed up in uniform – worked hard to discharge the responsibilities of the occupying power to the indigenous population, just as we had done in colonial days.": Sir Geoffrey Wilson, "Foreword" to Grigor McClelland, *Embers of War. Letters from a Quaker Relief Worker in War-torn Germany* (London/New York: British Academic Press, 1997), viii-ix, ix.

[5] Meehan, *A Strange Enemy People*, 60.

[6] Noel Annan, *Changing Enemies. The Defeat and Regeneration of Germany* (London: Harper Collins, 1995), 157. Siehe auch Barbara Marshall, *The Origins of Post-War German Politics*, (London: Croom-Helm, 1988), 90-104.

[7] Meehan, *A Strange Enemy People*, 60-61.

[8] W. D. Halls, "The 'German Question' and Post-War University Reform in Germany: A Comparative Note", in: *Hochschuloffiziere und Wiederaufbau des Hochschulwesens in Westdeutschland 1945-1952, Teil 1: Die Britische Zone*, hg. von Manfred Heinemann, bearbeitet von David Phillips (Hildesheim: August Lax, 1990), 61-70, 65.

slipped easily into the imperial mode."[9] Bis zur Übergabe der Verantwortung an die Deutschen wurde die Kolonialherrschaft empfohlen, wie etwa aus folgenden Äußerungen von Mitgliedern des Unterhauses deutlich wird: "The model which the Germans would most easily understand and which would train them until they undertake responsibility would be our colonial form of Government."[10] Der britische Historiker Noel Annan, der nach dem Krieg längere Zeit in der britischen Zone zu tun hatte,[11] beobachtete dort ein aus der Kolonialverwaltung bekanntes Verhalten:

> In true colonial style the British set up nominated councils as the first faltering step on the path to democracy, and a redoubtable former colonial servant, Harold Ingrams, saw to it that the policy was implemented. Ingrams was apt to treat Germans as if they were a specially intelligent tribe of Bedouins. Discussion in the shady tent was permitted until the Resident Officer struck the ground with his stick and gave his decision.[12]

"Another spoke of viceroys and governor-generals", beobachtet Meehan; "India was the yardstick against which British performance in Germany should be measured."[13] Douglas Botting vergleicht die Besetzung Deutschlands durch die Westmächte, bei allen Unterschieden,[14] mit der britischen Oberherrschaft in Indien:

> The occupation of Germany by the Western Powers was like a new Raj – colonial, exploitative, but in part paternalistic and well-intentioned. Like most colonial rule it suffered from indecisive, out-of-touch direction from the home government, and its effectiveness – or lack of it – depended in large measure on the quality of the men on the ground, which was sometimes suspect.[15]

[9] Meehan, *A Strange Enemy People*, 13. Zur Organisation der Control Commission for Germany (British Element), die Ende August 1945 die Verwaltung der Britischen Zone übernahm, siehe die Einführung zu Birke (Hg.), *Britische Militärregierung in Deutschland* und den Appendix: The Apparatus of Occupational Rule zu: Ian Turner (Hg.), *Reconstruction in Post-War Germany. British Occupation Policy and the Western Zones* (Oxford/New York/München: Berg, 1989), 359-376 und zu den Anfängen der CCG siehe Ulrich Reusch, "Die Londoner Institutionen der britischen Deutschlandpolitik. Eine behördengeschichliche Untersuchung", *Historisches Jahrbuch* 100 (1983), 318-443.
[10] Zit. Meehan, *A Strange Enemy People*, 14.
[11] Annan war nach dem Krieg zunächst beim SHAEF (=Supreme Headquarters, Allied Expeditionary Force) und dann in der politischen Abteilung der Militärregierung tätig: Annan, *Changing Enemies*, 2-3, 151.
[12] Ebd., 157.
[13] Meehan, *A Strange Enemy People*, 14.
[14] Botting betont auch die Unterschiede: "But there were important differences between Germany and the British Raj in India or the French colonies in Africa and the East. The new Raj in Germany was administered not by one but by four colonial powers. And despite the conditions, Germany was not 'Third World'. Beneath the deathly exterior lay the bones and sinews of a nation that had been – and would be again – the strongest nation in Europe.": Douglas Botting, *In the Ruins of the Reich* (London: Allen & Unwin, 1985), 148.
[15] Ebd.

Das britische Selbstverständnis war von der Kolonialerfahrung entscheidend geprägt. So erinnert sich die Frau eines britischen Soldaten der Besatzungsarmee an das Gefühl, einer Elite anzugehören – inmitten von 'natives': "this feeling we all had out there: the feeling of being an elite, of living so much apart from them [the Germans] and at a different level – they were the poor white tribe, almost like natives."[16] Von dem Eindruck, in eine 'rückständige Kolonie' versetzt zu sein, spricht auch ein Education Control Officer: "One feels rather like an administrative officer in a backward colony. [...] In fact, it is not easy to avoid having for the University the same paternal regard as the District Commissioner would feel for his native tribes".[17] Ähnlich erinnert sich Trevor Davies, der von 1946 bis 1957 in der Education Branch tätig war: "We seemed to have unconsciously become District Officers on the model of the old Colonial Service, provided with the most hazy terms of reference but seeking to cope with what turned up."[18] Der Deputy Regional Commissioner zeigt sich 1949 in einem Brief an die Education Branch besorgt über die britische Einschätzung der Deutschen als eines unbedarften, unzivilisierten Volkes, das man in allen Punkten belehren könne:

> We tried in Hamburg to explain to local units the problems in Germany and the tasks of the CCG [Control Commission Germany] but I am sure we have not even scratched the surface. There still exists, far too generally, the view that in all spheres we can instruct the poor benighted Germans – a tendency to consider them as uncivilized Africans.[19]

Dass Kirchen, Theater, Kinos und andere Einrichtungen anfangs von Briten und Deutschen nicht gemeinsam besucht werden durften, verstärkte dieses Überlegenheitsgefühl sicherlich.[20] So schreibt Douglas Botting:

> [...] the British were the new *Herrenvolk* and lived a life tantamount to apartheid. The officers kept separate from the men, the army from the Control Commission, and everyone from the Germans. [...] The Germans were the new *Untermensch*, untouchables in a new kind of vassal state.[21]

[16] Zit. Meehan, *A Strange Enemy People*, 150.
[17] Zit. ebd., 170.
[18] Trevor Davies, "A British View of Education in Berlin", in: Hearnden (Hg.), *The British in Germany*, 212-223, 218. Zwischen 1957 und 1962 war Davies *lecturer* an der PH Berlin.
[19] FO 1014/26, zit. Meehan, *A Strange Enemy People*, 156.
[20] Meehan, *A Strange Enemy People*, 150; Rainer Schulze, "A Difficult Interlude: Relations between British Military Government and the German Population and their Effects for the Constitution of a Democratic Society", in: Bance (Hg.), *The Cultural Legacy of the British Occupation in Germany*, 67-109, 78; Michael Balfour, "Four-Power Control in Germany, 1945-1946", in: *Four-Power Control in Germany and Austria 1945-1946*, Survey of International Affairs 1939-1946, vol. VIII (London et al., 1956), 43-46.
[21] Botting, *In the Ruins of the Reich*, 164. Auch der amerikanische *chief editor in the Intelligence Office of Information Control* in Frankfurt, Arthur D. Kahn, zieht diese Parallele: "We became an 'India Service' – 'poobah sahibs' – masters of a conquered people, rulers of an occupied colonial state. Little people from the States haughtily ordered German mayors and governors to appear before them, delivered speeches on democracy, and received homage and presents. Like India

In dem bereits in der Einleitung erwähnten Informationspapier der britischen Kontrollkommission über "The German Character" wurde Deutschlands Zivilisationslosigkeit damit begründet, dass das Land sowohl westlichen als auch östlichen Einflüssen ausgesetzt gewesen sei und sich dort somit weder die eine noch die andere Kultur habe entwickeln können.[22] Entsprechend dieser Auffassung werden die Leser des Papiers dazu angehalten: "[do] all you can to create a lasting impression, by convincing the Germans of the superior ability, determination and strength of others."[23] Ein skeptischer Leser, vermutlich Thomas H. Marshall vom Foreign Office Research Department, versah den Text mit der ironischen Randbemerkung: "Do remember you are a Herrenvolk!"[24]

Als die Sowjetunion zunehmend als Bedrohung angesehen wurde, erschien es den Briten jedoch ratsam, ihr Verhalten den Deutschen gegenüber zu ändern. Auf der Regional Commissioners' Conference vom 18.5.1947 wurde die Anweisung gegeben: "We should behave towards the Germans as the people of one Christian and civilized race towards another whose interests in many ways converge with our own and for whom we have no longer any ill-will."[25] Doch dass die Anknüpfung an koloniale Muster nicht notwendigerweise mit dem Ziel der Briten unvereinbar schien, sich Deutschland gegenüber in gutem Licht darzustellen, zeigt die Entscheidung, britische Literaten und ihre Literatur in Deutschland einzusetzen, die, wie im Folgenden gezeigt werden soll, ebenfalls koloniale Vorbilder hatte.

I.2.2 Umerziehungspolitik im Interesse der 'projection of Britain': Literaten und ihre Literatur in der britischen Besatzungszone

Im kolonialen Kontext war englische Literatur und das Studium der englischen Literatur von den britischen Kolonialverwaltern unter dem Deckmantel von Bildung zur Konsolidierung ihrer Macht instrumentalisiert worden: "to support them in maintaining control of the natives under the guise of a liberal education", wie Gauri Viswanathan für Indien seit dem 19. Jahrhundert feststellt.[26] "[C]ertain humanistic functions traditionally associated with literature – for example, the shaping of character or the development of the aesthetic sense or the disciplines of ethical thinking – were considered essential to

Service personnel, in the midst of ruins and near starvation, we lived well. We wined and dined as we had never done at home. Like conquerors, we affected fancy uniforms and fancy leather boots. The most beautiful women in Germany we had at our price. There were servants to minister to our every need. For a few packs of cigarettes, we even had music with our meals. And on the streets, before the opera, groups of Germans gathered to fight for our cigarette butts.": Botting, *In the Ruins of the Reich*, 165f.

[22] Siehe Birke, "Geschichtsauffassung", 172.

[23] Ebd., 175.

[24] Ebd.

[25] FO 1032/1465, zit. Meehan, *A Strange Enemy People*, 152.

[26] Gauri Viswanathan, *Masks of Conquest. Literary Study and British Rule in India* (London: Faber and Faber, 1990), 17.

the processes of sociopolitical control by the guardians of the same tradition."[27] So sprach sich Thomas Babington Macaulay, der in der Debatte über die Zukunft der Bildung in Indien die Seite der 'Anglicists' unterstützte,[28] in seiner "Minute on Indian Education" von 1835 dafür aus, dass eine intellektuelle Elite von "natives" durch das Studium des Englischen und der englischen Literatur die Briten als 'Mittelsmänner' unterstützen könnten:

> it is impossible for us, with our limited means, to attempt to educate the body of the people. We must at present do our best to form a class who may be interpreters between us and the millions whom we govern; a class of persons, Indian in blood and colour, but English in taste, in opinions, in morals, and in intellect.[29]

Ähnlich äußerte sich 1838 Charles Trevelyan zur Frage der 'Education of the People of India'. Mittels englischer Literatur könne man die 'natives' zu "intelligent and zealous co-operators" erziehen.[30] Das Studium der englischen Literatur und die Ausdeh-

[27] Ebd., 3. Viswanathan wurde dahingehend kritisiert, dass sie nicht die Rolle derjenigen Inder berücksichtigt habe, die eine englische Bildung suchten, um der Kolonialmacht Widerstand leisten zu können. Siehe Ania Loomba, *Colonialism/Postcolonialism*, The New Critical Idiom (London/New York: Routledge, 2001) [1998], 86 und 91.

[28] Für Macaulay, der von der "intrinsic superiority of the Western literature" ausging, war "a single shelf of good European literature [...] worth the whole native literature of India and Arabia": "Minute on Indian Education", in: Thomas Babington Macaulay, *Selected Writings*, hg. von John Clive und Thomas Pinney (Chicago/London: Chicago UP, 1972), 237-251, 241. Die 'Orientalists' hingegen setzten sich für das Studium auch des Sanskrit und des Arabischen ein. Den Briten selbst sollte das Studium der Sprachen und der Literatur Indiens allerdings zum Machterhalt dienen. Bis zum Ende des 18. Jahrhunderts hatten die Briten das Studium der Sprachen Indiens nicht systematisch betrieben. Dies änderte sich im folgenden Jahrhundert. Mit dem Studium der indischen Sprachen, Literatur und Wissenschaften wollten die Briten nun Kenntnisse über die Gebräuche und das Verhalten der Inder erlangen, die ihnen wiederum zu deren Kontrolle nützlich sein könnten. Lord Wellesley, der zu Beginn des 19. Jahrhunderts in Fort William ein College für die Ausbildung zum Dienst in der East India Company gründete, forderte dazu auf, dass dort – neben der in Europa üblichen Bildung – mit der Geschichte, den Sprachen, den Gewohnheiten, Gesetzen und Religionen Indiens vertraut gemacht werden solle. Siehe Bernard S. Cohn, *Colonialism and its Forms of Knowledge. The British in India* (Princeton: Princeton UP, 1996), 26-52. Paul Goetsch schreibt zu den philologischen Studien der Kolonisatoren: "Selbst wenn der Europäer, so etwa der Missionarsphilologe, die Sprache der Anderen studiert, schriftlich fixiert und mit ihrer Hilfe die Kolonisierten bekehren oder an die Zivilisation heranführen will, bleibt er im kolonialen Diskurs verstrickt, weil er von der Überlegenheit seiner Religion oder Kultur ausgeht." Paul Goetsch, "Die Macht des Buches in kolonialer und postkolonialer Literatur", in: *Fiktion und Geschichte in der anglo-amerikanischen Literatur. Festschrift für Heinz-Joachim Müllenbrock zum 60. Geburtstag*, hg. von Rüdiger Ahrens und Fritz-Wilhelm Neumann, Anglistische Forschungen, 256 (Heidelberg: Universitätsverlag Winter, 1998), 515-33, 517.

[29] Macaulay, "Minute on Indian Education", 249.

[30] Charles Trevelyan, *On the Education of the People of India* (London: Longman, 1838), 190.

nung des Empire hingen somit unmittelbar zusammen, wie Ashcroft, Griffiths und Tiffin feststellen:

> the study of English literature and the growth of Empire proceeded from a single ideological climate and [...] the development of the one is intrinsically bound up with the development of the other, both at the simple level of utility (as propaganda for instance) and at the unconscious level, where it leads to the naturalizing of constructed values (e.g. civilization, humanity, etc.) which, conversely, established 'savagery', 'native', 'primitive', as their antithesis and as the object of a reforming zeal.[31]

Literarische Texte sollten zur Durchsetzung britischer politischer Interessen dienen, indem sie eine 'freiwillige kulturelle Assimilation'[32] der Kolonialisierten an die als ihrer Kultur weitaus überlegen dargestellte koloniale Kultur[33] beförderten und mit der damit einhergehenden Werbung für britische Produkte eine zukünftige Marktsicherung schafften.[34]

Die Bedeutung, die dem Studium der englischen Literatur für den Kolonialdienst zugeschrieben wurde, zeigt sich auch daran, dass 'Englische Literatur' Bestandteil der Prüfungen für den Eintritt in den Civil Service wurde und Eingang in die Universitätsexamina fand[35] – zunächst an der neu gegründeten University of London, Ende des 19. Jahrhunderts dann auch in Oxford und Anfang des 20. Jahrhunderts in Cambridge[36]: "knowledge of English literature was necessary for those who would be administering British interests."[37]

Beim Einsatz von Literatur in der britischen Besatzungszone wurden durchaus vergleichbare Ziele angestrebt wie bei ihrem Einsatz in den Kolonien. Auch wenn man meinte, in den Kolonien ein 'rückständiges' Volk zur Zivilisation *hin*führen, in

[31] Bill Ashcroft, Gareth Griffiths, Helen Tiffin, *The Empire Writes Back* (London: Routledge, 2002) [1989], 3.

[32] Viswanathan, *Masks of Conquest*, 2.

[33] So erklärte J. Farish 1838: "The Natives must either be kept down by a sense of our power, or they must willingly submit from a conviction that we are more wise, more just, more humane, and more anxious to improve their condition than any other rulers they could possibly have": "Minute issued in the Bombay Presidency", 28 August 1838, zit. in: B. K. Boman-Behram, *Educational Controversies of India. The cultural conquest of India under British imperialism* (Bombay: D. B. Taraporevala, 1943), 239.

[34] Aparna Basu, "Policy and Conflict in India: The Reality and Perception of Education", in: Philipp G. Altbach und Gail P. Gelly (Hgg.), *Education and Colonialism* (New York: Longman, 1978), 58.

[35] Dazu ausführlich Klaus Stierstorfer, *Konstruktion literarischer Vergangenheit. Die englische Literaturgeschichtsschreibung von Warton bis Courthope und Ward* (Heidelberg: Universitätsverlag Winter, 2001), 303-315.

[36] Siehe D. J. Palmer, *The Rise of English Studies. An Account of the Study of English Language and Literature from its Origins to the Making of the Oxford English School* (London, New York, Toronto: OUP, 1965), 15-28; Franklin E. Court, *Institutionalizing English Literature. The Culture and Politics of Literary Study, 1750-1900* (Stanford: Stanford UP, 1992), 39-84.

[37] Loomba, *Colonialism/Postcolonialism*, 85.

Deutschland hingegen durch Umerziehung ein Volk zur Zivilisation *zurück*führen zu müssen, schrieb man der Literatur doch hier wie dort die Möglichkeit zu, die angestrebte Bildung und Charakterformung nach englischem Vorbild zu befördern und damit auch Werbung für Großbritannien und seine Kultur zu sein – für "British methods [...] British products and [...] for the British political and moral values";[38] bezogen auf die Kolonien war dies Teil der Imperialpolitik, mit Blick auf Deutschland eine Reaktion auf die unmittelbare deutsche Vergangenheit. Literatur, so zeigt Clemens, sollte der Akzeptanz britischer Besatzungspolitik dienlich sein und die Britische Kontrollkommission bei der Bewerkstelligung ihrer Hauptaufgabe unterstützen: "'projection' – explaining to the Germans and to the world at large the policy, work, problems and achievements of the Control Commission, and explaining Britain, the Commonwealth, British policy generally and democratic conceptions to the Germans."[39] Eva Mayring schreibt dazu:

> In practice, projecting the British way of life meant helping the Germans to understand the British mentality and outlook and to appreciate British achievements, and providing a demonstration of how democracy worked. This required a knowledge among the Germans of the structures of British government, and of social and economic structures, of British history, art, and literature.[40]

Die British Centres fungierten dabei, in den Worten Robert Birleys, als "a form of 'mass medium' to get British ideas and policies across to the Germans."[41] Entsprechend sollten die British Centres "warm and welcoming" sein und den Deutschen Literatur und einen geheizten Raum zur Verfügung stellen, in dem sie in Ruhe lesen konnten.[42] Damit erhoffte man sich, die *British Centres* für die Deutschen besonders attraktiv zu

[38] The National Archives (PRO), FO 898/401, British Information Services to Germany, zit. in: Clemens, *Britische Kulturpolitik in Deutschland*, 163.

[39] Die 'projection of Britain' wurde in einem Bericht der Public Relations/Information Services Control Group der Britischen Kontrollkommission 1948 als deren "main task" formuliert: Leiter der Information Services Division an den Militärgouverneur, 23. März 1948, zit. Clemens, *Britische Kulturpolitik in Deutschland*, 35. Der Begriff 'projection of England' geht auf die gleichnamige Schrift des Vorsitzenden des Empire Marketing Board, Stephen Tallents, zurück, in der dieser eine stärkere Selbstdarstellung des Landes nach außen forderte: Stephen Tallents, *The Projection of England* (London: Faber and Faber, 1932). Sir Stephen Tallents reagierte mit dieser Publikation auf Deutschlands Selbstdarstellung bei der Barcelona International Exhibition im Jahr 1929. Die Engländer müssten, schreibt Tallents, von den erfolgreichen Methoden anderer Nationen lernen und ihre Neigung zur Selbstherabsetzung überwinden (ebd., 38, 41). Siehe dazu Valerie Holman, "Carefully Concealed Connections. The Ministry of Information and British Publishing, 1939-1946", *Book History* 8 (2005), 197-226, 199 und Clemens, *Britische Kuturpolitik in Deutschland*, 26f.

[40] Eva A. Mayring, "The Impact of British Occupation on Political Culture in Germany after 1984", in: Bance (Hg.), *The Legacy of the British Occupation in Germany*, 189-204, 198.

[41] Zit. ebd.

[42] The National Archives (PRO), British Council: Registered Files, Germany, BW 32/3: Minute Mr Hinks to Mr Bottrall, 18.3.1947.

machen: “it is one of the functions of the libraries at centres to attract people who will thereby come within the influence of its other activities”, schrieb der Bibliothekar der City Library of Westminster nach seinem Besuch in Deutschland.[43] Die Bedeutung, die den Informationszentren von Seiten der Kontrollkommission im so genannten 'Kulturkampf' nach 1945 zugemessen wurde,[44] geht aus einer Reaktion der Kontrollkommission auf das 1947 in der sowjetischen Zone eingerichtete 'Haus der Kultur' (Unter den Linden)[45] – zu einer Zeit, in der die Briten viele ihrer Lesesääle wegen Brennstoffmangels schließen mussten – hervor: “[This is a] grandiose cultural institute which will reach the broad masses and do much to counteract the generally accepted idea that the Russians are uncivilized. [...] We should be spurred on by this latest Russian entry into the Kulturkampf to answer with an equally bold scheme for putting over British achievements here in Berlin.”[46]

Dass auch eine deutsche Gesellschaft wie die Deutsche Shakespeare-Gesellschaft die Vermittlung britischer Kultur vorantrieb, konnte den Briten nur recht sein: Laut ihrer im Jahr 1946 veröffentlichten “Denkschrift” waren künstlerische Veranstaltungen (Shakespeare-Inszenierungen und Sommerfestspiele, Rezitationsabende, Dichterlesungen), Tagungen (Jahrestagungen, Sondertagungen), Sommerkurse und Vorträge und Veröffentlichungen (neben dem Shakespeare-Jahrbuch eine vierteljährlich zu erscheinende Zeitschrift *Shakespeare*) vorgesehen. In Bezug auf die Rolle der Deutschen Shakespeare-Gesellschaft als ‘Kulturvermittlerin’ ist von Interesse, dass die Gesellschaft neben der Shakespeare-Pflege und -vermittlung auch “mit der lebendigen Gegenwart des anglikanischen Geisteslebens vertraut” machen wollte, wobei das “gesamte literarische Schrifttum” berücksichtigt werden sollte.[47]

[43] The National Archives (PRO), British Council: Registered Files, Germany, BW 32/34: Report on the Visit made to Germany in March 1956 [2nd] by Lionel R. McColvin, City Librarian of Westminster. Hervorhebung im Original.

[44] Der Kulturkampf nach 1945 zeigt, dass die Wirkmächtigkeit von Literatur und die Rolle von Schriftstellern für politische Zwecke sehr wohl erkannt wurde. Man war um eine ideologische Ächtung des sowjetischen Kommunismus und um die machtpolitische Behauptung gegenüber Russland bemüht, und “the 'operation weapon' was to be culture”: Saunders, *The Cultural Cold War*, 18. Zu den amerikanischen Bemühungen siehe auch Martin Meyer, “American Literature in Cold War Germany”, *Libraries & Culture* 36.1 (2001), 162-71 und Peter Coleman, *The Liberal Conspiracy. The Congress for Cultural Freedom and the Struggle for the Mind of Postwar Europe* (New York: Free Press, 1989).

[45] Ab 1950 diente das Gebäude als Zentrales Haus der Deutsch-Sowjetischen Freundschaft. Der in den Jahren 1987-90 restaurierte Bau wird seit 1990 wieder als Kulturzentrum genutzt, heute unter dem Namen 'Palais am Festungsgraben'.

[46] R. E. Colby, British Control Commission, Berlin, an Montague Pollock, 19. März 1947, zit. Saunders, *The Cultural Cold War*, 19. Die Amerikaner setzten in der amerikanischen Zone die als “outposts of American culture” beschriebenen Amerikahäuser ein, die dem unter den Deutschen verbreiteten Stereotyp der Amerikaner als Kulturbanausen entgegenwirken sollten, indem sie die kulturellen Errungenschaften der Amerikaner darstellten: ebd., 19-21.

[47] “Denkschrift der Deutschen Shakespeare-Gesellschaft”, 139. Siehe dazu ausführlich von Ledebur, *Deutsche Shakespeare-Rezeption*, 109-11.

Statt scharfer Kritik an der deutschen Vergangenheit war mit der 'projection of Britain' eine Werbung für britische Kultur und britische Errungenschaften in allen Bereichen intendiert.[48] Die damit zu erklärenden britischen Bestrebungen, Ressentiments unter den Deutschen zu vermeiden, treten besonders deutlich hervor, wenn man einen vergleichenden Blick auf die amerikanische Aufklärungsarbeit über die NS-Verbrechen, insbesondere auf die sogenannten 'Gräuelfilme' und die britischen Reaktionen auf diese Filme wirft. Die Amerikaner versuchten mit verschiedenen Mitteln, die deutsche Bevölkerung über das Ausmaß der in ihrem Namen verübten Verbrechen aufzuklären und damit eine innere Abkehr vom Nationalsozialismus und ein Verständnis für die Notwendigkeit von Besatzung und Umerziehung zu erreichen. Für viele Einwohner der Orte nationalsozialistischer Massenverbrechen wurden die Besichtigung der Schandstätten und die Mitarbeit an Aufräum- und Bestattungsarbeiten verpflichtend gemacht.[49] Alle anderen wurden mit einer von der Psychological Warfare Branch (PWD) der US-Armee initiierten Aufklärungskampagne durch die Massenmedien über die nationalsozialistischen Verbrechen informiert.[50] Fotos,[51] Zeitungsberichte,[52] Radiosendungen, Broschüren und Plakate, die, so berichtete Hannah Arendt, "das fotografisch

[48] Die britische Militärregierung appellierte an jeden britischen Staatsbürger, in diesem Sinne als 'Botschafter' zu agieren: "The job of telling Germany what ever the subject may be, is not that of a specialist organisation alone. It will be done much more completely and successfully if every British citizen here in Germany regards himself or herself as an Ambassador, and tells his or her German friends and acquaintances about Britain and British policy, especially our policy in Germany, about the outside world [...] and about our conceptions of decency and democracy [...] one day all British control will disappear completely [...] there should remain not merely efficient machines, but an attitude of mind which will safeguard Germany's place in the community of nations." The National Archives (PRO), FO 1056/100, PR/ISC, 4. März 1948, zit. Mayring, "The Impact of British Occupation on Political Culture in Germany", 199.

[49] Norbert Frei, *1945 und wir. Das Dritte Reich im Bewußtsein der Deutschen* (München: Beck, 2005), 147. Siehe ausführlich die Einleitung zu dieser Arbeit. Die Aufräum- und Bestattungsarbeiten wurden von den Amerikanern fotografisch festgehalten; sie werden im U.S. Holocaust Memorial Museum in Washington unter der Rubrik 'Konfrontationen' aufbewahrt: Cornelia Brink, *Ikonen der Vernichtung. Öffentlicher Gebrauch von Fotografien aus nationalsozialistischen Konzentrationslagern nach 1945* (Berlin: Akademie-Verlag, 1998), 41 Anm. 71.

[50] Zieher, "Amerikanische Reaktionen auf die Befreiung der deutschen Konzentrationslager", 90. Der ehemalige Bürgermeister von Weimar hielt in seinen Erinnerungen an die Besetzung Weimars durch die Amerikaner fest: "Die Buchenwaldgreuel wurden von den Amerikanern in Radio und Presse bis ins Kleinste geschildert und mit Photographien belegt": Kloss, zit. in: Krahulec et al., *Buchenwald – Weimar*, 65.

[51] Zu den Fotografien, die amerikanische und britische Soldaten und Reporter von der Befreiung der Konzentrationslager aufnahmen, siehe ausführlich Barnouw, *Germany 1945* und Brink, *Ikonen der Vernichtung*, bes. 23-99. Zu Fotos als Medien der Erinnerung siehe etwa Paul Hugger, "Die Bedeutung der Photographie als Dokument des privaten Erinnerns", in: Brigitte Bönisch-Brednich et al. (Hgg.), *Erinnern und Vergessen. Vorträge des 27. Deutschen Volkskundekongresses Göttingen 1989* (Göttingen: Schmerse, 1991), 235-242.

[52] Zu Berichten über die Konzentrationslager in Zeitungen amerikanischer Heeresgruppen für die deutsche Bevölkerung siehe Elisabeth Matz, *Die Zeitungen der US-Armee für die deutsche Bevölkerung* (Münster: Fahle, 1969), 53f.

festgehaltene Grauen von Buchenwald mit einem auf den Betrachter deutenden Finger zeigten, zu dem der Text gehörte: 'Du bist schuldig'",[53] konfrontierten die Deutschen mit den in ihrem Namen verübten Gräueltaten und sollten ihnen ihre Mitverantwortung bewusst machen.[54] Zu diesem Zweck sollte aber vor allem das Medium Film eingesetzt werden.[55] Der unter der Regie von Hans Burger und Billy Wilder aus Wochenschauaufnahmen des Frühjahrs 1945 zusammengestellte 20-minütige Dokumentarfilm *Die Todesmühlen*, der Bilder der Befreiung der Konzentrationslager mit Aufnahmen der Besichtigungen der Lager durch die Deutschen verband,[56] wurde im Januar 1946 eine Woche lang in den Kinos der amerikanischen Besatzungszone gezeigt.[57]

[53] Hannah Arendt, "The Aftermath of Nazi Rule. Report from Germany", in: *Commentary* 10 (1950), 342-353; deutsche Fassung "Besuch in Deutschland", in: dies., *Zur Zeit. Politische Essays* (München: dtv, 1989), 43-70, 58f. Wie Aleida Assmann und Ute Frevert zeigen, wurde Karl Jaspers Vorlesung zur geistigen Situation in Deutschland, die 1946 unter dem Titel *Die Schuldfrage. Ein Beitrag zur deutschen Frage* veröffentlicht wurde, von seiner Erfahrung mit den Plakaten, die "im Sommer 1945 [...] in den Städten und Dörfern hingen mit den Bildern und Berichten aus Belsen und dem entscheidenden Satz: Das ist eure Schuld!" angestoßen. Jaspers, *Die Schuldfrage*, 33; Assmann, Frevert, *Geschichtsvergessenheit – Geschichtsversessenheit*, 123-128. "Über Herstellung und Verbreitung dieser Plakate", so schreibt Cornelia Brink, "läßt sich nur wenig in Erfahrung bringen": Brink, *Ikonen der Vernichtung*, 71. Norbert Frei weist darauf hin, dass von dem von Arendt und Jaspers beschriebenen Plakat, wenn überhaupt, nur wenige Exemplare existierten: Frei, *1945 und wir*, 153.

[54] Zieher, "Amerikanische Reaktionen auf die Befreiung der deutschen Konzentrationslager", 92. Die in Bad Nauheim in Schaufenstern, auf Notiztafeln und an Bäumen ausgehängten Plakate, die unter der Aufschrift "Who is Guilty" und, später, "This Town is guilty! You are guilty!" Fotos von Konzentrationslagern zeigten, beschreibt James Stern, *Hidden Damage*, 81. Aufnahmen der Alliierten, die Deutsche vor solchen Fototafeln zeigen, finden sich etwa in Gordon Horwitz, *In the Shadow of Death. Living Outside the Gates of Mauthausen* (New York: Free Press, 1990), gegenüber 115; Wolfgang Trees, Charles Whiting, Thomas Omansen, *Drei Jahre nach Null. Geschichte der britischen Besatzungszone 1945-1948* (Düsseldorf: Droste, 1978), Abb. 178; Richard Tüngel, Hans Rudolf Berndorf, *Auf dem Bauche sollst Du kriechen... Deutschland unter den Besatzungsmächten* (Hamburg: Wegner, 1958), 9-10.

[55] Dies hatte im Februar 1945 das *German Committee* des *Office of War Information* entschieden: Zieher, "Amerikanische Reaktionen auf die Befreiung der deutschen Konzentrationslager, 90. Bereits seit Ende 1944 hatten die Amerikaner Dokumentarfilme über Konzentrationslager gedreht: Clemens, *Britische Kulturpolitik in Deutschland*, 176.

[56] Siehe dazu etwa Zieher, "Amerikanische Reaktionen auf die Befreiung der deutschen Konzentrationslager", 75-96 und Brewster S. Chamberlin, "Todesmühlen. Ein früher Versuch zur Massen-'Umerziehung' im besetzten Deutschland 1945-1946", *Vierteljahreshefte für Zeitgeschichte* 29 (1981), 420-36.

[57] Es blieb den Deutschen überlassen, sich den Film anzusehen oder nicht; 16% der deutschen Bevölkerung in der US-Zone sah sich den Film an. Siehe David Culbert, "American Film Policy in the Re-education of Germany after 1945", in: Pronay, Wilson (Hgg.), *The Political Reeducation of Germany*, 173-202, 178f. Der Wortlaut des Films findet sich bei Michael Hoenisch u. a. (Hgg.), *USA und Deutschland. Amerikanische Kulturpolitik 1942-1949. Bibliographie–*

Doch die erwünschten Reaktionen der auf diese Weise mit dem Ausmaß der NS-Verbrechen konfrontierten Deutschen blieben weitgehend aus.[58] Die Mehrzahl der Deutschen zeigte weder Trauer noch Schuldbewusstsein, sondern behauptete, von diesen Verbrechen nichts gewusst zu haben, wollte die eigene Mitschuld nicht wahrhaben und verweigerte die selbstkritische Auseinandersetzung mit der jüngsten Vergangenheit. Hier machten sich die Schuldabwehrmechanismen geltend, die zunächst in dem im Winter 1950/51 am Frankfurter Institut für Sozialforschung durchgeführten 'Gruppenexperiment' zu Tage kamen (beschrieben von Theodor Adorno in *Schuld und Abwehr*) und die später von den Sozialpsychologen Alexander und Margarete Mitscherlich beschrieben wurden als 'Vergessen', 'Verleugnen', 'Projizieren' – unbewusste Abwehrmechanismen, die einer 'Vergangenheitsbewältigung' zuwiderlaufen,[59] und es zeigte sich die von Norbert Frei beschriebene "vehemente Kollektivabwehr des […] Kollektivschuldvorwurfs".[60] Für den "Topos der Kollektivschuld" gab es, so zeigen Aleida Assmann und Ute Frevert anhand von Erfahrungsbe-

Materialien–Dokumente (Berlin: John-F.-Kennedy-Institut für Nordamerikastudien, 1980), 318-323.

58 Culbert, "American Film Policy", 179.

59 Siehe Theodor W. Adorno, *Schuld und Abwehr* (Frankfurt: Suhrkamp, 2003) [1955], 261ff.; 1957 mahnte Adorno die Notwendigkeit der Erinnerung und kritischen Selbstreflexion an: ders., *Erziehung zur Mündigkeit*, hg. von Gerd Kadelbach (Frankfurt: Suhrkamp, 1972), 10-28; Alexander und Margarete Mitscherlich, *Die Unfähigkeit zu trauern. Grundlagen kollektiven Verhaltens* (München: Piper, 1967), insb. 24-43. Vergangenheitsbewältigung bezieht sich bei A. und M. Mitscherlich auf die von Freud beschriebene Folge von Erkenntnisschritten, "erinnern, wiederholen, durcharbeiten", die notwendig sind, um "die instinktiv und unbewußt arbeitenden Kräfte des Selbstschutzes im Vergessen, Verleugnen, Projizieren und ähnlichen Abwehrmechanismen zu überwinden.": ebd., 24; Siehe Sigmund Freud, "Erinnern, Wiederholen und Durcharbeiten", in: *Gesammelte Werke. Chronologisch geordnet, X: Werke aus den Jahren 1913-1917*, hg. von Anna Freud u.a. [1946] (Frankfurt: Fischer, 1999), 126-136. Siehe auch Charles S. Maier, *The Unmasterable Past. History, Holocaust, and National Identity* (Cambridge, Mass., London: Harvard University Press, 1988). Seit Kohl und Reagan am 5. Mai 1985 nicht nur in Bergen-Belsen, sondern auch auf dem Soldatenfriedhof in Bitburg, wo auch Mitglieder der Waffen-SS beerdigt sind, gemeinsam Kränze niedergelegt haben, hat das Thema der deutschen Vergangenheitsbewältigung auch in den USA großes Interesse gefunden, siehe etwa Geoffrey H. Hartman (Hg.), *Bitburg in Moral and Political Perspective* (Bloomington: Indiana UP, 1986); Judith Miller, *One, by One: Facing the Holocaust* (1990); Jane Kramer, *The Politics of Memory: Looking for Germany in the New Germany* (New York: Random House, 1996) und Robert G. Moeller, *War Stories: The Search for a Usable Past in the Federal Republic of Germany* (Berkeley: U of California P, 2001).

60 Frei, *1945 und wir*, 145-155, Zitat 154. Mit Daniel J. Goldhagens *Hitler's willing executioners. Ordinary Germans and the Holocaust* (New York: Knopf, 1996), so schreiben Aleida Assmann und Ute Frevert, "gewann der Begriff [der Kollektivschuld] noch einmal eine gewisse Aktualität […]. Im Zusammenhang mit dieser Veröffentlichung hat Dieter Simon in dem von ihm herausgegebenen Rechtshistorischen Journal die Kollektivschuldthese zum Gegenstand einer vielstimmigen Debatte gemacht": Aleida Assmann, Ute Frevert, *Geschichtsvergessenheit – Geschichtsversessenheit. Vom Umgang mit deutschen Vergangenheiten nach 1945* (Stuttgart: Deutsche Verlags-Anstalt, 1999), 116; siehe auch 282-284.

richten und Bildmaterial, "eine Erfahrungsgrundlage";[61] doch konnte auch schon ein nur vermuteter oder befürchteter Kollektivschuldvorwurf die Kollektivabwehr hervorrufen. In diesem Zusammenhang ist Freis Bemerkung interessant, dass keine amtlichen Dokumente vorliegen, in denen die Alliierten offiziell eine Kollektivschuld der Deutschen behaupten oder diese zum Ausgangspunkt ihrer Politik machten, und der Kollektivschuldvorwurf im wesentlichen eingebildet sei.[62] Auch Helmut Dubiel schreibt:

> In keinem Dekret der Besatzungsmächte, in keiner öffentlichen Äußerung eines mit Definitionsmacht ausgestatteten britischen, französischen oder amerikanischen Politikers war jemals von einer kollektiven Schuld der Deutschen die Rede. [...] Die geradezu obsessive Abwehr eines Vorwurfs, den niemand erhoben hatte, erlaubt einzig die psychoanalytische Deutung als 'Projektion'.[63]

Der Film *Die Todesmühlen* wurde von vielen deutschen Zuschauern in Betroffenheit verweigernder Abwehrreaktion als Propaganda abgetan,[64] was Erich Kästner, damals Feuilletonchef der *Neuen Zeitung*, wie folgt kommentierte:

> Was meinen sie damit? Daß es sich um Propaganda*lügen* handelt, werden sie kaum damit ausdrücken wollen. Was sie gesehen haben, ist immerhin photographiert worden. [...] Also meinen sie: Propaganda auf Wahrheit beruhender Tatsachen? Wenn sie aber das meinen, warum klingt ihre Stimme so vorwurfsvoll, wenn sie 'Propaganda' sagen? Hätte man ihnen die Wahrheit *nicht* zeigen sollen? Wollten sie die Wahrheit *nicht* wissen?[65]

Der britischen Umerziehungspolitik, die als ihre vornehmliche Aufgabe die Vermittlung von positiven Werten und nicht die 'Schuldtherapie' als Anstoß zur die Bewältigung der deutschen Vergangenheit ansah, widersprach der Einsatz sogenannter 'Gräuelfilme':

[61] Ebd., 117.

[62] Frei, *1945 und wir*, insb. 145 und 153-155. Siehe auch "Gebirge an Schuld. SPIEGEL-Gespräch mit dem Historiker Norbert Frei über den Umgang mit der NS-Vergangenheit, die Rolle der Alliierten beim Aufbau der Demokratie und die Deutschen als Opfer", *SPIEGEL Spezial* 4 (2005), 46-49.

[63] Helmut Dubiel, *Niemand ist frei von der Geschichte. Die nationalsozialistische Herrschaft in den Debatten des Deutschen Bundestages* (München: Hanser, 1999), 71.

[64] Frei, *1945 und wir*, 149.

[65] Erich Kästner, "Wert und Unwert des Menschen", *Neue Zeitung* vom 4.2.1946, Hervorhebung im Original. Siehe dazu auch Barnouw, *Germany 1945*, 2-3. Laut OMGUS (Office of Military Government, U.S)-Umfrage Nr. 20: "Preliminary Study of Motion Picture Attendance and Attitudes" vom 27. August 1946 vertraten 11% derjenigen Deutschen, die den Film gesehen hatten, die Ansicht, dass er die Zustände in den Konzentrationslagern unverfälscht wiedergebe, und die meisten von ihnen (9%) empfanden den Film als lehrreich: *Public Opinion in Occupied Germany. The OMGUS Surveys, 1945-1949*, hg. von Anna J. Merritt und Richard L. Merritt, mit einem Vorwort von Frederick W. Williams (Urbana/Chicago/London: U of Illinois P, 1970), 101.

> Auffallend, aber konsequent im Rahmen ihrer politische Ziele, ist es, daß die Briten es im großen und ganzen ablehnten, mittels ihrer Kulturpropaganda eine Bewältigung der nationalsozialistischen Vergangenheit der Deutschen zu leisten, indem sie die Deutschen auf die von ihnen begangenen Fehler und auf ihre Schuld hinwiesen.[66]

Mit Filmen wie *England von Heute* und *Britain Can Make It* verfolgten die Briten das Ziel, der deutschen Bevölkerung die britische Lebensweise und die Ansichten der Besatzungsmacht nahezubringen und für britische Leistungen und Errungenschaften zu werben.[67] Wie eine Analyse der von September 1945 bis Frühjahr 1950 in deutschen Kinos gezeigten amerikanisch-britischen Wochenschau *Welt im Film* gezeigt hat, vermittelte ein großer Teil der Beiträge Informationen über Großbritannien oder warb um Verständnis für die britische Besatzungspolitik und diente auf diese Weise der 'projection of Britain'.[68]

Die für Clemens für die Kulturpolitik in der britischen Zone charakteristische Bevorzugung der positiven Darstellung der eigenen Kultur statt der Verunglimpfung der deutschen Vergangenheit[69] zeigt sich auch in der Reaktion der britischen Filmkontrolle auf den französischen Gräuelfilm *Les Maudits* (*Die Verdammten*). Die britische Filmkontrolle veranlasste die Verleihfirma IFA dazu, den Film zurückzuhalten; sie wollte die Entscheidung über die Eignung des Films der deutschen freiwilligen Selbstkontrolle überlassen, einer Institution, die seit langem geplant, aber noch nicht existent war. Im Rückblick erklärte die britische Filmkontrollbehörde, sie habe mit ihrem vorsichtigen Verhalten den möglicherweise drohenden Vorwurf deutschfeindlicher Tendenz vermeiden wollen:

[66] Clemens, *Britische Kulturpolitik in Deutschland*, 284. Solche Filme seien "detrimental to the work we are trying to do in re-education", so äußerte sich Gibson von der *Information Services Control Branch* am 16.1.1946 hinsichtlich des Films *Die Todesmühlen*: The National Archives (PRO), FO 1956/26, zit in: ebd., 184. Das britische Ministry of Information, das ursprünglich mit den USA einen gemeinsamen 'Gräuelfilm' geplant hatte, stellte diesen wohl nie fertig: ebd., 183. In den Kriegsgefangenenlagern hingegen wurden die Deutschen mit Filmen über die Konzentrationslager konfrontiert; in Wilton Park etwa wurde der amerikanische Belsen-Film verpflichtend gezeigt: Fromm, *Deutschland in der öffentlichen Kriegszieldiskussion*, 225f., 344.

[67] Clemens, *Britische Kulturpolitik in Deutschland*, 75, 182. Ende 1945 waren 1150 Kinos in den westlichen Besatzungszonen wiedereröffnet worden; Ende 1949 waren es bereits 3360. Siehe Glas, *Kulturpolitik*, 274.

[68] Clemens, *Britische Kulturpolitik in Deutschland*, 188-190. Clemens beruft sich auf Christine Held und Ursula Lorenz, *Die Entwicklung der Wochenschau in Deutschland: Wochenschau-Chronik 1947. Zusammengestellt aus einer Jahresfolge von "Welt im Film"* (Göttingen: Institut für den wissenschaftlichen Film, 1974), 26f. Clemens zitiert aus einer Übereinkunft vom 4.3.1947 zwischen dem War Department, Staff of Civil Affairs Division (United States) und dem Control Office, die die Ziele, die die Amerikaner und Briten mit *Welt im Film* verfolgten, verdeutlicht: "In pictures from Allied countries the aim should be *to show the Allied purpose, standards and ways of life*. In pictures from occupied countries the aim should be *to assist the Control authorities and to show reconstruction and restoration, particularly through the efforts of the local population.*" Clemens, *Britische Kulturpolitik in Deutschland*, 187 (Hervorhebung Clemens).

[69] Ebd., 29.

> Wir sind aber sehr darauf bedacht, nicht den Eindruck zu erwecken, als wollten wir das deutsche Volk in seinen eigenen Augen herabsetzen. Solange die britische Kontroll-Kommission eine allgemeine Filmzensur ausübte, hätte man in Deutschland leicht eine Unbedenklichkeitserklärung als eine tatsächliche Empfehlung auslegen können. Gerade durch eine solche Empfehlung aber könnte dem Film eine deutschfeindliche Tendenz unterschoben werden. Aus diesem Grunde wollten wir es einer deutschen Stelle überlassen, über die Eignung des Films zur Aufführung in Deutschland zu entscheiden.[70]

Wie die in der internationalen Zeitschrift *Der Monat* veröffentlichte Diskussion über *Les Maudits* zeigt, traten diese von den Briten gefürchteten Reaktionen der Deutschen auf diesen Film in der Tat ein. Die Reaktionen verliefen ähnlich wie in der amerikanischen Zone auf den Film *Die Todesmühlen*. Die Mitglieder des Stuttgarter Filmclubs sprachen sich mehrheitlich gegen den Film aus; sie warfen den Filmproduzenten Schwarz-Weiß-Malerei und die pauschale Verurteilung aller Deutschen vor.[71] Karl Walther Kluger benennt in seinem im *Monat* abgedruckten Beitrag als Gründe für die von ihm beobachteten Reaktionen die Ablehnung von Verantwortung an den Gräueltaten und das Misstrauen gegenüber Filmen über die Nazizeit, denen – wie er meint – viele eine "entstellende einseitige Tendenz" vorwürfen.[72]

Vorbehalten wie diesen wirkte die britische Kulturpolitik entgegen. Das britische Filmprogramm sah vor, die deutsche Vergangenheit möglichst nicht zu thematisieren;[73] die meisten in der britischen Zone vorgeführten Filme hatten "rein unterhaltenden Charakter".[74] Auf diese Weise blieben die Deutschen in der britischen Zone von Bildern der grausamen eigenen Vergangenheit weitgehend 'verschont'; denn auch die eigenen Filmproduzenten befassten sich nicht mit der Aufarbeitung der NS-Vergangenheit, wie Barbara Klie in ihrem Beitrag zur Diskussion über den Film *Les Maudits* in *Der Monat* beklagt:

> So haben die deutschen Produzenten und Regisseure bis auf ganz wenige Ausnahmen das unbequeme Geschäft, mit unserer eigenen unrühmlichen Vergangenheit fertig zu werden, ihren ausländischen Kollegen überlassen. Nicht in deutschen, sondern in ausländischen Filmen nach dem Kriege sah und erlebte man sie in bedrängender und beängstigender Nähe aufs neue: die SS- und Gestapo-Kanaillen [...] und nur hier sah man noch einmal das maßlose Leid [...] Während die deutschen Produzenten Filme herstellten, in denen eine Welt von gestern spukhaft Auferstehung feierte, in denen unsere Trümmerwelt nur Kulisse war für sehr fragwürdige Gestalten, [...] dreht man in Italien, in der Schweiz und

[70] "Eine Stellungnahme der britischen Filmkontrolle", *Der Monat* 1. Jg., Heft 10, 121.

[71] Hans Werner Richter, "Die Ablehnung in Stuttgart", *Der Monat* 1. Jg., Heft 10 (1948), 115-116, 115.

[72] In *Der Monat* 1. Jg., Heft 10, 116-117, 117.

[73] Siehe Clemens, *Britische Kulturpolitik in Deutschland*, 173.

[74] Ebd., 174.

in Frankreich die wahrhaft erschütternden Dokumente, die hier bei uns hätten entstehen müssen.[75]

Den Gefühlsbereich einer breiten Öffentlichkeit erreichte Auschwitz erst mit der 1979 ausgestrahlten amerikanischen Fernsehserie *Holocaust.*[76] Da sie selbst die Aufarbeitung der Vergangenheit mit Abwehrmechanismen von sich wiesen[77] und von den Briten nicht dazu genötigt wurden, waren die Deutschen weitaus weniger mit der Realität der Konzentrationslager konfrontiert als die britische Bevölkerung, die durch Pressemitteilungen und Fotos, durch Radioreportagen und verschiedene Publikationen, wie Alan Mooreheads *The Eclipse* (1945) und "Glimpses of Germany II – Belsen" (1945),[78] Derrick Singtons *Belsen Uncovered* (1946),[79] Robert Collis' und Han Hagerzeils *Straight On* (1947)[80] sowie Leonard Cottrells *The Man from Belsen* (Radioübertragung 1946, publiziert 1950),[81] über die Zustände in den Konzentrationslagern zum Zeitpunkt ihrer Befreiung erfuhren.[82] Spender schreibt dazu: "[A]trocities in

[75] "Die Verdammten und nochmals die Verdammten", *Der Monat* 1. Jg., Heft 10 (1948), 119-121, hier 119-120.

[76] Frei, *1946 und wir.*

[77] Die Abwehrmechanismen sind ausführlich beschrieben in A. und M. Mitscherlich, *Die Unfähigkeit zu trauern.*

[78] Alan Moorehead, "Glimpses of Germany II – Belsen", *Horizon* 12 (1945), 26-35; abgedr. auch in Connolly (Hg.), *The Golden Horizon*, 103-112. Moorehead gehörte zu den ersten, die das Lager Bergen-Belsen nach dessen Befreiung betraten.

[79] Derrick Sington, *Belsen Uncovered* (London: Duckworth, 1946). Der britische Oberleutnant war der erste der Briten, der das Lager betrat. Siehe dazu auch die Rezension im *TLS* vom 10. Mai 1947, 221.

[80] Robert Collis, Han Hagerzeil, *Straight On* (London: Methuen, 1947). Die beiden Ärzte Collis und Hagerzeil beschreiben die Befreiung Belsens und die medizinische Behandlung der KZ-Überlebenden.

[81] Leonard Cottrell, "The Man from Belsen", in: *BBC Features*, hg. von Laurence Gilliam (London: Evans Brothers, 1950), 97-110. Hierbei handelt es sich um eine Radioreportage aus der Sicht von Harold Le Druillenec, einem der wenigen Briten, die Bergen-Belsen überlebten. Siehe dazu auch Eberhard Kolb, *Bergen-Belsen. Geschichte des "Aufenthaltslagers" 1943-1945* (Hannover: Verlag für Literatur und Zeitgeschehen, 1962), bes. 157-185; Hagit Lavsky, "The Day After: Bergen-Belsen from Concentration Camp to the Centre of the Jewish Survivors in Germany", *German History* 11 (1993), bes. 39-46.

[82] Anfang der fünfziger Jahre wies Hannah Arendt darauf hin, dass es wichtig sei, "sich klarzumachen, daß alle Aufnahmen von Konzentrationslagern insofern irreführend sind, als sie Lager im letzten Stadium zeigen, im Moment des Einmarsches der alliierten Truppen [...] alle Vergasungsanlagen waren zu diesem Zeitpunkt bereits demontiert. Andererseits ist gerade das, was auf die Alliierten so empörend wirkte und das Grauen der Filme ausmacht, nämlich die zu Skeletten abgemagerten Menschen, für die deutschen Konzentrationslager nicht typisch gewesen. Vernichtungen wurden systematisch durch Gas, nicht durch Verhungern betrieben": Hannah Arendt, *Elemente und Ursprünge totaler Herrschaft,* von der Verfasserin übertragene und neubearbeitete Ausgabe, 3 Bde., Bd. 3: Totale Herrschaft (Frankfurt/M. et al: Ullstein, 1975), 219. Bereits vor Kriegsende waren Nachrichten über die Judenvernichtung nach England gedrungen: "This news coincided with a temporary increase in the reports of anti-semitic feeling at home.

concentration camps in the recent war are crimes that most Germans know less about than is known by people in the world outside Germany, just as the educated British are the most ignorant educated public in the world as regards conditions in India."[83] Auch Arthur Dickens beobachtete im ersten Monat der Besatzung in der britischen Zone, dass die deutsche Bevölkerung nicht ausreichend über die Konzentrationslager aufgeklärt wurde:

> I remember when, during my earlier stay in Western Germany, Belsen first came to light, how deeply we all felt that the publicity-machine should already be functioning while the news remained 'hot'. Until the last few days, those people in Krefeld can still have heard nothing beyond a mere rumour of Belsen! After over a month of occupation, I saw in that area only one effort at publicity – a cutting from an English paper which some soldier had pasted up in a window and which contained pictures of the concentration camps.[84]

Interessant in diesem Zusammenhang ist auch, dass der Film *Todesmühlen*, der ursprünglich die Deutschen mit den Gräueltaten in den Konzentrationslagern konfrontieren sollte, ab 1946 nicht mehr einem deutschen Publikum, sondern stattdessen den alliierten Soldaten vorgeführt wurde, bevor sie ihren Dienst in Deutschland aufnahmen.[85] Die Gründe dafür, "[d]aß dennoch hin und wieder Bücher, die auf deutsche Fehler und auf deutsche Schuld in der Vergangenheit verwiesen, auf den Auswahllisten für Deutschland auftauchten oder auch sog. 'Greuelfilme' über deutsche Konzentrationslager gezeigt wurden", sieht Gabriele Clemens unter anderem "in dem britischen Bemühen, Übereinstimmung mit den Alliierten zu erreichen." "Grundsatz britischer Politik aber blieb", so betont sie, "die deutsche Vergangenheit bzw. deren Aufarbeitung und damit auch das Kriegserlebnis nicht zum Gegenstand der kulturpolitischen Programme zu machen."[86]

Die Neuorientierung der Deutschen sollte sich, wie Clemens in ihrer Studie zur britischen Kulturpolitik in Deutschland herausarbeitet, "wenn auch nicht ausschließlich, so doch in erster Linie, auf Großbritannien hin" vollziehen,[87] womit sich die seit dem Ende des 19. Jahrhunderts und verstärkt seit den zwanziger und dreißiger Jahren des 20.

Although the Ministry's weekly home intelligence reports recorded strong feelings of indignation and horror at the news from the continent, no increase in sympathy with British Jews was apparent. […] Not altogether surprisingly, some people found the stories of concentration camp atrocities 'too horrible even for the Nazis.' Even the partial reports that did reach Britain therefore, were difficult for people to believe. The subject remained a difficult one to handle, by comparison with other tales of Nazi atrocities, and the Ministry steered clear of it throughout the war": Marion Yass, *This is your War. Home Front Propaganda in the Second World War* (London: Her Majesty's Stationery Office, 1983), 44f.

[83] Spender, EW, 164.

[84] Dickens, *Lübeck Diary*, 22-23.

[85] Culbert, "American Film Policy", 186.

[86] Clemens, *Britische Kulturpolitik in Deutschland*, 284.

[87] Ebd., 38.

Jahrhunderts vom Machtverlust bedrohte Nation Einfluss sichern wollte.[88] Für Großbritannien übernahm somit die Kulturpolitik die Funktion einer – von Kettenacker allgemein für die britische Politik nach dem 2. Weltkrieg festgestellten – "Machtersatzpolitik".[89] Als solche unterstützte sie den Versuch der Selbstvergewisserung Großbritanniens vor anderen und vor sich selbst – einen Prozess, der bereits in der Zwischenkriegszeit eingesetzt hatte.[90] Wie Clemens formuliert, "diente der Verweis auf britische Werte und Erfahrungen nicht nur dazu, den Anspruch auf Mitgestaltung der Nachkriegsordnung gegenüber den Verbündeten und Feindländern zu rechtfertigen, sondern auch vor sich selbst."[91] So brachten die kulturpolitischen Deutschlandplanungen, die Begegnung mit der deutschen Kultur und die Konkurrenz der zunehmend an Einfluss gewinnenden USA eine Reflexion über die eigene Lage und die eigenen Wertvorstellungen, die eigene kulturelle Identität und das eigene Kulturverständnis mit sich.[92] Es zeigt sich also auch hier, "*dass Debatten über Kultur Produkte von gesellschaftlichen Krisen sind*, stehen doch in ihnen nicht nur die Verfassung der Lebensweise, sondern auch die Selbstbilder, Normen und Werte, die sie regulieren, und die semiotischen Mittel, mit deren Hilfe eine Gesellschaft sich über sich selbst verständigt, auf dem Prüfstand."[93]

Die für Deutschland ausgearbeiteten Kulturprogramme zeugen von einem elitären Kulturverständnis,[94] in dem Matthew Arnolds Definition von Kultur als "the best which has been thought and said in the world"[95] und die von Arnold beeinflussten Schriften des Literaturwissenschaftlers und -kritikers F. R. Leavis, der einer Massenkultur das Ideal einer "cultural clerisy" gegenüberstellte,[96] nachzuwirken scheinen. Die mit den Planungsentwürfen für die Umerziehung betrauten leitenden britischen Beamten waren Mitglieder der englischen Führungsschicht, die ihre Bildung in *public schools* und anschließend an den alten Universitäten erfahren hatten,[97] und ihre Adressaten waren wiederum die deutschen Intellektuellen und Eliten, die als Multiplikatoren wirken sollten.[98] Die Kulturprogramme, so schreibt Clemens, "konzentrieren sich deshalb auf

[88] Ebd., 17, 32ff., 283ff.

[89] Ebd., 285. Mit 'Machtersatzpolitik' beschreibt Kettenacker die britischen Bemühungen, als Kompensation für ihren Machtverlust durch eine frühe Festlegung der Nachkriegspolitik und diplomatische Verhandlungen einen Einfluss auf die Nachkriegsordnung auszuüben: Kettenacker, "Die anglo-amerikanischen Planungen für die Kontrolle Deutschlands", 86f.

[90] Clemens, *Britische Kulturpolitik in Deutschland*, 289.

[91] Ebd.

[92] Ebd., 287ff.

[93] Jürgen Krämer, "Kulturwissenschaft: Anglistik/Amerikanistik", in: Klaus Stierstorfer, Laurenz Volkmann (Hgg.), *Kulturwissenschaft interdisziplinär* (Tübingen: Gunter Narr, 2005), 173-192, 173.

[94] Clemens, *Britische Kulturpolitik in Deutschland*, 31.

[95] Matthew Arnold, *Culture and Anarchy* (Cambridge: CUP, 1996) [1869], 6.

[96] Siehe F. R. Leavis, *Mass Civilisation and Minority Culture* (Cambridge: Minority, 1930).

[97] Clemens, *Britische Kulturpolitik in Deutschland*, 45.

[98] Der Adressatenkreis der *British Centres* war nicht, wie ursprünglich geplant, "the so-called man in the streets". Es waren vielmehr diejenigen Deutschen angesprochen, von denen man ausging,

die sog. 'Hochkultur' und vernachlässigen weitgehend den Unterhaltungssektor oder die sog. 'Massenkultur'."[99] Clemens definiert 'Kulturpolitik' für ihre Studie dementsprechend als "die Gesamtheit aller politischen Bestrebungen innerhalb eines Staates, vor allem als die Maßnahmen des Staates selbst, hinsichtlich der Bewahrung und Förderung [...] [der] 'schöngeistigen' Werke".[100]

Gemäß dem Kulturverständnis der mit der Deutschlandplanung befassten britischen Beamten wurde dem "klassischen bürgerlichen Medium 'Buch', das im Zeitalter der Massenkultur seine beherrschende Rolle eingebüßt hatte", eine wesentliche Rolle für die Umerziehung der Deutschen beigemessen.[101] Nach Einschätzung der zuständigen Briten kam dem Buch insbesondere in Deutschland eine herausragende Wirkung zu:

> Books have long played an important part in the life of Germans of all classes. Books have more influence in Germany than in the United States and in Germany they have more influence than newspapers and periodicals upon public opinion.[102]

Auf einer Konferenz im Juli 1945 über die Kontrolle von Publikationen verfocht R. H. Unwin von der Information Services Control Branch die These, dass das nationalsozialistische Gedankengut die Gesinnung und Politik der Deutschen maßgeblich über Bücher beeinflusst habe. Entsprechend erhoffte er sich von Büchern nun auch eine besondere Umerziehungsleistung:

> Nazism was thus the logical development of German philosophy and political thinking of the last 60 years. It was through books that the prevalent German ideas on nationalism, racialism, militarism etc. had been developed and eradication could only be effected through the medium of books.[103]

dass sie wiederum andere Deutsche beeinflussten: Mayring, "The Impact of British Occupation on Political Culture in Germany", 198.

[99] Clemens, *Britische Kulturpolitik in Deutschland*, 31.

[100] Ebd., 10.

[101] Ebd., 31.

[102] Zit. in: ebd., 67. Arthur Dickens stellte während seines Aufenthaltes in Lübeck 1945 fest: "The City Library, which contains 300,000 volumes, has re-opened and the local appetite for books now exceeds all previous records." Dickens, *Lübeck Diary*, 126.

[103] The National Archives (PRO), FO 1049/112, Notes on Publication Conference Held at HQ, ISC Branch, Bünde, 27.7.1945, zit. Clemens, *Britische Kulturpolitik in Deutschland*, 67. Clemens schreibt weiter: "Diese Einschätzung von der überragenden Wirkung von Büchern auf die Gesinnung und Politik der Deutschen war aber eher eine Projektion des eigenen Kulturverständnisses der britischen Beamten sowie Bestandteil der auf die Eliten zugeschnittenen Umerziehungspläne und entsprach kaum der Realität in Deutschland. Der Propagandaapparat des Dritten Reiches hatte sich vielmehr [...] auf die Medien Presse und Rundfunk konzentriert, und gerade diese Massenmedien, einschließlich des Films, hatten den größten Einfluß auf die Stimmung und Haltung der deutschen Bevölkerung in den dreißiger und vierziger Jahren ausgeübt" (ebd., 67). So war der erste regelmäßige Fernsehprogrammdienst der Welt 1935 in Berlin entstanden: Jochen Hörisch, *Einführung in die Medienwissenschaft. Entwicklungen und Theorien*, 2., überarb. Aufl. (Berlin: Erich Schmidt, 2003) [1998], 62.

Das durch Bücher vermittelte nationalsozialistische Gedankengut sollte also durch demokratische Ideen, die wiederum durch Bücher vermittelt wurden, ersetzt werden.[104] Bücher sollten somit die von Ashcroft, Griffiths und Tiffin für die Kolonialisierung beschriebene Funktion einnehmen, bei den Lesern Reformeifer mit Blick auf die vermittelten Werte zu bewirken.[105]

Zuständig für die Auswahl der Bücher für den deutschen Buchmarkt in der Britischen Zone war das vom Political Intelligence Department im Sommer 1945 ins Leben gerufene Book Selection Committee, deren Zusammensetzung sich im Laufe der Jahre mehrmals änderte.[106] Zu den Mitgliedern dieses Komitees zählten die Autoren Stephen Spender und Elizabeth Bowen, der Autor und Verleger Michael Sadleir, der Journalist Morgan Rees, der Leiter der Information Services Control Branch, Michael Balfour, und der Literaturkritiker und Herausgeber Alan Pryce-Jones.[107] Bis 1949 wählten sie in monatlichen Arbeitstreffen die zu Umerziehungszwecken einzusetzenden britischen Bücher aus.[108] Man war sich bewusst, dass auch die Amerikaner ein extensives Buchprogramm in Deutschland einsetzten, das wiederum zum Ziel hatte: "projecting the American story before the German reader in the most effective manner possible".[109]

Bei einem Vergleich der beiden Buchprogramme fällt auf, dass die Briten bei ihren Empfehlungen die Anschaffung von ca. 6-30 Exemplaren der von ihnen ausgewählten Bücher für Deutschland vorschlugen,[110] während eine entsprechende Liste der US Information Control Division von mehreren Tausend Exemplaren je vorgeschlagenem

[104] Um bei den Deutschen nicht auf Ablehnung zu stoßen, wurden die in der Literatur verbreiteten britischen Werte jedoch nicht wie in den Kolonien in Opposition zu "savage", "native" und "primitive" dargestellt: Siehe Clemens, *Britische Kulturpolitik in Deutschland*, 29f., 150, 284 und Kettenacker, *Krieg zur Friedenssicherung*, 369.

[105] Ashcroft, Griffiths, Tiffin, *The Empire Writes Back*, 3.

[106] Clemens, *Britische Kulturpolitik in Deutschland*, 149.

[107] Ebd., 149. Das erste Komitee bestand aus Michael Sadleir, A. L. Rowse, der 1937 ein Essay mit dem Titel "What is wrong with the Germans?" veröffentlicht hatte, und G. Rees, bei dem es sich vermutlich um Goronwy Rees handelt, der in den 30er Jahren durch Deutschland gereist war und nach dem Krieg Kafkas Gespräche mit Gustav Janouch und, zusammen mit Stephen Spender, Büchners *Dantons Tod* übersetzte. Siehe Rhys W. Williams, "'The Selections of the Committee are not in Accord with the Requirements of Germany': Contemporary English Literature and the Selected Book Scheme in the British Zone of Germany", in: Bance (Hg.), *The Cultural Legacy of the British Occupation in Germany*, 110-38, 111-12.

[108] Ab Februar 1947 war es deutschen Verlegern möglich, Bücherwünsche anzugeben, die dann entweder genehmigt oder abgelehnt wurden: Clemens, *Britische Kulturpolitik in Deutschland*, 149.

[109] Douglas Waples, Publications Section, OMGUS Information Control Division, "Publications for Germany: Agenda for Psychological Warfare Division and Office of War Information Conference", 14. April 1945, OMGUS/RG260/NARA, zit. Saunders, *The Cultural Cold War*, 22.

[110] The National Archives (PRO), FO 1050/1363: Libraries and Library Books. Book Selection Committee. From Commissioner's Office Hamburg, 13.1.1950, to British Centres Düsseldorf, Hannover, Hamburg, Kiel, Berlin, Subject: Book Selection Committee.

Titel ausging.[111] Bedenkt man, dass mit der Werbung für Großbritannien auch dem übermäßigen Einfluss der Amerikaner in Deutschland entgegengesteuert werden sollte,[112] verwundert es, dass nicht mehr Exemplare der ausgewählten Bücher in die Britische Zone geschickt wurden und man sich noch 1949 über "the appalling lack of English books in the British Zone of Germany" beschweren konnte.[113]

Die Richtlinien, nach denen das Komitee vorgehen sollte, wurden den Mitgliedern bei ihrem ersten Treffen am 17. Januar 1946 von R. H. Unwin (Information Services Control Branch) mitgeteilt.[114] Auch wenn Unwin betonte, dass die Bücher nicht nur für England und das Empire werben sollten,[115] zeigen die Ergebnisse der von Clemens durchgeführten Untersuchung des britischen Buchprogramms (bis Oktober 1947) doch, dass Literatur dann als geeignet galt, wenn sie Bewunderung für britische Wirtschaft und Gesellschaft, für britische Geschichte und Kultur erzeugte.[116] Empfohlen wurden etwa Biographien von Personen des öffentlichen oder kulturellen Lebens,[117] Romane von als herausragend eingeschätzten zeitgenössischen Schriftstellern,[118] Texte, die die Schönheit der britischen Landschaft hervorhoben oder Bewunderung für die britische Armee ausdrückten,[119] und zunehmend auch solche Texte, die Großbritannien als mo-

[111] Eine Liste vom 1.4.1948 der US Information Control Division, APO 742, kann in The National Archives (PRO), FO 1050/1363 eingesehen werden. Zu den dort aufgeführten Titeln, die sämtlich auch in deutscher Übersetzung vorlagen, gehören: Joseph Beach, *American Fiction* (*Amerikanische Prosadichtung*) (Paul Pattloch, Aschaffenburg); Alvin H. Hansen, *America's Role in the World* (*Die Rolle Amerikas in der Weltpolitik*, Limes Verlag, Wiesbaden), Clarence Hylander, *American Inventors* (*Amerikanische Erfinder*) (Hanser, München), Merle Curti, *Growth of American Thought* (*Das Amerikanische Geistesleben von dem Anfang bis zur Gegenwart*, E. Klett, Stuttgart), Ralph Barton Perry, *Puritanism and Democracy* (Amerikanische Ideale) (Carl Verlag Nürnberg).

[112] Clemens, *Britische Kulturpolitik in Deutschland*, 285-86.

[113] The National Archives (PRO), British Council, Registered Files, Germany: BW 32/7: Germany – Books. General Correspondence, 15.11.1949, internal correspondence sheet. Für die Bücher für Deutschland war 1949 noch das Foreign Office verantwortlich.

[114] Williams, "The Selections of the Committee", 113f. Das Book Selection Committee schlug Titel vor, die dann vom Control Office genehmigt werden mussten, um dann einem deutschen Verlag angeboten zu werden: ebd., 115.

[115] Ebd., 113.

[116] Siehe Clemens, *Britische Kulturpolitik in Deutschland*, 154. Politische Themen sollten ausgelassen werden, so dass Autoren wie Spender, MacNeice und Day Lewis ausgeklammert wurden: Williams, "The Selections of the Committee", 121-122.

[117] Clemens, *Britische Kulturpolitik in Deutschland*, 157. Dazu zählten Biographien englischer Persönlichkeiten wie Edmund Charles Blundens Shelley-Biographie (1946) und Francis Birrells Gladstone-Biographie (1933).

[118] Ebd., 157. Hierzu zählten etwa Evelyn Waugh, *Brideshead Revisited* (1945) und *When the Going was Good* (1946) und Elizabeth Bowen, *House in Paris* (1935) und *The Demon Lover* (1945). Die Werke einiger Autoren wurden nicht ausgewählt, weil sie bereits in den zwanziger und dreißiger Jahren in Deutschland publiziert worden waren (dies betraf etwa James Joyce) oder weil die Schweiz die deutschen Veröffentlichungsrechte besaß: Ebd.

[119] Ebd., 156. Hierzu zählten etwa Frank Fraser Darling, *Island Years* (1940) und *Island Farm* (1943) sowie Cecil Scott Foresters *The Ship* (1943).

derne Nation darstellten, die gut ausgerüstet sei, um die Herausforderungen der Zukunft zu meistern.[120] Wie bereits in der vom British Council in den 1930er Jahren betriebenen Kulturpropaganda überwogen auch nach dem Krieg positive Darstellungen Großbritanniens gegenüber kritischen Darstellungen anderer Staaten.[121]

Über ihre in diesen ideologisch gefärbten Kanon einbezogenen Schriften waren britische Literaten an der Umerziehung der Deutschen beteiligt. Darüber hinaus kam einigen von ihnen auch durch ihre Mitgliedschaft im Book Selection Committee, in ihrer Funktion als *library officers*, die Bücher für die Öffentlichkeit auszuwählen und andere zu verbieten hatten, durch ihre Befragung von Deutschen oder durch ihre Vorträge über Literatur und Kultur bewusst oder indirekt Autorität ("a disguised form of authority"[122]) zu. Von großer Bedeutung ist in diesem Zusammenhang die mit einigen dieser Aufgabenbereiche einhergehende Aufhebung des Fraternisierungsverbots.[123] Zu

[120] Ebd., 283. Hierzu zählte etwa John B. Brebner und Allan Nevin, *The Making of Modern Britain* (1943). Siehe zum Buchprogramm ausführlich Clemens, *Britische Kulturpolitik in Deutschland*, 151-59 und Williams, "The Selections of the Committee", 115-16. Dennoch warfen die Verleger Desmond Flower (Cassell) und Mervyn Horder (Duckworth), die im Februar 1947 die britische Zone besuchten, dem Book Selection Committee vor, dass in den von ihnen ausgewählten Büchern "much of the English life described [...] is as remote from affairs today as the elections in Pickwick are from modern practice." Sie raten: "Readers [...] will learn more from a group of unpretentious but well-written novels than they would from any number of political books (which they would not read and would not understand if they did) [...] The general reader frankly longs for escapist literature and if his want is met with good *English* escapist literature he is going to conceive a warmness for this country which no amount of direct propaganda can engender." Zit. Williams, "The Selections of the Committee", 117.

[121] Clemens, *Britische Kulturpolitik in Deutschland*, 29. Taylor definiert Propaganda als "an attempt to influence the attitudes of a specific audience, through the use of facts, fiction, arguments or suggestion – often supported by the suppression of inconsistent material – with the calculated purpose of instilling in the recipient certain beliefs, values or convictions which will serve the interests of the author, usually by producing a desired line of action.": Taylor, *Projection*, 4f. Der Erfolg von Penguin, die 'paperback revolution' und neue Formen von 'group reading', wie Victor Gollancz' 'Left Book Club' in den 30er Jahren, steuerten dazu bei, so Valerie Holman, dass die Buchproduktion bei Kriegsausbruch für die Regierung an Bedeutung gewann: "In 1934 the British Council became one of the first semiofficial bodies to occupy this unmarked territory, where it was charged with the specifically cultural aspects of the Foreign Office. Rex Leeper, Head of the Foreign Office News Department, was instrumental in the foundation of the Council, which he saw as a blueprint for future organizations." Holman, "Carefully Concealed Connections", 198-199 (Zitat 199). Das Ministry of Information (MOI) wurde am 5. September 1939 gegründet. Zur Propaganda während des Krieges und das MOI siehe ebd., 203-21.

[122] Viswanathan, *Masks of Conquest*, 10.

[123] Das Fraternisierungsverbot, das Montgomery im März 1945 in Form eines *Letter by the Commander-in-Chief on Non-Fraternisation* ausgesprochen hatte (Meehan, *A Strange Enemy People*, 40) wurde am 14.6.1945 gemildert (Gespräche mit kleinen Kindern waren nun erlaubt); ab 1.7. durften Soldaten auch mit Erwachsenen sprechen, doch nicht zu privaten Zwecken ihre Wohnungen betreten. Offiziell wurde die Vorschrift im September aufgehoben. Siehe Pingel, "Verborgener Nazismus", 200 Anm. 2. Das Fraternisierungsverbot war ursprünglich aus folgendem Grund

Beginn der Besatzungszeit waren Literaten, die etwa (wie Spender[124]) mit der Befragung von Deutschen betraut waren, oft die einzigen Engländer, mit denen die Deutschen zu Beginn der Besatzungszeit sprechen durften und die umgekehrt meinungsbildend wirken konnten.

ausgesprochen worden: "partly as a security measure but mainly to impress on the German and Austrian populations a) their responsibilty for the war which has brought them to their present straits; b) what other countries think of their past conduct; and c) as a deterrent for the future that war does not pay." War Office (Secretary of State) to Field Marshal Montgomery, 9. Juli 1945, The National Archives (PRO), FO 371/46733, zit. Schulze, "British Military Government and the German Population", 72. Es zeigte sich jedoch bald, dass das Fraternisierungs-Verbot den Richtlinien der britischen Besatzungspolitik entgegenlief: "the policies of 'indirect rule' and of 're-education'" (ebd., 73). Siehe dazu weiter Ulrich Schneider, "Nach dem Sieg: Besatzungspolitik und Militärregierung 1945", in: Josef Foschepoth und Rolf Steininger (Hgg.), *Britische Deutschland- und Besatzungspolitik 1945-1949* (Paderborn: Schöningh, 1985), bes. 57-62. Ernst-Robert Curtius und seine Frau erwähnten Spender gegenüber, dass das Fraternisierungsverbot einer Beeinflussung der Deutschen im Wege stehe: Spender, *European Witness*, 403. Das Fraternisierungs-Verbot wurde auch vor dessen Aufhebung schon bald nicht mehr eingehalten. Schulze, "British Military Government and the German Population" (73); "in occupied Germany the reality of British-German relations, especially on the local, the *Stadtkreis* and *Landkreis* levels, was always a few steps ahead of the official regulations and instructions" (ebd., 74). Zum Fraternisierungsverbot in der US-Zone vgl. Perry Biddiscombe, "Dangerous Liaisons: The Anti-Fraternization Movement in the U.S. Occupation Zone of Germany and Austria, 1945-1948", *Journal of Social History* 34 (2001), 611-47.

124 Spender besaß ein offizielles Dokument, das ihm Gespräche mit der deutschen Zivilbevölkerung gestattete: "Brigadier W- gave me a document stating *to those whom it might concern* that I might speak freely with German civilians in pursuance of my duties (this was in the days of non-fraternization)": Spender, EW, 11.

I.3 Beweggründe für das Engagement britischer Literaten

I.3.1 Deutschlanderfahrungen zwischen den Weltkriegen

Für die Rekrutierung von Literaten und die Instrumentalisierung von Literatur durch die Kontrollkommission sprachen nicht zuletzt auch die Erfahrungen der britischen Literaten. Denn im Gegensatz zu vielen ihrer Landsleute in der britischen Besatzungsmacht, die in ein Land kamen, über das sie nichts wussten und dessen Sprache sie nicht mächtig waren,[1] hatten viele Literaten bereits vor dem Krieg Kontakt zu Deutschland, verfügten über deutsche Sprachkenntnisse und waren mit der deutschen Kultur vertraut. So empfahl sich ein Schriftsteller wie Stephen Spender, der über Deutschkenntnisse verfügte, der Schiller, Rilke, Büchner und Wedekind übersetzt hatte[2] und der mehrfach in Deutschland gewesen war, der Alliierten Kontrollkommission für den Dienst in Deutschland. Aufgrund seiner Deutschlanderfahrung und Deutschkenntnisse wurde auch W. H. Auden für den Einsatz im besetzten Deutschland ausgewählt.[3] Seinem Freund James Stern, dessen Interesse am Dienst in Deutschland er weckte, nannte er als notwendige Qualifikationen: "I think you are supposed to have spent some time in Germany, and to have some knowledge of the language – that seems to be about all."[4] Diesen Anforderungen entsprach Stern, der vor dem Krieg in Frankfurt und Berlin gelebt hatte und nun ebenfalls im Auftrag der Amerikaner nach Deutschland ging.[5] Auch Vera Brittain, die im Sommer 1947 im Auftrag der Kontrollkommission zu einer Vortragsreise nach Deutschland aufbrach, hatte Deutschland bereits vor dem Krieg

[1] So heißt es in *Germany. The British Soldier's Pocketbook*: "you are about to meet a STRANGE PEOPLE IN A STRANGE ENEMY COUNTRY" (5, Hervorhebung im Original). Siehe dazu ausführlich Kapitel II.1.1 dieser Arbeit. Meehan betont, dass es eine größere Anzahl offener Stellen in der Control Commission gab als prospektive Kandidaten. So war die Kontrollkommission anfangs ein "refuge for the rootless and the insecure": ebd., 52. Eine Ausnahme waren die Education Officers, die zumeist bereits vor dem Krieg in Deutschland gewesen waren und die die deutsche Sprache beherrschten und mit der Kultur und Geschichte vertraut waren: ebd., 159.

[2] Zu Spender als Übersetzer siehe Isherwood, "German Literature in England"; Sigurds Dzenitis, *Die Rezeption deutscher Literatur in England durch Wystan Hugh Auden, Stephen Spender und Christopher Isherwood* (Hamburg: Hartmut Lüdke Verlag, 1972) und Peter Demetz, "Englische Spiegelungen Rilkes", *Orbis Litterarum* 11 (1956), 18-30.

[3] Im März 1945 rief Auden James Stern, den er 1937 in Paris kennengelernt hatte, in New York an und erwähnte ihm gegenüber, dass er wahrscheinlich nach Deutschland ginge. Siehe James Stern, "The indispensible presence", in: Stephen Spender (Hg.), *W. H. Auden. A Tribute*, Nachdr. (London: Weidenfeld & Nicolson, 1975) [1974], 123-27, 125.

[4] Stern, *Hidden Damage*, 5. Siehe dazu auch Carpenter, *Auden*, 333.

[5] Auch Stern nennt Audens und seine Deutschkenntnisse in diesem Zusammenhang: "we spoke German – a fact which inspired endless discussion, translation, collaboration, not to mention hilarity, and led to Wystan and myself being sent to Germany in the spring of 1945": Stern, "The indispensable presence"; siehe auch ders., *Hidden Damage*, 4-5 und Stephen Spenders "Introduction" zur Neuauflage von James Stern, *The Hidden Damage* (London: Chelsea Press, 1990) [Harcourt Brace, 1947], vii-xi, vii.

besucht (1924 und 1936),[6] und Goronwy Rees, der von April bis September 1945 als *Senior Intelligence Officer* für die *Political Division* in der britischen Besatzungszone tätig war, war vor dem Krieg längere Zeit in Deutschland gewesen.[7]

Griffen die mit der Deutschlandplanung befassten Beamten auf koloniale Muster und Strukturen zurück, um die Probleme der Gegenwart zu deuten und Perspektiven für die Zukunft zu gewinnen, erklärt sich das oft außergewöhnliche Engagement britischer Literaten in Nachkriegsdeutschland in gewissem Maße aus den Erfahrungen, die sie vor dem Krieg mit Deutschland gemacht hatten.[8] Denn einige der an der Besatzung und Umerziehung partizipierenden Literaten waren durch ihre Deutschlandaufenthalte vor 1933 stark beeinflusst und fühlten sich innerlich mit dem Deutschland der ausgehenden Weimarer Republik verbunden. Ihre damals gemachten Erfahrungen beeinflussten maßgeblich ihre Wahrnehmung des zerstörten Landes, in das sie nach dem 2. Weltkrieg im Auftrag der Kontrollkommission zurückkehrten, und ihre Vorstellungen, was die Zukunft Deutschlands anging.

Der britische Dichter Louis MacNeice (1907-1963) erinnert sich in seiner unvollendet gebliebenen, posthum veröffentlichten Autobiographie daran, dass er 1929 als einer der wenigen aus seinem alten Freundeskreis in England geblieben war: "I saw very few of my old friends. Auden and Spender were both in Germany building up their new Weltanschauung, John Hilton was in Germany learning to be an architect in the functional manner of Gropius".[9] Als Zufluchtsort für junge englische Künstler hatte das Deutschland der ausgehenden Weimarer Republik Frankreich abgelöst. "We went to Germany", schreibt Stephen Spender: "they went to France".[10] Deutschland bot ihnen künstlerische Anregungen und die ersehnte persönliche Freiheit, die sie in England, wo künstlerische Werke der Zensur ausgesetzt waren und wo gegen Homosexuelle rigoros vorgegangen wurde, vermissten.[11] Spender erinnert sich:

[6] Brittain, *Testament of Experience*, 420f., 427.

[7] Siehe: Goronwy Rees, *A Bundle of Sensations. Sketches in Autobiography* (London: Chatto & Windus, 1960), 36-62 und 173-203 und ders., "Berlin in the Twenties", in: *Brief Encounters* (London: Chatto & Windus, 1974), 176-180.

[8] Spender schreibt über James Stern: "James Stern knew Germany well before the war, and when he returned to Europe as an American Intelligence Officer after V.E. Day, he was greatly interested in the fate of the country and its people after Hitler." Spender, "Introduction" to *Hidden Damage*, vii.

[9] Louis MacNeice, *The Strings are False. An Unfinished Autobiography* (London/Boston: Faber and Faber, 1965), 133.

[10] Darin unterschied sich in seinen Augen seine Generation vom Bloomsbury Cycle: Peter Bellis, "Stephen Spender", *Images. Daily Texan* vom 13. März 1978, 10.

[11] Stephen Spender, "Looking back in 1994. A New Introduction to *World Within World*", in: ders., *World Within World* (New York: St. Martin's Press, 1994) [1951], vii-xx, ix. Siehe auch Götz Schmitz, "'Deepest Friendship' – Ernst Robert Curtius und Stephen Spender. Zur Entwicklung einer Intellektuellenfreundschaft in den dreißiger und vierziger Jahren", in: Wolf-Dietrich Lange (Hg.), *"In Ihnen begegnet sich das Abendland." Bonner Vorträge zur Erinnerung an Ernst Robert Curtius* (Bonn: Bouvier, 1990), 257-78, 263. Unter Innenminister Sir William Johnson-Hicks war die Zensur erheblich verschärft worden: Sutherland, *Stephen Spender*, 89. Zur Zensur in England siehe auch Damian Grant, "D. H. Lawrence: a suitable case for censorship", in: Paul

> For many of my friends and for myself, Germany seemed a paradise where there were no censorship and young Germans enjoyed extraordinary freedom in their lives. By contrast England was the country where James Joyce's *Ulysses* was banned, as was also Radclyffe Hall's *The Well of Loneliness* – a novel about a lesbian relationship. England was where the police, at the order of Mr Mead, a London magistrate, took down from the walls of the Warren Gallery pictures from an exhibition of D. H. Lawrence's paintings. Censorship, more than anything else, created in the minds of young English writers an image of their country as one to get away from: much as, in the early Twenties, Prohibition resulted in young Americans like Hemingway and Scott Fitzgerald leaving America and going to France or Spain. For them, drink; for us, sex.[12]

Das Deutschland der Weimarer Republik galt als "land of freedom",[13] Berlin als "sexual Mecca",[14] und der Ruch des Lasterhaften machte diese Stadt für viele junge englische Intellektuelle, die sich in ihrem eigenen Land durch bürgerliche Moralvorstellungen eingeengt fühlten, attraktiv.[15] Schillernde Berichte englischer Deutschlandreisender trugen – der Schilderung Goronwy Rees zufolge – dazu bei, dass das Deutschland der Weimarer Republik den 'Daheimgebliebenen' als Inbegriff von Freiheit und Freizügigkeit erschien:

> Ever since the inflation young Englishmen had visited Germany in greater and greater numbers, and they returned to us to Oxford with wonderful travellers' tales of this land of freedom and, even better, licence; [...] where morals had been discarded as a bourgeois prejudice; where sex was permitted, indeed encouraged, to take any form it chose, however eccentric; where nightclub tables were decorated with phalli made of marzipan [...].[16]

Hyland, Neil Sammells (eds.), *Writing & Censorship in Britain* (London, New York: Routledge, 1992), 200-218.

[12] Spender, *Temple*, x. Radclyffe Halls Roman *The Well of Loneliness* war 1928 von Jonathan Cape publiziert worden. Zur Zensur des Romans siehe ausführlich Katrina Rolley, "The treatment of homosexuality and The Well of Loneliness", in: Hyland, Sammells (eds.), *Writing & Censorship in Britain*), 219-231.

[13] Rees, *A Bundle of Sensations*, 35.

[14] John J. White, "Sexual Mecca, Nazi Metropolis, City of Doom. The Pattern of English, Irish and American Reactions to the Berlin of the Inter-War Years", in: Derek Glass, Dietmar Rösler, John J. White (Hgg.), *Berlin. Literary Images of a City. Eine Großstadt im Spiegel der Literatur* (Berlin: Erich Schmidt Verlag, 1989), 124-145, 128.

[15] Spender schreibt über Auden in diesem Zusammenhang: "The impression made by the Weimar Republic is already to be felt in his [Auden's] early poems. It is on the one hand of a society disintegrating 'in the explosion of mania'; but on the other the Weimar Republic also meant youth, nakedness, lack of inhibitions, pleasure – everything which England banned." Stephen Spender, "W. H. Auden and His Poetry", in: Monroe K. Spears (Hg.), *Auden. A Collection of Critical Essays* (Eaglewood Cliffs, N.J.: Prentice-Hall, 1964), 26-38, 31.

[16] Rees, *A Bundle of Sensations*, 35-36. Zu Rees' Aufenthalt in Deutschland siehe ebd., 37-62.

Als Audens Eltern ihm nach Abschluss seines Studiums die Finanzierung eines einjährigen Auslandsaufenthaltes anboten, wählte er Deutschland;[17] im Herbst 1928 traf er in Berlin ein. "Is Berlin very wicked?", wollte Auden von David Ayerst wissen, als er ihm seine Entscheidung, nach Deutschland zu gehen, mitteilte.[18] Insbesondere die etwa von Robert Graves und Alan Hodge in *The Long Weekend* (1941) beschriebene 'öffentlich praktizierte Homosexualität' im Berlin der zwanziger Jahre[19] übte eine starke Faszination auf die jungen Literaten aus: "Germany land of the free!"[20] "Berlin meant

[17] Auden erläuterte seine Wahl wie folgt: "The first personal choice I can remember making was my decision, when my father offered me a year abroad after going down from Oxford, to spend it in Berlin. I knew no German and no German literature, but I felt out of sympathy with French culture, partly by temperament and partly in revolt against the generation of intellectuals preceding mine, which was strongly francophile": *The New Yorker*, 3. April 1965, 190. An Berlin reizte ihn, dass die Stadt in seinen Augen Neuland für Intellektuelle war: "For the generations of intellectuals preceding mine, the only culture that counted was French culture. I was bored with hearing about it, and, therefore determined that, wherever I might go, it would not be to Paris. Where then? Rome? No; Mussolini and Fascism made that impossible. Berlin? That was an idea! Why not? I knew no German and hardly any German literature, but, then, nobody else I knew did either. Berlin was an unexplored city and might turn out to be fun.": *Encounter*, Januar 1936. Zu Audens Darstellung Berlins als "unexplored city" siehe ausführlich Peter Edgerly Firchow, *Strange Meetings. Anglo-German Literary Encounters from 1910 to 1960* (Washington, D.C.: The Catholic University of America Press, 2008), 101-111. Auden war auch von der deutschen Sprache fasziniert (Auden, *The Dyer's Hand and Other Essays* [New York: Random House, 1962], 8 und 11), wohingegen ihm die französische Sprache, so schreibt James Stern, missfiel: Stern, "The indispensable presence", 125.

[18] Zit. Carpenter, *Auden*, 84. Istvan Deak beschreibt das Leben in den zwanziger Jahren in Berlin wie folgt: "Berlin harboured those who elsewhere might have been subjected to ridicule or persecution. Comintern agents, Dadaist poets, expressionist painters, anarchist philosophers, *Sexualwissenschaftler*, vegetarian and Esperantist prophets of a new humanity, *Schnorrer* ("freeloaders"-artists of coffeehouse indolence), courtesans, homosexuals, drug addicts, naked dancers, and apostles of nudist self-liberation, black marketeers, embezzlers, and professional criminals flourished in a city which was hungry for the new, the sensational and the extreme." Istvan Deak, *Weimar Germany's Left-Wing Intellectuals* (Berkeley: U of California P, 1968), 14f. In seinem Gedicht "Letter to Lord Byron" verweist Auden auch auf den Einfluss des Anthropologen Layard, eines Schüler Homer Lanes, der die Theorie vom seelischen Ursprung aller Krankheiten vertrat: "Three years passed quickly while the Isis went / Down to the sea for better or for worse; / Then to Berlin, not Carthage, I was sent / With money from my parents in my purse, / And ceased to see the world in terms of verse. / I met a chap called Layard and he fed / New doctrines into my receptive head.": Auden, *Collected Longer Poems* (London: Faber and Faber, 1968), 74. Siehe dazu Spears, *The Poetry of W. H. Auden*, 74.

[19] *The Long Weekend. A Social History of Great Britain 1918-1939* (London: Abacus, 1995) [1940], 101.

[20] Ebd.

boys", schrieb Christopher Isherwood,[21] und die Stadt bedeutete auch für Auden "a bugger's daydream".[22]

Isherwood, der Deutschland bereits 1928 besucht hatte, folgte Auden 1929 nach Berlin, wo er, statt sich auf sein Medizinstudium in Cambridge vorzubereiten, an seinen "Berlin Stories" arbeite.[23] Seine Motivation war keineswegs "to learn German", wie der Erzähler mit Namen 'Isherwood' in seinem Roman *Goodbye to Berlin* (1939) vorgibt,[24] sondern vielmehr die Aura des Lasterhaften, die Berlin zu dieser Zeit in seinen Augen hatte:

> When I came to Germany in 1929 I was twenty-four years old and in many respects very immature for my age. One of my chief motives for wanting to visit Berlin was that an elderly relative had warned me against it, saying that it was the vilest place since Sodom. For months I had been daydreaming of it as unrealistically as a child dreams of the jungle; he hopes to meet tigers and pythons there, but doesn't expect them to hurt him.[25]

Auch auf den Ich-Erzähler seines Romans *Down There on a Visit* (1962) verfehlen die Schilderungen Berlins ihre abschreckende Wirkung. Von einem gewissen Mr. Lancaster erfährt Christopher von den "evil things abroad in the world". Hamburg werde in zehn Jahren eine Stadt sein, die man mit seiner Mutter, seiner Ehefrau oder "any pure woman" nicht werde besuchen können: "It will be – I don't say worse, because that would be impossible – but as bad – as bad as Berlin!" Doch genau dieser Ruf der Sittenlosigkeit, der Berlin anlastet, fasziniert Christopher und führt ihn zu der

[21] Christopher Isherwood, *Christopher and his Kind* (London: Eyre Methuen, 1977), 10.

[22] "There are 170 male brothels under police control. I could say a lot about my boy, a cross between a rugger hearty and Josephine Baker. We should make D. H. Lawrence look rather blue. I am a mass of bruises": "Letter to Bill McElwee's unidentified fiancée", zit. Carpenter, *Auden*, 90.

[23] Siehe Christopher Isherwood, "The Berlin Stories", in: *Isherwood on Writing*, hg. von James J. Berg (Minniapolis/London: University of Minnesota Press, 2007), 161-172, 161.

[24] Christopher Isherwood, *Goodbye to Berlin* [1939] (Harmondsworth: Penguin, 1958), 154.

[25] Christopher Isherwood, *Exhumations. Stories, articles, verses* (London: Methuen, 1966), 86. Bei dem Verwandten handelte es sich um Basil Fry: Page, *Auden and Isherwood*, 35. Auch das große Interesse der englischen Nachkriegsgeneration an der deutschen Literatur sieht er als Reaktion der Jugend auf die ablehnende Haltung der älteren Generation den Deutschen gegenüber – als "an essential part of the great youth-revolt of the twenties, whose slogan was: 'What the Old Man says is always wrong.' The 'Old Man' (our parents, our elders, our schoolmasters) had said that the Germans were ravening beasts, without culture and without art. Very well – that proved that the Germans were the most cultured and artistic nation in Europe. We should have felt the same way, under different circumstances, about the Letts, the Basques, or the Albanians": Christopher Isherwood, "German Literature in England", *The New Republic*, 5. April 1939, 254-55, 254. Zu Isherwood und Deutschland siehe ausführlich J. Hamard, "Christopher Isherwood et l'Allemagne. Un Itinéraire Spirituel", *Revue de Littérature Comparée* 45 (1971), 514-540 und, zu seiner Darstellung des Deutschlands der Zwischenkriegsjahre, Francis King, *Christopher Isherwood*, Writers & their Work, 240 (Harlow: Longman, 1976), 7-10.

Entscheidung, diese Stadt so bald wie möglich selbst kennenzulernen und sich dort niederzulassen:

> 'Is Berlin so bad?' I asked, trying not to sound too interested. 'Christopher – in the whole of the Tantras, in the carvings of the Black Pagoda, in the Japanese brothel pictures, in the vilest perversions of the Oriental mind, you couldn't find anything more nauseating than what goes on there, quite openly, every day. That city is doomed. Those people don't even realize how low they have sunk. Evil doesn't know itself there. The most terrible of all devils rules – the devil without a face. You've led a sheltered life, Christopher. Thank God for it. You could never imagine such things.' 'No – I'm sure I couldn't'; I said meekly, and then and there made a decision – one that was to have a very important effect on the rest of my life. I decided that, no matter how, I would go to Berlin just as soon as ever I could and that I would stay there for a long, long time.[26]

Deutschland bedeutete für Isherwood einen Ausbruch aus allen bürgerlichen englischen Zwängen: "His hatred", schreibt Stephen Spender, "was for English middle-class life. He spoke of Germany as the country where all the obstructions and complexities of this life were cut through."[27]

Spender selbst, der 1929 bereits seine Sommersemesterferien in Hamburg verbracht hatte,[28] hielt sich zwischen 1930 und 1932 jeweils die Hälfte eines Jahres in Deutschland auf. Sein Interesse an Deutschland war durch seine Herkunft mitbedingt: Seine Großmutter, Hilda Schuster, war deutsch-jüdischer Abstammung, und von ihr hatte Spender bereits viel über Deutschland erfahren.[29] Deutschland erschien dem jungen Spender als ein Land, in dem aus den Ruinen des ersten Weltkrieges Neues entstehen könne. In seinen Augen hatte die deutsche Jugend nach Kriegsende die Chance ergriffen, die bürgerlichen Werte, die England erstarren ließen, abzustreifen und nach geistiger Erneuerung zu streben ("Everything was 'new'";[30] "people [...] seemed naked in body and soul"[31]). Diese Erneuerung, die Auden 1929 in seinem Gedicht "Sir, no man's enemy" hervorhebt: "Look shining at, / New styles of architecture, a change of

[26] Isherwood, *Down There on a Visit* (London 1985), 26f.

[27] Spender, *World Within World*, 104.

[28] Spender war von einem deutsch-jüdischen Oxforder Bekannten, Eric Alport, der sich in Spender verliebt hatte, nach Hamburg eingeladen worden. In seiner Autobiographie *World Within World* nennt Spender ihn Dr. Jessel, in *The Temple* Dr. Ernst Stockmann. Frankreich reizte den jungen Spender hingegen nicht; dort hatte er als Schüler schlechte Erfahrungen gemacht.

[29] David Leeming, *Stephen Spender: A Life in Modernism* (London: Duckworth, 1999), 41. Hilda Schuster übte Spenders eigener Aussage nach einen bedeutenden Einfluss auf ihn aus. Siehe John Sutherland, *Stephen Spender. The Authorized Biography* (London: Viking, 2004), 53. Aufgrund seiner deutschen Großmutter wurde Spender am Ende des Ersten Weltkriegs in der Schule als "Hun" behandelt: "they always called, and treated us, as Huns.": Spender, "Day Boy".

[30] Spender, *World Within World*, 108.

[31] Ebd.

heart",[32] beeindruckte die jungen englischen Künstler: "The change of heart", so schreibt Spender, "was what impressed us about the new Germany. It was a psychological as well as an architectural change."[33] Der Dichter und Verleger John Lehmann beschreibt die Anziehungskraft, die Deutschland in den zwanziger Jahren auf Stephen Spender ausübte, wie folgt:

> In his view Germany, because of defeat and ruin, had escaped from the mortal sickness of Western civilization, and there youth had started to live again, free of the shackles of the past, a life without inhibition, inspired by hope, natural humanity and brotherhood in the springs of being. In England we were chained still by guilt, ossifying bourgeois conventions, and philistinism. If only I came out to Germany I would see the beginnings of the new world myself.[34]

Hoffnung und Aufbruchstimmung fand Spender vor allem in den Vorstellungen der Wandervogelbewegung und den damit verbundenen exaltierten Freundschaftsidealen,[35] dem Licht- und Körperkult, dem Vitalismus: "their aims were simply to live from day to day, and to enjoy to the utmost everything that was free: sun, water, friendship, their bodies."[36] Mit dem Titel seines ersten Romans von 1929, *The Temple*, verweist Spender auf den von ihm in Deutschland beobachteten Körperkult; am 10. August 1929 schreibt er an Edward Garnett: "I am working at another novel now. […] It is going to be called The Temple, because Christ spoke of the Temple of his body, and about the German Youth Movement."[37] Der Fotograf Herbert List und dessen Freundeskreis verkörperten

[32] W. H. Auden, "Sir, no man's enemy" [1929], in: *The English Auden. Poems, Essays and Dramatic Writings 1927-1939*, hg. von Edward Mendelson (London: Faber and Faber, 1977), 36.
[33] Stephen Spender, "Introduction" zu Günter Metken, *Herbert List. Photographs 1930-1970* (London: Thames and Hudson, 1981); übers. von Ingeborg von Zitzewitz, *Herbert List: Fotografia Metafisica* (München: Schirmer/Mosel, 1980), 7-12, 7.
[34] John Lehmann, *In My Own Time* (Boston: Little, 1969), 116. Siehe auch Richard R. Bozorth, *Auden's Games of Knowledge. Poetry and the Meanings of Homosexuality* (New York: Columbia UP, 2001), 84-85, 85. Lehmann reiste schließlich 1932 nach Deutschland und traf Spender auf Rügen: Dzenitis, *Die Rezeption deutscher Literatur in England*, 16. Wie Spender hatte auch Lehmann deutsche Vorfahren und litt während der Kriegsjahre stark darunter: Lehmann, *In My Own Time*.
[35] Siehe dazu Spender, "September Journal", in: Spender, *Thirties and After*, 106. Zu Spenders früher Dichtung, die diesen Freundschafts- und Körperkult einfängt, siehe Schmitz, "'Deepest Friendship' – Ernst Robert Curtius und Stephen Spender", 266-268. Auch Isherwood schreibt von der Faszination der Wandervogelbewegung in den frühen zwanziger Jahren: "During the early twenties, […] [w]e read of the youth movements, the *Wandervögel*. The Punch-cartoon nightmare of the Blood-Drinking Hun faded from our minds. The New Germany was represented by a charming blond girl or boy, who strode, with open-necked shirt, harmlessly singing through the Black Forest." Isherwood, "German Literature in England", 254.
[36] Spender, *World Within World*, 107. Ähnlich schreibt Isherwood: "Germany was then preeminently the country of the wandervogel movement, of nudism, hiking-trips, leather-shorts, accordions and free love." Isherwood, *Exhumations*, 61.
[37] HRC, E Garnett Collection, B108:55.

für Spender all das, was am neuen Deutschland frei, aufgeschlossen und dem Neuen zugewandt war. List und sein Freundeskreis waren für Spender ‘Kinder der Sonne’:[38]

> Herbert was at that time the centre of a group of friends who represented to me all that was freest, most open-minded, most consciously new about the new Germany. They were Children of the Sun. To them, far more important than politics, business, self-promotion, was ‘life’. ‘Life’ consisted of friendship, free love, the cultivation of their own bodies, nature and the sun.[39]

[38] *Kinder der Sonne* lautet auch der Titel einer Tragikomödie Maxim Gorkis (entstanden 1892, uraufgeführt 1905), in der der Experimentalchemiker Protassow, der versucht, synthetisches Eiweiß zur Erschaffung eines Homunculus herzustellen, mehrfach auf die lebensspendende Kraft der Sonne, die als Quelle des Lebens alle Menschen vereint, verweist: “Aber wir, wir, die Menschen, die Kinder der Sonne, dieser hellen Lebensquelle entsprossen, von der Sonne gezeugt, wir werden den schwarzen Schrecken des Todes überwinden! Wir – sind Kinder der Sonne! Die Sonne brennt in unserem Blut, sie erweckt in uns feurige, stolze Gedanken, sie durchleuchtet die Finsternis unserer Zweifel. Die Sonne – ist ein Ozean der Energie – der Schönheit, der seelenberauschenden Freude!” Maxim Gorki, *Kinder der Sonne*, übersetzt von Alexander von Huhn (Berlin: J. Ladyschnikow, 1906), 105. D. H. Lawrence schrieb in seinen in den Jahren 1915-16 verfassten Reise-Essays *Twilight in Italy*: “The Italian people are called ‘Children of the Sun’. They might better be called ‘Children of the Shadow’. Their souls are dark and nocturnal. If they are to be easy, they must be able to hide, to be hidden in lairs and caves of darkness. Going through these tiny, chaotic back-ways of the village was like venturing through the labyrinth made by furtive creatures, who watched from out of another element. And I was pale, and clear, and evanescent, like the light, and they were dark, and close, and constant, like the shadow”: D. H. Lawrence, “On the Lago di Garda”, in: *Twilight in Italy and Other Essays*, hg. von Paul Eggert, The Cambridge Edition of the Letters and Works of D. H. Lawrence (Cambridge: CUP, 1994), 103-186, 104. Martin Green gibt in seiner Monographie *Children of the Sun. A narrative of ‘decadence’ in England after 1918* (London: Constable, 1977) eine “Short History of the Concept” (501-508) und beschreibt “England’s Children of the Sun”, die ihm zufolge einen bestimmten ‘Erfahrungsbereich’ kultivierten (23): “these young-men types are made the objects of an imaginative cult, when a group of people significant in number, talent, or power idolises the young man as the supreme form of life.” (27) “They were, and saw themselves as, originators of a new ‘aesthetic’ phase in English high culture, to be characterised by ornament and brilliancy, playfulness and youthfulness, and by a turning of the back on the old forms of seriousness and power. They denied the comfortable features of the traditional image of the young man, and accentuated others – made themselves into sharp-edged fragments of the full *Sonnenkind*” (36).

[39] Spender, “Introduction” zu Metken, *List*, 7. “The Germanic world”, schreibt Paul Fussell, “was the center for hedonistic nude sunbathing, and Stephen Spender was attracted there partly for that reason. In England nudism was still attended by Fabian highmindedness and a Puritan sense of therapeutic duty, reflected in the term *naturism* and registered in books like Dr. Maurice Parmelee’s *The New Gymnosophy* [1926]”: Paul Fussell, *Abroad. British Literary Traveling Between the Wars* (New York/Oxford: OUP, 1980), 140. In den von Spender korrigierten Druckfahnen von *The Temple*, von denen er am 22.2.1987 eine Kopie an das Harry Ransom Center der University of Texas at Austin schickte, veränderte er die Beschreibung seiner deutschen Freunde Joachim, Willy und Ernst dahingehend, dass er ihre Körper von der *Sonne* erstrahlen ließ: “in vivid light” ersetzte er durch “all sunlit”: “Sometimes, lying on his bed in his room, with the

1930 besuchte Spender dann erstmalig Berlin. Hier war der Konflikt zwischen Faschisten und Kommunisten unübersehbar.[40] Dort lernte er linke Intellektuelle und Kommunisten kennen, die gegen den Aufstieg des Nationalsozialismus kämpften.[41] So schärfte Deutschland seinen Blick auch für die Missstände und die gesellschaftlichen und politischen Bedrohungen der Zeit und weckte erstmalig sein politisches Bewusstsein. Von großer Bedeutung ist in diesem Zusammenhang neben Stephen Spender auch W. H. Auden.

I.3.2 Politische Verantwortung

Beide, Spender und Auden, verstanden ihren Dichterberuf zunächst unpolitisch, doch in die aufbrechenden ideologischen Konflikte ihrer Zeit gestellt, sahen sich beide Dichter – wie viele ihrer Zeitgenossen – zu einer Auseinandersetzung mit der politischen Realität gezwungen. Dies bedeutet nicht, dass Spender und Auden uneingeschränkt 'politisch' geworden wären, vielmehr erwies sich diese Auseinandersetzung als ein fortwährender Prozess, der die beiden Dichter durch die sich verändernden Gegebenheiten ihrer historischen Situierung wechselnde Positionen einnehmen ließ. Ihr Engagement in Deutschland lässt sich nur mit einem Blick auf diesen Prozess und auf die Rolle, die Deutschland dabei einnahm, erkären. Denn für beide war das entscheidende Erweckungserlebnis für ihr politisches Engagement ein längerer Aufenthalt in Deutschland.

Die beiden Dichter hatten sich während des Studiums kennengelernt. Sowohl für Spender als auch für Auden war Oxford in der Erinnerung ein Ort, der dem Getriebe und den Nöten der Welt weitgehend entrückt war, oder doch wenigstens ein Ort, der es ihnen erlaubte, sich selbst aus der Welt zurückzuziehen. Stephen Spender, so schreibt er in seiner 1950 in dem Sammelband *The God that Failed* erschienenen Kommunismuskritik, übernahm, als er 1927 sein Geschichtsstudium in Oxford begann,[42] die von den meisten seiner Freunde dort vertretene Auffassung,

storm beating on roof and windows, he would have a vision of Joachim, Willy or Ernst all sunlit – at swimming baths, in canoes, on lake or river, on beaches […]": HRC, The Temple Page proofs, photocopy, on which Spender has made extensive A revisions [110 ll], ca. 1987, 136. Zum Bild der Sonne in Spenders Lyrik siehe Schmitz, "'Deepest Friendship' – Ernst Robert Curtius and Stephen Spender", 267-68; Rose Kamel, "The Impending Holocaust: Spender's *Vienna* and *Trial of a Judge*", *Durham University Journal* 36 (1975), 189-99, 190-95. Evelyn Waugh äußerte sich 1930 in der *Daily Mail* kritisch gegenüber "[t]his sun-bathing business": "I hate the whole business ... All this is supposed to be good for you. Doctors say so. Nowadays people believe anything they are told by 'scientists', just as they used to believe anything they were told by clergymen." Auch Auden war skeptisch: "Another who refused to play was Auden, who carefully kept his skin its original blue-white": Fussell, *Abroad*, 140f.

[40] Leeming, *Stephen Spender*, 47.

[41] Ebd., 51.

[42] Bald darauf gab Spender das Geschichtsstudium auf und wechselte in die *School of Politics, Philosophy and Economics*: Spender, *World Within World*, 39.

> that art had nothing to do with politics. I subtracted politics from my other 'advanced' views and was left with art for art's sake. The years 1928, 1929 and even 1930 to-day seem remote and peaceful, and at Oxford it was possible to forget human injustices or at least to think that they were not the business of 'the poet'. I remained a Socialist in the way in which certain people who never go to church remain Catholics.[43]

Den größten Einfluss hatte auf den Neunzehnjährigen zweifelsfrei Wystan Hugh Auden ausgeübt,[44] in dessen Zirkel Spender in Oxford Aufnahme gefunden hatte.[45] "[We] were far too insular and preoccupied with ourselves to know or care what was going on across the channel", so schreibt Auden rückblickend über das Oxford der zwanziger Jahre: "Revolution in Russia, inflation in Germany and Austria, Fascism in Italy, whatever fears or hopes they may have aroused in our elders, went unnoticed by us."[46] In seiner Einleitung zur Neuauflage (1994) seiner Autobiographie *World Within World* von 1951 erinnert sich Spender an Audens Diktum, dass Literatur nicht zum politischen Sprachrohr werden dürfe, und an seine Verachtung nicht nur der Politik, sondern auch jener, die sie machten:

> One of his most strongly held views, derived again, I think, from reading Eliot [...] was that literature should not be the vehicle of opinions – least of all political opinions. Moreover, as an undergraduate he seemed to despise politicians as a class, as though they

[43] Stephen Spender, Essay ohne Titel, in: *The God that Failed. Six Studies in Communism by Arthur Koestler, Ignazio Silone, André Gide presented by Enid Starkie, Richard Wright, Louis Fischer, Stephen Spender*, with an introduction by Richard Crossman, 4. Aufl. (London: Hamish Hamilton, 1950), 231-272, 234. Siehe auch Spender, "Writers and Revolutionaries: The Spanish War", *New York Review of Books*, 25. September 1969, 3.

[44] Spender schreibt: "Doubtless Auden influenced me at this time. I absorbed many of his remarks and attitudes, which impressed me even more deeply than I was aware of then." *World Within World*, 52. Siehe auch Spender, *The Thirties and After*, 19. Spender und Auden hatten sich auf einer *luncheon party* eines gemeinsamen Freundes, Archie Campbell, kennengelernt: Spender, *World Within World*, 50. Siehe dazu auch Carpenter, *W. H. Auden*, 75; Leeming, *Stephen Spender*, 29-33 und Sutherland, *Stephen Spender*, 78.

[45] Spender, *World Within World*, 51f. Dem Kreis gehörten auch Cecil Day Lewis und Louis MacNeice an. Die sogenannte 'Auden Group' war eine Erfindung der Kritiker, wie Day Lewis schreibt: "We did not know we were a Movement until the critics told us we were." Day Lewis verließ Oxford, kurz bevor Spender dort ankam (1927). Die vier waren nie alle zusammen in Oxford: Monroe K. Spears, *The Poetry of W. H. Auden. The Disenchanted Island* (New York: OUP, 1963), 81 und Anm. 2. Spender betont in *The Thirties and After*: "One reason why the so-called Auden group never had meetings, or even social gatherings, was that they never met together as a group." (20).

[46] Auden, "As It Seemed to Us", *The New Yorker* 41 (3. April 1965), 180. Siehe auch "Auden-straße", 36: "Back in England, we hadn't had social revolution or inflation. At Oxford, I wouldn't have dreamed of reading a newspaper!"

> were, after all, only menials. He interpreted the phrase 'public servant', often used by politicians about themselves, rather literally.[47]

Doch der Konfrontation mit der Wirklichkeit außerhalb der Collegemauern konnte diese Haltung nicht standhalten. Die hohe Arbeitslosigkeit infolge des Börsenkrachs von 1929 und der erstarkende Faschismus in Europa schienen ein Engagement der Dichter unumgänglich zu machen; selbst diejenigen Dichter, die bislang gedacht hatten, dass Politik nicht ihre Sache sei, konnten die Augen und Ohren vor den Arbeitslosen, die nun (so schreibt Spender) "starvingly visible" und "shoutingly audible" waren, nicht verschließen:

> Thus our generation was only drawn into politics because world events presented us with situations in which it seemed impossible for us not to take sides. [...] We were no longer concerned with some kind of abstract disaster which was a subject for literature, but, first, with the unemployed and after that with the victims of Fascism.[48]

Auden und Spender, denen es in Oxford ein leichtes gewesen war, Missstände zu vergessen bzw. sich als Dichter von ihnen fernzuhalten, wurden erstmalig in Deutschland auf die bedrohliche gesellschaftliche und politische Situation aufmerksam. Über

[47] Spender, "Looking back in 1994. A New Introduction to *World Within World*", xi. Der Text Eliots, auf den Spender hier verweist, ist T. S. Eliots Essay "Tradition and the Individual Talent": Spender, *The Thirties and After*, 16f. Ähnlich schreibt Spender in einer Rezension von 1969: "[as Oxford undergraduates] they were unpolitical, indeed anti-political, and above all completely opposed to the idea that there was any connetcion between politics and literature." Spender, "Writers and Revolutionaries", 3. An anderer Stelle schreibt Spender: "Auden held certain views very strongly at Oxford. These have impressed themselves on me the more because he reversed most of them shortly after he left. Here are a few of his characteristic pronouncements: A poet must have no opinions, no decided views which he seeks to put across in poetry. Above all, poetry must in no way be concerned with politics. Politicians are just lackesy and public servants whom we should ignore." Spender, "W. H. Auden and His Poetry", *Atlantic Monthly* 192 (1953), 74-79, Nachdr. in: "Auden", in: Monroe K. Spears (Hg.), *Twentieth Century Views* (New York: Prentice Hall, 1964), 27. Ähnlich beschreibt Edward Upward, der wohl politischste der '1930s poets', sich und Isherwood im Cambridge der 1920er Jahre noch als "extremely anti-political": Alan Munton und Alan Young, "Edward Upward: A Conversation", *PN Review* 19 (1980), 41-45, 42. Zu Upwards Beitritt in die *Communist Party* (1934) siehe Tony Barley, "'A narrow strictness': Political Constraints in Edward Upward's The Rotten Element", *Literature & History* 6.1. (1997), 63-79, 65.

[48] Spender, "Looking back", xiii. In *The Thirties and After* spricht Spender von der unausweichlichen Verbindung von Kunst und Politik zu dieser Zeit: "many young writers came to feel that art unconnected with social conditions was 'about' this very lack of connection. This was itself a kind of connection, in being a refusal to recognize those conditions which were the consequences of the political and economic system." (22) Nach Hitlers Machtergreifung, so Spender weiter, "[o]ne became more and more aware of the indescribable suffering of victims – of an incommunicable reality which was the truth of history in this decade. Compared with it, a literary movement like that called 'The Thirties' was a mockery, like a parrot imitating the screaming of a prisoner being tortured. I think that we felt this." (22).

seinen Aufenthalt in Berlin 1928/29 äußerte Auden später: "Erst hier merkte ich plötzlich, daß der Boden unter uns bebte."[49] Ebenso zeigte sich Spender während eines Deutschlandaufenthaltes im Jahr 1930 beeindruckt von den Missständen, mit denen er in Deutschland konfrontiert wurde, und seinem Zeugnis nach empfand er insbesondere die Kunst als Mittler der gesellschaftlichen Kräfte, durch die sein eigenes Bewusstsein geschärft wurde:

> There [in Germany] the sense of humanity as social struggle reawakened in me. Nearly every young German I met was poor, living from hand to mouth on little money. The barriers between classes had broken down. All classes were conscious of a fate of defeat and inflation and recovery in which all after the war had been involved. Much music, painting and literature of the Weimar Republic expressed either revolutionary spirit or pity for the poor. The eyes of the victims of the post-war world might be said to stare through German expressionist art.[50]

Die Kunst der Weimarer Republik, der Auden und Spender in Deutschland begegneten, war eine in hohem Grade politische Kunst,[51] und die enge Verbindung von Politik und Kunst nahm entscheidenden Einfluss auch auf Auden. Entsprechend änderte sich nach seinem Aufenthalt in Deutschland 1928/1929 die Thematik seiner Dichtung: "it was only after his experience abroad that the political theme entered his work. [...] it was only with the publication of *Poems* (1930) that Auden became an explicitly political poet".[52]

Politische Dichtung erschien als unausweichliches Resultat der politischen Entwicklungen in Deutschland: Hitlers Machtergreifung und die Folgen beherrschten, ja vereinnahmten die persönlichen Erfahrungen des Dichters,[53] wie in mehreren Äuße-

[49] Zit. in: Cornelia Jacobsen, "Ein halbes Jahr zu Gast in Berlin. Ein Gespräch mit dem Dichter, Essayisten und Librettisten Wystan Hugh Auden", *Die Zeit* vom 23. April 1965, 22. So auch im Interview mit Alan Levy: "When I went to Berlin, I realized that the foundations were shaking": Levy, "Audenstraße", 36. Siehe auch *New Yorker*, 3. April 1965: "I was awakened in that for the first time I felt the shaking of the foundations of things." (190) Auch Christopher Isherwood schreibt, dass die Spannungen im Berlin des Jahres 1929 in seinem Freundeskreis erstmals ein politisches Bewusstsein weckte: "At this time [1929] also came a gradual reorientation in the lives of myself and my friends – a political consciousness which had a sort of left-wing tinge." Isherwood, "Berlin Stories", 163.

[50] Spender, *The God that Failed*, 234.

[51] Siehe etwa Heinz Greul, *Bretter, die die Zeit bedeuten* (Köln: Kiepenhauer und Witsch, 1961); Siegfried Kracauer, *From Caligari to Hitler* (Princeton: Princeton UP, 1947); Walter Sokel, *The Writer in Extremis* (Stanford: Stanford UP, 1959).

[52] Frederick Buell, *W. H. Auden as a Social Poet* (Ithaca and London: Cornell UP, 1973), 80, 86. Über Auden in Berlin siehe auch Carpenter, *Auden*, 85-110. Zu Auden als (politischem) Dramatiker siehe Spears, *The Poetry of W. H. Auden*, 90ff. Breon Mitchell zeigt überzeugend, dass Auden dabei nicht von deutschen Dramatikern beeinflusst war, sondern "by what was in the air": Breon Mitchell, "W. H. Auden and Christopher Isherwood: The 'German Influence'", *Oxford German Studies* 1 (1966), 163-172, 167.

[53] Spender, *World Within World*, 188.

rungen Spenders zum Ausdruck kommt: "I felt hounded by external events";[54] "[e]xternal things over which I had no control usurped my own deepest personal life, so that my inner world became dependent on an outer one";[55] "public events had swamped our private lives and usurped our private experience."[56] Das Dilemma ist eine 'fremdbestimmte' Subjektivität des Dichters: "In poetry I was confronted with the dilemma of stating a public emotion which had become a private one, and which yet never became completely my own inner experience because, as I have explained, it invaded my personality rather than sprang out of it."[57] Die Konsequenz dieser Konfrontation war die Politisierung von Spenders Dichtung. In seinen *Poems* von 1933 bekennt er sich zur Linken,[58] und seine Gedichte verfolgen nun politische und soziale Themen. "Another Shelley speaks in these lines", so beurteilte Herbert Read nun Spenders Lyrik.[59]

Wie viele Antifaschisten hatte auch Spender daran geglaubt, durch seine eigenen Anstrengungen den Faschismus besiegen und den Weltkrieg verhindern zu können.[60] "[W]e were divided between our literary vocation and an urge to save the world from Fascism", so erinnert er sich.[61] Der Rückzug des Dichters wurde in der Intelligenz ungern gesehen; sein politisches Engagement war gefragt.[62] So mahnt die Zeitschrift *Left Review*, zu deren Debatten über Literatur und Politik Spender mehrfach beitrug:[63] "it is not in the ivory tower, but in active participation in the urgent issues of the day

[54] Ebd., 137.

[55] Ebd., 190.

[56] Ebd., 191. 1937 schreibt Spender: "Why should poetry be concerned with public affairs rather than with the private interests of the individual? The answer is that it is precisely within the consciousness of many separate individuals that the political struggle is taking place. [...] the central drama of our time [...] is the historic struggle as it effects the mind of the individual." Spender, "Poetry", *Fact* 4 (1938), 18-30, 19.

[57] Spender, *World Within World*, 91.

[58] A. Kingsley Weatherhead, *Stephen Spender and the Thirties* (Cranbury, N.J./London: Associate University Presses, 1975), 30.

[59] Zit. Samuel Hynes, *The Auden Generation. Literature and Politics in England in the 1930s* (London/Sydney/Toronto: The Bodley Head, 1976), 99.

[60] Spender, "Looking back", xvi. Ähnlich schreibt Spender über Auden: "Auden remarked to me at the end of the war that he was political in the 1930's just because he thought something could and should be done.": Spender, *World Within World*, 250.

[61] Ebd., 202. Ähnlich schreibt er in einer Rezension mehrerer Publikationen zum Spanischen Bürgerkrieg vom "conflict [among the anti-fascist writers of the Thirties] between literary and political dedication": "Writers and Revolutionaries", *The New York Review of Books*, 25.9.1969, 3-8, 3.

[62] Inmitten des politischen Enthusiasmus schrieb E. M. Forster, er könne sich in die Literatur zurückziehen, "because it is disinterested": zit. in: Spender, *Forward from Liberalism*, 173f. In seinem Essay "Confessions and Autobiography" schreibt Spender: "a pastoral poem in 1936 was not just a pastoral poem. It was also a non-political poem." Stephen Spender, "Confessions and Autobiography", in: James Olney (Hg.), *Autobiography: Essays Theoretical and Critical* (Princeton: Princeton University Press, 1980), 251f.

[63] Weatherhead, *Stephen Spender and the Thirties*, 58.

that a writer develops his gifts."[64] Auch die unpolitischen Dichter um Auden wurden nun – unter dem Druck der politischen Entwicklungen – zu politischen Aktivisten und nahmen damit eine Rolle an, in der sie sich zunächst sichtlich unwohl fühlten: "this was a time when Auden and Isherwood, Day Lewis and MacNeice and I often met one another at anti-Fascist committees we attended: I seem to remember that, doing so, we could hardly bring ourselves to look one another in the face."[65]

Als 1936 die Frankisten ihren Putsch gegen die demokratisch gewählte Regierung Spaniens begannen, beteiligte sich Spender aktiv an der Kampagne für die Spanische Republik: Er trug Plakate mit republikanischen Kampfparolen, hielt Reden, arbeitete in antifaschistischen Ausschüssen, trat (für kurze Zeit) der kommunistischen Partei bei,[66] schrieb für den *Daily Worker*, das kommunistische Parteiorgan,[67] und nahm 1937 am Internationalen Schriftstellerkongress in Madrid teil, auf dem die Haltung der Intellektuellen zum Bürgerkrieg diskutiert wurde.[68] Seine politische Überzeugung gab er im selben Jahr auch mit seiner Unterschrift in dem vom *Left Review* publizierten offenen

[64] *Left Review* December 1936, Editorial, zit. Weatherhead, *Stephen Spender and the Thirties*, 59. Ähnlich mahnte der britische Schriftsteller Edward Upward zu Beginn der 1930er Jahre: "to-day not only does the possibility exist of radically changing material conditions, but men cannot much longer console themselves with fantasies of a world which is daily drifting towards a war of unprecedented destructiveness." Edward Upward, "Sketch for a Marxist Interpretation of Literature", zit. in: Katherine Bucknell, "The Achievement of Edward Upward", in: *W. H. Auden. 'The Language of Learning and the Language of Love'. Uncollected Writing, New Interpretations*, hg. von Katherine Bucknell und Nicholas Jenkins, Auden Studies, 2 (Oxford: Clarendon Press, 1994), 165-186, 170.

[65] Spender, "Looking back", xx.

[66] In seinem Artikel "I Join the Communist Party", *Daily Worker* 19. Februar 1937, Nachdr. in: *Thirties and After*, 80-82, beschreibt Spender seine Beweggründe für den Beitritt in die Partei (82).

[67] Spender verließ die Partei nach nur fünf Wochen unter dem Schock der stalinistischen Säuberungen und sicherlich auch in Reaktion auf den anti-sowjetischen Bericht André Gides, *Retour de l'U.R.S.S*, schrieb aber noch bis Ende 1937 für den *Daily Worker*. MacNeice sieht einen Zusammenhang zwischen Spenders Rückzug aus der Kommunistischen Partei und Reaktionen von Parteimitgliedern auf eine Aufführung von Spenders Drama *Trial of a Judge*. In den Augen der Parteigenossen transportierte Spenders Stück eine falsche Botschaft: "After that S. gradually fell away from the Party; he had not been born for dogma." Louis MacNeice, *The Strings are False. An Unfinished Autobiography* (London/Boston: Faber and Faber, 1965), 167f., Zitat 168.

[68] Spender schreibt darüber etwa in "Spain Invites the World's Writers", *New Writing* 4 (Autumn 1947), rpt. in *The Thirties and After*, 71-79.

Brief "Authors Take Sides on the Spanish War"[69] und in seiner ebenfalls 1937 erschienenen Schrift *Forward from Liberalism* kund.[70]

Schon im Winter 1936 war Spender im Auftrag des *Daily Worker* nach Spanien gereist,[71] auch wenn der Generalsekretär der Kommunistischen Partei Englands, Henry Pollitt, der in Spender einen neuen Byron vermutete, ihn dort lieber als Soldat der International Brigade gesehen hätte. So wie Byron 1824 im Dienst der griechischen Freiheitsbewegung gestorben war, sah er Spender im Kampf gegen den Faschismus den Freiheitstod im Dienste des Kommunismus sterben: "go and get killed, comrade, we need a Byron in the movement."[72] Spender allerdings war dem bewaffneten Kampf (und dem Heldentod) offenbar abgeneigt. Überhaupt sah er sich durch die Grausamkeiten des Spanischen Bürgerkriegs und die Enttäuschung, die er durch die Kommunistische Partei erfuhr, desillusioniert: "Der Spanische Bürgerkrieg und das kurze Engagement mit der Kommunistischen Partei sind die entscheidende Wende in Spenders Leben", so schreibt Utz über diese Erfahrung Spenders: "Er erkennt die romantische Illusion und bekennt sich zu seiner eigenen Subjektivität."[73]

Gemeint ist damit der neuerliche und vollständige Rückzug des Dichters aus der Politik und die Konzentration auf das Selbst: "After my return from Spain", so schreibt Spender, "I reacted from the attempt to achieve Communist self-righteousness towards an extreme preoccupation with the problems of self. I wrote poems in which I took as my theme the sense of being isolated within my personal existence".[74] Für Spender fiel diese neue Subjektivität – nur scheinbar paradox – mit dem Ende dessen, was er als 'individualistische Phase' bezeichnet, zusammen. Diese war für ihn durch das Fiasko des Spanischen Bürgerkrieges, den Beginn des zweiten Weltkriegs und die Auswanderung Audens in die USA im Jahr 1939 markiert. Er erkannte, so Spender 1950 im Rückblick, "that the individualist phase was over. From now on, people did not join anti-fascism as individuals who might influence history. They joined armies in which they were expected to forget that they were individuals."[75] Das Gefühl für die angesichts der walten-

[69] Dem Brief stand voran: "It is clear to many of us throughout the world that now [...] we are determined or compelled to take sides. The equivocal attitude, the ivory tower, the paradoxical, the ironic detachment, will no longer do." Zit. in: Ford, *A Poet's War*, 88. 148 Schriftsteller bezogen Stellung, davon sprachen sich 127 für die Republik aus, 5 dagegen, 16 waren neutral: Katherine Bail Hoskins, *Today the Struggle. Literature and Politics in England during the Spanish Civil War* (Austin/London: U of Texas P, 1969), 16-18.

[70] *Forward from Liberalism* wurde vom Left Book Club zum Buch des Monats gewählt.

[71] Kurz darauf folgte ein zweiter Aufenthalt in Spanien, wo er die Leitung eines Radiosenders der sozialistischen Partei in Valencia angeboten bekommen hatte: Spender, *World Within World*, 218.

[72] Hugh Thomas, *The Spanish Civil War* (Harmondsworth: Penguin, 1965), 436.

[73] Utz, "Einleitung" zu *Deutschland in Ruinen*, 14.

[74] Spender, *World Within World*, 254f.

[75] Spender, *The Thirties and After*, 85. Die Mitte der dreißiger Jahre charakterisiert Spender hingegen als "one of those intervals in history in which events make the individual feel that he counts. His actions or his failure to act could lead to the winning or the losing of the Spanish Civil War, could even decide whether or not the Second World War was going to take place. [...] Auden gave up concerning himself with the cause of anti-fascism only when he felt that the individual no longer counted in this conflict": ebd., 25. Auch in einem Essay aus dem Jahr 1960

den größeren Kräfte schwindende Bedeutung des Individuums und Ästheten nach dem Ende des Spanischen Bürgerkriegs und dessen damit zu begründender Rückzug aus der Politik artikulierte Cyril Connolly im ersten "Comment" der von ihm gemeinsam mit Spender erstmals im September 1939 herausgegebenen Zeitschrift *Horizon*: "Our standards are aesthetic, and our politics in abeyance."[76]

Tatsächlich war zu Beginn des Zweiten Weltkriegs in der Intelligenz das Gefühl ihrer politischen Ohnmacht und Bedeutungslosgkeit weit verbreitet. Connolly fand dafür ein eindrucksvolles Bild: "At the moment civilization is on the operating table and we sit in the waiting room."[77] Bekannt ist etwa auch George Orwells Plädoyer für einen neuen 'Quietismus' und die von ihm avisierte neue Subjektivität "Inside the Whale" (1940):

> [F]rom now onwards the all-important fact for the creative writer is going to be that this is not a writer's world. That does not mean that he cannot help to bring the new society into being, but he can take no part in the process *as a writer*. For *as a writer* he is a liberal, and what is happening is the destruction of liberalism.

Orwell schließt daraus: "The passive attitude will come back, and it will be more consciously passive than before. Progress and reaction have both turned out to be swindles. Seemingly there is nothing left but quietism".[78]

Schon Spenders *Poems from Spain* (1939) stellen sich als unideologische, private Reaktionen auf den Bürgerkrieg dar, und auch das Vorwort und viele seiner Gedichte in *The Still Centre* aus demselben Jahr dokumentieren seine Abkehr von politisch-ideologischen Themen.[79] Schließlich gelang es Spender jedoch, zwischen subjektivis-

schreibt Spender: "With 1939, with the outbreak of the war, the stubborn pre-war illusions that the individual intellectual could be the exponent in his work of a philosophy which would change society, disappeared. [...] as critics of society, critics of life, they [the intellectuals] had shrunk to passive spectators, pinning their despair or their hopes to external events which they could hardly influence." Stephen Spender, "The English Intellectuals and the World of To-Day", in: *The Intellectuals. A Controversial Portrait*, hg. von George B. de Huszar (Glencoe, Ill.: The Free Press of Glencoe, 1960), 470-76, 472.

[76] Zit. ebd., 87.

[77] Zit. ebd.

[78] George Orwell, "Inside the Whale" (11.3.1940), in: *The Complete Works of George Orwell, vol.12: A Patriot After All*, hg. von Peter Davison (London: Secker & Warburg, 1998), 86-115, 111.

[79] Die Gedichte im 2. und 3. Teil dieses Bandes schrieb er nach eigenen Angaben "during a time when I was preoccupied with various kinds of political activity, [they are] are more occasional, and written directly and fairly quickly from the experiences which suggested them". Hingegen habe er sich in seinen jüngsten Gedichten (Teil 4) wieder der persönlichen Erfahrung gewidmet: "I think there is a certain pressure of external events on poems today, making them tend to write about what is outside their own limited experience. The violence of the times we are living in, the necessity of sweeping and general and immediate action, tend to dwarf the experience of the individual, and to make his immediate environment and occupations perhaps something that he is even ashamed of. For this reason, in my most recent poems, I have deliberately turned back to a

tisch-apolitischer und politisch-engagierter Dichtung zu vermitteln. In *Life and the Poet* (1942) skizziert er einen Mittelweg für den Dichter, dessen Platz weder im "armoured tank" noch im "ivory tower" sei.[80] Vielmehr, so konstatiert Spender:

> the task of creative minds [...] is to exercise their imaginations to create works of art which will make their fellow-beings conscious of the conditions and needs of human existence. To create in them a realisation of their own nature, a love for their fellow-beings, an attitude of mind in which they are willing to accept change for the sake of a fuller life, and having accepted it to incorporate their sense of life in political institutions.[81]

Bereits 1939 hatte sich Spender von Connollys 'Aufhebung' des Politischen distanziert. "The writer", so fasste er Connollys Interpretation der Zeitläufte zusammen, "seems to take it for granted that the creativity of writers is the product of the historic circumstances in which they find themselves placed. It is up to history to arrange itself in such a way that they can write their best, otherwise the politics of writers will be kept 'in abeyance'."[82] Nunmehr, 1942, hatte Spender explizit dem Dichter die Aufgabe zugewiesen, mit seiner Kunst eine Geisteshaltung zu formen, die nicht zuletzt zur Übernahme politischer Verantwortung führen solle. Demnach 'wartet' der Dichter nun nicht mehr darauf, dass sich ihm die Umstände zur künstlerischen Produktion günstig zeigen, vielmehr wird er versuchen, auf diese Umstände Einfluss zu nehmen und auf diese Weise selbst mittelbar politisch tätig zu sein.

Damit reflektierte Spender Äußerungen W. H. Audens und Cecil Day Lewis' aus der Mitte der dreißiger Jahre, von denen zumindest der politisch resignierte Auden mittlerweile Abstand genommen hatte, die aber für Spender wenig später offenbar auch zur Begründung seines Wirkens im Deutschland der Nachkriegszeit werden sollte. In *A Hope for Poetry* hatte Lewis bereits 1934 konstatiert: "The poet, besides being a poet, is also a man [...] there is no reason why poetry should not also be propaganda; the effect

kind of writing which is more personal, and I have included within my subjects weakness and fantasy and illusion.": Vorwort zu *The Still Centre* (London: Faber and Faber 1939, Nachdr. 1946), 9-11, hier 9 und 11.

[80] Spender, *Life and the Poet*, 23. Spender verkündete, dass Dichtung nicht Partei ergreifen dürfe. Siehe Bail Hoskins, *Today the Struggle*, 17f. Interessant ist in diesem Zusammenhang auch Spenders Essaysammlung *The Creative Element*, in deren Einleitung er, rückblickend auf die 30er Jahre, feststellt: "Where I went wrong was in thinking that because I saw a political cause where the writers whom I was discussing saw a moral situation, their vision implied a political view. I was right to think that politics, in the deepest sense, is concerned with the moral condition of society, but wrong to think that the artist concerned with this condition need also be concerned with politics, even by implication. The point really is that a moral view of society can be stated without any concern for social action of any kind, whereas directly politics enters in, social action and taking sides are involved." Stephen Spender, *The Creative Element. A Study of Vision, Despair and Orthodoxy among some Modern Writers* (New York: British Book Center, 1954), 2.

[81] Spender, *Life and the Poet*, 25.

[82] Spender, *The Thirties and After*, 88.

of invocation, of poetry, and of propaganda is to create a state of mind."[83] Auch er sah also zumindest eine Funktion der Dichtung darin, eine – wie auch immer beschaffene – Geisteshaltung zu befördern.

Auden hatte in *The Poet's Tongue* (1935) einen unmittelbaren propagandistischen Aktivismus der Dichtung abgelehnt, aber ähnlich wie Lewis festgehalten, dass ihr Wirkungsbereich in der Formung einer moralischen 'Bewusstseinserweiterung' liege:

> The propagandist, whether moral or political, complains that the writer should use his powers over words to persuade people to a particular course of action, instead of fiddling while Rome burns. But Poetry is not concerned with telling people what to do, but with extending our knowledge of good and evil, perhaps making the necessity for action more urgent and its nature more clear, but only leading us to the point where it is possible for us to make a rational and moral choice.[84]

Spenders Wirken im besetzten Deutschland scheint die Konsequenz aus seinem Glauben an die Veränderbarkeit des Einzelnen und der Gesellschaft gewesen zu sein. Denn nach dem Krieg stand Spender zur Einflussnahme auf die Geisteshaltung der Deutschen sein literarisches Schaffen zu Gebote sowie sein Dienst als Mitglied der britischen Kontrollkommission, in deren Auftrag er bereits im Juli/August und September/Oktober 1945 in das zerstörte Deutschland reiste. Wie er in seinen Aufzeichnungen über diese Nachkriegsmonate festhält, wollte er daran mitwirken, die Welt aus der Finsternis 'auf Wege des Lichtes' zurückzuführen: "[T]here could not be the least doubt that the only answer to this past and this present is a conscious, deliberate and wholly responsible determination to make our society walk in paths of light." (EW, 241)

Eine Möglichkeit bestand in Spenders Augen in der geistigen Öffnung Deutschlands, die er bei seinem Auswahlgespräch für den Dienst bei der Kontrollkommission als sein besonderes Anliegen vorbrachte: "to strengthen the German need in universities and the arts to have contact with other nations."[85] Auch wenn seine Ausführungen vom Auswahlkommittee der Kontrollkommission damals brüsk mit den Worten "[w]e can assure you, Mr. Spender, that after this war there will be no culture in Germany" zurückgewiesen wurde und Spender statt der angestrebten zwei Jahre nur für die Dauer von einigen Monaten nach Deutschland geschickt wurde,[86] so vermochte er dort doch zu

[83] C. Day Lewis, *A Hope for Poetry* [1934], 7. Ausg., Nachdr. mit einem Nachwort (Oxford: Basil Blackwell 1945), 47, 49.

[84] W. H. Auden und John Garrett, Einleitung zu der von ihnen besorgten Anthologie *The Poet's Tongue: An Anthology* (London: G. Bell & Sons, 1935), v-x, ix.

[85] Spender, *World Within World*, 304. Wie an früherer Stelle erörtert, plädierte Spender für die Gründung eines *International Review for Europe*: "In this way the German writers would be more or less absorbed into the whole European movement and also they would be confronted with European critical standards. One of the bad things after the last war was the low standard of critical thought in Germany and the lack of relation of German achievements in such things as expressionism, to achievements in France, America and England." Spender, EW 213.

[86] Spender, *World Within World*, 304.

einer geistigen Neuorientierung beizutragen: durch seine Schriften und Vorträge, durch seine Auswahl von Literatur für den deutschen Buchmarkt und die deutschen Bibliotheken und nicht zuletzt durch Gespräche mit Deutschen, die ihm in seiner Funktion, die ihn von dem Fraternisierungsverbot ausnahm, erlaubt waren.[87]

Spender, der im Juli 1929 als junger Student seinen ersten Tag in Deutschland mit dem Vorsatz beschloss: "I have no character or will power outside my work. In the life of action, I do everything that my friends tell me to do, and have no opinions of my own",[88] sollte sechzehn Jahre später bei seinem Dienst für die Britische Militärregierung in Nachkriegsdeutschland dezidiert seine Überzeugung von der Wirkmächtigkeit, die von Ideen des Einzelnen ausgehen kann, vertreten. Einem deutsch-jüdischen Studenten gegenüber, der im Sinne der schicksalhaften Unvermeidbarkeit des Geschichtsverlaufs argumentiert, artikuliert Spender seine Überzeugung von der Veränderbarkeit der Geschichte: "We are history. Human consciousness is history. Anyone who puts an idea into the heads of the contemporaries to persuade them to take an effective social action has influenced the course of history."[89] An eine Fügung ins Unwendbare, an die Fremdbestimmtheit des Menschen, glaubt er nicht: "I am not interested in the idea of a history outside our wills."[90] Dass ein Dichter durch seine Ideen entscheidend auf die Gesellschaft einwirken könne, entspreche, so meint Spender in einem früheren Aufsatz über die deutsche Kulturtradition, Hölderlins Verständnis von der Rolle des Dichters: "The poet gives to society an ideal vision of life. He plants the seed in the soil. Whether the political gardeners treat the soil so that the seed grows, is not really his concern."[91]

Darin unterscheidet sich Spender maßgeblich von Auden, dessen Einfluss auf ihn bis zu Audens Emigration in die Vereinigten Staaten kurz nach Ausbruch des Zweiten Weltkriegs so groß gewesen war. Zu diesem Zeitpunkt war Auden bereits von der politischen Wirkung der Dichtung desillusioniert: "he no longer believed that anything a poet writes can influence or change the public world."[92] Als er gefragt wurde, warum er kein "political animal" mehr sei, antwortete er: "I know that all the verse I wrote, all the positions I took in the thirties, didn't save a single Jew."[93] An anderer Stelle erläuterte er ausführlicher:

[87] Siehe dazu ausführlicher das Ende des Kapitels I.1.

[88] Tagebucheintrag vom 22. Juli 1929, *World Within World*, 104f.

[89] Spender, EW, 86f.

[90] Spender, EW, 87.

[91] Spender, "Hoelderlin, Goethe and Germany", 276f. In einem Essay aus dem Jahr 1960 schreibt Spender: "An intellectual is political if he has the slightest hidden feeling in his heart that (even though he may hate Shelley for having stated such a claim), he is potentially an 'unacknowleged legislator of mankind'. The potential legislators include, among others, W. H. Auden, T. S. Eliot and Aldous Huxley, however remote these may be from the actual political scene. For all these hold views which, if applied, would affect the political structure and behaviour of our society": Spender, "The English Intellectuals", 471.

[92] Spender, "W. H. Auden". Memorial Address delivered in Christ Church Cathedral, Oxford, 27.10.1973 [ein Monat nach Audens Tod], in: Spender, *The Thirties and After*, 268-275, 273.

[93] Zit. Pearsall, "The Poet in the Postwar City", 110.

> Nothing I wrote saved a single Jew from being gassed ... it's perfectly all right to be an *engagé* writer as long as you don't think you're changing things. Art is our chief means of breaking bread with the dead ... but the social and political history of Europe would be exactly the same if Dante and Shakespeare and Mozart had never lived.[94]

Als Spender ihn 1949 fragte, warum er sich nicht mehr mit Politik abgebe, antwortete Auden: "In the 1930s I thought that war could be stopped by opposing Fascism. We failed to do this, so I realized that subsequently nothing that I could do would be effective."[95] Auch Klaus Mann gegenüber, mit dem er sich am 16. März 1941 über ein Gespräch verständigte, das sie beim Rundfunk zum Thema "Die Funktion des Schriftstellers in der politischen Krise" führen sollten, hatte Auden seine neue Position vertreten: "Wystan – früher (noch vor drei oder vier Jahren!) ein viel entschiedenerer politischer Aktivist, als ich es jemals gewesen bin –", so erinnert sich Mann, "ist jetzt der Ansicht, daß der Schriftsteller jede Berührung mit der politischen Sphäre meiden sollte."[96]

Dennoch zog es ihn 1945 nach Deutschland, wo er mehrere Monate der Morale Division des United States Strategic Bombing Survey (USSBS) angehörte. Das Ausmaß der Zerstörung durch die alliierten Luftangriffe, das sich ihm in Deutschland zeigte, erschien ihm nicht gerechtfertigt, wie sich Nicolas Nabokov, der mit Auden zusammen bei der Morale Division tätig war, erinnert:

> "I know that [the Germans] had asked for it," he would say, "but still, this kind of total destruction is beyond reasoning. ... It is absolutely ghastly. ... is it justified to reply to *their* mass-murder by *our* mass-murder? It seems terrifying to me, don't you agree? And I cannot but ask myself, "Was there no other way?"[97]

[94] Zit. in: Levy, "Audenstraße", 42. Auch in späteren Diskussionen mit Spender über die Frage, ob Dichter die Welt beeinflussen könnten oder nicht, vertrat Auden diese Ansicht, so etwa in einer öffentlichen Diskussion im Institute of Contemporary Arts (ICA): siehe Leeming, *Stephen Spender*, 210.

[95] Spender, "W. H. Auden and His Poetry", 33. "[Auden] had shed all preoccupations with politics", so Spender in seinen Erinnerungen: "In New York he explained to me that his politics in the 1930's had been based on the conviction that the anti-Fascists could really stop the war. When he realized that this view was mistaken, he had dropped the ideas which went with it. His becoming an American citizen had indeed underlined this, because he could never play in the United States a rôle corresponding to his English anti-Fascist one": Spender, *World Within World*, 298. Dies nannte Auden als einen Grund für seine Auswanderung nach Amerika: "Auden gave as his personal reason his fear not so much of the war but of being forced into the role of poet as spokesman. Considering that his fame was by then established, the fear was realistic". Rainer Emig, *W. H. Auden. Towards a Postmodern Poetics* (London: Palgrave, 2000), 107 (siehe auch 131). In einem Brief an John Lehmann betont Spender, dass Auden mit seiner Auswanderung in die USA nicht vor der Verantwortung floh, sondern dort zwei Jahre lang im Auftrag der US-Regierung Kadetten der Marine ausbildete: HRC, Letter to John Lehmann, n.d., J. Lehmann Collection, 5.44.

[96] Klaus Mann, *Wendepunkt. Ein Lebensbericht* (Frankfurt/M.: Fischer, 1966), 583.

[97] Zit. Pearsall, "The Poet and the Postwar City", 110.

Auden scheint sich verpflichtet gefühlt zu haben, seinen Teil zum Dienst in Deutschland beizutragen. Nabokov erinnert sich: "He would drop into silence for a while and add in a quieter tone: 'Well ... I've done my do...'."[98] Seine Erfahrungen verarbeitete er allerdings nicht in seiner Dichtung – mit Ausnahme einiger Zeilen in "Memorial for the City" (1949).[99] Von einem Vertrag mit dem Verlagshaus Harcourt, Brace, für das er mit James Stern zusammen seine Erfahrungen im zerbombten Deutschland schreiben sollte, trat er zurück.[100] Ähnliche – damals vielleicht noch überraschendere – Zurückhaltung hatte Auden auch nach dem Spanischen Bürgerkrieg geübt, den er 1937 für kurze Zeit miterlebt hatte.[101] Zwar verfasste er nach seiner Rückkehr das Gedicht "Spain" (1937), das Spender als "the best poetic statement in English of the Republican cause" bezeichnet,[102] doch sprach er nicht über seine persönlichen Erfahrungen in Spanien.[103] Auch über das, was Auden 1945 in Deutschland erlebte: seinen Besuch in den soeben befreiten Konzentrationslagern, seine Gespräche mit ehemaligen KZ-Insassen, die Zerstörung deutscher Städte – er reiste etwa durch Nürnberg, Darmstadt und München – sprach er selbst gegenüber seinen engsten Freunden nur sehr wenig.[104] Seine Beschreibung des zerstörten München etwa bricht er in einem Brief an Elizabeth Mayer ab: "The city as a whole is gone. The towers of the Frauenkirche remain and half the nave, but why go on."[105] Lincoln Kirstein, der Auden in Deutschland traf, schreibt dazu:

[98] Nicolas Nabokov, "Excerpts from memories", in: *Auden. A Tribute*, 133-148, 145. Nabokov, der 1933 aus Deutschland in die USA emigriert war, war wie Auden und Stern bei der *Morale Division* tätig.

[99] In: W. H. Auden, *Selected Poems*, hg. von Edward Mendelson (London: Faber and Faber, 1988) [1979], 190-95.

[100] Pearsall, "The Poet and the Postwar City", 106.

[101] Der *Daily Worker* schrieb am 12.1.: "He will serve as an ambulance driver." (3) Doch Auden besuchte nur kurz Barcelona und Valencia und kehrte dann wieder um: "I just wandered in Barcelona and Valencia. They didn't give me anything to do – perhaps because I wasn't a party member." "Audenstraße", 42. Siehe auch Hynes, *The Auden Generation*, 251. Spender schreibt, Auden sei kurze Zeit in Spanien bei der Ambulanz tätig gewesen, doch habe er nie darüber gesprochen: "He had offered his services in Spain as a stretcher bearer in an ambulance unit. Yet he returned home after a very short visit of which he never spoke." Spender, *World Within World*, 247.

[102] In: *W. H. Auden: Selected Poems*, hg. von Mendelson, 51-55. Siehe dazu auch: James Richard Thomas Fountain, "Auden's Spain", *The Explicator* 65:3 (2007), 171-174.

[103] Spender, *World Within World*, 247.

[104] Stern, "The indispensable presence", 126; Pearsall, "The Poet and the Postwar City", 106. Über die Gräueltaten schien er nicht sprechen zu können. Nabokov erinnert sich: "We talked about the extermination camps we had seen in the course of our inspection tours … the horror of them … especially what Auden referred to as 'the horror of their meticulously systematic organization.' 'I knew that the Krauts could be cruel … But none of us could have imagined that they could go that far… They applied to it the same pedantic organizational skill a piano-tuner does when he tunes a virtuoso's concert grand', and Auden would stare in front of him shaking his head.": Nabokov, "Excerpts from memories", 145.

[105] Zit. Carpenter, *Auden*, 335.

> As far as I know, he never wrote about the Second World War except for an anonymous or collective War Department document which one imagines lies filed and forgotten awaiting some academic dissertationist, the like of which he so disdained.[106]

Spender hingegen, der sein gesamtes Schaffen als "fragments of an autobiography" bezeichnete,[107] verfasste eine Vielzahl von Schriften über seine Erfahrungen im Deutschland der unmittelbaren Nachkriegszeit. Seine aus der praktischen Mitarbeit an Entnazifizierung und Umerziehung erwachsenen Erfahrungen und Überlegungen verarbeitete Spender in einer Autobiographie, in Tagebuchaufzeichnungen und in (mehrfach umgearbeiteten) Reiseberichten sowie in seiner in den Jahren 1946 und 1957 verfassten Erzählung "The Fool and the Princess". Spenders Schriften[108] geben Aufschluss über die Wahrnehmung, Rekonstruktion und Interpretation von Besatzung, Entnazifizierung und Umerziehung im Bewusstsein des Autors.

Viele weitere britische Literaten verarbeiteten in ihren Schriften aus unterschiedlicher zeitlicher Distanz ihre Erfahrungen im besetzten Deutschland. Wie Spender beeinflussten also auch sie nicht nur den 'Lauf der Dinge' (die *res gestae*) in Nachkriegsdeutschland, sondern hatten ebenfalls an dessen Textualisierung (an der *historia rerum gestarum*) und damit auch an dessen Vermittlung teil.[109] Ihren 'Versionen' der 'historia' kommt mit dem zunehmenden Schwinden der Nachkriegsgeschichte aus dem Inhalt des (höchstens drei Generationen zurückgreifenden) kommunikativen Gedächtnisses eine gesteigerte Bedeutung zu: Im epochenübergreifenden kulturellen Gedächtnis konserviert, können sie als wesentlicher Teil des kollektiv geteilten Wissens über Besatzung, Entnazifizierung und Umerziehung in hohem Maße die Wahrnehmung dieser Prozesse durch die nachfolgenden Generationen bestimmen.

Die mit diesen Prozessen befassten Texte britischer Autoren sollen im Folgenden untersucht werden. Diese Texte sind weitgehend unbekannt; sie sollen deshalb relativ ausführlich vorgestellt werden, und zwar (in Kapitel II der Arbeit) hinsichtlich ihrer für das anvisierte Thema relevanten Inhalte, Aussagen, Stellungnahmen und (in Kapitel III der Arbeit) hinsichtlich bestimmter Verfahrensweisen und Darbietungsformen.

[106] Lincoln Kirstein, "Siegfriedslage", in Spender (Hg.), *Auden: A Tribute*, 128-132, 131.

[107] Spender, *World Within World*. In *The Thirties and After* schreibt Spender: "I myself am, it is only too clear, an autobiographer. Autobiography provides the line of continuity in my work." Thirties and After, 235. Siehe dazu auch Richard Freadman, *Threads of Life. Autobiography and the Will* (Chicago: U of Chicago P, 2001), 213. Dass Spender "mit großer Offenheit [seine] persönlichen und politischen Ansichten kundtat", unterscheide ihn, so schreibt Götz Schmitz, deutlich von den Modernisten der zwanziger Jahre, die "versuchten, ihre Person möglichst aus dem Werk herauszuhalten." Schmitz, "'Deepest Friendship – Ernst Robert Curtius und Stephen Spender", 261.

[108] Sie sollen in dieser Arbeit noch ausführlich behandelt werden.

[109] Siehe Einleitung.

II Das Verhältnis von Besatzern und Besetzten in der britischen Literatur

II.1 "After Belsen": Fremd- und Selbstbild

II.1.1 Erwartung und Erfahrung

> You are going into Germany. […] you are about to meet a STRANGE PEOPLE IN A STRANGE, ENEMY COUNTRY.[1]

Mit diesem plakativen Statement über Deutschland und die Deutschen wurden die in die britische Besatzungszone entsandten Soldaten auf ihr Leben in Deutschland eingestimmt, auf ein Leben unter ganz 'andersartigen Menschen' in einem ihnen völlig 'fremden, feindlichen Land', für das ihnen in einer Handreichung (*Germany. The British Soldier's Pocketbook*) Verhaltensmaßregeln mitgegeben wurden. Die meisten von ihnen waren vor dem Krieg nie in Deutschland gewesen, waren mit der deutschen Sprache und Kultur nicht vertraut und hatten keine persönliche Bekanntschaft mit Deutschen gemacht. Ihre ersten direkten Kontakte mit Deutschen machten sie in der britischen Besatzungszone, wo ihrerseits die meisten Deutschen erstmalig mit Briten zusammentrafen.[2] Was die Stereotyp- und Imageforschung als ubiquitär beobachtbares Phänomen herausgestellt hat, dass nämlich Erfahrungen in einem anderen Land immer durch Vorstellungen über das andere Land und die andere Nation präformiert sind, die sich aus verschiedenen Quellen speisen und in die Stereotype eingearbeitet sein können,[3] das traf auch für die ersten Kontakte zwischen Briten und Deutschen zu: Sie

[1] *Germany. The British Soldier's Pocketbook*, 4-5. Hervorhebung im Original. Auf dieses Handbuch wurde in der Einleitung ausführlich eingegangen.

[2] Dabei ist anzumerken, dass nur etwa ein Viertel aller Deutschen persönliche Begegnungen mit Briten machte – Männer mehr als Frauen, junge Männer mehr als ältere, Landbewohner und Bewohner kleinerer Gemeinden mehr als Stadtbewohner, Akademiker mehr als Arbeiter. Schulze schreibt dazu: "especially for the majority of workers in the industrial regions, British Military Government became almost invisible, so-to-speak, and was not part of their everyday life and concern." Schulze, "British Military Government and the German Population", 77f, Zitat 78. Siehe auch Lutz Niethammer, "Privat-Wirtschaft", in: ders. (Hg.), *"Hinterher merkt man, daß es richtig war, daß es schiefgegangen ist." Nachkriegserfahrungen im Ruhrgebiet* (Berlin: Dietz, 1983), 22-25.

[3] Siehe Stierstorfer, "Einleitung" zu ders. (Hg.), *Deutschlandbilder*, 11-13. In seiner Studie zum Deutschlandbild in der britischen Literatur nennt Günther Blaicher die "Hauptfaktoren bei der Herausbildung und Vermittlung nationaler Images": "Schulbücher, Enzyklopädien, Propagandaschriften, Zeitungsberichte, geographische, historiographische, ethnographische, soziologische, politische Länder- und Völkerdarstellungen, Reisetagebücher und -berichte, aber auch poetolo-

waren durch Voreingenommenheit gekennzeichnet. So schreibt Nicholas Spice, geboren 1953, in einem Aufsatz über die Wahrnehmung der Deutschen durch die Engländer: "meine Vorstellung von Deutschland und den Deutschen [wird] stets darunter leiden [...], daß mein Klischee von ihnen schon lange fertig war, ehe ich zum ersten Mal nach Deutschland kam oder einen Deutschen kennenlernte."[4] Leonard O. Mosley, der sich als Kriegsberichterstatter in Deutschland aufhielt und seine Erfahrungen noch 1945 in Buchform veröffentlichte, beobachtete dieses Phänomen unter den Mitgliedern der britischen Besatzungsmacht: "Quite often [...], members of those staffs were completely unfitted for their jobs, knowing nothing about Germany and its social, historic and cultural background, speaking nothing of the language, full of preconceived ideas and prejudices, and as often too old and set ever to change them."[5]

Das in der unmittelbaren Nachkriegszeit vorherrschende Deutschlandbild war natürlich von den Erfahrungen des Zweiten Weltkrieges und den von der Kriegspropaganda popularisierten Feindbildern der Deutschen als Hunnen, *jerries* oder *krauts* bestimmt,[6] die während des Krieges der moralischen Mobilmachung der Briten gedient hatten. Wie in der Einleitung erörtert, hatte zur kollektiven Wahrnehmung der Deutschen während

gische Werke sowie ältere und älteste Literatur". Hinzu kommen seiner Einschätzung nach die mündliche Überlieferung (etwa in Sprichwörtern) und die "auf Reisen gewonnene Anschauung": Günther Blaicher, *Das Deutschlandbild in der englischen Literatur* (Darmstadt: Wissenschaftliche Buchgesellschaft, 1992), 7-8.

[4] Nicholas Spice, "Die Wiederkehr der schwarzen Ritter. Englands Deutsche am Ende des Jahrhunderts", *Freibeuter. Vierteljahreszeitschrift für Kultur und Politik* 55 (1993), 41-48, 42.

[5] Leonard O. Mosley, *Report from Germany* (London: Victor Gollancz, 1945), 65.

[6] Bis heute sind die Ausdrücke im englischen kollektiven Gedächtnis verankert. Siehe A. Nünning, V. Nünning, "England", 106f. Wie Günter Blaicher erörtert, galt der Ausdruck 'Hun' im englischen Sprachgebrauch im 18. und 19. Jahrhundert als Bezeichnung für jeden Menschen 'unzivilierten' Verhaltens, wurde aber nach der Hunnenrede Wilhelms II. am 27. Juli 1900, in der Wilhelm die von ihm zur Niederschlagung des Boxeraufstands nach China entsandten Expeditionskorps zu Vergeltungsmaßnahmen aufforderte, fast nur noch auf die Deutschen bezogen. Sein Ausspruch "Pardon wird nicht gegeben. Gefangene werden nicht gemacht" wurde häufig zur Bestätigung für das als barbarisch geltende Verhalten der Deutschen herangezogen. Die Qualifizierung der Deutschen als 'Huns' bestärkte die Briten im Ersten Weltkrieg in der Vorstellung, dass man sich im Krieg mit einem brutalen Feind befand. George Orwell schreibt, dass sich im Zweiten Weltkrieg der Begriff 'jerry', der im ersten Weltkrieg nur unter Soldaten kursierte, durchsetzte: "Last time the enemy was generally called the *Hun* by the people at home, and *Jerry* by the soldiers. The latter is the term which remains in use in the present war." (*Southern Daily Echo* vom 26. März 1941, zit. nach *OED*, *s.v.* "jerry"). Die Bezeichnung der Deutschen als 'krauts' ist seit 1918 nachgewiesen: *OED*, *s.v.* "kraut"; siehe ausführlich Blaicher, *Deutschlandbild*, 23-26. Zum Deutschlandbild zu Beginn des Ersten Weltkrieges und früher vgl. Gerd Dose, "The Soul of Germany. Bemerkungen zum angloamerikanischen Deutschlandbild vor und zu Beginn des Ersten Weltkrieges", in: *Images of Germany*, Anglistik und Englischunterricht, 29/30 (Heidelberg, 1986), 21-55 und Balz Engler, "Englishness and English Studies", in: *European English Studies: Contributions towards the History of a Discipline*, hg. von Balz Engler und Renate Haas (Leicester: Published for the European Society for the Study of English by The English Association, 2000), 335-348, 342.

der Kriegsjahre entscheidend auch die politische Publizistik beigetragen, in der Eigentümlichkeiten 'der' deutschen Mentalität diskutiert worden waren.

Diese von Heterostereotypen durchsetzten Images dienten den Briten als Orientierungshilfe für den Umgang mit den Deutschen nach dem Krieg; denn auf der Grundlage dieser 'Deutschlandbilder' entwickelten die Verfasser der von Churchills Kriegskabinett in Auftrag gegebenen Memoranden über Deutschland Vermutungen über das Verhalten der Deutschen nach dem Krieg und Verhaltensmaßregeln für die Briten im Kontakt mit den besiegten Deutschen.

Das von Con O'Neill, einem Mitglied des Außenministeriums, am 2. Januar 1945 vorgelegte Memorandum "German Reactions to Defeat", das der damalige Außenminister Anthony Eden unter seinen Mitarbeitern zirkulieren ließ, entwarf Vorstellungen über die Mentalität 'der' Deutschen,[7] und mit dem Verhaltenskatalog, der dem im März 1945 unter den Mitgliedern der Kontrollkommission kursierenden Informationspapier "The German Character" beigefügt war, erhielten die britischen Besatzungssoldaten vor ihrem Dienst in Deutschland klare Instruktionen für ihren Umgang mit dem besiegten Volk.[8] Wie Vera und Ansgar Nünning gezeigt haben, griffen die Verfasser beider Memoranden "auf gängige Klischeevorstellungen über die Deutschen zurück [...], die seit dem 19. Jahrhundert die britische Wahrnehmung der Deutschen bestimmten."[9] Danach galten als 'typisch deutsche' Dispositionen unter anderem "eine primitive und aggressive Grundhaltung", "übertriebene Fügsamkeit, sklavische Unterwürfigkeit sowie Obrigkeitshörigkeit gegenüber 'Vater Staat'",[10] ein "unpolitischer Charakter", verbunden "mit einer kritiklosen Haltung gegenüber dem Staat und einem nur sehr schwach ausgeprägten Demokratie- und Freiheitsbewusstsein" und "Aggressivität gegen Fremde".[11] Zudem wurde in den Memoranden die Überzeugung vertreten, dass die deutsche Neigung, "bürgerliche Tugenden zu verabsolutieren", zu "bedingungsloser Prinzipientreue, übertriebener Disziplin, absoluter Autoritätsgläubigkeit, phantasieloser Gründlichkeit, pedantischer Korrektheit, kritiklosem Kadavergehorsam, übersteigertem Pflichtgefühl und einem fanatischen Ordnungs- und Sauberkeitstick" führe.[12]

[7] V. Nünning, A. Nünning, "England", 107. Siehe dazu auch Welch, "Priming the Pump", 217.

[8] Birke, "Geschichtsauffassung und Deutschlandbild", 171. Trotz Papierknappheit wurden zahlreiche Exemplare dieses Informationspapiers gedruckt: Meehan, *A Strange Enemy People*, 56. Zu dem Katalog von Verhaltensmaßregeln siehe ebd., 54-56, 175. Zu solchen "Pocket Guides" für britische Besatzungssoldaten, zu denen auch das eingangs zitierte zählt, siehe auch Jones, "Eradicating Nazism from the British Zone of Germany", 146-47; V. Nünning, A. Nünning, "England", 107 und dies, "Autoritätshörig, unpolitisch und opportunistisch", 224-239. Auch die amerikanischen Besatzungssoldaten erhielten Verhaltensmaßregeln für den Umgang mit den Deutschen, etwa in Form des 1944 gedruckten *Pocket Guide to Germany*; ein Exemplar befindet sich im Haus der Geschichte, Bonn.

[9] V. Nünning, A.Nünning, "Autoritätshörig, unpolitisch und opportunistisch", 227.

[10] Ebd.

[11] V. Nünning, A. Nünning, "England", 108f.

[12] Ebd., 109. Man ging davon aus, dass sich die Grundeinstellungen der Deutschen im Laufe der nächsten Jahre nicht ändern würden. Die Intelligence Group der Control Commission Germany empfahl noch sechs Monate nach Beginn der Besatzung: "we should continually plug the fact to

Aus diesen sozialpsychologischen Befunden über den deutschen Nationalcharakter leiteten die Verfasser der Memoranden Verhaltensmaßregeln ab, die zeigten, dass man versuchte, "sich die kollektiven Neigungen und (Un-)Tugenden der Deutschen zunutze zu machen."[13] So erhoffte man sich aus der übersteigerten deutschen Obrigkeitshörigkeit auch eine Bereitschaft zur bedingungslosen Unterwerfung unter die neuen Machtinhaber.[14] Als bestmögliche Behandlung der Deutschen wurde eine "ostentative Ausübung von Macht und Herrschaft" vorgeschlagen. Die Briten sollten ihre Autorität und Überlegenheit im Umgang mit den Deutschen hervorheben (so die Empfehlungen im Memorandum "The German Character"):

> *Do* give orders. *Do* be firm. *Do* see orders are carried out promptly and ensure severe punishment if they are not. [...] *Do* play your part as a representative of a conquering power and keep the Germans in their place. [...] *Don't* make requests. *Don't* be weak. [...][15]

Als es britischen Frauen vom 15. August 1945 an gestattet war, ihren als Besatzungssoldaten oder als Angehörige der Kontrollkommission tätigen Männern in die britische Zone zu folgen, wurden auch sie mit Informationsbroschüren auf ihren Aufenthalt in Deutschland vorbereitet.[16]

Die Deutschland-Memoranden dienten den Briten aber nicht nur als Orientierungshilfen für den Umgang mit den Besiegten in der Besatzungszone; sie hatten darüber hinaus noch eine andere wichtige Funktion. Fremdbildern kommt ja auch – wie Edward Said betont – eine wesentliche Bedeutung für die Ausbildung der eigenen nationalkulturellen Identität zu, die sich in Abgrenzung gegenüber dem Anderen definiert:

> [...] the development and maintenance of every culture require the existence of another different and competing *alter ego*. The construction of identity [...] involves establishing opposites and 'others' whose actuality is always subject to the continuous interpretation and reinterpretation of their differences from 'us'. Each age and society recreates its 'others'.[17]

all our personnel on the Control Commission that the German does not change his nature for a few months or a few years." Zit. Meehan, *A Strange Enemy People*, 56.

[13] V. Nünning, A. Nünning, "England", 111.

[14] V. Nünning, A. Nünning, "Autoritätshörig, unpolitisch und opportunistisch", 232.

[15] Zit. Meehan, *A Strange Enemy People*, 55.

[16] Siehe dazu ausführlich ebd., 133-135.

[17] Edward Said, "East isn't East. The impending end of the age of orientalism", *TLS* vom 3. Februar 1995, 3-6, 3. Was Said hier mit Blick auf den 'Orientalismus' ausführt, gilt allgemein. Zur Fremdheitsforschung siehe weiter etwa Annegret Horatschek, *Alterität und Stereotyp. Die Funktion des Fremden in den 'International Novels' von E. M. Forster und D. H. Lawrence*, Mannheimer Beiträge zur Sprach- und Literaturwissenschaft, 37 (Tübingen: Gunter Narr Verlag, 1998), bes. 31-38.

Insbesondere Feindbilder sind bedeutsam für die Ausbildung des eigenen Selbstverständnisses und der kollektiven Identität:

> Fremdbilder sind immer auch wesentlich für die Setzung von Eigenbildern. Eine Aussage über andere ist stets eine Selbstoffenbarung und enthüllt das Eigenbild. Dies zeigt sich vor allem an der Konstruktion von Feindbildern, die einer Stärkung des nationalen Selbstbildes dienen. Durch die massive Abgrenzung vom Feind bzw. vom Anderen soll ein nationales Wir-Gefühl gestiftet werden.[18]

So verwundert es nicht, wie John Baxendale anmerkt, dass die Betonung der eigenen nationalen Identität gerade in Kriegszeiten forciert wird: "It is not surprising that most post-war historians have seen the war itself, like it or not, as a defining national moment, when a consensual 'national identity' was strengthened and reaffirmed – a time when at least we knew who we were."[19] So wie den Deutschen Eigenschaften zugeschrieben wurden, die den geläufigen englischen Selbstzuschreibungen ("Empirismus [...], Rationalität, Pragmatismus, common sense, Individualismus bis hin zur sprichwörtlichen englischen Exzentrik und Freiheitsliebe"[20]) diametral gegenüberstehen,[21] so wurde das englische Selbstbild als Gegenentwurf zum Deutschenbild gezeichnet. Die deutsche Mentalität wurde als fremd und unverständlich, als mit der englischen Mentalität unvereinbar stilisiert. "An Englishman", so schrieb der *Sunday Express* vom 22. Oktober 1944, "will never understand the mentality of a German."[22] Dem Bild der kaltblütigen deutschen Kampfmaschine wurde das Bild des menschlichen, unmili-

[18] Stierstorfer, "Einleitung" zu ders. (Hg.), *Deutschlandbilder*, 13. Siehe dazu auch Manfred S. Fischer, "Literarische Imagologie am Scheideweg. Die Erforschung des 'Bildes vom anderen Land' in der Literatur-Komparatistik", in: Günther Blaicher, *Erstarrtes Denken. Studien zu Klischee, Stereotyp und Vorurtei in englischsprachiger Literatur* (Tübingen: Narr, 1987), 55-71, 63.

[19] John Baxendale, "Mentioning the War: The Second World War and Post-War British National Identity", in: Ulrike Borgmann (Hg.), *From Empire to Multicultural Society: Cultural and Institutional Changes in Britain*. Proceedings of the Ninth British Cultural Studies Conference, Würzburg 1998 (Trier: wvt, 1999), 9-20, 10. Auch für Judy Giles und Tim Middleton sind Kriege "obvious occasions when ideas about national identity become particularly visible": Judy Giles und Tim Middleton (Hgg.), *Writing Englishness 1900-1950: An Introductory Sourcebook on National Identity* (London: Routledge, 1995), 110. Siehe auch Linda Colley, *Britons: Forging the Nation 1707-1837* (London: Vintage, 1996) [1992] und Barbara Korte, "Wars and 'British' Identities: From Norman Conquerors to Bosnian Warriors. An Overview of Cultural Representations", in: dies. und Ralf Schneider (Hgg.), *War and the Cultural Construction of Identities in Britain*, Internationale Forschungen zur Allgemeinen und Vergleichenden Literaturwissenschaft (Amsterdam, New York: Rodopi, 2002), 9-24.

[20] V. Nünning, A. Nünning, "England", 104.

[21] Ebd., 103f.

[22] Louis T. Stanley, "The Warped Mind of the German Youth", *Sunday Express*, London, vom 22.10.1944, 2.

taristischen, demokratie- und freiheitsliebenden Engländers entgegengesetzt.[23] Begriffe wie Barbarei und Rückständigkeit wurden dazu genutzt, das Selbstverständnis der eigenen Kultur zu stärken und die eigene Herrschaft zu rechtfertigen. Die eigene Kultur wurde im Kontrast zur anderen, zur fremden Kultur erfasst – ein Prozess, den Michael Fischer als "bifocality" bezeichnet: "seeing others against a background of ourselves, and ourselves against a background of others. [...] 'Bifocality' moreover must increasingly be shorthand for 'two or more' cultures in juxtaposition and comparison."[24]

Bevor die britischen Besatzungssoldaten nach Deutschland aufbrachen, wurden sie in dem schon erwähnten *British Soldier's Pocketbook* auf die 'Andersartigkeit' der Deutschen hingewiesen, die zwar äußerlich täuschende Ähnlichkeiten mit dem eigenen Volk hätten, doch tatsächlich ganz und gar unterschiedlichen Charakters seien:

> When you meet the Germans you will probably think that they are very much like us. They look like us, except that there are few of the wiry type and more big, fleshy, fair-haired men and women, especially in the north. But they are not really as much like us as they look.[25]

Die als 'anders' stigmatisierten Deutschen wurden nicht als unterschiedliche Individuen, sondern undifferenziert im verallgemeinernden Singular als "the German" vorgestellt. So heißt es im *Pocketbook*: "SO YOU WILL NOT BE SURPRISED IF THE GERMAN PROVES TO BE LESS LIKE US THAN HE APPEARS AT FIRST SIGHT."[26] Dieser Vorgang der nivellierenden Vereinheitlichung steht in einem unmittelbaren Zusammenhang mit dem von Mary Louise Pratt in der Ethnographie beobachteten Prozess des 'othering':

[23] Siehe Baxendale, "Mentioning the War", 13. Zu dem vom Churchill propagierten Englandbild siehe Helge Nowak, "Britain, Britishness and the Blitz. Public Images, Attitudes and Visions in Times of War", in: Korte, Schneider (Hgg.), *War and the Cultural Construction of Identities in Britain*, 241-259, bes. 248. Vor allem auch im Rahmen der *Home Front Propaganda* wurde die Brutalität 'der' Deutschen hervorgehoben; bis Ende 1944 produzierte das britische *Ministry of Information* Literatur, die von den Gräueltaten der Nazis berichtete. Siehe dazu Marion Yass, *This is your War. Home Front Propaganda in the Second World War* (London: Her Majesty's Stationery Office, 1983), 42-45. Siehe weiter Anthony Rhodes, *Propaganda – The Art of Persuasion 1933-45* (Chelsea House, 1979). Über die im Krieg propagierten Feindbilder schreibt Nicholas Spice: "Damit das Weiß der weißen Ritter gehörig zum Erstrahlen kam, mußten die schwarzen Ritter unbedingt als ein Feind von nahezu unbesiegbarer Kraft und Tüchtigkeit erscheinen. Dementsprechend betonten die Stories, die ich in der Kindheit zu hören bekam, wie schrecklich die deutsche Kriegsmaschinerie war und wie mangelhaft sich die Briten darauf eingestellt hatten." Spice, "Die Rückkehr der schwarzen Ritter", 43. Über Deutschlandbilder zwischen 1945 und 1973 siehe Schulze, "British Military Government and the German Population".

[24] Michael M. J. Fischer, "Ethnicity and the Post-Modern Arts of Memory", in: James Clifford, George E. Marcus (Hgg.), *Writing Culture. The Poetics and Politics of Ethnography* (Berkeley/Los Angeles/London: University of California Press, 1986), 194-233, 199.

[25] *Germany. The British Soldier's Pocketbook*, 18.

[26] Ebd., 23. Hervorhebung im Original.

> The people to be othered are homogenized into a collective „they“, which is distilled even further into an iconic „he“ (the standardized adult male specimen). This abstracted “he”/ ”they” is the subject of verbs in a timeless present tense, which characterizes anything “he” is or does not as a particular historical event but as an instance of a pregiven custom or trait.[27]

Die durch Anleitungen für den Deutschlandaufenthalt geformte Erwartungshaltung, welche die Briten bei ihrer Einreise mit nach Deutschland brachten, nahm entscheidend Einfluss auf ihre Wahrnehmung der Deutschen, denen viele von ihnen nun erstmalig begegneten. Der hier beobachtbare Prozess der ‘Präformierung’ und der Bestätigung der Vorerwartungen entspricht den mentalen Mechanismen, die Franz Stanzel für die “Entstehung von literarischen Länder- und Völkerbeschreibungen” konstatiert:

> 1. Die Erwartung des Reisenden wird durch Lektüre über die zu besuchenden Länder präformiert; dabei finden die im traditionellen Nationaleigenschaftskatalog bereitgehaltenen Stereotypen bereits Eingang ins Bewußtsein des Reiseautors. Hinzu kommt, daß die Instruktionen, die dem Reisenden [...] auf den Weg mitgegeben werden, seine Aufmerksamkeit auf ganz bestimmte Dinge hinlenkten, wodurch andere Phänomene notwendigerweise an den Rand des Blickfeldes gedrängt wurden. [...] 2. Während des Aufenthaltes in einem fremden Land werden Erfahrungen und Beobachtungen des Reisenden durch die mitgebrachte Erwartungsperspektive selektiert. Vieles, was nicht innerhalb des Erwartungshorizontes liegt, wird gar nicht wahrgenommen, das Erwartete dagegen, in welch verborgener Gestalt auch immer es dem Reisenden begegnet, genauestens registriert und mit Nachdruck im Gedächtnis verankert. [...] Gleichzeitig drängt sich dem Reisenden verständlicherweise ein Vergleich mit den entsprechenden Verhältnissen im eigenen Land auf, was wiederum einer Schematisierung der Eindrücke nach Gegensätzen, Kontrasten, Polaritäten Vorschub leistet [...][28]

Die direkte Konfrontation mit den von den Nazis verübten Gräueltaten bestätigte für viele das vorgeprägte Bild von den Deutschen; und die Stereotypisierung der Deutschen in der britischen Zone wurde durch das zu Beginn der Besatzungszeit geltende Fraternisierungsverbot noch begünstigt, insofern der Mehrzahl der Briten ein direkter Kontakt mit den Deutschen verboten war, dic Stereotype also anfangs nicht durch unmittelbare Erfahrungen korrigiert werden konnten und deshalb besonders stark wirkten.[29]

[27] Mary Louise Pratt, “Scratches on the Face of the Country; or, What Mr. Barrow Saw in the Land of the Bushmen”, *Critical Inquiry* 12 (1985), 119-143, 120. Zur Ethnographie siehe die Beiträge in: James Clifford, George E. Marcus (Hgg.), *Writing Culture. The Poetics and Politics of Ethnography* (Berkeley, Los Angeles, London: University of California Press, 1986).

[28] Franz Stanzel, “Der literarische Aspekt unserer Vorstellungen vom Charakter fremder Völker”, *Anzeiger der Österreichischen Akademie der Wissenschaften, Philosophisch-historische Klasse* 111 (1974), 63-82, 74-76.

[29] Mehr noch als für die britische Zone scheint dies für die US-Zone zu gelten: “The fact that American soldiers were billeted separately from German and Austrian civilians and that their needs were met by an excellent system of commissaries, sport facilities and entertainments meant

Wenn es aber zu direkten Kontakten mit den Deutschen kam, machten viele Briten die Erfahrung, dass ihre Erwartungen häufig keineswegs der Realität entsprachen: "the German way of living at that time was very far from that described in the official information booklet, *You Are Going Into Germany*. The booklet's contents were totally irrelevant to the actuality that awaited the travellers."[30] Auf die Realität waren die britischen Frauen keineswegs vorbereitet, als sie erstmalig dem ehemals 'gesichtslosen Feind' begegneten:

> For the British women, this first sight of those who had for so long been simply the faceless enemy was a shock. One six-year-old, to the embarrassment of her mother, piped up, 'Those aren't Germans, are they? I thought Germans were animals.' The apprehension some of the early arrivals might have felt at the prospect of coming face to face with the enemy was dissipated by the sight of the thin, almost yellow-faced figures and the all-pervading air of hopelessness.[31]

Mit den britisch-deutschen Begegnungen im Spannungsfeld zwischen den durch Fremdbilder formierten Erwartungen und den Erfahrungen im Land haben sich britische Literaten bis in die Gegenwart auseinandergesetzt. Ihnen dient die britische Zone als interessanter Schauplatz für Begegnungen zwischen Briten und Deutschen sowie zwischen Briten und den Repräsentanten der anderen Besatzungsmächte. In der britischen Zone stehen die Selbst- und Fremdbilder auf dem Prüfstand; hier werden Erwartungen durch Erfahrungen bestätigt oder aber korrigiert; vorhandene Stereotype werden perpetuiert oder aber demontiert. Dabei sind literarische Texte einerseits wesentlich an der Bildung und Festigung von Stereotypen beteiligt, geben Aufschluss über kollektive Wahrnehmungsmuster und enthalten nationenbezogene Selbst- und Fremdbilder, mit deren Genese und Wirkung sich die komparatistische Imagologie befasst.[32]

that they lived *in* Germany and Austria to a lesser degree than their British, French and Russian counterparts. [..] This sense of distance helped foster superior attitudes toward the 'natives', and a distinct lack of identification with German and Austrian problems. When American troops did involve themselves with the society around them, it was often the prospect of sex that aroused their interest rather than any concern with developing a greater social or cultural awareness." Biddiscombe, "Dangerous Liaisons", 615. Siehe dazu auch Harold Zink, *The United States in Germany, 1944-1955* (Princeton: D. von Norstrand, 1957), 140f.

30 Meehan, *A Strange Enemy People*, 134.

31 Ebd., 136. Zu britischen Reaktionen auf die ersten Begegnungen mit Deutschen siehe auch Rainer Schulze, "A Difficult Interlude: Relations Between British Military Government and the German Population and their Effects for the Constitution of a Democratic Society", in: Bance (Hg.), *The Cultural Legacy of the British Occupation in Germany*, 67-109, 71 und F. S. V. Donnison, *Civil Affairs and Military Government North- West Europe 1944-1946*, History of the Second World War, United Kingdom Military Series (London: HMS, 1961), 207.

32 Die komparatistische Imagologie beschäftigt sich, wie Michael S. Fischer mit Bezug auf das von ihm und Hugo Dyserinck vertretene 'Aachener Modell' ausführt, mit der "Untersuchung nationenbezogener Auto- und Hetero-Images in der Literatur selbst sowie in allen Bereichen der Literaturwissenschaft und -kritik" und mit der "Erklärung von Genese und Wirkung dieser Images im literarischen und ... im extraliterarischen Bereich": Fischer, "Literarische Imagologie

Andererseits können literarische Texte die Gültigkeit vorhandener Stereotype in Frage stellen.

Analysiert man diese literarischen Texte in Hinblick auf die Darstellung der britisch-deutschen Begegnungen in der britischen Besatzungszone, erweist sich Mary Louise Pratts Begriff der *contact zone* als hilfreich. Mit 'Kontaktzone' beschreibt Pratt einen Raum, in dem Menschen, die gewöhnlich voneinander getrennt leben, zueinander dauerhafte Beziehungen knüpfen, die in der Regel durch Konflikte und einen asymmetrischen Zugang zur Macht bestimmt sind. Diesen Raum analysiert Pratt im Hinblick auf das Verhältnis zwischen Kolonisatoren und Kolonialisierten:

> I use [the term 'contact zone'] to refer to the space of colonial encounters, the space in which peoples geographically and historically separated come into contact with each other and establish ongoing relations, usually involving conditions of coercion, radical inequality, and intractable conflict. [...] "contact zone" is an attempt to invoke the spatial and temporal copresence of subjects previously separated by geographic and historical disjunctures, and whose trajectories now intersect. By using the term "contact", I aim to foreground the interactive, improvisational dimensions of colonial encounters so easily ignored or suppressed by diffusionist accounts of conquest and domination. A "contact" perspective emphasizes how subjects are constituted in and by their relations to each other. It treats the relations among colonizers and colonized, or travelers and "travelees", not in terms of separateness or apartheid, but in terms of copresence, interaction, interlocking understandings and practices, often within radically asymmetrical relations of power.[33]

Auch die ersten Begegnungen zwischen Briten und Deutschen fanden in einem Raum statt, der in Anlehnung an Mary Louise Pratt als Kontaktzone bezeichnet werden kann. Die Beziehung zwischen Briten und Deutschen, die sich hier häufig erstmalig be-

am Scheideweg", 56. Zu den Forschungsaufgaben der komparatistischen Imagologie siehe auch ders., *Nationale Images als Gegenstand Vergleichender Literaturgeschichte. Untersuchung zur Entstehung der komparativen Imagologie* (Bonn: Bouvier, 1981); Hugo Dyserinck, "Komparatistische Imagologie. Zur politischen Tragweite einer europäischen Wissenschaft von der Literatur", in: ders., Karl Ulrich Syndram (Hgg.), *Europa und das nationale Selbstverständnis. Imagologische Probleme in Literatur, Kunst und Kultur des 19. und 20. Jahrhunderts* (Bonn: Bouvier, 1988), 13-38; Michael Schwarze, "Komparatistische Imagologie", in: Ansgar Nünning (Hg.), *Metzler Lexikon zur Literatur- und Kulturtheorie* (Stuttgart: Metzler, 2. Aufl. 2001), 275; Peter Boerner, "Das Bild vom anderen Land als Gegenstand literarischer Forschung", *Sprache im technischen Zeitalter* 56 (1975), 313-321; Ansgar Nünning, "Englische Bilder von Deutschland und den Deutschen: Zur Bedeutung von Nationalstereotypen für das kollektive Gedächtnis und das Verstehen fremder Kulturen", in: Lothar Bredella, Werner Delanoy (Hgg.), *Interkultureller Fremdsprachenunterricht* (Tübingen: Narr, 1999), 322-357, 325f. Einen Forschungsüberblick bis zum Jahr 1982 liefert Waldemar Zacharasiewicz, "National Stereotypes in Literature in the English Language: A Review of Research", *REAL. The Yearbook of Research in English and American Literature* 1 (1982), 75-120.

[33] Mary Louise Pratt, *Imperial Eyes. Travel Writing and Transculturation* (London/New York: Routledge, 1992), 6f.

gegneten, war durch ein Machtgefälle und durch die Trennung in Sieger und Besiegte bestimmt, die gleichwohl auf Kooperation angewiesen waren. Der Begriff der Kontaktzone lenkt die Aufmerksamkeit auf die Beziehungen zwischen Briten und Deutschen sowie zwischen den Briten und den Angehörigen anderer Besatzungsmächte, denn auch mit den Angehörigen der amerikanischen, französischen und russischen Besatzungstruppen sahen sich die Briten in Deutschland konfrontiert. Vor allem die Begegnung mit und die Abgrenzung von Russen und US-Amerikanern wirkte stark auf das britische Selbstbild ein. Als die Bedrohung durch die Sowjetunion verstärkt wahrgenommen wurde, war es den Briten wichtig, die Deutschen auf ihrer Seite zu haben. Diese neue Einschätzung macht sich in einer Verlautbarung der Regional Commissioners' Conference unter dem Vorsitz des Militärgouverneurs am 18. Mai 1947 deutlich bemerkbar: "We should behave towards the Germans as the people of one Christian and civilized race towards another whose interests in many ways converge with our own and for whom we have no longer any ill-will."[34] Mit dem Zusammenbruch der interalliierten Kooperation im Sommer 1948 kam es, so Rainer Schulze, zu einem Wendepunkt in den britisch-deutschen Beziehungen:

> The British were impressed by the willingness of the population in West Berlin to stand up and fight (or starve) for democracy and freedom western style [...] and it gave the British public a new sense of solidarity with the (West) Germans. The Germans were impressed by the unconditional support the British gave to protect them against Soviet, or Communist, aggression, which was a welcome demonstration and a long-sought gesture that the British had ceased to regard them solely as their defeated enemy.[35]

Die Barbaren waren nun nicht mehr die Deutschen, sondern die Russen, gegen die man sich zusammen mit den Deutschen in einer Allianz der 'Zivilisierten' abgrenzte.

Es sind Texte unterschiedlicher Gattungen, in denen Begegnungen zwischen Briten, Deutschen und Angehörigen anderer Besatzungsmächte in der Kontaktzone aus der Sicht britischer Literaten geschildert und inszeniert werden:

1. Briefe, Reise- und Tagebuchaufzeichnungen britischer Journalisten, Militärangehöriger und Schriftsteller, die sich während der Besatzungszeit in der britischen Zone aufhielten. Hierzu zählen Stephen Spenders Aufzeichnungen über seine Aufenthalte in Deutschland im September und Oktober 1945: "Rhineland Journal" (1945, in Ausschnitten erneut abgedruckt 1953, 1978), sein Reisetagebuch *European Witness* (1946) und seine in den 1985 veröffentlichten *Journals* enthaltenen Tagebuchaufzeichnungen; die Schriften von Victor Gollancz, vor allem seine Beschreibung *In Darkest Germany* (1947); unveröffentlichte Briefe des Theaterentrepreneurs Gerry Raffles aus Deutschland (Februar 1947); die Aufzeichnungen der Journalisten Arthur Dickens (veröffentlicht 1947 unter dem Titel *Lübeck Diary*), Leonard Mosley (*Report from Germany*, 1945) und Fenner Brockway (*German Diary*, 1946); das Tagebuch des britischen Soldaten William Peters über

[34] Zit. Meehan, *A Strange Enemy People*, 152.
[35] Schulze, "British Military Government and the German Population", 87.

seine Eindrücke in Deutschland zwischen August und Dezember 1945 mit dem Titel *In Germany Now* (1946); James Sterns *The Hidden Damage* und Vera Brittains *Testament of Experience*. Bei diesen Texten ist die doppelte Brechung zu berücksichtigen, in welcher Deutschland und die Deutschen erscheinen: Die Erfahrungen der Autoren in der britischen Besatzungszone sind durch Vorurteile, Erwartungen und durch Kriegs- und Vorkriegserfahrungen präformiert, und sie sind noch einmal verändert im erinnernden Gedächtnis und in der Reflexion nach der Rückkehr in die Heimat.[36]

2. Fiktionale Literatur, die sich (ausschließlich oder teilweise) mit der Besatzungszeit beschäftigt und dabei (aus unterschiedlich großer zeitlicher Distanz) Begegnungen zwischen Briten und Deutschen und/oder zwischen Briten und Mitgliedern der anderen Besatzungsmächte in der Kontaktzone schildert. Hierzu zählen die folgenden Romane und Erzählungen: John Prebbles *The Edge of Darkness* (verfasst in Hamburg und London 1946, erschienen 1948); Stephen Spenders "The Fool and the Princess" (1946); Geoffrey Cotterells *Randle in Springtime* (1949); James Cadells *Roast Pigeon* (1951); Ion Brabys *The Flower in the Gutter* (1951); M. M. Kayes *Death in Berlin* (1955); David Lodges *Out of the Shelter* (1970, 1985); Doris Lessings "The Eye of God in Paradise" (1978); Patricia Wendorfs *Peacefully: In Berlin* (1983) und *Lives of Translation* (1992); Francis Kings *Punishments* (1989); Ian McEwans *The Innocent* (1990); Alfred Shaughnessys *Dearest Enemy* (1991); Ronald Harwoods *Home* (1993). Unter den Dramen sind wichtig: Julia Pascals *Dead Woman on Holiday* (1991) und Ronald Harwoods *Taking Sides* (1995). Zur Lyrik, die sich mit britisch-deutschen Begegnungen in der britischen Besatzungszone befasst, zählen etwa Wrenne Jarmans "Threnody for Berlin – 1945", W. H. Audens "Memorial for the City" (1949) sowie Gedichte von Alan Ross aus den Jahren 1945/46 und von D. J. Enright aus den Jahren 1960 und 1962. Besonders beachtenswert bei der Analyse dieser Texte sind die im Verlauf der Zeit sich ändernden Selbst- und Fremdzuschreibungen.

Alle diese Texte sind an der Formulierung und Tradierung des kollektiven Wissens über die Besatzungszeit beteiligt, als facettenreiche Präsentationsweisen der britischen Zone als 'Kontaktzone'. Bei der Analyse dieses bislang weitgehend unbekannten Textkorpus kristallisieren sich einige immer wiederkehrende Themen heraus, die im Folgenden vorgestellt und untersucht werden sollen.

II.1.2 "Depersonalised mass" oder "human beings"?: Kollektive Verurteilung oder differenzierte Beurteilung der Deutschen

Der Anblick der Opfer und der Grausamkeiten in den Konzentrationslagern, der sich den britischen Soldaten, die an deren Befreiung beteiligt waren, bot, und die Fotos und Berichte, die daraufhin in den Medien veröffentlicht wurden, bestätigten in den Augen

[36] Stanzel schreibt hierzu: "Die Abfassung des Reiseberichtes nach der Rückkehr aus dem Ausland […] führt häufig zu einer weiteren Fiktionalisierung des Berichteten, und zwar auf zweifache Weise: formal und inhaltlich." Stanzel, "Der literarische Aspekt unserer Vorstellungen vom Charakter fremder Völker", 76.

vieler Briten die vorgeprägte Meinung, die Deutschen seien ein barbarisches Volk; und die erschreckende Tatsache, dass bei vielen Deutschen die erwartbare Reue ausblieb, musste diese Einschätzung noch bekräftigen.[37] Die Reaktionen der britischen Soldaten, Journalisten und medizinischen Helfer auf den Zustand der Opfer und das Ausmaß des Leids in dem von den Briten am 15. April 1945 befreiten Konzentrationslager Bergen-Belsen sind bis in die Gegenwart ein wichtiges Thema britischer Literatur.[38] Über die traumatisierende Erfahrung des Lagers Belsen ist etwa in Francis Kings Roman *Punishments* (1989) die Rede. In diesem Roman berichtet der bei der britischen Kontrollkommission tätige Colonel Thwaites über seinen Bruder:

> My brother was one of the first people to go into Belsen. He’s never been the same since. A kind of nervous breakdown, you might say. Or spiritual breakdown, that’s more like it, it’s the spirit that’s conked out. He’s lost all belief in – no, not God, not human goodness – but in life itself.[39]

Besondere Beachtung gilt hier zwei Texten des in Südafrika aufgewachsenen britischen Autors Ronald Harwood: seinem im Jahr 1995 uraufgeführten Zweiakter *Taking Sides*[40] und seinem von der Kritik bislang nur wenig wahrgenommenen Roman *Home*, der zuerst 1993 erschien. In beiden Texten wird die Einstellung von Angehörigen der Besatzungsmächte ‘den’ Deutschen gegenüber im Wesentlichen durch die Erfahrung ‘Belsen’ bestimmt.

Taking Sides befasst sich mit dem Entnazifizierungsverfahren des Dirigenten Wilhelm Furtwängler (des Chefdirigenten der Berliner Philhamoniker), der im Unterschied zu vielen seiner Kollegen nach 1933 nicht das Exil gewählt hatte.[41] Furtwängler wurde 1947 nach einem zweitägigen Verhör von einer Entnazifizierungs-Spruchkammer[42] in Kategorie 4 (Mitläufer) eingestuft und durfte daraufhin wieder dirigieren. Bereits im Februar 1946 war er von einer Kommission in Wien als entlastet

[37] Siehe Einleitung.

[38] Belsen wurde unzerstört an die Briten übergeben. Obwohl Himmler befohlen hatte, dass Belsen – wie die anderen Konzentrationslager – zu räumen oder zu zerstören sei, gab Kurt Becher, ein Gehilfe Himmlers, das Lager unzerstört an die Briten: *Remembering Belsen*, 6.

[39] Francis King, *Punishments* (London: Hamish Hamilton, 1989), 77.

[40] Ronald Harwood, *Taking Sides*, in: *Ronald Harwood: Plays 2* (London: Faber and Faber 1995), 1-67. Das Drama wurde am 18. Mai 1995 am Minerva Theatre Chichester uraufgeführt. Die Kritiken der Uraufführung finden sich gesammelt in: “Review of Taking Sides”, *Theatre Record* 15.11 (21 May-3 June 1995), 709-13.

[41] Monod schreibt dazu: “He was the artist who remained: he was proof that great music still resounded in the Reich and that Nazi Germany was heir to the spirit of Beethoven and Wagner. He lent cultural authority to a state shaken by the defection of many of its greater artists”: Monod, *Settling Scores*, 131.

[42] In der amerikanischen Zone setzte die Arbeit der Spruchkammern am 5. März 1946 ein: Wolfgang Benz (Hg.), *Deutschland unter alliierter Besatzung 1945-1949/55* (Berlin: Akademie-Verlag, 1999), 115.

eingestuft worden.[43] Gemäß der Alliierten Direktive Nr. 24 vom 12. Januar 1946, welche die "Entfernung von Nationalsozialisten und Personen, die den Bestrebungen der Alliierten gegenüberstehen, aus Ämtern und verantwortlichen Stellungen" vorsah,[44] hatte er jedoch weiterhin Berufsverbot, das nur durch eine Entlastung in einem Entnazifizierungsverfahren aufgehoben werden konnte. Nachdem Beweismaterial zunächst von den Briten zusammengetragen worden war, wurden 1946 schließlich zwei amerikanische Arbeitsgruppen mit dem Fall betraut.[45] In Wiesbaden wurden Beweise für Furtwänglers Entlastung gesammelt; in Berlin war man damit beschäftigt, die Anklage gegen Furtwängler zu untermauern. Im Zentrum von *Taking Sides* steht die Tätigkeit der Berliner Abteilung. Über ihre Arbeit, ihre Motive und Methoden, so Harwood, sei nur wenig bekannt;[46] folgendes sei jedoch unbestreitbar: "that Furtwängler was humiliated, relentlessly pursued and, after his acquittal, disinformation concerning him appeared in American newspapers".[47] Eben dieser Mangel an Dokumenten, so betont der Autor in einem Interview, ermöglichte ihm "künstlerische Freiheiten".[48] Was den Wortlaut der 'fiktiven' Dialoge angeht, verwendet Harwood jedoch (ohne dies anzugeben) z. T. wörtlich die in Sam Shirakawas Furtwängler-Biographie *The Devil's Music Master*[49] abgedruckten *Denazification Proceedings* des Tribunals vor der Entnazifizierungs-Spruchkammer in der Schlüterstraße 45 in Berlin (während der letzten Jahre des Krieges Sitz der Reichskulturkammer, heute das Hotel Bogota) vom 11. und

[43] Siehe dazu ausführlich Monod, *Settling Scores*, 132f. Nach Meinung der amerikanischen und auch französischen Behörden reichte Furtwänglers Entlastung in Österreich für seine Entnazifizierung nicht aus; die russischen und die britischen Behörden sprachen sich für seine Entnazifizierung aus. In Großbritannien führte Berta Geissmar, Furtwänglers frühere Sekretärin, die mittlerweile als Sekretärin des britischen Dirigenten Thomas Beecham arbeitete, die Lobby für Furtwängler an: Monod, *Settling Scores*, 134.

[44] Benz, *Deutschland unter alliierter Besatzung*, 114.

[45] Nicholas Nabokov, der 1933 aus Deutschland in die USA emigriert war, war innerhalb der Music Control Branch der Information Control Division of the United States Military Government for Germany tätig und zusammen mit Michael Josselson vor allem mit den Fällen deutscher Musiker, unter anderem auch dem Fall Furtwängler, betraut. Seine Aufgaben waren: "1. To eject the Nazis from German musical life and license those German musicians (giving them the right to exercise their profession) whom we believed to be 'clean' Germans. 2. To control the programs of German concerts and see to it that they would not turn into nationalist manifestations. 3. To guard and protect the 'monuments' and 'treasures' of Germany's culture which had by virtue of conquest fallen into our hands": Nicolas Nabokov, *Old Friends and New Music* (London: Hamish Hamilton, 1951), 263. Siehe dazu auch Saunders, *The Cultural Cold War*, 13-16. Einige der Unterlagen, die Nabokov in dieser Funktion vorgelegen haben, sind heute Teil der Nicolas Nabokov Papers im HRC: Nicolas Nabokov Papers, Series 1: Correspondence, Folder 2: 1940-49.

[46] Harwood, *Taking Sides*, 3. Später lernte Harwood die Witwe Furtwänglers, Elisabeth Furtwängler, kennen, die ihm von den Verhören in Berlin berichtete: Interview mit Stefan Kroner, Programmheft zu *Der Fall Furtwängler*.

[47] Harwood, *Taking Sides*, 3.

[48] Interview mit Stefan Kroner, Programmheft zu *Der Fall Furtwängler*.

[49] Sam H. Shirakawa, *The Devil's Music Master. The Controversial Life and Career of Wilhelm Furtwängler* (Oxford: OUP, 1992).

17. Dezember 1946, dem neben dem Vorsitzenden Axel Vogel sechs weitere Personen angehörten.[50] Unter anderem wurde er aus dem Grund wieder als Dirigent zugelassen, weil die Russen ihn sonst für ihre Zwecke eingesetzt hätten.[51]

In Harwoods Drama ist der amerikanische Major Stephen Arnold mit der Sammlung von Beweisen gegen Furtwängler betraut. Arnold hasst alle Deutschen ("shitheads", 12) – einige wenige "good Germans" ausgenommen – und ist wie besessen, Beweise gegen Furtwängler zu finden, wozu ihm jedes Mittel recht ist. Als eine mögliche Erklärung für seinen Hass gegen die Deutschen und seine Obsession, Furtwängler 'festzunageln' (26), erscheint seine traumatisierende Besichtigung des Vernichtungslagers Bergen-Belsen zwei Tage nach dessen Befreiung,[52] was ihn seither in Alpträumen verfolgt (64). Zunächst vermag Arnold nicht näher auf seine Erfahrungen in Belsen einzugehen; er führt das, was er dort gesehen hat, nicht weiter aus, sondern bricht ab: "I've seen things with these eyes – do you know what I'm talking about, David?" (11) Den Anblick, der sich ihm im Lager von Belsen bot, scheint er nicht beschreiben zu können – eine unter Soldaten, die an der Befreiung von Konzentrationslagern beteiligt waren, häufig dokumentierte Reaktion. Über Captain Derrick Sington, der als erster britischer Offizier das Konzentrationslager Buchenwald betrat,[53] hieß es etwa: "Captain Sington [...] cannot find any words at all to begin to indicate the conditions. [...] there are no words which will describe this camp adequately",[54] und Alan Rose, der als zwanzigjähriger

[50] Christoph Houswitschka, "Der Holocaust, die Musik und nationale Identität(en) in Ronald Harwoods *Taking Sides* (1995)", in: Peter Csobádi et al (Hgg.), *Politische Mythen und Nationale Identitäten im (Musik-)Theater. Vorträge und Gespräche des Salzburger Symposiums* (Anif/ Salzburg: Verlag Mueller-Speiser, 2003), Bd. 1, 421-35. Die *Denazification Proceedings* sind teilweise abgedruckt in Shirakawa, *The Devil's Music Master*, 309-37. Vgl. etwa Harwood, *Taking Sides*, 59f. mit Shirakawa, *The Devil's Music Master*, 328. Neben den *Proceedings* verwendet Harwood weiteres Material aus Shirakawas Biographie: Houswitschka, "Der Holocaust, die Musik und nationale Identität(en)", 426-428. Zu der Entnazifizierungsspruchkammer in der Schlüterstraße siehe weiter Monod, *Settling Scores*, 148-150.

[51] Mit dem 'Kulturkampf', vor allem der Rolle des CIA im Kulturkampf des Kalten Krieges, beschäftigt sich ausführlich Frances Stonor Saunders, *The Cultural Cold War: The CIA and the World of Arts and Letters* (New York: New Press, 2000). Furtwängler dirigierte nach dem Krieg erstmalig wieder am 25. Mai 1947 (Beethovens Fünfte und Sechste Symphonie, Berliner Philharmoniker): Monot, *Settling Scores*, 165. Am 29. Juli 1951 dirigierte Furtwängler Beethovens Neunte Symphonie zur Wiedereröffnung der Bayreuther Festspiele. Siehe Celia Applegate, "Saving Music. Enduring Experiences of Culture", *History & Memory* 17 (2005), 217-37, 228. Als der amerikanisch-jüdische Violinist Yehudi Menuhin 1947 in Berlin unter Furtwängler und damit erstmalig nach dem Krieg ein amerikanischer Musiker vor einem deutschen Publikum spielte, wurde er von Seiten amerikanischer Kritiker scharf kritisiert: Monot, *Settling Scores*, 165f.

[52] Belsen wurde am 15.April von alliierten Truppen befreit. Es war das erste große Konzentrationslager, das ungeräumt von den Alliierten betreten wurde. Siehe dazu etwa Joanne Reilly, *Belsen: The Liberation of a Concentration Camp* (London: Routledge, 1998).

[53] Hierbei handelt es sich um den Verfasser des in Kap. I genannten Buches *Belsen Uncovered*.

[54] The National Archives (PRO), WO 235/13: British Military War Crimes Trial, Lüneburg, Germany, 17.September-17.November 1945, Bergen-Belsen and Auschwitz Concentration

britischer Soldat an der Befreiung des Vernichtungslagers Bergen-Belsen beteiligt war, erinnert sich: "It was for me an indescribable sight."[55] Die Unfähigkeit, das gesehene Grauen zu beschreiben, lässt sich mithilfe von Aleida Assmanns Arbeiten zu 'Erinnerungsräumen' erklären. Belsen ist ein "traumatischer Ort" – ein Ort, dessen Geschichte "nicht erzählbar ist. Die Erzählung dieser Geschichte ist durch den psychischen Druck des Individuums oder soziale Tabus der Gemeinschaft blockiert."[56] Die Unaussprechlichkeit der Grausamkeit wird durch den Namen des Lagers ersetzt, der als "Kürzel"[57] für den Massenmord steht und zum "Träger der Erinnerung"[58] wird. Als solcher ist 'Belsen' ein "Gedächtnisort, der die Stelle markiert, wo einmal etwas Bedeutungsvolles sich ereignet hat".[59] Zeitungsberichte, Fotos, Filme und Radioberichte

Camps Case. Captain Glyn äußerte sich ähnlich: "conditions in the camp were really undescribable": The National Archives (PRO), WO 235/13: Proceedings of a Military Court for the Trial of War Criminals held at Lüneburg, Germany on Tuesday, 18 September 1945 upon the trial of Josef Kramer and 44 others.

[55] Abgedruckt in: Brewster Chamberlin und Marcia Feldman (Hgg.), *The Liberation of the Nazi Concentration Camps 1945. Eyewitness Accounts of the Liberators* (Washigton, D.C.: United States Memorial Council, 1987), 34. So auch weitere Augenzeugenberichte: "I have reported what I saw and heard, but only part of it; for most of it I have no words.": Edward R. Murrow, Radiobericht über Buchenwald 15.4.1945, abgedr. in *The Liberation*, 42-45, 44; "We have heard all the things that cannot be put into words. We have heard that words are not adequate in any language to describe the things that happened on the eastern and western fronts. [...] there are words that will describe it to somewhat better effect, but nobody can use them here. Nobody can use them except in his mind at night when he lies in his bed and he tries to say what really happened and how bad it was, and then somehow or other words of such filth and eloquence and pain come through your mind that you realize you can never utter them, even to your wife you have lived with for 50 years.": US war correspondent Curtis Mitchell, abgedr. in: *The Liberation*, 46-49, 46. Siehe auch Douglas Botting, *In the Ruins of the Reich* (London: Allen & Unwin, 1985), 35. Rainer Schulze zitiert in deutscher Übersetzung die Aussage eines britischen Sanitätsoffiziers während des Kriegsverbrecher-Prozesses gegen das deutsche Lagerpersonal im September 1945: "Die Zustände in dem Lager waren wirklich unbeschreiblich; keine Beschreibung und keine Photographie könnten die Schrecken hinreichend wiedergeben, die sich uns außerhalb der Baracken darboten, und die grauenhaften Bilder im Innern der Baracken waren noch viel schrecklicher und wurden, natürlich, überhaupt nur von wenigen gesehen": Rainer Schulze, "Besatzer und Besetzte. Die Briten im Landkreis Celle 1945/1946", *Celler Chronik* 5 (1992), 21-50, 27. Richard Dimbleby schrieb am 17. April 1945: "I have just returned from the Belsen concentration camp [...] I find it hard to describe adequately the horrible things I have seen and heard today.": "Richard Dimbleby's Despatch of 17 April 1945", in: *Remembering Belsen. Eyewitnesses Record the Liberation*, hg. von Ben Flanagan und Donald Bloxham, in association with the Holocaust Educational Trust (London/Portland, Or: Vallentine Mitchell, 2005), xi-xiii, xi.

[56] Aleida Assmann, *Erinnerungsräume. Formen und Wandlungen des kulturellen Gedächtnisses* (München: Beck, 1999), 329.

[57] Ebd..

[58] Ebd., 298.

[59] Aleida Assmann, "Das Gedächtnis der Orte", *Deutsche Vierteljahresschrift für Literaturwissenschaft und Geistesgeschichte* 68 (1994), 17-35, 17.

kurz nach der Befreiung Belsens durch die Briten am 15. April 1945 hatten Belsen zum Kürzel für den Massenmord der Nazis werden lassen:

> These sights scarred the minds of the British rescuers for life. Richard Dimbleby’s radio broadcast from the camp on 19 April, although it never referred explicitly to Jews, shook the nation. Press reports, photographs and newsreels reinforced the sense of shock and horror and for many British people for years to come Belsen would be synonymous with the ‘Holocaust’.[60]

Die Erfahrung ‘Belsen’ lässt Arnold unter Alpträumen leiden und bestimmt sein Vorgehen Furtwängler gegenüber; sie ist das Motiv für seine fanatische Verfolgung des Dirigenten.[61] Als traumatischer Ort hält ‘Belsen’ “die Virulenz eines Ereignisses als Vergangenheit fest, die nicht vergeht, die nicht in die Distanz zurückzutreten vermag.”[62] Dies zeigt sich besonders deutlich am Ende des Dramas, als das zuvor ‘Unaussprechliche’ schließlich ausgesprochen wird. Als Furtwängler die Musik zum Mythos erhebt und sie als Ausweg aus den in den KZs erlittenen Qualen darstellt,[63] fasst Arnold, der den Geruch und den Anblick von verwesten und verbrannten Körpern nicht vergessen kann, seine Belsen-Erfahrung schließlich in Worte – es bricht aus ihm heraus wie aus einem Vulkan:

[60] David Cesarani, *Britain and the Holocaust* (London: Holocaust Educational Trust, 1998), 16. Siehe etwa Leonard Cottrells Radioreportage im BBC, “The Man from Belsen”, aus der Sicht von Harold le Druillelenec, einem der wenigen Briten, die Belsen überlebten: *B.B.C. Features*, hg. von Laurence Gilliam (Aylesbury/London, 1950), 97-110; Robert Collis und Han Hagerzeil, *Straight on* (London: Methuen, 1947) über die medizinische Versorgung der KZ-Überlebenden in Belsen; Alan Moorehead, “Glimpses of Germany II – Belsen”, *Horizon* 12 (1945), 26-35 und Derrick Sington, *Belsen Uncovered* (London: Duckworth, 1946) über Belsen einige Tage nach der Befreiung durch die Briten. Siehe auch Martin Caiger-Smith, *The Face of the Enemy. British Photographers in Germany 1944-1952* (Berlin: Dirk Nishen, o.J.), 15. Siehe auch Schulze, “Besatzer und Besetzte”, 27f. Anne Karpf, britische Journalistin und Tochter zweier Holocaust-Überlebender, behauptet hingegen, dass das für die britische Bevölkerung konstatierte Entsetzen und Mitleid als Reaktionen auf Berichte über die KZ-Befreiungen zu den “weitverbreiteten Mythen des Zweiten Weltkrieges” zähle: Anne Karpf, *Der Krieg danach. Leben mit dem Holocaust* (Berlin: Ullstein, 1998), 360; englische Originalausgabe: *The war after. Living with the Holocaust* (London: Heinemann, 1996).

[61] Der *Spiegel* meint dazu: “die Motive seiner fanatischen Verfolgung des Bandleaders leuchten nicht ein. Zur Erklärung muß Arnold in seinem Bürosessel schreiend aus Alpträumen erwachen: Er hat Vernichtungslager gesehen, hat noch den Gestank verbrannten Menschenfleischs geatmet.” Carlos Widman, “Bandleader des Führers”, *Der Spiegel* 52 (1996), 162-65, 163.

[62] A. Assmann, *Erinnerungsräume*, 329.

[63] “I know that a single performance of a great masterpiece was a stronger and more vital negation of the spirit of Buchenwald and Auschwitz than words. Human beings are free wherever Wagner and Beethoven are played. Music transported them to regions where the torturers and murderers could do them no harm” (63).

> ARNOLD reacts as if a volcano is about to erupt inside him. A great, uncontrollable surge of anger wells up in him, causing him to pace alarmingly. He grabs the baton from his desk, stands trembling before FURTWÄNGLER, and snaps it in half. He pushes his face close to FURTWÄNGLER who recoils, terrified. [...] ARNOLD: (His rage erupting with quiet, terrifying menace) Have you ever smelled burning flesh? I smelt it four miles away. Four miles away, I smelt it. I smell it now, I smell it at night because I can't sleep any more with the stench of it in my nostrils. I'll smell it for the rest of my life. Have you seen the crematoria and the gas ovens? Have you seen the mounds of rotting corpses being shovelled into gigantic craters by the men and women who murdered them? I saw these things with my own eyes. And I've seen it every night since, night after night, and I wake screaming seeing it. I know I won't sleep undisturbed ever again. You talk to me about culture and art and music? You putting that in the scales, Wilhelm? You setting culture and art and music against the millions put to death by your pals? (64)

Ähnlich bestimmt auch in Harwoods Roman *Home* (1993) die Erfahrung 'Belsen' den Umgang mit den Deutschen. Stepan Kessler, Intelligence Officer bei der Canadian Black Watch, empfindet in der britischen Zone

> a certain satisfaction at having been a small part of the victory. He had entered the concentration camp of Belsen three days after its liberation; the living were barely distinguishable from the dead. Stepan fainted and came to, vomiting. He had no pity for the Germans. 'Your women and children get no pity from me,' Montgomery had said. Nor from Stepan.[64]

Das gleiche Bedürfnis nach einer kollektiven Bestrafung des Volkes, in dessen Namen die Verbrechen in den Konzentrationslagern verübt worden waren, beobachtete der britische Journalist Leonard Mosley unter seinen Kollegen: "Many of my colleagues came away from Belsen raging against the Germans, and saying that they should all be wiped out for what had happened at Belsen; forgetting how many of Belsen's victims had been Germans themselves."[65]

Zu den vehementesten Kritikern der kollektiven Wahrnehmung und pauschalen Verurteilung der Deutschen zählte, neben Victor Gollancz,[66] Stephen Spender, die sich in

[64] Ronald Harwood, *Home* (London: Weidenfeld & Nicolson, 1993), 317. Siehe auch: "'Do you remember a little town in England called Coventry, which six years ago was blown off the face of the earth by your bombers? The people who took the brunt of it were the women, children and old men. Your women and children get no sympathy from me – you should have thought about this six years ago.' He then launched into a bitter tongue-lashing about the concentration camps, recounting in detail the horrors he himself had witnessed. 'Have you seen them?' he asked. 'The crematoria, the gas ovens, the helpless victims? Have you seen the suffering you have caused?' He paused, twitched his lips, then continued, 'Unless you surrender unconditionally I will order the bombing and fighting to continue with the inevitable loss of German civilian and soldiers' lives.'" (315f.).

[65] Mosley, *Report from Germany*, 95.

[66] Zu Gollancz vgl. die Einleitung zu dieser Arbeit.

ihren Schriften verstärkt für eine individuelle Beurteilung statt einer kollektiven Verurteilung aller Deutschen aussprachen. In seinem Reisetagebuch *European Witness* schreibt Spender:

> To say to one particular German, who may be an anti-Nazi: "You are a German, I refuse to shake hands with you because, like all other Germans you are guilty and I am therefore going to requisition your house," is equivalent to saying: "I am victor and you are conquered. I regard your late government as guilty for starting the war and for many bestialities resulting from it and therefore I am going to exercise my privilege of ignoring your claims to be treated as a separate person with a separate body and soul and a separate personal history. I am going to ignore you as a human existence and treat you as a particle of a mass of collective guilt." (EW, 163)

Unter den britischen Soldaten, insbesondere den Offizieren (EW, 162), vermisste er eine Differenzierung zwischen deutschen Nazis und deutschen Anti-Nazis:

> They refuse to see that we must treat the Germans on a relationship of man to man and not of man to Guilty Beast. It may be objected that there are very few exceptional Germans. If this is so, then it should be at least possible to single them out and thus prove that we can treat the very few differently from the very many. (EW, 162f.)

Spender forderte, dass jeder einzelne Deutsche als Individuum betrachtet werden müsse:

> the individual German is an individual human being, and although he has to suffer the general fate of Germany he is not exactly the same as all other Germans. He is either less responsible than others for what has happened, he has to evolve his own attitude towards events which have made him suffer, and to treat him in exactly the same way as one treats all other Germans is to do an injustice to his moral nature, an injustice which is not excused by the fact that many Germans (of whom he may not be one) have outraged the moral nature of all peoples. Therefore, if I listened to people's grievances and self-justifications without producing the reply, with which, indeed, the stones of the whole of Europe seemed to cry out – "You have each one of you, to the same degree, brought all that happened and all that may happen upon your own heads" – that was because I was not a stone, I am a human being and I try to treat other human beings as human beings even in a country which has brought down upon itself all the fury of the falling stones of a whole civilization. (EW, 164f.)

Wie von Spender, ist die pauschale Verurteilung der Deutschen als Kollektiv auch von zahlreichen anderen britischen Autoren thematisiert, vielfach kritisch hinterfragt und durch eine differenzierte Beurteilung ersetzt worden, so etwa von John Prebble in seinem Roman *The Edge of Darkness* (1947), der seinen Protagonisten, den britischen Soldaten Ted Jones, aufgrund neuer Erfahrungen in Nachkriegsdeutschland sein frühe-res, undifferenziertes Feindbild korrigieren lässt.[67] Jones, dessen Frau in London einem deutschen Luftangriff zum Opfer fiel, meldet sich kurz nach den Landungen in der Normandie zum Kriegsdienst (Teil 1 des Romans); nach Kriegsende ist er – vor seiner Rückkehr nach England – für einige Monate in Hamburg stationiert (Teil 2). Die Wahrnehmung der Deutschen als eines kollektiven Feindes, einer unpersönlichen Masse ("a depersonalised mass", 179), weicht im Laufe seines Aufenthaltes in Deutschland einer individuellen Betrachtungsweise: Er lernt, die Deutschen als "human beings", als "characters" zu sehen (179). Eine Rückkehr zu den alten Stereotypen, zu Generalisierungen und zu holzschnittartiger Schwarz-Weiß-Malerei ist für Jones, in dessen Bewusstseinsveränderung der Leser Einblick erhält, von diesem Zeitpunkt an ausgeschlossen: "there was no going back to the old ideas, the old platitudes, the old, comforting pictures in black and white" (179). Wie der Gebrauch des Begriffes "comforting" in seinen selbstkritischen Reflexionen hinsichtlich stereotyper Wahrnehmungsmuster bereits vermuten lässt, erkennt Jones, dass mit der Abkehr von dem durch Stereotype geprägten Feindbild der Verlust einer bequemen Kategorisierung einhergeht. Einfacher war es für Jones gewesen, den gesichtslosen Feind zu hassen:

> How much easier had it been when the Germans were only a depersonalised mass, separated from him by the Maas, eighty million people without features or characters, just "the enemy". It had been easier to hate them then. [...] Jones could not remember the faces of those German soldiers they saw in twos and threes along the roadside. It was as if they all had but one face between them as they stood motionless beneath the trees and let the trucks pass. (176, 178)

Die kollektive Wahrnehmung und pauschale Verurteilung der Deutschen, die er seit dem Tod seiner Frau Mary nicht in Frage gestellt hatte, wird durch seine persönliche Erfahrung gründlich revidiert, vor allem durch seine Gespräche mit Kaethe Lenz, mit der er in Deutschland eine Beziehung eingeht (179f.).

Auch in Geoffrey Cotterells 1949 erschienenem Roman *Randle in Springtime* wird die Wahrnehmung der Deutschen als eines Kollektivs (wenn auch eher beiläufig) in Frage gestellt.[68] Eine Szene zu Beginn des Romans ist in dieser Hinsicht aufschlussreich: Der junge britische Artillerieleutnant Howard Randle und sein (ebenfalls britischer) Fahrer überholen auf der Straße ein Transportfahrzeug mit einer Gruppe deutscher ehemaliger Wehrmachtssoldaten. Dabei nehmen sie die Deutschen als undifferenzierte, gesichtlose Masse wahr:

> A crowd of faces stared out [...]. Dressed in the usual variety of semi-uniform, fur coats and dusty rags, they were of every age and the same age, every experience and the same experience. They were defeated, poor, hungry, depressed, pale and helpless. They stared without embarrassment [...]. Howard sat up as the jeep came close, conscious that in front of Germans he ought not to slouch. He tried to stare back at them with composure. They sat, crouched or stood without moving, like a collection of waxworks, and it seemed

[67] John Prebble, *Edge of Darkness* (London: Secker & Warburg, 1947).
[68] Geoffrey Cotterell, *Randle in Springtime* (London: Eyre & Spottiswoode, 1949).

> unnatural when one of them spoke to the woman next to him. What lay behind their expressionless eyes was impossible to know. (5)

Randles Fahrer schreibt dieser Gruppe von Deutschen die Mitschuld an den Gräueltaten in den Konzentrationslagern zu, und beide machen ihrem Ärger und Hass auf die Deutschen Luft:

> "At least it's a comfort that they are miserable," he [Randle's driver] said. "We have the last laugh. When you think what these swine have done –" "I'd put the whole lot in Belsen and tell 'em to stew there, sir, I would." "That's what they want, a taste of their own medicine. [...] It's a pity we can't kill the lot." (7)

Als sein Fahrer mit seiner Tirade fortfährt ("They never did nothing! Oh, no!"), räumt Randle jedoch ein, dass er selbst die Deutschen eigentlich gar nicht kenne: "'I've never spoken to them much,' Howard confessed" (RS, 7). Indem er zugeben muss, dass sein Urteil nicht auf persönlichen Begegnungen beruht, gerät – auf unaufdringliche Weise – die Möglichkeit in den Blick, das durch Stereotype und Vorurteile geprägte Bild von den Deutschen zu revidieren.

Der Wandel in der britischen Wahrnehmung der Deutschen in Folge britisch-deutscher persönlicher Begegnungen äußert sich besonders deutlich in Stephen Spenders Erzählung "The Fool and the Princess", die Spender 1946, kurz nach seiner Rückkehr aus dem besetzten Deutschland, zu schreiben begonnen hatte.[69] In vielen Punkten erscheint der Protagonist der Erzählung, der junge Soldat Harvey Granville, als *alter ego* des Autors, lässt Spender ihn doch seine Kritik an der kollektiven Wahrnehmung der Deutschen äußern. So plädiert Harvey, der nach dem Krieg längere Zeit in Deutschland in einem Lager für *Displaced Persons* tätig gewesen ist, also Opfer des NS-Régimes betreut hat,[70] in einem Gespräch mit seiner Frau, einem befreundeten Literaturkritiker namens Duncan Ballard und einem Franzosen namens Jules Alain dafür, die Deutschen als Individuen zu behandeln statt sie kollektiv zu verurteilen. Auf

[69] Stephen Spender, "The Fool and the Princess", in: Stephen Spender, *Engaged in Writing* (London: Hamish Hamilton, 1958), 159-239. Die Erzählung wurde 1948 unter der Regie von William C. Hammond verfilmt.

[70] 'Displaced Persons' wird üblicherweise mit 'verschleppte Personen' übersetzt: *Die Integration heimatloser Ausländer und nichtdeutscher Flüchtlinge in Westdeutschland. Ergebnisse einer sozialbiologischen Strukturanalyse der 1954/55 noch in Lagern, Wohnheimen und Wohnsiedlungen sowie in Heimen und Krankenhäusern erfassten 53642 nichtdeutschen Flüchtlinge*, Schriftenreihe der deutschen Nansen-Gesellschaft, 1 (Augsburg: Hofmann, 1958), 9. Der Begriff bezeichnet die Gruppe von Personen, die als direkte oder indirekte Folge des Zweiten Weltkriegs aus ihrer Heimat vertrieben oder verschleppt worden waren, also Zwangsarbeiter, die während des Krieges in deutschen Betrieben arbeiten mussten, ehemalige KZ-Häftlinge und Kriegsgefangene, doch nicht diejenigen deutschen Flüchtlinge, die nach dem Zweiten Weltkrieg aus ihrer Heimat vertrieben wurden. Siehe ebd. sowie Wolfgang Jacobmeyer, *Vom Zwangsarbeiter zum Heimatlosen Ausländer. Die Displaced Persons in Westdeutschland 1945-1951* (Göttingen: Vandenhoeck & Ruprecht, 1985).

Jules Alains spöttische Bemerkung "How you English love the Germans!" entbrennt eine Diskussion, in der Harvey seine Überzeugung begründet, indem er auf seine persönliche Begegnung mit Deutschen rekurriert:

> Harvey started on a pedantically reasonable tone. "We don't specially like the Germans, but we do happen to be an Occupying Power – as are also the French. Surely, Mr. Alain, we ought to agree that we are concerned with the welfare of the people in our respective zones?" […] "After all the Germans are human beings," said Duncan, bringing the conversation back to this simple, controversial point. "Are they?", asked Jules, with genuine irritation this time. "When the Germans occupied our country they didn't regard us as human beings. They didn't treat us as human beings either. They didn't claim to be human themselves. They said they were superhuman which seemed to be something quite different. And they treated us as sub-human. Humanity was left out of it." "I'm sure you're right about your experiences," said Harvey, "and of course we all sympathize. But still, not all Germans are involved. Some of them felt about it as we do." Jules Alain looked sceptical. "If one happens to have lived among them," Harvey went on, "one sees them not as 'the Germans' but as individuals. Sometimes these individuals detested the Nazis." (229f.)

Auch aus der historischen Distanz setzen sich britische Literaten in ihren Romanen mit dem Spannungsfeld zwischen der Erwartungshaltung, mit der Briten kurz nach Kriegsende nach Deutschland reisten, und ihren auf persönlichen Begegnungen mit einzelnen Deutschen basierenden Erfahrungen auseinander. Das Interesse an dieser Thematik scheint teilweise autobiographisch motiviert zu sein: Geschrieben wurden die damit befassten Romane zu einem großen Teil von solchen Autoren, die ihre Kindheit im Krieg zubrachten oder in der unmittelbaren Nachkriegszeit aufgewachsen sind, mit Feindbildern täglich konfrontiert waren und später eigene Erfahrungen in Deutschland und mit Deutschen machten. Patricia Wendorf, die nach dem Krieg einen deutschen Kriegsgefangenen heiratete,[71] lässt in ihrem Roman *Peacefully: In Berlin* (1983) eine Engländerin im Rückblick ihre Ehe mit einem ehemaligen deutschen Kriegsgefangenen schildern.[72] David Lodge bezeichnet seinen Roman *Out of the Shelter* (1970, 1985), dessen Protagonist während seines Aufenthaltes im besetzten Heidelberg zu einer veränderten Wahrnehmung der Deutschen gelangt, als "probably the most autobiographical of my novels".[73] Wie er 1984 im Nachwort zu seiner überarbeiteten Neuaus-

[71] Wendorf blieb mit den deutschen Freunden und Verwandten ihres Ehemanns auch nach dessen Tod im Jahr 1975 in engem Kontakt: Gudula Moritz, *Im Schatten des Dritten Reichs. Deutschland im britischen Roman des ausgehenden 20. Jahrhunderts*, Studien zur Anglistischen Literatur- und Sprachwissenschaft, 9 (Trier: wvt, 1998), 94f.

[72] Patricia Wendorf, *Peacefully: In Berlin* (London: Hamish Hamilton, 1983), hier zitiert nach der 2. Ausgabe (London/Sydney: Futura, 1988). Der Roman war für den *Guardian Fiction Prize* nominiert; zu den Rezensionen zählen die von John Nicholson in *The Times*, 27.1.1983 und die von Savkar Altinel im *TLS*, 11.2.1983.

[73] Lodge, "Afterword" (1984) zu *Out of the Shelter* (London: Penguin, 1986) [1985], 273-282, 275. 1967-68 hatte Lodge den größten Teil des Romans verfasst, der zuerst 1970 bei Macmillan

gabe des Romans (erschienen 1985) schreibt, wurde sein eigenes, durch Feindbilder der Kriegszeit verzerrtes Deutschlandbild ("the land of the hereditary enemy, still perceived through the distorting lens of a wartime childhood"[74]) im Jahr 1951 durch einen Aufenthalt bei seiner Tante, die als Sekretärin für die amerikanische Besatzungsarmee in Heidelberg arbeitete, maßgeblich verändert.[75] Der wenige Jahre nach Kriegsende geborene Autor Ian McEwan, der sich etwa in seinem Fernsehspiel *The Imitation Game* (1980)[76] sowie in seinen Romanen *The Innocent* (1990)[77] und *Black Dogs* (1992)[78] mit dem Zweiten Weltkrieg bzw. dessen Nachwehen auseinandersetzt, verbrachte einen Teil seiner Kindheit in Deutschland, und auch für ihn war der Krieg in seiner Kindheit allgegenwärtig: "I come from an Army background, and although I was born three years after the war ended, it was a living presence throughout my childhood. Sometimes I found it hard to believe I had not been alive in the summer of 1940."[79]

Wie in vielen zeitgenössischen literarischen Deutschlandreisen wird in McEwans Roman *The Innocent* sowie in den Romanen *Out of the Shelter* von David Lodge und *Punishments* von Francis King (1989) die Reise nach Deutschland eng mit der Initiationsthematik verknüpft.[80] Der Aufenthalt in der Fremde wird als Reifeprüfung, die sich im Laufe des Aufenthalts in Deutschland ändernde Wahrnehmung der Deutschen als Erkenntnisprozess dargestellt. Die Reise nach Deutschland wird zu einer "Initiationsreise" im Sinne Peter Freeses:

> Die "Initiationsreise" ist [...] ein nach außen projizierter innerer Ablauf, ein als reale Reise gestalteter Initiationsvorgang, bei dem die Stufen von Aus-, Über- und Eingang als Aufbruch, Aufenthalt in der Fremde und Rückkehr verdeutlicht und die Phasen des innermenschlichen Geschehens als die Stationen einer geographisch lokalisierbaren Reiseroute verwirklicht werden.[81]

erschien. Bei dem 1985 erschienenen Text handelt es sich um eine revidierte Fassung. Siehe dazu ausführlich ebd., 278-82.

[74] Lodge, "Afterword" zu *Out of the Shelter*, 274.

[75] Ebd.

[76] Ian McEwan, *The Imitation Game*, in: *The Imitation Game. Three Plays for Television by Ian McEwan* (London: Jonathan Cape, 1981), 95-175.

[77] Ian McEwan, *The Innocent* (London: Jonathan Cape, 1990). Im Folgenden zitiert nach: Ian McEwan, *The Innocent* (London: Vintage, 2001).

[78] Ian McEwan, *Black Dogs* (London: Jonathan Cape, 1992). Im Folgenden zitiert nach: Ian McEwan, *Black Dogs* (Vintage, 1998).

[79] Ian McEwan, Introduction to *The Imitation Game*, 9-20, 17. Nach eigenen Aussagen hat ihn die Lektüre von Agnus Calders sozialgeschichtlicher Untersuchung *The People's War* dazu bewegt, über den Krieg zu schreiben: Siehe ebd. sowie Richard Johnstone, "Television Drama and the People's War: David Hare's *Licking Hitler*, Ian McEwan's *The Imitation Game*, and Trevor Griffith's *Country*, in: *Modern Drama* 28 (1985), 189-197, 189f.

[80] Moritz, *Im Schatten des Dritten Reichs*, 115; Merritt Moseley, *David Lodge: How far can you go?*, Milford Series: Popular Writers of Today, 16 (San Bernadino: Borgo Press, 1991), 48f.

[81] Peter Freese, *Die Initiationsreise: Studien zum jugendlichen Helden im modernen amerikanischen Roman mit einer exemplarischen Analyse von J. D. Salingers* The Catcher in the Rye, Kieler Beiträge zur Anglisitik und Amerikanistik, 9 (Neumünster: Wachholtz, 1971), 157.

Im Bewusstsein der Protagonisten hinterlassen die in Deutschland gesammelten Erfahrungen einen bleibenden Eindruck, der sie aus dem Stadium jugendlicher Unschuld herausführt. Ian McEwans Roman *The Innocent* spielt größtenteils während des Kalten Krieges 1955 und 1956 im geteilten Berlin. Hier wird der 25-jährige Brite Leonard Marnham in seiner Funktion als Fernmeldetechniker in das unter dem Code-Namen "Operation Gold" gemeinsam von CIA und MI6 durchgeführte Tunnelprojekt, von dem sich die Briten und Amerikaner erhofften, russische Telefonleitungen anzapfen zu können, eingebunden.[82] Leonard, der mit der Reise nach Deutschland erstmalig das behütete Elternhaus verlässt, verliert in Berlin in mehrfacher Hinsicht seine Unschuld: Er macht dort seine ersten sexuellen Erfahrungen, er erschlägt einen Menschen, und er wird in die Geschäfte des Geheimdienstes eingeführt. In Berlin lebt Leonard erstmalig allein, nicht bei seinem Vater und bei seiner Mutter, die ihm noch seinen Koffer gepackt hat (7). Als er in einem Berliner Tanzlokal Tischpost von einer deutschen Frau, Maria, erhält, vermutet er darin zunächst einen Brief seiner Mutter: "For one confused moment he thought it might be from his mother. He was owed a letter from England." (36)

Mit Maria macht Leonard seine ersten sexuellen Erfahrungen:

> "And did you have any girlfriends in England?" [Maria asked] "Not many, no." "How many?" He hesitated before making a lunge at the truth. "Well, actually, none." "You've never have had one?" "No." Maria leaned forwards. "You mean, you've never…" He could not bear to hear whatever term she was about to use. "No, I never have." She put her hand to her mouth to stifle a yelp of laughter. […] Hers was the laughter of nervous relief. She had been suddenly absolved from the pressures and rituals of seduction. […] she really had discovered for herself this shy Englishman with the steady gaze and the long lashes, she had him first, she would have him all to herself. (54f.)

Leonards Beziehung zu Maria, die älter und in vielen Dingen erfahrener ist als er, lässt ihn reifen. Seine sexuellen Erfahrungen werden eng mit seiner Arbeit im Tunnel verknüpft.[83] In Marias kalter Berliner Wohnung 'vergraben' sich die Liebenden unter einem Berg von Decken:

[82] McEwan betont seine Fiktionalisierung der 'Operation Gold': "If someone wants to know about Operation Gold, they shouldn't read my book", he comments, "There's a lot of false information there.": Boyd Tonkin, "Trials of a War Baby", *New Statesman & Society*, 11.5.1990, 19. Siehe auch seine "Author's Note" zu *The Innocent*. George Blake, die einzige Person im Roman mit nicht erfundenem Namen, war Teil des Planungsausschusses und verriet das Projekt vermutlich bereits 1953 an den Osten.

[83] Zu dieser im Roman aufgebauten Parallele siehe ausführlich Jack Slay, *Ian McEwan*, Twayne English Author Series, 518 (New York: Twayne, 1996), 135-136; John Carey, "Tunnel of Love", *Sunday Times* 13. Mai 1990, Section H, 32; Tamás Bényei, "Places in Between: The Subversion of Initiation Narrative in Ian McEwan's *The Innocent*", *British and American Studies* 4:2 (1999), 66-73, 72; David James, "'A boy stepped out': migrance visuality, and the mapping of masculinities in later fiction of Ian McEwan", *Textual Practice* 17 (2003), 81-100, 91-92.

> Leonard's initiation happened to coincide with the coldest week of the winter. By Berlin's harsh standards, the old hands agreed, it was exceptional at minus twenty-five degrees. [...] During this time he rarely saw Maria naked, not all of her, all at once. He saw the gleam of her skin when he burrowed down into the humid gloom. Their winter bed, top heavy with thin blankets, coats, bath towels, an armchair cover and a nursery quilt, was precarious, bound only by its own weight. There was nothing large enough to keep the whole together. One careless move and single items would slide away, and soon the ensemble would be in ruins. Then they would be standing facing each other across the mattress, shivering as they began the reconstruction. So Leonard had to learn stealth as he burrowed down. (72)

In diesem Halbdunkel nimmt Leonard "excavations" vor (73), um Marias Körper zu erkunden: "Down here in the semi-darkness – the bedclothes did not tuck under the mattress and there was always light leaking in from the sides – in the closed and clotted space, he learned to love the smells" (72).[84]

Der Tunnel ist hier liminaler Ort im Turnerschen Sinne.[85] Hier vollzieht sich der *rite de passage* des Protagonisten.[86] Als Leonard nach mehreren Tagen aus 'Marias Tunnel' auftaucht und in seine Wohnung zurückkehrt, wird er sich seiner eigenen Veränderung bewusst:

> He went about turning on the lights, intrigued by the signs of a former self – the young man who had sat down to write these nervous, scheming drafts strewn across the floor, the scrubbed-clean innocent who had left scum and hairs round the bath, and towels and clothes on the bedroom floor. Here was the inexpert coffee-maker – he had watched Maria and knew all about it now. Here was the childish chocolate bar and beside it his mother's letter. He read it over quickly and found the little anxieties expressed on his behalf cloying, really quite irritating. (75)

[84] Bemerkenswert in diesem Kontext ist ferner, dass Leonard, während er mit Maria schläft, an Schaltpläne denkt (I, 105). Als Leonard über Weihnachten seine Eltern in England besucht, vermisst er beides, Maria und den Tunnel: "Leonard missed Maria, and he missed the tunnel almost as much." (I, 115). Siehe dazu auch John Carey, "Tunnel of Love", *Sunday Times* vom 13. Mai 1990, 32.

[85] Turner zufolge wird der Schwellenzustand (die 'Liminalität') unter anderem häufig mit Dunkelheit gleichgesetzt; die Dunkelheit im Tunnel bzw. in Marias "Deckenhöhle" bringt die Unbestimmtheit des Schwellenzustands zum Ausdruck. Siehe Victor Turner, *Das Ritual. Struktur und Anti-Struktur* (Frankfurt/M.: Campus, 2005) [1989], 95.

[86] Auch Tamás Bényei verweist auf den Tunnel als 'rite de passage': "A tunnel is not a place, but a place between two proper places [...] It is a place or going through and not for inhabiting, a place that cannot be a home. [...] As a narrative space, it tropes the rite of passage": Tamás Bényei, "Places in Between: The Subversion of Initiation Narrative in Ian McEwan's *The Innocent*", *British and American Studies* 4 (1999), 66-73, 72.

Als ein wichtiger Teil seines Reifungsprozesses wird seine veränderte Wahrnehmung der Deutschen gedeutet, die er nun nicht mehr kollektiv als 'ex-Nazis' wahrnimmt: "Germans were no longer ex-Nazis, they were Maria's compatriots" (64).[87]

Als Resultat eines Reifungsprozess wird auch seine veränderte Reaktion auf die Zerstörung Berlins dargestellt. Bei seinem ersten Spaziergang durch Berlin erfüllt ihn der Anblick der Zerstörung mit Stolz:

> It was impossible for a young Englishman to be in Germany for the first time and not to think of it above all as a defeated nation, or feel pride in its victory. [...] It was hard not to feel boyish pleasure in the thousand pounders that had lifted roofs off buildings, blown their contents away to leave only façades with gaping windows. (5)

Zwei Wochen später empfindet er den Stolz, den er beim Anblick des zerstörten Berlins fühlte, bereits als kindisch; eine Entwicklung hat stattgefunden: "After almost two weeks in the city during which he had shopped, eaten, commuted and worked, his earlier pride in its destruction seemed puerile, repellent." (46) Über die ihn zuvor irritierenden Aufbauarbeiten zeigt er sich nun erfreut: "As he crossed Oranienstrasse and saw building work on a cleared site, he was pleased." (46)

McEwans Roman baut stereotype Sichtweisen auf, um sie kurz darauf zu demontieren. So stellt Leonards amerikanischer Kollege Bob Glass in seiner Verlobungsrede für Leonard und Maria die Verlobung der beiden als Beitrag zur Völkerverständigung dar:

> Leonard and Maria belong to countries that ten years ago were at war. By engaging to be married they are bringing their own peace, in their own way, to their nations. Their marriage, and all others like it, bind countries tighter than any treaty can. Marriages across borders increase understanding between nations and make it slightly harder each time for them to go to war ever again. (124)

Dass Einzelpersonen als Repräsentanten ihres Volkes gelten, wird von Maria in Frage gestellt: "'Does he think I'm the Third Reich. Is that what he thinks you are marrying? Does he really think that people represent countries?'" (129)

Am deutlichsten zeigt sich die Entwicklung des von nationalen Stereotypen und Feindbildern geprägten Deutschlandbilds hin zu einer differenzierteren Wahrnehmung der Deutschen beim Vergleich zweier Besuche des Protagonisten in einer Berliner Eckkneipe. Dort vermeint Leonard am ersten Tag seines Aufenthaltes nach einigen Gläsern Bier aus dem erregten Stimmengewirr am Nachbartisch die Prahlereien ehemaliger Nazis über die von ihnen begangenen Gräueltaten ausmachen zu können:

> As he drank he became aware of the conversation of three men at a table behind him. It had been rising in volume. He had no choice but to attend to the boom of voices colliding, not in contradiction, but, it seemed, in the effort of making the same point more forcefully. At first he heard only the seamless, enfolded intricacies of vowels and sylla-

[87] Siehe dazu auch Slay, *Ian McEwan*, 136.

> bles, the compelling broken rhythms, the delayed fruition of German sentences. While he was downing his third beer his German began to improve and he was discerning single words whose meanings were apparent after a moment's thought. On his fourth he started to hear random phrases which yielded to instant interpretation. Anticipating the delay in preparation, he ordered another half litre. It was during this fifth that his comprehension of German accelerated. There was no doubt about the word Tod, death, and a little later, Zug, train, and the verb bringen. He heard spoken wearily into a lull, manchmal, sometimes. *Sometimes these things were necessary*. The conversation gathered pace again. It was clear that it was driven by competitive boasting. [...] Their conscience set free by a beer twice as strong as English ale and served in something not much smaller than pint pots, these men were revealing when they should have been cringing in horror. They were shouting their bloody deeds all over the bar. *Mit meinen blossen Händen*! With my own hands! Each man bludgeoned his way into anecdote, until his companions were ready to cut him down. [...] *Eines Tages werden mir alle dafür dankbar sein*. One day everyone'll thank me for it. (6-7)

Leonards Wahrnehmung der Deutschen in der Kneipe wird einige Monate später als stereotype Sichtweise aufgedeckt. Mittlerweile sind seine Deutschkenntnisse gut genug, dass er erkennen kann, dass es sich bei den vermeintlichen Gräueltaten um harmlose Gesprächsinhalte handelt: "He had enough German now to know that the locals hunched at their tables were not diccussing genocide. It was the usual pub grumble – the late spring, the government, the quality of the coffee." (94)

Mit dem Wandel in der britischen Betrachtungsweise der Deutschen beschäftigt sich auch David Lodges *Out of the Shelter*. Hier weichen ebenfalls vorgefasste Meinungen über die Deutschen im Verlauf persönlicher Begegnungen einer komplexeren Wahrnehmung. Verortet McEwan den *rite de passage* in einem Tunnel, steht bei Lodge das Verlassen des Bunkers für die Initiation des Protagonisten mit dem aussagekräftigen Namen Timothy Young.[88] Der Bunker versinnbildlicht den Übergang zum Erwachsenwerden, den der Roman in den Teilen "The Shelter" (3-53), "Coming Out" (57-117) und "Out of the Shelter" (121-271) nachzeichnet. Auch in diesem Roman wird die zunehmende Komplexität des Deutschland- und Deutschenbildes als Teil des Reifungsprozesses des Protagonisten gedeutet. Der erste Teil des Romans ("In the Shelter") wird aus der Perspektive des fünfjährigen Timothy erzählt – "perceived through the distorting lens of a wartime childhood", wie Lodge in seinem Nachwort erörtert (274). Timothys kindliches Deutschlandbild ist von Stereotypen geprägt, die nach dem Krieg durch die Nachrichten über das Ausmaß der Nazi-Gräueltaten bestätigt werden:

[88] In seinem 'Afterword' von 1985 bezeichnet Lodge den Roman als Kombination aus *Bildungsroman* und *international novel*: "Generically, it is a combination of the *Bildungsroman* (the useful German term for a novel about the passage from childhood to maturity and the recognition of one's vocation) and the Jamesian "international" novel of conflicting ethical and cultural codes. James Joyce's *A Portrait of the Artist as a Young Man* and Henry James's *The Ambassadors* are its most obvious literary models." (OS, 275). Siehe dazu Moseley, *How Far Can You Go?*, 50.

> Timothy felt almost glad – glad that the Germans had been shown to be wicked beyond all imaginings, for it confirmed the righteousness of the war. It was as if all the evil and nastiness and cruelty in the world had been drawn into one place and was now being punished and stamped out, crushed between the mighty armies of the Allies. (29)

Während seines ersten Spaziergangs durch Heidelberg sieht Timothy eine Person, die für ihn 'den Deutschen' seiner durch die Feindbilder geprägten Vorstellung verkörpert – mit einem nackten Schädel, mit vernarbtem Gesicht, kleinen blutunterlaufenen Augen, aufgeblasenen Nüstern und einem gehässigen Gesichtsausdruck:

> Only once did Timothy glimpse the Germany of his imagination. But that occasion affected him deeply. He was walking up one of the cobbled streets behind the University that led to the Castle. About halfway up there was a recess in the wall on the right-hand side where water trickled from a spout above a little stone bowl. The man walking in front of Timothy stopped to drink, stooping and twisting his head to catch the water in his mouth. It was a hot day and the climb was tiring. Timothy slowed his pace, intending to cool his face and hands in the water, if not to take the risk of drinking it. Then, as he approached, the man straightened up, and turned to face Timothy, wiping his mouth with the back of his hand. It was a face of such brutality that, in spite of the warm day, Timothy turned cold with fear. A bumpy, shaven iron-grey skull, small bloodshed eyes, flared nostrils, thick lips elongated into a sneer by a scar that curved down to the jawline – he took in this much as he swerved aside and stumbled on up the hill. [...] The face had been the very image of the concentration-camp commander – the Beast of Belsen and other bogeymen who had scowled and strutted through the newspapers and nightmares of his childhood. (127f.)

Sein durch die Kriegsjahre geprägtes Deutschlandbild wird während seines Aufenthaltes in Heidelberg durch Gespräche, Beobachtungen und Begegnungen mit einzelnen Deutschen gründlich revidiert.[89] Die Auswirkungen der alliierten Luftangriffe auf die deutsche Zivilbevölkerung erfährt er von seinem väterlichen amerikanischen Freund, der – seinem Namen Don entsprechend – in Heidelberg die Mentorenrolle für Timothy übernimmt (z.B. 219-222);[90] und durch seine Bekanntschaft mit dem nur wenig älteren Hotelpagen Rudolf, der in der letzten Kriegsphase einen Arm verlor, erhält er einen Einblick in die Alltagsnöte einer deutschen Nachkriegsfamilie (186-90).

Timothys Überwindung seines von Stereotypen gekennzeichneten Deutschlandbildes zeigt sich bei seiner Begegnung mit Rudolfs Vater. Als er ihn zum ersten Mal sieht, vermeint er zunächst, in ihm die Schreckgestalt seines Heidelberg-Spaziergangs wiederzuerkennen:

> From Rudolf's remarks about his childhood he [Timothy] had constructed a rather sinister image of the father. When they turned round behind the cottage into the garden, and saw

[89] Zu David Lodges Kindheit siehe sein Essay "Memories of a Catholic Childhood", in: David Lodge, *Write On. Occasional Essays '65-'85* (London: Secker & Warburg, 1986), 28-31.
[90] Moritz, *Im Schatten des Dritten Reichs*, 124f.

> him, dressed in singlet and trousers, squatting on the ground with his back towards them, attending to some plants, Timothy's heart missed a beat: the broad, muscle-bound shoulders, the bumpy, shaven, iron-grey skull, instantly recalled the brutal-faced man he had encountered at the drinking fountain near the castle in Heidelberg. (186f.)

Seine Vorstellung weicht jedoch der Erkenntnis, dass es sich bei Rudolfs Vater nicht um die vermutete Gestalt handelt; sein Gesicht trägt deutlich andere Züge:

> *Vater*! Rudolf called. Timothy almost flinched as he stood up and turned to face them. But it was not the face he feared. It was a rather melancholy, gentle face, an aged, sunken replica of Rudolf's own, lined and burnt by the sun. (187)

Auch Francis Kings Roman *Punishments* verbindet die Initiationsthematik mit einer Reise nach Deutschland, die Erfahrung der Fremde mit der Entdeckung des Selbst. Der Ich-Erzähler des Romans, Michael Gregg, lässt 1981 einen vierzehntägigen Besuch in Deutschland im Sommer 1948 Revue passieren.[91] Zusammen mit einer Gruppe englischer Studierender, darunter auch seine spätere Frau Sally, hatte er als Achtzehnjähriger in der fiktiven Universitätsstadt Hildingen, hinter der sich Göttingen – und damit (so Günther Blaicher) der seit dem 18. Jahrhundert "deutsch-englische Begegnungsort schlechthin"[92] – verbirgt, an einer englisch-deutschen Studentenbegegnung teilgenommen. Dabei hatte er die Erfahrung gemacht, dass seine Vorstellungen von 'den' Deutschen korrekturbedürftig waren: Wie er sich erinnert, bezeichnete sein Freund Mervyn damals die Deutschen zwar in üblicher Manier als "krauts" und "huns", aber so, dass er sich von dieser Manier zugleich ironisch distanzierte, "admittedly putting each of those pejoratives into ironic inverted commas, so that they seemed to express contempt as much for the sort of people who habitually used them as for those to whom they were applied" (12). Der Vater des deutschen Studenten Jürgen Koesten, bei dem Michael wohnte, Genetikprofessor an der Universität und Musikliebhaber, verkörperte in Michaels Augen zunächst 'den' kultivierten Deutschen der Vorkriegszeit, wie er in seiner Vorstellung existierte: "'He's one's idea of the old, pre-Hitler German. So sane, reasonable, courteous, cultivated,' I said." (95) Doch auch dieses Bild vom 'guten' Deutschen verlor seine Eindeutigkeit, als Michael (wie Blaicher schreibt) im Laufe seines Aufenthalts an gewissen Anzeichen erkannte, "daß der Professor und seine Familie während des Dritten Reiches eine hohe Position eingenommen haben mußten".[93]

Von noch größerer Bedeutung als die sich verändernde Fremdwahrnehmung ist in diesem Roman die veränderte Wahrnehmung des eigenen Selbst während des Deutschlandaufenthalts. Rückblickend reflektiert Michael:

[91] Francis King, *Punishments* (London: Hamish Hamilton, 1989).
[92] Blaicher, *Deutschlandbild*, 246.
[93] Ebd., 250.

> Now it is no longer that dream of a journey I recall, but the reality of another journey. The start of a journey into a knowledge of others – and, more important, into a knowledge of myself? Yes, one could call it that. Indeed, that is how I myself have often called it, exclaiming to myself, 'Oh, how innocent I was!' At eighteen, in the immediate aftermath of war, it was possible to be so innocent. (4)

In Deutschland wurden dem bislang sexuell unerfahrenen Michael (33) nämlich seine homosexuellen Neigungen erstmals bewusst;[94] und es war der deutsche Student Jürgen, von dessen Schönheit er sich homoerotisch anzogen fühlte, der ihn – während eines Picknicks – verführte (88-89) und ihn faszinierte.

Jürgen wiederum bestätigte keineswegs das Selbstverständnis der Briten. Er empfand vielmehr die Präsenz der britischen Besatzungsmacht in Deutschland als ungerechtfertigte Bestrafung der Deutschen (170), wollte von deutscher Schuld nichts wissen (38ff.), hob stattdessen das über die Deutschen gebrachte Leid hervor; die von ihm organisierte Besichtigung der ausgebombten Stadt Rosenheim – beschrieben ist hier die Stadt Hildesheim[95] – erschien Mervyn als eine bewusst inszenierte Strafaktion für die englischen Gäste: "Now it's our turn for punishment. All these days we've been telling them of all their iniquities and now – hey presto! – they're showing us one of ours." (157f.) Wie sich Michael in der Begegnung mit Jürgen in seinen homosexuellen Neigungen neu entdeckte, lernten die Briten bei Jürgens Führung durch Rosenheim sich gleichsam als bestrafte Bestrafer neu sehen, wie Michaels Frau Sally im Rückblick erkennt (in der Reflexion über 'Punishments', den Titel des Romans):

> She stared out of the window at the snow thick in the branches of the sycamore beneath which I'm sitting on this early morning of summer. 'He looked on us as punishers.' 'Only at first.' 'And so he wanted to punish us in return. […] One of the best ways to punish people is to show them what they are.' What did she mean? Could she mean what I thought she meant? (193f.)

In Patricia Wendorfs Roman *Peacefully: In Berlin* (1983) bildet eine Reise nach Deutschland zunächst die Rahmenhandlung des Romans. Die Britin Catherine Baumann (geborene Wyatt), die mit einem ehemaligen deutschen Kriegsgefangenen verheiratet war, reist ein Jahr nach dessen Tod mit dem Zug von England nach Berlin. Während der Fahrt wird sie in ein intensives Gespräch mit dem deutschen Mitreisenden Jürgen Hecht verwickelt, der wiederum mit einer Britin verheiratet ist. "How do you English see us?", möchte Hecht bereits zu Beginn der Reise von ihr wissen (5). Catherine weicht dieser Frage zwar aus, doch erlauben die den Großteil des Romans einnehmenden Rückblenden auf ihre Beziehung zu ihrem Mann Kurt Baumann Rückschlüsse auf englische Deutschlandbilder: In Cathys selbstkritischen Reflexionen vor dem Hintergrund der Deutschlandreise werden nationale Stereotype und sich wandelnde Wahrnehmungsweisen erkennbar.

[94] Später reflektiert Michael: "What had he made me do? Christ, what had he made me do? But for years, without knowing it, I had wanted someone to do precisely this." (89)
[95] Siehe Blaicher, *Deutschlandbild*, 246.

Bereits ihre erste Begegnung mit Kurt Baumann entkräftet die stereotype Wahrnehmung der Deutschen. Während des Krieges meldet sich die neunzehnjährige Cathy freiwillig zum Dienst in der Landarmee, um ihrem langweiligen Alltag als Angestellte in einem Regierungsbüro und ihrem behüteten Elternhaus zu entkommen (10, 14, 17, 30). Während der Heuernte lernt sie einen der beiden deutschen Kriegsgefangenen, die für die Arbeit auf der Nachbarfarm eingeteilt sind, kennen. Kurt Baumann ist der erste Deutsche, dem sie persönlich begegnet, und der entspricht so gar nicht dem Deutschenbild ihrer Kindheit:

> She moves across to where he is sitting; she reaches for his hand and holds it in both of hers. She speaks to him like someone who has bad news to tell, and seeks some way of breaking it gently. 'When the air-raid sirens sounded in the night, my brother and I slept underneath the kitchen table. In 1940 I was eleven years old: the Germans were the bogey-men of my childhood. 'And now?' 'You are the only German I have ever come face to face with. If only you were ugly I could hold my grudge against you.' (22)

Auch in Wendorfs Roman *Lives of Translation* (1992), in dem sich Catherine aus größerer zeitlicher Distanz mit ihrer Beziehung zu Kurt Baumann auseinandersetzt, wird die Diskrepanz zwischen Deutschlandbild einerseits und der auf der ersten persönlichen Begegnung mit einem Deutschen basierenden Wahrnehmung andererseits deutlich. In anderer als seiner Gefangenenkleidung ist Kurt äußerlich nicht als 'Deutscher' erkennbar.[96]

Mit der Darstellung einer britisch-deutschen Liebesbeziehung knüpft Wendorf an eine seit dem Vorabend des Ersten Weltkriegs beliebte Thematik an.[97] In der Literatur dieser Zeit werden solche Beziehungen, symptomatisch für das Verhältnis zwischen Großbritannien und Deutschland in dieser Zeit, als zum Scheitern verurteilt dargestellt. Die unterschiedlichen Nationalcharaktere erscheinen als gegensätzlich und miteinander unvereinbar, wobei die den Briten zugewiesenen Nationalstereotype deutlich ihre Überlegenheit über die mit konträren Nationalstereotypen bedachten Deutschen anzeigen.[98] In Sybil Spottiswoodes Roman *Her Husband's Country* (1911) etwa wird das Wesen der deutschen 'Hausfrau und Mutter', die sich dem Willen ihres patriarchalischen Ehemanns unterwirft, der Eigenständigkeit britischer Ehefrauen gegenübergestellt, die an mehr als an hausfraulichen Pflichten interessiert sind.[99] Zudem wird in diesem Roman, wie auch in I. A. R. Wylies im selben Jahr erschienenen Roman

[96] Patricia Wendorf, *Lives of Translation* (London: Viking, 1992), 133f.

[97] Siehe dazu Peter Edgerly Firchow, *The Death of the German Cousin. Variations on a Literary Stereotype, 1890-1920* (London, Toronto: Associated University Presses, 1986), 79-99; Moritz, *Im Schatten des Dritten Reichs*, 32, 95f.

[98] Ebd., 31f.

[99] Sybil Spottiswoode, *Her Husband's Country* (New York: Duffield & Co, 1911). Als Patience Thaile schließlich, nach dem Tod ihres Ehemanns, nach England zurückkehrt und dort einen kultivierten Engländer heiratet, reflektiert sie: "her great mistake had been in not realizing from the first the radical and fundamental differences between the two nationalities" (400). Siehe Firchow, *The Death of the German Cousin*, 80ff.

Dividing Waters, die Kultiviertheit britischer Frauen mit der mangelnden Bildung und der Vulgarität deutscher Männer kontrastiert.[100]

Wendorf greift diese Tradition auf, indem sie die Beziehung zwischen Cathy und Kurt als durch eben diese konträren Interessen, Wertevorstellungen und Wesenszüge gefährdet darstellt. Cathy, die Britin, ist kultiviert; sie liest und vernachlässigt dabei ihre Hausfrauenpflichten. Kurt, der Deutsche, ist an Literatur nicht interessiert und zeigt für Cathys Neigung keinerlei Verständnis.[101] In Deutschland zeigen sich die durch ihre unterschiedlichen Interessen und Wertvorstellungen bedingten Konflikte besonders deutlich. Kurt kehrt im Februar 1948 nach Deutschland zurück und lässt sich in Dietkirchendorf nieder, einem (fingierten) Ort, den Wendorf in der britischen Besatzungszone im Weserbergland lokalisiert (31). Als Cathy ihrem Mann im Sommer nach Deutschland folgt, zeigt sich Kurt aufgebracht über ihre mangelnden Kenntnisse in der Führung des Haushaltes und weist sie gebieterisch an, sich seinem Rollenverständnis gemäß zu verhalten. Ihre divergierenden Auffassungen von der Rolle einer Ehefrau sieht Cathy in ihren unterschiedlichen Nationalitäten begründet:

> “Now you will make us some curtains,” he orders Cathy, “I have done my part.” She fingers the linen reluctantly. “I have to tell you,” she says, “that I stab my fingers when sewing on buttons. I can’t make curtains. I don’t know how to.” […] “Sit down,” he says, his voice like a whiplash, “sit down and listen. I could make the curtains for you, ja. I learned to sew in the Navy. But you are the wife: I expect you to do the sewing now, it is the woman’s place. In Germany, a girl learns how to cook and sew before she gets married.” Cathy rounds upon him, face blazing. “Then you should have married a German girl, shouldn’t you. One of your own kind: a drudge, always scrubbing and cleaning and finding fault. Oh what a happy couple you would have made.” (65)

Im Wörterbuch findet Cathy ihre Meinung vom Zusammenhang zwischen der ‘Hausfrau’ und dem deutschen Nationalcharakter bestätigt: “She blows dust from her copy of Chambers Dictionary, and turns to the words that begin with H *Hausfrau*. One whose interests are bounded by the household. Root Germanic.” (105f.) Kurts Tante Emma, die das Bild ‘der deutschen Hausfrau’ verkörpert, führt Cathys literarisches Interesse wiederum auf ihren englischen Nationalcharakter zurück, als Kurt sich ihr gegenüber über seine Frau beklagt: “‘She doesn’t fit in,’ he blurts, ‘it’s the way she behaves. I don’t like it. All this reading and writing in notebooks: my mother was never like that.’ ‘Your mother wasn’t English,’ says Tante dryly […].” (67)

Doch anders als in den oben erwähnten, im Vorfeld des Ersten Weltkriegs verfassten Romanen, die mit der Kultiviertheit und Bildung der Engländerinnen deren Überlegenheit gegenüber ihren deutschen Ehemännern begründen, erfahren die unterschiedlichen

[100] I. A. R. Wylie, *Dividing Waters* (Indianapolis: Bobbs-Merrill, 1911). Siehe Firchow, *The Death of the German Cousin*, 82.

[101] Erst als Kurt einen Herzinfarkt erleidet und aus Gesundheitsgründen nicht mehr in seine Arbeit flüchten kann, beginnt er zu lesen: “I am reading your books, these days, Cathy. You’ll have me a bloody intellectual yet.” (145) Siehe dazu ausführlich Moritz, *Im Schatten des Dritten Reichs*, 112.

Interessen in Wendorfs Roman eine differenzierte Betrachtung. Als Cathy Kurt nach Deutschland folgt, stellt er entgeistert fest, dass sie in ihrem Koffer statt der erbetenen und dringend notwendigen Haushaltsgegenstände Bücher mitgebracht hat:

> She hands over the key reluctantly. He thinks she looks frightened. When he throws back the lid of the trunk he knows why. The books have been carefully packed in neat layers. He lifts them out one by one. Slim volumes of verse bound in suede in leather: Milton, John Keats, Robert Browning. Who the hell are they? 'Where are the household things I told you to bring from your country?' His voice is too quiet. [...] '[...] My people are starving and you bring me books from your land of plenty. Du lieber Gott.' (63)

Die intellektuellen Interessen scheinen im desolaten Nachkriegsdeutschland, dessen Situation zuvor gezeichnet wurde, fehl am Platz. So suggeriert Cathys literarisches Interesse hier nicht Überlegenheit, sondern (so Gudula Moritz) "Weltfremdheit und mangelndes Einfühlungsvermögen gegenüber dem bloßen Kampf ums Überleben in Nachkriegsdeutschland. [...] Das traditionelle Frauenideal der *English upper middle class* erfährt damit in *Peacefully: In Berlin* eine leicht kritische Revision."[102]

Auch andere, den Deutschen zugeschriebenen Eigenschaften, wie Emsigkeit und übertriebener Ordnungssinn, werden im Roman aufgegriffen, jedoch einer differenzierten Betrachtung unterzogen.[103] So erscheint Kurts Sinn für Ordnung und Sauberkeit zunächst als nationale Charaktereigenschaft, die er mit Cathys Mitreisendem, Jürgen Hecht, ja mit allen Deutschen teilt ("the fussy regard for order and cleanliness which marks the travelling German wherever he goes", PB, 4). Doch im Verlauf des Romans wird sein Ordnungssinn als ein Verdrängungsmechanismus gedeutet. Bis zu seiner Krankheit weigert sich Kurt, sich mit der jüngsten deutschen Vergangenheit und mit seiner Rolle als Mitläufer im nationalsozialistischen Deutschland auseinanderzusetzen (20, 32). Der unliebsamen Vergangenheit räumt Kurt in der Gegenwart keinen Platz ein, so wie sich in seinen Taschen keine Reste und kein alter Staub ansammeln soll: "Kurt is a tidy man. The odds and ends of life are never allowed to spoil the shape of his clothing. He is the one who turns pockets inside out to remove the accumulations of fluff and shredded tobacco that gather in corners." (70) Ähnlich weicht er mit seiner emsigen Arbeit auf der gepachteten Farm unangenehmen Fragen aus, wie Cathy feststellt: "I'm not so impressed by your passion for work any more. It usually means that you want to avoid an issue." (111) Damit (so Moritz) werden in diesem Roman 'typisch deutsche' Eigenschaften zu "Chiffren für die Verdrängung der Vergangenheit".[104]

Auch das Nationalstereotyp des aggressiven Deutschen, wie es in der Vor- und Zwischenkriegszeit verbreitet worden war, wird in Wendorfs Roman entkräftet. Die Deutschen erscheinen hier vordringlich als demoralisierte, äußerlich wie innerlich zer-

[102] Ebd., 110.
[103] Ebd., 70.
[104] Ebd., 112.

brochene Opfer des Krieges,[105] zumal Wendorf ausführlich auf die Situation der Flüchtlinge aus den ehemaligen deutschen Ostgebieten eingeht (z. B. 37). Auch indem das Bild, das sich Cathy von dem Großgrundbesitzer, für den Kurts Familie vor dem Krieg gearbeitet hat, entkräftet wird, werden Vorurteile in Frage gestellt. Cathys Vorstellung des deutschen Großgrundbesitzers Herrn von Riesbach als eines eingefleischten Nazis erweist sich als falsch:

> 'A pretty big nose in the Nazi Party too, I suppose?' She thinks that she has a clear picture now of this lord-of-the-manor, this Junker. Uniformed, jackbooted, hung about with medals, and old duelling scars. Grinding the poor people of Mechtenhausen beneath his spurred heal. Kurt looks astounded. 'Ach no! von Riesbach was never a Nazi. He worked and spoke out against them. You must understand that he was a powerful man in our district. Politically, we were all influenced by him. He was once arrested and held for a time. [...] he was certainly anti-Hitler. [...]' (148)

Wendorf gelingt damit (so schreibt Moritz) "ein literarisches Plädoyer für eine vorurteilsfreiere Sicht auf Nachkriegsdeutschland".[106]

Anders als in den im Vorfeld des Ersten Weltkriegs entstandenen Romanen scheitert die britisch-deutsche Beziehung hier nicht. Im Laufe der fast dreißigjährigen Ehe entwickeln Cathy und Kurt trotz aller disparater Wesenszüge eine glückliche Beziehung, in der beide lernen, auf die Interessen des anderen einzugehen.[107] Auch Jürgen Hecht beschreibt seine Beziehung mit einer Engländerin als glücklich: "Have you noticed how good are these German-English connections? But of course you have." (30) Auf die Überbrückung nationaler Differenzen weist im Roman *Lives of Translation* die Verwendung des Begriffes 'translation' hin, als Catherine zusammen mit einem befreundeten britisch-deutschen Ehepaar Kurts Geburtsort Mechtenhausen besucht: "We, who had each married a foreigner with all the risk and danger that entails, had learned from one another how best to go on living our lives of translation."[108]

[105] So vor allem der Kriegsheimkehrer Willy Meyer, der im Alter von 28 Jahren ein menschliches Wrack darstellt (76-78).
[106] Moritz, *Im Schatten des Dritten Reichs*, 111.
[107] Cathy entschließt sich auf der gepachteten Farm schließlich dazu, Kurts Interessen nachzukommen und ihre eigenen intellektuellen Interessen fallen zu lassen: "It seems she will have to become a Hausfrau: bounded by household interests; root Germanic. She will wear an embroidered apron, and twist her hair in a plait, and braid it around her head, like Tante Emma [Kurt's aunt]. She will rise with her husband the farmer, at five every morning and brew him his coffee. She will learn how to talk about crops, and mastitis in cows, and the price of eggs." (PB, 106) Kurt liest nach seinem Herzinfarkt seinerseits Cathys Bücher und beginnt nun, sich mit der deutschen Vergangenheit auseinanderzusetzen (145, 151-53).
[108] Wendorf, *Lives of Translation*, 282.

II.1.3 Das britische Selbstbild

II.1.3.1 Prägung durch koloniale Erfahrungen

Wie gezeigt wurde, thematisiert eine Vielzahl von Texten die britische Wahrnehmung der Deutschen, die – bis zu den ersten persönlichen Begegnungen mit einzelnen Deutschen – zunächst als von Stereotypen geprägt aufgedeckt wird. Insbesondere in der Abgrenzung von pauschal als barbarisch gedeuteten Wesenszügen diente die Konfrontation mit dem 'Anderen' nicht zuletzt auch der Stabilisierung und Stärkung des eigenen Selbstbildes. "'Englishness'", so schreibt D. J. Taylor, "can be seen in clearer relief, through comparison with 'abroad'."[109]

Die Abgrenzung von einem 'unzivilisierten' Volk, verbunden mit der Konstruktion eines kontrastiven Selbstbildes, sahen viele britische Literaten in den kolonialen Erfahrungen der Briten, die ein etabliertes Muster für den Umgang mit dem 'Anderen' bereitstellten, begründet. So war Spenders Ansicht nach die Neigung vieler Briten, die Deutschen pauschal zu verurteilen, durch das Fortleben kolonialer Herrschaftsattitüde begünstigt: "The British – despite their respect for the individual – are rulers of an Empire, and it is here that the danger lies. Directly they go abroad they start generalizing about 'the natives'." (EW, 162)[110] Die kolonialen Erfahrungen, die viele Angehörige der britischen Besatzungstruppen aus eigenem Erleben hatten,[111] waren in der Tat von großer Bedeutung für das britische Selbstbild; gewohnt, sich als 'zivilisierte' Nation gegenüber dem 'Barbarischen' abzusetzen, traten sie mit diesem Superioritätsanspruch auch im besetzten Deutschland auf, das sich in der Nazi-Zeit ja in der Tat als barbarisches Volk gezeigt hatte.[112]

Indem James Cadells *Roast Pigeon*[113] auf die koloniale Erfahrung des britischen Gefängnispersonals in der britischen Besatzungszone verweist, lässt dieser Roman die Verwaltungs- und Aufsichtspraxis in der britischen Besatzungszone als Fortführung der britischen Kolonialtradition erscheinen:

> Prison, like every other aspect of German life, seemed to come under British control and an occasional figure in khaki, striking an Italianate air of splendour, was to be seen on a tour of inspection: young soldiers with experience of prisons in India, perhaps, or of Britain's Palestine Police. (132)

Viele britische Literaten übten Kritik am moralischen Überheblichkeitsanspruch der Briten, der sich in ihrem alltäglichen Umgang mit den Deutschen zeigte. Der britische Journalist und Labour-Politiker Fenner Brockway etwa war empört über die strikte

[109] D. J. Taylor, *After the War. The Novel and English Society since 1945* (London: Chatto & Windus, 1993), 48.

[110] Wie in Kapitel I ausführlich dargestellt wurde, kritisierte Spender die pauschale Verurteilung der Deutschen durch die Briten aufs schärfste.

[111] Siehe Kap. I.2.1.

[112] Vgl. die Ausführungen in Kap. I.

[113] James Cadell, *Roast Pigeon* (London: MacGibbon & Kee, 1951).

Trennung der Briten von den Deutschen, die er mit der Rassentrennung in den USA verglich:

> At an American aerodrome I once saw two notices over doorways: "'Gentlemen – Whites' and 'Men – Coloured'. This afternoon, in the lavatory at the suite of offices of the Food and Agricultural Department, I find these notices: 'Officer', 'Other Ranks' and 'German Staff'. This deserves to live as a classic in class and race snobbery![114]

Die britische Überheblichkeit, die sich in der Weigerung ausdrückte, mit Deutschen einen Raum zu teilen, sah Brockway in der Kolonialherrschaft begründet: "I hear of a military commander who treats the German workers according to the worst traditions of colonial administration. He sits with feet on his desk and a riding whip at his side; he will not allow a German to sit in his presence."[115] Das Gefühl, einer 'Herrenrasse' anzugehören, so hatte die Zeitung *Time and Tide* kurz vor Kriegsende zu bedenken gegeben, werde durch das Fraternisierungsverbot noch begünstigt: "Can great bodies of troops live for any length of time in a country in complete isolation from the natives of that country? If they cannot, is it wise to issue an order which will not be obeyed, and which if it is obeyed may well produce in those who obey it that 'master race' complex which we rightly abhor?"[116]

Victor Gollancz beschuldigte die Angehörigen der britischen Besatzungsmacht der gleichen Überheblichkeit, der sich die Briten als Kolonialherren schuldig gemacht hätten, des gleichen "superior paternalism which is characteristic of the 'white' attitude to natives" und der gleichen Anmaßung, einer "privileged caste" anzugehören,[117] wie er es 1918 in Singapur beobachtet hatte.[118] In mehreren Zeitungsartikeln warf er den Briten ihre "*Herrenvolk* superiority" vor,[119] und in einem Brief an den Herausgeber des *Times Literary Supplement* verurteilte er die britische 'Säuberung' deutscher Bibliotheken. Nicht nur die Naziliteratur werde aus den Bibliotheken entfernt, sondern auch alle Bücher, die in irgendeiner Weise Kritik an jeglicher Form des Imperialismus, einschließlich des britischen, enthielten.[120]

Da sich Fremd- und Selbstbild wechselseitig beeinflussen, dürfte es lohnend sein, der Frage nachzugehen, inwiefern mit dem sich im Laufe der Zeit verändernden Deutschenbild auch ein verändertes britisches Selbstbild einhergeht und wie sich dieser Wandel in der Literatur zeigt. Tatsächlich war das besetzte Deutschland nicht nur eine

[114] Fenner Brockway, *German Diary* (London: Victor Gollancz, 1946), 37f.
[115] Ebd., 110.
[116] "The Problem of Germany", *Time and Tide* vom 14. April 1945, 301.
[117] Gollancz, "A further note on Herrenvolk", *In Darkest Germany*, 103-109, hier 103.
[118] Gollancz, "Herrenvolk", *Manchester Guardian* vom 2. Dezember 1946, Nachdr. in seinem *In Darkest Germany*, 94-98, hier 94f.
[119] Gollancz, "Totalitarian Democracy", *In Darkest Germany*, 98-102, 99.
[120] Gollancz, "Isolation of the Mind", *TLS* vom 30. November 1946, 591. In ihrer Analyse von Büchern und Filmen, die für Deutschland ausgewählt wurden, zeigt Clemens, dass solche, die Kritik an Großbritannien enthielten, nicht ausgewählt wurden: Clemens, *Britische Kulturpolitik*, 283.

'Kontaktzone' im Hinblick auf die Konfrontation der Briten mit dem deutschen 'Anderen'. Vielmehr trafen sie hier, vor allem in der Viersektorenstadt Berlin, auch auf Repräsentanten ihrer Alliierten. Und auch diese Begegnung, welche die unmittelbare Erfahrung des *waning empire* provozierte, trug maßgeblich zu der Formierung des britischen Selbstbildes in der Kontaktzone Deutschland bei.

II.1.3.2 Das britische Selbstbild im Wandel: Kontakte mit Alliierten und Nachkriegsdeutschen

In Ian McEwans *The Innocent* wirkt sich Leonards Aufenthalt in Berlin, wo er Deutschen, Russen und Amerikanern begegnet, maßgeblich auf sein Selbstverständnis als Brite aus, und so verwundert es nicht, dass McEwan diesen Roman explizit als "novel about Englishness" verstanden wissen möchte.[121] In der 'Kontaktzone Berlin' gelangt Leonard zu einem veränderten Deutschlandbild, und es ändert sich damit auch sein Blick auf das eigene Land. Der Nationalstolz, den er etwa bei seinem ersten Spaziergang durch das ausgebombte Berlin empfand,[122] weicht einer kritischen Betrachtung der 'Englishness'. Nach den Erfahrungen und Begegnungen, die er in Deutschland gemacht hat, erscheint ihm Tottenham und ganz London, so wie D. J. Taylor es in Reflexionen über 'Englishness' in vielen Romanen der unmittelbaren Nachkriegszeit beobachtet hat,[123] als provinziell, träge und selbstgefällig, dem internationalen Geschehen gegenüber gleichgültig:

> And Tottenham, and all of London, was sunk in Sunday torpor. People were drowning in ordinariness. In his street the parallel walls of Victorian terraces were the end of all change. Nothing that mattered could ever happen here. There was no tension, no purpose. What interested the neighbours was the prospect of hiring or owning a television. [...] The great struggle to keep Europe free was as remote as the canals of Mars. Down at his father's locals, none of the regulars had ever heard of the Warsaw Pact, the ratification of which had caused such a stir in Berlin. (114)

Wie McEwan haben sich bis heute auch zahlreiche andere britische Literaten mit den Auswirkungen, die die Begegnungen nicht nur mit Deutschen, sondern auch mit Russen und Amerikanern im Deutschland der unmittelbaren Nachkriegszeit auf das britische Selbstverständnis hatten, auseinandergesetzt.

II.1.3.2.1 Briten und 'Russen'

Wie das britische Deutschlandbild, waren auch die Erwartungen, die die Briten bezüglich ihrer russischen Alliierten mit nach Deutschland brachten, von Stereotypen prä-

[121] Zitiert nach Tomkin, "Trials of a War Baby", 19.
[122] Siehe II.1.2.
[123] "Diminished, impoverished, ingrown and self-obsessed", schreibt Taylor, *After the War*, 48.

formiert: 'Die Russen' galten als "a band of ruffians, of robbers and of murderers."[124] Als dann mit zunehmender Spannung im Ost-West-Verhältnis Russland zur Bedrohung für den 'Westen' wurde, waren es nicht mehr vorrangig die Deutschen, die aus der Sicht der Briten als Barbaren galten, sondern die Russen, von denen sich die Briten – gemeinsam mit ihren amerikanischen Verbündeten – als 'zivilisiertes' Volk absetzten.

In Ion Brabys Roman *The Flower in the Gutter* (1951) treten die in Berlin 'einfallenden' Russen als Sexualverbrecher auf; die Protagonistin des Romans, die junge Deutsche Veronika, wird von mehreren Russen vergewaltigt, und es wird verschiedentlich darauf verwiesen, dass sie dieses Schicksal mit vielen Berliner Frauen teilt.[125] Zuversicht und Hoffnung hingegen erfahren die Berliner, als die Amerikaner und die Briten in die Stadt einmarschieren: "Everywhere windows were opening, and people were coming out into the street. 'The English…and the Americans…all over Grunewald… […] God be thanked […]' they were saying."[126] Mit ihrer Ankunft erblüht inmitten der Trümmer die im Titel genannte Blume.[127] Die Blume, das Erblühen inmitten des Schutts ist Zeichen dafür, dass aus den Ruinen Neues entspringen kann. Nicht die Deutschen, sondern die Russen sind hier die 'Barbaren', aus deren Gewalt die Amerikaner und die Briten die als 'Opfer' stilisierten Deutschen befreien.

In McEwans Roman *The Innocent* schreiben sowohl die Briten als auch ihre amerikanischen Kollegen allein 'den' Russen die Vergewaltigung deutscher Frauen und insgesamt einen 'barbarischen Charakter' zu. Die unter seinen britischen Kollegen verbreiteten Geschichten über die Vergewaltigungen deutscher Frauen durch die Russen trägt Leonard, der Protagonist des Romans, unreflektiert weiter. "They hate the Russians", hört er zwei Briten im Gespräch über deutsche Frauen sagen: "When they came in here, May '45, they behaved like animals, fucking animals. All these girls now see, they all got older sisters, or mums, or even their fucking grannies, raped, knifed, they all know someone, they all remember." (26) Leonard macht sich diese Einschätzung der Russen zueigen, bindet sich damit ein in die Gesinnungsgemeinschaft der britischen Besatzer und partizipiert so an der kollektiven, dem Individuum Sicherheit gebenden britischen Identität; an dem Abend, an dem er Maria kennenlernt, wiederholt er seinen amerikanischen Kollegen Glass und Russell gegenüber nahezu wörtlich, was er von den anderen Briten gehört hat: "'They all remember when the Russians came in '45,' he said with quiet authority, 'they've all got older sisters, or mothers, even grannies, who were raped and kicked around.'" (31).

Im Kontext der postkolonialen Studien ist 'Vergewaltigung' verschiedentlich als "a master trope of colonial discourse" bezeichnet worden[128] und galt auch als Metapher für

[124] William Peters, *In Germany Now. A Diary of Impressions in Germany August-December, 1945* (London: Progress Publishing, 1946), 88.
[125] Ion Braby, *The Flower in the Gutter* (London: Michael Joseph, 1951).
[126] Ebd., 317. Die Ankunft der Briten und Amerikaner wird von Seiten der Deutschen im Roman heiß ersehnt: "'Tommies and Amis in Berlin … it'd be fun.' 'It' d be a … miracle', Veronika said.": ebd., 277.
[127] Ebd., 317.
[128] Nancy L. Paxton, *Writing under the Raj. Gender, Race, and Rape in the British Colonial Imagination, 1830-1947* (New Brunswick, N.J /London: Rutgers UP, 1999), 3. Siehe etwa Octave

die alliierte Besatzung Deutschlands.[129] So ist die stereotype Rede von der Vergewaltigung deutscher Frauen durch 'die' Russen in *The Innocent* (26, 31) auch als Angstreaktion der Briten gegenüber den Russen zu verstehen, veranlasst durch die Erfahrung des *waning empire* und die Furcht davor, dass die Russen in Europa die Vorherrschaft erlangen könnten, dass sie nicht nur deutsche Frauen, sondern Deutschland insgesamt einnehmen und 'vergewaltigen' könnten. Zugleich lenkten sowohl Briten als auch Amerikaner mit der Schuldzuschreibung an die Russen von ihrem eigenen Kolonialherren-Verhalten ab. Denn auch sie betrachten in McEwans Roman die deutschen Frauen als bloße Objekte, die ihrer Verfügungsmacht ausgeliefert waren: "Russell said that the Berlin girls were the liveliest and most strong-minded in the world. Leonard said that as long as you weren't Russian you couldn't go wrong. 'They all remember [...]'" – er meint damit die oben erwähnten Vergewaltigungen.

> The two Americans did not agree, but they took him seriously. They even laughed on 'grannies'. Leonard took a long drink as he listened to Russell. 'The Russians are with their units, out in the country. The ones in town, the officers, the commissars, they do well enough with the girls.' Glass agreed. 'There's always some dumb chick who'll fuck a Russian.' (31)

Der auf diese Weise aufrechterhaltene Vergewaltigungsdiskurs hat – wie Jenny Sharpe mit Blick auf koloniale Literatur argumentiert – einen ähnlichen Effekt wie die Vergewaltigung selbst: "fear-provoking stories have the same effect as an actual rape, which is to say, they violently reproduce gender roles in the demonstration that women's bodies can be sexually appropriated".[130] Sharpe zeigt ferner, dass im kolonialen Kontext die Verbreitung solcher *rapists stories* eine geschwächte britische Administration zu konsolidieren vermochte, indem diese sich selbst als zivilisiert darstellte: "a crisis in British authority is managed through the circulation of the violated bodies of English women as a sign for the violation of colonialism."[131] Übertragen auf den Ost-West-Konflikt liegt die Parallele auf der Hand, auch wenn die Situation selbst eine andere war.

Das im Vergewaltigungsdiskurs mitgemeinte Spannungsverhältnis zwischen Ost und West, das hier auf der Ebene des Geschlechterverhältnisses metaphorisch artikuliert

Mannoni, *Prospero and Caliban: The Psychology of Colonization*, übersetzt von Pamela Powesland (New York: Praeger, 1956); Edward W. Said, *Orientalism* (New York: Random House, 1978); Malek Alloula, *The Colonial Harem* (Minneapolis: U of Minnesota P, 1986); Jenny Sharpe, "The Unspeakable Limits of Rape: Colonial Violence and Counter-Insurgency", *Genders* 10 (1991), 25-46; Laura E. Donaldson, *Decolonizing Feminisms: Race, Gender, and Empire Building* (Chapel Hill: U of North Carolina P, 1992). Siehe dazu näher Paxton, *Writing under the Raj*, 3-4.

[129] Alan Cofino, "Traveling as a Culture of Remembrance. Traces of National Socialism in West Germany, 1945-1960", *History & Memory* 12 (2001), 92-121, 104.

[130] Jenny Sharpe, *Allegories of Empire: The Figure of Woman in the Colonial Text* (London/Minneapolis: U of Minnesota P), 67.

[131] Sharpe, *Allegories of Empire,* 4.

wurde, wird in der Literatur ebenso unter wirtschaftlichen Aspekten thematisiert. So wird in McEwans Roman *The Innocent* die desolate wirtschaftliche Lage in der sowjetischen Besatzungszone bzw. später der DDR explizit dem in West-Berlin sichtbaren Aufbau gegenübergestellt:

> How long would the refugees flock through Berlin to the West before the Democratic Republic suffered total economic collapse through a shortage of manpower? Russell was ready with the figures, the hundreds of thousands each year. "And these are their best people, three quarters of them are under forty-five. I'll give it another three years. After that the East German state won't be able to function." (30)

Diese Einschätzung des Ostens durch die beiden Amerikaner wird durch ihre Erwartungen für den Westen deutlich kontrastiert. Stolz präsentiert Glass Leonard den eleganten neuen Ku'damm: "Glass pointed out with some pride the brave elegance of new stores flanked by ruins, the crowds of shoppers, the famous Hotel am Zoo, the Cinzano and Bosch neon signs waiting to be turned on. By the Kaiser Wilhelm Memorial Church with its shorn spire, there was even a small traffic jam." (22)

Auch in Alfred Shaughnessys Roman *Dearest Enemy* (1991) ist das feindliche Deutschlandbild durch ein nicht minder von Stereotypen geprägtes feindliches Russlandbild ersetzt. Der Roman spielt größtenteils kurz nach dem Krieg in Bonn, wo der britische Hauptmann Jack Hamilton für die Organisation von 'Freizeitangeboten' für die britischen Besatzungstruppen zuständig ist. Wie der Titel des Romans bereits suggeriert, verliebt er sich dort in eine Deutsche, die junge Lehrerin Karin Freidl. Die Kluft zwischen den Briten und den Deutschen erscheint in diesem Roman insgesamt als weitaus geringer als die zwischen den Briten und den Russen. Deutschland wird als ein Land der Musikliebhaber dargestellt, womit es als ein Teil des zivilisierten Westens gelten kann. Über die Musik kommen sich denn auch Karin und Jack sowie allgemeiner die Briten und die Deutschen in der britischen Zone näher:

> He [Jack] could see the first glimmerings of a great resurgence of music amid the devastation of Hitler's Germany. […] [B]y performing concerts and opera for themselves and their victors somehow […] creating a bridge between two ex-enemy nations, a common bond to help accelerate peace and reconciliation.[132]

Die Konturen des positiven Bildes, das von der britischen Besatzungszone gezeichnet wird, werden durch damit kontrastierende Bilder von den anderen Besatzungszonen geschärft. So weist der britische Captain immer wieder darauf hin, wie gut es den Deutschen in der britischen Zone gehe: im Vergleich zur französischen Zone ("austere and gloomy", 93),[133] in der die Deutschen viel zu wenig zu essen hätten, aber vor allem im Vergleich zur russischen Zone, die er als einen Ort ungezügelter Gewalt darstellt. Als Ingrid Pauels, Karins Vermieterin, diese zunächst im Haus festhält, da sie nicht möchte, dass sie für die Briten arbeitet, und Jack Karin von dort gegen den Widerstand

[132] Alfred Shaughnessy, *Dearest Enemy* (Padstow: Tabb House, 1991), 41f.
[133] Siehe auch 97.

von Frau Pauels abholt, geht ihm durch den Sinn, wie glücklich sie sich schätzen könne, dass sie als Befehlsverweigerin in der britischen Zone lebe und er als Brite ihr gegenüber moderat auftrete; weder mit den Brachialmethoden der SS[134] noch mit dem rücksichtslosen Verhalten, das sie – wie er meint – in der russischen Besatzungszone zu erwarten hätte: "he could not but reflect bitterly that Frau Pauels was bloody lucky to live in the British Zone. Had she been in the Russian-occupied part of her Fatherland, she would have received a hail of machine-gun bullets through her front door and Karin would have been removed from her care at gunpoint." (32) Als Frau Pauels ihn fragt, ob sie erschossen würde, wenn sie ihm nicht antworte, reagiert er mit der Bemerkung: "The British don't go in for that sort of thing." (35) Mit dem Hell-Dunkel-Kontrast zwischen den Briten und den Russen wird auch an späteren Stellen des Romans gearbeitet. Der aus russischer Kriegsgefangenschaft zurückgekehrte deutsche Musiker Otto Meier lebt immer noch in Angst vor den Russen: "with the Russians you can never be sure", beteuert er (48). Als Jack und Karin ihre Eltern in der französischen Zone besuchen, setzt Jack die Briten und ihren Umgang mit den Deutschen erneut von den 'verhassten' Russen ab. Das devote Verhalten von Karins Eltern ihm gegenüber sieht er darin motiviert, dass sie Karins 'exzellente' Arbeitsstelle bei den Briten sichern wollen und sich vor ihm fürchten, wozu sie aber – wie er meint – nur in der russischen Besatzungszone allen Grund hätten:

> Jack wondered whether all this was a ploy, designed to ensure the continuation of his daughter's excellent job with the British in Bad Godesberg, or a safeguard against the possibility of Jack drawing his revolver and shooting the entire Freidl family (something that might conceivably take place in the gloomy, hate-ridden Soviet-occupied zone). (99)

In Patricia Wendorfs Roman *Peacefully: In Berlin* werden Vorurteile den Deutschen gegenüber demontiert und, wie Gudula Moritz zeigt, durch Stereotype des Russischen ersetzt: "Nicht länger die Deutschen, sondern die Russen verkörpern das englische Feindbild."[135] Nun werden die Russen als "everybody's enemy" (32) bezeichnet, vor denen Kurt Baumann, als er 1948 nach Deutschland zurückkehrt, von einem britischen Beamten gewarnt wird: "Keep away from the Russians." (32) In David Lodges Roman *Out of the Shelter* spricht Timothys Schwester Kate diesen 'Seitenwechsel' der Briten wenige Jahre nach Kriegsende aus: "Only six years later, and we're on Germany's side against Russia." (137). Arthur Miller kommentierte dieses Problem als Produkt und Ausdruck einer profunden Krise der Moralität:

> [T]his ripping off of Good and Evil labels from one nation and pasting them onto another had done something to wither the very notion of a world even theoretically moral. If last

[134] "[…] he was thinking inwardly with a mild sense of shame, 'this is the kind of thing the SS have been doing all over Occupied Europe for the past five years. Arriving in vehicles, armed, banging on people's doors and shouting '*Machen Sie auf.*' Then he thought 'No dammit, we're not dragging Frau Pauels off to Ravensbruck. All I'm doing is trying to recover my secretary from her landlady. Not quite the same thing." (34)

[135] Moritz, *Im Schatten des Dritten Reiches*, 110.

> month's friend could so quickly become this month's enemy, what depth of reality could good and evil have?[136]

So wie die britischen Deutschlandbilder durch persönliche Begegnungen mit einzelnen Deutschen in mancher Hinsicht korrigiert wurden, bestätigte sich umgekehrt für William Peters auch das Bild der "dirty Russians" während seines Aufenthaltes als britischer Besatzungssoldat in Deutschland nicht. Als er Deutschland verlässt, verabschiedet er sich innerlich auch von den Russen und verweist dabei auf die Diskrepanz zwischen dem von Stereotypen durchsetzten Russlandbild und seinen auf persönlichen Begegnungen mit einzelnen Russen beruhenden Erfahrungen: "Before I met you I was told you were a band of ruffians, of robbers and murderers. Now I have met you in Berlin and found you human, sincere and decent. I hope to meet you again soon!"[137]

II.1.3.2.2 Briten und Amerikaner

In den vorausgegangenen Ausführungen stand die Begegnung zwischen Ost und West in der Kontaktzone Deutschland im Zentrum. Doch zugleich deuteten sich in den zitierten Passagen aus McEwans Roman *The Innocent* an verschiedenen Stellen bereits kleinere Misshelligkeiten und Konflikte auch innerhalb des westlichen Kontingents zwischen Briten und Amerikanern an. Tatsächlich ist nicht nur die spannungsgeladene Konfrontation mit den sowjetischen Alliierten, sondern auch die weit weniger deutliche Konfrontation mit den amerikanischen 'Vettern' ein wichtiges Thema für den literarischen Diskurs über die Konstruktion britischer Identität während der Besatzungszeit. Dabei spielt auch hier – wie im Verhältnis zu den Russen – die Infragestellung und der tatsächliche Verlust britischer Autorität im kolonialen Kontext des *waning empire* eine erhebliche Rolle; denn dadurch war die Position der Briten gegenüber den Amerikanern deutlich geschwächt.[138] Seit Beginn des Jahres 1946 verlor Großbritannien den Ruf als beliebteste der drei westlichen Besatzungsmächte:

> A growing number of Germans in the British Zone now believed that the American Zone had a more efficient administration, that the Germans in the American Zone received better treatment, especially with respect to food rations, and more sympathy than in any other zone, that the Americans did more than any other occupation power to help the Germans with their economic recovery and reconstruction, and that on the whole relations between Military Government and the German population were much better than anywhere else.[139]

[136] Arthur Miller, *Timebends: A Life* (New York: Grove Press, 1987), 160.
[137] Ebd.
[138] Siehe etwa John Gallagher, *The decline, revival and fall of the British Empire. The Ford Lectures and other Essays*, hg. von Anil Seal (Cambridge: CUP, 2004), 73-153; John Darwin, *The End of the British Empire. The Historical debate* (Oxford: Blackwell, 1991).
[139] Schulze, "British Military Government and the German Population", 85. Siehe auch ebd., 91.

In Alfred Shaughnessys Roman *Dearest Enemy* (1991) ist sich Jack Hamilton deutlich der Machtposition der USA, des großen Rivalen für Großbritannien, bewusst. Als Karin sich nach einem Streit mit Jack nicht mehr zeigt, kann er nur eins vermuten – dass sie nun für die Amerikaner arbeite, die den Deutschen mehr bieten können:

> she might have set off in search of a job in the American Zone, in the Frankfurt area, where more affluent conditions prevailed, with better paid jobs and a chance to work with generous and friendly Yanks. [...] to be spoiled with compliments and nylon stockings, never again to return to the British Zone! (137)

Bereits zu Beginn von McEwans Roman *The Innocent* wird deutlich, dass es Leonard bei dem Gedanken an das bevorstehende erste Treffen mit Bob Glass unwohl ist; er soll sich dem ebenfalls am Tunnelprojekt beteiligten Amerikaner vorstellen. Seine Unsicherheit ist Symptom für die Auflösungserscheinungen des *Empire* und die damit einhergehende Veränderung des britischen Selbstbildes:

> He took time choosing his clothes, lingering over shades of grey and textures of white. He put on his second best suit and then took it off. He did not want to look the way he had sounded on the phone. The young man who stood in Y-fronts and the extra thick vest his mother had packed, staring into the wardrobe at three suits and a tween jacket, had an intimation of the power of American style. He had an idea there was something risible about his stiffness of manner. His Englishness was not quite the comfort it had been to a preceding generation. It made him feel vulnerable. Americans, on the other hand, seemed utterly at ease with themselves. (7)

Während des Gesprächs bemüht sich Leonard dann sogar, Glass sprachlich nachzuahmen: "In deference to Glass, he was softening his 't's and flattening his 'a's." (9)

Leonards Unsicherheit wird durch das Verhalten der Amerikaner bestätigt, die offenbar tatsächlich auf die Briten herabblicken: "Glass looked pityingly at Leonard. 'The British. It's hard to make those guys at the Stadium take anything seriously. They're so busy being gentlemen. They don't do their jobs.'" (9). Das frühere Ideal, dessen Unzulänglichkeit nunmehr auch Leonard bewusst ist, wird von Glass offen belächelt. Auch das gemeinschafliche Geheimdienst-Projekt sei, so der Amerikaner, rein politisch motiviert: "It's all political. You think we couldn't lay those taps ourselves? You think we don't have amplifiers of our own? It's for politics that we're letting you in on this. We're supposed to have a special relationship with you guys, that's why." (21-22) Später wird er noch deutlicher: "'I really don't understand why we let you people in on this. You're not serious the way we are.' [...] '[...] We should have done this thing alone [...]" (112). Obwohl Leonard verunsichert ist, geht er angesichts dieser offenkundigen Geringschätzung in die Offensive, was sich auch darin ausdrückt, dass er das amerikanische *fast food* verschmäht:

> Leonard felt angry. He pushed his hamburger away. 'We're in on this because we have a right. No one fought Hitler for as long as we did. We saw the whole war through. We were Europe's last and best chance. We gave it everything, so we have the right to be in

> on everything, and that includes the security of Europe. If you don't understand that, you belong on the other side. (113)

Zudem fühlt sich Leonard auch im Bereich des Persönlichen, mit Blick auf seine Beziehung zu Maria, von Glass bedroht, dessen Frau sie dann ja später tatsächlich wird:

> Glass had raised his hand. He was laughing through his apology. "Hey, nothing personal." Indeed, there was something personal. Leonard was still preoccupied with Glass's time with Maria [...]. Leonard was still unsure, and the uncertainty made him angry. Glass was saying, "Leonard, don't get me wrong. When I say 'you', I'm talking about your government. I'm glad *you're* here. And it's true, what you say. You guys were great in the war, you were formidable. It was your moment. And this is my point." He placed a hand on Leonard's arm. "That was your moment, now this is ours. Who else is going to face down the Russians?" (113)

Dies ist nicht nur wiederum ein Beleg für die Schwächung britischer Autorität, sondern zugleich ein Hinweis auf die bereits erwähnte Bedrohung durch die Russen, die Glass verhasst sind (33).

Die andauernde Konfrontation mit den Amerikanern lässt Leonard die Erfahrung von Differenz machen und ändert damit auch sein Selbstverständnis. Der fundamentale Unterschied zwischen Briten und Amerikanern wird ihm besonders deutlich, als er das ungezwungene spontane Ballspiel (*American Football*) zweier amerikanischer Soldaten beobachtet:

> This routine, with the catches snapping high, right up on the collar bone, seemed over-demonstrative, too self-loving, to represent any serious form of game practice. This was a blatant exhibition of physical prowess. These were grown men, showing off. Their only audience, an Englishman in a freezing German car, watched with disgusted fascination. It really was not necessary to make such extravagant play with the outstretched left hand just before the trow, or to hoot like an idiot at the other man's pitch. But it was a jubilant uncoiling power that made the orange ball soar; and the clarity of its flight through the white sky, the parabolic symmetry of its rise and fall, the certainty that the catch would not be fumbled were almost beautiful, an unforced subversion of the surroundings – the concrete, the double fence and its functional Y-shaped posts, the cold. That two adults should be so publicly playful, that was what held him, irritated him. Two British sergeants with a taste for cricket would wait for a team practice, properly announced, or at least get up a proper impromptu game. This was all swank, childishness. (14-15)

Auch in Doris Lessings Erzählung "The Eye of God in Paradise", die im ersten Band ihrer 1978 publizierten Sammlung *To Room Nineteen* erschien, erfahren die beiden britischen Protagonisten, das Ärztepaar Hamish Anderson und Mary Parrish, die eigene nationale Identität in Opposition zu den Amerikanern und zu den Deutschen.[140]

[140] Doris Lessing, "The Eye of God in Paradise", in: dies., *To Room Nineteen. Collected Stories: Vol. 1* (London: Jonathan Cape, 1978), 140-193.

Sie verbringen im Jahr 1951 ihren Urlaub in einem süddeutschen Skigebiet, in dem sich ansonsten vorzugsweise wohlhabende Deutsche und Mitglieder der amerikanischen Besatzungsarmee aufhalten (142f.). Die Amerikaner, die das Bild beherrschen, geben sich auf den ersten Blick als solche zu erkennen: “Everywhere came groups of skiers hastening home for the night, and everywhere among them those men and women who proclaimed themselves immediately and at first glance as American.” (143) In Aussehen und Verhalten, so stellen die Briten Hamish und Mary fest, stechen die Amerikaner hervor; sie sind wohlgenährt, gut angezogen, laut und selbstsicher:

> Our two stood there, looking into first one face and then the next, trying to define what it was that set them apart. A good-looking lot, these new policemen of Europe. And well-fed, well-dressed [...] They were distinguished above all, perhaps, by their assurance! Or was this noisy cheerfulness nothing more than the expression of an inner guilt because the task of policing and preserving order earned such attractive holidays? (143)

Die Fremdbetrachtung löst bei den beiden Briten Überlegungen zum eigenen Nationalcharakter aus. Ihrer Einschätzung nach unterscheiden sich die Briten in Takt und Bescheidenheit von den Amerikanern: “they felt strongly that the respresentatives of *their* country were much too naturally modest and tactful to appropriate a scene simply by the fact that they were in it.” (143f.)

Auf die wirtschaftliche Vorrangstellung der USA weisen in dieser Erzählung vor allem die Deutschen hin, die die USA Mary und Hamish gegenüber als das Land der Zukunft beschreiben (172). In dieses Land, von dem Europa (einschließlich England) abhängig sei, in dieses Land, so erklärt ein Deutscher namens Schröder den beiden Briten, wollten alle, die Zukunftsvisionen hätten, auswandern:

> Just as if he had never sung songs of praise to Britain, he now disparaged Britain as part of Europe, which was dead and finished, a parasite on the healthy body of America. Quite obviously all people of foresight would make their way to America – he assumed that they, too, had seen the obvious truth, and had possibly already made their plans? (176)

In der Tat hatte eine Meinungsumfrage in der Britischen Zone im Februar 1948 zu der Frage “which country in the world gives the best chance of leading the kind of life you would like to lead” gezeigt, dass die USA (nach Deutschland) an zweiter, Großbritannien hingegen nur an siebter Stelle lag.[141]

[141] Public Opinion Research Office HQ CCG/BE, Special Report No. 258, 4 Feb 1949, The National Archives (PRO), FO 1005/1869, zit. Schulze, “British Military Government and the German Population”, 85.

II.1.3.2.3 Briten und 'Wirtschaftswunderland'-Deutsche

Das Gefühl, nicht nur den Amerikanern, sondern – infolge des deutschen Wirtschaftswunders, das die Bundesrepublik in den 50er Jahren zur zweitstärksten Wirschaftsnation werden ließ – ausgerechnet auch den Deutschen wirtschaftlich nachzustehen, ist ein weiteres zentrales Thema im literarischen Diskurs über britische Identität. So ist in McEwans Roman *The Innocent* auch das sich aus den Trümmern erhebende Deutschland ein 'Anderes', mit dem Leonard konfrontiert wird, das ihm eine Revision seines Selbstbildes ebenso wie seiner stereotypen Vorstellung der *Englishness* abverlangt. Die überall in der Stadt unübersehbaren Aufbauarbeiten macht seine anfängliche Fehleinschätzung Deutschlands und der Deutschen deutlich; seine fast neidische Wahrnehmung des Wiederaufbaus wurde bereits erwähnt.

In dem deutschen Skiort in Doris Lessings Erzählung "The Eye of God in Paradise" geht es den Briten wirtschaftlich nicht nur schlechter als den Amerikanern, sondern auch als den Deutschen. Die wenigen Briten, die am Ort Urlaub machen, wohnen, im Gegensatz zu den Amerikanern und Deutschen, in bescheidenen Unterkünften: "The Americans were in their own rich hotels; the impoverished British in the cheap guest houses; this place was for wealthy Germans." (157) In einem von Deutschen bevölkerten Hotelrestaurant fällt es Hamish und Mary schwer, sich vorzustellen, dass nicht die Deutschen, sondern die Briten als Sieger aus dem Krieg hervorgegangen sind:

> They ordered their dinner and, while they waited, sat examining the other diners. The Americans were not here. Their hotels were the big, new, modern ones at the top of the village. The clientele here was solidly German. Again the two British tourists were conscious of a secret, half-ashamed unease. They looked from one face to another, thinking: Six years ago, what were you doing? And you – and you? We were mortal enemies then; now we sit in the same room, eating together. You were the defeated. This last was addressed as a reminder to themselves, for no people could have looked less defeated than these. A more solid, sound, well-dressed, comfortable crowd could not have been imagined; and they were eating with the easy satisfaction of those who cannot imagine ever being short of a meal. Yet six years ago… (146f.)

Während die Deutschen maßlos schlemmen, teilen sich die Briten, die nicht mehr bezahlen können, eine einfache Suppe; aus England, wo Lebensmittel noch bis 1954 rationiert wurden,[142] sind sie an solche Mengen auch gar nicht gewöhnt: "even so, their plates held twice as much as they would in England … Six years ago these people were living amid ruins, in cellars, behind any scrap of masonry that remained standing. They were half-starved, and their clothes were rags." (147)[143]

[142] Zur Rationierung der Lebensmittel in Großbritannien siehe Ina Zweiniger-Bargielowska, *Austerity in Britain: Rationing, Controls, and Consumption 1939-1955* (Oxford: Oxford University Press, 2000), bes. 12-59.

[143] Lessing hatte, als sie 1949 in London einwanderte, eine kriegszerstörte Stadt kennengelernt, in der das Essen rationiert war. Siehe Bernadette Conrad, "Eine Nomadin des Herzens. Eine Begegnung mit der 85-jährigen Doris Lessing im windumtosten Hampstead", *Die Zeit* vom 19.05.2004,

Wieder ist es ein Deutscher, Schröder, der die ohnehin schon offenkundige wirtschaftlich-finanzielle Schieflage zwischen den Deutschen und den Briten auf unangenehm arrogante Weise auch noch thematisiert, indem er herablassend sein Bedauern über die britischen Beschränkungen bei der Ausfuhr von Devisen äußert, über die restriktive *travel allowance*, die ein üppiges Leben auf dem Kontinent von vornherein unmöglich mache: "'Of course, it must be hard for you to have such unfortunate restrictions with your travel allowance. Yes, it must be annoying. For people of a good salary and position it must be annoying.'" Die Wahrheit ist allerdings noch herber, denn: "For both these two the restrictions of the travel allowance merely confirmed the fact; that they could not have afforded more than the allowance in any case." (153)

Die Person des Deutschen Schröder wird in Lessings Erzählung immer wieder zum Sprachrohr für ein erneut selbstbewusstes, seine Vergangenheit verdrängendes Deutschland, das zu den Vereinigten Staaten hinauf-, auf Großbritannien hingegen mitleidig herabblickt. Mit dem Fremdbild der Deutschen und mit dem deutschen Selbstbild befassen sich, wie die folgenden Ausführungen zeigen, auch Texte anderer britischer Literaten.

II.1.4 Das Fremd- und das Selbstbild der Deutschen aus britischer Sicht

II.1.4.1 Wer sind die Barbaren?

In Robert Kees autobiographischem Roman *A Crowd is not Company* (1947, 1982), der die Flucht des Autors – im Krieg Soldat der britischen Luftwaffe – aus deutscher Kriegsgefangenschaft schildert, zeigt sich der Ich-Erzähler geschockt, als ihm ein Deutscher empört von der Bombardierung der Stadt Hamburg berichtet, hatte er doch bislang geglaubt, Entrüstung über 'barbarisches' Verhalten stände nur den Engländern zu: "it was a shock to hear the exact tones of bitter resentment that I had heard so often in England and felt so often myself. I had always assumed that this sort of civilized dismay at barbarism was the monopoly of our cause."[144] Jetzt wurden die Briten (und auch die Amerikaner) als Barbaren stigmatisiert, und ihre Bombardierung deutscher Städte wurde – das wusste auch der britische Besatzungssoldat William Peters zu be-

Literaturbeilage, www.zeit.de/2004/22/L-Lessing-Doris?page=all. Lessings *In Pursuit of the English. A Documentary* (London: MacGibbon & Kee, 1960) handelt von den Englandbildern, die die Autorin bei ihrer Einwanderung nach England mitbrachte, und von ihrer ersten Begegnung mit England.

[144] Robert Kee, *A Crowd is not Company* (London: Eyre & Spottiswoode, 1947), 18. Kee gab erst später bekannt, dass es sich bei den 1947 als Roman erschienenen Schilderungen von deutscher Kriegsgefangenschaft und Flucht um seine eigenen Erlebnisse handelte; als Autobiographie gekennzeichnet wurde der Roman 1982 mit einer Einleitung des Autors erneut herausgegeben (Jonathan Cape). Siehe dazu Kees 'Introduction' zur Ausgabe von 1982, 7-9, bes. 8. Zur Flucht englischer Kriegsgefangener aus Deutschland siehe Aidan Crawley, *Escape from Germany, 1939-45. Methods of Escape used by RAF Airmen during World War II* (London: The Stationery Office, 2001).

richten – von Deutschen als barbarischer Akt verurteilt: "bearing witness to the barbaric attitude of the British and Americans towards German culture".[145]

Auch in weiteren der hier besprochenen Texte wird deutlich, dass sich die Fremd- und dadurch implizit auch die Selbstzuschreibungen von Deutschen und Briten teilweise ähnelten. So zeigen verschiedene Autoren, dass in den Augen der Briten die Deutschen als 'Barbaren' erschienen und dass umgekehrt in den Augen der Deutschen die Briten als 'Barbaren' wahrgenommen wurden. In John Prebbles Roman *The Edge of Darkness* (1948) lernt der Brite Ted Jones vor allem durch seine Gespräche mit Kaethe Lenz, mit der er in Deutschland eine Beziehung eingeht, die Sichtweise der Deutschen – und damit auch das deutsche Englandbild – kennen. Indem im Roman abwechselnd aus dem Blickwinkel des Briten Ted Jones und der Deutschen Kaethe Lenz erzählt wird,[146] kommen die Perspektiven beider Nationen und ihr Blick aufeinander zur Geltung. Für Kaethe etwa bedingen die Nöte des Nachkriegsalltags, beurteilt nach dem (allerdings nicht konsequent durchdachten) 'Verursacherprinzip', den Hass auf die Briten:

> She hated the English. Because of them the Germans would have no coal that winter, but the soldiers would have their fires, their cigarettes, their food, their essential happinesses. For the Germans there would be only 'Montgomery's bread', the turnips stewed endlessly in soup, the garbage gathered from the swill bins of the occupational troops, or the Black Market. She hated the English. (185)

Ted weiß, dass die Briten in den Augen der Deutschen als Barbaren gelten. Daran muss er während eines Tanzfestes, zu dem deutsche Frauen eingeladen sind und bei dem er Kaethe kennenlernt, denken: "He wondered if the German women had forgotten that they were dancing with British soldiers, 'the barbarians'." (160)

In der Tat betrachtet auch Kaethe die Briten als "barbarians" (167) und als unzivilisiert. Ihrer Meinung nach (und, wie sie sagt, nach der Meinung aller Deutschen) sind offene Kaminfeuer ein Zeichen für Zivilisationslosigkeit: "'In England you have open fires, yes?' He nodded. 'That is not very civilised, we think,' she said." (167) Dass Kaethe sich anmaßt, den Menschen in England Zivilisationslosigkeit nachzusagen und damit implizit die Zivilisiertheit für sich und alle Deutschen in Anspruch zu nehmen, das provoziert den Briten zu einer verärgerten Reaktion, zu einer harschen Kritik an den wahrhaft 'unzivilisierten' barbarischen Verbrechen der Deutschen in der Nazizeit: "Anger and resentment burnt suddenly at the back of his head. 'In England we don't think it is very civilised to have gas chambers and concentration camps!' he said hoarsely." (167)

Im Rückblick auf die Auseinandersetzung mit Kaethe versucht sich Ted die erstaunliche Tatsache zu erklären, dass sich Deutsche und Briten wechselseitig der Barbarei bezichtigen:

> He knew, before Kaethe Lenz had mentioned it, that he was one of 'the barbarians', and without any attempt to justify the accusation he was surprised by the obvious fact that

[145] Peters, *In Germany Now*, 94.
[146] Im 2. Teil des Romans z. B. Jones: Kapitel 1-2; Kaethe: Kap. 3, Jones: Kap. 4, Kaethe: Kap. 5.

> reactions could be so mutual. A great wall of bitterness was being built between Germany and the outside world, each side methodically placing its bricks and building higher and higher until the whole edifice threatened to topple over and engulf them both. But it was not easy to find sympathy. (179f.)

In Patricia Wendorfs Roman *Peacefully: In Berlin* (1983) bereitet der Deutsche Kurt Baumann, der nach seiner Kriegsgefangenschaft in England eine Engländerin geheiratet hat und mit ihr nach einem kurzen, entsagungsvollen Nachkriegsaufenthalt in Deutschland im Dezember 1948 nach England zurückkehrt, eine mitreisende Deutsche im Zug auf das Leben in England vor. Auch für ihn ist der offene Kamin ein Beispiel für die 'Rückständigkeit' Großbritanniens. Er beschreibt den offenen Kamin als nur eine der vielen Entbehrungen im Land der 'rückständigen Inselbewohner':

> He is showing off a little, now, describing to Inge the life as lived by the Anglo-Saxons. The primitive island people. 'You will find English houses cold in the winter. They have these open coal fires, and no double windows: and the plumbing is fixed to the outer walls so that when it freezes the pipes all burst, and the house is flooded.' He taps his forehead with a significant finger. 'But they are cheerful people. They don't seem to mind about setbacks.' (80)

In diesem Roman werden die Stereotype allerdings durch die Perspektive Cathys gebrochen. Zudem wird Kurt Baumanns Sicht durch das Wissen des Lesers, dass er auf dem Weg auf die 'primitive' Insel ist, um den Entbehrungen in Nachkriegsdeutschland zu entgehen, ironisch gebrochen.

Für die deutsche Reisende, die mehrfach von russischen Soldaten vergewaltigt worden ist, sind die Barbaren eindeutig die Russen: "Mongolian animals, with slit-eyes and flat brown faces. Like drunken apes they were, with the stink of schnapps upon them, and the vodka running out of their ears" (81),[147] und auch in Kurts Augen sind die Russen primitiv und wilder als die Tiere:

> I will tell you all about German women: especially the ones in my family. They were all raped in 1945. Not once or twice, but many times: some to the very point of dying. This was done by the Russians. Mongols. Drunken men who were worse than animals. No animal ever behaves as they did. (112)

Wie Wendorf stellen auch viele andere britische Literaten dar, dass die von den Briten als 'Barbaren' stilisierten Deutschen ihrerseits von der barbarischen Natur der Rus-

[147] Stereotype wie diese waren durch Nazipropaganda verbreitet worden und überdauerten den Krieg, wie Robert Moeller schreibt: "In popular memory [...] the face of the Red Army soldier was all too familiar; it often bore the signs of the racial stereotype of the 'Mongol'. This image had been disseminated by Nazi propaganda, and it survived German defeat and denazification to emerge in the political rhetoric of the Federal Republic." Robert G. Moeller, *War stories: the search for a usable past in the Federal Republic of Germany* (Berkeley: U of California P, 2001), 5.

sen überzeugt sind. Beispiele für die deutsche Einschätzung der Russen als ein rückständiges Volk liefern die Tagebucheinträge des britischen Soldaten William Peters, aus denen hervorgeht, dass viele Deutsche ihm gegenüber von den Russen als "half-savages" und als "barbarians" gesprochen haben.[148] Am 30. September 1945 schreibt er: "One [German] woman said: 'These Russians are a hundred years behind us, and they want to rule us'",[149] und bei der Einweihung des russischen Denkmals am Brandenburger Tor am 11. November 1945 beobachtet er erneut die Geringschätzung, die den Russen von Seiten der Deutschen entgegengebracht wird:

> [O]ne [German civilian] asked me to find out whether the architect of the memorial was a German. Obviously he could not believe that these 'inferior Russians' could have designed such a beautiful structure. I enquired, and was told that the memorial was designed by a Soviet architect, and built by Red Army men, helped by German workers, and under the supervision of Soviet technicians. My German was very disappointed with this information and did not want to believe it.[150]

Dass die Einschätzung der Russen seitens der Deutschen nicht auf persönlichen Begegnungen, sondern auf Stereotypen basieren, suggeriert ein weiterer Tagebucheintrag Peters, in dem er ein kurzes Gespräch mit einem deutschen Kind wiedergibt. Das Kind hat noch nie Russen gesehen, ist aber gleichwohl von ihrer Schlechtigkeit überzeugt, fürchtet 'den Russen' wie den 'Schwarzen Mann':

> "The Tommies always give me tea and cakes. I like English soldiers. The Americans are good, too, but the Russians and Poles, bah! they are bad." "Have you ever seen a Russian?" "Oh, no! I would run away if one came along!"[151]

[148] Peters, *In Germany Now*, 92-93.
[149] Ebd., 23.
[150] Ebd., 87.
[151] Ebd., 94. Die Wortwahl scheint mir eine Anspielung zu sein auf das beliebte deutsche Nachlauf-Spiel: "Wer hat Angst vor'm Schwarzen Mann?" "Niemand!" "Und wenn er kommt?" "Dann laufen wir!" Der Angst vor den Russen in Berlin entspricht in Herford die Angst vor afroamerikanischen Besatzungssoldaten: "The family spoke about American negro soldiers and the hysterical fear of them. Apparently they had been told such terrible stories about negroes by Goebbels' propaganda machine that they were frightened stiff when the first coloured troops arrived, just as people in Berlin were frightened of the Russians. Girls screamed when a Negro soldier was in the neighbourhood." (ebd., 109f.). Rainer Schulze schreibt dazu: "Mit Mißtrauen wurden allerdings zunächst die farbigen Soldaten betrachtet, die sich unter den amerikanischen Besatzungstruppen befanden. Für viele Bewohner des Landkreises [Celle] war er offenkundig das erste Mal in ihrem Leben, dass sie Menschen mit anderer Hautfarbe begegneten, und sie reagierten mit entsprechenden Vorurteilen und oft sogar auch Ängsten, die von der nationalsozialistischen Propaganda kurz vor Kriegsende noch massiv geschürt worden waren. Beinahe überrascht wurde dann aber doch festgestellt, dass gerade diese Soldaten durchweg 'anständige Kerls' waren": Schulze, "Besatzer und Besetzte", 36.

In Doris Lessings Erzählung "The Eye of God in Paradise" bezeichnet der Deutsche Schröder den Briten gegenüber die Russen als Barbaren, gegen die sich die Deutschen hätten verteidigen müssen:

> "'Those Russians' he said, 'are savages. Barbarians. No one would believe the atrocities they committed. Unless you had seen it with your own eyes you would not believe the brutality the Russians are capable of. ... Do you know that those Russians would shoot at our soldiers as they walked through the streets of a village? An ordinary Russian peasant, if he got the chance, would slaughter one of our soldiers? And even the women [...]! [...] We were forced to defend ourselves against the savagery of those people. The Russians are monsters.' (159f.)

In Prebbles *Edge of Darkness* spricht sich Kaethes Bruder, der sich später als gesuchter SS-Mann herausstellt, Jones gegenüber für eine anti-sowjetische Allianz der Briten und Deutschen, die sich gegen die 'schwarzen' slavischen Völker vereinigen müssten, aus: "The good, poor races are few. The white peoples, German and England should ... *sich vereinigen*? ... Ja, should unite against the coloured people. Or they will conquer us. The Slavs are the black people. ... You do not know the Russians... *dreckig*!" (209)

II.1.4.2 "Poor Germany"?: Die Selbsteinschätzung der Nachkriegsdeutschen aus britischer Sicht

Wie in der Einleitung gezeigt wurde, hoffte der Verleger und Autor Victor Gollancz mit seinen Schriften über die desolate wirtschaftliche Situation in Deutschland in Großbritannien Mitleid mit den Deutschen zu erwecken. Andere warnten dagegen davor, sich von den Deutschen zum Mitleid bewegen zu lassen. William Peters äußerte sich empört über die in einigen britischen Zeitungen durchgeführte Kampagne zur Unterstützung durch Hilfspakete für die deutsche Bevölkerung. Seiner Ansicht nach war das Jammern der Deutschen unbegründet:

> Some British newspapers are conducting a campaign to get support for sending parcels to the starving population of Germany! I have not seen anybody starving in Germany yet, at least not in the British Zone and in Berlin: People are quite well fed nowadays, but they complain all the time. 'Just imagine', said a woman to me the other day, 'we have not had any butter for over a month, only margarine.' Of course Germany used to live well on the loot of other countries. [...] I even think that people in Westphalia live better than many people in Britain.[152]

Kurz vor Kriegsende hatte die Zeitung *Time and Tide* den Deutschen das aktive Bemühen unterstellt, Mitleid zu erzeugen, und dabei auf die Zeit nach dem Ersten Weltkrieg verwiesen:

[152] Peters, *In Germany Now*, 105.

> Now the German cities have been again laid waste and disaster has yet again come on Germany, we must take particular care that no new legend is created, that the Germans recognize this time that their sufferings are not unique and are certainly not worse than those they have inflicted. They must not again contrive to persuade the good-hearted the world over that *they* are the people to be pitied.[153]

Auf die Gefahr, dass die Deutschen über ihrem eigenen Leid die in ihrem Namen verübten Gräuel vergessen könnten, wies der Educational Adviser für die Kontrollkommission, Robert Birley, in einem Brief an Victor Gollancz hin:

> The senseless suffering which they [the Germans] are now experiencing is having the effect of making them forget what they have done themselves. They ought not to forget it. They ought to be made to realise, I feel, that for them to say, 'We were not responsible' is itself a confession of ignominy.[154]

Auch Stephen Spender, der eine pauschale Verurteilung aller Deutschen unbedingt ablehnte (s.o.), war sich gleichzeitig der Gefahr bewusst, dass die Deutschen ihre schmerzliche Lage als ungerecht empfinden könnten, anstatt sie in ursächlichen Zusammenhang mit den im deutschen Namen verübten Verbrechen zu sehen:

> Many harsh things were happening in Germany and many more were bound to happen; if Germany chose to consider them as 'Injustices' without relating them to the causes which had produced these things then they would build up another great national grievance. (EW, 215)

Spender selbst fügte die Beschreibung der Bombardierung Wuppertals und des Einsatzes von Flüssigphosphor in den Bericht von der Auffindung von Massengräbern ein und hielt so den Zusammenhang zwischen den Bombenangriffen auf deutsche Städte und den deutschen Gräueltaten bewusst (EW, 172-75).[155] Ähnlich setzte W. H. Auden in seinem Gedicht "Memorial for the City",[156] mit dem er im Juni 1949 sein mehrjähriges

[153] "The problem of Germany", *Time and Tide* vom 14. April 1945.

[154] Zitiert nach Ruth Dudley Edwards, *Victor Gollancz. A Biography* (London: Victor Gollancz, 1987), 445.

[155] Fragwürdig erscheint in diesem Kontext eine Äußerung Vera Brittains, die die Möglichkeit ins Auge fasst, dass die Gräueltaten der Nazis in den Konzentrationslagern übertrieben dargestellt würden, um unter den Alliierten die Schuldgefühle bezüglich der Zerstörung deutscher Städte zu mildern: "How far, I asked myself, were the discoveries in the camps being 'played up' by newsreel and radio to prevent the development of a growing sense of guilt for Germany's razed cities? What essential moral difference divided the murder of prisoners in concentration camps from the incineration of refugees in Dresden or the drowning of mothers and children in the Ruhr valley below the shattered dams?": Brittain, *Testament of Experience*, 358.

[156] W. H. Auden, "Memorial for the City", in: W. H. Auden, *Selected Poems*, hg. von Edward Mendelson, Nachdr. (London/Boston: Faber & Faber, 1988) [1979], 190-195. "Memorial for the City" erschien zuerst 1949 in der Zeitschrift *Horizon*. Zu diesem Gedicht siehe etwa Craig Hamilton, "The Imagined Cities in W. H. Auden's 'Memorial for the City'", *English Language*

Schweigen über seine Erfahrungen im zerstörten Deutschland als Mitglied des United States Strategic Bombing Survey brach,[157] in Teil III die Zerstörung der Stadt – gemeint ist wohl Nürnberg mit seinem "Grand Hotel patched up to hold reporters" (193) – in Beziehung mit den in Teil I erinnerten Gräueltaten der Nazis: "the crematorium chimney" (190), "a chaos of graves", "the searchlights", "[t]he cries of the whipped" und "the barbed-wire" (191).[158]

Beschwerden seitens der Deutschen, was ihre Situation und die britische Besatzung anging, missbilligte Spender. Als sich etwa Ernst Robert Curtius und dessen Frau über die Besatzung beklagten, betonte Spender, dass es die Deutschen selbst seien, die die Präsenz der Besatzungsmächte notwendig machten: "The Occupiers of Germany did not wish to be there, I insisted, it was the Germans who invited them. Nor did they want to stay; it was the Germans, in effect, who kept them." (EW, 65) In Alan Ross' Gedicht "Occupation Troops" (1945/46) ernten die britischen Besatzer misstrauische und anklagende Blicke von Seiten der deutschen Bevölkerung: "The faces staring through eyes stained with mistrust / which sullenly accuse them, accosting with evidences of hunger and clothes ragged over dirt".[159] Die Angehörigen der Britischen Militärregierung waren verärgert darüber, dass die Deutschen für ihre Misere die Alliierten verantwortlich machten:

> Blame the Allies for their misfortunes and project their own fears and hates on the British "who desire Germany to starve" and "who wish to see her commercial power broken" [...]. The picture remains one of "Poor Germany" in extremis, caught, despite her inno-

Notes 43 (2005), 170-79; John Cooper, "'The Crow on the Crematorium Chimney': Germany, Summer 1945", *English Studies in Canada* 30 (2004), 129-44; Craig A. Hamilton, "A Possible Source for 'Memorial for the City'", *W. H. Auden Society Newsletter* 24 (2004), 29; John Fuller, *A Reader's Guide to W. H. Auden* (New York: Farrar, Straus & Giroux, 1970), 226-228; ders., *W. H. Auden, A Commentary* (Princeton, NJ: Princeton UP, 1998); Lucy McDiarmid, *Saving Civilizatiohn. Yeats, Eliot, and Auden Between the Wars* (Cambridge: CUP, 1984), 99-103; Davenport-Hines, *Auden*, 261-262; Paul Goetsch, "Der Holocaust in der englischen und amerikanischen Lyrik", in: Franz Link (Hg.), *Jewish Life and Suffering as Mirrored in English and American Literature*, Beiträge zur englischen und amerikanischen Literatur, 6 (Paderborn et al: Ferdinand Schöningh, 1987), 165-89, 165f.

[157] Hamilton, "The Imagined Cities", 176. Zu Audens Tätigkeit als Mitglied des *USSBS* siehe ausführlich Kap. I.

[158] Mendelson sieht darin den "barbed wire that divided post-war Berlin and Vienna into occupation zones": Edward Mendelson, *Later Auden* (New York: FSG, 1999), 326.

[159] Alan Ross, "Occupation Troops", in: ders., *The Derelict Day: Poems in Germany* (London: Lehmann, 1947), 47, hier Z. 5-7. Ross verfasste die in diesem Band erschienenen Gedichte zwischen Juni 1945 und Juli 1946 in Deutschland (ebd., iii). Ross, der während des Krieges in der British Navy gedient hatte, war in Deutschland unter anderem damit betraut, deutsche Marineoffiziere nach ihrer Kriegsausrüstung zu befragen: Alan Ross, *Blindfold Games* (London: Collins Harvill, 1986), 256.

cence, in economic and social degradation, due either to British bad will or incompetence.[160]

Die kritische Betrachtung der eigenen Rolle in der Vergangenheit vermissten viele britische Autoren unter den Deutschen; stattdessen beobachtete man allenthalben Selbstmitleid. So begegnete James Stern bei seinen Gesprächen, die er im Rahmen seiner Tätigkeit als Mitglied des United States Strategic Bombing Survey in München führte, immer wieder dem Selbstmitleid der Münchner: "self-pitying descriptions of their deprivations, the horrors of 'the terror' from the air, or what a terrible sight it was to see 'poor little Germany' surrounded by enemies with all its beautiful cities in ruins."[161] Als Spender eine Deutsche, die ihm gegenüber ihr 'armes Deutschland' bedauerte, auf das von den Deutschen über andere Nationen gebrachte Leid hinwies, bestand diese darauf, dass die Deutschen von allen am meisten erlitten hätten: "'Poor Holland, poor Belgium, poor Greece, poor Norway and poor Denmark.' She looked at me dully again and said, 'Yes, I suppose they're all badly off, but it is always poor Germany who suffers most.'" (EW, 17) Die unter den Deutschen verbreitete Meinung, selbst zu den Hauptleidtragenden zu gehören, sollte sich, wie Robert Moeller in einer neueren Studie gezeigt hat, in den fünfziger Jahren zu einem der wirksamsten integrativen Mythen entwickeln: "One of the most powerful integrative myths of the 1950s emphasized [...] German suffering; it stressed that Germany was a nation of victims".[162]

"Poor Germany" wird auch in einigen Romanen über die Besatzungszeit zum Ausdruck deutschen Selbstmitleids. In Geoffrey Cotterells *Randle in Springtime* etwa beklagen sich deutsche Adelige darüber, dass ihnen die gewohnten Luxusaufenthalte im Ritz nun nicht mehr vergönnt seien:

> 'I'm very fond of London!' the Gräfin said. She looked at Howard with interest. 'I stayed at the Ritz Hotel, it was nice. Alas, when shall we poor Germans see a Ritz Hotel again, Mr. Randle?' [...] Poor Germany, poor Germany. After we have been through so much.' (132)

[160] Public Opinion Research Office HQ CCG/BE, German Morale Report No. 2 (New Series), Mid-September 1947, The National Archives (PRO), FO 1005/1867. Zit. Schulze, "British Military Government and the German Population", 83. Auch im *British Zone Review* heißt es: "Now to the average German there was only one body responsible and that was the occupying power. [...] The question of war guilt and punishment arises, but the German has an awkward habit of making excuses for himself, and such is his proficiency in doing so that in a very short time he convinces himself he is more sinned against than sinning": "British Zone Review", *British Zone Review* vom 28. Juni 1947, 3.

[161] Stern, *Hidden Damage*, 128. Siehe auch ebd., 77.

[162] Moeller, *War stories*, 6; siehe auch ebd. 3-5 und 180ff. Siehe dazu auch Cofino, "Traveling as a Culture of Remembrance", 96f., 104, 106 und Andreas Huyssen, "Air War Legacies: From Dresden to Baghdad", *New German Critique* 90 (2003), 163-76, 166.

Der britische Leutnant Howard Randle zeigt sich über dieses Selbstmitleid empört:

> They all seemed to have had the hell of a good time before the war, better than he’d ever had. Now they were complaining because the band wasn’t playing for them all over again. Complaining! They should be grateful for living. ‘Poor Germany, poor Germany!’ the Gräfin said.’ (134f.)

Andererseits macht gerade Cotterell in seinem Roman bis zu einem gewissen Grad auch die mangelnde Qualität der Aufklärungsarbeit für ihren Misserfolg verantwortlich. In *Randle in Springtime* lesen die Deutschen “amateurish presented news which they were convinced were propaganda and lies.” (164) Dieses Problem wird auch von Arthur Dickens kommentiert, der allerdings in der ernsthaften gerichtlichen und journalistischen Aufbereitung des Belsen-Prozesses eine Chance sieht, eine effektive Umerziehung zu initiieren:

> I feel certain these public trials fulfil an important need, that the Germans are being suitably impressed. Certain among them tended to imagine the disclosures of May were just ‘more propaganda’ and that rather crudely imposed. This return to the theme in full judicial detail shows us as in dead earnest about the matter, and none save the most corrupted or stupid can now brush it aside. The widespread tendency to say, ‘Let us forget the past,’ cannot possibly be gratified in all respects, if we take seriously the problem of re-education. Nothing indeed could prove more ruinous than a continued policy of repression and vengefulness, unless it were the opposing extreme advocated by some lazy wits in England – the bedrudging of time and expense to trials of war criminals. in the long run, how much cheaper shall we find a policy of re-education than one choosing between perpetual occupation and the risk of future war.[163]

Besonders deutlich zeigt sich das deutsche Selbstmitleid bei Kaethe Lenz in John Prebbles Roman *The Edge of Darkness*. Sie will die Rolle der Deutschen im Krieg nicht wahrhaben. Stattdessen beklagt sie die deutschen Opfer und das Leid, das die Deutschen im Krieg erdulden mussten. Als der britische Soldat Ted Jones, der ihre Bekanntschaft gemacht hat, ihr gegenüber die Opfer der deutschen Luftangriffe, zu denen auch seine Frau zählt, erwähnt, lenkt sie das Gespräch sofort auf die englischen Luftangriffe und die deutschen Opfer.

> ‘My wife was killed by a flying-bomb.’ She nodded slowly. ‘It is cruel. In the shelters here during the raids it was horrible. Your airmen came over so often that it seemed the sky was never empty. On the night of the Catastrophe the people ran into the Alster and were drowned, they were so frightened. We did not know what to do. It was frightful. Air raids were inhuman.’ (171)

[163] Dickens, *Lübeck Diary*, 306.

Als Jones sich nicht davon abhalten lässt, ihr erneut die Schuld der Deutschen vor Augen zu rücken, beklagt sich Kaethe über den Hass, den die Deutschen erdulden müssten. Statt sich mit den Ursachen für die Ablehnung, die ihr Land erfährt, auseinanderzusetzen, sieht sie Deutschland dazu verdammt, gehasst, nicht geliebt zu werden,[164] und sie vergleicht Nachkriegsdeutschland mit einem Konzentrationslager:

> 'A German flying-bomb,' persisted Jones bluntly. 'You hate me for that?' She turned and faced him, holding his eyes with her own for the length of a second only. 'I don't know,' he said, 'Perhaps it is too soon, for all this.' And he waved his arm about the room. 'You hate me,' she said, and her voice rose a little. 'You hate all the Germans. We were made for hatred. To be hated and feared, never loved. 'Well, *we* won't put you in a concentration camp for my wife', he was staring at her angrily, his fingers trembling on his knees. She smiled back at him tolerantly, and he felt then that she was much older than he. 'All Germany is a concentration camp, now', she said. (171)

Deutschland muss Ted Jones so als "a nation looking inward and never beyond the limits of their personal suffering" erscheinen (180).

II.1.4.3 "Colonialism"? Die Beurteilung der kolonialen Idee und der britischen Verwaltungspraxis durch die Deutschen

Wie an früherer Stelle gezeigt wurde, ist die Administration der britischen Besatzungszone von britischer Seite häufig mit der britischen Kolonialverwaltung verglichen worden. Wie äußerten sich die Deutschen selbst dazu? In einem Gespräch mit seinem amerikanischen Vorgesetzten äußerte Robert Birley: "Perhaps it is for the Germans to decide whether there were elements of colonialism in our policy and actions."[165] Tatsächlich schienen zahlreiche Deutsche den Gedanken, unter britische Kolonialverwaltung gestellt zu werden, nicht als abwegig zu empfinden. So berichtet etwa Stephen Spender in *European Witness* davon, dass sich Deutsche selbst in kolonialer Abhängigkeit des Britischen Empire sähen und auf den Status einer sich selbst verwaltenden Kolonie (Dominion) hofften:

> it was as part of the British Empire that they were now ready to see themselves, and there is nothing very striking about the question of a prominent catholic priest, Father R- to me: Did I believe that, in ten years, the British Zone might be granted Dominion Status? (EW, 406f.)

[164] Ähnlich beklagt sie sich später: "'Everybody wants us to die, everybody is glad and laughing because we are ill.' [...] You don't know what it is like when all around there are enemies, hating and rejoicing because Germany suffers. It makes us want to run away.'" (227) Das "Bedürfnis, gemocht zu werden", das bereits Bismarck als Bedürfnis der Deutschen benannte, zählt zu den Eigenschaften, die auf dem von Thatcher einberufenen Treffen im März 1990, das deutsche Eigenschaften zusammentragen sollte, genannt wurden. Siehe Spice, "Die Wiederkehr der schwarzen Ritter", 47f.

[165] Birley, "British Policy in Retrospect", 49.

Von einer ähnlichen Unterhaltung mit einem deutschen Lehrer berichtet der Historiker Arthur Dickens, der während der ersten Monate der Besatzung als Journalist in der britischen Zone tätig war:

> I suppose these aspirants to Dominion Status are still unconsciously labouring under that great imperialist view of the British Commonwealth inculcated by Goebbels, whose ghost, I fear, still haunts the country.[166]

Von einem Gespräch mit dem Militärgouverneur von Lübeck berichtet er:

> People here often accept British officers as all-powerful proconsuls of Empire. The Military Governor of Lübeck showed me the other day a letter he received from a German addressed to 'The Governor of the British Empire, Esq.' In attempting to fill these Kiplingesque roles, one often feels badly cast by the producer.[167]

Ähnlich berichtet der britische Soldat William Peters, der von August bis Dezember 1945 in Deutschland stationiert war, dass sich viele Deutschen von einer Zugehörigkeit zum *Empire* eine Lösung ihrer Probleme und einen Ausweg aus dem Elend versprächen. Am 29. September in Berlin notiert er in seinem Tagebuch:

> [A man in the lobby of the Hebbel theatre] told me that Germany might be attached to the British Empire or somehow come under the King, which would mean the end of Germany's misfortune. Everybody talked at the same time very excitedly about this excellent idea as if I could make their day dreams come true. 'The King and the Emperor Wilhelm were cousins and a union of Germany and the U.K. under George VI would be an ideal solution. They would not have to pay any war damage, and these hated Russian would go.[168]

In seinem Roman *Randle in Springtime* lässt der Autor einen flüchtigen KZ-Adjutanten, der sich unter dem Namen Otto als ehemals politisch Verfolgter ausgibt, dieselbe Meinung äußern. In einem Gespräch mit Howard Randle konzediert er, dass die Deutschen die Demokratie lernen müssten, dass Deutschland vorher jedoch zur Kolonie werden müsse:

> '...But first, I am convinced, we must become an English colony like Australia. I have thought of this matter very deeply, and I can tell you, Mr. Rondle [sic!], there are many of us, good Germans, who wish for this.' 'Australia's not a colony, old boy.' '... You are our hope, Mr. Rondle! Are we not blood brossers? Shakespeare, Shaw, Oscar Wilde are part of our own culture! The link of Hannover with your Kings is unbroken – although it is

[166] Dickens, *Lübeck Diary*, 152.
[167] Ebd., 69.
[168] Peters, *In Germany Now*, 20.

> true the people were shocked by the terror-bombing. Mr. Rondle, I say to you, if a vote is taken among all the peoples, ninety pro cent will say 'Yes!' (196f.)

Eine Kollegin Randles bei der Sociology Division der britischen Kontrollkommission in Hamburg, Kay Blandison, macht denselben Vorschlag: "You know, I'm sure it would be much better if we flatly made our zone a sort of colony and brought out one of the Royal family as Viceroy. You'd be surprised by the number of Germans who suggest it." (156)

Derartige Vorschläge fanden jedoch durchaus nicht ungeteilte Zustimmung. Stephen Spender und Victor Gollancz etwa gehören zu denjenigen, die sich gegen den Gedanken, Deutschland als Kolonie zu verwalten, wandten. Alfred Andersch kommentierte diese politische Auseinandersetzung in einem Beitrag für die Zeitschrift *Der Ruf*:

> es gibt tatsächlich das England einer nihilistischen Kolonialpolitik gegenüber Deutschland, aber es gibt auch das England, das gewillt ist, in längeren Perspektiven zu denken, das England nicht nur Vansittarts, sondern auch das Bevins, Victor Gollancz' und Stephen Spenders.[169]

In einem weiteren Beitrag für den *Ruf* berichtete Andersch von einem Gespräch mit einer deutschen Frau an der Ruhr, die das britische Verhalten in Deutschland als 'Kolonialpolitik' anprangerte. Diese Frau hasste die Engländer, da sie – wie sie meinte – die Deutschen "so tierisch hungern lassen". Sie fühlte sich von ihnen, anders als von den Amerikanern, wie ein Kolonialvolk behandelt: "Am besten war es freilich, als die Amerikaner da waren. Da spürten wir nichts von der Geringschätzung in der Behandlung, als wären wir ein Kolonialvolk, wie wir dies von Seiten Englands erleben."[170] Auch für Andersch selbst war die britische Verwaltung von der kolonialen Tradition mit geprägt; aus dieser Tradition könnte vielleicht – wie er überlegt – das Fraternisierungsverbot resultieren: "Ist das politische Absicht, 'Kolonialstil', oder kann man einfach nicht über den eigenen Schatten des Nationalcharakters, über die ererbte Tradition der 'splendid isolation' springen?"[171]

Auch ein Foreign Office Memorandum vom 14. Dezember 1945 berichtet über Beschwerden von Seiten der Deutschen über die Kolonialattitüde britischer Besatzer, die sich in ihrem Umgang mit den Deutschen äußere,[172] und der Gründer und spätere Rektor von Wilton Park, Heinz Koeppler, teilte dem stellvertrenden Leiter der Education Branch, Walker, am 29. Oktober 1948 in einem Memorandum mit (in dem er sich für die Beibehaltung von Wilton Park aussprach), dass sich viele Deutsche wie "benighted

[169] Alfred Andersch, "Grundlagen einer deutschen Opposition", in: Schwab-Felisch (Hg.), *Der Ruf*, 94-99, 97 [ursprünglich *Ruf* 8, 1.12.1946].

[170] Alfred Andersch, "Der richtige Nährboden für die Demokratie. Bericht von einer Reise in den deutschen Westen", *Ruf* 11, 15.1.1947, 272-279, 276.

[171] Alfred Andersch, "Wintersende in einer frierenden Stadt", *Der Ruf* 16, 1.4.1947.

[172] Foreign Office Memorandum, 14. Dezember 1945, The National Archives (PRO), FO 371/46975. Zit. Schulze, "British Military Government and the German Population", 78.

niggers who must be educated to learn from the higher civilisation of this country" fühlten. Für Koeppler war dieser "colonial approach" ungerechtfertigt.[173]

Natürlich war das Überlegenheitsgefühl nicht monokausal mit der kolonialen Tradition der Briten verknüpft, sondern auch bei den anderen alliierten Siegermächten vorhanden; und zweifellos gab es die asymmetrischen Lebens- und Machtverhältnisse zwischen Besatzern und Besetzten nicht nur in der britischen Besatzungszone, die damit gegebene Gefahr des Machtmissbrauches war selbstverständlich auch in den Besatzungszonen der anderen Siegermächte vorhanden. Wenn also in vielen Texten britischer Literaten die höchst unterschiedliche Lebenswirklichkeit der Besatzer und Besetzten und der Machtmissbrauch der Überlegenen (im rechtlichen, wirtschaftlichen und sexuellen Bereich) thematisiert werden, dann stehen zwar vornehmlich, aber nicht ausschließlich die Verhältnisse in der britischen Besatzungszone zur Debatte.

[173] Zit. Welch, "Citizenship and Politics", 231.

II.2 Asymmetrische Lebens- und Machtverhältnisse zwischen Besatzern und Besetzten und ihre Folgen

II.2.1 Problematische Rechtsprechung im "Fall Furtwängler": Ronald Harwoods *Taking Sides* (1995)

Ein Beispiel für die literarische Darstellung des Machtmissbrauchs im rechtlichen Bereich bietet Ronald Harwoods Zweiakter *Taking Sides* (1995). Zwar missbraucht hier nicht ein britischer, sondern ein amerikanischer Major seine Macht als Leiter der Berliner Arbeitsgruppe, doch auch wenn dieser stereotype amerikanische Züge trägt, ließe sich sein Verhalten auf alle diejenigen, die sich gegenüber den Deutschen in einer Machtposition befanden, also auf alle Alliierten, übertragen. Neben dem Machtmissbrauch steht der Missbrauch von Musik zu Machtzwecken im Vordergrund des Dramas, das hier etwas ausführlicher als andere Texte analysiert werden soll.

Ronald Harwoods Zweiakter *Taking Sides* führt die Machtstrukturen im besetzten Deutschland und den Machtmissbrauch an einem konkreten Fall, dem Entnazifizierungsverfahren des Dirigenten Wilhelm Furtwängler, vor. Der Machtmissbrauch durch die Alliierten wird im Drama am Verhalten des amerikanischen Majors Stephen Arnold deutlich, der – wie zu zeigen sein wird – die 'Richterposition', die er sich anmaßt, mit der moralischen Überlegenheit der Sieger begründet und dem jedes Mittel recht scheint, die Anklage gegen Furtwängler zu untermauern.

Die Machtstrukturen im besetzten Deutschland und die Trennung in Sieger und Besiegte werden mit dramaturgischen Mitteln präsent gehalten. So macht das Bühnenbild – Major Arnolds Büro, beschrieben als "an island surrounded by the rubble of a city flattened by Allied bombs" (5) – den Zuschauern die Niederlage der Deutschen und den Sieg der Alliierten permanent bewusst. Mehrfach im Drama wird auf die mit den Verhören zeitgleich stattfindenden Nürnberger Prozesse verwiesen (9, 32f., 60f.), wodurch das dargestellte Entnazifizierungsverfahren in enge Beziehung zu einem Prozess gesetzt wird, der bis heute vielfach wegen seiner 'Siegerjustiz', als Gericht der Sieger über die Besiegten, kritisiert wird.[1] Zudem wird Beethovens 5. Symphonie, die zu Beginn des Stückes aus Major Arnolds Büro ertönt, zumindest bei einigen Zuschauern mit dem Sieg der Alliierten assoziiert werden, wurde doch der Beginn der Symphonie – aufgrund der rhythmischen Ähnlichkeit mit dem Buchstaben 'V' des Morsecodes – mit dem Sieg der Alliierten in Verbindung gebracht.[2] Auch das triumphierende Finale, der letzte Satz dieser Symphonie, der zu Beginn des Dramas erklingt (7), verweist auf den Sieg der Alliierten.

Damit ist gleichzeitig ein wichtiges Thema des Dramas, die politische Instrumentalisierung von Musik, intoniert. Arnold wirft Furtwängler vor, dass er, indem er unter den Nazis dirigierte, deren Regime unterstützt habe. Die politische Instrumentalisierung von Musik und die Vereinnahmung des Dirigenten Furtwängler für die Politik der Nazis

[1] Zur Siegerjustiz siehe Gary Jonathan Bass, *Stay the Hand of Vengeance. The Politics of War Crimes Tribunals* (Princeton/Oxford: Princeton UP, 2000), 8-16; Werner Maser, *Nürnberg – Tribunal der Sieger* (Düsseldorf/Wien: Econ-Verlag, 1977).

[2] Siehe *Dictionary of Music*, *s.v.* "Beethoven", 114.

zeigt sich für Arnold besonders drastisch darin, dass die Nachricht vom Tod Hitlers im Radio mit dem zweiten Satz (Adagio) der Siebten Symphonie Anton Bruckners untermalt wurde, den Bruckner 1883 komponiert hatte, nachdem er vom Tod Richard Wagners erfahren hatte. Die gewählte Einspielung ist die Furtwänglers, und Arnold kommentiert in Furtwänglers Anwesenheit: "When the Devil died they wanted his band leader to play the funeral march" (63).[3]

Allerdings evoziert die eingespielte Musik in Kombination mit dem Bühnenbild neben dem damit assoziierbaren Thema noch eine weitere Interpretationsmöglichkeit: Die über die Ruinen der zerbombten Stadt ertönenden harmonischen Klänge der Fünften Symphonie könnten als Zeichen der Hoffnung deutbar sein, dass es etwas gibt, das Zerstörung und Verfall überdauert und überlagert.

Wenngleich Harwoods Semantisierung der Musik in *Taking Sides* nicht sonderlich subtil ist, setzt er sie doch konsequent ein. Besonders deutlich wird die sinntragende Verwendung der Musik, die immer wieder auf Klischees der Deutung rekurriert, in der Gegenüberstellung der eingangs 'zitierten' Fünften Symphonie Beethovens mit der Neunten Symphonie des Komponisten am Ende des Dramas, wobei Harwood hier nicht den euphorischen Schlusschor des vierten Satzes zitiert, sondern das den späteren Harmonien voraufgehende und auch in dem diskordanten 'Chaos' des Presto wiederaufgenommene ominöse 'Geflirr' des Eingangs des ersten Satzes. Nunmehr ist es, im Kontrast zum reinen und triumphalen C-Dur der Fanfaren des vierten Satzes der Fünften Symphonie, das D-Moll des Allegro ma non troppo, un poco maestoso, das über die Trümmer weht, als Furtwängler als (fast) gebrochener Mann aus dem Verhörraum kommt: "*At full volume the sound of the subdued opening of Beethoven's Ninth Symphony.* [...] FURTWÄNGLER *stumbles into the bomb rubble, as if a broken man struggling to regain his composure.*" (66)

Freilich weiß der Zuschauer, dass alles Ominöse und Unheimliche, ebenso wie das diskordante 'Chaos' (Presto) zu Beginn des vierten Satzes der Symphonie in "angenehmere" und "freudenvollere" Töne aufgelöst wird, bis hin zu der in Friedrich Schillers "Ode an die Freude" und eben auch in Beethovens Symphonie besungenen Gewissheit: "Freude, schöner Götterfunken, / [...] / Alle Menschen werden Brüder, / Wo dein sanfter Flügel weilt." Und: "Über'm Sternenzelt / Muss ein lieber Vater wohnen." Indem Arnolds Mitarbeiter die Musik gegen den Protest ihres Vorgesetzten lauter werden lassen, suchen sie offenbar mit den Klängen der Symphonie ein Band mit dem durch die Trümmer irrenden Furtwängler zu knüpfen. Allerdings zeigt sich auch hier wieder die Ambivalenz des Textes, denn Arnold setzt sich, wenn auch mühsam, am Telefon gegen die Musik durch: Er leitet die Hetzkampagne des Journalisten Delbert Clark von der New York Times gegen Furtwängler in die Wege. Es mag dann auch der Verweis auf den Schlusschor der Neunten Symphonie weniger eindeutig gemeint sein, als es auf den ersten Blick scheint, und retrospektiv mag auch die eingangs implizierte Beständigkeit der Musik einer ambivalenten Deutung unterworfen sein, denn Furtwängler selbst berühren die Harmonien kaum, ihr Bedeutungspotential scheint für ihn

[3] Tatsächlich jedoch wurde die Bekanntmachung von Hitlers Tod im deutschen Radio mit dem zweiten Satz (Marcia funebre) von Beethovens Dritter Symphonie (Eroica) unterlegt.

auf einen bloßen Automatismus reduziert: "[...] *In the rubble,* FURTWÄNGLER *hears the music but he cannot identify its source. His left hand trembles but it is only his way of sensing the tempo.*" (67)

Celia Applegate zufolge nimmt das Motiv 'Musik in den Ruinen' einen festen Platz in dem auf das zerstörte Deutschland bezogenen kollektiven Gedächtnis ein:

> In trying to determine just what kind of break the Stunde Null amounts to in German musical identity, we inevitably encounter in both institutional and individual memories the continual reappearance, like some hardy perennial, of the image of music in the ruins. [...] Director Georg Schumann assembled his chorus of lamentation literally on the edge of the ruined shell of the Berlin Philharmonic Hall and with the boom of advancing Soviet artillery audible in the not-so-far distance.[4]

Andere Beispiele führt Estaban Buch auf, etwa: "Individuals remember [...] huddling in basements listening to music over the radio or, just as common, trying to make music of their own".[5] Der britische Dichter D. J. Enright, der 1956/57 als Gastdozent an der Freien Universität Berlin lehrte, stellt seinem Gedicht "Apocalypse" (1962) ein Zitat aus einer Berliner Touristenbroschüre (*The Muses on the Banks of the Spree*) voran, in dem von der schon im Sommer 1945 in den Ruinen erklingenden Musik die Rede ist:

> After the New Apocalypse, very few members were still in possession of their instruments. Hardly a musician could call a decent suit his own. Yet, by the early summer of 1945 strains of sweet music floated on the air again. While the town still reeked of smoke, charred buildings and the stench of corpses, the Philharmonic Orchestra bestowed the everlasting and imperishable joy which music never fails to give.[6]

Die ersten zwei Verse des Gedichts sind als sarkastischer Kommentar auf die Touristenbroschüre zu lesen: "It soothes the savage doubts. / One Bach outweighs ten Belsens."[7]

Die Filmversion des Dramas *Taking Sides* (2001),[8] deren Drehbuch ebenfalls von Harwood stammt, greift verschiedentlich auf das Motiv der 'Musik in den Ruinen' zurück. So erfasst die Kamera in einer Szene, die verschiedene Transaktionen auf dem Schwarzmarkt zeigt, für einen Moment auch einen Geiger, der in den Trümmern musiziert. Später ist Furtwängler als Zuhörer bei einem Konzert zugegen, das in den

[4] Celia Applegate, "Saving Music. Enduring Experiences of Culture", *History & Memory* 17 (2005), 217-37, 221-22.

[5] Estaban Buch, *Beethoven's Ninth: A Political History*, übers. von Richard Miller, Chicago: U of Chicago P 2003), 220. Siehe auch Konrad Jarausch, Michael Geyer, *Shattered Past: Reconstructing German Histories* (Princeton: Princeton UP, 2003), 317-40.

[6] D. J. Enright, "Apocalypse", in: ders., *The Typewriter Revolution & Other Poems* (New York: The Library Press, 1971), 67-68. Zuerst veröffentlicht in *Addictions* (1962).

[7] Ebd., Z. 1-2. In diesem Gedicht kontrastiert Enright den Wiederaufbau Berlins und die Wiederbelebung des Kulturlebens der Stadt mit der "Newer Apocalyse" (v. 9), der Atombombe auf Hieroshima (v. 3).

[8] Regie: Istvan Szábó, Deutschland/Frankreich, 2001.

Ruinen einer Kirche gegeben wird: Gespielt wird hier vor einem gemischten Publikum aus Militärs der verschiedenen Besatzungstruppen und Zivilisten das Adagio aus Franz Schuberts Streichquintett in C-Dur, dessen lyrischer Charakter in starkem Gegensatz zu den im Dunkel der Nacht aufragenden Ruinen steht. Als es zu regnen beginnt, werden allenthalben Schirme aufgespannt. Lediglich Furtwängler scheint nur die Musik und nicht den Regen wahrzunehmen und wird völlig durchnässt.

Die auffallende Konzentration des Dirigenten auf die Musik dient offenbar der Charakterisierung Furtwänglers. Bereits die Eingangsszene des Films hatte ihn in in einer vergleichbaren Situation vorgestellt: Der Film setzt ein mit einem Konzert Furtwänglers noch während des Krieges im Kaiser-Wilhelm-Dom in Berlin.[9] Obwohl plötzlich während eines Fliegeralarms Flakscheinwerfer ihr gespenstisches Licht durch die Kirchenfenster werfen, Detonationen von Bomben zu hören sind und schließlich der Strom ausfällt, dirigiert Furtwängler unbeirrt weiter – und zwar, im Gegensatz zu der Grammophoneinspielung der Bühnenfassung, den ersten Satz der Fünften Symphonie. Tatsächlich wird in der Verfilmung des Dramas das semantische Potential der Beethovenschen Symphonien auf ganz andere Weise und, so scheint es, weniger subtil eingesetzt. Hier wird nicht nur am Anfang, sondern auch am Ende der erste Satz der Fünften Symphonie mit dem berühmten 'Schicksalsmotiv' eingespielt, und es fallen damit die für das Bühnenstück erläuterten Bedeutungsnuancen fort. Zudem hört Furtwängler hier die vertrauten Harmonien nicht inmitten der Trümmer vor dem Verhörgebäude, sondern während er die Treppen hinabsteigt. Als ihn die Klänge erreichen, bleibt er auf halbem Wege stehen und setzt zunächst viel langsamer und dann mit plötzlicher Entschlossenheit seinen Weg fort.

Harwoods Drama wirft zentrale Fragen auf: nach der Rolle des Künstlers im Dritten Reich (insbesondere nach seiner propagandistischen Instrumentalisierung, nach Verantwortung und Schuld des Einzelnen) und damit auch die weiterreichende Frage nach dem Verhältnis von Kunst bzw. Künstler und Politik.[10] Furtwängler besteht auf der Trennung von Kunst und Politik: "I have always held the view that art and politics should have nothing to do with each other" (29).[11] Er stellt sich als unpolitischen Men-

[9] Ob die Ruinen, in denen das Schubert-Konzert stattfindet, dasselbe Bauwerk darstellen sollen, ist nicht deutlich auszumachen, doch wäre dies eine Art des Symbolismus, die der Konzeption des Stückes und der Verfilmung durchaus entsprechen würde.

[10] Letztere Frage wurde von den Rezensenten vorwiegend aufgegriffen: "most reviewers fixed on [the age-old theme] of art versus politics as the play's central theme": Guy Stern, "Furtwängler – the Testing of Art: Ronald Harwood's Drama *Taking Sides*", in: Bernhard Reitz (Hg.), *Race and Religion in Contemporary Theatre and Drama in English*, Contemporary Drama in English, 6 (Trier: wvt, 1999), 55-64, 55f.

[11] An anderer Stelle im Drama äußert Furtwängler: "I insisted for many years, until quite recently in fact, on the absolute separation of art and politics" (TS, 51). Vgl. *Wilhelm Furtwängler. Dokumente – Berichte und Bilder – Aufzeichnungen*, Zusammenstellung und Zwischentexte Karla Höcker (Berlin: Rembrandt Verlag, 1968), 95f. und Lebrecht, *Mythos*, 106f. Zu Kunst und Politik im NS-Staat siehe *Musik in Geschichte und Gegenwart*, *s.v.* "Nationalsozialismus"; Hildegard Brenner, *Die Kunstpolitik des Nationalsozialismus* (Reinbek: Rowohlt, 1963); Joseph Wulf, *Musik im Dritten Reich. Eine Dokumentation* (Gütersloh: S. Mohn, 1963). Zur Politisierung des

schen dar (51) und beteuert, dass sein Orchester im Ausland nie das Regime repräsentiert habe, sondern als Privatensemble aufgetreten sei (52), was dem Leiter des Verhörs, Major Arnold, vor dem Hintergrund der propagandistischen Funktionen, die Künstlern mit der Unterstellung der Künste unter das neu gegründete Ministerium für Volksaufklärung und Propaganda zugewiesen wurden,[12] zweifelhaft erscheinen muss:

> Are you saying that touring abroad, conducting the Berlin Philhamonic Orchestra in foreign lands from 1933 on wasn't a commercial for Adolf and all he stood for? [...] The Berlin Philharmonic's taken over by Josef's Propaganda Ministry but Wilhelm's a freelance, so music and politics are now entirely separate? (52)

Furtwängler selbst sieht sich als Opfer der Verschränkung von Kunst und Politik im NS-Staat ("I believe they must be kept separate, but that they weren't kept separate I learned to my cost", 51), nicht als Kulturpropagandisten, als den Major Arnold ihn hinstellt.

In Harwoods Werk sind vielfach biographische Bezüge erkennbar.[13] Auch *Taking Sides* ist durch persönliche Umstände und Erfahrungen des seit 1951 in Großbritannien beheimateten südafrikanischen Autors jüdischer Herkunft bedingt. Wie für viele Juden, so Harwood 1999, seien auch für ihn Nazismus und der Holocaust "lifelong obsessions" gewesen.[14]

Bei der Holocaustliteratur ist nach einer oft geäußerten Meinung ein biographischer Bezug geradezu verlangt. So ist etwa der Sylvia Plath gegenüber vorgebrachte Vorwurf des "subtle larceny"[15] zu erklären, der darin gründet, dass die Nicht-Jüdin in ihren Gedichten Bilder von Vernichtungslagern aufruft. Ein anderes Beispiel ist die Diskreditierung, die Binjamin Wilkomirskis 'Lebenserinnerung' *Bruchstücke. Aus einer Kindheit 1939-1948* (1995) in einer hitzigen Debatte erfuhr, nachdem der biographische Bezug als 'bloße' Fiktion aufgedeckt worden war. Sue Vice versucht die Gründe für "the expectation or even the insistence that we know as much as possible about the identity of the author of Holocaust fiction" wie folgt zu erklären:

> One [reason] is that readers are suspicious of the motives of outsiders, who might have improper reasons for choosing the subject. These reasons could range from mere sensationalism to Holocaust revisionism. [...] Another reason is the simple mistrust of invention

Künstlers im NS-Staat und Furtwängler siehe auch Michael H. Kater, *The twisted muse* (New York et al: Oxford UP, 1997); Fred Prieberg, *Musik im NS-Staat* [1982] (Köln: Dittrich, 2000).

[12] Zur 'Erfassung' der Künste durch das Reichskulturkammergesetz vom 22.9.1933: Siehe Gerhard Splitt, "Die 'Säuberung' der Reichsmusikkammer: Vorgeschichte – Planung – Durchführung", in: Horst Weber (Hg.), *Musik in der Emigration 1933-1945: Verfolgung, Vertreibung, Rückwirkung. Symposium Essen, 10.-13.Juni 1992* (Stuttgart: Metzler, 1994), 10-55, 40. Zur propaganistischen Funktion von Künstlern siehe auch Brenner, *Kunstpolitik*, 57 und 273.

[13] So verarbeitet sein Drama *The Dresser* (1980) etwa seine Erfahrungen als Theaterschneider für den britischen Shakespeare-Darsteller Sir Donald Wolfit.

[14] Ronald Harwood, *The Handyman*, hg. und annotiert von Gunther Volk (Stuttgart/Düsseldorf/Leipzig, 2000 [London, 1996], 4.

[15] George Steiner, "Dying is an Art", *Language and Silence* (Harmondsworth: Penguin, 1979).

> in relation to the Holocaust; the more personal distance there is between the author and the subject, the more 'invented' the work must be. [...] it is significant that on the whole fewer unsympathetic questions are raised about those with the 'right' to fictionalize the subject because of their second-generation or Jewish identity [...] than about those who do not own such a right [...].[16]

Harwoods jüdischer Hintergrund könnte seine Themenwahl auch bei einem in der Frage der *Holocaust fiction* sensibel reagierenden Publikum legitimieren und ihm 'Autorität' verschaffen, über den Holocaust zu schreiben: "'Authority' appears to be conferred on a writer if they can be shown to have a connection with the events they are describing; this obviously means that the writer's biography must be transparently available for all to know."[17]

Einen weiteren persönlichen Bezug zum Thema hatte Harwood aufgrund seines Geburtsortes Kapstadt, wo er zwischen 1948 und 1951 "under the hateful, totalitarian Nationalist regime" lebte.[18] Anders als Furtwängler, so betont Harwood, konnte er selbst jedoch dem Dilemma des "artist in a totalitarian state"[19] entgehen, indem er 1951 nach Großbritannien umsiedelte:

> Fortunately, I left when I was seventeen and my integrity was never tested. [...] I was a vocal critic of apartheid but, and here's the point, I criticised and demonstrated and protested from a distance of 6,000 miles. I was never threatened; I did not risk imprisonment; my wife and children were never put in danger by my actions. All this would have been entirely different if I were taking the same anti-government stance while remaining in the country. And this was precisely Dr Furtwängler's dilemma which I examined in *Taking Sides*.[20]

Die Frage, wie er sich selbst an Furtwänglers Stelle verhalten hätte,[21] weist Harwood im Drama dem Leutnant jüdischer Herkunft und Assistenten Arnolds, David Wills, zu, der in mancherlei Hinsicht als "the author's alter ego in the play" erscheint[22]: "We'll never understand. Only tyrannies understand the power of art. I wonder how I would have behaved in his position? I'm not certain I would have 'acted courageously'" (65). In der Verfilmung von István Szabó wird das Dilemma des "artist in a totalitarian state" auch auf die Sowjetunion bezogen. Der im Film neu hinzugekommene russische Oberst

[16] Sue Vice, *Holocaust Fiction* (London/New York: Routledge, 2000), 4.
[17] Ebd., 4.
[18] Einleitung zu Harwood, *Handyman*, hg. von Gunther Volk, 4.
[19] Ronald Harwood, *Plays: Two* (London, 1995), Introduction, xi.
[20] Einleitung zu *The Handyman*, hg. von Gunther Volk, 4f.
[21] "[N]ehmen wir an, [Hitlers] Büro hätte mich angerufen: 'Mr. Harwood, you are the Führer's Lieblingsschriftsteller. Kommen Sie nach Berchtesgaden und lesen sie Ihr Stück vor.' Hätte ich dann gesagt: 'Nein, aus Prinzip nicht ...'", Interview mit Stefan Kroner, Programmheft.
[22] Stern, "Furtwängler", 57.

Dymshitz,[23] der Furtwängler für die Sowjets gewinnen soll, bemerkt Arnold gegenüber, "dass er solche Fragen nicht stellen, nicht solche Vorwürfe erheben könne, weil er nie unter diesen Umständen gelebt habe, sondern nur in einem demokratischen Staat".[24]

Eine Anregung für Harwoods Drama war vermutlich der 1993 im *Times Literary Supplement* ausgefochtene Gelehrtenstreit über Furtwänglers Verhalten im Dritten Reich, der mit einem Beitrag Bernard Levins in der *Times* fortgeführt wurde. In seinem Artikel – der mit dem Titel "Conductor Unbecoming" die Redewendung "Conduct Unbecoming" assoziiert[25] – bezog Levin, dem Harwood später das Drama *Taking Sides* widmen sollte, zwar den Standpunkt, Furtwängler habe Deutschland verlassen müssen, doch merkt er gleichzeitig an, dass jeder, der eine solche Kritik äußere, sich fragen müsse, wie er selbst in der Situation gehandelt hätte.[26]

[23] Nicolas Nabokov verweist auf Dymshitz als "*Kultur* Major Dymshitz, as the Germans called him": Nabokov, *Old Friends and New Music*, 268. Dymshitz taucht auch in George Clares *Berlin Days 1946-1947* (London: Macmillan, 1989) auf (63, 65f., 104f.).

[24] Der ungarische Regisseur hatte sich bereits 1980 in seinem Film *Mephisto* (der Klaus Manns Roman als Vorlage benutzt) mit der Wechselwirkung zwischen Kunst und Politik in der Nazizeit beschäftigt.

[25] Heinz-Harald Löhlein, "Des Teufels Kapellmeister. Ronald Harwoods Drama 'Furtwängler, Kategorie 4' in Wiesbaden uraufgeführt", *Süddeutsche Zeitung* vom 11. April 1997.

[26] Siehe dazu auch Gina Thomas, "Englands dirigierender Naziliebling. 'Taking Sides' zwischen Kunst, Mißbrauch und Diktatur: Furtwänglers Drama im Entnazifizierungsverhör aus britischer Sicht", *FAZ* vom 14. Juni 1995. In einem Telefoninterview mit Robert Hilferty nennt Harwood selbst als Anregung "a book, Berlin Diary, where the Furtwängler case is described": zitiert in Stern, "Furtwängler – the Testing of Art", 56. Es wurde bislang angenommen, dass Harwood hier auf William Shirers *Berlin Diary* verweist. Jedoch enthält dieses Tagebuch nur Einträge aus den Jahren zwischen 1934 und 1941 und dementsprechend keine Verweise auf den 'Fall Furtwängler', sondern lediglich auf seine Aktivitäten während des Krieges, etwa: "The theatre has remained good when it has stuck to the classics of pre-Nazi plays, and the opera and the Philharmonic Symphony Orchestra, despite the purging of the Jews and the year's disciplining of Fuertwängler (who has now made his peace with Satan), have given us the best music we've ever heard outside New York and Vienna": William L. Shirer, *Berlin Diary. The Journal of a Foreign Correspondent 1934-1941* (London: Hamish Hamilton, 1941), 73 (Eintrag 27.09.1937, Berlin). Furtwängler wird ein weiteres Mal erwähnt (Eintrag vom 5.11.1940: Shirer besucht ein Bachkonzert, bei dem Furtwängler dirigiert): ebd., 447. Vermutlich verwies Harwood hier auf ein anderes Berliner Tagebuch, als Stern annimmt, und zwar auf Clares *Berlin Days 1946-1947*. Der österreichisch-jüdische Autor George Clare arbeitete nach dem Krieg bei der Intelligence Section der British Information Services Control, die in der Schlüterstraße 45, dem ehemaligen Sitz der Reichskulturkammer und des Hinkelarchivs, untergebracht war. Dort studierte er auch die Furtwänglerakte: Clare, *Berlin Days*, 78-90. Harwoods Einstellung Furtwängler gegenüber findet sich bereits bei Clare: "Compromising with evil to prevent worse, a defence I was to hear many times, is always futile, but to know this after the event was as easy as, except in a few cases, it is difficult to recognise malignancy in its infancy" (89). Clare erwähnt Furtwänglers Zeitungsproteste in Bezug auf Hindemith, seine Hilfe jüdischer Musiker und den 'von der Nuell Fall' (153). Shirers zweites Tagebuch enthält auch nur zwei kurze Einträge über Furtwängler und dessen Entlastung durch ein deutsches Entnazifizierungverfahren am 17.12.1947: William L. Shirer, *End of a Berlin Diary* (New York: Alfred A. Knopf, 1947), 188, 217.

Harwood selbst spricht davon, dass ihn die Ambivalenz der Person Furtwänglers, wie sie sich in den von Hans Hinkel für das Hitlerarchiv angelegten Akten über Künstler des Dritten Reiches darstellt,[27] reizte: "Was mich faszinierte war, dass nicht klar war, ob Furtwängler wirklich ein Nazi war. Alles lag im Dunkeln, es gab eine Mehrdeutigkeit, die mich immer als Problem gereizt hat."[28] So stellt Harwood auch in seinem Zweiakter Furtwängler so vor, dass den Zuschauern ein Freiraum für eine eigene Meinung über diese Person bleibt; ob die Demütigungen während der Entnazifizierungsverhöre gerechtfertigt waren oder nicht, "depends on the side you take", so der Autor in einer der Dramenhandlung vorangestellten Anmerkung.[29]

Der Titel des Dramas (*Taking Sides*) verweist auf eben diese Aufgabe des Publikums, Stellung zu beziehen zu einer Frage, die aus den Dokumenten nicht eindeutig geklärt werden kann.[30] Die Urteilsfindung im "Fall Furtwängler" (so eine Übersetzung des englischen Titels[31]) weist Harwood dem Publikum zu:

> I am also drawn to ambiguity. Propaganda plays interest me not at all. I do not like to be told what to think, what opinion I should form of this or that character and I cannot bear being lectured at in the theatre. I want members of the audience, after experiencing the play, to make up their own minds, to decide on guilt or innocence each according to his or her conscience, like a jury. The theatre, in my view, provokes these possibilities in the spectator better than any other medium.[32]

So fasste auch ein Kritiker in der *Welt* die beabsichtigte Wirkung des Stückes auf.[33] Allerdings besteht für die Mehrzahl der Rezensenten kein Zweifel daran, wem Har-

[27] Zu den Hinkel-Akten: Harwood, *Taking Sides*, 35f.
[28] Interview mit Stefan Kroner, *Programmheft*.
[29] Harwood, *Taking Sides*, 3.
[30] In einem Interview mit Albert-Reiner Glaap äußerte sich Harwood dahingehend wie folgt: "What I wanted to do was for the audience to take sides. That's really my intention that at the end of it you ask, was he a Nazi, wasn't he a Nazi, did he support the Nazis, did he not, was he a good man?": Ronald Harwood, *Taking Sides. With additional material*, hg. und mit Anmerkungen versehen von Albert-Reiner Glaap (Frankfurt/M.: Moritz Diesterweg, 1999), 103.
[31] Diese Übersetzung des englischen Titels lehnt sich an den in der *Deutschen Allgemeinen Zeitung* vom 25. Januar 1934 veröffentlichen Text "Der Fall Hindemith" an, auf den im Drama verwiesen wird. Eine andere Übertragung, "Furtwängler – Kategorie 4", spielt auf die Entnazifizierungskategorien der Amerikaner (Kategorie 4: Mitläufer) an.
[32] Einleitung zu Harwood, *The Handyman*, hg. von Gunther Volk, 5. In der *Sunday Times* vom 28. Mai 1995 schreibt John Peters in einem Artikel mit dem Titel "At a moral crossroads": "I've been chewing over Harwood's question for days." In einer deutschen Aufführung tritt Furtwängler während seines Monologs über die Kraft der Musik nach vorne und spricht das Publikum direkt an, das auf diese Weise ganz konkret mit in den Fall einbezogen wird: Albert-Rainer Glaap, *Ronald Harwood. Taking Sides. Teacher's Book* (Frankfurt/M.: Diesterweg, 2000), 22. Harwood schreibt, dass auf jede Vorstellung des Stückes in Israel eine Diskussion mit den Zuschauern folgte, die ganz unterschiedliche Meinungen vertraten: Interview mit Stefan Kroner, *Programmheft*.
[33] "Der Künstler als Patriot", *Die Welt* vom 29. Mai 1997.

woods Sympathien gelten. Schließlich, so die *FAZ*, stelle der Autor "dem Genie einen Grobian" gegenüber.[34]

Der Titel des Dramas kann darüber hinaus auch auf die drei an den Entnazifizierungsverhören Furtwänglers beteiligten Personen im Drama bezogen werden, denen die für ein solches Verfahren nötige Distanz fehlt. Der mit der Sammlung von Beweisen gegen Furtwängler beauftragte Major Stephen Arnold hat bereits vor Beginn seiner Befragung Partei gegen Furtwängler bezogen und verlangt dies auch von dem jungen Lieutenant deutsch-jüdischer Herkunft, David Wills, der ihm als neuer Verbindungsoffizier zum alliierten Geheimdienst zur Seite gestellt wird und der ihn auf die Beweislast aufmerksam macht (19, 26). Mit seinem "taking sides" gegen Furtwängler bereits vor dessen Verhör gibt Arnold die für das Verfahren nötige Unvoreingenommenheit auf, aufgrund der er mit dem Fall Furtwängler beauftragt worden war:

> Before I got this assignment, I was at Ike's headquarters, interrogating prisoners-of-war. Then they sent for me. They said, 'You ever heard of Wilhelm Furtwängler?' 'No,' I said. 'You heard of Toscanini?' 'Sure,' I said. 'You heard of Stockowski?' 'Yeah,' I said, 'I heard of him, old guy with white hair, looks like Harpo Marx's grandpa.' 'That's the one,' they said, 'and this guy Furtwängler's bigger than both of them.' 'I get it,' I said, 'the guy's a band leader.' They laughed, oh boy, they really laughed. They said, well, he may be more than that, Steve, in this neck of the woods he's probably Bob Hope and Betty Grable rolled into one. 'Jeez,' I said, 'and I never heard of him.' And you know what they said next? They said, 'Steve, that's why you get the job.' (25f.)

Arnold stellt sich selbst als 'Kulturbanausen' dar ("I am, to put it at its best, totally uncultured", 57), und so führt er sich bereits zu Beginn des Stückes ein: "I fell asleep during Beethoven's Fifth Symphony because Beethoven's Fifth Symphony bores me shitless" (7-8). Arnold, so Christoph Houswitschka, entspricht "dem Klischee des 'Ugly American' […], der keinen Sinn für Kunst und dafür umso mehr für die Tricks des Geschäftslebens hat".[35] Als Kulturbanause ist Arnold – so sieht er es selbst – in der Lage, Furtwängler als Privatmann zu betrachten, unabhängig von seiner Rolle als Musiker:

> So when I look at you, I don't see the great artist, the greatest conductor alive, I see a man, an ordinary guy, like a million other ordinary guys. [...] Not being a cultured guy, I don't buy all this stuff about music creating liberty, justice and humanity. I look for ordinary reasons, reasons I can understand, reasons my buddies can understand. (57)

Arnold ist zweifelsohne frei von jeglicher Ehrfurcht Künstlern gegenüber. Dies macht ihn jedoch nicht zu einem unvoreingenommenen Begutachter des Musikers, ganz im Gegenteil: Musiker sind für ihn zwar Menschen wie andere auch: "Musicians,

[34] "Englands dirigierender Naziliebling", *FAZ* vom 14. Juni 1995. So auch die Kritik der amerikanischen Erstaufführung am Broadway: "Bandleader des Führers", *Spiegel* 52 (1996), 162-65.
[35] Houswitschka, "Der Holocaust, die Musik und nationale Identität(en)", 427.

morticians, lawyers, butchers, doctors, clerks. They're all the same" (11)[36] – doch Arnold behandelt sie nicht gleich: "I'm a democrat. With a small 'd'. I have more sympathy for the little people" (46). Auch dies nimmt ihn von vorneherein gegen den berühmten Maestro ein (z. B. 26, 41). Später wird die Vermutung geäußert, dass Arnold von höherer Stelle nicht allein mit der Sammlung von Beweismaterial, sondern mit der Verfolgung Furtwänglers beauftragt worden sein könnte – so der Verdacht der Wiesbadener Arbeitsgruppe, den David Wills Arnold gegenüber äußert: "they think you're being ordered to pursue Dr Furtwängler, and they want to know who's giving the orders and why?" (47).

Im Gegensatz zu Arnold sind seine Sekretärin Emmi Straube und Leutnant David Wills von Musik und von Furtwängler als Musiker fasziniert. Auch sie sind also im Fall Furtwängler voreingenommen. Für David, dessen Vorname (König David) und Nachname (erst sein in die USA ausgewanderter Onkel änderte den Namen von Weill – wie der Komponist im Exil – zu Wills, 10) bereits die Liebe zur Musik assoziieren lassen, ist Furtwängler eine außergewöhnliche Persönlichkeit: "He is, after all, one of the most famous conductors in the world" (25). Künstler sind für David "rare specimens [...] and that sets them apart" (58). Entsprechend bittet er Arnold darum, Furtwängler mit mehr Respekt zu behandeln: "He may just be the greatest conductor of this century and that merits respect" (49). Emmi Straube versucht vergeblich, ihren Respekt dem Künstler gegenüber auf Arnold zu übertragen, indem sie ihm vor dem Verhör Beethoven vorspielt: "you must listen to it, Major. That's why I brought these recordings so that you should know with whom you are dealing." (8) Beide stehen Furtwängler von vorneherein mit Ehrfurcht gegenüber und behandeln ihn mit Respekt: Während Arnold ihn beim Vornamen nennt (z. B. 26, 31), sprechen sie ihn mit Titel an (26, 28); so kündigt Emmi ihn auch vor Betreten des Raumes an – ein Zeichen der Ehrerbietung vor dem Künstler, das Arnold ihr für die Zukunft verbietet (49) –, und als Furtwängler schließlich den Raum betritt, erweisen sie ihm ihre Reverenz: "*Emmi gives him a small curtsey, no more than a bob. David inclines his head, a sort of bow*" (26).

Die Liebe zur Musik verbindet David Wills und Emmi Straube mit Furtwängler, und es scheint manchmal in der Tat so, als stünden beide auf seiner Seite – gegen Arnold (52, 54f., 55-57). Bewusst setzen sie (jeweils am Ende beider Akte) Musik als Mittel ein, um Arnold gegenüber Widerstand zu leisten:

> ([EMMI] is on her way to the door but stops, chooses a record, puts it on and turns up the volume: the opening of Beethoven's Eighth Symphony at full blast. Emmi goes quickly.) ARNOLD: Hey, turn that off, we can't hear ourselves think. (Looks up, realizes she has gone.) David, turn that off. (DAVID pretends not to hear.) Shit. (ARNOLD rises, crosses to the record player and as he takes off the record the music stops abruptly. Blackout.) (36)

[36] Ähnlich äußert sich Arnold an späterer Stelle über Künstler: "They still have to get up and piss in the middle of the night, don't they? And they can be envious and vindictive and mean just like you and me" (58-59).

Als Arnold am Ende des Stückes telefonisch die Diskreditierung Furtwänglers in der *New York Times* vorbereitet, legt David Beethovens Neunte Symphonie auf – bei voller Lautstärke – und ignoriert Arnolds Aufforderung, die Musik leiser zu stellen (66f.). Zusammen mit Emmi Straube hört er den Klängen zu, die Arnolds Telefonat übertönen und bis zu Furtwängler nach draußen, in die Ruinen vor dem Gebäude, dringen (67).

Aus der unterschiedlichen persönlichen Erfahrung mit Musik erklären sich die gegensätzlichen Reaktionen bei Emmi Straube und David Wills und bei Arnold auf Furtwänglers Argumente, Deutschland in Zeiten des Krieges nicht verlassen zu wollen. Seine Argumente:

> I could not leave my country in her deepest misery. To have left in '33 or '34 would have been shameful. I remained here to give comfort, to see that the glorious musical tradition, of which I believe I am one of the guardians, remained unbroken, was intact when we woke from the nightmare. I remained because I believed my place was with my people. (33)
>
> I know that a single masterpiece was a stronger and more vital negation of the spirit of Buchenwald and Auschwitz than words. Human beings are free whenever Wagner and Beethoven are played. Music transported them to regions where the torturers and murderers could do them no harm. (63)[37]

Emmi Straube und David Wills können das verstehen; sie haben die von Furtwänglers empfundenen "mystical powers [of music] which nurture man's spiritual needs" (50f.) selbst erfahren und äußern dem Dirigenten gegenüber ihren Dank für seine Trost spendende Musik:

[37] Diese Rede geht auf eine vom Biographen Furtwänglers, Carl Riess, zitierte Unterredung zwischen Toscanini und Furtwängler zurück, die Shirakawa abdruckt (*The Devil's Music Master*, 217). Furtwängler soll gesagt haben: "Human beings are free wherever Wagner and Beethoven are played, and if they are not free at first, they are freed while listening to these works. Music transports them to regions where the Gestapo can do them no harm." Siehe auch Elisabeth Furtwängler, *Über Wilhelm Furtwängler* (Wiesbaden: Brockhaus; 1979), 133-34: "Am Schluß der Verhandlungen sagte er unter anderem: 'Die Sorge, vom Nationalsozialismus für seine Propaganda mißbraucht zu werden, mußte für mich zurücktreten vor der größeren Sorge, die deutsche Musik – soweit es ging – in ihrem Bestand zu erhalten, mit deutschen Musikern für deutsche Menschen weiterhin Musik zu machen. Die Menschen, denen einst Bach und Beethoven, Mozart und Schubert entstammten, lebten auch jetzt unter der Oberfläche eines ausschließlich auf Krieg eingestellten Regimes weiter. Niemand, der damals nicht hier in Deutschland war, konnte beurteilen, wie es hier aussah. Meinte Thomas Mann wirklich, daß man im Deutschland Himmlers nicht Beethoven musizieren durfte. Konnte er sich nicht denken, daß niemals Menschen es nötiger hatten und schmerzlicher ersehnten, Beethoven und seine Botschaft der Freiheit und Menschenliebe zu hören, zu erleben als gerade die Deutschen, die unter dem Terror Himmlers leben mußten.'" Harwood mag hier auch auf die Wirkung von Beethovens Fünfter auf die Häftlingsmusikerinnen von Auschwitz anspielen. Siehe Fania Fénelon, *Das Mädchenorchester in Auschwitz* (Frankfurt: Fischer, 1980), 111f. und dazu *Musik in Geschichte und Gegenwart*, *s.v.* "Nationalsozialismus", 30.

> [DAVID:] You showed me a place where there was – an absence of misery. Ever since I first heard you, music has been central to my life. My chief comfort. I thank you for that. [...] EMMI: I, too. The same. Thank you. (34f.)

Für Arnold, der diese Erfahrung nicht teilt, sind Furtwänglers Argumente nicht nachvollziehbar; er unterstellt ihm Motive anderer Art: "Why did he stay? [...] Not art or culture or music and its mystical power but old-fashioned insecurity, fear and jealousy" (55).

Am eindringlichsten zeigt sich die unterschiedliche Einstellung zur Musik, als Arnold nach Bruckners Siebter Symphonie verlangt. Emmi ist sichtlich erfreut darüber, dass der Major Interesse an der Musik zu zeigen scheint:

> *EMMI enters carrying a flat brown-paper package. She is glowing.* EMMI: I've got it Major. ARNOLD: Swell. EMMI: The British were most helpful. They really have a broadcasting station there. And they found it for me. [...] And I am so pleased you are becoming interested in serious music, Major. [...] I never thought you would ask to listen to Bruckner. (43)

Es liegt außerhalb ihrer Vorstellung, dass Musik aus unlauteren Motiven benutzt werden könnte. Doch wie sich später herausstellt, dient Bruckners Musik Arnold als Mittel zu dem Zweck, Furtwängler seine Schuldverstrickung, seine Arbeit für die Nazis, nachzuweisen. Als er während des zweiten Verhörs die Trauermusik des Adagio von Bruckners Siebter Symphonie spielen lässt – komponiert 1883, als Bruckner vom Tode Wagners erfuhr –, erinnert er Furtwängler daran, dass ebendiese Einspielung der Nachricht über den Tod Hitlers im deutschen Radio folgte:

> 'Did they pick little K's [Karajan's] recording? Did they pick some other band leader? No, they picked you and why? Because you and nobody else respresented them so beautifully. When the Devil died they wanted his band leader to play the funeral march. You were *everything* to them.' (63)

Auf der einen Seite der große Musiker und die Musikliebhaber, auf der anderen Seite der Banause – diese klare Scheidung trug dem Drama Kritik ein. Alastair Macaulay tadelte den "relatively simple conflict between those who respond to the sublimity of art (Furtwängler, Wills, Straube) and those who can't (Arnold)".[38] Die Überzeichnung Arnolds als eines vulgären, hinterlistigen und rohen Kulturbanausen ist vor allem in den USA beanstandet worden;[39] Arnold entspreche zu sehr dem Stereotyp des

[38] "Taking Sides", *Financial Times* vom 23. Mai 1995, 15.

[39] So etwa eine Kritik in der *New York Times*: "Taking Sides betrays an almost obligatory dose of British chauvinism in that the intimidating and belittling American Major Arnold sometimes comes perilously close to sounding like the precursor of Joseph McCarthy, while a never-seen English officer is reputed to be the paradigm of grace and efficiency": Vincent Gamby, "Shining the Light on the Mind of a Genius", *New York Times* vom 28. Oktober 1996 Ähnlich auch die Kritik nach der Aufführung im Odyssey Theater in Los Angeles ("intimidating and belittling

"ugly American".[40] Ein Kritiker der Aufführung am Broadway bemängelte, die Hauptdarsteller seien "not well matched. [...] Imagine Albert Einstein explaining himself to Archie Bunker".[41]

Doch gerade in der seitens der Amerikaner kritisierten Konfrontation Furtwänglers mit dem unkultivierten Major Arnold wird die Diskussion über grundsätzliche Fragen zum Verhältnis von Kunst und Politik in Gang gesetzt.[42] Erst durch Arnolds Kulturlosigkeit und seinen mangelnden Respekt Furtwängler gegenüber werden der Dirigent ebenso wie auch Emmi und David dazu veranlasst, ihren Gedanken über die Kraft und die Macht der Musik Ausdruck zu verleihen. "Harwood", so Guy Stern, "needed a pure moralist as a foil for Furtwängler",[43] den "old-world European esthete who still harbors the romantic conceit of the artist as a genius, a demiurge".[44]

Verschließt sich Arnold der Schönheit der Musik, ist Furtwängler, der die Musik zum Mythos erhebt, wiederum außerstande, die politische Funktionalisierung und die Ambivalenz von Musik zu erkennen. Die romantische Vorstellung vom Künstler als einem Genie[45] und von der moralischen Wirkung der Kunst wird in ihrer Geltung hinterfragt. Denn vereinnahmt durch die Nazis wird Furtwänglers Kunstausübung zur Unterstützung des Regimes. Die politische Instrumentalisierung von Musik, welche die Musik zur Legitimation der politischen Herrschaft werden lassen kann, thematisiert Harwood bereits in seinem 1989 verfassten Drama *Another Time*.[46] Der begabte Pianist Leonard Lands, wohnhaft in London, weigert sich, seiner Mutter zuliebe eine Gastvor-

American Major Arnold"): Steven Mikulam, "Should I Stay or Should I Go?", *LA Weekly* vom 18. August 2000.

[40] David Anthony Fox, "Reich and Wrong", *Philadelphia City Paper* vom 1. Februar 2001.

[41] Bei Archie Bunker handelt es sich um den Titelhelden der erfolgreichen amerikanischen Sitcom *All in the Family* und *Archie Bunker's Place*, die 1971-1983 auf CBS zu sehen war. Bunker ist Dockvorarbeiter und Barbesitzer in New York, steht politisch äußerst rechts und verkörpert den Typus des ungebildeten und ungehobelten Amerikaners.

[42] Die Aktualität dieser Diskussion wurde von der deutschen Kritik besonders hervorgehoben. So bemerkt die *Welt*, dass Harwoods Stück die Zeitgeschichte zum Anlass nehme, "Grundsatzfragen der politischen Kultur zu reflektieren" ("Der Künstler als Patriot", in: *Die Welt* vom 29. Mai 1997), und auch die *FAZ* sprach von der Aktualität des Themas 'Kunst und dessen Missbrauch' ("Bandleader Willi und die Nazis", *FAZ* vom 29. März 1997). Ähnlich lobte ein englischer Kritiker die "fatal confrontation between culture and power, between art and politics, between irresponsible freedom and responsible compromise" (John Peters, "At a moral crossroads", *Sunday Times* vom 28. Mai 1995). In einer amerikanischen Kritik der Inszenierung unter David Jones am Broadway (Erstaufführung 17.10.1996) in der *New York Times* vom 27. Oktober 1996 hieß es hingegen über das Stück: "The moral questions it raises would have been inflammatory 50 years ago. It may be to our discredit that some will find them academic": Vincent Gamby, "Shining Light on the Mind of a Genius".

[43] Stern, "Furtwängler", 58.

[44] Ebd., 58.

[45] "I tried to defend the intellectual life of my people against an evil ideology. [...] I know that a single performance of a great masterpiece was a stronger and more vital negation of the spirit of Buchenwald and Auschwitz than words." (TS, 63)

[46] In: *The Collected Plays of Ronald Harwood* (London: Faber & Faber, 1993), 195-278. Die Uraufführung fand am 22. August 1989 am Theatre Royal in Bath statt.

stellung in seiner südafrikanischen Heimat zu geben. Sein Auftritt, so glaubt er, würde der rassistischen Regierung Anerkennung verschaffen (256-58, 261, 268).[47] "[C]ancelling my concert in Cape Town", sagt er, "is my only weapon –" (268).[48] Seine Tante Rose, der die Kunst alles bedeutet – sie rühmt jene Künstler, "whose visions have made me able to bear this life from one day to the next" (269) –, hebt hervor, dass die Musik Menschen zu ändern vermag:

> you withhold from your great mass of people whom you claim paid for your privileges, you deny them as well as us your ability to bring forth musical sounds which adds to the glory of being alive. [...] You must hold your talent in very low esteem because it seems you believe deep down that not one note you play will change a single human heart. That's where I disagree with you. You see, stupid old woman that I am, I believe there's a chance that music might, might, just might, turn the whole world upside down, all right, not the whole world, I don't believe in miracles, but one individual world, and that's a chance, in my opinion, you're meant to take. After all, I speak from personal experience.[49]

Doch für Leonard ist – wie im Titel des Dramas angedeutet – die Zeit, in der die Musik verändern konnte, vorbei: "you're talking about another time, Auntie Rose", hält er ihr entgegen, "those things belong to another time"[50]. Die politische Vereinnahmung von Musik lässt die romantische Vorstellung von der die Moralität befördernden Wirkung der Musik als realitätsfernes Wunschdenken erscheinen.

In Harwoods *Taking Sides* nennt Furtwängler eine weitere Funktion der Musik, deren Ambivalenz er offenbar verkennt. Als einen Beweggrund, nicht ins Exil zu gehen, führt er ihre trostspendende Kraft an: "Human beings are free wherever Wagner and Beethoven are played. Music transported them to regions where the tortureres and murderers could do them no harm." (63) In der Tat war etwa für Boleslaw Barlog "[a]lle 8 oder 14 Tage ein Furtwängler-Konzert […] Grund zum Überleben." Elisabeth Furtwängler zitiert diese Äußerung in ihrem Buch *Über Wilhelm Furtwängler* und kommentiert sie: "Das war es also, was Furtwängler fühlte: Seinem deutschen, um viele Menschen ärmer gewordenen Publikum, dem zu Liebe war er geblieben."[51] Das mag plausibel klingen. Dabei wird aber die Tatsache verschwiegen, dass Musik zu sehr

[47] "Look, whatever I am, whatever I've become, the price was paid not by me, not by Mom and Dad, or by any of us here, but by a great mass of people who had no say in the matter. I was able to flourish at their expense. And for that I feel ashamed, deeply, deeply ashamed." (267) Leonard hat den letzten Teil seiner Klavierausbildung in London erhalten, wo er Mitte der 80er Jahre, 35 Jahre nach seiner Auswanderung aus Südafrika, von seiner Mutter, seiner Tante und seinem Onkel besucht wird.

[48] Sein Sohn Jeremy wirft ihm vor, dass dies der einfachere Weg sei, den er aus eben diesem Grund gewählt habe: "Not going to South Africa is easier, because if you wanted to make a real stand, you'd go. But no, no, you do what's expected of you because it's easier. And all the talk about suffering masses." (274)

[49] Harwood, *Another Time*, 269.

[50] Ebd., 270.

[51] Elisabeth Furtwängler, *Über Wilhelm Furtwängler* (Wiesbaden: Brockhaus, 1979), 130.

unterschiedlichen Zwecken eingesetzt wurde. Es ist durchaus denkbar, dass Harwood mit der Musik-Thematik auch auf die Funktionalisierung des Gefangenenorchesters in Auschwitz anspielen wollte. Ein und dieselbe Musik diente hier der Manipulation von Häftlingen und der Erbauung der Mörder. Musik wurde zum Vehikel der Machtausübung und Tortur, aber auch zum Vehikel des Überlebens. Wie Fania Fénelon in ihren Lebenserinnerungen schreibt, bedeutete für sie die Aufnahme in das Orchester die Rettung ihres Lebens. Bei ihrer 'Aufnahmeprüfung' am Klavier spielte sie aus *Madame Butterfly* vor und dachte dabei: "Wird mir Puccini das Leben retten? [...] Ich streichle, ich liebkose diesen Flügel. Er ist mein Retter, meine Liebe, mein Leben".[52] Auch als sie vor der deutschen Lagerführerin sang, war ihr bewusst, dass sie 'um ihr Leben sang und spielte': "Wenn ihr mein Vortrag nicht gefällt, wenn sie in ihm nicht ihre eigene Auffassung der Arie findet, muß ich dorthin zurück, von wo ich komme."[53] Aber auch die Aufnahme in das Orchester gewährte ihr keine unbedingte Sicherheit: "[wir können] von einem auf den anderen Tag liquidiert werden. [...] Kramer und Mandel verstehen was von Musik, schätzen sie, und wenn ihnen unser Vortrag nicht gefällt, können sie unser Ensemble auflösen."[54]

Für die Häftlingsmusikerinnen, unter der strengen Leitung von Alma Rosé, einer Nichte Gustav Mahlers, bedeutete die Musik vielleicht Rettung. Sie spielten sowohl für die ausgemergelten Arbeitskommandos als auch für den Kommandanten, für die Aufseherinnen von der SS und für Mengele. Die SS-Offiziere wollten Konzerte, "um sich von der 'harten' Arbeit zu erholen", und es war Fania Fenélon bewusst: "gerade diese 'Musikabende' gewähren dem Orchester den Strafaufschub."[55] Die Lagerführerin Mandel verlangte in der Nacht, in der eine Selektion durchgeführt wurde, von Fania, sie solle für sie eine Arie aus 'Madame Butterfly' singen; Fénelon erinnert sich: "trotz aller klugen Vernunftsüberlegungen, die ich anstelle, bin ich voll Abscheu, möchte ich Galle spucken, weil ich diese SS-Angehörige nach der geschafften Selektion auf andere Gedanken gebracht habe."[56] Aus Fénelons Lebenserinnerungen wissen wir, dass sich auch der Kommandant des Frauenlagers Birkenau an Musik berauschte. Bei Schumanns *Träumerei* (heißt es) "hat [er] die Augen geschlossen, er läßt sich von der Musik durchdringen. [...] Er gibt sich seiner zarten Ergriffenheit hin und läßt erleichtert Tränen, kostbar wie Perlen, über seine sorgsam rasierten Wangen rollen. [...] Er ist befriedigt, er hat sich nach seiner Selektion mit Musik befreit wie andere mit Masturbation."[57] Und an anderer Stelle lesen wir: "Graf Bobby kommt ohne Voranmeldung. [...] Er möchte gern etwas von ihm [Mozart] hören, 'denn nur diese Musik könne ihm die nötige Entspannung für seine Arbeit bringen.' Seine Arbeit: Links! Rechts! Leben! Tod!"[58] Aber auch

[52] Fania Fénelon, *Das Mädchenorchester in Auschwitz*, übers. Sigi Loritz (München: dtv, 5. Aufl. 1986 [1976; dtsch. 1980], 31.
[53] Ebd., 35.
[54] Ebd., 43.
[55] Ebd., 60f., Zitat 61.
[56] Ebd., 69.
[57] Ebd., 112f.
[58] Ebd., 223. In diesem Zusammenhang sind die Filme *Schindler's List*, *Conspiracy* und *The Pianist* von Bedeutung: "the cliché with which we began, the one that linked Germans and music

den Häftlingen vermochte die Musik Trost zu spenden. Einige von ihnen waren bei Lagerkonzerten anwesend: "Manche von ihnen [den Häftlingen] haben sich freiwillig gemeldet, sie können sich noch daran erinnern, daß sie vor langer Zeit Freude empfunden haben durch Musik. [...] In den Reihen der Häftlinge summen Frauen mit."[59]

Fénelon erwähnt auch die besondere Bedeutung des Eingangsmotivs von Beethovens Fünfter Symphonie, an die Harwood zu Beginn seines Dramas wohl erinnern will und die darin lag, dass die BBC eben jene Tonfolge als Symbol für den erhofften alliierten Sieg einsetzte:

> PA-PA-PA-PAM ... Das ist nicht London. Das ist unser Orchester, das den ersten Satz der Fünften Symphonie von Beethoven probt [...] Alma wünschte sich sehnlichst Beethoven. Ich gab vor, mich nur an den ersten Satz seiner Fünften zu erinnern und suggerierte ihr geradezu, ihn in ihr Programm aufzunehmen. Eine seltene Freude für mich! Sie bemerkte die Schadenfreude dahinter nicht, und die SS-Obrigkeit noch weniger. In keiner Weise brachten sie das mit dem Indikative des "Freien Frankreich" bei der BBC in Verbindung. Für die Deutschen ist das Beethoven, ein Gott, ein Monument deutscher Musik, der sie respektvoll, mit bewunderndem Ausdruck zuhören.[60]

Ein weiteres von Fénelon zitiertes Beispiel für den durch Musik geleisteten Widerstand ist die Aufführung von Kompositionen Felix Mendelssohn Bartholdys durch das Orchester: "[W]ir wissen, welches Risiko wir wagen. Wir genießen voll und ganz ihre selig strahlenden Gesichter, wenn sie dieser verpönten Musik zuhören. Gute Augenblicke sind das, kurze, zu kurze..."[61]

Die durch Musik hervorgebrachte innere Freiheit, für die sich David Wills und Emmi Straub bei Furtwängler bedanken, thematisiert Harwood auch an anderer Stelle. In seinem 1993 erschienenen, von der Kritik nur wenig wahrgenommenen Roman *Home* bedeutet der Griff nach der Geige für Stepan Kessler, als dessen Elternhaus in Moskau 1917 von den Kommunisten beschlagnahmt wird, Zuflucht: "Stepan's refuge is the violin"; die wöchentliche Geigenstunde ist ihm "an hour-long flight from fear".[62] Auch Theater, so Harwood in seiner 1993 erschienenen Theateranthologie, vermag

like Frenchmen and fashion, [is] now transformed into a disturbing juxtaposition of beauty and atrocity, music and murder – the new German cliché, as it were, whose representative figure is the piano-playing German soldier in Steven Spielberg's *Schindler's List*": Applegate, "Saving Music", 223f. Der Soldat spielt das Präludium aus Bachs Englischer Suite a-moll, während seine Kameraden – und er selbst noch bis zu diesem Moment – die Juden von Krakau zusammentreiben. In Roman Polanskis *The Pianist*, dessen Drehbuch von Ronald Harwood stammt, rettet Wladyslaw Szpilman sein Leben, indem er einem deutschen Soldaten, der ihn in seinem Versteck vorfindet, eine Chopin-Ballade vorspielt. Am Ende des Films *Conspiracy* über die Wannsee-Konferenz (Regie Frank Pierson, USA/GB 2001) lauscht Eichmann Franz Schuberts Streichquintett c-moll: ebd., 225.

[59] Fénelon, *Das Mädchenorchester in Auschwitz*, 120.

[60] Ebd., 129.

[61] Ebd., 150.

[62] Ronald Harwood, *Home* (London:Weidenfeld & Nicolson, 1993), 142.

Trost zu spenden und Zuflucht zu geben. Auf der ersten Seite zitiert er Zeugenaussagen über Theateraufführungen im Ghetto von Wilna und kommentiert:

> There is perhaps no more moving example of the theatre's power to make people lose a sense of themselves and their surroundings than the following observations recorded at the Vilna Ghetto during the Second World War. 'People laughed and cried. They cast off the depression that had been weighing on their spirits. The alienation that had hitherto existed among the Ghetto population seemed to have been thrown off ... people awoke from a long difficult dream.' (Dr. Lazar Epstein, 18.1.1942, on the opening of the Ghetto theatre)
> In a hall filled to capacity, the première of *Der Oyster* took place. Outside, the police were guarding the arrivals from Swieciany. Here in the theatre, as if nothing were happening – a première! The performance is smooth, the play is unblemished, the sets really beautiful – as if this were not the Ghetto. (From Hermann Kruk's diary).[63]

Neben den um die Musik und ihre Funktionalisierung kreisenden Fragen wird in Harwoods Zweiakter die alliierte Entnazifizierungspolitik thematisiert und kritischer Betrachtung unterzogen. Während andere Musiker (darunter Karajan, der, wie der entrüstete Furtwängler bemerkt, zweimal der Partei beigetreten war, 32) längst ihre Arbeit wieder aufnehmen durften,[64] wird sein Entnazifizierungsverfahren, vor dessen Abschluss er nicht dirigieren darf, immer weiter aufgeschoben (31f.). Auch die Motive für das Tribunal erscheinen fragwürdig: Wie Shirakawa erörtert, erhoffte man sich von dem Verfahren, die Sowjets, die Furtwängler in ihrer Zone engagieren wollten,[65] im begin-

[63] Ronald Harwood (ed.), *The Faber Book of the Theatre* (London: Faber and Faber, 1993), 3.
[64] Karajan war, im Unterschied zu Furtwängler, der NSDAP beigetreten und war dafür bekannt, jedes Konzert mit dem Horst Wessel-Lied zu eröffnen. So wie auch Elisabeth Schwarzkopf, die ebenfalls in der Partei war, die für die Waffen SS Konzerte an der Ostfront gegeben hatte und in Goebbels Propagandafilmen aufgetreten war, durfte er seiner Arbeit wieder nachgehen und dirigierte die Berliner Philharmoniker. Siehe Saunders, *The Cultural Cold War*, 15.
[65] Die Sowjets wollten Furtwängler als Dirigenten für die Staatsoper 'Unter den Linden' gewinnen. Die darauf abzielenden sowjetischen Bemühungen hat Harwood in sein Filmskript eingearbeitet. In diesem Zusammenhang ist ein Brief Nicolas Nabokovs interessant, der zusammen mit seinem Kollegen Michael Josselton die Akte Furtwängler bearbeitet hatte. Am 13. November 1977 schrieb Nabokov an Josselton: "I have written two stories, each about 120 p. long and am now returning to Berlin in the winter of 1945-1946 and the following spring and summer as a kind of posthumous chronicle. In this connection I wonder whether you remember, when was the approximate date that Furtwängler came to East-Berlin and gave a press conf. there threatening to go to Moscow if we would not clear him at once. He was brought to my billet and spent a day and two nights at Bitterstr. 16 before being packed off back to the "villa Imperator" above Montreux. I remember all about our talks with him, (especially his views on Bach, Bayreuth and Brahms) but have forgotten the circumstances of his coming to Berlin. I seem to remember that you had something to do with bringing him out of the Soviet Section (hadn't you?) to my billet. I remember gen. Mc Lure's gentle fury at Furtwängler's behaviour then. Kurt Riess was also involved in it somehow […], wasn't he? … Does he still live in Switzerland? I have his book on Furtwängler, of course, but it doesn't speak of this particular incident. If you could remind me as

nenden Kalten Krieg durch einen verurteilten Dirigenten zu desavouieren – es ging weniger um die Ermittlung von Wahrheit als um die Durchsetzung drängender politischer Ziele.[66] Dies zeigt sich in *Taking Sides* insbesondere am Verhalten Stephen Arnolds.

Arnold ist nicht an Gerechtigkeit, Beweisen und Fakten ("justice, evidence, facts", 26) interessiert, sondern "in nailing the bastard" (26).[67] Dabei greift er auch zu unlauteren Methoden: Durch "plea-bargaining" (40) mit dem Parteispitzel im Orchester Furtwänglers, Helmuth Rode, der den Typ des Untertans, der sich mit jedem Machthaber zu arrangieren weiß, verkörpert, will er sein Ziel (die Verurteilung Furtwänglers) erreichen. Statt den für die Partei aktiven Rode zu belasten, bietet er ihm Arbeit in der amerikanischen Zone an, wenn er im Gegenzug Furtwängler diskreditiert: "I can hand you a letter giving you freedom of movement, freedom to work, freedom, Helmuth. Better than scavenging for food in the ruins. But I need something in return" (41).[68] Nur darauf bedacht, Furtwängler 'festzunageln', misst Arnold mit zweierlei Maß. Obwohl Rode nachweislich für die Partei gearbeitet hat, behandelt Arnold ihn zuvorkommender als Furtwängler.[69] Zudem lässt Arnold, der sich gegenüber David seines selektiven Gedächtnisses rühmt ("I remember everything. But only if I'm interested. [...] It's what the shrinks call selective", 13), tatsächlich nur selektiv Beweismaterial zu – alles, was der Entlastung Furtwänglers dienen könnte, wird beseitigt. Tamara Sachs, die Furtwängler, der ihrem jüdischen Mann bei der Flucht aus Deutschland geholfen hatte, entlasten möchte (22-25), verschafft er bei den französischen Behörden die von ihr gewünschte Aufenthaltsgenehmigung in Frankreich, so dass sie bei der Verhandlung gegen Furtwängler nicht mehr als Zeugin zur Verfügung steht (47).

to who could enlighten me about it I'd be most grateful. Furtw. and I became good friends in Rome in 1954. I saw him nearly everyday at rehearsals for 5-6 weeks.": HRC, Michael Josselson Papers, Box 23.1 [Hervorhebung im Original]. Wie Elizabeth Janik gezeigt hat, hatten die Angehörigen der russischen Besatzungsmacht in Berlin von vornherein die deutsche Kulturtradition hochgehalten und waren bestrebt, das Musikleben in Berlin wiederzubeleben: Elizabeth Janik, "The Golden Hunger Years': Music and Superpower Rivalry in Occupied Berlin", *German History* 22.1 (Jan 2004), 76-100, 81.

[66] Shirakawa, *The Devil's Music Master*, 308.

[67] Der von Arnold benutzte Begriff "nailing" findet sich in diesem Zusammenhang, so merkt Christoph Houswitschka an, bereits in Shirakawas Monographie (*The Devil's Music Master*, 312): Houswitschka, "Der Holocaust, die Musik und nationale Identität(en) in Ronald Harwoods *Taking Sides*", 426.

[68] Christoph Houswitschka verweist auf die Ähnlichkeit des fiktiven Helmuth Rode mit dem historischen Wilhelm Rode, einem ehrgeizigen Bariton, "der in der Nachfolge Max von Schillings die Leitung der Städtischen Oper wollte und schließlich mit Unterstützung von Hitler und Goebbels auch bekam, u. a. indem er 1933 Heinz Tietjen beschuldigte, zu viele Juden in den preußischen Staatstheatern engagiert zu haben. […] Helmuth Rode wird so zur fiktiven Figur, die jedoch als Typus den historischen Wilhelm Rode durchaus treffend beschreibt." (ebd., 430). Siehe dazu auch Prieberg, *Kraftprobe*, 60 und Shirakawa, *The Devil's Music Master*, 170.

[69] Emmi spricht ihn darauf an: "Why have you been so kind to Mr Rode and not so kind to Dr Furtwängler?" (46).

Arnolds Verhöre sind durch rauhen Umgangston und beleidigende, bis ins Private gehende Fragen (57) gekennzeichnet. Mit den gleichen Verhörmethoden, die er in seinem Zivilberuf als Versicherungsdetektiv anwendet, scheint er Furtwängler des Betrugs überführen zu wollen: "I know with whom I'm dealing. I knew another band leader once. Name of Dix Dixon. [...] A house he owned [...] burned down. Lost everything. Well, almost everything. But I got him. You know how? Because there's always one question the guilty can't answer." (8) Dabei scheint er Gefallen daran zu finden, die Befragten zu quälen: "I like to keep them waiting. Makes them sweat" (11), worüber sich Furtwängler bitter beklagt: "Please stop playing these games with me. You seem to take pleasure in teasing and baiting and hectoring me. Have some regard for my intelligence. We are dealing here with matters concerning my entire existence, my career, my life" (53).[70] Als sich abzeichnet, dass Arnold gegen Furtwängler nicht genug in der Hand hat, plant er die Diskreditierung des Dirigenten in der Presse: "we can sure as hell give him a hard time – [...] we got a tame journalist who'll write what we'll tell him. [...] Yeah, a guy called Delbert Clark, *New York Times*" (66). Der historische Delbert Clark verfasste tatsächlich einen verzerrten und verfälschten Bericht über Furtwängler für die *New York Times* (der wahre Grund ist unbekannt), der maßgeblich das Bild Furtwänglers in der amerikanischen Öffentlichkeit beeinflusste.[71]

Für Arnold gibt es nur die große Masse der 'bad Germans' und einige wenige 'good Germans'. Dass seine simple schwarz-weiß Kategorisierung der Realität nicht standhält, zeigt sich am Ende des Stückes, als dem von Arnold aufgrund der Tatsache, dass er am Attentat gegen Hitler beteiligt war, als Held stilisierten Vater Emmis durchaus ambivalente Züge verliehen werden: Als Arnold Furtwängler Männern wie Emmis Vater (voll "real courage", "risking their lives", 64) gegenüberstellt, offenbart Emmi die wahre Motivation ihres Vaters, sich an dem Attentat zu beteiligen: "My father only joined the plot when he realized we could not win the war" (64).

II.2.2 "Adequately fed and starving": Besatzer und Besetzte

Ein Großteil der Kritik britischer Literaten richtet sich gegen den Machtmissbrauch, der die Diskrepanz zwischen dem Lebensstandard der Deutschen und dem der Angehörigen der Besatzungsmächte vergrößert habe. "Oh, in Germany you can get an awful lot of nice things for a few dozen cigarettes", berichtet Harvey Granville, der Protagonist in Spenders Erzählung "The Fool and the Princess", seiner Frau, als er aus Deutschland zurückkehrt (175). Zwar war es den Angehörigen der britischen Besatzungsmacht verboten, auf dem in Deutschland blühenden Schwarzmarkt zu handeln, doch konnten viele der Versuchung nicht widerstehen, im Tausch gegen einen Teil ihrer Alkohol- und

[70] Die bedrückende Atmosphäre des Verhörraums wird in der Verfilmung durch das Format 1.85:1 (*aspect ratio*) hervorgehoben, für das sich Szabó zusammen mit dem Kinematographen Lajos Koltai bewusst entschied, "because it suggests a more compressed, claustrophobic feeling that supports the story": http://www.kodak.wm/US/en/motion/newsletter/inCamera(oct2001/sides.html, 30.10.2001.

[71] Siehe dazu Daniel Gillis, *Furtwängler and America* (New York: Manyland Books, 1970), der den Zeitungsbericht Clarks genau analysiert, und Shirakawa, *The Devil's Music Master*, 334-36.

Zigarettenrationen in den Besitz von Luxusartikeln wie etwa einer Leica-Kamera zu gelangen. In einem Brief an seine Frau Joan Maud Littlewood schreibt Gerry Raffles (vermutlich am 1. Februar 1947) aus der britischen Besatzungszone in Deutschland:

> "I have just posted a letter to you and as I passed the porter he asked me to sell him some cigarettes. I only had about 15 so I gave him 5 but wouldn't take any money. Am I right or wrong? Several of the fellows here have already sold cigarettes to germans. [...] They say I'm a fool but I can't accept even 25/- let alone £10 for something that costs 9d to us. Am I being sentimental?"[72]

Später beobachtet er unter seinen Schauspielerkollegen, dass diese sich an dem durch die Zigarettenwährung bestimmten Schwarzmarkt bereichern: "Some of our people have started selling cigarettes for money and swopping them for goods. I intend to start a thorough discussion on the question at the first actors meeting. It seems disgraceful to me but most of the others think it is alright."[73] Ein aus diesem Anlass von Raffles einberufenes Treffen macht ihm die mehrheitliche Meinung deutlich:

> Yesterday we had a brief actors meeting whilst waiting for the coach and a preliminary discussion on the morality of selling cigarettes. Needless to say we reached no conclusion except indirectly in so far as in the end the arguments in favour of the exploitation were merely attacks on me for being a plastersaint. We are trying to get the view of the german party on the subject. The main plank of the argument was that they were doing the germans a favour by treating cigarettes as a valuable currency. [...] I said that [...] we had to behave decently and [...] there was no justification in Germany [...] for selling them [fags] for sixtimes what they cost us. Rosalie thought that it was a personal question and shouldn't be discussed. Ruth thought I was immoral anyway and so had no right to talk. Alan wanted the subject extending to include shoplifting! But there was a strong basis of interest and, by common consent, come an odd free day, we intend to have a full discussion of the groups morality.[74]

Am 7. Februar desselben Jahres äußert sich Joan zu dieser Angelegenheit in einem Brief an Gerry: "There was a report on an army party at Düsseldorf the other day, doubless you saw the report – caviar, champagne, while outside the Germans were breadless. Until we each one of us act like human being everywhere and at all times there can be no change in human society."[75]

William Peters berichtet von einem britischen Soldaten, der mit dem Handel mit deutschen Waren ein gutgehendes 'Unternehmen' gegründet hat: "I admit that the black

[72] Unveröffentlichter Brief, o. J., HRC, Michael Barker Collection, Subseries C, Box 2.5.

[73] Unveröffentlichter Brief vom 1.2.1947 [?], HRC; Michael Barker Collection, Subseries C, Box 2.5.

[74] Unveröffentlichter Brief vom 8.2.1947 [?], Gerry Raffles an Joan Littlewood, Bad Salzuflen, HRC, Box 2.5.

[75] Unveröffentlichter Brief von Joan Littlewood an Gerry Raffles, Poststempel vom 9.2.1947, HRC, Box 2.5.

market is rather widespread among all soldiers, but I had never before come across a case where a real business was set up."[76] Der Soldat hatte in einer Westberliner Wohnung ein Geschäft eröffnet, in dem er Leica-Kameras, Uhren, Füllfederhalter und insbesondere Diamanten verkaufte: "He puts his weekly turnover at 1 million Marks, all on a commission basis, and he takes his profit in the form of valuable diamonds to England when he goes on leave."[77]

Die Bereicherung am Schwarzmarkt wurde von vielen britischen Literaten beanstandet. Alan Ross beschreibt in den autobiographischen Skizzen von seinen Erfahrungen im besetzten Deutschland ausführlich die Schwarzmarktaktivitäten eines britischen Offiziers,[78] die er in seinem Gedicht "Bridge Partner" als "the way of the conqueror" kritisiert.[79] Arthur Dickens sah in der Beteiligung der Briten am Schwarzmarkt die Gefahr, dass die Besatzungsmacht an Ansehen einbüßen könne:

> While in Herford I also became increasingly conscious of further dangers to our cause. Among the many excellent fellows who were then coming out to take part in military government I noted a few who seemed to think mainly in terms of paying their expenses by trading in cameras, getting permits for small priority purchases from German factories and other such minor 'rackets'. I myself could supply much evidence to indicate that few of these incidents, however trivial in themselves, fail to occasion a loss of prestige to the Occupation Power.[80]

Während seiner Aufenthalte im besetzten Deutschland stellte Stephen Spender fest, dass viele Angehörige der alliierten Besatzungsmächte die Schuld der Deutschen als Bestärkung ihres moralischen Überheblichkeitsanspruchs und als Rechtfertigung heranzögen, sich an deutschem Eigentum zu bereichern:

> At present the argument of guilt is used to assert the moral superiority of the Allies, and to justify all sorts of malpractices by them. There may be some 'rough justice' in this, and there is certainly an inevitability about it which one has to allow for, but at the same time our brutality should not be justified by our moral superiority. If one considers that every German is guilty towards every allied soldier who wants to take his camera or his watch one confuses the issue. [...] Nor does German guilt give the Allies an automatic moral ascendancy, a kind of credit which gives them leave to behave as they like in Germany until such time as they decide that it is necessary to stop doing so in order to avoid becoming as guilty as the Germans. (EW, 164f)

[76] Peters, *In Germany Now*, 78.
[77] Ebd., 77.
[78] Ross, *Blindfold Games*, 261-72, bes. 266: "By Christmas 1945 Chesney's [the officer's] undercover concerns, carried on in league with various German contacts, had extended from food, drink and cigarettes to petrol, cameras, drugs and jewellery. Although there was no way he could conceal the vast quantities of goods he had acquired and which he disposed of at night, few people realized that he was trading on behalf of himself.".
[79] Alan Ross, "Bridge Partner", in: ebd., 263.
[80] Dickens, *Lübeck Diary*, 326.

Noch deutlicher äußerte Leonard Mosley seine Kritik daran, dass viele britische Soldaten ihre Kenntnisse über die im Konzentrationslager Belsen verübten Gräueltaten missbrauchten. Belsen, so Mosley, rechtfertigte für einige britische Soldaten den Raub deutschen Eigentums:

> It was surprising what licence, for instance, the discovery of the horrors of Belsen Camp gave to some of the men with the army. Why, nothing was too bad to commit against a nation which allowed things like Belsen! So you loaded up your car with sheets and clothing-material, with giant cheeses, with ornaments and silverware.[81]

Die Bereicherung an deutschem Eigentum, die mit dem Verweis auf die Schuld der Deutschen gerechtfertigt wurde, war selbstverständlich nicht nur unter britischen Soldaten üblich. Aus den Briefen, die der US-Amerikaner Churchill J. Brazelton, der als Leutnant bei der Press Liaison der ersten Armee tätig war,[82] im Jahr 1945 aus Deutschland an seine Mutter in Texas schrieb, ließe sich eine lange Liste von in Deutschland (meist aus den Schlössern, in dem die Armee unterkam) konfiszierten Luxusgegenständen extrahieren, die Brazelton von dort in seine Heimat schickte. Darunter befanden sich etwa “2 silver wine coasters which someone had picked up as ash trays”,[83] “three or four pieces of Renaissance German pottery, including a pair of jugs made in 1560 at Frechen”,[84] “a set of small glasses good for fruit juice [with] the Prussian coat-of-arms on them”,[85] “boxes containing several pieces of fine 17th and 18th century glass, a couple of bottles of good Rhine wine, books and other things […] a rather nice oil painting – a small oval portrait of a lady. […] two small figures for the little shelves”,[86] “a Meissen Figurine” und “2 little cut chrystal, covered vases”,[87] die er aus einem von amerikanischen Soldaten verwüsteten deutschen Schloss ‘gerettet’ hat: “The chrystal vases […] I salvaged them from the wreckage of a chateau the other day. They were throwing everything out of the house to make room for the soldiers and what was not already broked was being smashed by the G.I.’s.”[88] Am 19. März 1945 schrieb er aus Deutschland:

> I also sent 2 silver wine coasters which someone had picked up as ash trays. I replaced them with tin cans and no one seemed to care. […] I wish you could see some of the

[81] Mosley, *Report from Germany*, 46.
[82] Im Februar 1945 folgte der Press Corps den Alliierten Streitkräften auf ihrem Vormarsch nach Berlin.
[83] 19.3.1945, HRC, Churchill Brazelton Collection, Box 2.1.
[84] Brazelton schreibt dazu weiter: “A correspondent picked them up in a very fine castle and decided not to send them home so gave them to me”: 4.4.1945, HRC, Churchill Brazelton Collection, Box 2.1.
[85] “I found them in a Nazi Hq. and thought they were very good souvenirs”: Brief vom 13. April 1945, Churchill Brazelton Collection, HRC, Box 2.1.
[86] Brief vom 13.4.1945, HRC, Churchill Brazelton Collection, Box 2.1.
[87] 5.3.1945 an seine Mutter, HRC, Churchill Brazelton Collection, Box 2.1.
[88] HRC; Churchill Brazelton Collection, March-April 1945, Box 2.1.

> things the correspondents drag in from wrecked German houses to fix up their rooms. When they want a mirror they end up with an ornate gold one finely carved, or of a chair is needed they get a fine damask covered one. Not many fine things will remain in Germany I don't think.[89]

Die Verwüstungen deutscher Häuser und die Konfiszierung deutschen Eigentums sah Raffles durch die Zerstörungen und die Gräueltaten, derer sich die Deutschen schuldig gemacht hatten, gerechtfertigt:

> The last [quarters] was very nice but had been wrecked by the hoards of Americans who had stayed there from time to time. However this is Germany and the way these men hate the Germans no one gives a darn what happens to anything they own. After the horror and destruction they have thrown on the rest of the world they deserve and will get no sympathy. Nothing we can ever do to them will repay them for all they have done. If by chance you really do feel sorry for the Germans as knowing your sympathetic feelings I imaginge [sic] you do, forget them. These people hate us and would have more than willingly done to our country what they have to Europe. As anyone who has fought the Germans or has ever had any dealings with them know, the only good Jerry is a dead one. It is more than true.[90]

Der Dienst im besetzten Deutschland ging für viele britische Soldaten mit einer starken Verbesserung ihres Lebensstandards einher: Im Vergleich zu Großbritannien erhielten sie hier reichhaltige Mahlzeiten und großzügige Zigaretten- und Alkoholrationen. Einigen wurde ein Wagen mit deutschem Chauffeur zur Verfügung gestellt, und bei den für das Besatzungspersonal konfiszierten deutschen Wohnungen handelte es sich vielfach um die luxuriös eingerichteten Wohnungen ehemaliger hochrangiger Nazis. Viele britische Literaten haben diese Diskrepanz des Lebensstandards zwischen den Briten in der britischen Besatzungszone und den Briten in Großbritannien einerseits und den Briten und den Deutschen andererseits thematisiert.

Geoffrey Cotterells 1949 erschienener Roman *Randle in Springtime* zeigt die Auswirkungen, welche die sich durch den Schwarzmarkt eröffnenden Möglichkeiten auf den britischen Versicherungsangestellten Howard Randle haben. Nach anfänglichem Skrupel lässt sich Randle von einem Kollegen überreden, seine Alkohol- und Zigarettenrationen auf dem Schwarzmarkt in für ihn unter anderen Umständen unerschwingliche Güter einzutauschen. Die Herkunft dieser Waren scheint ihm dabei unerheblich – was zählt ist der Profit. So schreckt Randle auch vor dem Handel mit ehemaligen SS-Männern nicht zurück, die eine Ladung versteckter Pelzmäntel der SS gegen Zigaretten eintauschen (RS, 202ff.). Dass Randle auf den SS-Mann als "Herr Buchenwald or Belsen or something, I forgot which" (210) Bezug nimmt, zeigt, dass er die SS durchaus mit den Konzentrationslagern assoziiert, dass ihn dies allerdings nicht vom Tauschgeschäft mit ehemaligen SS-Angehörigen abhält – eine Verhaltensweise im schrillen Kontrast zur offiziellen britischen Entnazifizierungspolitik.

[89] HRC, Churchill Brazelton Collection, Box 2.1.
[90] 16. März 1945, HRC, Churchill Brazelton Collection, Box 2.1.

Nicht zuletzt durch ihren Schwarzmarkthandel genießen die Briten (so stellt es dieser Roman dar) in Deutschland einen weitaus höheren Lebensstandard als zu Hause. Das von Cocktailparties, reichlichem Essen und Tanzfesten bestimmte Leben in der britischen Besatzungszone bedeutet für Howard Randle und für seine Kollegen bei der Britischen Kontrollkommission in Hamburg einen zuvor unvorstellbaren und für sie in ihrer Heimat unerreichbaren Luxus.[91] Sie nehmen jetzt Teil an einem Leben, das sie in England nur neidvoll aus der Ferne beobachten konnten:

> For Howard and for Kay, as for half the people in the room, it was like a long held private dream almost come true. Both of them before the war, the insurance clerk and the secretary, had looked through the glossy pages of *The Tatler* with envy and resentment. They had the same feelings as they passed the Ritz or the Savoy on their way to a Lyons, as they looked from the gallery or the pit at the people in the theatre stalls, or from the top of a bus on to a passing Rolls Royce or Packard. A pint of bitter and a cup of cocoa, queuing in the rain, shining elbows, rush hours, the gang at the tennis club and night classes were not in the same world as Davos, bathing at Eden Roc or Palm Beach, debutantes, First Nights, chauffeurs, waiters and butlers; both Howard and Kay had wanted the latter almost as much as they resented the former; and now most of these once far away sensations were theirs. They had the chauffeurs, the waiters, the butlers, the champagne, the feeling of privilege. (121)[92]

Zu Hause, so fährt der Erzähler fort, erwartet die beiden (Howard Randle und Kay Blandison) ein anderer Lebensalltag:

> As soon as he was demobilised or she lost her job, it would all be over and the struggle to keep their heads above water at home, which had been hard enough before the war and was apparently harder now, would begin all over again. (121)

Auf Randle wartet eine wenig attraktive Verlobte und eine schlecht bezahlte Stelle als kleiner Versicherungsangestellter (8-9). Nach seiner Demobilisation erinnert ihn in London sein ehemaliger Kollege Charles Morton, der ihn ursprünglich in die Schwarzmarktgeschäfte verwickelt hatte, an den vergleichbar luxuriösen Lebensstandard in der britischen Besatzungszone: "Didn't you like your contrast between the last meal there – chicken, champagne, strawberries – and the first meal in good old England – meat, beans and a cup of stinking char?" (284)

Weil es ihnen in der britischen Besatzungszone besser geht als in England, bewerben sich in John Prebbles Roman *The Edge of Darkness* die Soldaten Michaels und Waithman um eine Verlängerung ihres Dienstes in Deutschland:

[91] Auf die sich durch den Schwarzmarkt für die Briten eröffnenden Chancen weisen auch zwei Offiziere in Spenders Erzählung "The Fool and the Princess" hin: "Tea was excellent. There was butter and cakes and fruit salad with cream. At the next table some officers were agreeing very loudly that despite all the disadvantages of being in Germany you could make more for yourself on the European Black Market than at home." (202)
[92] Siehe auch 79.

> "I've decided to stay on over here. It's a good life, plenty to do, and a bit better than England." "They're clearing out the Jerries out of the houses to make married quarters. Plenty of room, furniture, and so on. Why go home?" (230)

Mehr noch als auf den Unterschied im Lebensstandard zwischen den Briten in der Besatzungszone und den Briten in der Heimat wiesen britische Schriftsteller auf das Missverhältnis bezüglich des Lebensstandards, den die Briten im Vergleich zu den Deutschen in der britischen Zone genossen, hin. 1946 berichtete Lord William Beveridge der britischen Regierung sowie, in mehreren Artikeln im *Observer*, der britischen Öffentlichkeit über die Zustände in Deutschland. Der niedrige Lebensstandard der Deutschen, auf den im Jahr zuvor bereits Victor Gollancz in seinen Schriften hingewiesen hatte, führte Beveridge zufolge unausweichlich zu einer Kluft zwischen den Briten und den Deutschen, die erst durch eine Verbesserung der Lebensverhältnisse der Deutschen zu überbrücken wäre.[93]

Spender verdeutlicht die Kluft zwischen den Deutschen und der Besatzungsarmee, indem er von einem Auto der Besatzungsarmee aus auf die zwischen Ruinen herumstochernden Deutschen blickt, die ihm – durch die Windschutzscheibe betrachtet – wie Wesen einer anderen Welt erscheinen:

> In the towns, most Germans, wandering round and above the heaps of ruins which had been their homes, appeared like zombies. Looking at them through the windscreen of a car of the occupying forces, they seemed inhabitants of a different world. They moved on some other plane of time and space, entirely absorbed in their own scavenging and searching preoccupations, scarcely aware of our world.[94]

Auch seinen Protagonisten in "The Fool and the Princess" lässt Spender die Distanz zwischen Engländern und Deutschen durch den Blick aus dem Auto wahrnehmen. Als Granville mit Wingfield, dem amerikanischen Direktor des Camps, in dem er gearbeitet hatte, in dessen Auto unterwegs ist, beobachten sie die Deutschen am Wegesrand so, als ob sie meilenweit von ihnen entfernt wären, und urteilen über sie aus einer distanzierten und privilegierten Position:

> From the car, Wingfield and Granville watched these people as though they were removed from them by a great distance. When they nearly ran a man over and he stood a yard from the windscreen, it still seemed as though his proximity were an illusion produced perhaps

[93] Lord William H. Beveridge, *An Urgent Message from Germany* (London: Pilot Press, 1946). Über seinen Besuch in Deutschland im Herbst 1946 siehe Volle, *Deutsch-Britische Beziehungen*, 20. Zur Lebensmittelrationierung in Deutschland siehe etwa Gabriele Stüber, *Der Kampf gegen den Hunger 1945-1950. Die Ernährungslage in der britischen Zone Deutschlands, insbesonders in Schleswig-Holstein und Hamburg* (Neumünster: Wachholtz, 1984); John E. Farquharson, *The Western Allies and the Politics of Food: Agrarian Management in Postwar Germany* (Leamington Spa/New York: Berg, 1985); Günter J. Trittel, *Hunger und Politik. Die Ernährungskrise in der Bizone* (1945-1949) (Frankfurt/M./ New York: Peter Lang, 1990).
[94] Spender, Introduction to Stern, *Hidden Damage*, viii.

> by looking at him from a mile away through fieldglasses. Without seeming to notice them, he just managed to move across their vision without being thrust under the wheels. 'The Krauts have no traffic sense', said Granville. He made this remark as one might say: 'It's a fine day.' It was a safe, banal observation of the Occupying Forces which a hundred officers made to each other every day when driving through their particular Zone, just as in Nuremberg, the Occupying Forces greeted each other with the question: 'How many people have you hanged today?' 'I wonder why that is?' 'I don't know.' 'I have an idea it might be because they don't care a damn whether they're run over or not', said Wingfield dryly. (197)

Vom Flugzeug aus (auch hier aus der Distanz) sehen die zerstörten deutschen Städte für Granville wie zerstörte Bienenstöcke aus, die Bewohner wie merkwürdige Grubenarbeiter, die in den Trümmerhaufen ihrer zerstörten Häuser nach notdürftigen Unterkünften graben:

> Granville flew back to the country whose cities, from the centre of the air, seemed exposed cells of a beehive whose roof had been torn off, the honey robbed, and the walls shattered. Mere destruction was an industry and the people miners, wandering amongst the slag heaps formed from ruins of their destroyed homes and digging for a little warmth in tunnels and cellars. (193)

Die Diskrepanz zwischen den Angehörigen der britischen Besatzungsmacht und den Deutschen wird in Alan Ross' Gedicht "Hamburg: Day and Night" (1945/46) mit den vom Sprecher als "disparate visions" wahrgenommenen Bildern einer überfüllten deutschen Straßenbahn auf der einen Seite ("swaying, crowded tram") und den vor Hotels der Stadt geparkten glänzenden Dienstwagen auf der anderen Seite ("staff cars shining outside hotels") ausgedrückt[95] und auch in James Cadells Roman *Roast Pigeon* mit einer Reihe von Gegensatzpaaren hervorgehoben. Hier wird jedem Begriff, mit dem der 'Englishman' beschrieben wird, zur Beschreibung des 'German' ein Antonym an die Seite gestellt (z. B. "adequately fed and starving"), worin sich der krasse Gegensatz zwischen dem deutschen KZ-Überlebenden Karl Landmann und dem britischen Major ausdrückt:

> The two men belonged to different races, and not in a racial sense alone. Besides being English and German, they were military and civilian, adequately fed and starveling, occupier and occupied, splendidly housed and homeless. The one, tall, strong, fearless, ruddy-faced: the other not long for this world. The Englishman, happy, healthy in mind, taking the rough and tumble of a cheerful world in his stride: the German, a centre of the

[95] Alan Ross, "Hamburg: Day and Night", in: ders., *The Derelict Day*, 16, hier Z. 11-12. In seinem Gedicht "Hamburg by Night" heißt es über die Kinder in Hamburg: "As you watch them, children grow thinner, / Their eyes huger." Ross, "Hamburg by Night" (Z. 7-8), in: ders., *Blindfold Games*, 273.

> insane confusions of the concentration-camp and the prison. The English were a race farther apart than ever from such Germans as Karl. (199)

In Spenders Erzählung "The Fool and the Princess" vergleicht Harvey Granville die Angehörigen der britischen Besatzungsmacht mit Krankenhauswärtern, die eine andere Kost als ihre Patienten (die Deutschen) genießen und Angst davor haben, sich an der Krankheit ihrer Patienten anzustecken: "the new masters, the occupiers, were embarrassed warders in a hospital for patients afflicted with disease – warders living a different life on a different diet, yet secretly afraid of the surrounding infection" (193).

Die Diskrepanz zwischen den Mitgliedern der britischen Besatzungsmacht und den Deutschen äußere sich besonders deutlich bei den Mahlzeiten: "[W]e ate meals each of which was more than a week's ration for a university professor," vermerkt Spender in seinem Reisetagebuch (EW, 61f.). Gerry Raffles, Ehemann von Joan Maud Littlewood, schrieb seiner Frau im Januar 1947 aus Hamburg: "To be served with 4 or 5 course meals by german waiters who are given soup and beans and no meat at all or even potatoes as their share, is one of the experiences which induce a homicidal sense of frustration in me, and for you it would be even worse."[96] Über die Trinkgewohnheiten der britischen Offiziere schrieb er kurze Zeit später:

> Hamburg has swarms of British officers who soak their stupid selves in lashings of liquor of all descriptions. Every night the officers clubs are jam packed with these types who sozzle priceless liqueurs [...] and follow them with beer, whilst the german population is rationed to a very small quantity of very watery beer and no spirits under any circumstances.[97]

Im Roman *Randle in Springtime* weist eine der Angestellten der Britischen Kontrollkommission in Hamburg auf das Missverhältnis der Mahlzeiten für die Briten und die Deutschen in der britischen Zone hin: "'we have already eaten more calories at this meal than a German gets in a day,' Miss Hackster said, as she stretched for the mustard. 'Sometimes I feel ashamed of our rations, don't you, Pratt?'" (34) In Francis Kings

[96] Unveröffentlichter Brief vom 31.1.1947[?], HRC, Michael Barker Collection, Subseries C, Box 2.5. In diesem Brief äußert sich Gerry begeistert über die Hamburger Staatsoper und ihre technische Ausstattung.

[97] HRC, Michael Barker Collection, Subseries C, Box 2.5. Brief vom 1.2.1947[?]. In einem Brief vom 8.2.1947 äußert er sich über die leeren Geschäfte: "There are very few shops in Germany and, of what there are, the only ones with well stocked windows are the barter shops of which there are several in every town. The other shops either leave their windows bare or fill them with obviously anything they have in stock, which is usually little enough in any case." Auch Grigor McClelland, der von Februar 1945 bis Juni 1946 mit dem Quäkerhilfswerk in Deutschland war, macht in seinen Briefen an seine Eltern, die er 1997 veröffentlichte, auf die Diskrepanz zwischen den Rationen aufmerksam. Am 28.August 1945 schrieb er: "There is a shortage of food everywhere but it is not being shared out evenly. British troops still get over 3000 calories a day, DPs 2000, and Germans 1300." McClelland, *Embers of War*, 58. Zu den Lebensmittelrationen für Nachkriegsdeutschland siehe Donnison, *Civil Affairs and Military Government in North-West Europe 1944-1946*, 327-37.

Roman *Punishments* besucht ein Teil der englischen Austauschstudenten im Anschluss an das deutsche Mittagessen, das aus einer ungenießbaren Suppe besteht, die Naafi-Kantine und genießt dort Schokoladentörtchen, was zumindest einigen von ihnen ein schlechtes Gewissen macht:

> After a lunch of a greasy, grey soup, from which my spoon had dredged up fragments of meat, fat, gristle and occasionally even bone, eight of us members of the English party had slipped away here to swill mugs of over-sweetened tea and to eat chocolate cup-cakes. "One feels guilty," Mervyn sighed, as he stretched out his legs and rested his head on the back of his perilously tilted chair, so that his body was all but horizontal. "Does one? Why?" Harry, the undergraduate from King's, began to lick melted chocolate off his fingers. "Oh, Harry!" Jessica put out a plump hand to touch him on the knee. "Think of those poor creatures living, day after day, on the sort of food we had for lunch. *They* can't come in here, can they?" (26)

Später weist Michael den im Dienst der britischen Kontrollkommision tätigen Colonel Thwaites bissig auf die Diskrepanz zwischen dem Lebensstandard der Deutschen und dem der Angehörigen der britischen Kontrollkommission hin:

> "Food is what all these poor devils think about all the time," Thwaites explained [...] "Rationing here is far worse than in England." "But I imagine that at the Control Commission you are hardly aware of it," I said. "Well, let's say we do all right". (44)

Zudem wiesen britische Literaten auf die Wohnsituation der Deutschen und der Briten in der britischen Zone hin, darauf, dass die nicht ausgebombten Häuser von Briten beschlagnahmt wurden, während die Deutschen in Kellern oder Ruinen wohnten. In Prebbles *Edge of Darkness* werden die Deutschen durch Sirenen auf die Sperrstunde aufmerksam gemacht. Die Briten hingegen, die in dem einzig nicht ausgebombten Haus der Stadt, das von einer Militäreinheit beschlagnahmt wurde, ein Tanzfest feiern, übertönen die Sirenen mit Musik und Gelächter. Auch hier wird die Distanz zwischen Siegern und Besiegten akzentuiert: Zwar sind einige Deutsche zum Tanzfest eingeladen, doch den meisten Deutschen ist es lediglich vergönnt, kurz vor der Tür stehenzubleiben und zu lauschen, bevor sie weiterhasten:

> High over the city rose the weird note of the air-raid siren, in itself as much a horrible ghost as any of the buildings. There could be no forgetting. But it no longer brought anxious eyes to the dark bowl of the sky, it turned them instead to the pavement, to feet that moved the more quickly and urgently. Yet its curfew was a reminder that there could be no end of grief yet, no early moratorium on memories. But in this street it could not compete with the noise of the music or the laughing, as if they deliberately rose in volume to shut out the ghastly persistence of its message, and the Germans, moving furtively homeward, stopped outside the house to crane their ears and then hurry onward. (158)

II.2.3 Machtbewusstsein und Machtmissbrauch

Viele britische Literaten lassen in ihren Romanen ihre britischen Landsleute im zerstörten und besetzten Deutschland mit Machtbewusstsein und Siegerstolz agieren. Als Besitzer der Stadt fühlen sie sich, wenn sie (in Prebbles *Edge of Darkness*) in ihren Armeefahrzeugen durch das zerstörte Hamburg fahren: "Along these roads army vehicles rushed joyously with proprietorial abandon" (158), und Ted Jones überkommt als Angehörigen der siegreichen Armee auf seiner Fahrt durch das Rheinland ein erhabenes Überlegenheitsgefühl:

> It was hard to avoid the pleasant sensation of absolute power that membership of a conquering army gave him, the knowledge that nobody, whatever his previous station or importance, could now claim superiority over him. That in this ravaged country there was nothing of more importance than his stained battledress, his dusty, shaking vehicle. His whistle grew louder and as he caught the notes of it above the noise of the engine he pursed out his lips and lifted the tune into a jaunty rant of arrogance. (147)

Insbesondere im Verhalten des Protagonisten in McEwans *The Innocent* macht sich im besetzten Berlin ein ausgeprägtes Machtbewusstsein bemerkbar. Während des Krieges aus Tottenham evakuiert, verbrachte Leonard seine Jugend fernab vom blutigen Geschehen wohlbehütet in einem walisischen Dorf. Dennoch und obwohl er selbst nicht am Krieg teilgenommen hat, erfüllt ihn zehn Jahre nach Kriegsende sein erster Spaziergang durch Berlin mit dem Stolz des Siegers:

> It was impossible for a young Englishman to be in Germany for the first time and not think of it above all as a defeated nation, or feel pride in the victory. He had spent the war with his granny in a Welsh village over which no enemy aircraft had ever flown. (4-5)

Die Mentalität des Eroberers macht sich auch im Verhalten des Amerikaners Bob Glass bemerkbar, der Leonard durch Berlin fährt und im Fahren gleichsam Besitz von der Stadt ergreift: "The pace was not timid, but proprietorial; Glass clenched the top of the wheel in both hands and fiercely surveyed pedestrians and other drivers. His beard was raised up. He was an American, and this was the American sector." (10) Das Selbstverständnis des Machtausübenden wird Leonard immer mehr zu eigen:

> He had never touched a gun, or heard one go off outside a rifle range; despite this, and the fact that it had been the Russians who had liberated the city, he made his way through this pleasant residential district of Berlin that evening [...] with a certain proprietorial swagger, as though his feet beat out the rhythms of a speech by Mr Churchill. (5)

Dieses Selbstverständnis gründet augenscheinlich im kollektiven Bewusstsein, das aus der Tatsache des Sieges ebenso gespeist wird wie aus der Nachhaltigkeit nationaler Propaganda und auch als Reaktion auf das Empfinden eines zunehmenden realen Machtverlusts Großbritanniens[98] gedeutet werden kann.

Geradezu zu einem Sinnbild des Machtungleichgewichts werden in Leonards Wahrnehmung die Ruinen, mit denen die Stadt auch 1955 immer noch durchsetzt ist. Während die Ruinen für die Deutschen unliebsame Erinnerungen an Krieg und Niederlage evozieren und eine Konfrontation auch mit den Verbrechen der Vergangenheit bedeuten, was z. B. von der kanadischen Autorin Mavis Gallant in ihren Kurzgeschichten thematisiert wird,[99] erfüllt ihr Anblick den jungen Briten mit "boyish pleasure in the thousand pounders that had lifted roofs off buildings, blown their contents away to leave only facades with gaping windows" (5). Die Ruinen sind für ihn "satisfying evidence of a conquered city" (5), ein Kontrapunkt zu den vielen Straßen, deren Wiederaufbau die Auswirkungen des Krieges kaum mehr ahnen lässt, und zu der allenthalben zu beobachtenden Entfaltung des Wirtschaftswunders, das Leonard erstaunt (und nicht ganz neidlos) zur Kenntnis nimmt:

> As far as he could see, the restoration work had been intense. The pavement had been newly laid, and spindly young plane trees had been planted out. Many of the sites had been cleared. The ground had been levelled off and there were tidy stacks of old bricks chipped clear of their mortar. The new buildings, like his own, had a nineteenth-century solidity about them. (5)
>
> The shops were well-lit, almost prosperous, with as good a selection as any corner store in Tottenham. (25)

Die nicht zu übersehenden Baumaßnahmen scheinen ihn insofern zu beunruhigen, als sie immer mehr die Zeichen der deutschen Niederlage beseitigen. Inmitten dieser Aufbauarbeiten vermag ihm dann der Anblick eines in Berlin stationierten britischen Offiziers mit seiner Familie das zufrieden stellende Gefühl zurückzugeben, dass er sich in einer besetzten Stadt befindet: "At the end of the street he heard the voices of English children. An RAF officer and his family were arriving home, satisfying evidence of a conquered city." (5)

Bemerkenswert ist, dass Leonard erst durch die unmittelbare Konfrontation mit dem Ort, an dem das Machtverhältnis zwischen Siegern und Besiegten manifest wird, eine Veränderung erfährt. Erst in Berlin eignet er sich die Attitüde des Machtausübenden an. Seine Erziehung hatte ihn den Besitz und die Grenzen anderer zu respektieren gelehrt. Im besiegten Berlin überschreitet er diese Grenzen unreflektiert.[100] So öffnet er, ohne anzuklopfen, die Wohnung Marias, in die er sich verliebt hat:

[98] Dazu ausführlich Kapitel I.2.2.

[99] So etwa in ihrer Kurzgeschichte "The Latehomecomer" (1963), in der die Ruinen in Berlin überall an die Vergangenheit erinnern: Mavis Gallant, "The Laterhomecomer", in: *The Collected Stories of Mavis Gallant* (New York: Random House, 1996), 144-62, bes. 150 und 160f.

[100] Als er 1987 erneut Berlin aufsucht, betritt er dann wie selbstverständlich eine fremde Einfahrt, um über eine Mauer steigen zu können: "The gate was too high for a man of his age to climb. By trespassing along someone's drive he was able to get over a low wall." (220)

> His upbringing had instilled a simple faith in the inviolability of property. He never took a short cut if it involved trespass, he never burrowed without first asking permission, and he never stole from shops like some of his friends at school. He was an over-scrupulous observer of other people's privacy. [...] So it made no sense now that without pausing to reflect, and without even a cursory knock on the door, he took hold of the handle and turned it. (48)

In dieser Grenzüberschreitung, in Leonards Eindringen in Marias Wohnung, macht sich der sich in ihm regende Wunsch, Macht auszuüben, geltend. Auch im späteren Umgang Leonards mit Maria, die seine Geliebte und, vorübergehend, seine Verlobte wird, zeigt sich, dass er zunehmend die Rolle des Besatzers mit (imaginierten) Besitzansprüchen annimmt.

Das durch die äußeren Umstände der Besatzung übersteigerte Machtbewusstsein britischer Besatzungssoldaten drückt sich im zerstörten und besetzten Deutschland im Verhältnis zu deutschen Frauen aus: Die Eroberung Deutschlands soll ihre Entsprechung finden in der Eroberung deutscher Frauen. So ist es etwa im Roman *Randle in Springtime* sein in Deutschland gewonnenes Machtbewusstsein, das der britische Soldat Howard Randle auch in seiner Beziehung mit der Deutschen Hilde Nahler verspürt. Als Howard sie küsst, ist er von Machtgefühlen berauscht: "overcome by a sense of power" (192). Als Hilde sich, nachdem er sie einen Abend lang hat warten lassen, weinend in seine Arme wirft, genießt er das Gefühl, Macht über sie zu haben: "he had discovered something else; there had been a sharp little pleasure in causing her anxiety and then relieving it. He pulled her close again, kissing her until she gasped for breath. He was deliriously happy. He had her on toast, he chuckled to himself." (225)

In McEwans Roman *The Innocent* werden die Folgen der Übertragung des Machtanspruchs auf das Verhältnis zu Frauen besonders drastisch dargestellt. Zwar bringt Leonards enthusiastische Beziehung mit Maria ihn dazu, die Deutschen nicht mehr ausschließlich als "ex-Nazis", sondern als "Maria's compatriots" anzusehen,[101] doch sieht er Maria in seinen sexuellen Fantasien primär als 'Deutsche' und somit als die bezwungene und ihm unterworfene Frau an. Leonards Empfänglichkeit für Gewaltfantasien deutet sich bereits beim "ersten Mal" mit Maria an: "It was not movement that threatened to bring him on. It was when he looked at her face. She was lying on her back [...] and her arms were thrown up behind her head, with the palms spread, like a comic books representation of surrender." (59)

In Leonards Fantasie wird der Geschlechtsakt immer mehr zu einem Akt der Gewalt und Machtausübung. Mehr und mehr steigert er sich in die Vorstellung hinein, dass er Macht über die Deutsche habe und dass sie ihm 'gehöre', von ihm – wie der unterlegene Feind Deutschland – 'besiegt' und 'erobert':

> It began on the third or fourth time with a simple perception. He looked down at Maria, whose eyes were closed, and remembered she was a German. The word had not been entirely prised loose of its associations after all. His first day in Berlin came back to him. German. Enemy. Mortal enemy. Defeated enemy. This last brought with it a shocking

[101] Siehe dazu Kap. II.1.2.

> thrill. [...] she was the defeated, she was his by right, by conquest, by right of unimaginable violence and heroism and sacrifice. What elation! To be right, to win, to be rewarded. [...] He was powerful and magnificent. He went faster, harder, he fairly bounced on her. He was victorious and good and strong and free. (78)

Noch ist Leonard bemüht, die seinem eigentlichen Wesen fremden Gewaltfantasien zu verdrängen: “They were alien to his obliging and kindly nature, they offended his sense of what was reasonable. One only had to look at her to know there was nothing defeated about Maria. She had been liberated by the invasion of Europe, not crushed. And was she not, at least in their game, his guide?” (78) Doch schließlich werden seine Fantasien immer stärker von seinem Verlangen nach Machtausübung bestimmt. Während er mit Maria schläft, stellt Leonard sich vor, dass sie sich wehre, doch nicht entkommen könne, da sie ihm gehöre:

> This time, she was his by right of conquest and then, *there was nothing she could do about it.* She did not want to be making love to him, but she had no choice. [...] She was struggling to escape. She was thrashing beneath him, he thought he heard her call out 'No!' She was shaking her head from side to side, she had her eyes closed against the inescapable reality. He had her pinioned against the mattress, she was his, there was nothing she could do, she would never get away. (78f.)

Nach diesen Obsessionen, die sein Machtbedürfnis befriedigen und ihn zugleich nötigen, sehnt er sich nach dem Vertrauten: “His mind was cleared and he thought about food, about sausages. Not Bratwurst or Bockwurst or Knackwurst, but an English sausage, fat and mild, fried brownish-black on all sides, and mashed potatoes, and mushy peas.” (79) In der Folge werden seine Gewaltfantasien immer konkreter und brutaler. Er stellt sich vor, als kampferprobter Soldat die Frau als Kriegsbeute zu nehmen und sie zu bezwingen:

> Eventually, a more dramatic fantasy took shape. It recapitulated all the previous elements. Yes, she was defeated, conquered, his by right, could not escape, and now, *he was a soldier*, weary, battle-marked and bloody, but heroically rather than disablingly so. He had taken this woman and was forcing her. Half terrified, half in awe, she dared not disobey. It helped when he pulled his greatcoat further up the bed so that by turning his head to the left or right, he could catch sight of the dark green. That she was reluctant and he was inviolable were the premises of further elaborations. As he went about his business in a city full of soldiers, the soldier fantasy appeared ridiculous, but it was easy enough to put out of mind. (79)

Schließlich sehnt er sich danach, dass die Fantasien, die er vor Maria bislang geheim gehalten hat, Realität werden sollten. Er will das Fantasierte mit ihr durchspielen und kann sich nur vorstellen, dass auch sie von diesem Spiel erregt werde:

> [H]e found himself tempted to communicate these imaginings to her. Initially, he only squeezed her harder, bit her with considerable restraint, held her outstretched arms down

> and fantasised that he was preventing her from escaping. He slapped her buttocks once. None of this seemed to make much difference to Maria. She did not notice, or she pretended not to. Only his own pleasure was intensified. Now the idea was growing ever more urgent – he wanted her to acknowledge what was on his mind, however stupid it really was. He could not believe she would not be aroused by it. He slapped her again, bit and squeezed harder. *She had to give him what was his.* His private theatre had become insufficient. He wanted something between them. A reality, not a fantasy. [...] He wanted his power recognised and Maria to suffer from it, just a bit, in the most pleasurable way. He had no trouble keeping quiet once they had finished. Then he was ashamed. What was this power he wanted recognised? It was no more than a disgusting story in his head. Then, later, he wondered if she might not be excited by it too. There was, of course, nothing to discuss. There was nothing he was able, or dared to put into words. He could hardly be asking her permission. He had to surprise her, show her, let pleasure overcome her rational objections. He thought all this, and knew it was bound to happen. (79-80)

Bald darauf vergewaltigt er Maria beinahe. Sie ist müde und will schlafen, doch er stellt sich ihr in den Weg und befiehlt ihr, sich auszuziehen. "'Take off your clothes.'", herrscht er sie an: "'Do as you're told. In here. Now.'" (81). Maria amüsiert sich zunächst über seine Haltung und zieht den in diesem Zusammenhang nicht unpassenden Vergleich mit Tarzan: "She really was surprised, and now a little amused. 'You're drunk. You drank too much at the Resi and now you are Tarzan.'" (81) Als sie schließlich Angst bekommt, wertet er dies als ein erstes Zeichen des Erfolgs: "She pressed herself against the wall. She shook her head. Her eyes looked heavy and dark. He thought this might be the first indication of success." (81)

Leonard redet sich ein, dass auch Maria am Ausleben seiner Gewaltfantasien Gefallen finden werde: "When she began to obey she would understand that this pantomime was all for pleasure, hers as well as his [...] At any moment, it would all be different, there would be joyous compliance, and transformation." (81-82) Für ihn selbst ist es ein 'berauschendes Spiel' ("exhilarating game", 82), dessen Illusion er auch, nachdem er sie schließlich wieder freigibt, nicht zu zerstören wagt, um das Bewusstsein der Macht nicht einbüßen zu müssen; zu diesem Zeitpunkt bildet er sich noch ein, dass auch Maria an seinem Spiel Gefallen findet: "[h]e wanted to smile at her, but he thought he might destroy for her the impression of his mastery." (82) Doch in Maria löst sein Verhalten nur Abscheu aus, der noch gesteigert wird durch die Erinnerung an die Vergewaltigung einer deutschen Frau durch einen Russen in einem Berliner Bunker, die sie hatte mit ansehen müssen:

> It was late April, the week before the city fell. She was almost twenty. An advancing Red Army unit had installed heavy guns nearby and was shelling the city centre [...] There was a lull in the firing and five soldiers sauntered into the bunker, the first Russians they had ever seen. [...] On a mattress on the floor was a woman of about fifty who had been shot in both legs. Her eyes were closed and she was moaning. [...] It attracted the attention of one of the soldiers. [...] The soldier lifted her skirt and cut away her underclothes. Watching over her uncle's shoulder, Maria thought the Russian was about to perform some crude battlefield surgery, removing a bullet with an unsterilised knife. Then he was

> lying on top of the wounded woman, pushing into her with jerking, trembling movements. (83f.)[102]

Durch sein Verhalten hat Leonard seine Beziehung zu Maria empfindlich und nachhaltig gestört. Wortlos gibt Maria ihm zu verstehen, dass er ihre Wohnung verlassen soll: "Maria stood. She supported her skirt with one hand. She pulled Leonard's greatcoat off the table and let it fall at this feet." (83f.)

Das Thema der Vergewaltigung durchzieht den Roman McEwans. Die Gewalt, die Leonard Maria antut – in Gedanken ebenso wie ganz handgreiflich –, wird von Anfang an in Beziehung gesetzt zu den Vergewaltigungen zahlreicher deutscher Frauen durch russische Soldaten, bereits dadurch, dass sein unangekündigtes Eindringen in Marias Wohnung in ihr Erinnerungen an die marodierenden Russen wachruft:

> For her part, during the seconds before she recognised him, Maria had been immobilised by fear. This sudden apparition stirred ten-year-old memories of soldiers, usually in pairs, pushing open doors unannounced. Leonard misjudged her expression as the understandable hostility of a householder for an intruder. And he misread the quick faint smile of recognition and relief as forgiveness. (49f.)

In seiner Studie über *Empire and Sexuality* schreibt Ronald Hyam: "an act is perverted if its primary aim is domination rather than mutual enjoyment: if it becomes an expression of power rather than sensuality, and is thus so to speak plundering rather than worshipping. Rape is the commonest form."[103] Diesem Akt der Perversion erliegt Leonard, und darin ist er nicht allein, wie im Roman immer wieder deutlich gemacht wird. Sexualität, so Margaret Jackson, "is fundamental to the construction and maintenance of power relations between women and men."[104] Sie fährt fort:

> Women constitute the only oppressed class which is dominated and controlled through sexuality, both directly, by means of rape and other forms of sexual coercion, and indirectly, by being taught to experience the sexual colonisation of our bodies as sexual pleasure.[105]

[102] Zu McEwans Frauendarstellungen allgemein siehe Angela Roger, "Ian McEwan's Portrayal of Women", *Forum for Modern Language Studies* 32 (1996), 11-25.

[103] Ronald Hyam, *Empire and sexuality. The British experience*, Nachdruck (Manchester/New York: Manchester UP, 1992) [1990], 9. Siehe dazu Mark T. Berger, "Imperialism and Sexual Exploitation: A Response to Ronald Hyam's 'Empire and Sexual Opportunity', *Journal of Imperial and Commonwealth History* 17.1 (1988), 83-89; Ronald Hyam, "'Imperialism and Sexual Exploitation': A Reply", *Journal of Imperial and Commonwealth History* 17.1 (1988), 90-98.

[104] Margaret Jackson, "Sexology and the social construction of male sexuality (Havelock Ellis)", in: Lal Coveney et al., *The Sexuality Papers: Male Sexuality and the Social Control of Women* (London: Hutchinson, 1984), 45-68, 45.

[105] Jackson, "Sexology and the social construction of male sexuality", 46.

Die hier festgestellte Analogie des Geschlechterverhältnisses mit Kolonialisierung und Kolonialität ist sowohl für ein Verständnis Leonards als auch für eine umfassendere Interpretation des Romans bedeutsam. Denn McEwan setzt dort die Trope "colonialism-as-rape"[106] ganz gezielt, immer wieder und in verschiedenen Kontexten, ein. Er folgt dabei teilweise einem etablierten Muster, das Jeanne Shami bereits bei John Donne beobachtet hat: "he describes a potential love-conquest in the language of geographical exploration".[107]

[106] Loomba, *Postcolonialism,* 79.

[107] Jeanne Shami, "John Donne: Geography as Metaphor", in: William E. Mallory, Paul Simpson-Housley (Hgg.), *Geography and Literature. A Meeting of the Disciplines* (Syracuse, NY: Syracuse UP, 1987), 161-67. So etwa in John Donnes Elegie XIX "To His Mistress Going to Bed" (1669): "Licence my roaving hands, and let them go / Before, behind, between, above, below. / O, my America! my new-found-land, / My kingdome, safeliest when with one man man'd, / My Myne of precious stones: My Emperie, / How blest am I in thus discovering thee!" (Z. 25-30) *The Complete English Poems of John Donne*, hg. von C. A Patrides, Nachdr. (London: Everyman, 1990) [1985], 183-85.

III Artikulation und Konstituierung von Geschichtsbewusstsein: Sinnstiftung durch historisches Erzählen

Nachdem in Kapitel II ventiliert worden ist, welche Themen bei der literarischen Beschäftigung mit Besatzung, Entnazifizierung und Umerziehung wichtig waren, soll im Folgenden untersucht werden, unter welchen Gesichtspunkten und mit welchen Gestaltungsmitteln diese Prozesse im sinnstiftenden historischen Erzählen erinnert und mit neuen Erfahrungen verbunden werden und so Eingang in das sich stets wandelnde Geschichtsbewusstsein nehmen.

III.1 Die Verschränkung von Zeitebenen im historischen Erzählen Stephen Spenders

Der englische Dichter und Literaturkritiker Stephen Spender verarbeitete seine aus der praktischen Mitarbeit an Entnazifizierung und Umerziehung erwachsenen Erfahrungen und Überlegungen in einer Autobiographie, in Tagebuchaufzeichnungen und in (mehrfach umgearbeiteten) Reiseberichten sowie in seiner in den Jahren 1946 und 1957 verfassten Erzählung "The Fool and the Princess". Spenders Wahrnehmung und Interpretation des zerbombten Deutschland ist stark von seinen Erfahrungen während seiner früheren Deutschlandaufenthalte (1929-1932) mitbestimmt, seine Erinnerungen an diese Erfahrungen werden wiederum von den Eindrücken im zerbombten Deutschland überlagert, und das so in doppelter Brechung Erinnerte wird später aus zeitlicher Distanz erneut reflektiert und überformt. Dieser Prozess der gegenseitigen Beeinflussung bzw. Durchdringung der Erfahrungen aus verschiedenen Zeitebenen lässt sich an Spenders Texten über Deutschland, die zwischen 1929 und 1994 entstanden sind, zeigen, von denen hier die wichtigsten genannt seien: 1929 und 1930 verfasste Spender das Manuskript seines Romans *The Temple* über seine Erfahrungen während längerer Aufenthalte in Deutschland in den Monaten Juli bis September und November 1929 sowie das Gedicht "In 1929", das auch den Epilog des Romans bildet. Während des Krieges stellte er in einem grundlegenden Essay in der Zeitschrift *Horizon* schon 1943 Überlegungen zur Entnazifizierung und Umerziehung der Deutschen an.[1] Wie aus einem im Harry Ransom Center der University of Texas at Austin vorhandenen Briefwechsel zwischen A. D. Peters (dem Agenten Spenders) und dem Verlag 'Contact Publications' hervorgeht, waren Spenders Reiseaufzeichnungen über seine beiden Deutschlandaufenthalte im Dienst der Alliierten Kontrollkommission (Juli-Oktober 1945) von vornherein zur Pu-

[1] Spender, "Hoelderlin, Goethe and Germany", *Horizon* 8 (1943), 273-280.

blikation bestimmt.[2] Der Artikel "Rhineland Journal" (im Folgenden RJ) wurde im Dezember 1945 im *Horizon* veröffentlicht;[3] der zweite Auftrag kam vom Verleger Hamish Hamilton für ein Buch, das 1946 unter dem Titel *European Witness* erschien.[4] 1946 erschien auch die deutsche Übersetzung des "Rhineland Journal" in der *Neuen Schweizer Rundschau*, wo es zusammen mit Spenders Gedichtzyklus "Spiritual Exercises" und dessen deutscher Übersetzung durch Ernst Robert Curtius von 1945 abgedruckt wurde.[5] Ausschnitte des "Rhineland Journal" erschienen 1953 in einer von Cyril Connolly herausgegebenen Anthologie von *Horizon*-Artikeln, *The Golden Horizon* (1953),[6] und in Spenders Sammlung *The Thirties and After* (1978).[7] In den im Jahr 1985 veröffentlichten *Journals* sind Spenders Tagebuchaufzeichnungen von Juli und September/Oktober 1945 über seine Aufenthalte in Deutschland enthalten.[8]

Aus zunehmend zeitlichem Abstand deutete Spender seine Erfahrungen während seiner Deutschlandaufenthalte in den Jahren 1929-32 in seinem "September Journal" von 1939[9] und in seiner Autobiographie *World Within World* von 1951 (verfasst in den Jahren 1947-50), die 1994 in zweiter Auflage erschien – mit einer neuen Einleitung, die das damalige Geschehen im Rückblick aus der noch größeren zeitlichen Distanz be-

[2] Aus diesem Briefwechsel geht hervor, dass Spender spätestens im Mai 1945 die Publikation seiner Erfahrungen während seines anvisierten Deutschlandaufenthaltes beabsichtigte. Am 22. Mai 1945 schrieb Nora Lloyd (Contact Publications) an Spenders Agenten A. D. Peters: "Mr. Spender has asked me to get in touch with you over the matter of a possible book on Germany which he has in mind. Mr. Spender is hoping, as you doubtless know, to assemble material for such a book during his projected stay in Germany. He is willing, if his present commitments allow it, to give us the option of publishing his work when it should be ready. [...]": HRC, Spender, S., Misc., Corresponding files relating to Stephen Spender, B.51. A. D. Peters schrieb am 24. Mai zurück: "Thank you for your letter about Stephen Spender. Spender mentioned to me that your firm was interested in anything that he might write on Germany. But I reminded him that he already had commitments to other publishers which must be fulfilled. [...] It is therefore unlikely that the book in question, if he writes it, could be published by you. But I will, of course, bear in mind that you are interested." HRC, ebd.

[3] Stephen Spender, "Rhineland Journal", *Horizon* 12 (1945), 394-413.

[4] Stephen Spender, *European Witness* (London: Hamish Hamilton, 1946, 2. Aufl. 1947).

[5] Stephen Spender, "Rheinland Tagebuch", übers. von N. O. Scarpi, *Neue Schweizer Rundschau* N. F. 13 (1945-1946), 563-581. Siehe dazu Schmitz, "'Deepest Friendship' – Ernst Robert Curtius und Stephen Spender", 270.

[6] Stephen Spender, "From 'Rhineland Journal'", in: Cyril Connolly (Hg.), *The Golden Horizon* (London: Weidenfels & Nicolson, 1953), 120-130. Die Ausschnitte enthalten die Passagen über Köln und über Spenders Besuche bei Ernst Robert Curtius.

[7] Stephen Spender, "Rhineland Journey", in: ders., *The Thirties and After. Poetry, Politics, People (1933-75)* (London: Macmillan, 1978), 133-151. Abgedruckt sind hier die Passagen 'Cologne', 'Polish Displaced Persons', 'Concentration Camp Inmate' und 'The Student Aulach'.

[8] Stephen Spender, "German Diary", in: John Goldsmith (Hg.), *Stephen Spender, Journals 1939-1983* (London/Boston: Faber and Faber, 1985), 61-91.

[9] Zuerst erschienen in *Horizon* 1.2 (Februar 1940) & 1.3 (March 1940), 101-32; erneut abgedruckt in: Spender, *The Thirties and After*, 101-132.

leuchtet (im Folgenden WW).[10] Erst 1988 erschien sein autobiographischer Roman *The Temple*,[11] dessen Manuskript von 1929 er im Jahr 1962 verkauft und dann vergessen hatte, bis ihn 1985 John Fuller, der in der Rare Books Section des Harry Ransom Center der University of Texas at Austin darauf gestoßen war, daran wieder erinnerte.[12]

In den darauf folgenden zwei Jahren schrieb er die in diesem Manuskript notierten Erfahrungen erneut nieder, wobei er teilweise auf das Manuskript, doch in großen Teilen auf seine Erinnerung zurückgriff. Spender beschreibt diesen Schreibprozess wie folgt:

> I have drawn extensively on the manuscript in rewriting the opening section and also that about the journey along the Rhine. But I scarcely glanced at the rest because my own memory, combined with the exigencies of narrative and *the perspectives of hindsight*, wrote or rewrote most of the book for me.[13]

Ein Vergleich zwischen dem Manuskript von 1929 und dem publizierten Roman von 1988 ist für die Untersuchung des Geschichtsbewusstseins von großem Interesse: Spenders Erfahrungen nach 1929 prägen entscheidend seine Wahrnehmung und Darstellung Deutschlands des Jahres 1929. Der durch spätere Eindrücke gefärbte ‘Rück-Blick’ auf Deutschland aus zeitlich unterschiedlichen Perspektiven zeigt sich besonders auch in den Texten “September Journal” (im Folgenden SJ), *European Witness* und *World Within World*, in denen Spender außerdem ausführlich über die Überlagerung vergangener Wahrnehmungen durch spätere Erfahrungen reflektiert. Umgekehrt wird in diesen Texten deutlich, dass Spenders Erinnerung an seine Erfahrungen im Deutschland des Jahres 1929 seine Wahrnehmung und Deutung des Landes während des Krieges und nach dem Krieg beeinflussten.

[10] Stephen Spender, *World Within World. The Autobiography of Stephen Spender. With a new introduction by the author* (New York: St. Martin’s Press, 1994) [1951]. Zur Entstehungszeit der Autobiographie: “Looking back in 1994. A New Introduction to *World Within World*”, in: ebd., vii-xx, vii.

[11] Stephen Spender, *The Temple* (London: Faber and Faber, 1988, 2. Aufl. 1989).

[12] Siehe Spenders Einleitung zu *The Temple*, ix-xiii, ix. John Lehmann hatte Spenders *Temple* 1931 in einem *reader’s report* zur Publikation empfohlen. Er schreibt: “I think this is a good book, and shows Stephen Spender as full of promise as a writer. He is only 22. […] I think, at times, there are awkwardnesses of expression (he is seriously considering rewriting a good deal of it, and would, I think, remove these.) […]”: John Lehmann Collection, Misc.: Reader’s report on *The Temple* by Stephen Spender. Zur Textgenese von *The Temple* siehe ausführlich Sutherland, *Stephen Spender*, 91-94.

[13] Spender, *Temple*, ix-x (meine Hervorhebung). Unterstützend zog Spender seine Autobiographie *World Within World* heran: “in reworking *The Temple* I have drawn occasionally on *World Within World*”: Spender, *Temple*, xii.

III.1.1 Die Überlagerung der Erinnerung: "September Journal" (1939), *European Witness* (1946), *World Within World* (1951)

"September Journal" (1939)

> I shall try to make this journal into a book with several layers of time, present and past, which I am able to move in as I choose. During these first days of the war I have tended to live in the past, partly because the present is so painful, partly because it is so fragmentary and undecided. (Spender, "September Journal", 122)[14]

Spenders Versuch, den Wirren des Krieges durch eine Flucht in die Vergangenheit zu entkommen und sich zwischen Vergangenheit und Gegenwart hin- und herzubewegen, war nur teilweise erfolgreich. Sein Vorhaben, sich aus zeitlicher und räumlicher Distanz an das Deutschland der Jahre 1929-32 zu erinnern ("I shall try to recollect Germany as it was 1929-32 when I lived there for several months of each year", SJ, 104), scheitert an der Unmöglichkeit, Vergangenes losgelöst von späteren Erfahrungen zu betrachten. Denn Spenders Erinnerungen werden von den gegenwärtigen Erfahrungen (von Hitlers Machtergreifung, vom Kriegsbeginn) und von Zukunftsängsten (etwa Schreckensvisionen einer Allianz zwischen Deutschland und Russland, SJ, 122) überlagert. Während seines Erinnerungsprozesses hört Spender im Radio eine Hitlerrede, und so dringt die Gegenwart in seine Reflexionen über die Vergangenheit ein. Diese Rede 'zerstört' die deutschen Städte seiner Erinnerung: "I have had the wireless on, broadcasting Hitler's last speech. [...] The cities of one's mind seem to be bombarded, as though a threat could make them fall to pieces." (SJ, 127) Zwar setzt Spender die Deutschen, die er damals kennengelernt hatte, deutlich von Hitlers Schergen ab,[15] doch meint er rückblickend, in dem Körperkult seiner Hamburger Freunde, der ihn damals so fasziniert hatte, schon den Hang zur Uniformität und im Jahr 1929 den Beginn des Übels zu erkennen:

> How can one understand the tremendous interest in appearance of a military race? A uniform face, a uniform physique, dressed in uniform, and marching. In a way my Hamburg friends who wanted girls to be like boys and everyone to have a lovely face on a perfect body, had their craving for uniformity too. Certainly, 1929 was the beginning of the slump and the end of the efflorescence of the Weimar Republic. (SJ, 108)

Der Frieden, den er 1929 in Deutschland wahrgenommen hatte, erscheint ihm im Nachhinein, mit dem Wissen späterer Erfahrungen, trügerisch:

[14] Die Seitenzählung bezieht sich hier und im Folgenden auf den Abdruck des "September Journal" in: Spender, *The Thirties and After* (abgekürzt als SJ).

[15] "The people I knew were not like the present rulers of Germany, not like the SS men, not like the army" (SJ, 104).

> Ten years after the [first world] war, Germany was full of peace, it dripped with peace, we swam in peace, no one knew what to do with all the German peace. They built houses with flat roofs, they sunbathed, they walked with linked hands under the lime trees, they lay together in the pine forest, they talked about French art. Above all, everything was new, and everyone was young. They liked the English very much and they were sorry about the war. [...] This was in Hamburg. I used to bathe, and I went to parties of young people. I had never enjoyed parties before and I never have since, but these were like living in the atmosphere of a Blue Period Picasso. Everyone was beautiful, and gentle, everyone was poor, no one was smart. [...] They laughed a great deal, smiling with their innocent eyes and showing well-shaped, but not very strong, teeth. Sometimes they let one down, sometimes the poorer ones stole, for example, but there was no Sin. I am not being ironic. There really was no sin, as there is in this kind of life in Paris or London. Of course, it was all very superficial, it has been blown away now. (SJ, 105)

European Witness (1946)

> [I]t was in Cologne that I realized what total destruction meant. [...] Now it requires a real effort of the imagination to think back on that Cologne which I knew well ten years ago. Everything is gone. (Spender, *European Witness*, 21-22)

In seinen während seines Dienstes in der britischen Besatzungszone verfassten Reiseaufzeichnungen versucht Spender, sich inmitten der Ruinen an das Deutschland von 1929 und 1930 zu erinnern. Im zerstörten Berlin besucht er zu diesem Zweck erneut die Orte, die er bei seinem Aufenthalt im Jahr 1930 kennen gelernt hatte: das Café am Zoo, das Romanische Café, die Gedächtniskirche, den Wittenbergplatz. Doch keiner dieser Orte bewahrt für Spender materiell die Erinnerung an das Vorkriegsdeutschland, die er hier sucht – alle sind zerstört:

> The contours which I saw through the darkness were torn, ragged edges […]. By the time I reached the Wittenbergplatz, with the vast skeleton of Kadewe – the Berlin Selfridges – on my right, I realized that everything was like this, that an enormous shroud of sameness had blurred and covered the whole face of Berlin and that nothing which I knew existed any longer. (EW, 234)

Als Ruinen sind viele Gebäude und Lokalitäten, die Spender 1945 aufsucht, Gedächtnisorte des Bombenhagels, so seine Reflexionen über das zerstörte Köln in seinem "Rhineland Journal" (1945): "It is impossible not to imagine the rocking explosions, the hammering of the sky upon the earth, which must have caused all this."[16]

Hingegen vermag der vom Krieg relativ unzerstörte Kölner Stadtteil Marienburg, wo Spender einen Professor besucht, in ihm die Erinnerung an das Deutschland der Weimarer Republik auszulösen, das sich durch Zukunftsglauben und Hoffnung auszeichnete:

[16] Spender, "Rhineland Journal", *Horizon*, 396.

> This house, and glimpses of the houses in the same street, made me remember that other "New Germany" of advanced architecture and a self-consciously free and self-expressive way of life which seemed to promise so much in the nineteen-twenties. Nothing is stranger to see in the suburbs of Cologne and on the eastern bank of the river evidences of this purposeful, novel, well-planned democratic Germany now sharing the fate of the rest of the country. (EW, 57)

Auch die Person des Professors löst in Spender die Erinnerung an das Deutschland der Weimarer Republik aus:

> Kroll, like Adenauer, belonged to an older type of pre-Nazi New German, in the days when the new Germany meant town-planning, sun-bathing, promising but rather amateurish developments in painting and literature, Social Democracy, the Centre Party, Psychoanalysis and all the complexes of the Weimar Republic. (EW, 57)

Er räumt allerdings ein, dass positive Erinnerungen wie diese von den in der jüngeren Vergangenheit von den Nazis verübten Gräueltaten überschattet werden:

> The vastness of evil so overwhelms us to-day that it is difficult to maintain that there was also in Germany after the last war a great potentiality for good. Yet I believe that this is so: that thousands of people who supported what they called a "New Germany" of the Weimar Republic and of Social Democracy, were inspired by a great hope and a happy readiness to sacrifice their own interests for a good cause as much as they did later for a bad one. (EW, 232)

World Within World (1951)

> I have read that it is impossible to remember things which have happened to one, as they really were. [...] We colour our past experiences with those present ones which give them significance, illustrating what we are and not what they were. (Spender, *World Within World*, 322)

Diese Beobachtung Spenders aus seiner zwischen 1947 und 1950 verfassten und 1951 erstmals veröffentlichten Autobiographie *World Within World* (WW) zeigt sich auch ganz deutlich in eben diesem Werk.[17] Denn es gelingt Spender auch hier nicht, das

[17] Richard Freadman vermutet, dass der Titel der Autobiographie (*World Within World*) dem Gedichttext "Red Moon-Rise" von D. H. Lawrence entnommen sein könnte: "for now I know / The world within worlds is a womb, whence issues all / The shapeliness that decks us herebelow": *The Complete Poems of D. H. Lawrence*, hg. von Vivian de Sola Pinto und Warren Roberts, 2 Bde., Nachdr. (London: Heinemann, 1972) [1964], 88f., 88. Freadman verweist auf einen Kommentar Spenders über Lawrence in *World Within World*: "He [Lawrence] had the sense that distinctions between outer and inner are sacred: that whilst the inner world should meet the outer, the outer should not become the inner world of the writer" (Spender, *World Within World*,

Deutschland der ausgehenden Weimarer Republik unabhängig von den Erfahrungen des 2. Weltkrieges zu betrachten. Er blickt aus zeitlicher und räumlicher Distanz – er verfasste einen großen Teil seiner Autobiographie auf der Ranch von Frieda Lawrence in New Mexico[18] – auf seine erste Lebenshälfte, auf die Zeit vor dem 2. Weltkrieg, zurück und damit auf seine Aufenthalte in Hamburg und Berlin. In alle Erinnerungen an Deutschland drängen sich die Bilder der Ruinen des 2. Weltkrieges. Die Vorstellung von der lebendigen wird von Bildern der toten, der ausgebombten Stadt überlagert: "All legends of the living city have been superseded by the legend of the dead one [...] In all my memories of Germany, these great wrecks rise up between me and my past." (WW, 106)

Diese Durchdringung der verschiedenen Zeitebenen zeigt sich auch in der Struktur seiner Autobiographie. So folgt im Anschluss an den mit den Worten "Now I shall begin to live" eingeleiteten Tagebucheintrag Spenders vom 22. Juli 1929 in Hamburg (WW, 104) die Beschreibung der ausgebombten Stadt: "At the side of a lake there is a city which in the gloom suggests a vast construction of many forms, all shaped like gallows. Buildings, some of which are only blackened façades with broken windows, rise from its shores." (WW, 106) Seiner Schilderung der Ansicht Kölns, der letzten Station seiner Rheinwanderung mit Joachim und Heinrich im September 1929,[19] und der Brücken der Stadt, die er mit "folded wings" vergleicht, stellt er seine Rheinüberquerung im Jahr 1945, als alle Brücken in Köln zerstört waren, entgegen: "When I crossed the river at Cologne sixteen years later, in 1945, it was on a pontoon because the bridges had fallen into the river. [...] and the city, where it had not been completely broken, was torn and scratched over as if by claws." (WW, 116) In die Beschreibung der Fotographien, die Herbert List Spender im September 1929 während einer Party zeigt, schiebt er eine Überlegung aus späterer Perspektive ein: "I imagine all these photographs now, sodden under sweet-smelling rubbish from which weeds grow behind broken window frames: and where is the army of the young?" (WW, 110)

III.1.2 Im Rückblick ein Prophet: Retrospektive Antizipation in *World Within World*

> "I was conscious of a wrecked city in the future" (Spender, *World Within World*, 106)

Spenders Erfahrungen der Kriegs- und Nachkriegszeit färben auch die Erinnerung an seine Wahrnehmung der Stadt vor dem Krieg. Rückblickend erscheint sein Blick auf Deutschland als ein prophetischer. So meint er im Nachhinein, die Ruinen der Stadt Hamburg bereits 1929 vorhergesehen zu haben:

97): Richard Freadman, "Ethics, Autobiography and the Will", in: Andrew Hadfield, Dominic Rainsford und Tim Woods, *The Ethics in Literature* (Basingstoke: Macmillan, 1999), 17-37, 24f. Das zentrale Thema in Spenders Werk, so schreibt Freadman an anderer Stelle, "is the relationship between the 'inner' world of the self – be it artist or citizen – and the 'outer' world of history, society, brute facticity." Freadman, *Threads of Life*, 219.

[18] Nach seiner einjährigen Lehrtätigkeit am Sarah Lawrence College in Bronxville, New York, hatte Frieda Lawrence ihm ihre Ranch zur Verfügung gestellt: "Looking back in 1994", vii.

[19] In Spenders erster Fassung seines Romans *The Temple* verlässt Paul (gemeint ist Spender) Joachim (gemeint ist der Fotograf Herbert List) und Heinrich früher.

> They [these great wrecks] are the more insistent because they were implicit in their own past: and now it is difficult for me to think of my first evening in Hamburg [...] without remembering that then I was conscious of a wrecked city in the future, as now I am conscious of an undamaged one behind today's ruins. (WW, 106)

Einige seiner Beobachtungen von 1929 gewinnen in der Nachkriegsperspektive eine neue Bedeutung. Die Neuheit der Architektur, der Literatur und Malerei, die ihn damals restlos begeistert hatte, erscheint ihm nun, aus der Retrospektive, trügerisch: "Everything was 'new', deceptively so", die Vitalität in der Weimarer Republik dünkt ihn jetzt auf gefährliche Weise attraktiv ("dangerously attractive"), und die Farben, in die der Modernismus das Land getaucht hatte, beurteilt er jetzt als bloß oberflächliche Tünche: "Roofless houses, expressionist painting, atonal music, bars for homosexuals, nudism, sun-bathing, camping, all were accepted, and became like bright, superficial colours in which the whole country was painted." (WW, 108) Unter der Oberfläche des bunten Bildes geistiger Erneuerung war bereits die gesellschaftliche und politische Bedrohung vorhanden: "Surrounded by this superficiality there were also serious artists, indignant Protestants, vengeful nationalists, Communists, many private tragedies, and much suffering." (WW, 108f.) Im Nachhinein meint er, dass sich ihm selbst in den schönsten Augenblicken seines ersten Besuches in Deutschland Skepsis aufgedrängt habe:

> But even here, in one of the most beautiful moments of my first visit to Germany, a certain heartlessness at the centre of it all raised questions in my mind. Our host, a very Nordic-looking blond young man with self-consciously liberated and advanced views which were almost an orthodoxy here, explained that he had determined to go for a long bicycle tour by himself in Holland during the last days of his wife's pregnancy, as it was quite unnecessary for a modern husband to be near his wife at the time of childbirth. What happened in the hearts of these people who gave themselves so easily to so many things? If any of them had deep feelings, were these not bound to be hurt and disappointed? (WW, 114)

Heinrich erscheint ihm nun als einer von zahlreichen deutschen Jugendlichen seiner Generation, die nur auf ihren Führer warteten:

> It [Heinrich's story] was nothing more than a story of wanderings, misfortunes, bad beginnings, in which his own disasters were inseperably confused with those of all the other boys who were his comrades. It was a fragment of the saga of all this German youth which had been born into war, starved in the blockade, stripped in the inflation – and which now, with no money and no beliefs and an extraordinary anonymous beauty, sprang like a breed of dragon's teeth waiting for its leader, into the centre of Europe. (WW, 116)

In seiner 1994 verfassten Einleitung zu *World Within World* stellt Spender den zweiten Weltkrieg als Zäsur im Leben dar, die in seiner Generation den Bruch mit der eigenen Vergangenheit zur Folge hatte: "The war itself formed a barrier of violence and devastation, cutting off members of my generation from their pre-war selves."[20] Der Krieg ist für Spender auch die zeitliche Begrenzung seiner Autobiographie; Spender verarbeitet in seiner Autobiographie nur sein "pre-war life"[21] aus dem Rückblick von 1947-1950. Doch dass es sich bei dieser Trennung zwischen einer Vor- und einer Nachkriegsidentität um eine Illusion handelt, zeigt sich in Spenders Texten. Denn ebenso wenig wie sich Spenders Erinnerungen an seine Erfahrungen in Deutschland 1929-32 von den Erfahrungen des 2. Weltkrieges und den Folgen isolieren lassen, betrachtet Spender die Ruinen, ohne dabei Bilder des Deutschlands der Zwischenkriegszeit wachzurufen.

III.1.3 "A complex of memory, fiction and hindsight": *The Temple* in den Fassungen von 1929 und 1986-87

> *The Temple* is then a complex of memory, fiction and hindsight. Hindsight is certainly the most decisive of these, for it made me realize while I was reading the manuscript how it referred back to 1918 and the First World War, and was in turn looked back on from the standpoints of 1933 and 1939. (Spender, "Introduction", *The Temple*, xii)

Als Spender 1986-1987 die von ihm bereits 1929 niedergeschriebenen Erfahrungen seiner ersten Deutschlandaufenthalte aus der Retrospektive erneut formuliert, sind diese von einer Vielzahl späterer Erfahrungen und Erwartungen überlagert. Wie ein Vergleich zwischen Spenders Manuskript von 1929 im Harry Ransom Center der University of Texas at Austin (im folgenden T1) und dem 1986-1987 verfassten und ein Jahr später publizierten Roman *The Temple* (im folgenden T2) zeigt, liegen mit diesen beiden Textvarianten Zeugnisse eines sich wandelnden Geschichtsbewusstseins vor.[22] T1 besteht größtenteils aus Tagebuchaufzeichnungen, die Spender nur mit kurzer zeitlicher Verzögerung zu seinen Deutschlanderfahrungen niederschrieb.[23] In T2 hingegen deutet er 1986-1987 seine Erfahrungen in Deutschland mit dem Wissen über die Nazi-Gewaltherrschaft und den Zweiten Weltkrieg. Nur in dieser Version wirft die Bedrohung durch die Nazis ihre Schatten voraus. Bewusst verlegt Spender den zweiten Aufenthalt seines *alter ego* Paul Schoner hier auf 1932:

> Re-writing, I have heightened the contrast between summer sunlight and winter darkness by advancing the date of Part Two of the novel to 1932 (originally both parts took place in

[20] "Looking back", vii. Bereits in einem Essay aus dem Jahr 1960 war Spender auf diesen durch den Krieg verursachten 'Bruch' eingegangen: "When I think of my own life and work, I realize that the war was simply a gap of more than ten years – from 1938 until 1950 – in my development." Spender, "The English Intellectuals", 475.
[21] Ebd., vii.
[22] Das Harry Ransom Center der University of Texas at Austin besitzt auch die Druckfahnen für T2.
[23] Die Seiten 6-10, 68, 170-186 sowie die letzten Seiten des Manuskripts fehlen.

> 1929). The encroaching atmosphere of dark politics covering the whole landscape is the night into which my German characters are seen moving. (T2, xii)[24]

So ist Willi in T2 im zweiten Romanteil ("Towards the Dark") mit einer jungen Nationalsozialistin verlobt, und Heinrich schließt sich unter dem Einfluss Erich Hanussens den Nazis an. In der Darstellung seines Gesprächs mit Hanussen zeigt sich besonders deutlich die im Rückblick 'prophetische' Sicht Spenders:

> Beyond the grotesque phraseology there blazed the searing apocalyptic vision like a furnace that shrivelled up Hanussen's words. This prophesied final war between forces of darkness and light – the golden-haired and the olive-skinned: those whose veins flowed with Aryan blood and the Jews. Hanussen showed with prophetic eyes the gathering together of the armies of the blond warriors speeding across the Eastern plains in their chariots of fire and with, in the heavens above, their winged machines letting fall metal and fire to destroy cities and populations that obstructed their advance. He saw the conquest of vast Eastern territories where such survivors as there were in the conquered lands would be slaves of the pure-blooded victors. These would build cities which were vast concrete fortresses made to resist any invader for the next thousand years. By one merciless act of purification the Aryans would cast in dark valleys and tunnels beneath the earth all the impure lives that had fouled German blood since the stabbing in the back of the nation by aliens and traitors in 1918: Jews and Bolsheviks, decadents, expressionists, homosexuals – all that was not Nordic would be destroyed. (T2, 162)

Eine prophetische Vorahnung des herannahenden Übels, von dem in T1 nichts zu spüren ist, projiziert Spender im Rückblick auch auf das Jahr 1929: "There is, however, in the first half of the novel some sense of terrible events to come which cast their shadows over my young German characters." (T2, xi) So drückt Joachim in T2 eine düstere Vorahnung aus, was die Zukunft Deutschlands betrifft:

> "I don't know, perhaps something marvellous – an understanding of the values of living, nothing but living, life for its own sake, life, a new world, like the new architecture, not materialistic." He laughed. "Or perhaps not that at all, perhaps something terrible, monstrous, the end!" He held up his hand and his eyes shone, as though he were looking at an immense screen on which he saw moving pictures of final war – the end of everything." (T2, 65)

Der Nationalsozialismus wirft in T2 besonders durch eine in T1 nicht enthaltene Episode seinen Schatten voraus. Als Paul (gemeint ist Spender selbst) mit seinem deutschen Gastgeber Ernst am Strand von Altamünde spazieren geht, hören sie aus einem

[24] In *The Thirties and After* stellt Spender das apollinische Deutschland dem dionysischen Deutschland gegenüber: "With Curtius I was in contact with the Germany of Goethe, Hoelderlin and Schiller. This is an Apollonian Germany, a Germany of the sun, not the Dionysian Germany of Hitler who rouses himself from a torpid dullness into a frenzy of words and actions." (124).

nahe gelegenen Wald die Schüsse von Scharfschützen (T2, 97f.). Auf dem entsprechenden Spaziergang in T1 hingegen beobachtet Paul einige friedlich spielende Jungen: "Some boys playing a game stood at a distance from the tents, by the trees. How beautiful and solemn their gestures were!" (T1, 79) Darüber hinaus formulieren in T2 Janos und Joachim ihre Vorahnungen. Aus Furcht vor Verfolgung durch die Nazis beabsichtigt Janos, nach Palästina auswandern. Auf Pauls Frage: "Do you think it will really come to that – that the Nazis will persecute the Jews. Is that serious?" antwortet Janos: "Of course it's serious, my dear fellow, that's why it will be such a farce. The rich Jews will all have to go on ocean cruises and the poor Jews will go up in smoke, if they can't get away, as I intend doing." (T2, 171)

Eine blutige Schlägerei zwischen Nazis und Kommunisten, deren Zeuge Paul vor seiner Hamburger Pension wird (T2, 179), bestätigt Joachim in seiner Zukunftsvision einer herannahenden Katastrophe: "'It's all leading up to an unspeakable catastrophe,' he said as though he relished with horror the taste of the future. 'The breakdown of everything as we now know it. *Das Ende*!'" (T2, 183) Wenn kurz darauf Joachims Studio, das mit Bauhaus-Möbeln, die für gedankliche Freiheit stehen, ausgestattet ist (T2, 38, 40), von Heinrich und einem anderen Nazi verwüstet wird (T2, 195ff.),[25] ist das ein Zeichen für die politische Veränderung in Deutschland von der Weimarer Republik und den damit assoziierten Werten zur Nazi-Gewaltherrschaft.

In seinem Gedicht "In 1929", das er *The Temple* (T2) als Epilog anfügte,[26] stellt Spender das Jahr 1929 als Interludium zwischen dem 1. Weltkrieg und einer vorauszuahnenden Zerstörung des Friedens dar: "1929 was the turning point of the *entre deux guerres*, something of which I seemed prophetically conscious in the poem 'In 1929' which I wrote that year."[27] In diesem Gedicht stellt Spender aus der Perspektive der Zwischenkriegszeit, in der er mit Joachim und Heinrich eine Rheinwanderung unternimmt, Vermutungen darüber an, wie die Freundschaft zwischen ihm, Joachim und Heinrich – "the new, bronzed German [Joachim] / The Communist clerk [Heinrich], and myself, being English [Spender]" (4-5) – zwölf Jahre früher ausgesehen hätte oder zehn Jahre später aussehen würde:

[25] Die späteren Passagen über List sind reine Erfindungen (zwischen 1929 und den frühen 1950ern hat Spender List nicht gesehen, T2, xii).

[26] Ob er das Gedicht auch schon T1 anhängte, kann nicht geklärt werden (die letzten Seiten sind nicht überliefert).

[27] Introduction to Spender, *Temple*, xii-xiii. Das Gedicht ist auch enthalten in den Christopher Isherwood gewidmeten *Collected Poems 1930-1950 by Stephen Spender*, deren Manuskript im HRC liegt. Die letzte Strophe lautet hier statt: "Lives, risen a moment, joined or separate, / Fall heavily, then are ever separate, / Sod lifted, turned, slapped back again with spade" (T2, 210) wie folgt: "Lives risen a moment, joined or separate, / Fall heavily, then are always separate, / Stratum unreckoned by geologists, / Sod lifted, turned, slapped back again with spade." Spender fügte das Gedicht auch einem Brief an Edward Garnett vom September 1929 an. Hier lautet die letzte Strophe: "These, risen a moment, joined or separate, / Fall heavily, then are always separate. / A stratum scarce reckoned by geologists, / Sod lifted, turned, slapped back again with spade." HRC E. Garnett Collection, B108:55, Typescript. Das Gedicht wurde zunächst im Mai 1930 im *Oxford Outlook* veröffentlicht: Sutherland, *Stephen Spender*, 94.

Yet to unwind the travelled sphere twelve years
Then two take arms, spring to a soldier's posture:
Or else roll on the thing a further ten,
The third – this clerk with world-offended eyes –
Builds with red hands his heaven: makes our bones
The necessary scaffolding to peace. (8-11)[28]

Doch Spenders Vorahnung, dass der Frieden durch eine kommunistische Revolution gefährdet werden könnte, wird auf die Nazibedrohung umgedeutet. Denn als Paul Joachim 1939 erklärt, dass mit dem Kommunisten Heinrich gemeint sei, erfährt er, dass Heinrich mittlerweile zu den Nazis zählt (T2, 154).[29]

Zwar vermerkt Spender in T1 die steigende Zahl der Arbeitslosen und verweist auf die Diskrepanz zwischen dem Deutschland im Jahr 1929 in seiner eigenen Wahrnehmung und in der Wahrnehmung von den von der Arbeitslosigkeit betroffenen Deutschen,[30] doch die Vorausahnung eines herannahenden Unheils, wie Spender es in der Retrospektive darstellt, fehlt hier.

Wie gezeigt wurde, ist das als "Konstruktion von Zeiterfahrungen"[31] verstandene Geschichtsbewusstsein besonders gut in den von Stephen Spender aus verschiedenen zeitlichen Perspektiven verfassten Schriften über Deutschland beobachtbar, die vergangenheitsgestützte Gegenwartsbetrachtung und gegenwartsgestützte Vergangenheitsbetrachtung vereinen. Die Wahrnehmung der Gegenwart ist von vergangenen Erfahrungen mitbestimmt, und in die Konstruktion der Vergangenheit wiederum schießen rückwirkend gegenwärtige Erfahrungen ein. Retrospektiv erscheint auch die Erwartung an die Zukunft von Erfahrungen der Gegenwart mitbestimmt.

[28] Im Roman (T2) erläutert Paul Joachim das Gedicht: "The poem takes place when you and I and – later on – Heinrich were going on our walk down the Rhine, with the sun always shining. [...] Perhaps in 1929 we loved each other all the more, because in doing so, we unconsciously felt ourselves to be the resurrected bodies, the fleshly ghosts of those killed in 1917 or perhaps as they will be killed in 1939" (T2, 152f). Seiner Großmutter, der er später ein Exemplar des Gedichtes schickte, erklärte er: "I wrote it last August when I was with Herbert, and it was meant to be very experimental. The idea is that I was thinking how if we had been our age ten years ago, Herbert and I would probably have been shooting each other instead of devoted to each other: and I dare say that in ten years we may be fighting our common friend, a young communist, in a Revolution." Zit. Sutherland, *Stephen Spender*, 94.

[29] Siehe dazu auch T2, 157, 159.

[30] "Yet now I begin to realize that this year which appeared to me as a period of complete rebirth, has meant to others, and with far more reason, only that the numbers of the unemployed have been rising, and that things have been going from bad to worse." (T1, 138) Auch im 4. Teil seines *Journals* (10. November 1929) reflektiert er: "this amazing year seemed a miracle to me. It was the year in which I decided to live. What I should do was ruled as clear as crystal. Yet now I begin to realize that this year which appeared to me as a period of rebirth, has meant to others, and with far more reality, that they have lost their jobs, that ships have stopped moving across the sea, that furnaces have been let out, that less cotton is exported, and that the line on the graph of unemployment describes now a mountain (T1, 161).

[31] Straub, "Geschichten erzählen", 101.

Diese narrative Verschränkung der Zeitebenen lässt sich mit Spenders in Kapitel I beschriebener aktiver Beteiligung an der Entnazifizierung und Umerziehung im besetzten Deutschland verbinden, ja vermag Spenders Bemühungen um das zerstörte Deutschland weiter zu erklären. Denn so wie in seinen Texten nach 1945 immer wieder die Erinnerung an das Deutschland der Jahre 1929-32 versucht wird, so engagierte er sich nach dem Krieg dafür, dass das Deutschland der Zwischenkriegszeit, das Deutschland der Weimarer Republik, auch in der Öffentlichkeit nicht aus dem Auge verloren wurde. Sein in den hier untersuchten Texten durch verschiedene narrative Strategien ermöglichter Versuch des 'Rück-Blicks' durch die Ruinen in die Jahre der Weimarer Republik ist der Blick auf Deutschland, den Spender für den Umgang mit den Deutschen in der Nachkriegszeit vorschlug, und auch sein eigenes Wirken scheint von diesem Rück-Blick motiviert gewesen zu sein. Denn die mentale Reise ins Jahr 1929 lässt ihn daran erinnern, dass er damals in Deutschland auch "a great potentiality for good" wahrgenommen hatte (EW, 232), das ein Engagement für Deutschland nach dem zweiten Weltkrieg lohnend zu machen schien.[32] So scheint auch sein Blick auf die Ruinen der Zwischenkriegszeit wie ein verzweifelter Versuch, auch aus den scheinbar unheilbaren Ruinen des zweiten Weltkriegs (RJ, 395) die für sein Wirken nötige Hoffnung schöpfen zu können.

Trotz seiner Mahnung, das Deutschland der Vorkriegszeit nicht zu vergessen, war Spender sich der Notwendigkeit der Besatzung und der geistigen Neuorientierung der Deutschen durchaus bewusst. Narrativ findet diese Erkenntnis ihren Ausdruck in der Überlagerung der Erinnerung an die Jahre 1929-32 durch seine Wahrnehmung Deutschlands im Jahr 1945. So wie für ihn ein 'Zurück' in das Deutschland der Jahre 1929-32 nicht möglich ist, ohne dass sich dabei die Ruinen des zweiten Weltkriegs 'in den Weg stellen', ist in seinen Augen ein Neubeginn Deutschlands, das an diese Jahre anknüpft, ohne dabei die nationalsozialistische Herrschaft und ihre Folgen zu berücksichtigen, ausgeschlossen.

[32] In seinen Überlegungen mit Blick auf die Umerziehung der Deutschen blickte Spender noch weiter zurück. Man sollte seiner Ansicht nach die Umerziehung der Deutschen durch ihre eigenen 'Lehrmeister', darunter Beethoven, Goethe und Hölderlin, leisten lassen: Spender, "Hoelderlin, Goethe and Germany", 273.

III.2 'Beredte' Ruinen

Als Projektionsfläche für das Geschichtsbewusstsein dienen Spender u. a. Ruinen. Ruinen sind in ihrer Bedeutung ambivalent. Sie sind für die Erinnerung hinderlich; sie verstellen Spender den ungehinderten Rückblick auf das Deutschland der Vorkriegszeit: "In all my memories of Germany, these great wrecks rise up between me and my past" (WW, 106). Andererseits ist die Ruine doch auch Anlass zur Erinnerung, verweist sie auf Abwesendes, Vergangenes, deren Spur sie festhält: "The ruin forms a relation to the past; those that view the ruins are exposed to absence, to that which is missing."[1] Für Aleida Assmann markieren Ruinen Diskontinuität – die "eklatante Differenz zwischen Vergangenheit und Gegenwart", die einen 'Gedenkort' kennzeichnet: "Am Gedenkort ist eine bestimmte Geschichte gerade nicht weitergegangen, sondern mehr oder weniger gewaltsam abgebrochen."[2] Als Gedenkorte sind Ruinen zugleich "das, was übrigbleibt von dem, was nicht mehr besteht und gilt",[3] Relikte der Vergangenheit, denen im Akt der Deutung Sinn zuwächst:

> mit der Aufgabe und Zerstörung eines Ortes ist seine Geschichte noch nicht vorbei; er hält materielle Relikte fest, die zu Elementen von Erzählungen und damit wiederum zu Bezugspunkten eines neuen kulturellen Gedächtnisses werden. Diese Orte sind allerdings erklärungsbedürftig; ihre Bedeutung muß zusätzlich durch sprachliche Überlieferung gesichert werden.[4]

In der britischen Literatur transportieren die Ruinen des 2. Weltkrieges in Deutschland unterschiedliche Bedeutungen. Die Ruine wird zum Ausdrucksträger, durch den Geschichtsbewusstsein vermittelt wird. In der Ruine kommt das Spannungsverhältnis zwischen den verschiedenen Zeitebenen zum Ausdruck: In der Erzählergegenwart betrachtet, trägt die Ruine Spuren der Vergangenheit und löst Reflexionen über die Zukunft aus. Ruinen dienen als Mittel der Sinnstiftung; sie erzählen eine Geschichte. Das Interesse gilt im Folgenden dem Funktionspotential von Ruinen bei der auf die Prozesse von Besatzung, Entnazifizierung und Umerziehung bezogenen Sinnstiftung.

III.2.1 Die "Magie des Ortes" und die Semantik der Ruine

Als "Magie des Ortes" bezeichnet Karl M. Michel in einem Artikel in der Wochenzeitung *Die Zeit* die Kraft, die Orten zugeschrieben wird, als Vermittlungsinstanz für authentische Erfahrungen zu wirken. An den mit einem bestimmten Sinn ausgestatteten Orten werden die Überreste der Vergangenheit "begehbar und anfaß-

[1] Charles Merewether, "Traces of Loss", in: Michael S. Roth, Claire Lyons, Charles Merewether (Hgg.), *Irresistible Decay: Ruins Reclaimed*, Bibliographies & Dossiers: The Collections of the Getty Research Institute for the History of Art and the Humanities, 2 (Los Angeles: Getty Research Institute for the History of Art and the Humanities, 1997), 25-40, 33f.

[2] A. Assmann, *Erinnerungsräume*, 309.

[3] Ebd.

[4] Ebd.

bar".[5] Orte, an denen die Vergangenheit als gegenwärtig erscheint, werden aufgesucht, um die eigene Erinnerung zu aktivieren. Bereits die antike Mnemotechnik machte sich die etwa von Cicero beschworene "Kraft der Erinnerung, die Orten innewohnt",[6] zunutze. Das Gedächtnis wurde als gegliederter Raum vorgestellt,[7] mit Orten (*loci*) in bestimmter Anordnung (*collocatio*), an denen visuelle Abbilder (*imagines*) der Inhalte, an die erinnert werden soll, abgelegt werden und dort wieder aufrufbar sind.[8] Die reale oder imaginäre Rückkehr an Orte hat also auch heuristische Funktion. Orte können als Auslöser für die Vergegenwärtigung von Bildern, die in der *memoria* gespeichert sind, dienen – von Bildern, die für jede einzelne Person unterschiedlich sein werden, da sie aus der jeweils spezifischen Erfahrung der Betroffenen resultieren, und die auch veränderlich sind, insofern jede neue Erfahrung die in der *memoria* gebildete Ikon umgestaltet.

Materielle Spuren der Vergangenheit gelten als "Träger der Erinnerung" (Aleida Assmann),[9] die die Gesamtheit der mit ihnen assoziierten Ereignisse konservieren: "Remnants of our historical past have long come to stand for the whole of events"

[5] Karl Markus Michel, "Die Magie des Ortes. Über den Wunsch nach aktuellen Gedenkstätten und die Liebe zu Ruinen", *Die Zeit* vom 11. September 1987, 51. Das Phänomen, dass uns fast alles zum Mahnmal werden kann, vorausgesetzt dass es sich "begehen und anfassen" lässt, die "Aneignung, die Inbesitznahme eines Topos durch einen schweifenden Sinn, der damit gleichsam Platz nimmt, wie ein Geist in einer Flasche", nennt Michel in Anlehnung an den Begriff der Idolatrie "Topolatrie", und er kritisiert "die Verkürzung unseres Bewußtseins auf Orte, in denen der Sinn nisten soll": ebd. Zur Vermittlung der "Geschichte als Erlebnis" durch Besuche am historischen Schauplatz siehe auch A. Assmann, *Erinnerungsräume*, 330-34.

[6] Cicero schreibt: "[…] tanta vis admonitionis inest in locis, ut non sine causa ex iis memoriae ducta sit disciplina." ("[…] so groß ist die Kraft der Erinnerung, die Orten innewohnt; man hat deshalb nicht ohne Grund die Mnemotechnik von ihnen abgeleitet."): Marcus Tullius Cicero, *De finibus bonorum et malorum. Über das höchste Gut und das größte Übel, Lateinisch/Deutsch*, übersetzt und hg. von Harald Merklin (Stuttgart: Reclam, 1989), V.2, 394-97.

[7] Ausführlich beschrieben in der *Rhetorica ad Herennium* (III.28-40), in Ciceros *De oratore* (II.350-60) und in Quintilians *Institutio oratoria* (XI.ii.1-51): *Rhetorica ad Herennium*, hg. von Gualtiero Calboli (Bologna: Pàtron, 1969); Cicero, *De oratore*, with an English translation by E. W. Sutton, completed, with an introduction by H. Rackham, Loeb Classical Library, 2 Bde., Nachdr. (London/Cambridge, Mass.: Harvard UP, 1948) [1942]; *The Institutio Oratoria of Quintilian*, with an English translation by H. E. Butler, 4 Bde., Loeb Classical Library, Nachdr. (London/Cambridge, Mass: Harvard UP, 1961) [1922]. Zu den griechischen Quellen der mnemonischen Schriften siehe Frances Yates, *The Art of Memory* (London: Routledge and Paul, 1966), 27-49. Eine wichtige Rolle in der antiken Mnemotechnik spielte die räumliche Auffassung der *memoria*: Das Gedächtnis wurde als Raum gedacht und mit Raummetaphern beschrieben. Siehe dazu ausführlich Mary Carruthers, *The Book of Memory. A Study of Memory in Medieval Culture*, Cambridge Studies in Medieval Literature, Nachdr. (Cambridge: CUP, 1996) [1990], 33-45.

[8] Siehe Renate Lachmann, "Kultursemiotisches Projekt", in: *Memoria. Vergessen und Erinnern*, hg. von Anselm Haverkamp und Renate Lachmann, Poetik und Hermeneutik, 15 (München: Fink, 1993), ix-xxvii, xxi; Carruthers, *Book of Memory*, 71-79.

[9] A. Assmann, *Erinnerungsräume*, 298.

(James Young).[10] So sprechen die beiden französischen "Gedächtnis-Künstler"[11] Anne und Patrick Poirier den materiellen Überresten der Vergangenheit, den Ruinen der Stadt Berlin, die Fähigkeit zu, Vergangenes sichtbar zu machen: "[I]n 1977 and 1978, we lived in Berlin. We had completely forgotten about the war, but as soon as we arrived in Berlin it all came back to us because the city bears the physical traces of war."[12]

Die Semantik der Ruine, so stellen Aleida Assmann, Gabriele Rippl und Monika Gomille in ihrer Einleitung zu dem von ihnen herausgegebenen Sammelband *Ruinenbilder* fest, umfasst – aus kulturwissenschaftlicher Perspektive betrachtet – ein breites Spektrum.[13] Auch die Trümmerhaufen, mit denen sich britische Literaten in Nachkriegsdeutschland konfrontiert sahen, sind mit weit mehr als einer Bedeutung versehen worden. Als historische Artefakte verweisen sie auf eine "vergangene Vollkommenheit";[14] sie materialisieren die kriegerische Zerstörung; sie stehen, je nach Betrachter, für Sieg oder Niederlage; sie erscheinen als "grauenvolles Ende einer kollektiven Aberration";[15] sie können aber auch den Willen zum Wiederaufbau stimulieren, sie markieren also Apathie oder erhofften Neubeginn. Ehemals Sichtbares ist unsichtbar, Unsichtbares verweist auf das ehemals Sichtbare.[16] Valentine Cunningham erklärt die semantische Vielwertigkeit der Ruinen wie folgt:

> Die Vielwertigkeit der Ruinen wird dadurch ermöglicht, daß sich jede Lesart von Ruinen vor der herausfordernden semantischen Leere vollzieht. Ruinen verweisen per Definition auf Abwesendes. Die Bedeutungen, die Ruinen haben, basieren auf Lücken und Absenzen, und die Interpretation moderner, durch Bombardierung entstandener Ruinen ist aufgrund der Intensität der Vernichtung, und somit auch der Vernichtung von Bedeutung, ganz eindeutig die größere Herausforderung. Es gibt viel mehr Lücken und Löcher, ein

[10] James E. Young, *The Texture of Memory. Holocaust memorials and meaning* (New Haven: Yale UP, 1993), 127.

[11] So bezeichnet Aleida Assmann die Künstlerinnen und Künstler, die "neue, bemerkenswerte Formen der *Gedächtnis-Kunst* entwickelt haben. [Sie] dokumentieren mit ihrer Arbeit nicht den Kraftakt der Erinnerung, der über den Tod hinweggreift, sondern sie bilanzieren das Ausmaß des Verlusts": A. Assmann, *Erinnerungsräume*, 359f.

[12] Zit. bei Charles Merewether, "Traces of Loss", 32. Zu Anne und Patrick Poirier siehe auch A. Assmann, *Erinnerungsräume*, 367-71.

[13] Aleida Assmann, Monika Gomille, Gabriele Rippl, "Ruinenbilder: Einleitung", in: dies. (Hgg.), *Ruinenbilder* (München: Wilhelm Fink, 2002), 7-14, 7. Zur Semantik der Ruine siehe etwa auch Michael S. Roth, "Irresistible Decay: Ruins Reclaimed", in: Roth, Lyons, Merewether (Hgg.), *Irresistible Decay*, 1-23, A. Assmann, *Erinnerungsräume*, 314-22 sowie die Beiträge in *Litteraria Pragensia. Studies in Literature and Culture* 8 (1998). Über die Bedeutungen, die der Ruine in der bildenden Kunst zugeschrieben worden sind, siehe etwa Bazon Brock, *Ästhetik gegen erzwungene Unmittelbarkeit. Die Gottsucherbande. Schriften 1978-1986*, in Zusammenarbeit mit dem Autor hg. von Nicola von Velsen (Köln: DuMont, 1986), 177f.

[14] A. Assmann, Gomille, Rippl, "Ruinenbilder: Einleitung", 10.

[15] Winfried G. Sebald, *Luftkrieg und Literatur. Mit einem Essay zu Alfred Andersch* (München, Wien: Hanser, 1999), 14.

[16] Siehe Salvatore Settis, "Foreword" zu: Roth, Lyons, Merewether (Hgg.), *Irresistible Decay*, vii.

> viel vollständigeres Auslöschen als je zuvor. [...] Aber nur weil sie Lücken [...] aufweisen, sind sie noch lange nicht Orte ohne Bedeutung [...].[17]

Die Bedeutsamkeit, die die Öffentlichkeit Ruinen zuschreibt, zeigt sich insbesondere an den erregten Debatten um die Erhaltung oder die Entfernung der materiellen Relikte des Dritten Reiches – vielleicht am deutlichsten im Umgang mit den Fassadenresten des Gestapohauptquartiers in Berlin, die 1953/54 teilweise abgerissen und 1956 schließlich gesprengt wurden. Die damit entfernten materiellen Spuren der NS-Vergangenheit wurden 1986 durch Grabungen, die den Kellerboden und Spuren der im Jahr 1933 aufgemauerten Zellenwände freilegten, wieder sichtbar. Die Ausstellung "Topographie des Terrors" auf dem Gelände, das als das "eigentliche Regierungsviertel" des SS-Staates bezeichnet wird,[18] dokumentiert sowohl die Spuren der NS-Geschichte als auch die Versuche der Nachkriegszeit, diese Spuren in einem Akt der *damnatio memoriae* unsichtbar zu machen.[19]

Angesichts der Aussagekraft, die der Ruine allgemein zugesprochen wird, ist es nicht verwunderlich, dass die Ruine in der Literatur als Bedeutungsträger und sinnstiftendes Element fungieren kann. Die Funktion, die Ansgar Nünning der Beschreibung von Räumen und Gegenständen im englischen historischen Roman der Nachkriegszeit zuschreibt, lässt sich auch an der Beschreibung von Ruinen in den auf Besatzung, Entnazifizierung und Umerziehung bezogenen Texten aller Gattungen aufzeigen:

> [Die] Beschreibung von Räumen und Gegenständen [zählt] zu den indirekten Formen der Geschichtsdarstellung, mit denen auf der diegetischen Ebene sowohl historische Prozesse

[17] Valentine Cunningham, "Zerbombte Städte – Die vorzeitigen Ruinen des Zweiten Weltkriegs", in: A. Assmann, Gomille, Rippl (Hgg.), *Ruinenbilder*, 105-30, 118f.

[18] *Topographie des Terrors. Gestapo, SS und Reichssicherheitshauptamt auf dem „Prinz-Albrecht-Gelände". Eine Dokumentation*, hg. von Reinhard Rürup, erweiterte überarbeitete 13. Aufl. (Berlin: Verlag Wilhelm Arenhövel, 2001) [1987], 7. Auf dem durch die Prinz-Albrecht-Straße (heute Niederkirchnerstraße), Wilhelmstraße und Anhalter Straße begrenzten Gebiet befanden sich das Geheime Staatspolizeiamt, Himmlers Dienstsitz als Reichsführer-SS, der Sicherheitsdienst der SS und das Reichssicherheitshauptamt: ebd.

[19] Ebd. Siehe dazu auch James E. Young, *The Texture of Memory. Holocaust Memorials and their Meanings* (New Haven/London: Yale UP, 1993), 81-90; Peter Reichel, *Die Politik mit der Erinnerung. Gedächtnisorte im Streit um die nationalsozialistische Vergangenheit*, überarbeitete Aufl. (Frankfurt/M.: Fischer, 1999) [1995], 165-71; A. Assmann, *Erinnerungsräume*, 334-37. In diesem Zusammenhang ist auch die Debatte um die Zukunft des ehemaligen Konzentrationslagers Sachsenhausen von Interesse. Der Architekt Daniel Libeskind sprach sich dafür aus, die SS-Baracken auf dem Gelände des ehemaligen Konzentrationslagers als "a place or ruins" stehen zu lassen: Merewether, "Traces of Loss", 33 und Anm. 24. Ein weiteres Beispiel ist die Diskussion um die Nutzung des ehemaligen Reichsparteitaggeländes in Nürnberg. Bis in die 1970er Jahre hatte man versucht, die NS-Vergangenheit der Stadt unsichtbar zu machen, u. a. durch Sprengung der Märzfeldtürme: Reichel, *Politik mit der Erinnerung*, 36f.

implizit vermittelt, gedeutet und bewertet als auch Reflexionen über Geschichte angestellt werden können.[20]

Die Verknüpfung von Raum und Handlung und die durch die Raumwahrnehmung ausgelösten Emotionen, Erinnerungen und Zukunftserwartungen tragen nicht nur zur impliziten Charakterisierung von Figuren bei, sondern dienen auch der Darstellung und Vermittlung von Geschichtsbewusstsein und der Konturierung des als "*Gesamtvorstellung* vom Sinn, Verlauf und Ziel der Geschichte sowie der sie bestimmenden Kräfte, Ereignisse und Gestalten" verstandenen Geschichtsbildes.[21]

III.2.1.1 Die Rückkehr an (un-)bekannte Orte

Auf die "Magie des Ortes" nimmt die britische Literatur über das Deutschland der Nachkriegszeit verschiedentlich Bezug: Gebäude fungieren als materielle Träger des Gedächtnisses, und mit der Rückkehr an Orte wird die Erwartung verbunden, dass Erinnerungen ausgelöst werden. Diese Erwartung wird jedoch zuweilen enttäuscht. Dies ist der Fall, wenn die betreffenden Gebäude bauliche Veränderungen erfahren haben oder zwischenzeitlich zerstört wurden und sich an ihrer Stelle nun Trümmer, Leere oder aber bereits neue Gebäude befinden.

Die durch Bombardierung entstandenen Ruinen deutscher Städte lösen bei Stephen Spender und James Stern nach dem Krieg durchaus Erinnerungen aus, jedoch andere, als sie ursprünglich erwartet hatten. Die Orte, an die sie in Deutschland zurückkehren (bei Spender etwa das Café am Zoo, das Romanische Café, die Gedächtniskirche, der Wittenbergplatz),[22] sind zerstört ("nothing which I knew existed any longer", EW, 234).[23] Sie rufen bei Spender nicht die Erinnerung an das Deutschland der Vorkriegszeit wach, sondern 'erzählen' ihm eine andere Geschichte: Die Trümmerhaufen lassen ihn die Bombeneinschläge imaginieren, die die sichtbaren Zerstörungen hervorgerufen haben: "the rocking explosions, the hammering of the sky upon the earth".[24] Auch James Stern, der vor dem Krieg längere Zeit in Frankfurt am Main gewohnt hatte,[25]

[20] Nünning, *Von historischer Fiktion zu historiographischer Metafiktion*, 2, 157. Zur Semantik des Raumes siehe ausführlich auch Natascha Würzbach, "Erzählter Raum. Fiktionaler Baustein, kultureller Sinnträger, Ausdruck der Geschlechterordnung", in: Jörg Helbig (Hg.), *Erzählen und Erzähltheorie im 20. Jahrhundert. Festschrift für Wilhelm Füger* (Heidelberg: Universitätsverlag Winter, 2001), 105-129.

[21] Schneider, Wilharm, "Geschichtsbild", 261. Ausführlich dazu die Einleitung zu dieser Arbeit.

[22] Siehe dazu Kapitel III.1.

[23] In seinem Kommentar zu seinen Tagebuchaufzeichnungen aus den Jahren 1940-45 schreibt Spender: "Having lived nearby (at the Nollendorfplatz) in 1931, as soon as we arrived I set off to explore the neighbourhood of ruins, only to find myself unable to recognize anything except the Gedaechtniskirche (which to this day is preserved as a ruin and a landmark)." Spender, *Journals 1939-1983*, 60.

[24] Spender, "Rhineland Journal", 396.

[25] Siehe Stern, *Hidden Damage*, 84.

drängen sich beim Anblick dieser nun in Trümmern liegenden Stadt Bilder des Bombenhagels auf:

> amidst all this wreckage I could hear, above the rumble of the engines, the roar which until recently had not been heard in history: the crash of thousands of tons of exploding bombs, the blast of guns, the howl of fire sweeping from house to house in the wind, the howl of vengeance and the destruction of Germany. It was a roar which left you only when you were out of the shambles and in the country again.[26]

Das Deutschland hingegen, das Spender und Stern vor dem Krieg kennengelernt hatten, entzieht sich ihrer Erinnerung. Dort, wo früher ihnen bekannte Gebäude standen, befinden sich nun Ruinen, die für Spender – wie bereits erörtert – den gewaltsamen Abbruch der Geschichte und die Differenz zwischen Vergangenheit und Gegenwart markieren. Sie sind Ausdrucksträger für den historischen Bruch zwischen der Zeit vor und der Zeit nach dem Zweiten Weltkrieg, der einen Kontinuitätsbruch in den Lebensgeschichten von Individuen zur Folge hat; die 'Spaltung' in eine Vor- und eine Nachkriegsidentität stellt Spender in der Einleitung zu seiner Autobiographie *World Within World* als Merkmal seiner Generation dar: "The war itself formed a barrier of violence and devastation, cutting off members of my generation from their pre-war selves."[27] Seine Autobiographie ist ein Beispiel dafür, dass sich das "lebensgeschichtliche Erzählen nicht nur im Modus von Kohärenz und Kontinuität, sondern auch im Modus von Bruch und Diskrepanz" vollzieht.[28]

In diesem Zusammenhang ist auch das im Harry Ransom Center der University of Texas at Austin archivierte Typoskript von Christopher Isherwoods in großen Teilen autobiographischem Roman *Down there on a Visit* (1962) von Interesse.[29] In der mit

[26] Ebd., 83.

[27] Spender, "Introduction", *World Within World*, vii.

[28] Reinhard Sieder, "Gesellschaft und Person: Geschichte und Biographie", in: ders. (Hg.), *Brüchiges Leben: Biographien in sozialen Systemen*, Kultur als Praxis, 1 (Wien: Turia und Kant, 1999), 234-64, 255.

[29] HRC, Isherwood, Works. Wie Isherwood handschriftlich auf dem Typoskript vermerkte, entstand der Roman größtenteils in den Jahren 1959-1961: "I worked on it chiefly during 1959, 1960 and the early part of 1961 – at my home in Santa Monica, California. […]". Norman Page nennt *Down there on a Visit* "in effect a sequence of fictionalised memoirs rather than a novel. His invention, it seems, only came into play in the manipulation of material already supplied by life, and that manipulation may have been to some extent unconscious or forced upon him by considerations of prudence": Norman Page, *Auden and Isherwood: The Berlin Years* (New York: St. Martin's Press, 1998), 37. Isherwood selbst schreibt über die Entstehung seiner Texte: "I've always kept diaries extensively, and they give me a great sense of security, because I feel at least this part is factual. Having, however, built on these little islands of fact, I think one goes back and reconstructs everything and changes everything and interferes with everything." *London Magazine*, n.s. 1 (Juni 1961), 42, zit. bei Page, *Auden and Isherwood*, 38. Die erste Episode des Romans, "Mr. Lancaster", war bereits 1959, in der Oktober-Ausgabe des *London Magazine*, von John Lehmann herausgegeben worden. Siehe Christopher Isherwood, *Down there on a Visit* (London: Methuen, 1962), "Author's Note", 7.

"Paul" betitelten letzten der vier Episoden des Romans kehrt der Ich-Erzähler, Christopher Isherwood, im Februar 1952 von Los Angeles zu einem Besuch nach Berlin zurück.[30] Dort sieht er Waldemar wieder, den er in der im Jahr 1928 in Berlin angesiedelten ersten Romanepisode ("Mr Lancaster") kennengelernt hatte.[31] Mittlerweile wohnt Waldemar mit seiner Frau Ulrike und ihrem gemeinsamen Sohn Christoph in der russischen Zone Berlins. Als Waldemar Christopher gegenüber auf die gemeinsam erlebten 'guten alten Zeiten' der Vorkriegszeit zu sprechen kommt, denkt Christopher: "What was Ulrike thinking? She certainly didn't seem jealous of the past."[32] In einer in der gedruckten Version gestrichenen Passage des Typoskripts vermutet Christopher, dass diese Einstellung, die er an Ulrike wahrnimmt, durch die Flächenbombardierungen der Stadt bedingt sein mag. So wie Spender in seiner Autobiographie führt der Ich-Erzähler von Isherwoods Roman den Bruch mit der Vergangenheit auf die materielle Zerstörung der Stadt zurück: "Perhaps jealousy of the past can actually be destroyed by saturation-bombing. The connecting link is broken."[33]

Ähnlich schreibt James Stern von einer angesichts der Ruinen empfundenen 'Entfremdung'; die Verbindung mit der Vergangenheit, die er in Frankfurt erlebt hatte, ist gerissen:

> Nothing I saw in Frankfurt remained in so unharmed a state as to convince me I'd really been there before. The sensation was a little like that of returning to an apartment in which you have lived for years with your own furniture, to find that, filled with the possessions of a stranger, the only association with the past it has to offer you is the view from its windows. But here the view – all views – had changed.[34]

Erst die Ansichten in einem 1929 veröffentlichten Touristenführer vermögen Stern an seine Vergangenheit in Deutschland zu erinnern:

> I was reminded of the Frankfurt I'd once known by accident. On returning to the hotel one evening I found […] a slim guidebook entitled *The Middle Rhine*, published in Mainz in 1929. Taking it upstairs, I began looking through the illustrations of the town that used to lie along the banks of the rivers Rhine and Main. Several pages were devoted to Frankfurt: and it was these, rather than any "reality" I had so far set eyes on, which

[30] Ebd., 339.

[31] Ebd., 11-63. Isherwood reiste im Mai 1928 nach Bremen, "to stay with an elderly cousin who was the British consul at Bremen." Christopher Isherwood, *Christopher and his Kind* (London: Eyre Methuen, 1977), 10. Zu Isherwoods Reise nach Bremen, die hier autobiographisch verarbeitet wird, siehe auch Page, *Auden and Isherwood*, 11.

[32] Isherwood, *Down there on a Visit*, 341. Im Typoskript lautet die entsprechende Textstelle: "What did Ulrike think of all this? She certainly didn't seem to resent it." HRC, Isherwood, Works.

[33] Typescript, S. 135. HRC, Isherwood, Works.

[34] Stern, *Hidden Damage*, 83.

> brought back memory after memory of that past which seemed now to bear so little relation to the life I had since lived.[35]

Für Arthur Dickens, der vor dem Krieg ebenfalls mehrfach in Deutschland gewesen war,[36] ist zur Erinnerung an die Bilder der Vergangenheit eine starke Vorstellungskraft vonnöten: "With half-closed eyes and a heavy supply of imagination one may momentarily conjure up the old scene. Yet in reality many of these great buildings remain but shells."[37]

Die Wahrnehmung und Deutung der deutschen Kriegsruinen vermag in der Literatur zur impliziten Charakterisierung und zur Darstellung und Vermittlung des Selbst- und Fremdbildes beizutragen. Wie bereits in Kapitel II dargestellt, nimmt der britische Student Mervyn in Francis Kings Roman *Punishments* die von den deutschen Gastgebern organisierte Besichtigung einer ausgebombten deutschen Stadt als eine 'Bestrafung' der britischen Besucher wahr: "Now it's our turn for punishment. All these days we've been telling them of all their iniquities and now – hey presto! – they're showing us one of ours." (157f.)[38] In Alfred Shaughnessys Roman *Dearest Enemy* (1991) löst der Anblick deutscher Nachkriegsbauten in Köln aus dem Flugzeug in dem ehemaligen britischen Besatzungssoldaten Jack, der im Alter von 70 Jahren zu einem Besuch ins Rheinland zurückkehrt, die Erinnerung an die Flächenbombardierungen und damit auch Schuldgefühle aus:

> that famous Dom […] that had stood alone in a sea of wreckage last time he saw it, was now competing for attention with a forest of black-glass and concrete office blocks and towering apartment buildings, reaching up ever higher into the sky. […] Germany […] had been hideously rebuilt by a great miracle of plastic surgery. Then all the old feelings of guilt flowed back. He thought of German guilt for the Holocaust and the collective responsibility heaped by the rest of the world on the German people for Hitler's crimes against humanity. There was, too, the guilt some Britons felt for the saturation bombing of German towns and the resulting mass slaughter of thousands of men, women and children by the fire and high explosives; the merciless day raids that had reduced Berlin, Essen, Cologne, Dresden and many other German cities to deserts of rubble. That bombing was, of course, revenge for Warsaw, Rotterdam, Coventry and London. (13)

Als Träger der Kriegserinnerung können die durch Bombardierung entstandenen Ruinen bei den Siegern durchaus auch positive Gefühle hervorrufen. So 'erzählt' in Ian McEwans Roman *The Innocent* ein völlig zerstörtes Gebäude in Berlin dem Betrachter (dem jungen Briten Leonard Marnham) eine Geschichte; sie ruft in ihm die Bilder britischer Fliegerangriffe wach, die zur Zerstörung – dem Übergang von intaktem Bauwerk zur Ruine – führten und lässt ihn am Triumphgefühl der Siegermacht teilhaben (5-6).

[35] Ebd., 83f.
[36] Dickens, *Lübeck Diary*, 13.
[37] Ebd., 24.
[38] Siehe ausführlich Kapitel II.

Die Gedächtniskraft von Ruinen wird auch im "Postscript" dieses Romans hervorgehoben. Im Juni 1987 kehrt Leonard Marnham nach Berlin zurück, um dort einen Brief, den ihm seine ehemalige Verlobte (aus seiner Zeit in Berlin), Maria, aus Amerika geschickt hat, zu lesen. Es zieht ihn zunächst in Marias ehemaliges Wohnhaus in der Adalbertstraße, doch bereits im Treppenhaus, das ihm aufgrund der dort vorherrschenden türkischen Kochgerüche fremd erscheint (215f),[39] macht er kehrt und sucht nun den Ort auf, an dem sich der Eingang zu dem Tunnel, in dem er während des Kalten Krieges gearbeitet hatte, befand. Nur an dieser Stelle vermag er seine Erinnerungen aus dem Gedächtnis 'auszugraben'. Den Vergleich zwischen "Ausgraben und Erinnern" zieht auch Walter Benjamin in einem seiner Denkbilder: "[Das Gedächtnis] ist das Medium des Erlebten wie das Erdreich das Medium ist, in dem die alten Städte verschüttet liegen. Wer sich der eigenen verschütteten Vergangenheit zu nähern trachtet, muß sich verhalten wie ein Mann, der gräbt."[40] Mit der Metapher der archäologischen Ausgrabung betont McEwan die Anstrengung, mit der die in der Tiefe verborgene Erinnerung an die Oberfläche des Bewusstseins gebracht werden muss: "This place meant more for him than Adalbertstrasse. [...] It was here in the ruin that he felt the full weight of time. It was here where old matters could be unearthed." (218)[41] Hier, inmitten der Ruinen, liest er Marias Brief: "He had been right, he had needed to come all this way to understand her letter. Not to Adalbertstrasse, but here, among the ruins. What he had not been able to grasp in his Surrey breakfast room was clear enough here." (225)[42] Die Präsenz der materiellen Relikte der Vergangenheit – seines Aufenthaltes in Berlin – ermöglichen es ihm, nach über dreißig Jahren erneut an diese Vergangenheit anzuknüpfen. Er plant, Maria in Amerika zu besuchen und mit ihr zusammen nach Berlin zurückzukehren.[43] Die Betrachtung der Ruine, der materiellen Spur der Vergangenheit, gilt hier als Voraussetzung dafür, dass die Vergangenheit präsent werden kann.

Der Verweis auf Ruinen, ihre Betrachtung und Beschreibung, ihre Wahrnehmung und Deutung im Bewusstsein einzelner Figuren trägt in der Literatur zur Artikulation und Konstituierung von Geschichtsbewusstsein bei. Indem der Anblick von Ruinen in einer Erzähler- oder Reflektorfigur Erinnerungs- und Bewusstseinsprozesse auslöst, kommt hier nicht Geschichte als abgeschlossene Vergangenheit, sondern als "Inhalt von

[39] "Being here did not bring him any closer to his Berlin days. All that was apparent was how far off it seemed." (216)

[40] Walter Benjamin, "Ausgraben und Erinnern", in: *Gesammelte Schriften*, IV, 1, hg. von Tillman Rexroth, Werkausgabe, 10 (Frankfurt a. M.: Suhrkamp, 1980), 400f., Zitat 400.

[41] Damit erhält der Tunnel, neben seiner Bedeutung als der Ort, an dem sich Leonards *rite de passage* vollzieht (Kapitel II), die Funktion, als Auslöser für Erinnerungen zu dienen. Zur Metapher der archäologischen Ausgrabung für die Erinnerungsarbeit siehe A. Assmann, *Erinnerungsräume*, 162-65.

[42] Dieser Aspekt geht in der Verfilmung des Romans (1995; Regie: John Schlesinger; Drehbuch: Ian McEwan) verloren. Hier liest Leonard Marnham Marias Brief in einem Hotelzimmer in Berlin.

[43] In der Verfilmung treffen sich Leonard und Maria in Berlin zur Zeit des Mauerfalls.

Geschichtsbewusstsein"[44] zum Ausdruck und damit die "Art, in der Vergangenes in Vorstellung und Erkenntnis gegenwärtig ist".[45] Die Wahrnehmung und Deutung von Ruinen tragen zur impliziten Charakterisierung einzelner Figuren bei, sie legen ihr Selbst- und Fremdbild und ihren, für die Untersuchung von Geschichtsbewusstsein relevanten, Bezug zur Geschichte offen.

III.2.1.2 Ruinen-Tourismus und Ruinen als Souvenirs

Mitte der 50er Jahre riefen amerikanische Werbeagenturen dazu auf, Deutschland zu besuchen. Schließlich werde in wenigen Jahren von den Kriegsruinen nichts mehr zu sehen und eine Reise nach Deutschland dementsprechend weniger interessant sein.[46] Die "Magie des Ortes" zeigt sich besonders drastisch in dem als 'Ruinen-Tourismus' zu bezeichnenden Phänomen, auf das in der britischen Literatur mehrfach Bezug genommen wird. Die Besichtigung der deutschen Kriegsruinen wird zur Touristenattraktion. Mit der Wahrnehmung und Deutung von Kriegsruinen im Bewusstsein einzelner 'Ruinen-Touristen' lässt sich in der Literatur Geschichtsbewusstsein artikulieren. Neben der Vergegenwärtigung ermöglicht die Besichtigung der Ruine in der Literatur auch einen Blick in die Zukunft. In der Ruine manifestiert sich damit das als "Konstruktion von Zeitdifferenzen und Zeitrelationen" verstandene Geschichtsbewusstsein, in dem die unterschiedlichen Zeitebenen in einen inneren Zusammenhang gebracht werden. Die Ruine ist Anlass für den Erzähler, zwischen den Zeitebenen zu oszillieren; sie erzählt eine Geschichte von gestern, heute und morgen und ist damit an der Stiftung von Kontingenz und, damit in Zusammenhang stehend, an der Orientierungsbildung beteiligt.[47]

Die Kraft, die Vergangenheit zu konkretisieren, die materiellen Überresten aus der Vergangenheit zugeschrieben wird, zeigt sich in Spenders rückblickendem Kommentar zu seinen Tagebuchaufzeichnungen aus den Jahren 1940 bis 1945 ebenso wie in seiner Autobiographie *European Witness*. In dem zuletzt genannten Text beschreibt er seine Teilnahme an einer geradezu touristischen Sightseeing-Tour im zerbombten Berlin

> to see those sights which are a very recent experience in our civilization, though they have characterized other civilizations in decay: ruins, not belonging to a past civilization, but the ruins of our own epoch, which make us suddenly feel that we are entering upon the nomadic stage when people walk across deserts of centuries, and when the environment which past generations have created for us disintegrates in our own lifetimes. (EW, 235)

Die zeitliche Verschränkung von Vergangenheit, Gegenwart und Zukunft, die Spender hier angesichts dieses Ruinen-Tourismus andeutet und die sich aus der besonderen Qualität jener Ruinen speist, wird weiter unten im Kapitel über die antizipierte Retrospektion genauer zu besprechen sein.

[44] Rüsen, *Historische Orientierung*, 7.
[45] Jeismann, "Geschichtsbewusstsein", 42.
[46] Brock, *Ästhetik gegen erzwungene Unmittelbarkeit*, 180.
[47] Dazu ausführlich die Einleitung.

Wie in seinen *Journals* nachzulesen ist, nahm Spender Schreibtischtrümmer aus dem Bunker Hitlers in Berlin als 'Souvenir' mit nach Hause; damit schreibt er ihnen die Funktion zu, für ihn die Erinnerung lebendig zu halten:

> Next day we toured Hitler's bunker, with singed books on modern architecture still by his bedside, and the Chancellery with the great candelabrum collapsed from the ceiling and hanging barely a couple of feet above his desk with its surface of petrified wood, now in fragments, of which I took some pieces as a souvenir.[48]

Er folgte damit einer Praxis, die sich – wie er in *European Witness* schildert – geradezu schon als ein lukrativer Zweig des Schwarzmarkts etabliert hatte und die eine Reaktion auf den florierenden Ruinentourismus und die große Nachfrage nach 'Souvenirs' war: "Charwomen responsible for the upkeep of the Chancellory and still performing their tasks, concealed on their persons hammers with which they broke off fragments of the yellow marble top of his [i.e. Hitler's] desk as souvenirs in exchange for cigarettes." (EW, 236f.) Erinnerungswert hatten diese Gegenstände, das ist hier das Bemerkenswerte, ausschließlich für die 'Ruinentouristen', nicht aber für die Deutschen, für die allein der in Zigaretten zu bemessende materielle Tauschwert dieser Mementos des NS-Regimes zählte.

Im Anschluss an die Beschreibung seiner eigenen 'Souvenirjagd' in den *Journals* erzählt Spender von der 'Zukunft' der von ihm gesammelten Schreibtischrelikte und der Deutung, die sie erfahren. Er berichtet von der Reaktion seiner Schwägerin auf diese Trümmer, die – ohne zu wissen, woher sie stammen – in ihnen das 'Böse' zu erkennen vermeint:

> My sister-in-law Margaret (the wife of my brother Humphrey) died on Christmas Day, 1945. Shortly before her death she saw these relics of Hitler on the chimneypiece, without being told what they were. She refused to touch them, looking at them for a moment only and saying with an expression of horror, 'They're evil. You must throw them away.' Which I did.[49]

Der Rückblick auf diese Episode erlaubt es Spender, verschiedene Zeitebenen miteinander in Verbindung zu setzen: Indem er die Schreibtischreste zunächst als 'Souvenir' semantisiert, weist er ihnen die Bedeutung zu, Erinnerung zu konservieren; indem er die Herkunft der Trümmer mit ihrer Zukunft zusammenbringt, stiftet er einen narrativen Zusammenhang und lässt darin seine Schwägerin in einem Akt hellseherischer Intuition den Souvenirs das Stigma des Bösen aufprägen – eine Geschichte, die aber doch wohl als Erinnerungskonstruktion Spenders gelten darf.

Die britische Autorin Mary M. Kaye, die ihrem Mann 1953 nach Berlin folgte, machte sich während ihres Aufenthaltes Notizen über ihre Eindrücke vom zerstörten Berlin, die sie in ihrem Roman *Death Walked in Berlin* (1955), der 1986 unter dem Titel

[48] Spender, *Journals 1939-83*, 60.
[49] Ebd., 60.

Death in Berlin erneut veröffentlicht wurde, verarbeitete.[50] Die Protagonistin des Romans, Miranda, die kurz nach Kriegsende die Familie ihres Cousins in Berlin besucht, nimmt dort an einer von der britischen Besatzungsmacht organisierten Stadtrundfahrt teil:

> The guides began to point out places of interest. The Opera House. The heap of rubble that had been the Technical University, from the battered steps of which Hitler had stood to review his bombastic military parades. […] The palace of Marshal Blücher; the French Embassy; the Adlon Hotel – more ruins. Mile upon mile of ruins. (97f.)

Miranda, die als Fokalisierungsinstanz dient, nimmt die Ruinen als "[t]he skeletons and skulls and bones of houses" wahr (98), und die Betrachtung dieser Ruinen lässt sie über deren Vergangenheit und Zukunft nachdenken: "It will take years and years to clear all this away and build it up again, thought Miranda with horror." (98) Gegenüber einer britischen Bekannten, Mrs Leslie Smith, die sich schon längere Zeit mit ihrem Mann in Berlin aufhält, äußert sie: "'It looks as if it would take a hundred years to clear up the mess. It must have been a beautiful city once.'" (110). Doch Leslie Smith widerspricht ihr in beiden Punkten. Ihrer Einschätzung nach war Berlin vor dem Krieg keine schöne Stadt ("Imposing perhaps – bits of it – but not beautiful", 110), und sie veranschlagt für die Aufbauarbeiten weitaus weniger Zeit als Miranda. Sie kann sich angesichts der Trümmer bereits die Gebäude vorstellen, die die Deutschen aus den Ruinen auferstehen lassen werden: "Have you watched them build a house out here? I have and it scares me. […] They know where they are going, and just exactly how soon they'll get there. And that's going to be too soon for a lot of us!" (110f.) Die Ruinen, die für Miranda ein Zeichen für ein Chaos sind, dessen Ende nicht abzusehen ist, gehören für Lesley Smith bereits der Vergangenheit an. Die Reaktionen der beiden Frauen sind paradigmatisch für die in der britischen Literatur zu beobachtenden Zukunftsvisionen, die mit den deutschen Kriegsruinen verbunden werden: Die Ruinen bedeuten Stillstand oder aber Neubeginn, wie die folgende Untersuchung zeigen soll.

III.2.2 Die Zukunft der Ruine

III.2.2.1 Ruinen als Anlass zu pessimistischen oder optimistischen Zukunftserwartungen

Als Spender im Auftrag der Britischen Kontrollkommission nach dem Krieg nach Deutschland reist, bietet sich ihm ein Anblick der Zerstörung. Das Deutschland der ausgehenden Weimarer Republik, das er als vital, aufgeschlossen und zukunftsgerichtet erlebt hatte, ein Land, in dem "Kinder der Sonne" junge, vitale und sonnengebräunte Körper zur Schau gestellt hatten, erscheint ihm nun als Totenstätte. Entsprechend weichen in Spenders Beschreibungen von Deutschland die Licht- und Lebensmetaphern einer Metaphorik des toten Körpers. Deutsche Städte sind nun "corpse towns", Köln ist ein "dead corpse" (RJ, 396). Die ausgebombten Häuser sind verbrannten Körpern

[50] So die Autorin in der "Author's Note", *Death in Berlin* (Harmondsworth: Penguin, 1986), 7. Zuerst veröffentlicht von Staples Press, 1955.

gleich: "One passes through street after street of houses whose windows look hollow and blackened – like the opened mouth of a charred corpse." Dahinter verbirgt sich nichts als "the damp, hollow, stinking emptiness of gutted interiors" (RJ, 395). In der Gleichsetzung der Trümmerhaufen mit einem toten Körper ist der Schaden, den die Gebäude der Stadt genommen haben, eng mit dem physischen Leiden der Stadtbewohner verbunden: "Schaden an Gebäuden", so schreibt Valentine Cunningham, "ist ein klares äußeres Zeichen dieses Leidens".[51]

Auf diese Weise sind auch in den Texten anderer britischer Autoren die zerbombten deutschen Städte mit dem trostlosen Schicksal ihrer Bewohner verknüpft. So gleicht das zerbombte Berlin in Wrenne Jarmans "Threnody for Berlin – 1945" (1945) einem leblosen Organismus: "Her veins lie open to the vultures' droppings; / The blood coagulates, and no heart beats";[52] in Alan Ross' Gedicht "Hamburg: Day and Night" (verfasst 1945/46) wird eine Straße der zerbombten Stadt Hamburg als "diseased" beschrieben,[53] und in Francis Kings Roman *Punishments* (1989) erscheinen die Bombenschäden als "[w]ounds in the façades of once noble houses." (155)

Auch zerbombte englische Städte werden als verwundete Körper beschrieben – so etwa bei Philip Larkin und Mervyn Peake. Der Protagonist in Philip Larkins Roman *Jill* (1946), John Kemp, nimmt eins der ersten zerbombten Häuser, das er in "Huddleford" sieht, als einen Körper mit Knochen, die wie Dachlatten hervorstehen, wahr: "He looked at the broken bricks, lurching floors and laths sticking out like delicate broken bones."[54] In Mervyn Peakes Gedicht "London, 1941" (1941) wird die Stadt London als eine Frau dargestellt – ihr Körper ein Gebäude aus abblätterndem Putz, aus "crumbling

[51] Cunningham, "Zerbombte Städte", 111. In diesem Zusammenhang ist auch die Kurzgeschichte "The Latehomecomer" (1963) der kanadischen Schriftstellerin Mavis Gallant von Interesse, in der die Mutter des Spätheimkehrers ihrem Sohn gegenüber das Haus, in dem sie in Berlin wohnen, als "an old tooth" beschreibt (150). Auch hier wird der oben erwähnte Zusammenhang zwischen materieller Zerstörung und körperlichem Leid hergestellt: Thomas, der Spätheimkehrer, vergleicht das wie ein alter Zahn aussehende Haus mit dem Zustand der Zähne seiner Mutter: "as ruinous as her own teeth" (150): *The Collected Stories of Mavis Gallant* (New York: Random House, 1996), 144-62. In der Trümmerliteratur stellten auch deutsche Autoren den Zusammenhang her zwischen menschlichem Leid und Gebäude-Ruinen: Siehe dazu Gary L. Baker, "'Als wäre eine Decke weggerissen': Figurative Language in Rubble Literature", *Colloquia Germanica. Internationale Zeitschrift für Germanistik* 36 (2003), 269-85, 280.

[52] Wrenne Jarman, "Threnody for Berlin" (Z. 7-8), in: *Poems of Wrenne Jarman*, mit einem Vorwort von Edmund Blunden (London: Hilary Press, 1970), 40; Peter Krahés Beobachtung nach ein "ganz entfernter Anklang an Wordsworths berühmte Verse [aus "Composed upon Westminster Bridge", 1802] über das morgendlich-friedvoll daliegende London: 'And all that mighty heart is lying still!' Hier ist es nicht die Ruhe des Herzens vor der beginnenden Betriebsamkeit des Alltags, sondern Todesstarre in ihrer Häßlichkeit und mit Folgeerscheinungen, die auch eine Andeutung an Leichenfledderei und Plünderung umfassen." Peter Krahé, "Eine verlorene Stadt. Berlin in der englischen Lyrik der vierziger Jahre", in: Helbig (Hg.), *Welcome to Berlin*, 107-116, 111-13, Zitat 111.

[53] Ross, *The Derelict Day*, 16, hier Z. 8.

[54] Philip Larkin, *Jill*, mit einer Einleitung von Philip Larkin (London: Faber and Faber, 1975), 212. Siehe dazu Cunningham, "Zerbombte Städte", 111f.

brick" und "smashed glass".[55] Anders als die zerstörten Städte in England sind für Spender die Wunden, die die Bomben in Deutschland hinterlassen haben, unheilbar: "The external destruction is so great that it cannot be healed", so schreibt Spender über Köln (RJ, 395). In den englischen Städten werden die Wunden durch das lebendige Treiben der Menschen geheilt: "In England there are holes, gaps and wounds, but the surrounding life of the people themselves fill them up, creating a scar which will heal." (RJ, 396) Die Menschen in Köln hingegen erwecken diese Stadt nicht mehr zum Leben; sie sind Parasiten eines toten Körpers: "instead of forming a scar over the city's wounds, they [the citizens of Cologne] are parasites sucking at a dead carcase, digging among the ruins" (RJ, 395f.).

Das Deutschland nach dem ersten Weltkrieg hatte Spender als zukunftsorientiert und aus den Ruinen Kraft schöpfend wahrgenommen, wie sich der mit Spender befreundete Verleger John Lehmann erinnert: "In his view, Germany, because of her defeat and ruin, had escaped from the mortal sickness of Western civilization, and there youth had started to live again, free of the shackles of the past … If only I came to Germany I would see the beginnings of the new world myself".[56] Hingegen erscheint Spender das Deutschland nach dem zweiten Weltkrieg als lethargisch und im Stillstand. Die Deutschen verharren in der Gegenwart; von Zukunftsorientierung spürt Spender nichts.

Drückt Spender den physischen und geistigen Schaden der Bewohner zerbombter Städte und den Stillstand, den er im Deutschland der unmittelbaren Nachkriegszeit wahrgenommen hat, durch die Gleichsetzung der Ruinen mit leblosen Körpern aus, greifen andere Autoren, die im Gegensatz dazu die Hoffnung auf Neuanfang (in England und in Deutschland) in den Vordergrund rücken, auf Metaphern zurück, die traditionell für 'Neubeginn' stehen: Blumen in den Ruinen signalisieren den Triumph über die Zerstörung. So erblüht in Ion Brabys Roman *Flower in the Gutter* (1951) gleichzeitig mit der ersehnten Ankunft der Amerikaner in Berlin eine Blume inmitten der Trümmerhaufen.[57] In Francis Kings Roman *Punishments* (1989) ist das erneute Erblühen des nach der Zerstörung der Kathedrale von Rosenheim (beschrieben ist hier die Stadt Hildesheim[58]) zunächst 'totgeglaubten' Rosenstocks in den Ruinen der Kathedrale für den deutschen Studenten Jürgen ein Symbol für die 'Auferstehung' der Stadt aus den Ruinen, die er antizipiert: "I can see it as it was and I can see it as it will be again. Yes, wait, wait and see!'" (160) Die Rose markiert die Stelle der Klostergründung im Jahr 815, und ihr erneutes Erblühen ist für Jürgen ein Zeichen der Wiedergeburt der Stadt:

> Between the benches there was a well-kept flower-bed, and behind one of them the vestiges of a wall, its highest section covered with what, at first sight, seemed to be a dead

[55] Mervyn Peake, *Shapes and Sounds* (London: Chatto & Windus, 1941). Siehe Cunningham, "Zerbombte Städte", 111.

[56] John Lehmann, *The Whispering Gallery* (London: Longmans, 1955), 176. Lehmann reiste 1932 schließlich selbst nach Deutschland. Er traf Spender auf Rügen und kehrte nach einem Besuch Berlins nach London zurück: Dzenitis, *Die Rezeption deutscher Literatur in England*, 16.

[57] Braby, *Flower in the Gutter*, 317.

[58] Siehe Blaicher, *Deutschlandbild*, 246 und Kap. II.1.2 dieser Arbeit.

> briar rose, its stock blackened with fire. Jürgen pointed at the wall. 'The cloisters were here. […] This rose was already here in 815 – that is more than a thousand years ago – when Louis the Debonair […] hid his belongings under it. The next day the belongings were missing. You might have supposed that that was a bad omen, but to him it was a good one. So it was here that he founded Rosenheim. When the Cathedral was destroyed with the bombing, the rose tree seemed to be dead. But last year' – he pointed up into the spidery, blackened branches – 'a shoot appeared. Look! Up there! You can all of you see it?' […] High up in a blackened branch, there was a single straggly, yellowish-brown shoot, so sickly-looking that it seemed as if it would be a miracle if it ever survived the winter. 'Will it survive?' I asked. The others looked disapprovingly at me, as though this doubt might in itself jeopardise the rose's future. 'We believe so,' Jürgen said crisply, clearly annoyed with me for having put the question. […] Then he turned to Mervyn: 'Do you have such a rose tree in England?' 'We have many rose trees. Of course we do. But whether we have one as old as this one…'. 'You do not understand me. What I wish to say is, do you have a rose tree that seemed to be dead for two, three years and then suddenly it came to life again?' […] So now you have seen our famous rose tree. I hope that our English friends will have found something symbolic in its rebirth." (165-67)[59]

Zum Zeichen des Neubeginns wird auch die Sonne, die in einem Gedicht von D. J. Enright in die Trümmer der Stadt Berlin Einzug hält und die die Stadt wie "Another World" – so der Titel des Gedichts – erscheinen lässt: "Birds' voices sugar all the city; / Lightly through the complex ruins / The young sun runs."[60] Statt von Besatzungstruppen

[59] Dies ist, so schreibt Valentine Cunningham, der "eponyme Leitgedanke" auch in Jill Paton Walshs Jugendroman *Fireweed* (1984). Das Weidenröschen, das bekannt dafür ist, dass es besonders auf verbranntem Boden wächst (daher die englische Bezeichnung *fireweed*), wird hier "zum Zeichen dafür, wie aus Ruinen Neues entspringen kann": Cunningham, "Zerbombte Städte", 126f. Der homodiegetische Erzähler, der fünfzehnjährige Bill, der zusammen mit einem Mädchen seines Alters (Julia) während des Blitzkrieges in London Unterschlupf sucht, nimmt die durch Bombeneinschläge entstandenen Lücken in den Häuserreihen als Zahnlücken wahr: "Here and there houses I had known all my life had crumbled away, fallen in a heap into their own basements, leaving a lost-tooth gap in the skyline": John Paton Walsh, *Fireweed* (London/Basingstoke: Macmillan, 1984), 31. Der materielle Schaden an den Gebäuden wird also auch hier anthropomorphisiert. Doch so wie Spender in den englischen Kriegsruinen bereits deren 'Heilung' voraussieht, ist auch hier der Blick in die Zukunft ein zuversichtlicher. Inmitten der die St Paul's Cathedral umgebenden Schutthaufen wuchern wilde Blumen, darunter das Weidenröschen: "It is a strange plant; it has its own rugged sort of loveliness, and it grows only on the scars of ruin and flame. I suppose they will build on this again, some day; but I like it best like this; grown over; healed." (127) In den Trümmern seines eigenen Hauses sprießt aus dem durch einen Bombeneinschlag gespaltenen Apfelbaum ein neuer Trieb – auch dies ein Symbol des Lebens und Neubeginns (43). Ähnliche Bedeutung haben im selben Roman die großen sonnenförmigen gelben Farbkleckse ("sun-shaped splashes"), die einem kleinen Jungen, den Bill und Julia bei sich aufgenommen haben, beim Malen auf den Schuttboden tropfen – sie sollen wohl die Rückkehr von Licht und Freude in das Leben in den Ruinen symbolisieren (93).

[60] Dennis J. Enright, "Another World", in: ders., *Some Men are Brothers* (London: Chatto & Windus, 1960), 30-31, v. 2-3.

ist Berlin von der Sonne 'besetzt': "The sleepless people keep the night awake, / As summer's forces occupy the city."[61]

Die Wiederaufbauarbeiten in Deutschland ließen die Ruinen immer mehr verschwinden;[62] damit wandelte sich auch der Blick auf das Deutschland der Nachkriegszeit. Die Menschen, die Spender wenige Monate nach Kriegsende besorgt als Gesellschaft im Stillstand wahrgenommen hatte, waren nun eifrig mit dem Wegschaffen der Trümmer und dem Wiederaufbau beschäftigt. Damit wich die Sorge um eine am Boden liegende Gesellschaft der Besorgnis darüber, dass Deutschland seine Trümmer zu schnell wegschaffen und damit die Erinnerung ausradieren könne, zu eifrig mit Neubauten beschäftigt sei und darüber der Konfrontation mit der unmittelbaren Vergangenheit ausweiche. Statt in die von Freud beschriebenen psychischen Prozesse "Erinnern, Wiederholen und Durcharbeiten",[63] die für eine 'Vergangenheitsbewältigung' notwendigerweise durchlaufen werden müssen, floss, so argumentieren Alexander und Margarete Mitscherlich in ihrer sozialpsychologischen Untersuchung *Die Unfähigkeit zu trauern* (1967), sämtliche Energie der Deutschen nach dem Krieg in den Wiederaufbau ihrer Städte,[64] der ihnen als "Beschäftigungstherapie" diente.[65] Der Wiederaufbau, so schreibt später auch Winfried Sebald, unterband "durch die geforderte Arbeitsleistung sowohl als durch die Schaffung einer neuen, gesichtslosen Wirklichkeit von vornherein jegliche Rückerinnerung, richtete die Bevölkerung ausnahmslos auf die Zukunft aus und verpflichtete sie zum Schweigen über das, was ihnen widerfahren war."[66]

In der Literatur dient der Zustand der Gebäude in deutschen Städten als 'Gradmesser' für die von Alexander und Margarete Mitscherlich beschriebene Verdrängung der Nazi-Vergangenheit. Die Ruine wird als Erinnerungszeichen und Mahnmal gedeutet, ihre Sprengung und andere Formen des 'Unsichtbarmachens', etwa auch ihr Verkauf (wie im Falle der Marmorfragmente aus Hitlers Schreibtisch), als Unterdrückung der Erinnerung. Dies zeigt sich besonders deutlich in Isherwoods *Down there on a Visit*. Als Christopher in der Episode "Paul" im Februar 1952 nach Berlin zurückkehrt, ist es zu dunkel, um während der Fahrt durch die Stadt Bombenschäden erkennen zu können. In seinem Hotel angekommen, nimmt er die erneuerte Hotelfassade und das geschäftige Treiben der Hotelgäste und -pagen als Anstrengung wahr, die Vergangenheit zu verdrängen:

[61] Ebd., v. 15-16.

[62] Siehe dazu ausführlich Jeffry M. Dieffendorf, *In the Wake of War: The Reconstruction of German Cities After World War II* (New York: Oxford UP, 1993).

[63] Sigmund Freud, "Erinnern, Wiederholen und Durcharbeiten", in: *Gesammelte Werke. Chronologisch geordnet, X: Werke aus den Jahren 1913-1917*, hg. von Anna Freud et al. (Frankfurt/M.: Fischer, 1999) [1946], 126-36.

[64] Alexander und Margarete Mitscherlich, *Die Unfähigkeit zu trauern. Grundlagen kollektiven Verhaltens* (München: Piper, 1967), 36.

[65] Margarete Mitscherlich, *Erinnerungsarbeit. Zur Psychoanalyse der Unfähigkeit zu trauern* (Frankfurt: Fischer, 1993) [1987], 14.

[66] Sebald, *Luftkrieg und Literatur*, 15.

> It was too dark to see much bomb-damage as I drove through the streets to my hotel on the Kurfuerstendamm; and, when I arrived there, everything was advertisements and neon lights. The original building had had a new steel and glass front grafted on to its broken face. It seemed much too brightly lit and altogether over-emphatic. There were businessmen with flesh-roll necks and gross cigars, and women deep in make-up and heavy with jewellery, and pageboys darting back and forth like nervous fish; and it seemed to me as if they were all muttering auto-suggestively to themselves, 'nothing has happened – nothing has happened – this is where nothing whatever has happened!' You felt they had almost succeeded in creating a world without a past.[67]

Doch tagsüber, so fährt der Erzähler fort, kann diese Illusion nicht aufrechterhalten werden. Die überdauernden Ruinen machen die Vergangenheit überall in der Stadt sichtbar:

> But their world could only exist at night and by electric light. By daylight, it ceased to convince you. You became too strongly aware of the surrounding bomb-desert which was the real Berlin, the city where everything *had* happened. Thousands of people were living here, in houses and house-fragments and huts and mere holes. They scuttled around the desert, with the Berliner purposefulness and gallows-humour, keeping life going, gradually clearing the rubble away, planning parks and planting trees. I walked across the snowy plane of the Tiergarten – a smashed statue here, a newly-planted sapling there; the Brandenburger Tor, with its red flag flapping against the horizon, the great ribs of a gutted railway station, like the skeleton of a whale. In the morning light, it was all as raw and frank as the voice of History which tells you not to fool yourself; this can happen to any city, to anyone, to you.[68]

Der Ruine wird somit die Funktion zugeschrieben, als Erinnerungsträger und Mahnmal zu dienen. Die Vergangenheit, die die Deutschen zu verdrängen bemüht sind, hält die Ruine bei Tageslicht gegenwärtig.[69]

[67] Isherwood, *Down there on a Visit*, 339f.

[68] Ebd., 340.

[69] Auch in diesem Zusammenhang ist die kanadische Autorin Mavis Gallant von Interesse, die in den frühen 1960er Jahren durch Deutschland reiste (siehe Geoff Hancock, "An Interview with Mavis Gallant", *Canadian Fiction Magazine* 28 (1978), 19-67, 39ff.) und in mehreren ihrer Kurzgeschichten die von den Mitscherlichs wenige Jahre später beschriebenen Abwehrmechanismen, mit denen die Deutschen einer Konfrontation mit der Vergangenheit auswichen, darstellte. In der Kurzgeschichte "The Latehomecomer" (1963) etwa macht der Blick auf die Ruinen den Deutschen, wie in Isherwoods Roman *Down there on a Visit*, die unmittelbare Vergangenheit sichtbar. Trotz ihrer gewaltigen Anstrengungen gelingt es den Deutschen nicht, sämtliche Trümmer wegzuschaffen; diese bleiben sichtbares Zeichen der Vergangenheit. Der Deutsche Willy Wehler rät dem Spätheimkehrer Thomas Bestermann, die Vergangenheit zu vergessen, und sehnt sich selbst danach, in einem unzerstörten Dorf in seiner fränkischen Heimat zu wohnen: "every morning he would look down on his blue store awning, over window boxes stuffed with frilled petunias." (152) In Berlin hingegen, so reflektiert Thomas über seine Zukunft dort, herrscht der Blick auf die Ruinen vor: "The view of ruins will be my view." (160) Mavis Gallant, "The Latehomecomer", in: *The Collected Stories of Mavis Gallant* (New York: Random House, 1996),

Der Wiederaufbau deutscher Städte war auch ein sichtbares Zeichen des deutschen Wirtschaftswunders, dem von außen viele mit Skepsis begegneten. Das Unbehagen, das der Anblick der in Nachkriegsdeutschland zunehmend ichtbaren Aufbauarbeiten bei den britischen Besatzern auslöste, wird in mehreren Texten zum Ausdruck gebracht, so etwa in Kayes *Death in Berlin*, wo die Wahrnehmung der Aufbauarbeiten auch Anlass zur Reflexion von Selbst- und Fremdbildern gibt:

> "It's their industry that frightens me. Haven't you noticed it yet? My dear, in our last army house at home we had to have the place painted and a few odd jobs done. It took over a month; and a large proportion of that time was spent making and drinking tea. It took three full days to put a gate up, and a fourth morning to come back and fetch the tools that were left behind because it was a nuisance carrying tools in a bus during the rush hour! [...] Our country is still too intent upon its tea-breaks and its next pay rise to buckle to. But not the Germans! Have you watched them build a house out here? I have and it scares me. No tea-breaks or "go slow", or a good workman being forbidden by his union to lay more bricks than a mediocre one. No five-day week either! They are willing and eager to work flat out. I watch a gang of German workmen spitting on their hands, and I get a cold feeling in the pit of my stomach. These people are finding their feet again and bursting with confidence. They know where they are going, and just exactly how soon they'll get there. And that's going to be too soon for a lot of us!" (110f.)

In McEwans *The Innocent* führt eine ähnliche Wahrnehmung schließlich zu einer Wandlung des Selbst- und Fremdbildes des Protagonisten, wie sie in Kaye's zeitnäher publiziertem Roman noch nicht vollzogen wird. In *The Innocent* zeigt sich Leonard Marnham, nachdem er persönliche Verbindungen mit Deutschen geknüft hat, schließlich über die ihn zuvor irritierenden Aufbauarbeiten erfreut: "As he crossed Oranienstrasse and saw building work on a cleared site, he was pleased." (46)[70]

So wie die Ruine in ihrem Betrachter Zukunftsvisionen auslösen vermag, kann umgekehrt, wie im Folgenden gezeigt werden soll, die Antizipation von Ruinen die gegenwärtige Planung und Gestaltung von Gebäuden beeinflussen.

144-62. Zu dieser und anderen Kurzgeschichten Gallants, die die fehlende Vergangenheitsbewältigung der Deutschen thematisieren, siehe ausführlich Annette Kern-Stähler, "'The inability to mourn': The Post-War German Psyche in Mavis Gallant's Fiction", in: *Refractions of Germany in Canadian Literature and Culture*, hg. von Heinz Antor, Sylvia Brown, John Considine und Klaus Stierstorfer (Berlin: Walter de Gruyter, 2003), 259-70.

[70] Vgl. McEwan, *The Innocent*, 5 und dazu Kapitel II.

III.2.2.2 Albert Speers 'Theorie vom Ruinenwert': "antizipierte Retrospektion"

Angestoßen durch deutungsbedürftige Gegenwartserfahrungen bewegt sich das Geschichtsbewusstsein, so Jörn Rüsen, "von der Gegenwart in die Vergangenheit, um von ihr her in die Gegenwart zurückkehrend Zukunft erfahrungsgesättigt als Handlungsperspektive eröffnen zu können."[71] Die Vergangenheit wird also für gegenwärtige und zukünftige Entscheidungen herangezogen. Umgekehrt kann die antizipierte Zukunft auch als Orientierungshilfe für die Gegenwart dienen, womit eine weitere Form der Verklammerung von Gegenwart und Zukunft deutlich wird. Geschieht die Antizipation zukünftiger Ereignisse in der Form des Futurum exactum ('was wird geschehen sein?'), verschränken sich Vergangenheit, Gegenwart und Zukunft: "[I]m Vorausentwurf", so schreibt Harald Welzer, wird "auf das imaginativ schon Entstandene zurückgeblickt".[72] Als ein markantes Beispiel dieser von Alfred Schütz als "antizipierte Retrospektion" bezeichneten Verschränkung der Zeitebenen[73] nennt Harald Welzer Albert Speers 'Ruinenwert-Theorie',[74] die Hitlers Architekt 1934 entwickelt hatte, um dem Wunsch seines Bauherrn nachzukommen, mit seinen monumentalen Bauten eine "'Traditionsbrücke' zu künftigen Generationen zu bilden".[75] Bei seiner Planung der Bauwerke berücksichtigte Speer bereits das berechenbare Aussehen im Zustand ihres Verfalls: "Die Verwendung besonderer Materialien sowie die Berücksichtigung besonderer statischer Überlegungen sollten Bauten ermöglichen, die im Verfallszustand, nach Hunderten oder (so rechneten wir) Tausenden von Jahren etwa den römischen Vorbildern gleichen würden."[76] Anstoß dazu gab ihm der Anblick der zerstörten Eisenbetonkonstruktionen, die

[71] Rüsen, *Historische Orientierung*, 9.

[72] Harald Welzer, "Albert Speers Erinnerungen an die Zukunft. Über das Geschichtsbewußtsein einer Führungsfigur des 'Dritten Reiches'", in: Straub (Hg.), *Erzählung, Identität und historisches Bewußtsein*, 389-403, 394.

[73] Alfred Schütz, "Tiresias oder unser Wissen von zukünftigen Ereignissen", in: ders., *Gesammelte Aufsätze*, 2 Bde., Bd. 2: Studien zur soziologischen Theorie, hg. von Arvid Brodersen, Übertragung aus dem Amerikanischen von Alexander von Baeyer (Den Haag: Martinus Nijhoff, 1972), 261.

[74] Welzer, "Albert Speers Erinnerungen an die Zukunft", 395.

[75] Albert Speer, *Erinnerungen* (Berlin: Propyläen, 1969), 69. Siehe dazu auch Werner Durth, *Deutsche Architekten. Biographische Verflechtungen 1900-1970* (Braunschweig/Wiesbaden: Vieweg, 1986), 122f. In einem Interview mit Heinrich Breloer verweist Werner Durth auch auf den von Hitler in *Mein Kampf* formulierten, damit zusammenhängenden Wunsch, "quasireligiöse Orte" zu schaffen: "er […] schreibt, dass auch die politische 'Bewegung' einen Ort braucht wie das Christentum den Petersplatz in Rom und den Petersdom oder wie die islamische Welt ein Mekka mit der Kaaba. Das heißt, er glaubte fest daran, dass die gebaute Dauer all die Führer, all die Missionare überleben und zugleich auch dauerhaft den Ort prägen würde, an dem das kollektive Gedächtnis einer nationalsozialistischen Bewegung vergegenständlicht ist. Und er spricht davon, dass auch seine 'Bewegung' einen solch mythischen Ort wie Rom oder Mekka erschaffen müsse." Heinrich Breloer, *Unterwegs zur Familie Speer. Begegnungen, Gespräche, Interviews* (Berlin: Propyläen, 2005), 517-35, 522.

[76] Speer, *Erinnerungen*, 69. Speer begründet dies wie folgt: "Hitler liebte es zu erklären, daß er baue, um seine Zeit und ihren Geist der Nachwelt zu überliefern. Letztlich würden an die großen

bei der dem Bau des Zeppelinfeldes vorangegangenen Sprengung des Nürnberger Straßendepots sichtbar wurden. In seinen *Erinnerungen* schreibt Speer:

> [D]ie Eiseneinlagen hingen heraus und hatten zu rosten begonnen. Ihr weiterer Verfall war leicht vorstellbar. Dieser trostlose Anblick gab den Anstoß zu einer Überlegung, die ich später unter dem etwas anspruchsvollen Namen 'Theorie vom Ruinenwert' eines Baues Hitler vortrug. Modern konstruierte Bauwerke, das war ihr Ausgangspunkt, waren zweifellos wenig geeignet, die von Hitler verlangte 'Traditionsbrücke' zu künftigen Generationen zu bilden: undenkbar, daß rostige Trümmerhaufen jene heroischen Inspirationen vermittelten, die Hitler an den Monumenten der Vergangenheit bewunderte. Diesem Dilemma sollte meine 'Theorie' entgegenwirken.[77]

Seine antizipierte Retrospektion des verfallenen Zeppelinfeldes ließ Speer zeichnerisch darstellen – den in die Zukunft entworfenen Verfall des Bauwerks, den Hitler von diesem Zeitpunkt an immer mit berücksichtigt haben wollte:

> Zur Veranschaulichung meiner Gedanken ließ ich eine romantische Zeichnung anfertigen: sie stellte dar, wie die Tribüne des Zeppelinfeldes nach Generationen der Vernachlässigung aussehen würde, überwuchert von Efeu, mit eingestürzten Pfeilern, das Mauerwerk hie und da zusammengefallen, aber in den großen Umrissen noch deutlich erkennbar. In Hitlers Umgebung wurde diese Zeichnung als 'Blasphemie' angesehen. Allein die Vorstellung, daß ich für das soeben gegründete tausendjährige Reich eine Periode des Niederganges einkalkuliert hatte, schien vielen unerhört. Hitler jedoch fand die Überlegung ein-

Epochen der Geschichte doch nur noch deren monumentale Bauwerke erinnern, meinte er. Was sei denn von den Imperatoren des römischen Weltreiches geblieben? Was würde für sie heute noch zeugen, wenn nicht ihre Bauten?" Albert Speer, *Erinnerungen* (Berlin: Propyläen, 1969), 68. Auf einem Parteitag 1937 äußerte Hitler, dass die von ihm beauftragten Bauwerke "gleich den Domen unserer Vergangenheit in die Jahrtausende der Zukunft [hineinragen sollen]." Zit. in: Joachim C. Fest, "Albert Speer und die technizistische Unmoral", in: Adalbert Reif, *Albert Speer. Kontroversen um ein deutsches Phänomen* (München: Bernard & Graefe, 1978), 240-57, 246. Der Architekt Wolf Speer, ein Neffe Albert Speers, gibt zu bedenken, dass die im Nürnberger Reichsparteitagsgelände verbauten Steine den Erwartungen der Ruinenwert-Theorie nicht standgehalten hätten: "diese Steine, die da waagerecht stehen, die Platten sind ja jetzt schon vollkommen gesprungen. Dass davon nach tausend Jahren noch irgendetwas übrig sein sollte – das ist normaler Kalkstein, Marmor und Sedimentsteine, die verwandeln sich unter Wassereinfluss mit der Zeit in Kies oder Erde oder Sand. [...] Ein Stein, der halbwegs waagerecht liegt und dem Regen und dem Schnee und dem Eis ausgesetzt ist, der geht nun mal nach fünfzig, sechzig oder hundert Jahren kaputt; das ist ja hier mit den Stufen auch so, man sieht überall die Risse. Und das muss dann renoviert werden, man kann das machen, dann hätte man alle fünfzig Jahre oder meinetwegen alle hundert Jahre eine Riesen-Baustelle gehabt, und dann wäre es doch kein Ruinenwert gewesen." Breloer, *Unterwegs zur Familie Speer*, "Gespräch mit Wolf Speer und Dr. Eckart Dietzfelbinger", 263-71, hier 270 und Anm. 38.

[77] Speer, *Erinnerungen*, 69.

> leuchtend und logisch; er ordnete an, daß in Zukunft die wichtigsten Bauten seines Reiches nach dem 'Ruinengesetz' zu errichten seien.[78]

Aus diesem Grund sah Hitler dann auch für die (nie durchgeführte) Realisierung seines megalomanen Bauvorhabens in Berlin, für die Versammlungshalle in Form eines riesigen Kuppelbaus,[79] als Baustoff Granit vor: "Die große Halle soll so werden, dass die Peterskirche mit dem Platz davor darin verschwinden kann. Wir nehmen als Baustein Granit. Selbst die ältesten Findlinge aus Urgestein in der norddeutschen Ebene zeigen kaum einen Anflug von Verwitterung. Diese Bauten werden, wenn inzwischen nicht wieder das Meer die norddeutsche Ebene überspült, unverändert noch in zehntausend Jahren stehen!"[80]

David Edgars Drama *Albert Speer* (2000),[81] das im Verlauf dieses Kapitels noch näher untersucht werden soll, nimmt Bezug auf Speers 'Theorie vom Ruinenwert'. Im 1. Akt des Dramas erinnert sich Speer während seiner Nürnberger Haft, angeleitet durch den Gefängnis-Geistlichen Georges Casalis, an die Vergangenheit – an sein Architekturstudium, seinen Eintritt in die NSDAP und seine Dienste für Hitler, zunächst als Architekt, dann als Rüstungsminister. Der für das Erinnerungsdrama typischen Verknüpfung von Vergangenheit und Gegenwart wird mit der Ruinenwert-Theorie eine weitere Zeitebene hinzugefügt. Rückblickend erinnert sich Speer an seine Arbeit an den Plänen für die Neugestaltung Berlins und wie er dabei die von Hitler gelobte antizipierte Retrospektion berücksichtigte. Dabei nimmt Speers Entwurf eines Germania-Modells im Drama einen verhältnismäßig großen Raum ein. Hitler, der Speers Architekturbüro mehrfach aufsucht, lobt dieses Modell Speers Frau und Speers Vater gegenüber. Margarete Speer gegenüber betont er die Langlebigkeit der Bauten, die Speer für ihn bauen werde: "Frau Speer, your husband is going to make me buildings that will last a thousand years." (I.4.4) Speers Vater gegenüber hebt Hitler lobend Speers Berücksichtigung der Zukunft seiner Bauten hervor:

[78] Ebd., 68-69. "Noch bevor 'Germania' [...] überhaupt errichtet war", so schreibt Thomas Mathieu, "lagen von den erst geplanten wichtigsten Bauten schon Zeichnungen als Ruinen vor." Thomas Mathieu, *Kunstauffassung und Kulturpolitik im Nationalsozialismus* (Saarbrücken: Pfau, 1997), 281. Ruinenzeichnungen beschäftigten Speer auch während seiner Haft in Nürnberg: Albert Speer, *Spandauer Tagebücher* (Frankfurt am Main/Berlin: Propyläen, 1975), 160. Siehe dazu Welzer, "Albert Speers Erinnerungen an die Zukunft", 396f.

[79] "Der Durchmesser der Kuppel sollte 250 Meter betragen. Darunter konnten sich auf einer rund 38000 Quadratmeter großen frei überwölbten Fläche über 150000 Menschen stehend versammeln": Speer, *Erinnerungen*, 88.

[80] Werner Jochmann (Hg.), *Adolf Hitler. Monologe im Führerhauptquartier 1941-1944. Die Aufzeichnungen von Heinrich Heims* (Hamburg: Knaus, 1980), 101 (Eintrag 42, vom 21./22.10. 1941). Speer schreibt in seinen *Erinnerungen*, dass er eine Bestätigung für das Ausmaß der geplanten Bauten in den Tempeln auf Sizilien fand: "Beim Anblick der Tempelbauten von Selinunt und Agrigent stellte ich erneut und nicht ohne innere Befriedigung fest: auch die Antike war nicht frei von megalomanischen Anwandlungen; die Griechen der Kolonien verließen hier sichtlich die im Mutterland gerühmten Grundsätze des Maßes." Speer, *Erinnerungen*, 161f.

[81] David Edgar, *Albert Speer* (London: Nick Hern Books, 2000). *Albert Speer* wurde am 16. Mai 2000 am National Theatre (Lyttleton) in London unter der Regie von Trevor Nunn uraufgeführt.

> My esteemed Herr Speer. Your son is a philosopher. He builds with distant posterity in mind. He makes drawings of how the ruins of his buildings might appear when overgrown, abandoned, in a thousand years from now. Like the Pyramids or Agrigento or the Parthenon. What is left of a great age but its monuments? Your son has understood that. He is creating them. (I.5)

Interessant ist in diesem Zusammenhang, dass die Ruinenwert-Theorie in Stephen Spenders *Journals* in seiner Beschreibung des Ruinen-Tourismus eine seltsame Bestätigung erfährt, wenngleich – und hierin liegt die besondere Relevanz seiner Wahrnehmung für diese Arbeit – die zeitliche Distanz zu den Ruinen der Zukunft in seiner Schilderung in einer Art Zeitraffer zu einer Vergegenwärtigung der zukünftigen Vergangenheit zusammengestaucht ist. "The Reichstag and the Chancellory", so schreibt er, "are already sights for sightseers, as they might well be in another five hundred years." (EW, 235) Spender sieht in den Ruinen des NS-Regimes eine mysteriöse und nicht zuletzt auch mythische Qualität, die auch hier bereits eine spekulative Retrospektive provoziert, wie sie von Speer und Hitler in die ferne Zukunft projiziert worden war:

> They [i.e. the Reichstag and the Chancellory] are the scenes of a collapse so complete that it already has the remoteness of all final disasters which make a dramatic and ghostly impression whilst at the same time withdrawing their secrets and leaving everything to the imagination. The last days of Berlin are as much matters for speculation as the last days of an empire in some remote epoch: and one goes to the ruins with the same sense of wonder, the same straining of the imagination, as one goes to the Colosseum at Rome. (EW, 235)

Das imaginative Bedeutungspotential von Ruinen in antizipierter Retrospektion wie es hier erneut deutlich wird, sondiert auch der britisch-jüdische Dramatiker Peter Barnes im zweiten Teil ("Auschwitz") seines kontrovers diskutierten Dramas *Laughter*, das 1978 am Royal Court Theatre in London uraufgeführt wurde. In der letzten Szene vor dem Epilog antizipiert Viktor Cranach, einer der im Lager Oranienburg für die Materialverwaltung von Auschwitz zuständigen Bürokraten, die Retrospektion zukünftiger Touristen, die sich die Ruinen des Konzentrationslagers von Auschwitz ansehen werden:

> In centuries to come when our complexes at Auschwitz're empty ruins, monuments to a past civilisation, tourist attractions, they'll ask, like we do of the Inca temples, what kind of men built and maintained these extraordinary structures. They'll find it hard to believe they weren't heroic visionaries, mighty rulers, but ordinary people, people who liked people, people like them, you, me, us.[82]

[82] Peter Barnes, *Laughter*, in: Peter Barnes, *Collected Plays. With Barnes' People: Seven Monologues and an Introduction* (London: Heinemann, 1978), 339-412, 409. Zu Barnes siehe etwa Bernard F. Dukore, *Barnestorm. The Plays of Peter Barnes* (New York/London: Garland, 1995), zu *Laughter* 40-47; ders., *The Theatre of Peter Barnes* (London/Exeter: Heinemann, 1981), 31-

Hier ist zunächst wichtig festzuhalten, dass Cranach seine Ruinenvision im Jahr 1942 hat, einem Jahr, in dem die Niederlage Deutschlands noch nicht abzusehen war. Daraus folgt zum einen, dass in seiner Vision Auschwitz wohl nur deshalb in Ruinen liegt, weil es seine 'Nützlichkeit' überlebt hat, d. h. weil die 'Endlösung' umgesetzt wurde und kein Bedarf mehr an vergleichbar effizienten Vernichtungslagern besteht. Zum anderen lässt dies auch auf die Geisteshaltung der imaginierten zukünftigen Touristen schließen, die in einer Welt angesiedelt werden, in der das Dritte Reich längere Zeit Fortbestand hatte. Dies ist, in Analogie zu Speers Theorie, die erste Voraussetzung, unter der diese 'Vision' zu verstehen ist. Dass als Baumeister der in Ruinen liegenden Architektur nicht die Mächtigen erinnert werden, sondern der 'Normalbürger' (jenes du und ich und wir), ist gleichzeitig ein (von Cranach unbeabsichtigtes) Eingeständnis der Mitverantwortung an dem dort verübten Genozid. Diese war im Drama auf eindringliche Weise durch einen Repräsentanten der Krupp-Werke aufgedeckt worden, der geradezu in einem Wahn die Bedeutung der Kürzel und Zahlen, mit denen Cranach und seine Kollegen stündlich umgehen, für sie aufgelöst hatte und in einer erschütternden Schilderung der Gaskammern und ihres Betriebs die genaue Nutzung der verwalteten Materialien aufgedeckt hatte:

> If you could see the dead roasted behind Roman numerals I/1 to Roman numeral XXX/185 you'd run chicken-shitless. [...] I'm going to split your minds to the sights, sounds and smells of Auschwitz. [...] You piss-legs haven't the pepper to stay in WVHA Amt C knowing every file you touch's packed high with oven-stacked corpses. No way then to hide behind the words and symbols.[83]

Der Unmittelbarkeit der Schilderung kann sich Cranach nur entziehen, indem er die tröstliche Anonymisierung von technischen Kürzeln wiederherstellt:

> We're Civil Servants, words on paper, not pictures in the mind, memo AS/7/42 reference SR 273/849/6. [...] 'Gas-chambers', 'fire-ovens', 'ramps', he's using words to make us see images, words to create meanings, not contained in them" [...] CP(3)m is CP(3)m. Two capitals, a bracket round an Arabic numeral and a small letter 'm', the rest is the schnapps talking.[84]

38; Brian Woolland, *Dark Attractions. The Theatre of Peter Barnes* (London: Methuen, 2004), 65-84. Speziell zum Epilog siehe Edward R. Isser, *Stages of Annihilation. Theatrical Representations of the Holocaust* (Madison: Farleigh Dickinson University Press; London: Associated University Presses, 1997), 60-61.

[83] Barnes, *Laughter*, 402.

[84] Ebd., 406. Vivian M. Patraka schreibt dazu: "The language of termination is so abstracted [...] that it neutralizes the significance of information and precludes the imagining of atrocity.": Vivian M. Patraka, *Spectacular Suffering. Theatre, Fascism, and the Holocaust* (Bloomington: Indiana UP, 1999), 28f. Siehe auch ebd., 42f. Ähnlich schreibt dazu Robert Skloot: "the horror of atrocity *can be neutralized* if it is referred to in language detached from serious feeling, and [...] no institution does this to greater effect than governmental bureaucracies." Robert Skloot, *The*

Dass auch Auschwitz zu einem Kürzel, einer 'narrativen Abbreviatur', geworden ist,[85] hinter der sich jene "pictures in the mind" verbergen, denen Cranach sich hier zu verschließen sucht, ist eine der Ironien, mit denen Barnes arbeitet.

Darkness We Carry. The Drama of the Holocaust (Madison: University of Wisconsin Press, 1988), 65.

[85] Siehe etwa A. Assmann, *Erinnerungsräume*, 329: "Der Name Auschwitz ist inzwischen zu einem Kürzel für den fabrikmäßigen Massenmord der Nazis an Juden und anderen ausgegrenzten und wehrlosen Opfern geworden."

III.3 Nürnberg: Die Freilegung und Verknüpfung von Erinnerungsschichten durch Literatur

III.3.1 Die 'Lesbarkeit' Nürnbergs als Palimpsest

> A palimpsest [...] is a membrane or roll cleansed of its manuscript by reiterated successions. [...] They expelled the writing sufficiently to leave a field for the new manuscript, and yet not sufficiently to make the traces of the elder manuscript irrevocable for us. (Thomas de Quincey, "The Palimpsest of the Human Brain", 341, 343)

Mit der Vorstellung des Palimpsests, das de Quincey im 19. Jahrhundert als Gedächtnismetapher wählte,[1] lässt sich auch die sukzessive Überlagerung verschiedener Erinnerungsschichten Nürnbergs beschreiben. Nürnberg ist die Stadt Albrecht Dürers, der Meistersinger und der Reichskleinodien, die Stadt der megalomanen Bauten des Dritten Reich und der Reichsparteitage, die zerbombte Stadt (im Krieg zu 85% zerstört[2]), die Stadt der Nürnberger Gesetze und der Nürnberger Prozesse.[3] Wie bei einem Palimpsest

[1] "What else than a natural and mightly palimpsest is the human brain? [...] Everlasting layers of ideas, images, feelings, have fallen upon your brain softly as light. Each succession has seemed to bury all that went before. And yet, in reality, not one has been extinguished." Thomas de Quincey, "The Palimpsest of the Human Brain", in: *The Collected Writings of Thomas de Quincey*, neue erweiterte Ausgabe, 14 Bde., hg. by David Masson, Bd. XIII: Tales and Prose Phantasies (Edinburgh: Adam and Charles Black, 1890), 340-49, 346. Zuerst erschienen, unter dem Titel "The Palimpsest", im *Blackwood's Magazine* im Juni 1845. Siehe dazu ausführlich Josephine McDonagh, "Writings on the Mind: Thomas de Quincey and the Importance of the Palimpsest in Nineteenth Century Thought", *Prose Studies* 10.2 (1987), 207-24 und Thomas A. Reisner, "De Quincey's Palimpsest Reconsidered", *Modern Language Studies* 12.2 (1982), 93-94.

[2] Ray D'Addario, *Nürnberg: Damals – Heute. 116 Bilder zum Nachdenken*, 7., aktualisierte Aufl. (Nürnberg: Verlag Nürnberger Presse, 1997) [1970], 5-8, 116f. Mehr noch als Nürnberg gilt Dresden (in der Nacht vom 13. auf den 14. Februar durch zwei Angriffe der *Royal Air Force* zu einem großen Teil zerstört) als Ort der Zerstörung durch Luftangriffe und als 'Metonym für Flächenbombardierung': Donald Bloxham, "Dresden as a War Crime", in: *Firestorm. The Bombing of Dresden, 1945*, hg. von Paul Addison und Jeremy A. Crang (London: Pimlico, 2006), 180-208, 182. Siehe dazu auch die Rezension "Logics of War" von Ian Garrick Mason im *Times Literary Supplement* vom 28. April 2006, 26. Nachdem über den Luftkrieg lange Zeit in der Öffentlichkeit geschwiegen worden war, erinnerten zunächst W. G. Sebalds *Luftkrieg und Literatur* (1999) und Jörg Friedrichs *Der Brand: Deutschland im Bombenkrieg* (Berlin: Propyläen, 2002) erneut daran. Friedrichs Publikation wurde v. a. wegen seiner Sprache, die den Bombenkrieg mit dem Holocaust assoziiert (vgl. den Titel *Der Brand*, die Bezeichnung der Bombardierung deutscher Bibliotheken als 'Bücherverbrennung', der Luftschutzbunker als 'Krematorien'), heftig kritisiert. Siehe dazu ausführlich Lothar Kettenacker (Hg.), *Ein Volk von Opfern? Die neue Debatte um den Bombenkrieg 1940-45* (Berlin: Rowohlt, 2003); Huyssen, "Air War Legacies", 167-72 und Daniel Johnson, "Breaking the silence", *Times Literary Supplement* vom 25. April 2003: http://www.tls.timesonline.co.uk/printFriendly/=,,2180-23196-1912447-23196,00html (10. 06.2006).

[3] Katja Czwarnowski, "Nürnberg – 'Gemauerte Chronik' oder 'Abfallhaufen der Geschichte'?", in: *Steinbruch. Deutsche Erinnerungsorte. Annäherung an eine deutsche Gedächtnisgeschichte*,

können die einzelnen Schichten wieder sichtbar gemacht werden; welche Spuren der Vergangenheit freigelegt und akzentuiert werden, ist von der Perspektive der jeweiligen Gegenwart abhängig.

Wie jeder Ort erhält Nürnberg "seine Bedeutung und seinen Sinn erst durch seine Bezüge und seine Stellung inmitten sich immer neu formierender Konstellationen".[4] Als 'Gedenkort' versperrt sich Nürnberg – anders als 'traumatische Orte', deren Geschichte, so Aleida Assmann, "nicht erzählbar ist"[5] –, nicht der affirmativen Sinnbildung, sondern kann zu einem Element von Erzählungen werden, die solche Orte deuten und ihre Überlieferung sichern.[6]

Die Nationalsozialisten stellten die Reichsparteitage in die Tradition der Reichstage des Heiligen Römischen Reichs und wussten die geschichtsträchtige Stadt ('des Reiches Schatzkästlein') als Kulisse für ihre Aufmärsche zu nutzen.[7] Nürnberg wurde zum wichtigsten Versammlungsort und zur Symbolstadt der Nationalsozialisten, die dort am 15.9.1935 die 'Rassegesetze' beschlossen. Diese 'Schicht' der Stadt Nürnberg ist, so hebt Anne Kosfeld hervor, in der deutschen Erinnerung durchaus präsent, während sie im Ausland von einer späteren 'Schicht' überlagert ist: Nürnberg gilt "in der Erinnerung der Deutschen – neben vielem anderen – bis heute als *der* Symbolort der NS-Herrschaft und -Gefolgschaft", während das Ausland "seine Erinnerung an Nürnberg lange auf das *Nuremberg Trial* reduzierte."[8] Eine Erklärung dafür könnte darin liegen, dass die Amerikaner aus der Symbolstadt der Nationalsozialisten eine Symbolstadt der Siegermächte gemacht hatten. So war es "ein symbolischer Akt, daß die US-Truppen am 20. April 1945, am Geburtstag des Führers, Nürnberg als die Hauptstadt seiner Partei einnehmen wollten und daß sie noch am selben Tag eine Siegesparade abhielten";[9] und für die Wahl der Alliierten, Nürnberg als Ort des Gerichts über die als Hauptkriegsverbrecher angeklagten Deutschen zu machen, sprach neben sicherheitstechnischen Gründen[10] maßgeblich auch die symbolische Bedeutung der Stadt:

hg. von Constanze Carcenac-Lecomte, et al. (Frankfurt / M.: Lang, 2000), 167-85, 167. Zur Stadt als Palimpsest siehe weiter José Muňoz Millanes, "The City as Palimpsest", aus dem Spanischen übersetzt von Jason Weiss, *Ciberletros* 3 (August 2000), o. S.

4 Etienne François und Hagen Schulze, "Einleitung" zu dies. (Hgg.), *Deutsche Erinnerungsorte*, 3 Bde. (München: Beck, 2001), Bd. 1, 9-24, 18.

5 A. Assmann, *Erinnerungsräume*, 328f.

6 Ebd., 309.

7 Siehe etwa Dieter Wuttke, *Nuremberg: Focal Point of German Culture and History. A Lecture / Nürnberg als Symbol deutscher Kultur und Geschichte. Ein Vortrag*, GRATIA. Bamberger Schriften zur Renaissanceforschung, 16 (Bamberg: H. Keiser-Verlag, 1987).

8 Anne G. Kosfeld, "Nürnberg", in: François, Schulze (Hgg.), *Deutsche Erinnerungsorte*, Bd. 1, 68-85, 83. Für Kosfeld ist die im Jahr 1986 eröffnete Ausstellung im New Yorker Metropolitan Museum über "Nürnberg 1300-1500. Kunst der Gotik und der Renaissance" ein deutliches Anzeichen dafür, dass die Amerikaner "langsam auch andere Phasen der Nürnberger Geschichte in Augenschein […] nehmen." (ebd.)

9 Wuttke, *Nuremberg: Focal Point of German Culture and History*, 12.

10 In Nürnberg war neben dem Justizpalast auch das Gefängnis erhalten geblieben, das durch einen unterirdischen Gang mit dem Justizpalast verbunden ist.

> Schauplatz großer Aufmärsche während der Reichsparteitage, war Nürnberg zum wichtigsten Versammlungsort der Bewegung geworden und erlebte, als die Prozesse am 1. September 1945 gegen 22 Hauptangeklagte, darunter Göring, Heß und Speer, begannen, daß nicht nur über die wenigen Jahre der totalitären Diktatur, sondern symbolisch über die deutsche Ideologie gerichtet wurde, die tausend Jahre Reichsgeschichte in die Waagschale ihrer historischen Mission geworfen hatte. [...] Das repräsentative, öffentliche Gesicht der Bewegung, wie es sich auf den Reichsparteitagen inszeniert und präsentiert hatte, wurde dort, wo es entstanden und sich bombastisch dargestellt hatte, jetzt auch vernichtet.[11]

Nürnberg sollte nunmehr zum 'Symbol des Friedens und des Verständnisses' unter den 'Nationen und Völkern' werden, wie der Chefankläger des Nürnberger Hauptkriegsverbrecherprozesses, US-Bundesrichter Robert H. Jackson, in seiner viel zitierten Eröffnungsrede formulierte.[12] Mit dem Nürnberger Prozess gegen die Hauptkriegsverbrecher (20. November 1945 bis 1. Oktober 1946), in dem gegen 24 Einzelpersonen und sechs verbrecherische Organisationen von einem alliierten Militärtribunal Anklage erhoben wurde,[13] hoffte man – ebenso wie mit dem Internationalen Militärtribunal für

[11] Kosfeld, "Nürnberg", 83. Interessant ist in diesem Zusammenhang auch ein Tagebucheintrag Evelyn Waughs während seines Besuchs der Nürnberger Prozesse am 31.3.1946: "We drove to the Sports Palace which is intact but probably due for demolition – typical modern functional magnificence designed for mass parades, now full of German Jews in American uniforms photographing one another in the act of giving the Nazi salute from Hitler's rostrum. About eighty per cent of the Americans in Nuremberg seem to be Jews, for they alone speak German. A walk with Baedeker in the old town trying to identify the ruins": *The Diaries of Evelyn Waugh*, hg. von Michael Davie (London: Weidenfeld & Nicolson, 1976), 645.

[12] Zit. bei Klaus Kastner und Ray D'Addario, *Der Nürnberger Prozeß. Das Verfahren gegen die Hauptkriegsverbrecher 1945-1946 mit 200 Abbildungen* (Nürnberg: Hofmann, 1994), 47.

[13] Die Aufgabe des Gerichtshofes war, laut Londoner Abkommen vom 8. August 1945, das die Zuständigkeit, die Zusammensetzung und das Verfahren des Gerichtshofs regelte, die Verurteilung der Hauptkriegverbrecher der Europäischen Achse: Yves Beigbeder, *Judging War Criminals. The Politics of International Justice* (Houndmills, Basingstoke/London: Palgrave Macmillan, 1999), 33. Fern von der Anklagebank blieben Gustav Krupp von Bohlen und Halbach (nicht verhandlungsfähig), Martin Bormann (*in absentia* verurteilt) und Robert Ley, der sich am 25.10.1945 in seiner Zelle erhängt hatte: Joe J. Heydecker, Johannes Leeb, *Der Nürnberger Prozeß. Neue Dokumente, Erkenntnisse und Analysen* (Köln: Kiepenheuer & Witsch, 1979), 106. Zu den Nürnberger Prozessen siehe weiter Donald Bloxham, *Genocide on Trial. War Crime Trials and the Formation of Holocaust History and Memory* (Oxford: Oxford University Press, 2001); Bradley Smith, *The Road to Nuremberg* (London: Andre Deutsch, 1982); ders., *Reaching Judgment at Nuremberg* (New York: Basic Books, 1977); Telford Taylor, *The Anatomy of the Nuremberg Trials* (London: Bloomsbury, 1993); Ann and John Tusa, *The Nuremberg Trial* (London: Atheneum, 1983); George Ginsburgs and V. N. Kudriavtsev (Hgg.), *The Nuremberg Trial and International Law* (Dordrecht: Martinus Nijhoff, 1999). Im Anschluss an den Hauptkriegsverbrecherprozess fanden die 12 Nürnberger Nachfolgeprozesse statt, die mit dem letzten Urteil am 11. April 1949 beendet wurden. Siehe dazu weiter etwa Bloxham, *Genocide on Trial*, 49-52; Telford Taylor, *Die Nürnberger Prozesse* (Zürich 1951), 50-116; Jörg Friedrich, *Die kalte Amnestie. NS-Täter in der Bundesrepublik* (München /Zürich: Piper, 1994), 52ff.

den Fernen Osten in Tokio gegen die Hauptkriegsverbrecher des Krieges im asiatisch-pazifischen Raum, die unter amerikanischer Oberhoheit von Mai 1946 bis November 1948 durchgeführt wurden[14] – deutliche Zeichen zur Abschreckung und Prävention zu setzen.[15] Erstmals wurden Staatsmänner persönlich für Kriegsverbrechen und Verbrechen gegen die Menschlichkeit zur Rechenschaft gezogen und bestraft,[16] und Verbrechen gegen die Menschlichkeit wurden hier zum ersten Mal nicht als Kriegsverbrechen behandelt, sondern als eigenständiger Anklagepunkt definiert.[17]

[14] Beigbeder, *Judging War Criminals*, 50-75. Siehe dazu auch Arnold C. Brackman, *The other Nuremberg. The untold story of the Tokyo war crimes trial* (London: Collins, 1989). Zu Unterschieden zwischen diesen beiden Internationalen Militärtribunalen siehe M. Cherif Bassiouni, Das 'Vermächtnis von Nürnberg': eine historische Bewertung fünfzig Jahre danach", in: Gerd Hankel, Gerhard Stuby (Hgg.), *Strafgerichte gegen Menschheitsverbrechen. Zum Völkerstrafrecht 50 Jahre nach den Nürnberger Prozessen* (Hamburg: Hamburger Edition, 1995), 15-38, 15.

[15] Beigbeder, *Judging War Criminals*, S. 152.

[16] "In der deutschen Rechtsterminologie hat man für diese neue Kategorie des Strafrechts mit Durchgriffswirkung den Begriff 'Völkerstrafrecht' geprägt." Christian Tomuschat, "Von Nürnberg nach Den Haag", in: *Von Nürnberg nach Den Haag. Menschenrechtsverbrechen vor Gericht. Zur Aktualität der Nürnberger Prozesse*, hg. vom Nürnberger Menschenrechtszentrum in Zusammenarbeit mit der Stadt Nürnberg/Jugendzentrum für politische Bildung und der Evangelischen Akademie Tutzing, mit einer Einleitung von Rainer Huhle (Hamburg: Europäische Verlagsanstalt, 1996), 93-115, 94.

[17] Die Notwendigkeit der Unterscheidung erläutert Alain Destexhe wie folgt: "This [crimes against humanity] is not an elimination of individuals because they are political adversaries, or because they hold to what are regarded as false beliefs or dangerous theories, but a crime directed against the person as a person, against the very humanity of the individual victim. Thus it cannot be categorised as a war crime." Alain Destexhe, *Rwanda and Genocide in the Twentieth Century*, übersetzt von Alison Marschner, Vorwort von William Shawcross (New York: New York University Press, 1995), 4. Kriegsverbrechen waren erstmalig 1907 in der *The Hague Convention* definiert worden: ebd., 3. Genozid als besonderer Verstoß gegen die Menschenrechte wurde, unter dem Einfluss der Nürnberger Prozesse, auf der Genocide Convention von 1948 von den Vereinten Nationen als gesonderter Anklagepunkt festgelegt: Beigbeder, *Judging War Criminals*, 3; Destexhe, *Rwanda and Genocide*, 4. Der Begriff Genozid wurde von Raphael Lemkin, einem Berater des US-Kriegsministeriums, in seiner Veröffentlichung *Axis Rule in Occupied Europe* (1944) geprägt (ebd., 3-4). Der heute unterschiedlich definierte Begriff bezeichnet für Lemkin "a criminal act, [...] with the intention of destroying [...] an ethnic, national or religious group [...] targeted as such" und impliziert "the intention to completely exterminate the chosen group. Genocide is therefore both the gravest and the greatest of the crimes against humanity." (ebd., 4f. und App. 1). Zu Lemkin siehe ausführlich auch Dominik J. Schaller, "Genozidforschung: Begriffe und Debatten", in: ders. et al. (Hgg.), *Enteignet – Vertrieben – Ermordet. Beiträge zur Genozidforschung* (Zürich: Chronos, 2004), 9-26, 9-13. Eine Rede Churchills hatte Lemkin dazu inspiriert, einen Terminus für die von Churchill "crime without a name" bezeichneten Verbrechen zu finden: ebd., 11. Siehe auch Steven L. Jacobs, "Raphael Lemkin and the Armenian Genocide", in: Richard G. Hovannisian (Hg.), *Looking Backward, Moving Forward. Confronting the Armenian Genocide* (New Brunswick/London: Transaction, 2003), 125-135; A. Dirk Moses, "The Holocaust and Genocide", in: *The Historiography of the Holocaust*, hg. von Dan Stone (Houndmills, Basingstoke: Palgrave Macmillan, 2004), 533-55, 535-40.

Die im Nürnberger Prozess vertretenen Rechtsgrundsätze sollten zur Grundlage eines neuen Völkerrechts werden.[18] Evelyn Waugh, der das Prozessgeschehen in Nürnberg einen Tag lang beobachtete, fragte sich am Vorabend des ersten Prozesstages: "Are we, in this shattered old German town, on the eve of a great event in history? Will the trial of the Nazi war criminals, which starts tomorrow in the local Courthouse, establish – as some believe – principles as important to mankind as Magna Carta, the Bill of Rights, and habeas corpus?"[19] Tatsächlich wurden die für den Nürnberger Prozess maßgeblichen Rechtsgrundsätze bereits kurz nach dem Urteil von der Generalversammlung der Vereinten Nationen in einer Resolution bestätigt.[20] Die 1950 von der Völkerrechtskommission der Vereinten Nationen (International Law Commission) in sieben Prinzipien formulierten Grundsätze (*Nuremberg Principles*)[21] erhielten damit die universale Gültigkeit, die Robert Jackson in seiner Eröffnungsrede des Hauptkriegsverbrecherprozesses mehrfach angemahnt hatte. Mit dem Namen Nürnberg ist seither auch die völkerrechtliche Ächtung von Menschenrechtsverletzungen verbunden: Nürnberg gilt als 'Geburtsort' eines neuen Völkerrechts.[22] Die Nürnberger Prinzipien gewannen an Bedeutung, als der Sicherheitsrat der Vereinten Nationen Ad-hoc-Tribunale 1993 für das ehemalige Jugoslawien und 1994 für Ruanda einsetzte, und sie bilden die "Grundlage des am 11. März 2003 eröffneten Ständigen Internationalen Strafgerichtshofs",[23] auf dessen Einrichtung sich am 17. Juli 1998 120 Staaten auf der UN Diplo-

[18] Siehe hierzu auch Heribert Ostendorf, "Die Bedeutung der Nürnberger Prozesse für die Strafverfolgung von Kriegsverbrechen durch die UN", in: Gerd R. Ueberschär (Hg.), *Der Nationalsozialismus vor Gericht. Die alliierten Prozesse gegen Kriegsverbrecher und Soldaten 1943-1952* (Frankfurt: Fischer, 1999), 262-74; Paul Betts, "Germany, International Justice and the Twentieth Century", *History & Memory* 17 (2005), 45-86, 73-77 und Norbert Frei, "Before and After Nuremberg", *Journal of Contemporary History* 38 (2003), 333-35.

[19] Waugh, *Diaries*, 290. Auch Erich Kästner war sich der Geschichtsträchtigkeit des Hauptkriegsverbrecherprozesses, über den er Bericht erstattete, bewusst: "Endlich stehe ich in dem Saal, in dem der Prozeß stattfinden wird. In dem einmal, Jahrhunderte später, irgendein alter, von einer Touristenschar umgebener Mann gelangweilt herunterleiern wird: 'Und jetzt befinden Sie sich in dem historischen Saal, in dem am 20.November des Jahres 1945 der erste Prozeß gegen Kriegsverbrecher eröffnet wurde […]'": Erich Kästner, "Streiflichter aus Nürnberg", *Die Neue Zeitung*, 1. Jg., Nr. 11, am 23.11.1945, in: *Das Jahr '45. Dichtung, Bericht, Protokoll deutscher Autoren*, hg. von Hans Rauschning (Gütersloh: Bertelsmann, 1970), 282-89, 284.

[20] Resolution 95 (I) vom 11.12.1946.

[21] "Principles of International Law Recognized in the Charter of the Nürnberg Tribunal and in the Judgment of the Tribunal", in: *The Work of the International Law Commission*, 4. Aufl. (New York: United Nations, 1988), 140-41.

[22] Kosfeld, "Nürnberg", in: *Deutsche Erinnerungsorte*, 68-85, 69; Susanne Karstedt, "The Nuremberg Tribunal and German Society: International Justice and Local Judgment in Post-Conflict Reconstruction", in: David A. Blumenthal und Timothy L. H. McCormack (Hgg.), *The Legacy of Nuremberg: Civilising Influence or Institutionalised Vengeance?* (Leiden/Boston: Martinus Nijhoff, 2008), 13-35, 14.

[23] Siehe dazu Beigbeder, *Judging War Criminals*, 186-99. Zum Jugoslawien-Tribunal siehe Bernhard Graefrath, "Jugoslawien und die internationale Strafgerichtsbarkeit", in: Hankel, Stuby (Hgg.), *Strafgerichte gegen Menschheitsverbrechen*, 295-324, 297-303.

matic Conference in Rom geeinigt hatten.[24] Hätte Nürnberg, wie im November 1997 in der Presse angekündigt, seine Bewerbung um den Sitz des Internationalen Strafgerichtshofs eingereicht, hätte dies den mit den *Nuremberg Principles* verbundenen Symbolcharakter weiter verstärkt.[25]

Literatur vermag einzelne Schichten des 'Palimpsests Nürnberg' freizulegen, zu akzentuieren und miteinander zu verknüpfen. Während jede einzelne Schicht Nürnbergs als solche gleich bleibt, unterliegt sie in der Wahrnehmung des Einzelnen stetigem Wandel, denn die einzelnen Schichten werden von immer neuen Erfahrungen und Erwartungen überlagert. Nürnberg erhält Sinn durch die diese Stadt deutenden Geschichten – durch historisches Erzählen.

In dem 1991 am Londoner Holborn Theatre for Performing Arts uraugeführten Drama *A Dead Woman on Holiday* der britisch-jüdischen Dramatikerin Julia Pascal, das den zweiten Teil ihrer *Holocaust Trilogy* bildet, wird Nürnberg in seiner Vielschichtigkeit präsentiert.[26] Nürnberg erscheint hier als Erinnerungsort kultureller Güter und Produktion, als Ort der Nazigewaltherrschaft, als Ort der deutschen Niederlage (als Stadt in Ruinen) und schließlich als Ort der Nürnberger Prozesse.

Die Handlung des Dramas spielt im Jahr 1945. Im Prolog des Dramas gerieren sich zwei Kabarettisten als Touristenführer, die ihr Publikum in Nürnberg willkommen heißen. Allerdings beziehen sie sich für ihre Informationen über Nürnberg auf einen veralteten Reiseführer, auf den Baedeker von 1936. Neben Bemerkungen über Kulturgrößen wie Dürer, die Meistersinger und kulinarische Spezialitäten wie Nürnberger Lebkuchen (55-57) wird dort mit einem Verweis auf das Reichsparteitagsgelände ("Party Rally Grounds", 55) auch auf ein Monument der Naziherrschaft aufmerksam gemacht. Durch die Aufzählung der für die Bedeutung Nürnbergs aufgerufenen höchst disparaten Reiseführer-Informationen wird "das Versagen der bürgerlichen Werte- und Lebensgemeinschaft während der nationalsozialistischen Gewaltherrschaft"[27] erkennbar: Die Kulturstadt war zur Kulisse für die Reichsparteitage und zur Stadt der 'Rassegesetze' geworden.

Die Überlagerung des Kulturstadt-Image durch die Naziherrschaft im Nürnberg des Jahres 1936 wird in den aus dem Baedeker vorgetragenen Auszügen auch für das nicht allzu weit entfernt liegende München betont. Dort – heißt es – sei das Nationaltheater in der Residenz zu besichtigen: "here there is a small auditorium of rare charm and rococo decoration. Close to this is the memorial to the 16 National Socialists who fell in the fighting of 1933." (57) Auch einen Besuch der Alten Pinakothek solle der Tourist in München nicht versäumen. Dort zu sehen seien ebenfalls Schätze europäischer Kultur, darunter Meisterwerke von Rubens; die Titel einiger Werke dieses flämischen Malers werden von den beiden Kabarettisten genannt:

[24] Ebd., 186-99.

[25] Mit der Vergabe eines internationalen Menschenrechtspreises alle zwei Jahre und mit der Einweihung einer 'Straße der Menschenrechte' vor dem Germanischen Museum präsentiert sich Nürnberg heute auch als Friedensstadt: Czwarnowski, "Nürnberg", 183f.

[26] Julia Pascal, *The Holocaust Trilogy* (London: Oberon, 2000), 51-100.

[27] Kosfeld, "Nürnberg", 68.

> ONE: ... 'Massacre of the Innocents',
> TWO: ... 'The Last Judgement',
> ONE: ... and 'The Fall of the Damned'. (58)

Die Auswahl unter den Rubens-Gemälden ist offenkundig so getroffen, dass ihre Titel die Erinnerung an drei Ereignisse wachrufen, die mit Nürnberg verbunden sind: die dort 1935 verabschiedeten 'Rassegesetze' mit dem Ziel der Vernichtung der Juden ('Massacre of the Innocents'), die Nürnberger Prozesse ('The Last Judgement') und die Verurteilung und Hinrichtung der Kriegsverbrecher ('The Fall of the Damned'). Nürnberg ist damit als symbolträchtiger Ort für die Verbreitung und den Untergang der Nazi-Ideologie und Nazi-Herrschaft markiert.[28] Der Wandel zwischen dem Einst und dem Jetzt ist auch dadurch kenntlich gemacht, dass zur Zeit der fingierten Dramenhandlung (1945) das Nürnberg des Baedeker von 1936 nicht mehr existiert. Es ist zu einer ausgebombten Geisterstadt geworden ("ghost town", 69); bis auf das 'Grand Hotel', in dem die beiden Protagonisten, Paul und Sylvia, untergebracht sind, ist die Stadt zerstört (71).[29]

Das geschickte Spiel mit den Zeitebenen (1936 und 1945) wird von Pascal noch ein weiteres Mal zu einem – in einer beiläufigen Bemerkung versteckten – zeitkritischen Kommentar genutzt. Die im Prolog in der Rolle von Touristenführern agierenden Kabarettisten unterhalten sich über die mangelnde Aktualität ihres 'Baedekers':

> TWO: What year did you say this Baedeker was?
> ONE: It's 1936.
> TWO: But we're in 1945 now.
> ONE: Mr Carl Baedeker does not seem to have found time for a reprint. (58-59)

In diesem Gespräch wird der Zeitabstand zwischen 1936 und 1945 bewusst gemacht – ein indirekter Hinweis auf die wichtigen Veränderungen, die in diesem Zeitraum stattgefunden haben, ohne freilich bisher im Reiseführer berücksichtigt zu sein. Die Bemerkung, 'Herr Baedeker' habe wohl keine Zeit dazu gefunden, seinen Reiseführer von 1936 zu ersetzen, enthält bei näherem Zusehen eine kleine Pointe. Auch wenn Baedeker die Zeit dafür gefunden hätte, einen auf 1945 datierten Reiseführer zu drucken, würde das ohnehin nur ein *reprint* sein, also eine unveränderte Neuauflage des 'Baedekers' von 1936. Man ist vielleicht berechtigt, den kleinen kabarettistischen Gedankenaustausch als bissig-ironische Kritik an der mangelnden Bereitschaft Nachkriegsdeutschlands zum Umdenken und zur Bewältigung der Vergangenheit zu verstehen.

[28] Ebd., 83.

[29] Bei dem Grand Hotel handelte es sich, neben dem Justizpalast und der Haftanstalt, um eins der wenigen unzerstörten Gebäude der Stadt. Evelyn Waugh notierte sich dazu: "Nuremberg consists of a large luxury hotel run by the American army and a large luxury courthouse, everything else a waste of corpse-scented rubble with a handful of middle-aged, middle-class Germans in Homburg hats picking their way through the ruins." Waugh, *Diaries*, 645.

Das Nachdenken über die Veränderungen in Nürnberg und die fehlende Bereitschaft, diesen Veränderungen Rechnung zu tragen, ist in Pascals Drama also als kritische Auseinandersetzung mit dem Geschichtsprozess in Deutschland zwischen der Nazi- und der Nachkriegszeit gedacht. Das Drama ist eine Sinndeutung dieses Prozesses; als Möglichkeit zur Artikulation und Konstitution von Geschichtsbewusstsein ist die Bezugnahme auf Nürnberg wegen der palimpsestartigen Vielschichtigkeit dieses Ortes besonders gut geeignet.

Als Palimpsest wird Nürnberg auch in Graham Swifts multiperspektivisch erzähltem Roman *Out of this World* (1988) verstanden.[30] Der Luftfotograf Harry Beech, dessen Erinnerungen im Roman mit denen seiner Tochter in alternierenden Kapiteln erzählt werden, blickt 1982 auf seine Tätigkeit als Pressefotograf in Nürnberg zur Zeit des Hauptkriegsverbrecherprozesses zurück. In seinem Rückblick legt er verschiedene Schichten der Stadt Nürnberg frei, darunter auch diejenigen, die seiner Wahrnehmung nach in der Erinnerung der Touristen weniger präsent sind – sie besuchen die Stadt vor allem wegen ihrer rekonstruierten mittelalterlichen Altstadt, an der Nazivergangenheit und den Nürnberger Prozessen sind sie nicht sehr interessiert: "People go for these picturesque reconstructions, mixed with genuine remnants of the old, for the fairy-tale spires and gables. The one-time site of Nazi rallies and the scene of the War Trials are of secondary interest." (103)

In Harrys Erinnerung überlagern sich verschiedene Schichten der Stadt, die er in seinen Fotos festgehalten hat und die nun wie die in einem Fotoalbum nebeneinander stehenden Fotos vorstellbar und einer 'Erzählung' gleich lesbar sind: seine Fotos von den Kriegsverbrechern im Nürnberger Gerichtssaal; Luftbilder von der Bombardierung Nürnbergs; seine Fotos von Fliegern, die von den Luftangriffen auf Nürnberg zurückkehren; die Ruinen, die er vor dem Gerichtssaal wahrnimmt, und schließlich auch das mittelalterliche Nürnberg, das durch die Bombardierungen zerstört wurde: "The city that was progressively laid waste right up until the early months of '45 was the old medieval capital of Franconia, a city of churches, towers, merchants and craftsmen – clock-makers, gold-beaters, silversmiths." (103)

Wie im Prolog zu Pascals Drama bietet auch in Swifts Roman die im Fokus des Interesses stehende Stadt Nürnberg aufgrund ihrer Vielschichtigkeit den Anreiz zur sinnstiftenden Geschichtskonstruktion. Im Roman geschieht das über das 'Lesen' einer Foto-Reihe. Wenn in dieser Reihe die Fotos der Kriegsverbrecher und die ihnen zugeordneten Fotos von Konzentrationslagern den Ruinenfotos der Stadt vorausgehen, so ist das eine angemessene Vorgabe für die Konstruktion der Geschichte in kausaler Verknüpfung, so nämlich, dass die Bombardierung Nürnbergs als Folge der NS-Gräueltaten gedeutet ist.

[30] Graham Swift, *Out of this World* (London: Viking, 1988). Zu diesem Roman Swifts siehe etwa Ronald Shusterman, "Fragmentation et montage en littérature: L'Exemple de Graham Swift", in: Bertrand Rougé (Hg.), *Montages/collages: actes du second colloque du CICADA, 5, 6, 7 décembre 1991, Université de Pau* (Pau: Publications de l'Université de Pau, 1993), 161-67; Stef Craps, "Cathartic Fables, Fabled Catharses: Photography, Fiction and Ethics in Graham Swift's *Out of this World*", *European Journal of English Studies*, 7.3 (2003), 293-309.

III.3.2 Der Nürnberger Prozess und spätere Kriegsverbrechertribunale: Richard Norton-Taylors Drama *Nuremberg* und seine Aufführung (1996)

III.3.2.1 Aufführungskontext und politisches Programm des Dramas

Stand im vorigen Teilkapitel die Freilegung und Verknüpfung verschiedener Erinnerungsschichten Nürnbergs durch Literatur im Zentrum des Interesses, soll nun die Verknüpfung des Nürnberger Prozesses (einer dieser 'Erinnerungsschichten') mit späteren Kriegsverbrecherprozessen in den Blick genommen werden, die an Richard Norton-Taylors Drama *Nuremberg* und den mit ihm in der Aufführungspraxis verbundenen Dramen zu beobachten ist.

Das Drama *Nuremberg* wurde 1996 – bewusst 50 Jahre nach der Urteilsverkündung des Nürnberger Hauptkriegsverbrecherprozesses – am Londoner Tricycle Theatre uraufgeführt.[31] Es wurde in einer *multiple bill* mit drei weiteren Dramen gegeben, die Kriegsverbrechen im ehemaligen Jugoslawien und in Ruanda sowie Menschenrechtsverletzungen in Haiti thematisieren. *Nuremberg* entstand zwei Jahre bevor das Statut mit 120 Ja-Stimmen von der UN-Bevollmächtigtenkonferenz am 17. Juli 1998 in Rom angenommen wurde (Rom-Statut).[32] Norton-Taylors Drama datiert also aus einer Zeit, als diese ständige Einrichtung noch eine 'Vision' war – eine Vision, mit der seit dem Internationalen Militärtribunal in Nürnberg die Erwartung verbunden war, "potentielle Täter [...] vor Handlungen wie Angriffskrieg, Kriegsverbrechen oder Verbrechen gegen die Menschlichkeit abzuschrecken".[33] Der Nürnberger Hauptkriegsverbrecherprozess hatte den Weg für die Schaffung eines neuen Regelwerks im internationalen Strafrecht

[31] Dazu der Direktor des Tricycle Theatre, Nicholas Kent, in einem Interview: "we did Nuremberg and Srebrenica because it was the 50th anniversary of the international war crimes tribunal": "Inquiring Mind", Interview mit Nicolas Kent, in: *Socialist Review* 226 (1999), http://pubs.socialistreviewindex.org/uk/sr226/theatre.htm.

[32] Siehe weiter Beigbeder, *Judging War Criminals*, 186-99; Mark Aarons, "Justice Betrayed: Post-1945 Responses to Genocide", in: Blumenthal, McCormack (Hgg.), *The Legacy of Nuremberg*, 69-97, 91-97. Das Rom-Statut trat am 1. Juli 2002 in Kraft; die ersten 18 Richter wurden am 11. März 2003 vereidigt. Die Vereinigten Staaten wandten sich entschieden gegen die Etablierung des Internationalen Strafgerichtshofs; eine Auslieferung von US-Staatsangehörigen an den Internationalen Strafgerichtshof in Den Haag soll verhindert werden: "the fundamental concern is that US forces deployed in a wide range of situations globally might be subject to unfounded prosecutions." Adam Roberts, "Beyond Victor's Justice", Rezension zu Yves Beigbeders *Judging War Criminals*, *TLS* vom 28.1.2000. Der Versuch der Vereinigten Staaten, sich durch bilaterale Verträge Immunität zu sichern, hat insbesondere in der Folge des Irakkrieges Fragen aufgeworfen. Paul Betts kommentiert: "The fallout of September 11 has exerted great impact on international justice as well. If nothing else, the Bush administration's open flouting of international accords and organizations in the name of American self-defense – whether in regard to the International Criminal Court, the United Nations, Guantánamo Bay or most recently Abu Ghraib – has seriously challenged the logic and legacy of Versailles and Nuremberg." Betts, "Germany, International Justice and the Twentieth Century", 73.

[33] Hankel, Stuby, "Einleitung" zu dies. (Hgg.), *Strafgerichte gegen Menschheitsverbrechen*, 7.

geebnet;[34] doch obwohl die Generalversammlung der Vereinten Nationen bereits 1946 erklärte, dass es sich bei den Nürnberger Prinzipien um anerkannte Normen des Völkerrechts handelt und die 1948 beschlossene Völkermordkonvention in Artikel 6 ein internationales Strafgericht vorgesehen hatte, stießen die Vorarbeiten der Völkerrechtskommission, auf ihrer Grundlage einen Internationalen Strafgerichtshof zu schaffen, bei vielen Staaten lange Zeit auf Ablehnung.[35] Es vergingen mehr als 40 Jahre, bis die internationale Bereitschaft wuchs, auf ihrer Grundlage einen Internationalen Strafgerichtshof zu schaffen.[36]

In den neunziger Jahren des 20. Jahrhunderts hatte die Rückbesinnung auf das "Vermächtnis von Nürnberg"[37] wieder erhöhte Aktualität gewonnen, nämlich in der weltweit geführten Debatte um das Kriegsverbrechertribunal für das ehemalige Jugoslawien (1993 vom Sicherheitsrat der Vereinten Nationen beschlossen)[38] und um das 1994 erwirkte Kriegsverbrechertribunal für Ruanda.[39] Mit diesen vom Sicherheitsrat der Ver-

[34] François Rigaux, "Internationale Tribunale nach den Nürnberger Prozessen", in: Hanke, Stuby (Hgg.), *Strafgerichte gegen Menschheitsverbrechen*, 142-68, 142. "Die Schaffung des Nürnberger Tribunals", so schreibt M. Bassiouni, "fungiert als Präzedenzfall für die späteren Bemühungen zur Einsetzung der Ad-hoc-Tribunale für Jugoslawien und Ruanda und damit für die Schaffung eines Ständigen Internationalen Strafgerichtshofs." Bassiouni, "Das 'Vermächtnis von Nürnberg'", 19.

[35] Graefrath, "Jugoslawien und die internationale Strafgerichtbarkeit", 295f.; Bassiouni, "Das 'Vermächtnis von Nürnberg'", 20. Erst 1990 erneuerte die Generalversammlung den Auftrag an die Völkerrechtskommission, das Vorhaben der Schaffung eines internationalen Strafgerichtshofs zu prüfen. Angestoßen wurden diese Überlegungen teilweise durch einen Vorschlag von Trinidad und Tobago aus dem Jahr 1989, Wege zur Bekämpfung des internationalen Drogenhandels zu finden. Die Einrichtung von Ad-hoc-Tribunalen für das ehemalige Jugoslawien haben dem Vorhaben weiteren Auftrieb gegeben: www.auswaertiges-amt.de/diplo/de/Aussenpolitik/Voelkerrecht/IStGH/Hintergrund.html. Bewusst wurde man sich der Notwendigkeit eines internationalen Gerichts auch, als die libysche Regierung erklärte, sie sei bereit, einer Auslieferung der Verdächtigen des Lockerbie-Attentats an ein internationales Gericht zuzustimmen. "Eine ähnliche Frage", erläutert Christian Tomuschat, "stellte sich nach dem Ende des Golfkrieges. Wäre man des irakischen Diktators Saddam Hussein habhaft geworden und hätte man dann erwogen, ihn wegen der Aggression gegen Kuwait vor Gericht zu stellen, so hätte man wiederum vor einem Vakuum gestanden. Hinzu kamen die Berichte über die in Bosnien verübten Greuel, die sogleich den Gedanken nahelegen mußten, Strafverfahren gegen die Verantwortlichen zu eröffnen." Tomuschat, "Von Nürnberg nach Den Haag", 100.

[36] Der Mehrheit der Staaten, so schreibt Christian Tomuschat, erschien es "utopisch […], ein Vorhaben fortzuführen, das angesichts des weiterbestehenden Antagonismus zwischen Ost und West keinerlei Aussichten auf Verwirklichung besaß." (ebd.)

[37] Bassiouni, "Das 'Vermächtnis von Nürnberg'", 18.

[38] "International Tribunal for the Prosecution of Persons Responsible for Serious Violations of International Humanitarian Law Committed in the Territory of the former Yugoslavia since 1991": Beigbeder, *Judging War Criminals*, 146. Siehe dazu auch Mary Ellen O'Connell, "The UN, NATO and International Law after Kosovo", *Human Rights Quarterly* 22.1 (2000), 57-89.

[39] "International Tribunal for the Prosecution of Persons Responsible for Genocide or Other Serious Violations of International Humanitarian Law Committed in the Territory of Rwanda and Rwandan Citizens Responsible for Genocide and Other Such Violatons Committed in the Terri-

einten Nationen eingesetzten Ad-hoc-Tribunalen gewannen die während des Nürnberger Hauptkriegsverbrecherprozesses formulierten *Nuremberg Principles* wieder an Bedeutung und bereiteten den Weg für die Schaffung eines Ständigen Internationalen Strafgerichtshofes und damit einer Instanz zur strafrechtlichen Verfolgung, mit der von vornherein eine klare Rechtslage für die Ahndung zukünftiger Verbrechen gegeben ist – im Unterschied zum Nürnberger Prozess und den Ad-hoc-Tribunalen, die jeweils als Reaktion, nicht aber zur Vorbeugung, eingesetzt worden waren. An der Geschichte der Schaffung des Ständigen Internationalen Strafgerichtshofes lässt sich die Artikulation von Geschichtsbewusstsein besonders deutlich zeigen: Angestoßen von den in der Gegenwart verübten Kriegsverbrechen im ehemaligen Jugoslawien und in Ruanda und von der drängenden Frage, wie mit den Tätern umzugehen sei, richtet das Geschichtsbewusstsein Fragen an vergangene Erfahrungen mit Kriegsverbrechen und -verbrechern. Der Nürnberger Prozess der Vergangenheit und die damals entwickelten Nürnberger Prinzipien wurden zur Klärung von Fragen der Gegenwart und zur Handlungsorientierung für die Zukunft herangezogen.

Mit seinem Drama über den Nürnberger Hauptkriegsverbrecherprozess sucht Norton-Taylor offenbar in die Debatte um die Schaffung eines Ständigen Internationalen Strafgerichtshofs einzugreifen. Blicken die Ankläger in *Nuremberg* (im dramatischen Text und in den der Publikation beigefügten Dokumenten) auf die Zukunft, für die der Prozess eine wichtige Rolle spielen soll, so betrachten die Zuschauer von *Nuremberg* im Jahr 1997 den Prozess im Rückblick, mit der Erfahrung weiterer Kriegsverbrechertribunale und im Kontext der Diskussion um einen Ständigen Internationalen Strafgerichtshof.

Im Anschluss an den Dramentext druckt Norton-Taylor einen Auszug aus einem Text von Sir Hartley Shawcross, dem britischen Chefankläger in Nürnberg, ab, in dem dieser (nach dem Golfkrieg) für die Einrichtung eines Ständigen Internationalen Gerichtshofs plädiert. Und auch in seiner Einleitung zu *Nuremberg* zitiert Norton-Taylor Shawcross, diesmal aus seinem Plädoyer von 1946, in dem er betonte, dass der Nürnberger Prozess in Zukunft ein Prüfstein sein sollte – "a contemporary touchstone and an authoritative and impartial record to which future historians may turn for truth, and future politicians for warning."[40] Im Anschluss an diesen Text von 1946 zitiert Norton-Taylor mit Richard Goldstone den Hauptankläger der Tribunale für Jugoslawien und Ruanda, der diese beiden Tribunale als Meilenstein in der Geschichte des internationalen Menschenrechts wertete – "a major step ushering in a new era in the history of international law and especially international humanitarian law". Norton-Taylor betont in seiner Einleitung, dass Goldstone, wie zuvor Shawcross, auf die Schaffung eines Ständigen Internationalen Strafgerichtshofs dränge: "Like Shawcross he [Goldstone] is

tory of Neighbouring States, Between 1 January 1994 and 31 December 1994 (Res. 955)": Beigbeder, *Judging War Criminals*, 169.

[40] "Die Vision und der anfängliche Elan", so schreiben Gerd Hankel und Gerhard Stuby, "aus Nürnberg und Tokio eine ständige Einrichtung für die Zukunft zu machen, um potentielle Täter allein durch die Existenz von Handlungen wie Angriffskrieg, Kriegsverbrechen oder Verbrechen gegen die Menschlichkeit abzuschrecken, versandeten bald in den Expertendebatten des Kalten Krieges." Einleitung zu: dies. (Hgg.), *Strafgerichte gegen Menschheitsverbrechen*, 7-12, 7.

pressing for a permanent international war crimes tribunal." Wie Shawcross und Goldstone, so könnte man anfügen, tritt Norton-Taylor mit seinem Drama ein für die Institutionalisierung einer Instanz zur Verfolgung von Verletzungen des Völkerrechts mit dem Ziel, Einzelne für Verbrechen gegen die Menschlichkeit verurteilen zu können. Es liegt nahe, Norton-Taylors *Nuremberg* ebenfalls als Plädoyer für die Etablierung dieser Einrichtung zu lesen.

Die Wirkung seines Plädoyers für die Einrichtung eines Ständigen Internationalen Strafgerichtshofs erzielt Norton-Taylor in *Nuremberg* auf unterschiedliche Weise:

1. Durch paratextuelle Elemente: Dem gedruckten Dramentext sind Dokumente und eine Einleitung beigefügt, die den Nürnberger Prozess unmittelbar in den Kontext der Debatte um die Einrichtung des Internationalen Strafgerichtshofs stellen; auch das Programmheft zur Aufführung enthält diese Verweise.
2. Durch Auswahl und Montage der aus den Prozessakten zitierten Passagen (insbesondere durch Speers Schlussrede und die deutliche Gewichtung der in diesem Zusammenhang besonders relevanten Anklagepunkte 3 und 4).
3. Durch eine intertextuelle Kontextbildung der Aufführung, die daraus resultierte, dass *Nuremberg* in einer *multiple bill* mit Dramen über spätere Menschenrechtsverletzungen aufgeführt wurde, die diese wiederum in Relation mit den Nazi-Kriegsverbrechen setzen.

III.3.2.2 Auswahl, Montage und Präsentation der Prozessakten: *Nuremberg* als Dokumentarstück

Mit dem Dokumentartheater nutzt Norton-Taylor eine Dramenform des politischen Theaters, die in der Zeit nach dem 2. Weltkrieg aus der Skepsis heraus entstand, die Gesellschaft durch Fantasieprodukte von der Bühne herab verändern zu können. Wie für das Dokumentartheater üblich, regt auch *Nuremberg* nicht nur zur Diskussion von Fällen aus der politischen Vergangenheit an, sondern trägt zur "Klärung gegenwärtiger Zustände" bei.[41] Im Gegensatz zu Ronald Harwood, der mit *Taking Sides* "auf keinen Fall ein dokumentarisches Stück schreiben" wollte und dem gerade der Mangel an Dokumenten "enorme künstlerische Freiheiten" ermöglicht hatte,[42] hebt Norton-Taylor den dokumentarischen Charakter seines Dramas besonders hervor.

Das dokumentarische Theater, so der deutsch-jüdische Dramatiker Peter Weiss, dessen *Ermittlung* (1965) und verschiedene theoretische Abhandlungen das Genre maßgeblich beeinflussten, enthalte sich "jeder Erfindung" und übernehme "authentisches Material".[43] Seiner Definition zufolge ist das dokumentarische Theater "ein Theater der Berichterstattung":

> Protokolle, Akten, Briefe, statistische Tabellen, Börsenmeldungen, Abschlußberichte von Bankunternehmen und Industriegesellschaften, Regierungserklärungen, Ansprachen, In-

[41] Peter Weiss, "Das Material und die Modelle. Notizen zum dokumentarischen Theater", *Theater heute* 3 (März 1968), 33-34, 33.
[42] Interview mit Stefan Kroner, *Programmheft*.
[43] Weiss, "Das Material und die Modelle", 33.

> terviews, Äußerungen bekannter Persönlichkeiten, Zeitungs- und Rundfunkreportagen, Fotos, Journalfilme und andere Zeugnisse der Gegenwart bilden die Grundlage der Aufführung.[44]

Gerade der vermeintliche Authentizitätsanspruch des dokumentarischen Theaters ist jedoch heftig umstritten. So weist James Edward Young darauf hin, dass der kritischen Auswahl und Montage von "Fragmente[n] der Wirklichkeit" – "im Inhalt unverändert, in der Form bearbeitet" –, die Peter Weiss zufolge die Qualität eines Dramas ausmache,[45] nur der Anschein von Authentizität verliehen werde; darüber hinaus würden die Anzeichen dafür, dass es sich bei der dokumentarischen Montage selbst um eine Konstruktion handelt, kaschiert.[46] Peter Weiss, der doch selbst die "Verschleierung [...] in Presse, Rundfunk und Fernsehen", deren "Wirklichkeitsfälschungen" und "Lügen" anprangere,[47] benutze die im dokumentarischen Theater erzeugte Illusion von Faktizität und Objektivität, so Young, "precisely to mask – not reveal – his work's preassumptions."[48] Aufgrund der von Young für das Dokumentartheater konstatierten Verschleierung ihrer eigenen Konstrukthaftigkeit plädiert Young dafür, sich der Dokumentarliteratur über den Holocaust mit gewisser Vorsicht zu nähern:

> the reader looking for Holocaust history might be best advised to approach Holocaust documentary literature with a special caution. For, in contrast to the quality of self-critique to be found in the most creditable historical accounts, the distinguishing feature of documentary narrative is its relentless insistence on denying its provisionality, not revealing it.[49]

Obwohl Norton-Taylors *Nuremberg* sich auf ein Korpus authentischer Dokumente stützt, wie Weiss dies verlangt hatte, ist in diesem Drama dennoch das von Young angemahnte "Element kritischer Selbsthinterfragung" zu finden, das Zuschauer und/oder Leser das verwendete Archivmaterial und seine Darstellung als Konstituenten einer Authentizitätsfiktion erkennen lässt. Denn bereits durch die bloße Nutzung von Doku-

[44] Ebd.
[45] Ebd.
[46] James Edward Young, *Writing and Rewriting the Holocaust. Narrative and the Consequences of Interpretation* (Bloomington, Indianapolis: Indiana UP, 1988), 69-71.
[47] Weiss, "Das Material und die Modelle", 33.
[48] Young, *Writing and Rewriting the Holocaust*, 69. Young schreibt weiter: "For as precise and praiseworthy as his critique of distortion and concealment in the bourgeois media may be, when applied to documentary theatre, it is no less incisive in exposing the ideological lines of his own play's construction." (ebd.).
[49] Young, *Writing and Rewriting the Holocaust*, 80. Young bezieht sich hier auf Hayden White: "one mark of a good professional historian is the consistency with which he reminds his readers of the purely provisional nature of his characterization of events, agents, and agencies found in the always incomplete historical record": Hayden White, "The Historical Text as Literary Artifact", in: *The Writing of History*, hg. von Robert Canary und Henry Kozicki (Madison: University of Wisconsin Press, 1978), 42.

menten, so Derek Paget in seiner Studie über das dokumentarische Theater, problematisiere der Dramatiker sowohl die Fiktionalität des Dramas als auch die Faktizität von Dokumenten.[50]

Paget unterscheidet beim Dokumentartheater zwischen der *recording tradition* und der *reporting tradition*. Der *recording tradition* ordnet er Dramen zu, die vorgeben, objektiv zu sein und nicht in die Fakten eingegriffen zu haben, der *reporting tradition* hingegen solche, die den Rezipienten darauf aufmerksam machen, dass Fakten nicht ohne Wertung dargestellt werden, und die ihm einen Einblick geben in "the makers' own place in the mode of production".[51] Wie zu zeigen sein wird, fällt Norton-Taylors *Nuremberg* nach Pagets Klassifizierung in die *reporting tradition*, da es auf seine eigene Konstrukthaftigkeit verweist. Das Spannungsverhältnis zwischen der Betonung von Faktizität und Authentizität auf der einen Seite und der Aufdeckung der Konstrukthaftigkeit, der Verwischung der Grenzen zwischen Fakt und Fiktion auf der anderen Seite macht den besonderen Reiz dieses Dramas aus.

III.3.2.2.1 Authentizitätsanspruch und Konstrukthaftigkeit

Die Faktizität des Dargestellten wird in der Buchpublikation von *Nuremberg* durch verschiedene verlegerische Peritextelemente suggeriert.[52] So trägt der Buchumschlag ein

[50] Derek Paget, *True Stories? Documentary drama on radio, screen and stage* (Manchester: Manchester University Press, 1990), 15. Einen Überblick über das "Documentary Theatre in the United Kingdom, 1960-1990" verschafft Derek Pagets Aufsatz in Klaus Peter Müller (Hg.), *Englisches Theater der Gegenwart. Geschichte(n) und Strukturen* (Tübingen: Gunter Narr, 1993), 117-32.

[51] Paget, *True Stories*, 40. Die Dramatiker, die dieser Tradition zuzuordnen sind, so könnte man anfügen, entsprechen Hayden Whites Gruppe derjenigen Historiker, die in ihren historischen Arbeiten offenlegen, "that any given linguistic protocol will obscure as much as it reveals about the reality it seeks to capture in an order of words." Hayden White, *Tropics of Discourse. Essays in Cultural Criticism* (Baltimore: The Johns Hopkins University Press, 1978), 130.

[52] Der Paratext umfasst nach Genette "Titel, Untertitel, Zwischentitel; Vorworte, Nachworte, Hinweise an den Leser, Einleitungen usw.; Marginalien, Fußnoten, Anmerkungen; Motti; Illustrationen; Waschzettel, Schleifen, Umschlag und viele andere Arten zusätzlicher auto- oder allographer Signale, die den Text mit einer (variablen) Umgebung ausstatten und manchmal mit einem offiziellen Kommentar versehen" (Gérard Genette, *Palimpseste. Die Literatur auf zweiter Stufe*, aus dem Französischen von Wolfram Bayer und Dieter Hornig [Frankfurt/M.: Suhrkamp, 1993] [frz. Originalausgabe 1982], 11); den Paratext untergliedert Genette weiter in den Peritext – diejenige Mitteilung, die eine Stellung "im Umfeld des Textes, innerhalb ein und desselben Bandes, wie der Titel oder das Vorwort, mitunter in den Zwischenräumen des Textes, wie die Kapitelüberschriften oder manche Anmerkungen" hat –, und den Epitext – diejenigen "Mitteilungen, die zumindest ursprünglich außerhalb des Textes angesiedelt sind: im allgemeinem in einem der Medien (Interviews, Gespräche) oder unter dem Schutz privater Kommunikation (Briefwechsel, Tagebücher und ähnliches)": Gérard Genette, *Paratexte. Das Buch vom Beiwerk des Buches*, mit einem Vorwort von Harald Weinrich, aus dem Französischen von Dieter Hornig (Frankfurt/M.: Suhrkamp, 2001) [frz. Originalausgabe 1987], 12. Als verlegerischen Peritext bezeichnet Genette den "äußerlichsten Peritext – den Umschlag, die Titelseite und deren Anhang"

Originalfoto der Nürnberger Hauptkriegsverbrecherprozesses: Göring sitzt im Zeugenstand, rechts hinter ihm ein amerikanischer Soldat, im Hintergrund weitere Angeklagte (Abb. 2).

Abb. 2: Richard Norton-Taylor, *Nuremberg*, hg. von Richard Norton-Taylor (London: Nick Hern Books, 1997). Buchumschlag. Mit freundlicher Genehmigung des Imperial War Museum London.

Ähnlich wie die Fotografie, die üblicherweise als "unwiderleglicher Beweis dafür, dass ein Ereignis sich tatsächlich so abgespielt hat", gilt und "eine unschuldigere Beziehung zur sichtbaren Realität zu haben [scheint] als andere mimetische Objekte",[53]

und "die materielle Realisierung des Buches […]: Wahl des Formats, des Papiers, der Schrift usw." (ebd., 22).

[53] Susan Sontag, *Über Fotografie*, aus dem Amerikanischen von Mark W. Rien und Gertrud Baruch, 3. Aufl. (München-Wien: Carl Hanser, 1989) [1977], 11f. In der Originalausgabe lautet die entsprechende Textstelle: "Photographs furnish evidence. Something we hear about, but doubt, seems proven when we're shown a photograph of it. […] a photograph – any photograph – seems to have a more innocent, and therefore more accurate, relation to visible reality than do other mimetic objects." Susan Sontag, *On Photography*, Nachdr. (London: Penguin, 2002) [1979, zuerst 1977], 5-6. Ähnlich schreibt Derek Paget, dass Fotos üblicherweise als "'objective', simple 'records' of external reality" betrachtet werden: Paget, *True Stories*, 18. Vgl. etwa auch den Buchumschlag von Jon Blairs and Norman Fentons *The Biko Inquest* (London: Rex Collins, 1978), auf dem ein Schwarz-weiß-Foto von Steve Biko zu sehen ist.

vermittelt auch das Zeitungsüberschriftenformat des Titels den Anschein von Faktizität und Objektivität, den der der Boulevardpresse nachempfundene blutrote Borgisdruck jedoch zugleich unterminiert. In den biographischen Angaben ist dann nachzulesen, dass Norton-Taylor als politischer Journalist beim *Guardian* tätig ist – eine erneute Beteuerung der mit der Zeitungswelt assoziierten 'Faktizität'. Zu den paratextuellen Elementen, die dem Drama Authentizität verleihen, zählen außerdem die dem Dramentext in der Publikation vorangestellten Hintergrundinformationen (z. B. Anklagepunkte, Namen der Angeklagten, Urteile)[54] und vor allem die appendizierte Sammlung von Primärquellen (darunter die Beurteilung von Angeklagten durch Zeitgenossen und Ausschnitte aus den Beweisvorträgen der Anklagebehörde, etwa aus dem Hossbach-Protokoll und einer Zeugenaussage der französischen Anklagevertretung).[55] Dem Zuschauer der Aufführung wird dasselbe Material im Programmheft an die Hand gegeben. Der Naturalismus der Inszenierung (Kostüme, Stenographen und Simultanübersetzer) trägt zudem visuell zur Konstituierung der Authentizitätsfiktion bei.[56]

Gleichzeitig legt Norton-Taylor die Konstrukthaftigkeit des Dramas offen und stellt damit, wie viele zeitgenössische Geschichtsdramen auch,[57] den Anschein von Authentizität in Frage. Die Tatsache, dass er aus den vorliegenden Dokumenten eine Auswahl trifft und diese, in einem weiteren interpretatorischen Eingriff, bearbeitet, verschleiert Norton-Taylor keineswegs. In seiner Einleitung macht er vielmehr darauf aufmerksam, dass der schiere Umfang der Prozessakten eine Auswahl erforderte – es waren 50 Millionen Seiten Dokumente vorgelegt worden, und das offizielle Sitzungsprotokoll des ersten Nürnberger Prozesses umfasst sechs Millionen Wörter (xi).

Zu den Kürzungen gehört als wesentlicher herausgeberischer Eingriff die drastische Reduzierung der Zahl der Angeklagten. Auch dieses Verfahren macht Norton-Taylor dem Rezipienten transparent. In seiner Einleitung listet er die Namen von 22 Angeklagten auf (xiif.), von denen sich auf der *cast list* lediglich fünf wiederfinden: Hermann Göring, Wilhelm Keitel, Rudolf Hoess, Alfred Rosenberg und Albert Speer. Zeugen der Anklage fehlen hier gänzlich, worauf Leser der Buchpublikation durch die im Anhang in Auszügen abgedruckte Zeugenaussage einer KZ-Überlebenden, Marie-Claude Vaillant-Couturier, aufmerksam gemacht werden (71f.).

Die für das Drama vorgenommenen Kürzungen werden auch dadurch deutlich, dass hier nur drei der Angeklagten – Göring, Keitel und Hoess – vor dem Verhör vereidigt werden ("[to] withold and add nothing", 7, 20, 28), während Rosenberg und Speer ohne vorherige Vereidigung vom Verteidiger verhört werden (33, 41). Auf die zeitliche Straffung werden Zuschauer und Leser aufmerksam, wenn ursprünglich an zwei verschiedenen Prozesstagen aufgeworfene Fragen unmittelbar aufeinanderfolgend gestellt werden und im Text kein Versuch unternommen wird, diese Brüche zu glätten – etwa:

[54] Norton-Taylor, *Nuremberg*, x-xv.
[55] Ebd., 65ff.
[56] Glen Newey, "Et tu quoque?", *TLS* vom 31. Mai 1996. Die Angeklagten "waffle and weasel above the tapping of stenographers and the buzz of translation": Robert Gore-Langton, *Daily Express* vom 15.10.1996.
[57] Ulrich Broich, "Symposium: Das europäische Geschichtsdrama nach 1945: Einleitung", *Literaturwissenschaftliches Jahrbuch im Auftrage der Görres-Gesellschaft* 28 (1987), 153-65, 160.

"Yesterday, you stated before the Tribunal" (37). Bemerkbar werden auch Auslassungen im Verhör, wenn etwa ein Angeklagter befragt wird, ohne vorher aufgerufen worden zu sein, so z. B. beim abrupten Wechsel der Befragung von Rosenberg zu Speer (41). Die Kürzungen der Prozessakten für den Dramentext werden gleichfalls dann bewusst, wenn wörtliche Aussagen von Personen nur von anderen in kondensierten Paraphrasen wiedergegeben werden, so etwa eine Aussage Görings, die vom russischen Hauptankläger, General Rudenko, lediglich gekürzt referiert wird (19). Auffallend ist auch, dass Görings Kreuzverhör durch Stahmer auf eine einzige Frage und die dazugehörigen Antworten beschränkt ist (20).

III.3.2.2.2 Neuakzentuierung der Prozessakten: *Nuremberg* als 'Korrektiv' zum Nürnberger Prozess

"The art is in the edit" schreibt Derek Paget über jedes Drama, das sich auf Dokumente stützt.[58] Auch für Peter Weiss ergibt die "kritische Auswahl und das Prinzip, nach dem die Ausschnitte der Realität montiert werden [...], die Qualität der dokumentarischen Dramatik."[59] Bereits 1933 definierte John Grierson "documentary" als "the creative interpretation of actuality".[60] Die kritische Auswahl einzelner Materialien und ihre Verknüpfung ermöglicht es dem Dokumentartheater, "Korrektiv- und Komplementärfunktionen zum Informationsangebot der anderen Medien auszubilden."[61]

Dramen, deren Themen auf Prozessakten und damit auf zumeist unzähligen Seiten von Dokumenten basieren, sind notwendigerweise auf Kürzungen des Materials angewiesen. Über die Zusammenarbeit mit Norton-Taylor in einem anderen Projekt, *The Colour of Justice*, bemerkt Nicolas Kent, der *artistic director* des Londoner Tricycle Theatre: "I got Richard Norton-Taylor to collaborate with me on it. He's edited and encapsulated it very well and distilled 11,000 pages down to 150. So inevitably it's a partial account in all senses of the word, but nevertheless we've tried to answer every question that is posed."[62] Mit Jon Blair and Norman Fentons *The Biko Inquest* (1978) liegt die von zwei Journalisten auf zwei Stunden Spielzeit gekürzte Fassung des meh-

[58] Paget, *True Stories*, 28. Siehe auch Elizabeth Swain, *David Edgar: Playwright and Politician* (New York/Bern/Frankfurt/M.: Peter Lang, 1986), 56-58.

[59] Weiss, "Das Material und die Modelle", 33.

[60] John Grierson, "The documentary producer", *Cinema quarterly* 2.1 (1933), 7-9, 8. Grierson hatte bereits im Februar 1926 in einer Rezension für die New York *Sun* den Begriff "documentary" benutzt: Introduction to *Grierson on Documentary*, hg. und zusammengestellt von Forsyth Hardy, überarbeitete Ausgabe (New York/Washington: Praeger, 1971 [1966; zuerst Collins, 1946]), 13.

[61] Dietrich Scheunemann, "'Fiktionen – auch aus dokumentarischem Material'. Von Konstruktionen der Geschichte in Literatur und Film seit den sechziger Jahren", in: *Geschichte als Literatur. Formen und Grenzen der Repräsentation von Vergangenheit*, hg. von Hartmut Eggert (Stuttgart: Metzler, 1990), 296-314, 301.

[62] "Inquiring mind", *Socialist Review* 226 (1999).

rere tausend Seiten umfassenden Transkripts des *Biko Inquest* von 1977 vor.[63] Auf zwei Stunden Spielzeit kürzte auch Eric Bentley die Akten der McCarthy-Verhandlungen für *Are you now or have you ever been* (1972).[64] Im Vorwort zum gedruckten Text geht Bentley explizit auf eine weitere Form des Eingriffs in die Akten ein: das 'Arrangement' des ausgewählten Materials:

> The investigation of show business is presented here in the testimony of a small minority of those actually investigated, and this testimony has been abridged, edited, and arranged. (By "arrangement" I refer chiefly to the order in which the "scenes" are presented. [...] It is by "arrangement" that the overall shape of the work is arrived at. It is by "arrangement" that the principal shock effect of this work – juxtaposition, collage – is produced.)[65]

An dieser Stelle bietet sich ein Blick auf den Dokumentarfilm *Un Spécialiste* (1998) von Eyal Sivan und Rony Brauman an, eine Montage aus dem gefilmten Archivmaterial des 1961 in Jerusalem geführten Prozesses gegen Adolf Eichmann.[66] Mit der Technik der Montage, "the cutting and subsequent joining together of pieces of film, often disparate in themselves",[67] möchten Sivan und Brauman Eichmann so darstellen, wie Hannah Arendt, die 1961 nach Jerusalem gereist war, um über den Prozess zu schreiben und deren kontroverses Buch *Eichmann in Jerusalem – Ein Bericht über die Banalität des Bösen*, Sivan und Brauman den Anstoß für den Film gegeben hatte,[68] ihn gezeichnet hatte: als einen Schreibtischtäter, der in seiner Beflissenheit alles tat, das seinem Fortkommen dienlich sein konnte.[69] Mit dem Eichmann-Prozess war damals ein NS-Prozess zum ersten Mal filmisch komplett aufgezeichnet worden. Sivans *Un Spécialiste* basiert ausschließlich auf dem Videomaterial, das Sivan drastisch kürzte[70] und digital bearbeitete;[71] über die Dramaturgie seines Filmes arbeitete er Arendts These von der "Ba-

[63] Jon Blair and Norman Fenton, *The Biko Inquest* (London: Rex Collings, in association with the RSC, 1978); uraufgeführt unter dem Titel *A Miserable and Lonely Death* am 5. Februar 1978 (RSC; Warehouse Theatre). Dieses "single source drama" lässt sich dem "multiple source piece" *Cry Freedom* gegenüberstellen, in dem dasselbe Material (Donald Woods, *Biko*, inquest summary) auf eine fünfminütige Szene gekürzt wurde: Paget, *True Stories*, 16.

[64] Eric Bentley, *Are you now or have you ever been?* (New York et al.: Harper & Row, 1972).

[65] Bentley, Vorwort zu: ebd., x-xv.

[66] Rony Brauman, Eyal Sivan, *Un Spécialiste*. Éditions Montparnasse. Paris 1999.

[67] Paget, *True Stories*, 40.

[68] "Un spécialiste est un essai politique sur l'obéissance et la responsabilité, construit à partir de la dramaturgie du procès et inspiré de l'ouvrage de Hannah Arendt, Eichmann à Jérusalem, rapport sur la banalité du mal." Rony Brauman, Eyal Sivan, *Éloge de la désobéissance. A propos d'"un spécialiste" Adolf Eichmann* (Paris: Le Pommier-Fayard, 1999), 9.

[69] Im ersten Kapitel ihres Buches (ebd.), "L'Ascension d'un employé modèle", charakterisieren Brauman und Sivan Adolf Eichmann als den 'vorbildlichen Angestellten', den folgsamen Bürokraten, den Arendt gezeichnet hatte und auf den auch der Filmtitel (*Un Spécialiste*) verweist.

[70] 350 Studen Videomaterial lagen Sivan und Brauman ursprünglich vor, die sie auf zwei Stunden kürzten.

[71] Mit der Restaurierung des Materials und der Veränderung der Bildqualität wollten Sivan und Brauman den zeitbedingten Abstand zum Zuschauer entfernen: Brauman, Sivan, *Éloge de la*

nalität des Bösen" heraus.[72] An einigen Stellen griff Sivan gestaltend in das Material ein und unterstrich damit die bürokratischen Züge des Angeklagten, des SS-Obersturmbannführers Adolf Eichmann, des ehemaligen Leiters des Referats IV-B-4 im Reichssicherheitshauptamt, der verantwortlich war für die Deportation der europäischen Juden, Sinti und Roma in die Vernichtungslager.[73] "Das 'Wesen' des Porträtierten", schreibt Vivian Liska, "steht fest, bevor dessen Gestaltung vollendet ist. Die Montage schneidet es sich, der These entsprechend, zurecht."[74] Eichmanns Glaskasten im Prozesssaal, wie ihn der Film zeigt, ähnelt zunehmend einem Büro: Dokumente werden ordentlich aufeinandergestapelt, Stifte werden akkurat neben den Aktentürmen platziert. Wenn Eichmann sich während einer Zeugenaussage damit Notizen macht, ist, infolge einer elektronischen Bearbeitung des Filmmaterials, das Geräusch des über das Papier kratzenden Stiftes laut hörbar.[75] Die ausdrucksstarke Gestik des Oberstaatsanwalts Gideon Hausner, die durch Nahaufnahmen und Wiederholungen dramaturgisch unterstrichen wird, lässt die Banalität des Angeklagten, der sich hinter seinen Aktenbergen verschanzt, umso deutlicher werden.[76] Sivan und sein Mitautor Rony Brauman zeigen Eichmann als einen in seiner Welt der Statistiken, Dienstwege und Pläne agierenden Bürokraten, der "daran beteiligt war, einen Prozeß des Terrors in Gang zu setzen, ohne

désobéissance, 94. Liska kritisiert, dass damit das "materielle Zeichen der historischen Distanz, die dem Dokumentmaterial eigen ist, [vernichtet wird]. Um die Illusion zu entlarven, dass Dokumentarbilder die Wirklichkeit unverfälscht wiedergeben, bedarf es nicht so sehr der Verwischung des Unterschieds zwischen Dokument und Fiktion als vielmehr der Einführung von Signalen, die auf die Strategien und Konsequenzen der Konstruiertheit von Dokumenten hinweisen." Vivian Liska, "Die Versuchung der Bilder und der Anspruch des Denkens. Hannah Arendt's Eichmann in Jerusalem und Rony Braumans und Eyal Sivans Un Spécialiste", *KulturPoetik* 2.1 (2002), 68-81, 78. Liskas Kritik ist entgegenzuhalten, dass die Verfilmung von Sivan und Brauman solche Signale enthält. Ein Beispiel ist die Wiederholung von Gesten und Worten, die die Zuschauer auf den 'Eingriff' ins Filmmaterial aufmerksam macht.

[72] Hannah Arendt, *Eichmann in Jerusalem: A report of the banality of evil* (New York: Viking, 1963). Zur 'Banalität des Bösen' siehe Shoshana Felman, "Theatres of Justice: Arendt in Jerusalem, the Eichmann Trial, and the Redefinition of Legal Meaning in the Wake of the Holocaust", *Critical Inquiry* 27 (2001), 201-38. Siehe zu Arendts Eichmann-Darstellung auch Tobin Siebers, "The Politics of Storytelling: Hannah Arendt's *Eichmann in Jerusalem*", *Southern Humanities Review* 26.3 (1992), 201-11 und Benjamin Robinson, "The Specialist on the Eichmann Precedent: Morality, Law, and Military Sovereignty", *Critical Inquiry* 30 (2003), 63-97; zur Kontroverse um Arendts Buch etwa die Arendt-Biografie von Elizabeth Young-Bruehl, *Hannah Arendt: For Love of the World* (New Haven, Conn.: Yale University Press, 1982). Vivian Liska zufolge tragen Sivan und Brauman Arendts Darstellungsform nicht genügend Rechnung und blenden die "Unebenheiten und Schwankungen ihrer Denkprozesse" aus: Liska, "Die Versuchung der Bilder", 73-81.

[73] Zu Eichmann siehe etwa jüngst David Cesarani, *Eichmann: His life and crimes* (London et al.: Heinemann, 2004).

[74] Liska, "Die Versuchung der Bilder", 74.

[75] Benjamin Robinson betont, dass die Manipulation des Filmmaterials den Zuschauer darauf aufmerksam macht, dass es sich hier um eine "artful condensation of a four-month trial" handelt: Robinson, "The Specialist", 68.

[76] Diese Wirkung habe der Film, so Eyal Sivan in einem Interview, intendiert.

über den Terror zu reden und ohne direkte Gewalt anzuwenden, sondern mit Hilfe einer administrativen und logistischen Kette".[77]

Ähnlich gelingt es Norton-Taylor in *Nuremberg*, wie oben erläutert, durch seine 'Schnitttechnik', durch Kürzungen[78] und Montage der Dokumente einzelne Aspekte des Nürnberger Prozesses hervorzuheben – und zwar in Verfolgung eines bestimmten politischen Programms. Die Angeklagten des Hauptkriegsverbrecherprozesses in Nürnberg wurden in vier Punkten angeklagt und – dies war das Neue an diesem Verfahren – persönlich zur Verantwortung gezogen[79]: wegen Verschwörung zur Führung eines Angriffkrieges (Anklagepunkt 1),[80] wegen Verbrechen gegen den Frieden (Anklagepunkt 2), wegen Kriegsverbrechen (Anklagepunkt 3) und wegen Verbrechen gegen die Menschlichkeit (Anklagepunkt 4).[81] Der Schwerpunkt des Prozesses lag jedoch, wie Donald Bloxham gezeigt hat, auf den ersten beiden Anklagepunkten: "As it transpired, pride of place in the trial was reserved for two precarious new international-legal concepts: 'crimes against peace' and criminal conspiracy."[82] Es gelang dement-

[77] Rony Brauman, zit. in: Monika Borgmann, "Transporttechnische Angelegenheiten", *Die Zeit* 11. Februar 1999. Zu diesem Eichmann-Film siehe auch Françoise Puaux, "A propos d'Un spécialiste de Brauman et Sivan: Le Point de vue d'un avocat, entretien avec Maître Hutman", in: dies. (Hg.), *La Justice à l'écran* (Condé-sur-Noireau: Corlet, 2002), 66-71; Philippe Roger, "Le Visuel d'archives: A Propos de Un Spécialiste d'Eyel Sivan", in: Michel Serceau und Roger Philippe (Hgg.), *Les Archives du cinéma et de la télévision* (Condé-sur-Noireau: Corlet, 2000), 219-24.

[78] Auf ein Resultat der Kürzungen geht Glen Newey ein: "Inevitably, the telling incidental detail goes – of Hess declaring himself amnesiac and then recanting; of Frank weeping, and Goering yawning, when film of death-camps is shown in court; of the newly acquitted Hjalmar Schacht, phlegmatically munching a sandwich as the verdict is handed down." Newey, "Et tu quoque?"

[79] Somit konnten die Verantwortlichen nicht unter dem Schutz nationaler Souveränität straflos bleiben. Siehe Telford Taylor, *Die Nürnberger Prozesse. Hintergründe, Analysen und Erkenntnisse aus heutiger Sicht*, übersetzt von Michael Schmidt (München: Heyne, 1994), 34. Zur Anklageschrift siehe ebd., 746.

[80] Der erste Anklagepunkt wurde auf Initiative der Amerikaner in das Abkommen aufgenommen. Die Franzosen hingegen wandten sich gegen diesen Anklagepunkt; "the judges decided to limit the application of conspiracy to the charge of waging aggressive war. In a final consensus, the Court declared that membership in one of the convicted organizations was criminal, *per se*, and could be punished by any sentence, including death": Beigbeder, *Judging War Criminals*, 41. Zum ersten Anklagepunkt siehe auch Telford Taylor, *Die Nürnberger Prozesse. Kriegsverbrechen und Völkerrecht*, aus dem Amerikanischen übersetzt, Nachdr. (Zürich: Europa-Verlag, 1951) [1950], 35.

[81] Ausgeschlossen waren bei dem letzten Anklagepunkt Verbrechen gegen Deutsche: Michael Burleigh, *Die Zeit des Nationalsozialismus. Eine Gesamtdarstellung*, übersetzt von Udi Rennert und Karl Heinz Silber (Frankfurt a. M.: Fischer, 2000), 939. Zu den vier Anklagepunkten siehe näher Beigbeder, *Judging War Criminals*, 41-48.

[82] Zur Schwerpunktsetzung der Nürnberger Prozesse schreibt Donald Bloxham: "Not only did the Nuremberg Trials confront the world with huge criminals, it also presented enormous crimes, but in doing so it neglected to ensure that the victims were given the stage. In consequence, few non-German, and even fewer Jewish names, faces or stories were engraved on the collective consciousness, and inadvertently the Allies helped to keep the destruction that Germany had wrought

sprechend nicht, so schreibt Claus Kreß in einem Artikel in der *FAZ* zum 60. Jahrestag der Urteilsverkündung, "den im deutschen Namen begangenen Völkermord in seiner ganzen Monstrosität in den Vordergrund zu stellen. Nürnberg war eben ein Prozeß gegen die Hauptkriegsverbrecher, nicht der Prozeß gegen die Hauptvölkermörder."[83] Dass die Anklagepunkte 3 und 4 beim Nürnberger Prozess zu wenig beachtet wurden, beanstandet Norton-Taylor in seinem Vorwort zu *Nuremberg*:

> the transcripts of the trial show how relatively little time was devoted to these atrocities which raised uncomfortable questions [...] The Nuremberg Trial became bogged down in lengthy arguments about Counts One and Two whose problems were compounded by Jackson's ineffective cross-examinations (vii).

Norton-Taylors Drama kann als 'Korrektiv' dieses Missverhältnisses gesehen werden, denn *Nuremberg* betont nun gerade die Anklagepunkte 3 und 4, die 'Kriegsverbrechen' und (mit besonders starker Gewichtung) die 'Verbrechen gegen die Menschlichkeit'.[84] Die Fragen und Aussagen über die Konzentrations- und Vernichtungslager, die während des Prozesses nur einen sehr geringen Teil ausmachten,[85] nehmen in dem (im übrigen ja vielfach kürzenden Drama) proportional einen sehr viel größeren Raum ein.[86] Der Nürnberger Hauptkriegsverbrecherprozess hatte die Konzentrationslager, vor allem das Vernichtungslager Auschwitz und die dort systematisch betriebene Ausrottung der Juden, so schreibt Bloxham, weitgehend ausge-

in the abstract": Donald Bloxham, "The occupation experience and the genocidal past in western Germany, 1945-6", *European History Quarterly* 34 (2004), 305-35, 326. Die Russen und Franzosen, die für die Anklagepunkte 3 und 4 zuständig waren, so erläutert Bloxham an anderer Stelle, legten das Gewicht nicht auf die deutschen Verbrechen gegen die Juden: "The inequities of the French and Soviet cases before the IMT resulted from a combination of the desire of their representatives to downplay Jewish particularity whilst emphasizing their own national suffering and heroism. Indeed, they were given *carte blanche* to concentrate upon whichever symbols of suffering they chose by the prevailing emphasis on 'representative' illustrations of Nazi criminality. Additionally, the paucity of French and Soviet documentary resources meant that they did not make any real investigation of the Nazi administration for murder": Bloxham, *Genocide on Trial*, 101. Siehe auch ders., "The Holocaust on Trial. Crimes against Humanity, Justice, and the Writing of the Holocaust", in: Schaller et al. (Hgg.), *Enteignet – Vertrieben – Ermordet*, 295-317, 298f.

[83] Claus Kreß, "Leipzig – Nürnberg – Rom", *FAZ* vom 2. Oktober 2006, 10.

[84] Zu den Anklagepunkten 3 und 4: Beigbeder, *Judging War Criminals,* 44-48. Die aufschlussreiche Aussage einer Zeugin, die die Franzosen aufriefen, Marie-Claude Vaillant-Couturier, die aus Ravensbrück nach Auschwitz transportiert worden war und dem Gericht einen Augenzeugenbericht lieferte, wurde nicht in dieser Form an die Öffentlichkeit weitergegeben. Die Frankfurter Rundschau druckte zwar ein Interview mit ihr, befragte sie aber nicht über Auschwitz: Bloxham, *Genocide on Trial*, 101f.

[85] Siehe Bloxham, "The Genocidal Past", 326.

[86] Siehe etwa *Nuremberg*, 9-17, 28-33, 36-42, 44-52 (Anklagepunkt 4: Verbrechen gegen die Menschlichkeit) und 18-20, 23-27 (Anklagepunkt 3: Kriegsverbrechen).

blendet.[87] Mit seiner Schwerpunktverlagerung artikuliert Norton-Taylor eine 'korrigierte' Version des Kriegsverbrecherprozesses. Damit gelingt ihm die im Dokumentartheater beabsichtigte "kritische Neubewertung [vergangener Geschehnisse] aus der Gegenwartsperspektive".[88]

III.3.2.3 "Palimpsestuöse Lektüre": *Nuremberg* als Hypotext

In *Palimpseste. Die Literatur auf Zweiter Stufe* entwirft Gérard Genette ein differenziertes Schema transtextueller Beziehungen, die er in fünf Typen untergliedert: Intertextualität, Paratexualität, Metatextualität, Architextualität und Hypertextualität, die im Zentrum von Genettes Studie steht.[89] Die unter Hypertextualität gefasste Verschränkung eines Hypo- mit einem Hypertext lässt sich, so schreibt Genette, "durch das alte Bild des Palimpsests abbilden, auf dem man auf dem gleichen Pergament einen Text über einem anderen stehen sieht, den er nicht gänzlich überdeckt, sondern durchscheinen läßt."[90] Der Hypertext, ein "Text zweiten Grades", der "von einem früheren Text durch eine einfache Transformation [...] oder durch eine indirekte Transformation abgeleitet ist",[91] hält uns dazu an, Echos eines anderen Textes zu finden: "Der Hypertext fordert uns zu einer relationalen Lektüre auf, deren Reiz [...] recht gut in dem einst von Philippe Lejeune erfundenen Adjektiv zum Ausdruck kommt: *palimpsestuöse* Lektüre."[92] Eine "palimpsestuöse Lektüre" der zusammen mit Richard Norton-Taylors *Nuremberg* 1996 in einer *multiple bill* am Londoner Tricycle Theatre aufgeführten Dramen macht die politische Dimension des Hypotextes *Nuremberg*, der als Korrektiv zum Nürnberger Hauptkriegsverbrecherprozesses und als Hilfe zur Klärung gegenwärtiger Zustände und Probleme gelesen werden kann, bewusst.

[87] Bloxham, *Genocide on Trial*, 101-09.

[88] Brian Barton, *Das Dokumentartheater* (Stuttgart: Metzler, 1987), 4.

[89] Intertextualität: die "effektive Präsenz eines Textes in einem anderen Text" (Zitat, Plagiat, Anspielung; diese drei Formen von Intertextualität unterscheiden sich in ihrem Verweischarakter voneinander: Das Zitat markiert die Präsenz eines anderen Textes am deutlichsten, das Plagiat gar nicht); Paratextualität: "Beziehungen, die einen Text umrahmen – dazu gehören "Titel, Untertitel, Zwischentitel; Vorworte, Nachworte, Hinweise an den Leser, Einleitungen usw; Marginalien, Fußnoten, Anmerkungen; Motti; Illustrationen; Waschzettel, Schleifen, Umschlag"); Metatextualität: "die üblicherweise als 'Kommentar' apostrophierte Beziehung zwischen einem Text und einem anderen, der sich mit ihm auseinandersetzt, ohne ihn unbedingt zu zitieren [...] oder auch nur zu erwähnen"; Architextualität ("eine unausgesprochene Beziehung, die bestenfalls in einem paratextuellen Hinweis auf die taxonomische Zugehörigkeit eines Textes zum Ausdruck kommt"); Hypertextualität: die Verschränkung eines Hypo- mit einerm Hypertext: Genette, *Palimpseste*, 10-13. Die verschiedenen Typen transtextueller Beziehungen weisen durchaus Überschneidungen auf: ebd., 18f. Einen Überblick über Konzepte der Intertextualität bietet etwa Manfred Pfister, "Konzepte der Intertextualität", in: Ulrich Broich, Manfred Pfister (Hgg.), *Intertextualität. Formen, Funktionen, anglistische Fallstudien*, Konzepte der Sprach- und Literaturwissenschaft, 35 (Tübingen: Niemeyer, 1985), 1-30.

[90] Genette, *Palimpseste*, 532.

[91] Ebd., 18.

[92] Ebd., 533.

Stand in Kapitel III.1 die literarische Konstruktion Nürnbergs als Palimpsest im Zentrum des Interesses, wird Nürnberg im Folgenden als Teil eines Palimpsests in den Blick genommen. Die im Anschluss an *Nuremberg* aufgeführten Dramen über spätere Menschenrechtsverletzungen lassen sämtlich Nürnberg, den Kriegsverbrecherprozess und die dort geahndeten Verbrechen, "durchscheinen".[93] Sie überlagern als Hypertexte den Hypotext *Nuremberg*. Betrachtet man Norton-Taylors Drama im Kontext mit den Dramen, die zusammen mit *Nuremberg* am Tricycle Theatre in einer *multiple bill* gezeigt wurden, artikuliert sich die Dramenfolge als gedeutete Zeiterfahrung in Form einer 'Geschichte': Nürnberg als Ausgangspunkt für die Entwicklung hin zu einem geforderten Ständigen Internationalen Strafgerichtshof.

In der tatsächlichen Aufführungssituation am Tricycle Theatre wurde dieser Konnex durch die Gegenüberstellung mit anderen Dramen, die einen entsprechenden thematischen Fokus haben, hergestellt. Diese Dramen sind thematisch auf das stets am Ende aufgeführte Drama *Nuremberg* bezogen, damit aber auch auf den darin 'dokumentierten' Nürnberger Prozess, dessen anhaltende Relevanz auf diese Weise betont wird, zumal als Modellfall für die Ahndung der in jüngster Zeit verübten Verbrechen gegen die Menschlichkeit, für die eine entsprechende international anerkannte Strafinstanz postuliert wird, die aber 1996, zur Zeit der Aufführungen der Dramenverbünde am Tricycle Theatre, noch nicht existent war, wenngleich sie von vielerorts (und eben auch durch diese Aufführungen) mit Nachdruck befürwortet wurde.

Im Mai/Juni 1996 wurde *Nuremberg* zusammen mit Goran Stefanovskis *Ex-Yu*, Keith Reddins *Haiti* und Femi Osofisans *Reel, Rwanda* am *Tricycle Theatre* in London uraufgeführt (xvi). Bei der Wiederaufnahme im September desselben Jahres wurde Norton-Taylors Drama erneut mit Stefanovskis *Ex-Yu* und – im Wechsel – mit dem von Nicolas Kent 'herausgegebenen' *Srebrenica* oder mit der oben erwähnten Rede Richard Goldstones vom September 1995 gezeigt,[94] die in Auszügen sowohl in der Buchpublikation von *Nuremberg*[95] sowie – noch weiter gekürzt – im Programmheft wiedergegeben ist. Um die der Aufführung dieser Stücke zugrunde liegende Gesamtkonzeption und insbesondere den Aufführungskontext von *Nuremberg* erfassen zu können, sollen diese bislang unveröffentlichten Dramen im Folgenden vorgestellt werden.

Goran Stefanovski, *Ex-Yu* (1996)

Stefanovskis nur 25-minütige, von der *Tricycle Theatre Company* in Auftrag gegebene "scene for the theatre" stellt die Frage: "Why did you do it?" (20).[96] Doch anders als zu vermuten, ist die Frage hier nicht an den Massenmörder gerichtet, den Verbrecher gegen die Menschlichkeit, sondern an den Einzelnen, der sich dem moralischen Dilemma des Krieges stellt und, um nicht schuldig zu werden, sich selbst tötet.

[93] Ebd., 532.

[94] Siehe *Programmheft*.

[95] 59-61.

[96] Hierbei handelt es sich um die Seitenzahlen des *Playscripts*. Ich danke Goran Stefanovski für die Möglichkeit zur Einsicht in den noch unveröffentlichten Dramentext und die Erlaubnis, daraus zu zitieren.

In *Ex-Yu* sucht die 18-jährige Maya den Umständen des Suizids, den ihr Vater irgendwo an der Front im ehemaligen Jugoslawien verübt hat, nachzugehen. "If you are a decent human being, there are two things you can do in a war. Shoot yourself, or go mad", so ein Veteran des Krieges zu ihr: "Your father shot himself. We others, we went mad." (20) Obwohl sie bei ihrer Suche immer wieder auf Hindernisse stößt (auf Hindernisse bürokratischer wie menschlicher Natur), wird ihr im Gespräch mit zwei ehemaligen Kameraden ihres Vaters, die dessen Suizid miterlebten, das moralische Dilemma, das ihn zu seiner Tat bewegte, immer deutlicher. Das Bild, das sie gewinnt, stimmt überein mit der letzten Lektüre ihres Vaters. Auf ihrem Schreibtisch fand sie Kants *Grundlegung zur Metaphysik der Sitten*. Sie las darin von Dingen, die sich ihr nicht unmittelbar erschlossen, von "Categorical imperative. Absolute universal law of moral conduct. Humanitarian society based on reason and free will." (21) Doch obwohl sie am Ende der kurzen dramatischen Szene, als ihr Vater ihr erscheint, noch einmal fragt: "Was that a choice or an accident?" (21), ist ihr die Antwort mittlerweile klar.

Wo es eine äußere Instanz, die den Krieg und seine Gräuel verhindern könnte, nicht gibt, folgt Mayas Vater einer inneren moralischen Instanz, die ihm den Weg weist. Auch Stefanovskis dramatische Szene kann im Zusammenhang mit *Nuremberg* als ein Plädoyer für die Einrichtung einer mit Autorität ausgestatteten Instanz verstanden werden, wie sie etwa ein Ständiger Internationaler Strafgerichtshof sein könnte, einer Instanz, die zumindest die Hoffnung zulässt, dass die Verantwortlichen durch wirkungsvolle Strafandrohung davon abgehalten werden, Verbrechen gegen die Menschlichkeit zu begehen.

Nicolas Kent (ed.), *Srebrenica* (1996)

Die von Nicolas Kent für das *Tricycle Theatre* edierten "Rule 61 Hearings" des *UN War-Crimes Tribunal Den Haag* wurden bei der Wiederaufnahme von *Nuremberg* unter dem Titel *Srebrenica* als "Prolog" zu Norton-Taylors Stück aufgeführt.[97] In den "Rule 61 Hearings" war zehn Tage lang im Juli 1996 die Rolle von Radovan Karadzic, des Präsidenten der Serbischen Republik, und seines Oberbefehlshabers General Ratko Mladic (zu diesem Zeitpunkt noch nicht festgenommen[98]) bei der Massenvernichtung bosnischer Moslems in der UN-Enklave (seit 1993) Srebrenica im Jahr 1995 untersucht worden. Auch Kent reduziert die Zahl der *dramatis personae* auf insgesamt vier Zeugen: Jean René Ruez, den *chief investigating officer*, Colonel Karremans, den befehlshabenden Offizier der niederländischen Friedenstruppe in Srebrenica, Corporal Groenewegen, einen Angehörigen der niederländischen Streitkräfte, und schließlich Drazen Erdemovic, einen Angehörigen der Armee der bosnischen Serben, der der erste Angeklagte in den Prozessen um das ehemalige Jugoslawien war, der sich schuldig be-

[97] Nicolas Kent, *Srebrenica* (London: Oberon, 2005). Zu Nicolas Kent, seit 1984 *artistic director* am Londoner Tricycle Theatre, siehe ausführlich Nicholas Wroe, "Courtroom drama", *The Guardian* vom 24. Juli 2004: http://arts.guardian.co.uk/ politicaltheatre/story/O,,1296053,00.html (20.12.2006).

[98] Siehe dazu Beigbeder, *Judging War Criminals*, 160.

kannte.[99] Erdemovic war im März 1996 verhaftet worden und sagte gegen Karadzic und Mladic aus, bevor er im November 1996 selbst zu 10 Jahren Haft verurteilt wurde.[100]

In Srebrenica waren am 11. Juli zwischen 4.000 und 10.000 Moslems getötet worden.[101] Kents auf etwa 65 Minuten Spielzeit gekürztes Drama, das in der Zeit vom 3. bis 5. Juli 1996 in Den Haag spielt, bezieht sich nur auf die Ereignisse um den Fall Srebrenicas, nicht auf die Geiselnahme von UN-Truppen in Bosnien-Herzegowina und die Belagerung und das Bombardement von Sarajevo, die ebenfalls in den "Hearings" verhandelt wurden.[102]

Als Prolog zu *Nuremberg* machen die auf der Bühne nachgestellten "Hearings" klar, dass die im Nürnberger Prozess gegebenen Ermahnungen in der jüngsten Zeit in erschreckender Weise missachtet worden sind. Das wird dem Zuschauer schmerzlich bewusst, weil sie im Tricycle Theatre die in den "Hearings" erörterten zeitnahen Verbrechen vor der Folie der im Drama *Nuremberg* erinnerten Verbrechen der Vergangenheit wahrnehmen. Darauf heben auch die Besprechungen der Aufführung ab, etwa die von David Benedict von der *Financial Times*: "'Lest we forget' is the urgent thought behind every re-examination of the Holocaust. *Srebrenica* shows us that we may already have forgotten."[103] Ähnlich auch Mark Cook in *Ham & High* – "After the atrocities of the Holocaust we, naively perhaps, believed that such genocide could never happen again"[104] – und Jane Edwards in *Time Out*:

> In case anybody should think that the crimes described in 'Nuremberg', the main performance at the Tricycle, couldn't happen in Europe today, Nicolas Kent has added an hour-long prologue based on the recent hearings in The Hague to establish in Dr Karadzic and General Mladic's absence whether there is a case to be heard against them.[105]

Der vom *chief investigating officer* Ruez in Erinnerung gerufene Einmarsch der bosnischen Serben in Srebrenica in der Nacht vom 5. auf den 6. Juli 1995 lässt in der Grausamkeit von Deportation und Mord an die Vernichtung der Juden denken. Die in die UN-Enklave von Srebrenica geflohenen Moslems werden wie Vieh zusammengetrieben und in Bussen zu ihrem Hinrichtungsort transportiert. "General Mladic turns up [...] and he talks to the crowd; he explains to the people that they are going to be evacuated; that nobody is going to harm them." (6) Familien werden getrennt (7f.), Kinder vor den Augen ihrer Müttern brutal ermordet (8,11), Menschen aufs äußerste gequält

[99] Ebd., 158.

[100] Ebd., 149. Hierbei handelt es sich um das erste Urteil, das in Den Haag vom Internationalen Strafgerichtshof verkündet wurde, und um das erste Urteil eines internationalen Strafgerichtshofes seit den Nürnberger Kriegsverbrecherprozessen (1.10.1946-14.4.1949): Heribert Ostendorf, "Die Bedeutung der Nürnberger Prozesse für die Strafverfolgung von Kriegsverbrechen durch die UN", in: Ueberschär (Hg.), *Der Nationalsozialismus vor Gericht*, 262-74, 262.

[101] Beigbeder, *Judging War Criminals*, S. 149.

[102] *Programmheft*.

[103] "'Missing' in Bosnia", *Financial Times* vom 17.10.1996.

[104] "Snapshot of deadliness", *Ham & High* vom 18.10.1996.

[105] "Srebrenica", *Time Out* vom 15.10.1996.

(10f.). Erdemovic, dessen Einheit am 16. Juli seiner Schätzung nach "1,000/1,200" Menschen umgebracht hat (54), berichtet davon als Mitglied des Exekutionskommandos.

Wie in der Inszenierung von *Nuremberg* wurde auch bei der Präsentation der "Hearings" im *Srebrenica*-Stück der eine bedrückende Atmosphäre erzeugende Kontrast zwischen dem kühl-nüchternen Procedere der Verhandlung im Gerichtssaal und den dabei behandelten furchtbaren Kriegsverbrechen gesucht, wie in Aufführungsbesprechungen vermerkt wird: "As in 'Nuremberg', Kent recreates the business-like, subdued atmosphere in which the most ghastly of all crimes are described";[106] "Kent uses the same techniques as in *Nuremberg*: precise, understated acting in a realistic courtroom environment, where quiet-spoken, polite voices worry about the headphone and translations [...] and interrupt the cross-examinations with old-world courtesies...".[107]

Femi Osofisan, *Reel, Rwanda!* (1995)

Zwischen April und Juli 1994 waren in Ruanda etwa 500.000 Tutsis von den Hutus getötet worden.[108] Verantwortlich waren für die Morde größtenteils Angehörige der Interahamwe, der Jugend-Miliz des Präsidenten Juvénal Habyarimana, oder der Ruandischen Regierungstruppen sowie Dorfbewohner, die ihre Nachbarn töteten.[109] Wie bereits im Mai 1993 für das ehemalige Jugoslawien, wurde im November 1994 in Arusha, Tansania, ein zweites Internationales Kriegsverbrechertribunal (für Ruanda) eingerichtet.[110]

Mit *Reel, Rwanda!* plädiert auch Femi Osofisan für die Einrichtung eines Ständigen Internationalen Gerichtshofs. Der nigerianische Autor, der auf Englisch schreibt und so die nigerianische Mittelklasse anspricht, da sie seiner Meinung nach das größte Poten-

[106] Ebd.

[107] "Srebrenica", *Independent on Sunday* vom 13.10.1996. Dazu ließen sich etwa folgende Textbeispiele nennen: "Judge Jorda: If Mr Erdemovic could be given a headset? Do you hear me, Mr Erdemovic? Can you hear me? Can you hear me? Can you hear me, Mr Erdemovic?" (39) und "Judge Jorda: Mr Erdemovic. For your comfort there is a water pitcher and a glass of water next to you if you feel that you might just need a glass of water." (45f.).

[108] Dieser Zahl sind auch jene Hutus zugerechnet, die sich den Tötungen entgegenstellten oder sich für eine Machtaufteilung mit den Tutsis ausgesprochen hatten und in der Folge ebenfalls ermordet wurden.

[109] Beigbeder, *Judging War Criminals*, 169-70. Siehe ausführlich Gregory H. Stanton, "Could the Rwandan genocide have been prevented?", in: Schaller et al. (Hgg.), *Enteignet – Vertrieben – Ermordet*, 437-56.

[110] "The International Tribunal for the Persecution of Persons Responsible for Genocide or Other Serious Violations of International Humanitarian Law Committed in the Territory of Rwanda and Rwandan Citizens Responsible for Genocide and Other Such Violations Committed in the Territory of Neighbouring States, Between 1 January 1994 and 31 December 1994 (Res. 955)". Beigbeder, *Judging War Criminals*, 169. Zu Parallelen zwischen den Konflikten in Jugoslawien und Ruanda siehe ebd., 182-84.

tial besitzt, die Gesellschaft zu verändern,[111] vermittelt mit seinem 1995 verfassten und im darauffolgenden Jahr am *Tricycle Theatre* uraufgeführten Einakter *Reel, Rwanda!* auch einem britischen Publikum die Perspektive der Opfer: "I turn official historiography and mythopoesy on their heads, insisting on their hidden partisan agenda, and offer a dialectical counter-narrative, in which history is seen from the lower side, from the perspective of those who are society's victim."[112]

Rose, die von ihrer früheren Lehrerin Françoise aus einem Flüchtlingslager in Goma gerettet wurde, war, wie sich in *Reel, Rwanda!* herausstellt, maßgeblich an dem Massaker an den Tutsis beteiligt. In Rose, dem Opfer der Choleraepidemie ("I'd given up all hope as I lay there abandoned, with the other victims of the dreaded disease, drained out, sunk in vomit", 180) und der Interahamwe, der Hutu-Miliz, von der ihr Mann, der die Regierung Juvénal Habyarimanas kritisiert hatte (189), und ihre Kinder getötet wurden ("I saw them die, Françoise! I heard them screaming for their mother as those thugs hit them again and again with the butts of their guns and crushed their skull!", 184), erkennt Jean-Baptiste, ein Mitglied des Tutsi-Kabinetts und ein Freund von Françoise, der ihr bei der Einreise nach Goma geholfen hatte und der für Roses Flugticket nach Paris aufkommt, die Frau, die – als "[t]he butcher of Butare" (214), als "a monster" (215) – an dem Massaker an den Tutsis beteiligt war (218). Nachdem sie zunächst ihre Schuld leugnet (215), berichtet Rose schließlich, dass sie, nachdem sie Mann und Kinder verloren hatte, zurück zu ihren Eltern floh, wo sie jedoch als Sympathisantin der Tutsis verhasst war und von den Hutus gezwungen wurde, sich an den Tötungen zu beteiligen (220f.). Jean-Baptiste brandmarkt die Morde als regierungsamtlich geplanten und brutal organisierten Genozid:

> It was coldly planned. Systematically, brutally executed! These were no random killings at all. The militia were trained by the government for this specific purpose. All the educated among us had been listed out beforehand, our names kept on index cards in

[111] Osofisan äußerte sich wie folgt: "As I see it, of all the various 'communities' which make up Nigerian society it is the educated community, armed with a proper ideological consciousness, that can successfully undertake the building of a dynamic modern economy, towards which we can yearn to stir our country": "'The Revolution as Muse': Drama as Surreptitious Insurrection in a Post-Colonial, Military State", in: *Theatre Matters. Performance and Culture on the World Stage*, hg. von Richard Boon und Jane Plastow [Cambridge: Cambridge University Press, 1998], 11-35, 14. Siehe dazu auch Tejumola Olaniyan, "Femi Osofisan: The Form of Uncommon Sense", *Research in African literatures* 30 (1999), 74-91. Chris Dunton, der 2004 mit Osofisan ein Interview führte, schreibt: "[Osofisan] was appalled [...] to discover how inadequately the genocide had been reported by his home press, back in Nigeria". Chris Dunton, "Representations of Horror: The Rwandan Genocide and Femi Osofisan's *Reel, Rwanda!*", in: Sola Adeyemi (Hg.), *Portraits for an Eagle – A Festschrift in Honour of Femi Osofisan*, Bayreuth African Studies Series, 78 (Bayreuth: Breitinger, 2006), 133-142, 136.

[112] "'The Revolution as Muse'", 16. Weitere Interviews mit Osofisan finden sich in Muyiwa P. Awodiya (Hg.), *Excursions in Drama and Literature: Interviews with Femi Osofisan* (Ibadan: Kraft Books, 1993). *Reel, Rwanda!* wurde 1999 publiziert: Femi Osofisan, *Recent Outings II. Two Plays, comprising Nkrumah-Ni...Africa-Ni! And Reel, Rwanda!* (Ibadan: Kenbim Press, 1999), 177-223.

> preparation for the massacre. Can you believe it! Every journalist, lawyer, professor, teacher, priest, doctor, every clerk, every student – every Tutsi look-alike, and every Hutu suspected of being against the Habyarimana government, all were hunted down in a house-to-house operation and mown down. (201f.)

Der Belgier Alain, ein Mitglied der zur Untersuchung der Vorgänge eingesetzten "human rights commission", weist auf die Vergleichbarkeit dieser Verbrechen mit den in Nürnberg untersuchten Gräueltaten hin, wenn er über die 'vergessene' Lektion des damaligen Prozesses spricht:

> [W]e're talking of genocide. Not just the usual crimes against humanity, but the systematic and cold-blooded elimination of a portion of the populace, such as happened in Nuremberg. The world said then it would never happen again. That it could never happen. But it's not even fifty years yet, and all we've done is change the vocabulary, and call it 'ethnic cleansing'! (197)

Alain ist es auch, der auf die Schuldverstrickung der ehemaligen Kolonialmacht Belgien aufmerksam macht:

> You see, I'm here to search for the culprits and bring them to justice. But I am also a Belgian, and I know that we Belgians are largely responsible for the ethnic animosity that has destroyed this lovely country. Before we came here, these people, Hutus and Tutsis, had lived together for centuries in the same valleys and villages. They spoke the same language, had the same traditions. By phyical appearance alone, you couldn't distinguish one from the other. And then, in 1933, for the purposes of our own colonial exploitation, in order to use the Tutsis effectively as our agents, we brought division here. Scores of our bureaucrats were shipped down here to count and measure everyone. Notes were taken of the size of noses, the breadth of shoulders, the length of ankles, such inanities. And henceforth the Tutsies were the taller and fairer ones, with fine features; while the Tutus [sic] were the shorter, plainer, darker ones, destined by their form and complexion to be serfs and beasts of burden. Children of mixed marriages were automatically classified with their father's group. And to reinforce this division, we gave each one an identity card... (207f.)

Die Bedeutung einer strafrechtlichen Ahndung der Verbrechen sieht Alain vor allem darin, dass nur nach einer solchen eine wirkliche Versöhnung möglich sei: "You must understand, this was not just any war. Unless and until the killers are brought to book, the world would have learnt nothing. And full reconciliation would be impossible here." (207)

Die Wirkung von Osofisans Drama beruht in nicht geringem Maße auf der schrecklichen Ironie, dass durch westliche Medien zunächst die Täter als Opfer gezeigt wurden – in Flüchtlingslagern unter der Cholera leidend. Auch Françoise, die Rose in einer Fernsehdokumentation über die humanitäre Katastrophe in den Flüchtlingslagern in Goma sieht, reist nach Ruanda, um dem vermeintlichen Opfer Hilfe zu leisten. Nachdem sie ihre ehemalige Schülerin aufgespürt hat, versucht sie Rose wieder zur

Normalität zurückzuführen. Sie missversteht die Motive für Roses Widerwillen, sich im Spiegel anzusehen: "All the same, you must try. The earlier you begin to cope with these memories the better." (178) Rose erzählt ihr daraufhin, warum sie Angst vor ihrem Spiegelbild hat:

> Yes, I know. But I just can't! I can't look at the glass. I'm scared of what I'll see there. [...] The last time I ... It was at Cyangugu, as we fled across the lake. The water was dirty with floating corpses here and there, but I had been thirsty for five days. I bent down to drink, and my eyes caught sight of this hideous monster I could not immediately recognize. Then it came to me – it was my face! I was the monster! I threw up and kept throwing up. Since then ... I've not been able to look into a mirror again! [...] The torture of these past months! The horrors I've been through! No, this face can never be beautiful again. (178f.)

Dass Rose tatsächlich zu einem Monster geworden war, dem "butcher of Butare", erfahren Françoise und die Zuschauer erst später. Zunächst jedoch beteuert Françoise, sie sähe wieder so aus wie früher, und als sie schließlich in den Spiegel blickt, sagt ihr Rose: " Françoise, you ... you've turned me into a beauty queen!", worauf Françoise erwidert: "Yes. Back into the Princess you used to be." (182) Doch diese Rückverwandlung ist nur äußerlich, wie Rose selbst sehr wohl weiß, auch wenn sie selbst eine Zeit lang gehofft hatte, ihrer Vergangenheit entgehen zu können: "it was a dream, all that talk of going away. Paris ... the Eiffel Tower ... the Jardins ... the river Seine ... all those lovely sights you promised me. The nightmares would have followed me there. All the blood on my hands ... there's no escape. Goodbye ..." (223)

Schließlich, da Jean-Baptiste sie erkannt hat, wird eben jene Vergangenheit, als Rose zu einem anderen Menschen geworden war, strafrechtlich aufgearbeitet – ihr wird in Gitarama der Prozess gemacht. Die unbedingte Notwendigkeit einer solchen strafrechtlichen Aufarbeitung formuliert Jean-Baptiste ähnlich wie Alain dies getan hatte: "if we do not punish those who make genocide happen, no man on this planet will ever be safe." (222)

Keith Reddin, *Haiti* (1996)

Mit *Haiti* propagiert auch Keith Reddin, wie Norton-Taylor mit *Nuremberg*, die Einrichtung eines Ständigen Internationalen Gerichtshofs, indem das Drama die verhängnisvollen Folgen versäumter strafrechtlicher Verfolgung von Menschenrechtsverstößen aufzeigt. Reddins Drama thematisiert die amerikanische Intervention in Haiti (Operation Uphold Democracy), durch die im September 1994 die Herrschaft der Militärjunta unter General Cédras beendet wurde, und die Tatsache, dass – im Unterschied zum Umgang mit den Verbrechen der Nazis – die Verletzungen der Menschenrechte durch das Militärregime weder in Haiti noch durch ein internationales Gericht geahndet wurden.

Während eines 'Rekonvaleszenzurlaubs' in Florida treffen der ehemalige US-Offizier Bob und seine Frau Kelly auf den aus politischen Gründen aus Haiti geflohenen Kellner Prosper. Der erkennt in Bob den Offizier wieder, der ihn gemeinsam mit anderen misshandelten politischen Gefangenen aus dem Gefängnis Casernas Dessaline in Port-au-Prince befreit hat, das Prosper mit dem Konzentrationslager Dachau vergleicht: "I have heard of Dachau. [...] It is like our Casernes Dessaline. They did not kill six million, but they kill enough. We are a small island, still they do enough." (6)[113] Als Offizier mit der Feststellung von Verletzungen gegen die Menschenrechte betraut, hatte Bob in der Befreiung der Gefangenen seine Pflicht gesehen. Auch er, dessen Vater an der Befreiung Dachaus beteiligt war (6), zieht den Vergleich mit der Vernichtungsmaschinerie in Nazi-Deutschland, wenn er seine Motivation erklärt: "I didn't want troops, American troops to pull up to some Haitian equivalent of Auschwitz, everyone saying what goes on inside, it's not our business. We made it our business. We went over there to stop it." (12) Seinem aktiven Eingreifen waren endlose Bemühungen vorausgegangen, die Lage zu klären: "I sent endless reports and nothing was being done" (13). In der Folge war Bob für seine Befreiungstat sogar vor ein Kriegsgericht gestellt und nur deshalb nicht verurteilt worden, weil ihn angeblich Stress und Depressionen daran gehindert hätten, ordnungsgemäß zu handeln: "They said," so Kelly zu Prosper, "he had some sort of mental breakdown and entered that prison on his own and released all of you illegally." (3)

Doch reichten – wir im Drama deutlich wird – weder die Absetzung der Militärdiktatur noch die von Bob eigenmächtig veranlasste Freilassung der politischen Häftlinge dazu aus, Haiti wirklich zu befreien, denn die Schuldigen wurden vor keinem Gericht zur Verantwortung gezogen. "You made them release us and then ... nothing", klagt Prosper, "You do not arrest military or guards. We are free to go, but so are they." (10) Doch haben die Amerikaner (und nach ihnen die UN) die strafrechtliche Verfolgung nicht nur unterlassen, sondern auch verhindert, dass die Regierung in Haiti die Verbrechen ahnden könnte, indem die Amerikaner – wie das Drama darstellt – die für ein Strafverfahren relevanten Akten außer Landes gebracht haben:

> American soldiers go into police stations and take files, files on prisoners and files on military and you take them with you. American soldiers they take all the files back, back to America. We ask for them, so we have proof. Proof of who was punished and why. Proof of who did the torture and murder. But without the files, without the proof how do we have justice? You let us go, but we still do not have justice. (10).

Die Verhinderung der strafrechtlichen Vefolgung der Militärjunta führte, wie Prosper dem US-Offizier Bob gegenüber äußert, dazu, dass es in Haiti weiterhin politische Verfolgungen gab und gebe, was ihn (Prosper) wie viele andere zur Flucht ins Exil gezwungen habe:

> Then you let the military go. They are not judged, they are still free. They take off a uniform, but they are still there, are free to come after us. Those that they put in prison. .... They come after my family and me. They try to kill us all. Because we know who they are. So I must leave Haiti. (11)

[113] Ich danke Keith Reddin für die Erlaubnis, aus seinem unveröffentlichten Dramentext zu zitieren.

Auf Bobs resignierte Feststellung, dass er immerhin versucht habe, etwas zu ändern, erwidert Prosper: "Yes you did. But it wasn't enough." (11) Seine Ernüchterung mit Blick auf die Demokratie wird deutlich, wenn er über unterschiedliche Arten, Ordnung zu wahren, spricht. Voodoo, so Prosper, eigne sich gut dazu:

> Good to keep order. You abide by laws if you want dead to stay dead. You don't steal neighbors land or sleep with his wife if you think someone come to you after they are dead. [...] It keeps people in order. Instead of prison we have more [...] spiritual retribution. Of course we have real prison too. And torture. And killings. (5)

Doch während er früher ein Anhänger nicht nur von Voodoo, sondern auch der Demokratie war, glaubt Prosper jetzt nur noch an Voodoo: "I used to believe in voodoo and democracy. Now I just believe in voodoo." (5) Die juristischen Instrumente der Völkergemeinschaft haben ihn nicht nur enttäuscht, sondern im Stich gelassen.

Die "palimpsestuöse Lektüre" der Hypertexte von *Nuremberg*, die die in der jüngsten Vergangenheit verübte Massenvernichtungen zu den Kriegsverbrechen der Nazis in Beziehung setzt, wirft die Frage nach der Singularität oder Vergleichbarkeit der Nazi-Verbrechen auf.

Vergleichbarkeit der Nazi-Verbrechen?

Bei den von den Hutus an den Tutsis verübten Massakern im Jahr 1994 handelte es sich, so Alain Destexhe, um den ersten Völkermord nach dem Holocaust.[114] In seiner Untersuchung über *Rwanda and Genocide in the Twentieth Century* macht Destexhe auf die Notwendigkeit einer genauen Unterscheidung zwischen Verbrechen gegen die Menschlichkeit und Genozid aufmerksam, die er häufig verwischt sieht.[115] In Bosnien etwa, so betont er, habe es sich um "crimes against humanity and not genocide" gehandelt: "the objective of the war in Bosnia has been concerned with control over territory rather than over the inhabitants." Er fährt fort: "It is sufficiently serious to make an accusation of crimes against humanity but it is unnecessary to add an accusation of genocide for, once again, this only succeeds in trivialising the nature of a genocide."[116]

Die durch Destexhes Definition des Genozids implizierte Kategorisierbarkeit des Völkermords basiert auf der Annahme, dass der Sachverhalt des Völkermords wiederholbar sei. Damit ist das Problem der Vergleichbarkeit zur Diskussion gestellt, das bereits im Zentrum des so genannten Historikerstreits gestanden hatte, der am 6. Juni

[114] Destexhe, *Rwanda and Genocide*, 60.

[115] Ebd., 7-20. Der Begriff "genocide" wurde von Raphaël Lemkin, Berater des US Kriegsministeriums in seiner Veröffentlichung *Axis Rule in Occupied Europe* (1944) geprägt: siehe ebd., 3.

[116] Ebd., 19.

1986 durch einen Beitrag des Historikers Ernst Nolte in der *Frankfurter Allgemeinen Zeitung* ausgelöst worden war. In "Vergangenheit, die nicht vergehen will: Eine Rede, die geschrieben, aber nicht gehalten werden konnte" hatte Nolte die Einzigartigkeit des Holocaust in Frage gestellt.[117] Mit einer Replik von Jürgen Habermas in der *Zeit* vom 11. Juli desselben Jahres, in der er Noltes Artikel zum Anlass nahm, die "apologetischen Tendenzen in der deutschen Zeitgeschichtsschreibung" zu monieren, begann die eigentliche Kontroverse.[118] Wenn Destexhe nach dem Völkermord an den Tutsis auf gewisse "situations comparable with some aspects of [the genocide of the Jews]" aufmerksam gemacht hat,[119] wird man ihm deshalb wohl nicht den Vorwurf der Trivialisierung und des Revisionismus machen dürfen; er selbst ist sich der inhärenten Gefahren seiner Betrachtungsweise durchaus bewusst: "using Auschwitz as a measuring stick when making comparisons with other situations risks trivialising and minimising the real nature of the genocide perpetrated against the Jews and seeing it as the inevitable consequence of political and social evils that prevailed at the time".[120]

Aus dieser Sorge heraus warnte noch im Jahr 2000 der Historiker Yehuda Bauer davor, Völkermorde miteinander zu vergleichen, und beharrte gleichzeitig auf der Einzigartigkeit des Holocaust. Mit Bezug auf das Regime Saddam Husseins und den Krieg im Kosovo äußerte er in einer Rede vor dem *Stockholm International Forum on the Holocaust* am 26. Januar:

> we must not compare suffering with suffering – it would be immoral to do so. But there is something unprecedented, frightening about the Holocaust of the Jewish people that should be taught: for the first time in the bloodstained history of the human race, a decision developed, in a modern state in the midst of a civilized continent, to track down, register, mark, isolate from their surroundings, dispossess, humiliate, concentrate, transport and murder every single person of an ethnic group as defined not by them, but by the perpetrators; not just in the country where the monster arose, not just on the continent the

[117] Nachgedruckt in: *"Historikerstreit": Die Dokumentation der Kontroverse um die Einzigartigkeit der nationalsozialistischen Judenvernichtung*, hg. von Rudolf Augstein et al. (München: Piper, 1987), 39-47. Siehe weiter Geoff Eley, "Nazism, Politics and the Image of the Past: Thoughts on the West German *Historikerstreit* 1986-1987", *Past & Present* 121 (1988), 171-208. 172f.

[118] Jürgen Habermas, "Eine Art Schadensabwicklung: Die apologetischen Tendenzen in der deutschen Zeitgeschichtsschreibung", *Die Zeit* vom 11. Juli 1986; nachgedruckt in: Augstein et al. (Hgg.), *"Historikerstreit"*, 72-76. Siehe weiter Eley, "Nazism", 178f. Zum Historikerstreit siehe weiter etwa Norbert Kampe, "Normalizing the Holocaust? The Recent Historians' Debate in the Federal Republic of Germany", *Holocaust and Genocide Studies* 2 (1987), 61-90; Charles S. Maier, *The Unmasterable Past. History, Holocaust, and National Identity* (Cambridge, Mass./London: Harvard University Press, 1988); Eley, "Nazism"; Dominick LaCapra, *History and Memory after Auschwitz* (Ithaca/London: Cornell University Press, 1998), 43-72.

[119] Destexhe, *Rwanda and Genocide*, 1.

[120] Ebd., 1.

> monster first wished to control, but ultimately everywhere on the earth, and for purely ideological reasons. There is no precedent for that.[121]

Dies scheint auch Destexhe nicht in Frage zu stellen, wenn er darauf insistiert, dass umgekehrt der Holocaust als der einzige Präzedenzfall für die Verbrechen gegen die Tutsis in Ruanda zu betrachten ist:

> the extermination of the Jews is in fact the only precedent which *can* be evoked to understand the crime committed against the Tutsis in Rwanda, for both Jews and Tutsis were targeted as victims because, and only because, they had the misfortune to be born Jews or Tutsis. [...] Those who killed them committed the very worst of crimes, described by François de Menthon, the French prosecutor at the Nuremberg Trials, as 'the crime which is directed at the very nature of what it is to be human'. Just as wearing the yellow star singled out the Jews under Nazi rule, so too the ethnic classification on Tutsi identity cards acted as a death warrant allowing the first genocide since the end of the Second World War.[122]

Bereits hier und etwas deutlicher noch im Folgenden weist Destexhe auch auf die Bedeutung der Nürnberger Prozesse hin, die in der Geschichte bisher der einzige Präzedenzfall für die Ahndung des Verbrechens des Genozids seien:

> Even if neither the nature nor the degree of the crimes committed by the Hutus are comparable to the factory death camps of the Nazis, they are both genocides. It is therefore to the Nuremberg trials that we must turn for the only example we have of how to proceed in pursuing those responsible for the genocide. As the only precedent we have, it must neither be ignored nor rejected as irrelevant.[123] (72)

Wie Destexhes Studie, auf die Norton-Taylor in seiner Einleitung explizit Bezug nimmt, ist auch sein *Nuremberg* ein "indictment against the apparent inability to relate the present to the past".[124] Sowohl in der Einleitung der Buchpublikation und der Auswahl der dieser appendizierten Texte als auch im Dramentext selbst und im Programmheft des Tricycle Theatre wird der Konnex von historischem Präzedenzfall und erneuter historischer Notwendigkeit der Einrichtung eines Ständigen Internationalen Strafgerichtshofs immer wieder bewusst gemacht:

> "For the first time", says David Cesarani, Professor of Modern Jewish Studies at Manchester University, "individuals were put on trial for sending their people to war and

[121] http:/www.holocaustforum.gov.se/conference/official_documents/speeches/bauer.htm. Ähnlich betont Christian Meier die "völlige Ausnahmsartigkeit der Judenvernichtung": Christian Meier, *Vierzig Jahre nach Auschwitz. Deutsche Geschichtserinnerung heute*, 2., erw. Aufl. (München: Beck, 1990) [1987], 46.
[122] Destexhe, *Rwanda and Genocide*, 2.
[123] Ebd., 72.
[124] Ebd., 2.

> ordering them to commit atrocities ... it was no longer enough to say: 'We were just obeying orders.'" Now, for the first time since Nuremberg, the UN has set up war crimes tribunals – for the former Yugoslavia and Rwanda. Richard Goldstone, the South African judge and first chief prosecutor at both of these tribunals, has described them as 'a major step ushering in a new era in the history of international humanitarian law.' Like Shawcross, he is pressing for a permanent international war crimes tribunal. (ix)

Shawcross' ähnlich optimistische Vorhersage, das Tribunal in Nürnberg könne "provide a contemporary touchstone and an authoritative and impartial record to which future historians may turn for truth, and future politicians for warning" (ix), wird von Norton-Taylor zitiert, um zum einen das Versagen der Völkergemeinschaft angesichts der Nachkriegsvergangenheit hervorzuheben und um zum anderen die Dringlichkeit der Verwirklichung der von Goldstone heraufbeschworenen "new era" hervorzuheben: "Fifty years later", so Norton-Taylor über die Prognose von Shawcross, "these words have a hollow ring in the light of war crimes perpetuated by the Nuremberg victors – the bombing of Cambodia during the Vietnam War, for example, or the treatment of Algerians fighting for independence." (ix)

Im Text des Dramas weist der Hauptankläger der Vereinigten Staaten, Robert H. Jackson, bereits in seiner Eröffnungsansprache auf die geschichtliche Bedeutung des Prozesses für die Zukunft hin: "We must never forget that the record on which we judge these defendants today is the record on which history will judge us tomorrow" (3). Ähnlich auch Shawcross in seinem Schlussplädoyer:

> The trial must form a milestone in the history of civilisation, not only bringing retribution to these guilty men but also that the ordinary people of the world (and I make no distinction between friend or foe) are now determined that the individual must transcend the state. You will remember when you come to give your decision the story of Dubno, but not in vengeance – in a determination that these things shall not occur again. (52)

Schließlich äußert Speer in seinem das Stück beendenden Statement: "The Trial must contribute towards preventing such degenerate wars in the future and towards establishing rules whereby human beings can live together." (55) In der Buchpublikation folgen darauf zwei einander gegenübergestellte Textauszüge, die auf die Rolle des Nürnberger Prozesses reflektieren und sie erneut explizit in den Kontext der Debatte um die Einrichtung eines Ständigen Internationalen Gerichtshofs stellen. Zunächst kommt noch einmal Shawcross zu Wort, der in "Nuremberg and the Nazi War Criminals" kritisiert, dass man nach Nürnberg die Einrichtung eines solchen Ständigen Internationalen Gerichtshofs, vor dem sich etwa Saddam Hussein hätte verantworten müssen, nicht habe durchsetzen können (57f.). Auf die kritischen Äußerungen von Shawcross folgt ein Auszug aus einer Rede, die Richard Goldstone, der Hauptankläger in den UN Kriegsverbrechertribunalen für das ehemalige Jugoslawien und für Ruanda, im September 1995 in Nürnberg auf einer Konferenz über "Human Rights Crimes Before the Law" hielt:

> It was the view of most observers that the crimes were unique and a horrible deviation on the road to civilisation. That view proved not to be correct. Crimes against peace, war

> crimes and crimes against humanity, including genocide, mass rape, torture, disappearances, forced removals and many other human rights violations have occurred repeatedly, on four continents, in the years since that judgement was delivered in this city. (59)

Auch hier ist die Absicht unverkennbar, einen Konnex herzustellen zwischen den Gräueln der Nazizeit und ihrer Ahndung und den Verbrechen der jüngsten Vergangenheit. Diese Absicht war ja die leitende Idee bei der Aufführung des *Nuremberg*-Dramas im Verbund mit anderen, thematisch verwandten Dramen.

III.4 "Transmitting the unthinkable": Dolmetscher in Dramen über den Nürnberger Prozess

III.4.1 Vermittler des Grauens

Der Nürnberger Prozess gegen die Hauptkriegsverbrecher wurde von ca. 250 Reportern und Kommentatoren begleitet (darunter 'Starreporter' wie Martha Gellhorn, Rebecca West, John Dos Passos, Ernest Hemingway und John Steinbeck), die über den Prozess und die dort verhandelten Verbrechen in alle Welt berichteten;[1] ihre Berichterstattung und Interpretation der Ereignisse formte maßgeblich die Wahrnehmung des Nürnberger Prozesses in der Öffentlichkeit.[2] Weniger bekannt ist der Einfluss, den die Dolmetscher auf die Vermittlung der Prozessinhalte und auf deren Wahrnehmung im Bewusstsein des Einzelnen ausübten – eine Rolle, deren Bedeutung sich sowohl die Dolmetscher selbst als auch die Angeklagten sehr wohl bewusst zu sein schienen.[3] Als etwa Hermann Göring von seinem Recht informiert wurde, sich einen von mehreren aufgelisteten Verteidigern auszusuchen, soll er geäußert haben: "Of course I want counsel. But it is

[1] Der Gerichtssaal war für den Prozess eigens erweitert worden, um die große Zahl der Reporter unterzubringen.

[2] Siehe Bartlitz, "Der Nürnberger Prozeß in Reportagen und Kommentaren des Berliner Rundfunks", 556; Jürgen Wilke, "Ein früher Versuch der 'Vergangenheitsbewältigung': Der Nürnberger Prozess und wie darüber berichtet wurde", *Frankfurter Allgemeine Zeitung* vom 15. November 1995; dazu kritisch Bloxham, *Holocaust on Trial*, 1. Mit dem Nürnberger Prozess verfolgten die Siegermächte auch aufklärerische und didaktische Ziele im Sinne der *re-education* – eine Funktion, auf die der Schriftsteller Alfred Döblin mit dem Titel seiner unter dem Pseudonym Hans Fiedeler veröffentlichten Publikation *Der Nürnberger Lehrprozess* (Baden-Baden: Neuer Bücherdienst, 1946) hinwies. Auch die *Nürnberger Nachrichten* verwiesen auf diese Funktion des Tribunals; kurz vor Beginn des Prozesses zitierte die Zeitung die *Basler Nachrichten*: "Der Nürnberger Prozeß wird durch direkte Belehrung am besten imstande sein, die Deutschen politische Vernunft zu lehren": *Nürnberger Nachrichten* vom 20. Oktober 1945, zit. in: *Der Nürnberger Lernprozess. Von Kriegsverbrechern und Starreportern*, zusammengestellt und eingeleitet von Stefan Radlmaier (Frankfurt/M: Eichborn, 2001), 24. Allerdings brachten gerade die Deutschen dem Nürnberger Prozess nur wenig Interesse entgegen. Der damalige Intendant des Berliner Rundfunks, Max Seydewitz, bedauerte im September 1946 in einem Sonntagskommentar zur bevorstehenden Urteilsverkündung, dass "die meisten Deutschen die große politische und geschichtliche Bedeutung des Nürnberger Prozesses noch nicht erkannt haben und sich für den Prozeß und seine Ergebnisse viel zu wenig interessieren. In allen öffentlichen Verkehrsmitteln oder wo sonst Menschen zusammenkommen, wurde in den vergangenen Monaten über alle möglichen Fragen unendlich viel mehr diskutiert, als über den Nürnberger Prozeß. Das allgemeine Gesprächsthema sind die bedrückenden Alltagssorgen, der Mangel an allem Lebensnotwendigen und die Auswirkungen der Besatzung": Zit. in: ebd., 566. Siehe auch Radlmaier, *Der Nürnberger Lernprozess*, 12; Bloxham, *Genocide on Trial*, 1-4.

[3] Dazu ausführlich: Annette Kern-Stähler, "Translating the Unspeakable: Interpreters at War Crimes Trials on the Contemporary British Stage", in: *Cultures of Translation*, hg. von Klaus Stierstorfer und Monika Gomille (Newcastle upon Tyme: Cambridge Scholars Publishing, 2008), 107-127.

even more important to have a good interpreter",[4] und Wolfe Frank, der Sohn eines jüdischen BMW-Werksmanagers, der in den 1930er Jahren nach England emigriert war, bat darum, ohne Ablösung als einziger Dolmetscher für Englisch und Deutsch eingesetzt zu werden, sobald Göring befragt wurde.[5]

Das Statut für den Internationalen Militärgerichtshof (Artikel 25) und die Verfahrensordnung (Vorschrift 9) legten die Verhandlungsführung in englischer, französischer, russischer und deutscher Sprache fest.[6] Um die Dauer des Prozesses zu verkürzen, wurde in Nürnberg das zu diesem Zeitpunkt kaum erprobte und weitgehend unbekannte Simultandolmetschen eingesetzt.[7] Ein Team aus zwölf Dolmetschern, je drei für die vier im Gericht benötigten Zielsprachen, war gleichzeitig im Einsatz; ein weiteres Team verfolgte das Geschehen in einem Nebenraum und war jederzeit ab-

[4] "Germany: The Defendants", *Time Magazine* vom 29. Oktober 1945, 38.

[5] Joseph E. Persico, *Nuremberg. Infamy on Trial* (New York: Viking, 1994), 268-69.

[6] Andreas Koch, "Übersetzen und Dolmetschen im ersten Nürnberger Kriegsverbrecherprozeß", *Lebende Sprachen* 37 (1992), 1-7, 3.

[7] Oft wird der erste Nürnberger Kriegsverbrecherprozess als 'Geburtsort' des Simultandolmetschens und Léon Dostert, amerikanischer Romanistikprofessor und Eisenhowers Dolmetscher im Zweiten Weltkrieg, als Wegbereiter des Simultandolmetschens genannt; doch bereits 1927 war beim Völkerbund eine IBM-Dolmetschanlage eingesetzt und simultan gedolmetscht worden, und 1935 wurde Simultandolmetschen bei der 15. Internationalen Konferenz für Physiologie in Leningrad praktiziert. Siehe Wolfram Wilss, "Übersetzen und Dolmetschen im 20. Jahrhundert. Teil 1: Die Zeit von 1945-1990", *Lebende Sprachen* 43 (1998), 145-149; Margareta Bowen, in collaboration with David Bowen, Francine Kaufmann and Inga Kurz, "Interpreters and the Making of History", in: Jean Delisle and Judith Woodsworth (Hgg.), *Translators through History*, Benjamins Translations Library, 13 (Amsterdam/Philadelphia: John Benjamins, 1995), 245-273, 250. Wie Ingrid Kurz erörtert, wird die "Erfindung einer Simultandolmetschanlage [...] einem amerikanischen Geschäftsmann, Edward Filene, zugeschrieben, der in Zusammenarbeit mit dem Elektrotechniker Gordon Finlay und mit Unterstützung von Thomas Watson, dem Leiter von IBM (International Bureau Machines), das Filene-Finlay-IBM-System entwickelte": Ingrid Kurz, *Simultandolmetschen als Gegenstand der interdiziplinären Forschung* (Wien: WUV-Universitäts-Verlag, 1993), 20. Wolfgang Wilss unterscheidet bei der Sprachmittlung (Übersetzen und Dolmetschen) im 20. Jahrhundert zwischen drei Phasen: "1. die durch Französisch als 'lingua franca' bestimmte Phase von 1900-1919; 2. die durch englisch-französiche Bilingualität bestimmte Phase von 1919-1945; 3. die durch Multilingualität bestimmte Phase von 1945-1990: Wilss, "Übersetzen und Dolmetschen", 145. Dass Simultandolmetschen eine relativ neue Errungenschaft war, zeigt sich an Äußerungen wie etwa denen William Shirers: "at the opposite end [of the prosecutors] are the interpreters, behind glass partitions, jabbering away into microphones in English, French, German, and Russian. You can adjust your earphone to whichever language you please. This setup, installed by the U.S. Navy, should save years of time, since it does away with the tedious business of waiting for every word spoken here to be translated into three other languages. Now the translation is simultaneous. Judge Lawrence, for example, poses a question in English to a German lawyer who understands only his own tongue. The question comes over his earphones in German. He answers in German and simultaneously the judge gets the answer in English. Thus international trials in our day, with the awful barriers of language practically wiped out." Shirer, *End of a Berlin Diary*, 300.

rufbereit.[8] Die Dolmetscher saßen seitlich der Anklagebank, von der sie nur durch niedrige Glasscheiben abgetrennt waren; in diesem so genannten 'aquarium' waren die Dolmetscher im Gerichtssaal deutlich sichtbar (Abb. 3),[9] und auch die technische Dolmetschanlage, die IBM für den Prozess zur Verfügung gestellt hatte,[10] war nicht zu übersehen: Im Prozesssaal wurden Kopfhörer getragen, und rote und gelbe Lampen, die vor Lord Richter Geoffrey Lawrence sowie am Zeugenstand und am Rednerpult angebracht waren, leuchteten bei Problemen auf, die sich während des Dolmetschens ergaben.[11]

Einige dieser Probleme hingen damit zusammen, dass der Inhalt der zu übersetzenden Mitteilungen für die Dolmetscher eine besondere psychische Belastung bedeutete. Die Distanz zu den im Gerichtssaal zur Sprache kommenden Gräueltaten, die einige Dolmetscher der Nürnberger Prozesse als Strategie benannt haben, ihre Arbeit im Prozesssaal ausführen zu können,[12] gelang nicht allen. John Dos Passos, der als Re-

[8] Eine der Dolmetscherinnen erläutert: "There were four languages – four booths. So this means three times four – 12 for one team during one hearing, i.e. 3 hours in the morning and 3 hours in the afternoon. When one team was working, another full team of 12 was sitting in a little room behind the Court – called room 606, that is something I'll never forget – room 606. And the interpreters who were sitting there would be taking on the job afterwards, after one and a half hours. Anyway, one team was working, the other one was listening in room 606. […] those who were not working were supposed to be listening": Ingrid Kurz, "Als Dolmetscher beim Nürnberger Prozeß. Gespräch mit Marie-France Skuncke", *Mitteilungsblatt des Österreichisches Übersetzer- und Dolmetscherverbandes Universitas Wien* 2 (1985), 2-7, 4.

[9] Für die Dolmetscher selbst, so schreibt Andreas Koch, war die Positionierung im Gerichtssaal ungünstig: "Sie saßen zwar unmittelbar vor den Angeklagten, die sie im Profil sahen, doch den Richtertisch, den Zeugenstand und das Pult, von dem aus die Ankläger sprachen, konnten sie nur durch eine extreme Linksdrehung sehen, wobei die rechts sitzenden Dolmetscher jeweils über ihre Kollegen hinübersehen mußten. Sprachen die Verteidiger, so konnten die Dolmetscher sie nur von hinten sehen und die links von ihnen selbst angebrachte Leinwand für Schautafeln und Filmvorführungen blieb ihrem Blick gänzlich versperrt": Koch, "Übersetzen und Dolmetschen", 3. Siehe auch Kurz, *Simultandolmetschen*, 24.

[10] Ebd., 2. Die Teilnehmer konnten über einen Knopf einen der gewünschten Kanäle auswählen und über Kopfhörer empfangen.

[11] Francesca Gaiba, *The Origins of Simultaneous Interpretation. The Nuremberg Trial* (Ottawa: University of Ottawa Press, 1998), 78-79. "Da die Übertragungsleitungen der Anlage nur notdürftig unter Teppichen in den Gängen des Gerichtssaals verlegt waren", kam es zudem, wie Andreas Koch erläutert, "oft zu Kabelbrüchen, was zu wiederholten Störungen und Mahnungen zur Vorsicht durch das Gericht führte": Koch, "Übersetzen und Dolmetschen", 3. Siehe auch Kurz, *Simultandolmetschen*, 23.

[12] So erinnert sich Helga Katz, die bei den Nürnberger Prozessen dolmetschte: "I think I separated myself somewhat from [the Nazis in the courtroom]. I was in court and did my job and then I just pulled down the curtain, and said 'now I am me. I can't think of this all the time, or I'll go insane.' I was 23. It didn't effect me emotionally. I was horrified, yet I was able to live. People would ask me, 'What happened in the court room?' and I couldn't remember": "Translation into Love", *Aufbau* 23 (14. November 2002), www.aufbauonline.com/2002/ issue23/12.html. Ähnlich erläutert ihr Mann, Leo Katz: "I had to keep my cool. My job was just to translate whatever they

porter über den Nürnberger Prozess gegen die Hauptkriegsverbrecher berichtete, bemerkte dazu Folgendes:

> Through the glass partition beside the prisoners' box you can see the taut face between gleaming earphones of the darkhaired woman who is making the translation. There's a look of horror on her face. Sometimes her throat seems to stiffen so that she can hardly speak the terrible words.[13]

Abb. 3: Der Nürnberger Prozess gegen die Hauptkriegsverbrecher: Dolmetscher im 'Aquarium'. Fotografie von Ray D'Addario. Stadtarchiv Nürnberg, A65-RA-468. Mit freundlicher Genehmigung des Stadtarchivs Nürnberg.

Die von Gabriele von Wartensleben im Jahr 1910 veröffentlichten Beobachtungen zu den "beim Übersetzen auftretenden Bewußtseinsvorgänge[n]", wonach "die Erregung" des Sprechers nicht den Sprachmittler "ergreift", der schließlich am Inhalt der Aussagen nicht persönlich interessiert sei,[14] traf für die Dolmetscher der Nürnberger Prozesse nicht zu. Vielmehr waren einige von denen, die sich aufgrund ihrer Sprachkompetenz als Dolmetscher und Übersetzer eigneten, selbst zu betroffen von den Gräu-

said […] Inside I kind of went on automatic pilot": zit. in: Gaiba, *The Origins of Simultaneous Translation*, 125.

[13] John Dos Passos, *Tour of Duty* (Boston: Houghton Mifflin Company, 1946), 304.

[14] Gabriele von Wartensleben, "Beiträge zur Psychologie des Übersetzens", *Zeitschrift für Psychologie* 57 (1910), 89-115, 96.

eltaten, als dass sie Berichte und Aussagen darüber hätten übersetzen können. So erinnert sich Marie-France Skuncke, eine der Dolmetscherinnen des Nürnberger Hauptkriegsverbrecherprozesses: "I had a colleague who was a very good translator, he had practically lost all his family in the camps. He tried to interpret, but he couldn't, it was just too much for him. He was too involved."[15]

Dass die Distanz zum Sprecher vom Dolmetscher insbesondere dann schwierig sein kann, wenn in der 1. Person Singular berichtet wird, legt ein Interview in Antjie Kroogs Bericht über die South Africa Truth Commission, deren erste Anhörungen im April 1996 stattfanden, nahe:

> At Tzaneen, a young Tswana interpreter is interviewed. He holds on to the table top, his other hand moves restlessly in his lap. 'It is difficult to interpret victim hearings', he says, 'because you use the first person all the time. I have no distance when I say 'I' … it runs through me with I.'[16]

Die Dolmetscher der Nürnberger Prozesse verfügten, bis auf zwei Ausnahmen, über keinerlei Erfahrung und Ausbildung im Simultandolmetschen.[17] Während die Dolmetscher durch Einschalten eines gelben Lichts signalisieren konnten, dass ein Redner zu schnell sprach oder dass die Übersetzung fehlerhaft war, zeigten sie mit einem roten Licht an, dass es notwendig sei, den Prozess zu unterbrechen – häufig, weil ein Dolmetscher aus der Fassung geraten war: "Occasionally an interpreter would freeze because of a shock effect aristing from the nature of the testimony".[18] Manchmal gelang es einem Dolmetscher tatsächlich nicht, das Grauenhafte auszusprechen, und er musste durch einen Kollegen ausgewechselt werden.[19]

Die Dolmetscher hatten aufgrund ihrer Wortwahl und ihrer sprechsprachlichen Ausdrucksmittel (Tonlage, Rhythmik, Sprechtempo, Stimmqualität, Intonation, Pausen,

[15] Kurz, "Als Dolmescher beim Nürnberger Prozeß", 4.

[16] Antjie Kroog, *Country of My Skull* (London: Jonathan Cape, 1999), 129.

[17] Bowen et al., "Interpreters and the Making of History", 250; Ingrid Kurz, "Dolmetschen beim Tokioter Kriegsverbrecherprozess", in: *Und sie bewegt sich doch... Translationswissenschaft in Ost und West. Festschrift für Heidemarie Salevsky zum 60. Geburtstag*, hg. von Ina Müller (Frankfurt/M. et al. Peter Lang, 2004), 197-206, 199. Kurz vergleicht das Dolmetschen beim Tokioter Prozess mit dem Dolmetschen beim ersten Nürnberger Prozess. Der Leiter der Sprachenabteilung, Léon Dostert, rekrutierte viele Dolmetscher von der Dolmetschschule der Universität Genf, an der Simultandolmetschen nicht gelehrt worden war: Bowen et al., "Interpreters and the Making of History", 251. Vor Prozessbeginn wurden mehr als 200 Personen geprüft für die ersten 36 Dolmetscherstellen. Insgesamt ließen sich über 500 Personen prüfen: Gaiba, *The Origins of Simultaneous Translation*, 48.

[18] Siegfried Ramler, "Origins and Challenges of Simultaneous Interpretation: The Nuremberg Trials Experience", in: Deanna Lindberg Hammond (Hg.), *Languages at Crossroads. Proceedings of the 29th Annual Conference of the American Translators Association, October 12-16, 1988, Seattle, Washington* (Medford, NJ: Learned Information, 1988), 437-40, 439.

[19] Gaiba, *The Origins of Simultaneous Interpretation*, 78-79.

Akzent) wiederum Auswirkungen auf den Prozessverlauf und dessen Wahrnehmung.[20] So bemerkte Evelyn Waugh, der dem Kriegsverbrechertribunal am 1. April 1946 beiwohnte: "Interpretation was almost simultaneous with the speeches, and one had the curious illusion of seeing two men bullyragging and seeming to hear their own voices in the piping American accent of the girl interpreter", und er stellte fest: "Interest varied greatly with the skill and the personality of the interpreter."[21] Ähnlich beobachtete John Dos Passos, dass die Stimme des amerikanischen Chefanklägers, Robert H. Jackson, und die darin zum Ausdruck kommende Ruhe und Vernunft von der Stimme des Dolmetschers merklich verzerrt worden sei:

> Jackson goes on quietly and rationally to describe the atrocities of madmen. Sometimes there is a touch of puzzlement in his voice as if he could hardly believe the documents he is reading from. It is the voice of a reasonable man appalled by the crimes he has discovered. Echoing it the choked shrill voice of the interpreter hovers over the prisoners' box like a gadfly.[22]

Auch der stellvertretende britische Richter, Norman Birkett, der für seine Kritik an den Dolmetschern des Prozesses bekannt ist,[23] war sich des Einflusses, den die Persönlichkeit des Dolmetschers auf die Wahrnehmung des jeweiligen Redners ausübte, durchaus bewusst, wie Joseph Persico erläutert:

> A speech in the vigorous, masculine Russian of the prosecutor, Rudenko, had been rendered into English by an effete interpreter whom [Justice] Birkett complained sounded like "a 'refayned' decaying cleric, a latecomer making an apology at the vicarage garden party rather than the prosecutor of major war crimes". Gruff German generals were interpreted by young women with chirpy little voices, diminishing the power of the witnesses' testimony. On one occasion, after the aristocratic Erwin Lahousen had been interpreted by a barely educated German-American, Birkett asked, 'And what language was that?' 'Brooklynese', Steer [zu diesem Zeitpunkt Leiter der *Language Division*] answered.[24]

[20] Ebd., 107. Ingrid Kurz erläutert, dass "man in Nürnberg versuchte, das Sprechtempo auf etwa 60 Wörter pro Minute (– das entspricht ungefähr Diktiergeschwindigkeit –) zu beschränken, um den Dolmetschern die Arbeit zu erleichtern. Dadurch verloren die Reden allerdings an Lebendigkeit und Spontaneität": Kurz, *Simutandolmetschen*, 24.
[21] Davie (Hg.), *The Diaries of Evelyn Waugh*, 645.
[22] Dos Passos, *Tour of Duty*, 304.
[23] Birketts Kritik kommt besonders deutlich in folgender Bemerkung in einem Tagebucheintrag Birketts vom 29. Juli 1946 zum Ausdruck: "translators are a race apart – touchy, vain, unaccountable, full of vagaries, puffed up with self-importance of the most explosive kind, inexpressibly egotistical, and, as a rule, violent opponents of soap and sunlight." Zitiert nach H. Montgomery Hyde, *Norman Birkett. The Life of Lord Birkett of Ulverston* (London: Penguin, 1989) [zuerst London: Hamish Hamilton, 1964], 521.
[24] Persico, Nuremberg, 263. Steer war der Nachfolger Leon Dosterts. Auch die für das Simultandolmetschen erforderte langsame Sprechgeschwindigkeit machte sich, so schreibt William

Die Dolmetscher von Nürnberg werden in zwei neueren britischen Dramen – in Richard Norton-Taylors *Nuremberg* und insbesondere in Julia Pascals *A Dead Woman on Holiday* – in den Blick gerückt.[25] Die Umschlagseite des publizierten Dramentextes von *Nuremberg* trägt ein Foto, das Göring mit Kopfhörern zeigt (Abb. 2), und in den Aufführungen des Dramas war im Hintergrund des auf die Bühne gebrachten Prozesses das Stimmengewirr der Dolmetscher deutlich zu hören.[26] Auch in Julia Pascals Drama wird in den Gerichtsszenen der Akt des Simultandolmetschens bewusst gemacht, wie die folgenden Regieanweisungen zeigen:

> [1. Gerichsszene] The text can either be performed in English with lines assigned to various INTERPRETERS to give the impression of multiple and simultaneous translations or it can be delivered in English with either French, German or Russian overlapping. Translations in all three languages follow this speech. (61)
> [2. Gerichtsszene] This starts coolly and then interpretations overlap as the scene gets more and more fractured. Languages intermix as the scene speeds up, provoked by the anger of the investigating committee. The INTERPRETERS can wear headphones. (77)

In der dritten Gerichsszene in *A Dead Woman on Holiday* sind die Übersetzungen in verschiedene Sprachen bereits im Dramentext wiedergegeben:

> AMERICAN TRANSLATOR: 'One torture consisted in hanging up the victims.'
> JUDGE: 'I must ask you to slow down. I'm getting two translations at once. We have to find out who's guilty.
> GERMAN INTERPRETER: *'Wer ist schuldig, warum,*
> JUDGE: Why.
> GERMAN INTERPRETER: ... *und in welcher Weise.'*
> FRENCH INTERPRETER: *Qui est coupable, pourquoi et comment.*
> RUSSIAN INTERPRETER : *Kto vinovat, potschemu, i kakim obrazom.* (92-93)

Während Norton-Taylor die Auswirkungen des Dolmetschens auf den Prozessverlauf hervorhebt, stehen bei Pascal die Auswirkungen des Dolmetschens auf die Psyche der Dolmetscher im Zentrum des Interesses.

Shirer, bemerkbar: "The necessity to proceed slowly so that the interpreters could keep up made it impossible to deliver an impassioned oration even had Mr. Jackson felt so inclined and been able to do so." Shirer, *End of a Berlin Diary*, 301. An Kommentaren wie diesen zeigt sich, dass die Dolmetscher trotz ihrer Bemühungen ("We realized from the beginning that the interpreter's personality and his tone of voice were not to detract from the testimony. The idea was for the listener to be almost unaware of the role of the interpreter, and to accept the voice coming through the earphones as that of the original speaker": Ramler, "Origins and Challenges of Simultaneous Interpretation", 439) die Wahrnehmung der Prozessaussagen beeinflussten.

[25] Zu der Figur des Dolmetschers in der zeitgenössischen Literatur siehe ausführlich: Kern-Stähler, "Translating the Unspeakable".

[26] Kritik im Daily Express vom 15. Oktober 1996.

III.4.2 Die Auswirkungen des Dolmetschens auf den Prozessverlauf in Richard Norton Taylors *Nuremberg*

Norton-Taylor setzte Dolmetscher zwar nicht auf die *cast list* seines Dramas, doch zählen zu den von ihm aus dem sechs Millionen Wörter umfassenden Sitzungsprotokoll des Kriegsverbrechertribunals ausgewählten Textstellen auch solche, in denen das Dolmetschen zum Thema wird, und in einer dem publizierten Dramentext vorangestellten Notiz erläutert er die Bedeutung der beiden Lampen, die auch in seiner Inszenierung des Prozesses an den Rednerpulten angebracht waren: “The court pioneered the use of a simultaneous translation system. A red light on the prosecutors’ and witnesses’ boxes stopped proceedings and a yellow light signalled the speaker to slow down” (2).

Norton-Taylor zeigt in seinem Drama, wie es bei Übersetzungen zu Unsicherheiten und Bedeutungsverschiebungen kommen konnte, und auch, wie die Angeklagten das Dolmetschen taktisch zu ihren Gunsten auszunutzen versuchten. Wie Francesca Gaiba erörtert, gab die zeitliche Verzögerung (*décalage*), die durch das Dolmetschen enstand, den Angeklagten und den Zeugen die Gelegenheit, länger über ihre Antworten nachzudenken: “The inevitable delay gave the defendants or the witnesses who understood the two languages the time to think about their answer without appearing suspect.”[27] Im Kreuzverhör konnten technische Probleme oder vermeintliche Übersetzungsfehler als Vorwand genommen werden, einer Frage auszuweichen oder sie erst nach einigem Überlegen zu beantworten. Mit dieser Begründung machte Robert Jackson das Dolmetschsystem für sein wenig effektives Kreuzverhör mit Göring verantwortlich: “Göring, he claimed, always had the possibility to say he did not understand the question because the translation was poor or not loud enough, just to gain more time to think. Göring asked to have the question rephrased in order to avoid anwering it.”[28] In der Tat wurden in seinem Kreuzverhör mit Göring vierzehn vermeintliche Dolmetschfehler erörtert. “Es läßt sich nachweisen”, so schreibt Andreas Koch, “daß Göring in einer Reihe von Fällen nur auf potentielle Dolmetschprobleme hinweist, die für ihn zu keinerlei Verständnisschwierigkeiten führen”.[29] Zu dieser Taktik soll Göring auch seinen Mitangeklagten geraten haben: “If you get a tough question, just stall and say the translation was incorrect, or anything like that. – You saw how I handled Jackson.”[30] An anderen Beispielen zeigt Koch, dass Göring versuchte, “durch Monieren angeblicher Dolmetschfehler den Inhalt des betreffenden Wortes oder Satzes zu seinen Gunsten umzudeuten. So behauptet er u. a. ‘forced labour’ (‘Zwangsarbeit’) sei durchaus nicht in

[27] Gaiba, *Origins of Simultaneous Translation*, 102. Göring verfügte über gute Englischkenntnisse, während Jackson und seine britischen Kollegen kein Deutsch konnten: Koch, “Übersetzen und Dolmeschen”, 5.

[28] Ebd. Zu Jacksons Kreuzverhör siehe etwa Ann und John Tusa, *The Nuremberg Trial* (London: Macmillan, 1984) [1983], 281ff.; Robert E. Conot, *Justice at Nuremberg* (London: Weidenfeld & Nicolson, 1983), 339ff.; Werner Maser, *Nürnberg. Tribunal der Sieger* (Düsseldorf: Econ, 1977), 210ff.

[29] Koch, “Übersetzen und Dolmetschen”, 5.

[30] So der Nürnberger Gerichtspsychologe Gustave Mark Gilbert, *Nuremberg Diary* (New York: Signet, 1961), 251.

Deutschland verordnet worden, vielmehr habe es sich um 'duty labour', 'Pflichtarbeit', gehandelt, eine Unterscheidung, die nur in Görings Fantasie existierte."[31]

Zu den von Norton-Taylor aus den Prozessakten für sein Drama ausgewählten Textstellen zählen auch solche, in denen Göring und andere Angeklagte eine derartige Vernebelungstaktik einsetzen. So beanstandet Göring die Qualität und die Schnelligkeit der Übersetzung: "That was faultily translated – it went too fast" (11) und: "The last part of the question has not been intelligibly translated" (12), womit Göring sich Zeit verschafft, über eine Antwort auf Jacksons Fragen nachzudenken. In einem Wortwechsel zwischen Wilhelm Keitel und seinem Verteidiger Otto Nelte fragt letzterer Keitel nach seiner Einschätzung der Adäquatheit eines in der Anklageschrift verwendeten englischen Begriffs: "I would like to know whether the expression 'intimate' which is contained in the Indictment, is correct in order to describe the relations between you and Hitler, privately or officially?" Keitel will in seiner Antwort nicht ausschließen, dass hier in der Tat ein Übersetzungsproblem vorliegen könnte: "I found the word 'intimate' in the Indictment ... Intimate relations are, according to my definition of 'intimate' – I do not know if in the English translation 'intimate' expresses the same thing which we call 'intim' – mean relations where there is confidence and frank discussions and these did not exist." (22) Als Alfred Rosenberg über seine Kenntnis der Konzentrationslager und über die Bedeutung des Wortes 'Ausrottung' in einer seiner Reden befragt wird (39), beteuert er, das Wort 'Ausrottung' habe im Deutschen viele Bedeutungen:

> I do not need a foreign dictionary in order to explain what various meanings in the German language the word 'Ausrottung' may have. One can exterminate an idea, an economic system, a social order and, as a final consequence, also a group of people, certainly. Those are many possibilities which are contained in that word. [...] Translations from German into English are so often wrong. (40)

Schließlich zieht er sich auf die Bedeutung 'to overcome' zurück: "It means to overcome in one sense and then it is to be used not with respect to individuals but rather to judicial entities, to certain historical traditions." (40) Auch Rosenberg gibt vor, aufgrund der Übersetzung Verständnisschwierigkeiten zu haben: "Here again, I hear a different translation, which again used new German words, so I cannot determine what you wanted to express in English." (40)

III.4.3 Die Auswirkungen des Dolmetschens auf die Dolmetscher in Julia Pascals *A Dead Woman on Holiday* (1991)

Weder Opfer und Täter noch Ankläger und Verteidiger stehen in Pascals Drama im Vordergrund der Betrachtung, sondern die tiefgreifende, das Leben verändernde Wirkung, die das Verdolmetschen der Aussagen über die Gräueltaten der Nazis auf den Körper und die Psyche der Dolmetscher ausübte. In der Einleitung zu ihrer *Holocaust Trilogy* schreibt Pascal dazu mit Blick auf *A Dead Woman on Holiday*:

[31] Koch, "Übersetzen und Dolmetschen", 5.

> The text was born from reading the testimony of those who worked as interpreters at the Nuremberg Trials. I was fascinated to read how individual lives were totally shattered by the act of interpreting the Holocaust. Most of these people had not experienced the *Shoah* directly but were brought in for their language skills. Many broke down. Some fell in love and broke up their marriages. Witness after witness spoke of how the job of transmitting the unthinkable radically changed their lives.[32]

Die Protagonistin des Dramas ist die französische Jüdin Sophia Goldenberg. Sophias Eltern hatten zu Beginn der deutschen Besatzung Frankreichs den Freitod gewählt; ihr selbst war es gelungen, 1940 nach England zu emigrieren, wo sie nach Kriegsende – wie die erste Dramenszene zeigt – als Dolmetscherin für das Nürnberger Kriegsverbrechertribunal rekrutiert wird (59-61). Im weiteren Dramenverlauf erleben wir, wie schmerzhaft für sie der Zwang ist, als Dolmetscherin, das Grauenhafte der Verbrechen in ihren eigenen Worten auszusprechen, in den Mund zu nehmen und es sich auf diese Weise gleichsam ‘einzuverleiben’.[33]

In Pascals Drama kommen im Nürnberger Gerichtssaal die Zeugen (mit einer Ausnahme) nicht selbst zu Wort; ihre Zeugenaussagen werden auf der Bühne fast ausschließlich von den Dolmetschern ausgesprochen.[34] Dass die Erfahrungen des Holocaust damit nur ‘mittelbar’ ausgesprochen werden, ist wohl im Zusammenhang mit der Diskussion um die Darstellbarkeit des Holocaust zu sehen. Ähnlich hatte etwa Patraka in *The Survivor and the Translator*, einem Bühnenstück der jüdisch-amerikanischen *performance*-Künstlerin Leeny Sack, die selbst *second generation survivor* des Holocaust ist, die Verwendung des ‘Übersetzens’ als Trope gedeutet, mittels derer die Problematik der Darstellbarkeit des Holocaust thematisiert werde – als “metaphor of translation to underscore the difficulty of representing the experiences of the Holocaust”.[35]

Die Wirkung, die das Dolmetschen der Gräueltaten auf Sophias Körper und Psyche hat, lässt sich an drei Szenen aufzeigen. Nachdem sie in der ersten Gerichtsszene eine Zeugenaussage über das Massaker vom 5. Oktober 1942 in Dubno in der Ukraine Wort für Wort übersetzt hat, muss sich Sophia übergeben (“SOPHIA *vomits*”, 63). Sophia, die die Worte und mit ihnen das Grauenerregende in den Mund genommen, es sich ‘einverleibt’ hat, scheint ihren Körper nur von diesem Übel reinigen zu können, indem sie sich übergibt. Pascal griff hier auf eine Aussage der amerikanischen Reporterin

[32] Pascal, Introduction to *The Holocaust Trilogy*, 7.

[33] Das Motiv des ‘in-den-Mund-Nehmens’ der NS-Gräuel wird im Stück erneut aufgenommen, als Sophias Ehemann Vincent Wilding seine Frau in Nürnberg besucht. Für Vincent sind die Namen der deutschen Angeklagten ‘ungenießbar’ und ‘übelriechend’ und lösen somit einen unangenehmen synästhetischen Sinneseindruck aus: “Their names, Hess, Göring, Ribbentrop. How they stink in my mouth.” (83)

[34] Die einzigen Ausnahmen sind die Aussagen einer deutschen KZ-Aufseherin (67-68, 81-82, 97-99) und eines deutschen Angeklagten, dessen Name nicht genannt wird (93-94).

[35] Patraka, *Spectacular Suffering*, 10; Leeny Sack, *The Survivor and the Translator*, in: *Out from Under. Texts by Women Performance Artists*, hg. von Leonora Champagne (New York: Theatre Communications Group, 1990), 123-51.

Martha Gellhorn zurück: "As part of my research, I contacted Martha Gellhorn who reported on the Nuremberg Trials. She described returning to her hotel room after hearing the evidence and vomiting."[36] In der zweiten Gerichtsszene bricht Sophia während der Vernehmung eines deutschen Angeklagten zusammen. Seine Aussagen rufen ihre eigenen Erfahrungen und Ängste wach, ihre Flucht aus dem besetzten Frankreich (79f.). Die Erinnerung an die dritte Gerichtsszene löst bei Sophia Halluzinationen aus, in denen die Gerichtsaussagen verarbeitet werden (92).

Das Grauen, das die Dolmetscher erfasst hat, wenn sie sich genötigt sahen, das eigentlich Unaussprechliche, die Gräueltaten der Angeklagten, in ihre eigenen Worte zu fassen, und auch das Grauen, das die Zuhörer im Gerichtssaal beim Anhören des in ihre jeweilige Sprache übersetzten Grauenhaften überfallen haben wird, es dürfte in gewisser Weise zugleich den Prozess der Produktion und Rezeption der mit der Nazizeit und ihren Folgen befassten Literatur spiegeln, jenen gleichermaßen notwendigen und peinvollen Prozess der aktualisierenden Bewahrung der unheilvollen Geschichte im Geschichtsbewusstsein der nachgeborenen Generationen.

[36] Pascal, Introduction to *The Holocaust Trilogy*, 7.

III.5 Von der Vergangenheit eingeholt: NS-Verbrecher in ausgewählten britischen Dramen und Romanen

III.5.1 Das Interesse an den NS-Tätern

Am 1. Oktober 1966 wurde der ehemalige Chefarchitekt und spätere Rüstungsminister Hitlers, Albert Speer, nach zwanzigjähriger Haft aus dem Gefängnis Berlin-Spandau entlassen. Zahlreiche Verlage aus dem In- und Ausland hatten sich bereits lange vor seiner Entlassung um seine Memoiren bemüht.[1] Albert Speer entschied sich schließlich für den Ullstein-Propyläen-Verlag, der damals von Wolf Jobst Siedler geleitet wurde.[2] Der damalige Chefredakteur des NDR, Joachim C. Fest, den Siedler zu Speers historischem Berater für die Redaktion seiner Erinnerungen machte,[3] erklärte in einem Fernsehinterview mit Speer, das 1969 im NDR ausgestrahlt wurde, worin er die besondere Bedeutung des 'Überlebenden' sah:

> Sie waren, Herr Speer, der Architekt Hitlers, Sie waren einer seiner wichtigsten und mächtigsten Minister, und Sie waren schließlich sein Freund. Die Historiker wären froh, sie hätten für den Fall Napoleons, für den Fall Friedrichs, für den Fall Wallensteins, beispielsweise, einen Mann von der Art wie Sie – einen Mann, den sie befragen könnten, wie wir Sie jetzt befragen.[4]

[1] Konzerne hatten sich über Kassiberkanäle nach Spandau gewandt. Auf gleichem Wege hatte Speer seine in kleiner Schrift auf 20.000 Seiten Papier niedergeschriebenen Memoiren aus dem Spandauer Gefängnis herausschmuggeln lassen. Der Wärter Toni Vlaer hatte sich im Oktober 1947 dazu bereit erklärt, unzensierte Post für ihn aus der Haftanstalt zu schmuggeln. Die Post wurde zum Architekturbüro von Speers ehemaligem Mitarbeiter Rudolf Wolters in Coesfeld geschickt, wo Wolters Mitarbeiterinnen Speers handschriftliche Texte abtippten. Siehe Schmidt, *Albert Speer. Das Ende eines Mythos*, mit einem Geleitwort von Heinrich Breloer, 2. Aufl. (Berlin: Netzeitung, 2005), 188-94.

[2] Speer hatte mittels Kassiber über seine Familie bereits aus Spandau Kontakt zum Propyläen-Verlag gepflegt. Schmidt, *Albert Speer*, 13.

[3] Fest hatte 1963 das Bild vom unpolitischen Künstler und technokratischen Rüstungsminister in seinem Band *Das Gesicht des Dritten Reiches* auf der Grundlage der Aussagen Speers und der Protokolle der Nürnberger Prozesse entworfen. Dieses Bild Speers ist lange Zeit akzeptiert worden. Joachim C. Fest, "Albert Speer und die technische Unmoral", in: ders., *Das Gesicht des Dritten Reiches* (München: Piper, 1963), 271-85. Siehe dazu Schmidt, "Albert Speer und die geniale Manipulation der Geschichte", aktualisiertes Vorwort zur 2. Ausgabe von Schmidt, *Albert Speer*, 10-24, 12f.

[4] "Der Architekt", *Interview mit Albert Speer*, NDR 1969, in: Heinrich Breloer und Horst Königstein, *Speer und er. Fernsehfilm in drei Teilen und einer Dokumentation*, WDR 2005, Teil 3: Nachspiel – Die Täuschung. Für Fest, der sich bereits mit dem Gedanken trug, eine Hitler-Biographie zu schreiben, war "Speer [...] zweifellos ein erster Zeuge, wie er einem Historiker selten zur Verfügung steht." Joachim Fest, *Die unbeantworteten Fragen. Notizen über Gespräche mit Albert Speer zwischen Ende 1966 und 1981* (Reinbek: Rowohlt, 2005), 7.

Speer wurde von den Medien umworben. Er galt als bedeutender Zeitzeuge, und zwar, infolge seiner geschickten Selbstinszenierung, als "moralisch integrer Zeitzeuge, der sinnend und büßend zwanzig Jahre Haft hinter sich gebracht hatte, um anschließend einer staunenden Welt als großbürgerlich-feinsinniger Beinahe-Freund Hitlers wissend und erklärend Intimes vom Hofe des 'Führers' zu berichten".[5]

Neben dem Interesse an NS-Kriegsverbrechern in ihrer Funktion als Zeitzeugen, das hier deutlich erkennbar wird,[6] gilt – sicherlich begünstigt durch die 'Personalisierung' des Nationalsozialismus, der durch die Nürnberger Prozesse und erneut durch die NS-Prozesse in den 60er Jahren Vorschub geleistet wurde[7] – die Aufmerksamkeit der Öffentlichkeit zunehmend auch der 'Persönlichkeit' der NS-Verbrecher, die sich in einem wachsenden Interesse an Kriegsverbrecherbiografien äußert.[8] Von besonderer Bedeu-

[5] Schmidt, "Albert Speer und die geniale Manipulation der Geschichte", 11. Hier zeigt sich, wie Norbert Frei mit Blick auf den Nationalsozialismus festgestellt hat, dass sich generell "die Chance zur Beeinflussung seiner historiographischen Deutung nach 1945 nicht nur dem einstigen KZ-Häftling eröffnete, sondern auch seinem Peiniger. Tatsächlich meldeten sich Täter schon bald wieder zu Wort – oft lauter als die Opfer. Und systematischer als diese okkupieren jene spätestens seit Anfang der fünfziger Jahre strategische Erinnerungsfunktionen." Frei, *1945 und wir*, 43.

[6] Die insbesondere in den verstärkt seit Beginn der 90er Jahre festzustellenden Bemühungen, die lebendige Erinnerung von Zeitzeugen, so lange diese noch leben, auf Ton- oder Videoband aufzuzeichnen, ihre Erinnerungen zu verschriftlichen und somit ihr Erfahrungsgedächtnis in das kulturelle Gedächtnis der Nachwelt zu übernehmen, sind verständlich, denn: "Die Zeitzeugen der NS-Zeit sterben aus": ebd., 41.

[7] Der Nürnberger Prozess gegen die Hauptkriegsverbrecher und seine Berichterstattung bekräftigte die Deutschen darin, sich deutlich von der NS-Führung als den 'Hauptverantwortlichen' abzugrenzen. So schreibt Christine Barlitz in ihrer Analyse der Reportagen und Kommentare des Berliner Rundfunks 1945/46: "Hatten die Rundfunksendungen im Sommer 1945 noch den Schwerpunkt auf die innere Selbstreinigung des Volkes gelegt, so erfolgte nun die Konzentration auf die hauptverantwortlichen Kriegsverbrecher. [...] An die Stelle der Selbstreinigung trat eine Verlagerung der Schuld auf die verantwortlichen Kriegsverbrecher. [...] Der Modus der Gerichtsverhandlung begünstigte die Personalisierung des Nationalsozialismus und führte damit auch zu einer Entlastung der deutschen Bevölkerung." Christine Bartlitz, "Der Nürnberger Prozeß in Reportagen und Kommentaren des Berliner Rundfunks", *Schuld und Sühne? Kriegserlebnis und Kriegsdeutung in deutschen Medien der Nachkriegszeit (1945-1961), Internationale Konferenz vom 01.-04.1999 in Berlin*, hg. von Ursula Heuenkamp, Amsterdamer Beiträge zur neuen Germanistik, 50 (Amsterdam, Atlanta: Rodopi,), 555-66, 558. Der Eichmann-Prozess in Jerusalem (1961), der Frankfurter Auschwitz-Prozess (1963-65) und die Prozesse zu Belzec (1965), Treblinka (1964/65) und Sobibor (1965/66) konfrontierten die deutsche Öffentlichkeit in größerem Ausmaß mit den NS-Verbrechen.

[8] Reinhart Koselleck hat auf die Notwendigkeit in Deutschland hingewiesen, die Opfer und die Täter zu erinnern, auf die Verpflichtung, "daß wir uns der Taten selber und damit auch der Täter zu erinnern haben." Er führt aus: "Trauer ist nicht teilbar. Schon gar nicht dürfen wir uns hinter Opfergruppen verstecken, etwa den Juden, als gewönnen wir damit ein Holocaustdenkmal wie andere Länder auf diesem Globus auch. Das dürfen wir uns als Deutsche weder anmaßen noch zumuten. Wir allein sind gefordert, die Täterschaft in unsere Besinnung einzubeziehen. Das zur Frage, wer zu erinnern sei." Reinhart Koselleck, "Formen und Traditionen des negativen Ge-

tung war der Eichmann-Prozess in Jerusalem (1961), der erstmalig einen Einblick in die Psyche eines NS-Täters vermittelte: "Eichmann's trial afforded for the first time an insight, even if partial, into the soul of the perpetrator, an insight which was accompanied by innumerable psychological analyses which tried to determine in what sense, if any, Eichmann could be considered a sane person."[9] Als einen der wenigen Bereiche, in denen der Psychoanalyse ein Platz in der geschichtswissenschaftlichen Forschung zugestanden wird, nennt Jürgen Straub den der "*historisch-politischen Biographieforschung*".[10] Für dieses Gebiet räumte selbst Hans-Ulrich Wehler, der 1971 den Beitrag, den die Psychoanalyse für die geschichtswissenschaftliche Forschung leisten könne, als gering einschätzte,[11] ein, dass durch die Interpretationen "tiefere Schichten der Persönlichkeit freigelegt worden sind, der Horizont unseres Verstehens erweitert worden ist."[12]

In psychopathologischen Betrachtungen einzelner Täterpersönlichkeiten stehen die Handlungsmotive der NS-Verbrecher im Zentrum des Interesses. So sucht Gitta Sereny in ihren Interviews mit Albert Speer und Franz Stangl, dem Lagerkommandanten von Sobibor und Treblinka, den Gründen für ihr Verhalten im Dritten Reich nachzuspüren.[13] Robert Jay Lifton verfolgt mit seiner Studie über *The Nazi Doctors* (1986) die Absicht, das psychologische Verhalten einzelner NS-Ärzte zu verstehen.[14] Zur Erklärung des Verhaltens der Täter werden von diesen (aber auch von anderen) Autoren das Elternhaus und die Kindheit der Täter herangezogen.[15] Lifton ist sich der Problematik eines

dächtnisses", in: Volkhard Knigge und Norbert Frei (Hgg.), *Verbrechen erinnern. Die Auseinandersetzung mit Holocaust und Völkermord* (München: Beck, 2002), 21-32, 28.

9 Anat Feinberg, "The Appeal of the Executive: Adolf Eichmann on the Stage", *Monatshefte für deutschen Unterricht, deutsche Sprache und Literatur* 78.2 (1986), 203-14, 207. Das wohl bekannteste Buch über Eichmann ist Hannah Arendts *Eichmann in Jerusalem. A Report on the Banality of Evil* (New York: Viking Press, 1964) (s.o.). Zum Eichmann-Prozess siehe etwa Tom Segev, *The Seventh Million: The Israelis and the Holocaust*, trans. Hiam Watzmen (New York: Hill and Wang, 1993) [1991].

10 Jürgen Straub, "Psychoanalyse, Geschichte und Geschichtswissenschaft. Eine Einführung in systematischer Absicht", in: Jörn Rüsen und Jürgen Straub (Hgg.), *Die dunkle Spur der Vergangenheit. Psychoanalytische Zugänge zum Geschichtsbewusstsein*, Erinnerung, Geschichte, Identität, 2 (Frankfurt: Suhrkamp, 1998), 12-32, 13-14 (Hervorhebung Straub).

11 Hans-Ulrich Wehler, "Zum Verhältnis von Geschichtswissenschaft und Psychoanalyse", in: ders. (Hg.), *Geschichte und Psychoanalyse*, um die Bibliographie erweiterte ungekürzte Ausg. (Frankfurt/M., Berlin, Wien: Ullstein, 1974) [1971], 7-26; siehe auch Wehlers Vorwort zu dieser Ausgabe (5-6).

12 Wehler, "Zum Verhältnis von Geschichtswissenschaft und Psychoanalyse", 18.

13 In der Einleitung zu ihrem Band *The German Trauma. Experience and Reflections 1938-2000* (London: Allen Lane, 2000) schreibt Gitta Sereny: "what has always motivated me [...] is the search for what it is that leads human beings so often and so readily to embrace violence and amorality." (xii). Siehe auch ebd., 88 und Serenys Einleitung zu: *Albert Speer. His Battle with Truth* (London: Picador, 1996) [1995].

14 Robert Jay Lifton, *The Nazi Doctors. Medical Killing and the Psychology of Genocide* (New York: Basic Books, 1986), 4.

15 Siehe etwa ebd., 311-13, 385-86; Sereny, *The German Trauma*, 96-97.

solchen Vorgehens (der Analyse der Handlungsmotive) allerdings durchaus bewusst und weist ausdrücklich auf die Gefahr hin, die Vergehen im Sinne des französischen Aphorismus "tout comprendre c'est tout pardonner" zu entschuldigen.[16] Auch Robert Skloot weist auf diese Problematik hin: "The problem in 'explicating the Nazi mind' concerns the possibility of creating a situation of 'explaining away' the Nazis' crimes."[17] Mit zunehmender zeitlicher Distanz zu den NS-Verbrechen stehen weniger die Opfer der Verbrechen im Vordergrund als vielmehr die Auswirkungen dieser Verbrechen auf die Psyche der Täter. In diesem Zusammenhang drängen sich verstärkt die Fragen auf, wie die NS-Täter das NS-Regime und ihre eigene Rolle als NS-Verbrecher im Rückblick bewerten (und damit die Frage nach einem veränderten Geschichtsbewusstsein) und wie sie und ihre Familien die Vergangenheit in der Gegenwart verarbeiten.[18]

Ein dritter Grund für die intensive Beschäftigung mit den NS-Tätern ist sicherlich darin zu sehen, dass die strafrechtliche Verfolgung der Kriegsverbrecher bis heute nicht abgeschlossen ist. In den Personen der nicht verurteilten Kriegsverbrecher werden die NS-Vergangenheit und ihre Gräueltaten wieder präsent, und in der Beschäftigung mit ihnen werden auch Probleme der Gegenwart diskutiert. Zu nennen sind hier etwa die Prozesse in Frankreich um Klaus Barbie (1987), Paul Touvier (1994) und Maurice Papon (1997) sowie in Israel um John Demjanjuk (1987-88). In Großbritannien fand diese Diskussion mit der Verabschiedung des War Crimes Act im Jahr 1991 besonderes öffentliches Interesse. Zu den Fragen, die in diesem Zusammenhang in der Öffentlichkeit diskutiert worden sind, zählen die nach dem Sinn einer rückwirkenden Rechtsprechung, nach der juristischen Zuständigkeit sowie nach den Ursachen für die fehlende strafrechtliche Verfolgung von Kriegsverbrechern unmittelbar nach dem Krieg.

Auch in der Literatur konzentriert sich das Interesse schon seit längerer Zeit auf die psychologische Dimension der Täterschaft. So beobachtet Anat Feinberg im deutschsprachigen Drama seit der Mitte der 60er Jahre "a tendency to concentrate on the figures of the Nazi perpetrators, sometimes to the neglect of the victims."[19] Die Dramen über den Eichmann-Prozess etwa, so stellt Feinberg fest, legen den Schwerpunkt auf die Person des Täters und lassen damit außer Acht, dass dieser Prozess erstmalig Hunderte von jüdischen Opfern zu Wort kommen ließ.[20] Dasselbe Phänomen lässt sich auch an Eyal Sivan und Rony Braumans Dokumentarfilm über den Eichmann-Prozess, *Un Spécialiste*, aufzeigen. Benjamin Robinson merkt dazu an: "It shifts the focus of the at-

[16] Lifton, *The Nazi Doctors*, 17.

[17] Robert Skloot, "Holocaust theatre and the problem of justice", in: Claude Schumacher (Hg.), *Staging the Holocaust. The Shoah in drama and performance*, Cambridge Studies in Modern Theatre (Cambridge: CUP, 1998), 10-26, 12.

[18] So etwa zur Familie Albert Speers: die Fernsehdokumentation *Speer und er* von Heinrich Breloer, Heinrich Breloers Interviewband *Unterwegs zu Familie Speer*, Margret Nissen, *Sind Sie die Tochter Speer?* unter Mitarbeit von Margit Knapp und Sabine Seifert (München: DVA, 2005) und zu John Demjanjuk: Sereny, *The German Trauma*, 315-17.

[19] Feinberg, "The Appeal of the Executive", 207.

[20] Ebd., 206-07.

tention away from the victims, where so much Holocaust narrative directs it, to the perpetrator in the dock."[21] Hannah Arendt hatte dazu bereits 1964 festgehalten, dass in einem Prozess, wie auch in einem Drama über einen Prozess, nicht das Opfer im Mittelpunkt steht: "A trial resembles a play in that both begin and end with the doer, not with the victim. [...] In the center of the trial can only be the one who did – in this respect, he is like the hero in the play – and if he suffers, he must suffer for what he has done, not for what he has caused others to suffer."[22]

Mit Blick auf diese Fokusverschiebung ist, so scheint mir, auch die Diskussion um die Möglichkeiten und Grenzen der literarischen Repräsentation des Holocaust zu erweitern. Neben den Fragen, ob und wie man den Holocaust literarisch darstellen kann und wer das 'Recht' hat, über den Holocaust zu schreiben,[23] ist ein wesentlicher Aspekt auch, aus welcher Perspektive (der Opfer oder der Täter) der Holocaust geschildert wird und zu welchem Zweck dies geschieht. Etwa, weil – wie Efraim Sicher in seiner Diskussion von David Grossmans Roman *See Under: Love* (1985) und Yehoshua Sobols Drama *Ghetto* (1984) anmerkt – "memory depends on 'witnessing' the existence of the perpetrator";[24] weil, wie Sicher es insbesondere für die so genannten Autoren der zweiten Generation gezeigt hat, die klare Trennung zwischen Täter und Opfer verschwimmt ("The perpetrator just beneath the skin of the victim and the proximity of collaboration and complicity are persistent themes in post-Holocaust writing by those who were not 'there'"[25]) oder weil damit vereinfachenden Stereotypisierungen vorgebeugt werden soll.[26]

Die von Feinberg für das deutschsprachige Drama beschriebene Konzentration des Interesses auf die Psyche der NS-Kriegsverbrecher lässt sich Nick White zufolge auch im britischen Drama feststellen, das sich Eichmann und in der Folge auch anderen NS-

[21] Robinson, "The Specialist", 66.

[22] Arendt, *Eichmann in Jerusalem*, 3. Siehe dazu ausführlich Skloot, "Holocaust theatre and the problem of justice", 16-18.

[23] Eine nützliche Zusammenfassung dieser Debatte bietet S. Lillian Kremers Einleitung zu der von ihr herausgegebenen Enzyklopädie *Holocaust Literature. An Encyclopedia of Writers and their Work*, Bd. 1: Agosín to Lentin (New York, London: Routledge, 2003), xxi-xxviii. Von Interesse ist in diesem Zusammenhang auch eine im *Jewish Quarterly* von Bryan Cheyette mit Martin Amis, Lucy Ellmann und Joseph Skibell geführte Diskussion über "Writing the Unwritable", in der etwa die Frage aufgeworfen wird, "whether there should be a 'no entry sign on the gates to Auschwitz' oder ob "writers are allowed to come in afterwards and see what they make of it": Bryan Cheyette, "Writing the Unwritable", *Jewish Quarterly* 25. 2 (1998), 12-16, Zitat 13. In einer Rezension von Martin Amis' Roman *Time's Arrow* schreibt Simon Louvish: "the subject has been taken out of the hands of the whining victims and is now the stuff of 'mainstream' art. Jewish writers can now be more effectively sidelined, their accusatory polemics quietly brushed aside, their subjects coopted and sanitized, pain diffused, rage dissipated." Simon Louvish, "No Business like Shoah Business", *New Moon*, November 1991, 10.

[24] Efraim Sicher, "The Burden of Memory: The Writing of the Post-Holocaust Generation", in: ders. (Hg.), *Breaking Crystal. Writing and Memory after Auschwitz* (Chicago: University of Illinois Press, 1998), 19-89, 71.

[25] Ebd.

[26] Ebd.

Verbrechern, darunter Albert Speer und Franz Stangl, zuwandte.[27] Im zeitgenössischen britischen Roman ist ebenfalls ein starkes Interesse an der Psyche von NS-Kriegsverbrechern zu verzeichnen. Diese Tendenzen, die geradezu zu einer Marginalisierung der Opfer führen, sind besonders stark in Martin Amis' Roman *Time's Arrow* (1991) ausgeprägt. "*Time's Arrow*", so hält eine Rezension des Romans fest, "convincingly makes the point that the Holocaust was a tragedy for the human spirit; on the other hand, one finds oneself thinking that it was a damn sight more tragic for its immediate victims."[28]

Dennoch ist es eher die 'Tragödie des menschlichen Geistes', die neuerdings ihre Faszination nicht nur auf die Literaturschaffenden ausübt. So merkt auch der Historiker Daniel Goldhagen, den Greg Harris in seiner Analyse von *Time's Arrow* zitiert, an, dass es, um die Verbrechen der Nazis zu verstehen, notwendig sei, sich an ihre Stelle zu versetzen: "Explaining the [Nazi] perpetrators' actions demands [...] that the perpetrators' phenomenological reality be taken seriously. We must attempt the difficult enterprise of imagining ourselves in their places, performing their deeds, acting as they did, viewing what they beheld."[29]

Die Suche nach der 'menschlichen' Dimension des Unmenschlichen, die durch ein solches empathisches Vorgehen offenbar angestrebt ist, wurde etwa auch in Robert David MacDonalds *In Quest of Conscience* (1994) zum zentralen Thema.[30] Das Drama ist eine Adaptation der Gespräche Gitta Serenys mit Franz Stangl. Wie bereits der Titel von MacDonalds Bühnenstück deutlich macht, steht auch hier im Vordergrund nicht etwa die Frage, was Stangl getan hat, sondern wie er sich dabei gefühlt hat: Ziel der Gespräche ist es, so erläutert Gitta Sereny in diesem Drama Stangl gegenüber, herauszufinden "how you felt about the things in your life which have resulted in your being where you are now" (6). Diese Verschiebung des Fokus mag damit zusammenhängen, dass der Begriff des Holocausts (und damit eben auch die einzelnen Gräueltaten, die darunter subsumiert werden) selbst bereits eine narrative Abbreviatur darstellt, die es 'unnötig' macht, auf Details der Vergehen einzugehen, da deren Schrecklichkeit fraglos feststeht. 'Spannender' ist es darum, nicht zuletzt vermutlich auch aus einem gewissen voyeuristischen Interesse, Einblicke in die Psyche der Täter zu eröffnen, wodurch sie mit anderen Verhaltensauffälligen prinzipiell auf eine Stufe gestellt werden. Auch dies ist – mit Blick auf den Holocaust und die Singularität dieses Geschehens – problematisch, denn wenn die Täter 'normale' Verhaltensauffälligkeiten aufweisen, die sich durch die üblichen Muster psychoanalytischer Deutung erklären lassen, wird damit nicht zugleich auch die Singularität ihrer Taten in Frage gestellt?

[27] Nick White, "Gitta Sereny and Albert Speer's 'Battle with Truth' on the London Stage", *New Theatre Quarterly* 17.2 (2001), 170-85, 170-71.

[28] Anonyme Rezension im *Glasgow Herald*, zit. in: Vice, *Holocaust Fiction*, 36.

[29] Daniel Goldhagen, zit. in: Greg Harris, "Men Giving Birth to New World Orders: Martin Amis's Time's Arrow", *Studies in the Novel* 31.4 (1999), 489-505, 489.

[30] *In Quest of Conscience*, adapted by Robert David MacDonald from *Into That Darkness* by Gitta Sereny (London: Oberon, 1994). Das Drama wurde am 6. April 1994 von der Glasgow Citizens' Company am Citizens' Theatre in Glasgow uraufgeführt unter der Regie von MacDonald, der auch die Rolle Stangls spielte.

Im Interview fragt Sereny, wie zu erwarten, zunächst nach der Kindheit Stangls und nach seiner Vaterbindung.[31] Auch in der Dramenadaptation MacDonalds beginnt sie ihr Gespräch mit der Aufforderung:

> [T]ell me about yourself; as a child, a boy, a young man growing up; about your parents, your friends, your children. [...] I want to know how you see yourself as a human being, how you loved and hated – still love and hate – and how you feel inside about the things in your life which have resulted in your being where you are now. (5-6)

Auch die Antworten sind voraussehbar: "I had known since I was very small, my father hadn't wanted me" (9); Stangl wurde von seinem Vater geschlagen: "I was scared to death of him" (10); er berichtet von der zweiten Ehe der Mutter und seiner Eifersucht auf seinen Stiefbruder (10), davon, dass er keine Freunde hatte (11), und von seinem Ehrgeiz (15).

Zugleich wird der kathartische Effekt der Befragung deutlich gemacht, Stangl wird als reumütiger Sünder gezeigt: "I was there. So in reality I share the guilt." (69) Seine Schuld sei, damals nicht gestorben zu sein: "I want to carry through these talks we are having and then – let it be finished. Let there be an end." (70) Als Begründung für die Aufmerksamkeit, die dem Täter durch das In-Szene-Setzen seiner Person im Drama zuteil wird, nennt Gitta Sereny in MacDonalds Stück erneut den Wunsch zu verstehen: "if [...] you feel you can help me go deeper into your past, a past which after all has been shared by very few men ever, perhaps together we can find some sort of truth, which may help us to understand things which have never been properly understood." (6)

David Edgar, der sich in seinem gleichnamigen Drama mit der Person Albert Speers beschäftigte, sieht darin, dass die Motive des Handelns der Täter verstehbar gemacht würden, ebenfalls eine ausreichende Rechtfertigung für ihre In-Szene-Setzung: "If Gitta Sereny hadn't written her book about Albert Speer, his slave-workers would still have died, but we would be less able to understand why. For this reason alone, it seems to me worth taking the risk of putting his story on stage."[32] Die besondere Bedeutung des Verstehens, das Empathie und sogar bis zu einem gewissen Grad die Identifikation mit dem Täter erfordert, wird von Edgar darin gesehen, dass auf diese Weise auch die Erkenntnis der Unsicherheit der eigenen moralischen Position vermittelt werden könnte: "to understand does involve recognition and even empathy. It does require seeing the world through the eyes of the wicked person, and thus finding those impulses and resentments and fears within ourselves that could – we have painfully to admit – drive us to commit dreadful acts under different circumstances."[33]

Die im Folgenden zu diskutierenden Texte sind literarische Konstruktionen von Albert Speer, Rudolf Hess, Franz Stangl und einem fiktiven SS-Arzt, Odilo Unverdorben. Hinzu kommt eine Anzahl von narrativen und dramatischen Texten, die sich im

[31] Sereny, *The German Trauma*, 97-98; siehe auch dies., *Into that Darkness*.
[32] David Edgar, Nachwort zu: *Albert Speer* (London: Nick Hern Books, 2000), 149-52, 152.
[33] Ebd., 151.

Zuge der Verabschiedung des War Crimes Act (1991) mit der Frage von Schuld und Sühne befassen und in denen Kriegsverbrecher ganz unmittelbar von ihrer Vergangenheit eingeholt werden. Die letztgenannten Texte setzen sich mit dem Problem auseinander, was mit der strafrechtlichen Verfolgung bewirkt werden soll, und sie fragen nach der Psyche des Angeklagten und der Bedeutung der gerichtlichen Aufarbeitung für die Nachgeborenen und für die den Angeklagten Nahestehenden. Ein wichtiges Thema ist hier etwa das Problem der psychischen Auswirkungen von Verdrängungsprozessen, wie es von Alexander und Margarete Mitscherlich beschrieben worden ist.[34] Zudem enthalten einige der hier zu untersuchenden Texte 'Subjektivitätsindikatoren', die in den Lesern bzw. Zuschauern das Bewusstsein für den Konstruktcharakter der Darstellungen bzw. Selbstdarstellungen von Kriegsverbrechern schärfen. Auffällig ist außerdem, dass es sich bei den in vielen der hier zur Diskussion stehenden Texte dargestellten NS-Verbrechern nicht ausschließlich um Deutsche handelt. So sprechen in Martin Amis' Roman *Time's Arrow* die Passagiere auf dem Schiff, mit dem sie sich nach dem Krieg fluchtartig aus Europa absetzen, eine Vielzahl europäischer Sprachen: "Our ship is loud with all the tongues of Europe" (98), und in mehreren der hier behandelten Dramen und Romane sind die Jahrzehnte nach dem Krieg wegen NS-Verbrechen Angeklagten nicht Deutsche, sondern Osteuropäer.

Es ist also in der literarischen Auseinandersetzung mit Kriegsverbrechern zum einen ein besonderes Interesse an bereits verurteilten Kriegsverbrechern festzustellen (während der Haft, wie im Falle von Hess, sowie während und nach der Haft, wie im Falle Speers); zum anderen rückt aber auch die Verfolgung bislang unbestraft gebliebener Kriegsverbrecher in den Blick.

III.5.2 "If I 'turned away', I knew": David Edgars *Albert Speer* (2000)

III.5.2.1 "Not yet": Die Bewältigung der Vergangenheit als Voraussetzung für das Sterben

"Not – yet" (8). Mit diesen Worten wacht der ca. 70-jährige Albert Speer zu Beginn des gleichnamigen Stückes aus einem Traum über die Urteilsverkündung im Nürnberger Hauptkriegsverbrecherprozess auf. Das über ihn ergangene Urteil, so träumt er in David Edgars am 16. Mai 2000 am National Theatre (Lyttleton) in London uraufgeführtem Drama, sei die Todesstrafe ("death by hanging", 8).[35] Doch Albert Speer war im Nürn-

[34] Alexander und Margarete Mitscherlich, *Die Unfähigkeit zu trauern.*

[35] Zu David Edgar siehe etwa Christopher Innes, *Modern British Drama 1890-1990* (Cambridge: CUP, 1992), 180; John Bull, *New British Political Dramatists*, Grove Press Modern Dramatists (New York: Grove Press, 1983), 151-94, 221-25; Colin Chambers und Mike Prior, *Playwrights' Progress: Patterns of Postwar British Drama* (Oxford: Amber Lane Press, 1987), 90-95; Steve Grant, "Voicing the Protest: The New Writers", in: Sandy Craig (Hg.), *Dreams and Deconstructions. Alternative theatre in Britain* (Ambergate: Amber Lane Press, 1980), S. 116-44; Malcolm Hay, "David Edgar: Public Playwright", *Drama* 151 (1984), 13-16; Albert Karlson, "From Agitprop to SRO: The political drama of David Edgar", *Cultural power/cultural literacy*, hg. von Bonnie Braendlin, Conference onf Literature and Film (Tallahassee, FL: Florida State University

berger Hauptkriegsverbrecherprozess nicht zum Tode, sondern zu 20-jähriger Haft verurteilt worden.[36] Speer hatte in Nürnberg zwar seinen Teil an der Gesamtverantwortung und damit Gesamtschuld der NS-Führung übernommen und massive Selbstkritik sowie Kritik an Hitler geübt, doch gleichzeitig behauptet, dass er von der Vernichtung der Juden konkret nichts gewusst habe. Diese nicht eingestandene Mitwisserschaft verfolgt Speer in Edgars Drama bis zu seinem Tod (am 1. September 1981). Erst als er vor sich selbst zugibt, was er in der Öffentlichkeit verleugnet hatte – dass er von der 'Endlösung' wusste –, ist die Barriere, das "not yet", weggeschoben, und er kann sterben.[37]

In Edgars Drama möchte der in Spandau inhaftierte Speer sein vergangenes Selbst hinter sich lassen – den Mann, der gedacht hat, es sei möglich, ein unpolitischer Technokrat zu sein (16).[38] Um ihm dieses Ziel zu ermöglichen, lädt ihn der für die Strafgefangenen in Spandau zuständige französische Gefängnispfarrer Georges Casalis zu einer Reise in die Vergangenheit ein. Als notwendige Voraussetzung für diese Reise, an deren Ende ein neuer Mensch stehen solle ("a journey to become someone else", 16), verpflichtet Casalis Speer zu unbedingter Offenheit: "But only if you tell the truth, to me and to yourself. For although it's possible that a man be born again, to do so he must confront the truth of what he was before" (17).

Bei dieser Reise in die Vergangenheit wird das "Not yet" des Drameneingangs drei weitere Male repetiert. Speer erinnert sich, wie er während des Krieges (im Dezember 1943) die unterirdischen 'Mittelwerke' besucht habe, in denen KZ-Häftlinge des Lagers

Press, 1991), 96-109; Catherine Itzin, "David Edgar and The General Will", in: *Stages in the Revolution: Political Theatre in Britain Since 1968* (London: Methuen, 1980), 139-51; Wolfgang Lippke, "David Edgar and his Audience", *Coup de Théâtre* 6 (December 1986), 135-42; Susan Painter, *Edgar the Playwright* (London: Methuen, 1996); Raimund Schäffner, *Politik und Drama bei David Edgar. Eine Studie zum politischen Gegenwartstheater in England* (Essen: Verlag Die Blaue Eule, 1988); Elizabeth Swain, *David Edgar: Playwright and Poltician* (New York: Peter Lang, 1986); David Ian Raby, "Audience engagement and reflexive history in the plays of David Edgar", *Critical Inquiry* 25 (1983), 49-60; Klaus Peter Müller, "Theater als Sinnsuche und Geschichtsschreibung: Signifikante Entwicklungen im englischen Theater der Gegenwart", Einleitung zu: ders. (Hg.), *Englisches Theater der Gegenwart. Geschichte(n) und Strukturen*, Forum Modernes Theater, Schriftenreihe, 10 (Tübingen: Gunter Narr, 1993), 3-58, 10-16; Janelle Reinelt, "'Politics, Playwriting, Postmodernism': An Interview with David Edgar", *Contemporary Theatre Review* 14.4 (2004), 42-53.

[36] Speer war in den Anklagepunkten 3 und 4 schuldig gesprochen worden und wurde zusammen mit Rudolf Hess, Konstantin von Neurath, Karl Dönitz, Baldur von Schirach, Walther Funk und Ernst Raeder am 18. Juli 1947 in die Strafanstalt Berlin-Spandau eingeliefert.

[37] Über die Zukunft als "noch nicht" siehe ausführlich Dennis J. Schmidt, "Circles – Hermeneutic and Otherwise: On Various Senses of the Future as 'Not Yet'", in: David Wood (Hg.), *Writing the Future* (London/New York: Routledge, 1990), 67-77, bes. 73-77.

[38] In Nürnberg hatte sich Speer darauf berufen, dass seine "Aufgabe eine technische und wirtschaftliche", nicht eine politische gewesen sei: *Der Prozeß gegen die Hauptkriegsverbrecher vor dem Internationale Militärgerichtshof Nürnberg. Nürnberg 14. November 1945 - 1. Oktober 1946. Amtlicher Wortlaut in deutscher Sprache*, 42 Bde. (Nürnberg: s.l., 1947-49), Bd. 16 (1948), 529.

Dora und der anderen Mittelbau-Lager unter grausamen Bedingungen die sogenannten Vergeltungswaffen (V1 und V2) montieren mussten,[39] und wie er nach diesem Besuch schwer erkrankt sei. Aus der Retrospektive räsonniert er:

> And I was suddenly above myself, and looking down, and seeing everything so clearly ... the doctors and the nurses, hovering, my wife, looking soft and slim, quite beautiful ... And feeling, yes, that I had never been so happy in my life. But then quite clearly ... and for me, sternly and implacably, I heard two words. 'Not yet'." (67)

Speer hat gesehen, doch noch nicht wahrhaben wollen, was er gesehen hat; sein Tod wäre zu diesem Zeitpunkt zu früh gekommen, ohne Verständnis für seine Schuldverstrickung, ohne Reue. Im Rückblick, als er Casalis von diesem Geschehen berichtet, weigert sich Speer beharrlich, seine Krankheit als psychosomatische Reaktion auf das Gesehene zu deuten; er nennt als den Auslöser seiner Krankheit eine Knieverletzung in Folge eines Skiunfalls (67). Dennoch hat er hier eine erste Erkenntnis, die für eine Umkehr nötig ist; seine Wahrnehmung Hitlers hat sich verändert: "for the first time, the magic hadn't worked. And I thought: who is this man, who had meant so much to me?" (69)

Nach außen stellt Speer es so dar, als ob Hitler selbst sich geändert hätte: "I was blinded by what I felt about him at the start to what he reall – ... To what he had become." (84) Es ist Casalis, der Speer an dieser Stelle, gegen Ende des ersten Aktes, entgegenhält: "But still, you see, you cannot say: 'to what he really always was'." (84) Die damit von Casalis erneut von Speer eingeforderte Konfrontation mit der Wahrheit lässt sowohl Casalis als auch Speer erneut darüber nachdenken, was eigentlich Casalis' Aufgabe ist. Es sei nicht seine Aufgabe, zu urteilen und zu verhören, vielmehr, so definiert Casalis es im Folgenden, sei es seine Aufgabe, Speer gegenüber jene zwei Worte, "not yet", zu wiederholen, ihn also auf die noch ausstehende Vergangenheitsbewältigung hinzuweisen.

Noch einmal gibt es in Edgars Drama ein "not yet" für Speer; unmittelbar vor seinem Tod am Ende des Stückes (wie bereits zu Beginn des ersten Aktes) ist es wieder Speer selbst, der diese Worte äußert. Zunächst ist dies seine Antwort darauf, dass Hitler ihn – in einer Vision Speers, in der Hitler Totenkränze für die deutschen Gefallenen ("our Germanic fallen", 145) niederlegt – zu den Toten mitnehmen will: "The best are dead. […] The dead are best. […] And now you can be best. […] At last." (146)[40] Tatsächlich erlebt Speer in seiner letzten Rede seine endgültige Läuterung, die ihn die Vergangenheit bewältigen und schließlich (in Frieden mit sich selbst) sterben lässt. Auf Hitlers letzten Versuch, ihn zu verführen, erwidert er: "Not yet. Because, yes, I cannot

[39] Das Konzentrationslager Dora wurde 1943 eingerichtet. Mehr als 200000 Häftlinge starben durch Krankheit, Erschöpfung oder Hinrichtung. Speer hatte sich mit seiner Forderung durchgesetzt, KZ-Häftlinge als Zwangsarbeiter in der Rüstungsindustrie einzusetzen.

[40] Diese Vision basiert auf einem wiederkehrenden Alptraum Speers, in dem er von Hitler wegen seiner Betrayal in Nürnberg angeklagt wird, nach White "an extraordinary manifestation of Speer's misplaced but lingering sense of devotion and guilt in relation to Hitler rather than in relation to the regime's victims." White, "Gitta Sereny and Albert Speer's 'Battle with Truth'", 182.

admit what I have not admitted and remain alive. But if I did, I could die the man I might have been." Darauf wendet er sich zum Publikum:

> Of course, it wasn't that 'I could have known'. That I was 'blind'. Because, yes, one cannot look into a void. If I 'turned away', I knew. I knew. I helped to build a boneyard. Yes, I knew. And now, at last, I need never speak nor think nor dream of any of those things again. (146-47)

Im Anschluss an diese an das Publikum gerichtete Rede findet Speers Geliebte seine Leiche in ihrem gemeinsamen Londoner Hotelzimmer vor (147).

Sowohl der 1. als auch der 2. Akt schließen mit Auszügen aus einer Rede Himmlers, in der jener ganz deutlich ausspricht, wie die Lösung der 'Judenfrage' zu verstehen sei. Am Ende des 1. Aktes folgt auf eine kurze Szene, in der Speer von mehreren Andeutungen über die Vernichtung der Juden träumt, ein Ausschnitt aus der Rede Himmlers, die aus diesen Andeutungen Gewissheit macht:

> We, you see, were faced with the question 'What about the women and children? And I decided, here too, to find an unequivocal solution. For I did not think that I was justified in exterminating – meaning kill or order to have killed – the men, but to leave their children to grow up to take revenge on our sons and grandchildren. (87)[41]

In einem im Jahr 1971 in der Zeitschrift *Midstream* veröffentlichten Aufsatz hatte der amerikanische Historiker Erich Goldhagen aus dieser zu diesem Zeitpunkt unveröffentlichten Rede vor den Reichs- und Gauleitern in Posen am 6. Oktober 1943 zitiert und die Stelle, an der sich Himmler direkt an Speer wendet,[42] als Beleg für Speers

[41] "Es trat an uns die Frage heran: Wie ist es mit den Frauen und Kindern? – Ich habe mich entschlossen, auch hier eine ganz klare Lösung zu finden. Ich hielt mich nämlich nicht für berechtigt, die Männer auszurotten – sprich also, umzubringen oder umbringen zu lassen – und die Rächer in Gestalt ihrer Kinder für unsere Söhne und Enkel groß werden zu lassen." Der von Goldhagen zitierte Text aus Himmlers Rede findet sich im deutschen Original in der Übersetzung des Goldhagen-Aufsatzes: Erich Goldhagen, "Albert Speer, Himmler und das Geheimnis der Endlösung", in: Albert Reif (Hg.), *Albert Speer. Kontroversen um ein deutsches Phänomen* (München: Bernard & Graefe, 1978), 383-94, 386-89, Zitat 388.

[42] "Daß ich große Schwierigkeiten mit Teilen wirtschaftlicher Einrichtungen hatte, werden Sie mir glauben. Ich habe in den Etappengebieten große Judenghettos ausgeräumt. In Warschau haben wir in einem Judenghetto vier Wochen Straßenkampf gehabt. Vier Wochen! Wir haben dort ungefähr 700 Bunker ausgehoben. Dieses ganze Ghetto machte also Pelzmäntel, Kleider und ähnliches. Wenn man früher dort hinlangen wollte, so hieß es: Halt! Sie stören die Kriegswirtschaft! Halt! Rüstungsbetrieb! – Natürlich hat das mit Parteigenossen Speer gar nichts zu tun, Sie können gar nichts dazu. Es ist der Teil von angeblichen Rüstungsbetrieben, die der Parteigenosse Speer und ich in den nächsten Wochen und Monaten gemeinsam reinigen wollen. Das werden wir genau so unsentimental machen, wie im fünften Kriegsjahr alle Dinge scheinbar unsentimental, aber mit großem Herzen für Deutschland, gemacht werden müssen." Zitiert in: Erich Goldhagen, "Albert Speer, Himmler und das Geheimnis der Endlösung", in: Reif (Hg.), *Albert Speer*, 383-94, 386-89, hier 388f.

Mitwisserschaft an der 'Endlösung' angeführt: "That speech shows Speer to have been a witting accomplice in the murder of European Jewry and exposes his confession to be a sham."[43] Speer hatte sich damals bemüht zu beweisen, dass er zum Zeitpunkt von Himmlers Rede die Gauleiterversammlung bereits verlassen hatte, was allerdings bezweifelt wird.[44]

In Edgars Drama, in dem Speer in den frühen 70er Jahren während eines Vortrags an der Aachener Universität mit Himmlers Rede konfrontiert wird, erkennt Speer, dass seine mit seiner Anwesenheit bei dieser Rede bewiesene Mitwisserschaft an der 'Endlösung' seine seit Nürnberg inszenierte Selbstdarstellung – dass er zwar schuldig war, weil er 'hätte wissen sollen und können', doch selbst nicht wusste ("I should have known, I could have known, I didn't know" (85, 135) – zerstören würde: "Because if I knew, and if I *knew* I knew, then everything becomes a lie. What I said to Georges Casalis, what I wrote, what I told my children, what I tell myself. My life becomes a lie to me." (135)[45] Er beteuert, bei der Rede Himmlers nicht anwesend gewesen zu sein (128).

Das Drama endet mit einem weiteren Ausschnitt aus Himmlers Rede. Nach Speers Tod wird Himmlers Gesicht in überdimensionaler Größe auf die gesamte Fläche des Bühnenbildes projiziert (147). Ein letztes Mal beschwört Himmler das Schweigen, das auch Speer bis zum letzten Moment (entgegen seinen Beteuerungen) aufrechterhalten hatte: "And with this I want to finish. You are now informed, and you will keep the knowledge to yourselves. […] it is better that we […] take the secret with us to our

[43] Erich Goldhagen, "Albert Speer, Himmler, and the Secrecy of the Final Solution", *Midstream* 17 (1971), 43-50, 44.

[44] Speer gab an, dass er und seine Mitarbeiter zwar am Vormittag bei der Reichs- und Gauleitersitzung anwesend waren, aber dass er – zusammen mit seinem Mitarbeiter Walter Rohland – am Nachmittag bereits Richtung Rasteburg unterwegs war. Rohland bezeugte diese Aussage eidesstattlich, und auch Harry Siegmund versicherte, dass Speer "kurz nach dem Mittagessen mit dem Auto weggefahren ist". Außerdem sei eine Anrede eines Parteigenossen, auch wenn dieser nicht anwesend war, durchaus üblich gewesen; bei 70 Teilnehmern habe Himmler zudem den Überblick leicht verlieren können. Speer, "Antwort an Goldhagen", und "Ein Nachtrag", beide abgedruckt in Adelbert Reif (Hg.), *Albert Speer: Kontroversen um ein deutsches Phänomen* (München: Bernard & Graefe, 1978), 395-403 und 404-407 (Zitat 406). Dass den Aussagen von Siegmund und Rohland nicht viel Wert beizumessen ist, zeigt Gitta Sereny, *Albert Speer*, 388-401.

[45] Ähnlich äußert derjenige unter den Aachener Vortragsteilnehmern, der Speer mit der Himmler-Rede konfrontiert hatte: "It's the whole case torn to shreds. He didn't know. But he *did* know. Himmler speaks to him. 'It's not your doing'. In the middle of a speech in which he says of course we all know don't we we're murdering the Jews. ... It makes it crystal clear. ... he's lying as he lied at Nuremberg and he's lied for thirty years..." (128) Im Verlauf des Dramas wird seine Neigung, sich abzuwenden, immer wieder deutlich, so etwa wenn ihm Wolters über jüdische Zwangsarbeiter in der Ukraine berichtet: "Apparently, the chaps say that the Jewish details are the best. They work double shifts, even voluntarily. Of course, they know \ that if they don't – " (49). Der Schrägstrich markiert den Einsatz des nächsten Sprechers, in diesem Falle Speers, der Wolters ins Wort fällt, bevor dieser ausreden kann (Edgar, Vorwort zu *Albert Speer*). Es ist offensichtlich, dass es Speer hier darum geht, das Thema zu wechseln.

graves." (147) Auch Speer, so mag dies gelesen werden, nimmt Geheimnisse mit ins Grab – diese waren nach seinem Tod, zunächst durch die Dissertation von Michael Schmidt, aufgedeckt worden.[46] Die Positionierung von Ausschnitten aus Himmlers Rede am Ende des 1. und 2. Aktes weist auf die Bedeutung dieser Rede für das Bild Speers hin: Mit seiner An- oder Abwesenheit bei dieser Rede fällt oder steht das Bild, das er von sich aufgebaut hat.

Die Rolle, Speer mit seiner Vergangenheit zu konfrontieren, die in Spandau drei Jahre lang Georges Casalis innehatte, übernahm in Speers letzten drei Lebensjahren Gitta Sereny. Ihre Speer-Biographie *Albert Speer: His Battle with Truth*[47] diente Edgar als Vorlage; die Person Serenys erscheint allerdings nicht im Drama – ihre Rolle wird hier (mit ihrem Einverständnis) von Casalis mit übernommen: "I had agreed from the start with [Trevor] Nunn [who directed Edgar's *Albert Speer* at the National Theatre] and Edgar that I could not be a character in the play. [...] My function in Speer's life is represented by George [sic!] Casalis".[48] In den Gesprächen, die Sereny mit Speer geführt hatte (von 1978 bis zu Speers Tod 1981), hatte sie ihn – ihrer eigenen Darstellung nach – mit unangenehmen Fragen über seine Vergangenheit konfrontiert und ihm keinerlei Ausflüchte gestattet:

> I actually stopped him every time he thought he was getting away with it. Those were the times when I asked him the worst questions, and I confronted him with the worst truths about himself. [...] Speer found in me exactly what he needed when he needed it. He had gone a long way with some others, and then he was on his own. He wanted to find out more about himself and he didn't know how.[49]

In dieser Erlöserrolle sah sich Sereny auch in ihren Interviews mit Franz Stangl, dem Lagerkommandanten von Sobibor und Treblinka, die sie mit ihm im Jahr 1971 in der Düsseldorfer Untersuchungshaftanstalt führte und die in ihr Buch *Into that Darkness* mündeten.[50] Stangl starb am Tag nach seiner 'Beichte': "You make them confess their

[46] Zunächst, so schreibt Joachim Fest, erregte Schmidts Buch "kaum Aufsehen": Joachim Fest, *Speer. Eine Biographie* (Berlin: Alexander Fest Verlag, 1999), 457. Dies änderte sich schlagartig mit dem Dokumentarfilm *Speer und er* von Heinrich Breloes und Horst Königstein (WDR 2005), nach dem Schmidts Buch in 2. Auflage erschien: Matthias Schmidt, *Albert Speer. Das Ende eines Mythos*, mit einem Geleitwort von Heinrich Breloer, 2. Aufl. (Berlin: Netzeitung, 2005) [1982].
[47] Sereny, *Albert Speer*.
[48] Gitta Sereny, "Playing out the guilt of a Nazi", *Sunday Times* vom 7. Mai 2000, 4. White schreibt dazu: "Sereny's insistence that she should not be portrayed may have been due to her dissatisfaction with her portrayal in MacDonald's *In Quest of Conscience* [an adaptation of her book on Stangl], but was also by her own admission influenced by her unsympathetic portrayal in another (French) adaptation of *Into That Darkness*, by Robert Kuperberg": White, "Gitta Sereny and Albert Speer's 'Battle with Truth'", 179.
[49] *Programmheft* zur Aufführung am National Theatre, London.
[50] Gitta Sereny, *Into that Darkness. An Examination of Conscience* (London: Picador, 1977). Stangl war 1942 für die Dauer von vier Monaten Lagerkommandant von Sobibor, von August 1942-August 1943 Lagerkommandant von Treblinka. Stangl war nach dem Krieg über Italien nach Syrien geflohen und 1951 nach Brasilien emigriert. Dort wurde er 1967 von Simon Wiesen-

guilt, and in Stangl's case he confesses his guilt and dies the following afternoon. […] he just wanted to finish these conversations and then let there be an end."[51]

Speer hatte Serenys Buch über Stangl gelesen und sie daraufhin gebeten, auch mit ihm Gespräche zu führen.[52] Am Ende ihrer Gespräche zeigt Speer ihr ein Affidavit, das er bereits vier Jahre zuvor abgelegt hatte. Als er im April 1977 gebeten worden war, das South African (Jewish) Board of Deputies beim gerichtlichen Vorgehen gegen die Herausgeber des Pamphlets *Did Six Million Die? The Hoax of the Twentieth Century* zu unterstützen, hatte Speer in einer eidesstattlichen Erklärung die Gräueltaten der Nazis ausführlich beschrieben und ein Schuldgeständnis angefügt. Seine Schuld bestünde darin, die Verfolgung und Ermordung der Juden gebilligt zu haben.

Serenys Speer-Darstellung ist vor allem hinsichtlich der Glaubwürdigkeit seines Schuldbewusstseins, auf der sie beharrt, und mit Blick auf seine vermeintliche Offenheit der Autorin gegenüber kritisiert worden.[53] Richard Overy etwa bezweifelt die Glaubwürdigkeit Speers: "It isn't clear from this long account that Speer wasn't in fact manipulating Sereny, retelling the story in such a way as to improve his case, changing the detail, embellishing, withdrawing. Speer's testimony is suspect on all kinds of grounds."[54] Nick White moniert, dass die Platzierung von Speers Eingeständnis seiner "Billigung"[55] der Judenvernichtung (von der er in Nürnberg vorgegeben hatte, nichts

thal aufgespürt, von den brasilianischen Behörden verhaftet und an die Bundesrepublik Deutschland ausgeliefert. 1970 wurde er vom Landgericht Düsseldorf des gemeinschaftlichen Mordes an über 900,000 Menschen in Treblinka schuldig gesprochen und am 22.12.1970 zu lebenslanger Haft verurteilt. Er starb am 28. Juni 1971 in der Haft. Siehe auch Sereny, *The German Trauma*, 87-134.

[51] Interview mit Gitta Sereny, *Programmheft*. In *The German Trauma* schreibt Sereny: "At the end of it [the interviews] he wanted to die, and I was neither surprised nor sorry when he did indeed die of a heart attack, nineteen hours after I left him." (92)

[52] "[T]he psychoanalyst Erich Fromm had sent him a copy of my book *Into That Darkness*, which had caused him sleepless nights. If I ever found myself in the vicinity of Heidelberg, would I perhaps care to drop in on him and talk?" Sereny, *Albert Speer*, 7. In der *Times* vom 3. September 1981 schreibt Sereny: "He had also read a book I had written. […] It had moved him, cost him sleep, he told me, and he would like one day to talk about it." (10) Speer hatte außerdem einen Artikel in der *Sunday Times* über David Irvings Behauptung, Hitler habe von der Vernichtung der Juden nichts gewusst, gelesen, den Sereny zusammen mit Lewis Chester verfasst hatte: ebd.

[53] "by the end of our three weeks together, I fully believed, and loved, that feeling of guilt in him." Gitta Sereny, *The German Trauma. Experiences and Reflections 1938-2000* (London: Allen Lane, The Penguin Press, 2000), 271. Nick White schreibt: "She does not acknowledge that this sense of guilt which she so much admired did not prevent Speer from deliberately deceiving her about events of cardinal importance in relation to his public stance toward the murder of Europe's Jews." White, "Gitta Sereny and Albert Speer's 'Battle with Truth'", 185, Anm. 33.

[54] Richard Overy, *London Review of Books* vom 21. September 1995, 6.

[55] Sereny, *Albert Speer*, 707. Edgar legt Speer hier Gitta Serenys Worte in einer ihrer letzten Unterredungen mit Speer in den Mund: "'I can say', he said slowly, 'that I sensed [*dass ich ahnte*] ...that dreadful things were happening with the Jews...' […] 'But if you sensed', I said, 'then you knew. You cannot sense or suspect in a void. You knew.' He was silent for a long moment, then got up, went to his study and came back with a piece of paper. 'Read this. Do as you wish with it; and then let us speak of it no more.'" (Sereny, *Speer*, 706-07). So auch Sereny, als er von der

gewusst zu haben) am Ende ihres Buches von Sereny als kathartischer Höhepunkt ihrer Selbstinszenierung in der Rolle eines 'Erlösers' gestaltet werde: "Sereny's evidence of Speer's full and frank confession to her is presented on almost the last page of the book as the 'cathartic' conclusion demanded by the salvific role in which she has cast herself."[56] In ihrem zunächst in der *Zeit* und der *Sunday Times* erschienen Speer-Profil zöge sie Speers Offenlegung dieses Dokuments als Beleg für sein volles Schuldeingeständnis und seine Ehrlichkeit heran: "Speer's revelation of the existence of the affidavit and his use of the term *Billigung* is flourished by Sereny as proof of Speer's full acknowledgement of guilt, and as a conclusive indication that 'Speer is no … fraud'."[57] White konstatiert hingegen, dass Speer Gitta Sereny bewusst täuschte, indem er ihr Dokumente, die ihn mit der Deportation von über 75.000 Juden aus ihren Berliner Wohnungen in Verbindung bringen, ebenso unterschlug wie seine Rolle an der Fälschung dieser Dokumente. Wie Michael Schmidt zeigen konnte, hatte Rudi Wolters im Jahr 1964 die von ihm geführte Chronik der Speerdienststellen und des späteren Rüstungsministeriums aus den Jahren 1941-45 (eine Art Tagebuch über die Tätigkeit des Generalbauinspektors und Rüstungsministers) dahingehend gefälscht, dass er die Seiten, die von Speers Initiative berichten, die Juden umzusiedeln, um Wohnraum für 'arische' Mieter zu schaffen, strich.[58] Speer hatte ihn später darin bekräftigt, diese Seiten verschwinden zu lassen und das Auftauchen des Originals zu verhindern.[59] Dan van der Vat sieht darin einen Schachzug Speers, seinen Platz in der Geschichte, den er mit seinen Memoiren belegt hatte, zu behaupten.[60] Mit diesen Erkenntnissen wird

Deportation der Juden sprach: "You say you sensed something, I said … But you cannot 'sense' in a void; 'sensing' is an inner realization of knowledge. Basically, if you 'sensed', then you knew." Ebd., 222.

[56] White, "Gitta Sereny and Albert Speer's 'Battle with Truth'", 175.

[57] Ebd., 176. Siehe Gitta Sereny, "The New Speer Controversy: Did He Tell All?", *Sunday Times Magazine* vom 17. September 1978, 64-66, 68, 73, 75. Siehe auch dies., *Albert Speer*, 707f. Auf Serenys Frage hin, warum er sich an dieser Stelle sich dazu bekannt habe, soll Speer gesagt haben: "For this purpose, and with these people," he said, "I didn't wish to – I couldn't – hedge (wollte ich nicht – komte [sic] ich nicht – handeln)", wobei Sereny hier fälschlich engl. "to hedge" und dtsch. "handeln" gleichsetzt: Ebd., 708. Diese Aussage hätte, so betont Sereny, Speer in Nürnberg den Kopf gekostet (ebd., 707). Gitta Sereny beschreibt Speers Leben nach seiner Inhaftierung als kontinuierliche Auseinandersetzung mit seiner Vergangenheit: "he elected to spend the rest of his life in confrontation with this past": Sereny, *Albert Speer*, 719.

[58] Schmidt, *Albert Speer*, 38-45. Die Streichungen sind abgedruckt auf den Seiten 42f.

[59] Ebd., 44; White, "Gitta Sereny and Albert Speer's 'Battle with Truth'", 172-74; Dan van der Vat, *The Good Nazi: the Life and Lies of Albert Speer* (London: Weidenfeld & Nicolson, 1997), 341.

[60] Ebd. Sereny hatte zum Zeitpunkt der Interviews von diesen Dokumenten nichts gewusst; erst Schmidts Publikation (1982) machte sie darauf aufmerksam. "When talking to Speer, I was not yet aware of this documentation and therefore couldn't ask him about that specific testimony or series of events." (Sereny, *Albert Speer*, 221) Sereny betont, dass Wolters, nicht Speer, die Dokumente gefälscht habe (ebd., 226), und spielt die Bedeutung der Dokumente herunter, indem sie auf die 'Ehrlichkeit' Annemarie Kempfs als Autorität verweist: "Annemarie Kempf, who does not lie and who knew Speer better than anyone else (including his wife), while remembering

Speers Beteuerung in seinen Memoiren, "aufrichtig" zu sein und "der Vergangenheit nicht auszuweichen",[61] als Täuschung entlarvt, und so hatte er bis zu seinem Tod versucht, die Publikation von Schmidts Buch zu verhindern.[62] Dort zeigt Schmidt, dass die 'Entmietung' der Juden in Berlin auf eine Idee Speers (Wochen vor dem November-Pogrom) zurückging und dass Speer die Erweiterung des Vernichtungslagers Auschwitz angeordnet hatte. Mit den von Schmidt herangezogenen Dokumenten wird Speer "eindeutig als Täter auf dem Sektor 'der Verfolgung, der Verschleppung und der Vernichtung der Juden' entlarvt – also genau in dem Bereich, von dem auch nur gewusst zu haben, er Fest gegenüber auf dessen Insistieren anlässlich der Reichspogromnacht so vehement bestritten hatte."[63] Das Bild des "spezialistisch verengten Menschen", das Speer erst in Nürnberg,[64] dann mit seinen *Erinnerungen*, unterstützt von Verlagsleiter Siedler und seinem Berater Joachim Fest, zeit seines Lebens erfolgreich vermittelt hatte, wurde damit als Mythos aufgedeckt.[65]

White zufolge versäumt es David Edgar, sich kritisch mit seiner Vorlage – Serenys Speer-Biographie – und dem dort von Speer gezeichneten Bild des reuevollen Sünders, der sich offen seiner Vergangenheit stellt, auseinanderzusetzen, das zum Zeitpunkt der Entstehung des Dramas längst durch die Veröffentlichungen von Schmidt und van der Vat in Frage gestellt worden war.[66] Doch das Gegenteil ist, so meine ich, der Fall. Wie im Folgenden gezeigt werden soll, gelingt Edgar sehr wohl eine Revision des Bildes, das Speer Sereny gegenüber von sich vermittelt, fordert Edgar sehr wohl zu einer kritischen Betrachtung des 'Speer-Denkmals' auf, das er sich selbst gesetzt hatte.

perfectly well the Jewish flats in Berlin, thought too much had been made of that episode later." (ebd., 228).

[61] So Speer im Vorwort zu seinen *Erinnerungen*, 15.

[62] Schmidt, *Albert Speer*, 221.

[63] Matthias Schmidt, "Albert Speer und die geniale Manipulation der Geschichte", Vorwort zu ders., *Albert Speer*, 10-24, 20.

[64] Siehe dazu Richard Overy, *Interrogations. The Nazi Elite in Allied Hands, 1945* (London: Allen Lane, 2001), bes. 138f.

[65] Joachim Fest, "Albert Speer und die technische Unmoral", in: Joachim Fest, *Das Gesicht des Dritten Reiches* (München: Piper, 1963), 271-85, 272. Kurz nach Speers Tod, als Schmidt seine Dissertation publizierte, fühlte sich auch Joachim Fest "hinters Licht geführt": "Er hat uns allen eine Nase gedreht": Breloer, *Unterwegs zu Familie Speer*, 453 und auch Fest, *Die unbeantworteten Fragen*, 255-58. Seit der Publikation von Schmidts *Albert Speer* im Jahr 1982 haben verschiedene historische Arbeiten dazu beigetragen, das "genial aufgebaute, gleichwohl trügerische Lügengebäude Albert Speer Stein für Stein abzutragen": Schmidt, "Albert Speer und die geniale Manipulation der Geschichte", 19.

[66] White, "Gitta Sereny and Albert Speer's 'Battle with Truth'", 179. Paul Taylor schreibt zur Zusammenarbeit zwischen Edgar und Sereny: "You get the impression that Sereny's close involvement with this theatrical venture has had a flattening effect, preventing an over-respectful Edgar from taking imaginative liberties with the material that would make it come alive as drama." *The Independent* vom 29. Mai 2000, 14.

III.5.2.2 *Albert Speer* als Erinnerungsdrama: Speers Vergegenwärtigung der Vergangenheit

David Edgars *Albert Speer* ist ein Erinnerungsdrama. Es spielt auf insgesamt drei Zeitebenen, die eng miteinander verwoben sind. Die erste dieser Zeitebenen ist die nach Speers Freilassung im Jahr 1966 bis zu seinem Tod im Jahr 1981; auf der zweiten Zeitebene begleitet Casalis ihn als Gefängnisgeistlicher in Spandau zwischen 1947 und 1950;[67] auf einer dritten Zeitebene schließlich erinnert sich Speer an Ereignisse (vorwiegend) aus den Jahren 1931 bis 1945. Mit der für das Erinnerungsdrama charakteristischen Verwebung von erinnerter Zeit und Erinnerungszeit[68] wechseln im 1. Akt Szenen in der Spandauer Haftanstalt, in denen Speer Casalis seine Erinnerungen mitteilt, mit Szenen ab, in denen diese Erinnerungen ausgespielt werden: Szenen aus Speers Studienzeit, seiner steilen Parteikarriere, seiner Arbeit als Hitlers Architekt und Rüstungsminister.[69] Der Erinnerungsvorgang ist als "narratives Zwischenglied"[70] den Erinnerungen Speers zwischengeschaltet (17; 29; 30-31; 41-42; 60-69; 81-85). Auf diese Weise wird dem Publikum immer wieder bewusst, dass es sich bei den Szenen aus Speers Leben um Selbstdarstellungen handelt und dass sich die ausgespielten Szenen, wie in *memory plays* üblich,[71] in Speers Erinnerung konstituieren. An Edgars *Albert Speer* zeigt sich die etwa von Brian Richardson und Manfred Jahn ins Blickfeld der Forschung gerückte Präsenz narrativer Verfahren in dramatischen Texten. [72] Hier übernimmt Speer als homodiegetischer Erzähler die Rolle einer vermittelnden Erzählinstanz: Er wählt Erzählinhalte aus, vermittelt, kommentiert und trägt zur Rezeptionslenkung bei; es sind seine Bewusstseinsinhalte, die auf der Bühne dargestellt werden.

[67] Szenen 1.2.2, Spandau, October 1947; 1.4.5, 1.6.1 und 1.10.3, Spandau 1947-1950; 1.14.2 Spandau, 1950.

[68] Siehe dazu mit Bezug auf andere Dramen auch Martin Brunkhorst, "Der Erzähler im Drama: Versionen des *Memory Play* bei Fry, Shaffer, Stoppard und Beckett", *Arbeiten aus Anglistik und Amerikanistik* 5 (1980), 225-40, 230ff.

[69] Im 2. Akt teilt Speer seine Erinnerungen seiner Tochter Hilde (91, 93f.) oder in direkter Ansprache an das Publikum (135) mit.

[70] Brunkhorst, "Der Erzähler im Drama", 228.

[71] Ansgar Nünning und Roy Sommer, "Drama und Narratologie: Die Entwicklung erzähltechnischer Modelle und Kategorien für die Dramenanalyse", in: Vera Nünning, Ansgar Nünning (Hgg.), *Erzähltheorie transgenerisch, intermedial, interdisziplinär* (Trier: wvt, 2002), 105-28, 123.

[72] Zu narrativen Phänomenen im Drama siehe etwa Brian Richardson, "Point of View in Drama: Diegetic Monologue, Unreliable Narrators, and the Author's Voice on Stage", *Comparative Drama* 22.3 (1988), 193-214; ders., "Voice and Narration in Postmodern Drama", *New Literary History* 32.3 (2001), 681-94; Manfred Jahn, "Narrative Voice and Agency in Drama: Aspects of a Narratology of Drama", *New Literary History* 32 (2001), 659-79, Nünning, Sommer, "Drama und Nerratologie". Richardson schreibt zum "Point of View in Drama": "Perhaps the most flagrant omission in point-of-view theory is the absence of any discussion of the dramatization of an individual consciousness in the theatre. Just as it is regularly averred that all drama is non-narrative, it is also presumed that dramatic representation is invariably objective, unmediated, devoid of subjectivity, and in Bakhtin's terms, entirely monological." (204)

Dass es sich bei Speer um einen unzuverlässigen Erzähler handelt, wird durch die besondere Verwendung des Wortes "nevertheless" suggeriert. Im Spandauer Garten erinnert sich Speer, in einer imaginären Rede an seine Tochter Hilde, an eine geheime Absprache, die er mit ihr getroffen hatte: "that if something's wrong, but you don't want to say so, then put the word 'nevertheless' before the sentence. Thus if you say, 'Nevertheless, I'm fine', it means you are not fine at all." (93) Als Speer (in einer an der Aachener Universität spielenden Erinnerungsszene) beteuert, dass er von der systematischen Vernichtung der Juden nichts gewusst habe, entlarvt das "nevertheless" ihn in dieser für das Speer-Bild zentralen Szene bei den Zuschauern als unwahrhaftig:

> SPEER. I knew the Jews were being evacuated, but I did not know they were being murdered as a systematic policy.
> THIRD QUESTIONER. Herr Speer, you do understand why people find this hard to credit?
> SPEER. I understand that people do. But it is nevertheless the case. (123)

Auf Speers Verheimlichung weist darüber hinaus auch eine Szene hin, in der Rudi Wolters im Jahr 1970 auf einem Verlagsempfang zur Feier der Publikation von Speers *Erinnerungen* das Fehlen seiner eigenen Person in den Memoiren kommentiert: "I'm not the first thing to be rubbed out of your past. And I doubt I'll be the last." (113)

Casalis gegenüber stellt sich Speer als Spielball der Manipulation anderer und seinen Lebensweg als Produkt der Verkettung von Zufällen dar. Mit seinem Gebrauch des Verbs "persuade" stilisiert sich Speer als das Opfer der Überredung anderer und vermittelt so den Eindruck, dass er sich durch andere lenken ließ und nicht aus eigenem Antrieb den bekannten Weg ging. Sein Vater *überredete* ihn, Architektur statt Mathematik zu studieren, ein Studium, das ihn wiederum aus Heidelberg nach München führte, wo er dann neue Freunde fand, die ihn dazu *überredeten*, 1931 an einem Treffen der Nationalsozialisten teilzunehmen, was schließlich zu seinem Eintritt in die NSDAP führte: "how at school I shone at mathematics, how my father nevertheless *persuaded* me to follow him into an architectural career" (17); "this course of study took me from provincial Heidelberg to Munich, to new interests and new friends" (17); "a meeting I had been *persuaded* by my fellow students to attend" (19).[73]

Geradezu zu einer Chiffre für seine immer wieder beteuerte Manipulierbarkeit wird in dieser Selbstdarstellung Speers Kleiderwechsel. Sein Studienfreund Rudi Wolters wirft ihm zu Beginn der Rückblende Kleidungsstücke im Stil der 30er Jahre zu, wodurch zunächst natürlich der Wechsel der Zeitebenen (und gleichzeitig der Wechsel von Erinnerungsvorgang zu vergegenwärtigter Vergangenheit) angezeigt wird; zugleich deutet dies jedoch darauf hin, dass Speer sich in 'Kleidung stecken lässt' und dabei selbst eine passive Rolle einnimmt: "*(RUDOLF) tosses SPEER his informal 1930s clothes, into which SPEER changes*" (17). Als Hitler ihn bei der Inspektion der Umbauarbeiten für seine Reichskanzlerwohnung zum ersten Mal richtig wahrnimmt, lädt er Speer zum Mittagessen ein und leiht ihm zu diesem Anlass sein Jacket, da Speers eigene Jacke mit Gips beschmutzt ist. Wieder lässt sich Speer in Kleidung stecken, und

[73] Meine Hervorhebungen.

indem er das Jacket überwirft, gerät er endgültig in den Bann Hitlers (26). Bezeichnend ist hier auch eine spätere Episode, die im Juli 1941 in Hitlers Berghof auf dem Obersalzberg spielt. In Hitlers Abwesenheit wird im Scherz seine Uniformmütze herumgereicht – allen ist sie zu groß (43), nur Speer passt sie genau (44).[74] Dies weist auf die Vereinnahmung Speers durch Hitler, die später mehrfach aufgegriffen wird. Als Hitler Ende März 1945 von Speer hören will, dass der Krieg noch nicht verloren sei, antwortet er: "My Führer, how could I lie to you? It would be like lying to myself." (74) Die Nachricht von Hitlers Tod bedeutet für Speer schließlich eine Befreiung: "I felt that I was free of him at last." (82) Doch ebensowenig wie Speer sich von dem nagenden Gefühl seiner Schuld befreien kann, gelingt es ihm wirklich, von Hitler frei zu werden, denn nach dessen Tod begannen Speers Alpträume: "Dreams of his knowing what I did, dreams of his knowing what I thought. And I realised he wasn't dead at all." (85) In seiner Vision vor seinem Tod trägt Speer wieder Hitlers Jacket (119), und ganz deutlich wird hier noch einmal seine Formbarkeit durch andere hervorgehoben: "Who made you, Speer?" wütet Hitler, der ihn als Verräter beschimpft: "Who inspired you to dream dreams you could never dream alone? [...] And if you are in a hall of faces then the *face* is mine." (145) Noch einmal wird die Identifikation mit seinem Mentor deutlich gemacht – Hitler reicht ihm einen Kranz: "So then: be me." Speer entgegnet: "There is no need. I have been you ever since I met you." (145)[75]

Seine steile Parteikarriere stellt Speer als eine Verkettung von Zufällen dar: "what changed my life and fortunes was a *chance* meeting with the head of my party district" (19).[76] Wiederum nur durch den Umstand, dass er das einzige Mitglied seiner Sektion war, das ein Auto besaß, war er *zwangsläufig* ("perforce") ein Mitglied der neugegründeten Kraftfahrervereinigung der Partei und als solches wiederum gleichzeitig der Leiter der Sektion Wannsee (Speers Wohnort): "I was immediately appointed section head,

[74] Zur Kleidung als identitätsstiftendem Medium siehe auch Hitler zu Speer in Rastenburg: "Sometimes I think, I should hang up my field grey jacket and go home to Linz, my birthplace on the Danube, where my remains will lie... But I have burnt my bridges. So have you." (55) Vgl. auch Michael Burrells Drama *Hess* (1978; London: Ashover, 1980), das an späterer Stelle ausführlich besprochen wird: Hess zieht 40 Jahre nach seiner Inhaftierung das Jacket eines ehemaligen Luftwaffen-Leutnants, das er sich vor dem Flug nach Schottland ausgeborgt hatte, an. Sobald er es angezogen hat, so die Regieanweisung, "*he stands to attention*" – in seiner alten Rolle als "Hauptmann Hess!" (33). Das damals von ihm geliehene Jacket markiert den Beginn seiner Lebensveränderung: "After all, my life was ended from the first second I put it on." (33); es ist das "shirt of Nessus", das ihn vergiftet (33) – eine Anspielung auf Ovid, *Metamorphosen* IX, 153ff.

[75] Sereny verweist in ihrer Speer-Biographie auf Alexander Mitscherlichs psychoanalytische Studie über die Beziehung zwischen Speer und Hitler: Sereny, *Albert Speer*, 691. Das Programmheft zur Aufführung zitiert aus Speers *Erinnerungen*: "To return to Dorian Gray, or the borrowed personality: as a result of my meeting with Hitler, something alien to me, something hitherto remote from me, certainly came into my life ... I dreamed Hitler's architectural dreams." Zit. *Programmheft*. Ebendort wird auch Annemarie Kempf, Speers Sekretärin, zitiert: "Speer became his, body and soul."

[76] Meine Hervorhebung.

and thus came to the notice of Karl Hanke, then a rising star." (20)[77] Auch den Beginn seiner Architektenkarriere zeichnet Speer in Edgars Drama als von einem zufälligen Umstand bestimmt. Speer befindet sich bereits am Bahnhof, um mit seiner Frau Margarete in Urlaub zu fahren, als ihn Karl Hanke (Organisationsleiter der NSDAP in Berlin) gerade noch abfangen kann, um ihn mit der Aufgabe des Umbaus von Goebbels' Propagandaministerium zu beauftragen (20f.).[78]

Am 4. März 1999, etwa ein Jahr vor Edgars Erinnerungsdrama, wurde in London (am Almeida Theatre) das Drama *Speer* der argentinisch-deutschen Schriftstellerin Esther Vilar in englischer Übersetzung aufgeführt.[79] Es ist nicht auszuschließen, dass Edgar diese Aufführung kannte; sicher wird sie aber etlichen Zuschauern seines Stückes erinnerlich gewesen sein, für sie also in gewisser Weise die Bedeutung eines Prätextes für die Rezeption von Edgards Drama gehabt haben. In Vilars Stück war gleichfalls, wenn auch auf andere Weise, Zweifel an der Glaubwürdigkeit von Speers Selbstinszenierung geweckt worden. In ihrem Zwei-Mann-Drama wird Speer 1980 unter dem Vorwand, einen Vortrag halten zu sollen, in die DDR eingeladen. Nach seinem Vortrag wird er von Hans Bauer, der sich als ein bedeutender Politiker ausgibt, mit Dokumenten konfrontiert, die Speers Verantwortlichkeit für die 'Umsiedlung' jüdischer Mieter in Berlin beweisen und ihn als "the founding father of the modern Jewish ghetto" (33) entlarven. Wie später in Edgars Drama wird auch hier die Unmöglichkeit, sich von etwas abzuwenden, ohne dieses 'Etwas' zur Kenntnis genommen zu haben, thematisiert. Auf Speers "You can also become guilty by looking away", antwortet Bauer: "Wouldn't the definition of looking away have to include the fact that there is something to look away from?" (36).

Im Zentrum des Stücks steht jedoch nicht nur Speers vergangene Schuld, sondern die Charakterschwäche, die dieser zugrunde liegt. Diese erweist sich etwa darin, dass er sich über die verpasste Gelegenheit ereifert, Atomwaffen zu entwickeln, um damit den Endsieg zu erzwingen (42). Als Speer Bauer sein Einverständnis gibt, für die DDR zu arbeiten, ist klar, dass Speer einmal mehr bereit ist, sich ohne Skrupel für ein totalitäres System einzusetzen. Sofort weiß er auch einen konstruktiven Vorschlag zu machen: die Einführung von Mikrochips, durch die man den Aufenthalt der Bürger in ihrer Republik gewährleisten könne (61).

[77] Siehe dazu auch Speer, *Erinnerungen*, 35.

[78] Speer schrieb dazu: "Die Faltboote lagen bereits auf dem Bahnhof, die Fahrkarten nach Ostpreußen waren gelöst, der Abfahrtstermin stand für den Abend fest. […] Einige Stunden später hätte ich im Zug gesessen und an den einsamen ostpreußischen Seen wäre ich für viele Wochen unauffindbar gewesen; der Gau hätte sich einen anderen Architekten suchen müssen. Jahrelang hielt ich diesen Zufall für die glücklichste Wendung meines Lebens": ebd., 38. Bei diesem Auftrag handelte es sich um den Umbau des Gauhauses. Dem folgte 1933 Goebbels' Auftrag, das Propagandaministerium umzubauen: ebd., 39.

[79] Esther Vilar, *Speer* [1998], aus dem Deutschen übertragen von Martin Wagner (London: Profile Books, 1999). Vilars Drama wurde in der deutschen Originalfassung 1998 in dem von Speer für sein Modell von 'Germania' entworfenen Raum in der Berliner Akademie der Künste uraufgeführt.

Am Ende des Dramas erfährt Speer, dass sein Gespräch mit Bauer, der sich als ein von der Stasi engagierter Schauspieler entpuppt (64), von der Stasi als Racheakt inszeniert und gefilmt worden ist: "This modest revenge on a man whose career obsession they have to thank for so much of their pain and humiliation! [...] If you hadn't attacked the Russians, taken their land away and used its people as fodder for your war, they wouldn't have followed you all the way back to Berlin! (63, 65)[80] Mit diesem Film sollte dann auch eine Wette unter DDR-Funktionären entschieden werden, die der Frage galt, wie sich Speer im Falle einer (vorgetäuschten) Anwerbung durch die DDR verhalten würde. Gewonnen haben die Wette – in Vilars Drama – jene, die erwarteten, er werde dem Druck nachgeben und tatsächlich der Arbeit für die DDR zustimmen. Jene, die dafür stimmten, Speer sei zu intelligent, um in eine solche Falle zu tappen (63), sehen sich ebenso enttäuscht wie jene, die wetteten, er würde aus humanitären Gründen absagen: "They bought the reformed Speer: never would he serve a government which shoots its citizens." (63)

Die hier durch das Spiel im Spiel untermauerten Zweifel an Speers Selbstdarstellung als "reformed Speer" (63) werden in Edgars Drama dadurch geweckt und bewusst gehalten, dass das überlieferte Speer-Bild auf der Bühne als Selbstdarstellung präsentiert und so hinterfragbar wird.

III.5.2.3 *Albert Speer* – eine Tragödie?

Dass wir in David Edgars Drama den Weg Speers durch dessen eigene Darstellung erfahren, entspricht Edgars erklärter Absicht, die er mit der Dramatisierung der Figur Speers verfolgt: die Motive für sein Verhalten begreifen zu können.[81] Mit ihrer psychoanalytischen Betrachtung Speers hatte auch Gitta Sereny versucht, Speers Handeln verstehen zu können. Eine Erklärung für sein Verhalten sieht Sereny in der Gefühlskälte, die in Speers Elternhaus herrschte. Hitler, so stellen es Sereny und auch Edgar dar, sei für Speer zu einem Vaterersatz geworden:

> Speer was a severly emotionally abused child. He was a child literally without love. He was refused love by his mother and father and his brothers. And as a child he sought affection in his environment. I think what is so fantastically revealing is what Speer said to me: that Hitler gave him 'the feeling that he loved us.' And then he added – and he was embarrassed saying it! – 'Well, yes, that he love *me'*.[82]

Im Drama erklärt Speer damit seinen Eintritt in die Partei: "I felt he [Hitler] was a human being. That here was someone who cared for us, the young. Who loved us. Individually. And afterwards I drove into the country, to the woods. And walked all night. And joined the party." (20) Die fehlende Anerkennung Speers durch seinen Vater

[80] Am Schluss des Dramas stellt sich heraus, dass auch Bauer von der Stasi gefilmt worden ist, als er Kritik an der DDR äußerte (68).

[81] Siehe dazu ausführlich Teilkapitel III.5.1.

[82] Interview im Programmheft zur Aufführung am National Theatre.

wird auch im Gespräch mit Casalis deutlich, als er ihm von seinem Auftrag, 'Germania' zu bauen, berichtet:

> SPEER. And then one day in 1936 I was told there was another job for me. 'The greatest and best of all.' Well, even he had got to be impressed with *this*.
> CASALIS (*surprised*). uh – Hitler?
> SPEER (suddenly aware of his slippage). My father. (31)

Als Speers Vater, absolute Autoritätsperson für den Sohn, zum ersten Mal auftritt, erscheint er durch eine optische Täuschung auf der Bühne zunächst wie ein Riese:

> Suddenly through the darkness we see a vision of the new Berlin at night. In fact, it is the model of Speer's design for the city Hitler would call Germania, 100 metres long, erected in the basement of the General Inspectorate of Buildings, Speer's office in Berlin. We understand this when what initially appears to be a giant appears behind the huge, domed hall at the end of the main north-south axis. It is Speer's 75-year-old FATHER. (32)

Wie sich später herausstellt, ist Speers Vater durch den Eingang in Speers Büro eingetreten, der Hitler vorbehalten war (32) – hier wird eine Kongruenz der beiden Figuren vorbereitet, die auch später beibehalten wird. So wird die Autorität des Vaters durch die Hitlers abgelöst, der kurz danach eintritt. Hitler entscheidet, zu welchem Zeitpunkt er Speers Vater zur Kenntnis nehmen will (Speer setzt zweimal vergeblich an, ihn vorzustellen, 35). Schließlich begrüßt Hitler den Vater wie folgt: "HITLER *shakes it* [i. e. his hand]*, but holds on, cupping the* FATHER'S *elbow and turning the gesture into a kind of embrace*" (37) – beide scheinen geradezu miteinander zu 'verschmelzen'.

Die psychoanalytische Deutung Speers trägt zu Edgars Absicht bei, die Zuschauer erfahren zu lassen, dass das Böse nicht etwas von ihnen Abgesondertes ist, sondern etwas, das auch sie selbst betreffen könnte: "The notion that there is a thing called evil which separates the wicked off from the rest of us is a comforting illusion." (151) Speer ist für Edgar ein Paradigma menschlicher Verführbarkeit und eine tragische Figur, als die sich Speer in seinen Memoiren selbst entworfen hatte. Seine *hamartia* habe darin bestanden, der faustischen Versuchung durch Hitler zu verfallen. "Für einen großen Bau hätte ich wie Faust meine Seele verkauft. Nun hatte ich meinen Mephisto gefunden", schreibt Speer in seinen *Erinnerungen*: "Er schien nicht weniger einnehmend als der von Goethe."[83] Indem Edgar seinem Stück – im Programmheft wie auch im veröffentlichten Dramentext – dieses Zitat (in englischer Übersetzung), zusammen mit einem Zitat aus Christopher Marlowes Dr. Faustus,[84] voranstellt,[85] werden die Zuschauer bzw. Leser des Stückes dazu aufgefordert, das Leben Speers bis zu seiner Inhaftierung (in

[83] Speer, *Erinnerungen*, 44; siehe auch Sereny, *Speer*, 106, 368 und Programmheft zur Aufführung am National Theatre.
[84] "O, would that I had never seen Wittenberg, never read book! and what wonders I have done, all Germany can witness, yea, all the world; for which Faustus has lost both Germany and the world, and must remain in hell for ever."
[85] Auch auf der Titelseite des Programmhefts.

2.1) als Tragödie zu lesen: seinen Aufstieg in der Partei, die Höhepunkte seiner Architektenkarriere als Planer von Germania und in der Politik als Rüstungsminister, seine Erkenntnis, dass er sich in Hitler getäuscht hatte (68), und schließlich den Fall der tragischen Figur – vom Minister zum Häftling Nr. 5 in Spandau –, den er zu Beginn des 2. Aktes reflektiert (91).[86]

Der Vergleich mit Faust, so oft bemüht in der Aufarbeitung der nationalsozialistischen Vergangenheit (am bekanntesten wohl in Thomas Manns *Dr. Faustus*), der in diesem Fall auf Speer selbst zurückgeht, ist natürlich problematisch. Es findet eine Mythisierung statt, die eine gewisse Unauweichlichkeit ebenso suggeriert wie eine Art Heroismus und damit nahelegt, Speers Verhalten zu entschuldigen. Im Dramentext äußert Speer: "he ordered me to draw up a decree for the commencement of the reconstruction of Berlin. How could I not be his, then, body and soul?" Auf Casalis' Kommentar "So you had your Mephistophilis" entgegnet er: "And he had his Faust." (43) Dass die Analogie mit Faust hinkt, wird darin deutlich, dass Speer bereits Mitglied der NSDAP war, längst bevor ihm überhaupt ein Auftrag zuteil geworden war.

Dennoch, für Edgar ist Speer, der – wie Faust – der Versuchung durch Mephisto nicht widerstehen konnte, eine tragischer Figur ("tragic villain", 152): "Albert Speer was subject to a Faustian temptation, fell for it and spent the rest of his life creating a past with which he could deal." (152) Für das Publikum strebt Edgar eine Innenschau an. Wie Speer, der am Ende in sich selbst blickt, sollen auch die Zuschauer, indem sie sich in Speers Gedanken- und Gefühlswelt hineinversetzen, fähig werden, sich selbst besser zu erkennen. Es geht Edgar allerdings nicht darum, seinem Publikum einen bloßen Spiegel vorzuhalten, denn im Spiegel, so Edgar, sehe man nur das von sich, was andere auch sehen. Vielmehr dient ihm Speer dazu, in den Zuschauern eine Innenschau zu bewirken, die in ihnen das freilegt, was sie sich nicht eingestehen möchten: "the problem with looking into a mirror is that you see what the world sees. Look into a picture, and you may see what you have disguised." (152)

III.5.3 Selektives Gedächtnis und selektive Geschichtsschreibung: Michael Burrells *Hess* und Howard Brentons *H.I.D. (Hess is Dead)*

III.5.3.1 "Trapped in time": Michael Burrells *Hess* (1978)

Wie würde Rudolf Hess sich verhalten, erhielte er erstmals (und einmalig) nach dem Nürnberger Prozess die Gelegenheit, sich vor einem Publikum zu äußern? Dieser Frage geht Michael Burrell in seinem 1978 am Young Vic in London uraufgeführten Ein-Mann-Stück *Hess* nach.[87] In diesem Drama lässt Burrell den zum Zeitpunkt der Dramenhandlung seit 40 Jahren in Spandau inhaftierten Hess auf einer Bühne agieren. In der Dramenfiktion ist Hess von Sympathisanten während des Aufenthaltes in einem

[86] Zur Diskussion, ob der Holocaust im Genre der Tragödie darstellbar ist oder nicht siehe Robert Skloot, *The Darkness We Carry: The Drama of the Holocaust* (Madison: University of Wisconsin Press, 1988), 20-42. Bei dieser Diskussion geht es um die Frage, ob die NS-Opfer als tragische Helden dargestellt werden können. Edgar erweitert diese Debatte um die NS-Täter.

[87] Michael Burrell, *Hess* (Ashover: Amber Lane, 1980).

Militärkrankenhaus dorthin gebracht worden; dementsprechend tritt er in Schlafanzug, Bademantel und Pantoffeln auf. Das reale Publikum übernimmt während der Aufführung von Burrells Drama die Rolle des imaginierten Hess-Publikums.[88] Zu Beginn des 2. Aktes bittet Hess ein Mitglied des Publikums, ihm in seine Luftwaffen-Uniform zu helfen. Damit, so schreibt Burrell in seinem Vorwort, sind die Zuschauer "integral to the performance and in that sense as much part of the play as Rudolf Hess is" (7).

Hess eröffnet seinem Publikum, dass seine geistige Verwirrung und seine Amnäsie nur vorgetäuscht seien.[89] Darin habe er die einzige Möglichkeit gesehen, dem in seinen Augen unrechtmäßigen Nürnberger Prozess die Akzeptanz zu verweigern:

> The Nuremberg Trial was illegal. [...] The Nuremberg Trial should not have taken place. Or if it did take place, I should not have been part of it. We should not have been called to account by other countries for ... internal matters. Revenge should not put on a pretty dress and call itself Justice! That was my view at the time. [...] It was therefore necessary to ignore what was happening, to refuse to give it countenance. [...] And that is why I decided to lose my memory. To blot it all out. (37)[90]

Indem er selbst bekennt, dass seine Amnäsie nur vorgetäuscht war, muss den Zuschauern seine angeblich immer noch fehlende Erinnerung an die Konzentrations- und Vernichtungslager äußerst unglaubwürdig erscheinen. Während er sich vieler Details aus seiner Vergangenheit (angefangen bei seiner Kindheit und Jugend in Alexandria und in Bad Godesberg, bis hin zum Nürnberger Prozess) erinnert, setzt sein Gedächtnis genau dann aus, wenn es um das Ziel der Deportationen geht. Die Regieanweisung macht deutlich, dass es sich auch hier um einen vorgetäuschten Gedächtnisschwund handelt. 'Psychosomatische Magenkrämpfe' sind seine Reaktion auf die Erinnerung an den Umgang mit "troublesome minorities" (23); die psychosomatischen Beschwerden unterstützen ihn gleichzeitig dabei, seine Erinnerung nur lückenhaft vorbringen zu müssen:

> Troublesome minorities were dealt with. They were sent to ... [*He breaks off, realizing he has said more than he intended.*] No! No! They were ... I forget. I'm an old man, I don't

[88] Siehe Burrells Vorwort in: ebd. 7-12, 9 und Regieanweisung, 15.

[89] Hess hatte während des Nürnberger Prozesses Gedächtnisverlust vorgetäuscht. Am Ende des Prozesses hatte er verkündet, dass er damit bewusst das Gericht getäuscht habe und sein Gedächtnis nun wieder "zur Verfügung stehe".

[90] In seinem Drama lässt er Hess die Nürnberger Prozesse mit eben den Argumenten ablehnen, mit denen damals die Verteidigung versucht hatte, die juristischen Grundlagen des Prozesses in Frage zu stellen, vor allem mit Blick auf die 'Siegerjustiz' ("The victors prosecuted, and the victors judged!", 39) und auf das "tu quoque"- Argument ("You, too, have the blood of deaths of millions on your hands", 26), von dem die Verteidigung mehrfach Gebrauch zu machen versucht hatte. Brenton beschäftigt vorrangig die Fragen des Rechts und der Rechtsprechung, wie er in seinem Vorwort zu *Hess* schreibt: "And for me the central questions, the abiding questions [...] are those concerned with the nature of justice, judgement, suffering, guilt": Burrells Vorwort zu *Hess*, 11.

> remember! [*He is psychosomatically rescued by a bad attack of stomach cramps.*] We ... We ... Oh, my guts ...! We passed laws. Yes, that's it, we passed laws. Oh, the pain! I don't remember! (23)

Aus Hess' Perspektive wird insbesondere der Sinn seiner Haftstrafe diskutiert. Er erinnert daran, wie lang er bereits im Gefängnis sitze ("I have been in prison longer than some of you have been born. [...] remember that every minute of every hour of every day of every one of those memories, I have been a prisoner. Alone in a cell", 18f.), und weist darauf hin, dass die Haftstrafe ihn daran hindere, sich zu ändern, dass sie ihn vielmehr dazu verführe, ganz in der Vergangenheit zu leben und der zu bleiben, der er war: "I can only think about the past, I have no present." (20) In der Zelle, ohne Perspektive, sein Leben außerhalb der Gefängnismauern fortzuführen, bleibt ihm nur die Vergangenheit als Fluchtpunkt; ihr bleibt er im Gefängnis verhaftet:

> How can I give up the dream I once had, when I am allowed nothing else to put in its place? For what should I repent? I shall never be set free. Do you seriously think that a man can survive decade upon decade alone in a cell when he has renounced everything that he believed in and worked for? ... Prison for a long time can never do anything except confirm a man in his ways that brought him there. ... The prison is ... the sheet-anchor of the past. (27)

In Vilars und Edgars *Speer*-Dramen wird zwei Jahrzehnte später die Frage nach der Möglichkeit der Einsicht und inneren Umkehr von NS-Verbrechern erneut aufgegriffen. Speer war im Gegensatz zu Hess nach zwanzig Jahren Haft aus Spandau entlassen worden. Während er in Vilars Drama als im Innersten unverändert gezeigt wird, gesteht ihm Edgar eine Änderung zu im Sinne eines (zumindest inneren) Eingeständnisses seiner Mitwisserschaft am Plan der 'Endlösung', die er nach seiner Haftzeit erzielt. Edgars Speer gelingt es so, eine Art Erlösung zu erfahren, die Hess in Burrells Drama verweigert bleibt:

> It's all so **long ago.** The consequences live on, of course, and I must not look to escape them. But I am trapped in time, unable for so many years to progress beyond the moment of my condemnation and what led to it. Is that what the world wants for me? Is it right to wish that for anybody? If there is no forgiveness without repentance, it is true too that there can be no repentance where forgiveness, by definition, is perpetually denied. (43f.)[91]

Tatsächlich scheint Hess den NS-Prinzipien nach wie vor verpflichtet zu sein; er ist immer noch dem Nazi-Gedankengut verhaftet. Die Russen sind für ihn Untermenschen, eine "flat-faced race of serfs, fit only for slavery" (22); von Hitler spricht er als "genius" (23). Mit Äußerungen wie diesen drückt Burrell den von Margarete Mitscherlich als Folge der unbewältigten Vergangenheit bezeichneten 'psychologischen Immobilismus'

[91] Hervorhebung im Dramentext.

aus.[92] In lebenslanger Haft, isoliert durch seine vorgetäuschte Amnäsie und geistige Verwirrung, ist Vergangenheitsbewältigung nicht möglich.

III.5.3.2 "Cook the news. Reality is salmonella": Howard Brentons *H.I.D. (Hess is Dead)* (1989)

In Brentons *H.I.D. (Hess is Dead)* geht es weniger um die Person Hess und die Frage nach seiner Läuterung als vielmehr um den gegenwärtigen und zukünftigen Umgang mit der Hess-Vergangenheit: "it tackles larger questions about the nature, manufacture and use of history."[93] Das Drama wurde im September 1989 von der Royal Shakespeare Company am Almeida Theatre in London uraufgeführt.[94] Kommissioniert hatte es das Mickery Theatre in Amsterdam. Dort wurde *H.I.D.* kurz darauf im Waag aufgeführt, einem ehemaligen Zollhaus, in dem sich ein Sezierzimmer aus dem 17. Jahrhundert befindet. Dort waren damals die Leichen der vor dem Stadttor Erhängten vor den Augen von Medizinstudenten und anderen Interessierten seziert worden.[95] In *H.I.D.* wird im übertragenen Sinne die Leiche von Rudolf Hess seziert – seine Identität, die Umstände seines Todes und insbesondere deren offizielle Darstellung.[96] Die Frage nach der Identität von Hess war u. a. von Hugh Thomas aufgeworfen worden, dessen Arbeiten Brenton als eine Quelle für sein Drama angibt.[97]

[92] Margarete Mitscherlich-Nielsen, "Die Notwendigkeit zu trauern", in: *Psychoanalyse und Nationalsozialismus. Beiträge zur Bearbeitung eines unbewältigten Traumas*, hg. von Hans-Martin Lohmann (Frankfurt: Fischer, 1984), 15-23, 22.

[93] Richard Boon, "Retreating to the Future: Brenton in the Eighties", *Modern Drama* 40.1 (1990), 30-41, 40.

[94] Howard Brenton, *H.I.D. (Hess Is Dead)* (London: Nick Hern Books, 1989). Regie: Danny Boyle. Zu Brenton siehe Grant, "Voicing the Protest", 117-27; John E. O'Connor, "Howard Brenton", in: *British Playwrights 1956-1995. A Research and Production Sourcebook*, hg. von William W. Demastes (Westport, CO/London: Greenwood Press, 1996), 94-106; Janelle Reinelt, "Bertold Brecht and Howard Brenton: The Common Task", *Pacific Coast Philology* 20 (1985), 46-52; Tony Mitchell, *File on Brenton* (London: Methuen, 1988); Ferdinand Fasse, *Geschichte als Problem von Literatur: Das 'Geschichtsdrama' bei Howard Brenton und Rolf Hochhuth* (Frankfurt/M.: Peter Lang, 1983), 98-177; Bernhard Reitz, *The Stamp of Humanity. Individuum, Identität, Gesellschaft und die Entwicklung des englischen Dramas nach 1956*, Literatur – Imagination – Realität, 9 (Trier: wvt, 1993), 543-89.

[95] An der Decke des Seziersaals befand sich die lateinische Inschrift: "The lives of the dead examined here were worthless, but in death they aid our understanding of life." (Author's Note, *H.I.D.*, o.S.). Zur Bedeutung des Mickery Theatre für das britische Drama siehe Boon, "Retreating to the Future", 40 und insbesondere für Brenton siehe Howard Brenton, "A Load of Old Tat", in: *British Drama in the Eighties and Beyond (A Symposium)*, hg. von Wolfgang Lippke, Unterricht – Studium – Fortbildung, 3 (Siegen: Universität-Gesamthochschule-Siegen, 1991), 53-63, 62.

[96] Author's Note, *H.I.D.*, o. S.

[97] Hugh Thomas, *The murder of Rudolf Hess* (London: Hodder & Stoughton, 1979); 2. überarbeitete Ausg.: *Hess. A Tale of Two Murders* (London: Hodder & Stoughton, 1998). Richard Norton-Taylor verfolgte die von Thomas aufgeworfenen Fragen im *Guardian* und belieferte Brenton mit Material: Author's Note, *H.I.D.*, o.S.

Nach der offiziellen Version der Ereignisse soll sich der 90-jährige Hess am 17. August 1987 im Sommerhaus des Spandauer Gefängnisgartens mit einem Elektrokabel erhängt haben. In *H.I.D.* führt der Journalist Larry Palmer, der sich mit der offiziellen Version vom Tod des Häftlings (11) nicht zufrieden gibt, ein Interview mit der Witwe des verstorbenen Professors Istvan Luber, der dem alliierten Komitee, das sich mit dem Tod von Hess befasste (24), angehört hatte. Sie stellt diese Darstellung in Frage und zeigt Palmer zum Beleg ein von ihr und ihrem verstorbenen Mann angefertigtes Videoband mit Aufnahmen von Hess und von der Spandauer Haftanstalt, die sie (auf dem Video und 'live' vor Palmer) mit pantomimischem Tanz untermalt und sprachlich kommentiert. Ihre Aufführung legt nahe, dass Hess aufgrund seiner körperlichen Gebrechen, der Lage der Druckstellen am Hals und der fehlenden Fingerabdrücke am Elektrokabel sowie weiterer Ungereimtheiten unmöglich ohne Fremdeinwirken gestorben sein könne (15-24).

Mit dem Rätsel um Hess' Tod befassen sich ebenfalls die beiden Literaturwissenschaftler Nicole D'Arcy und Raymond Trace. Sie gehören einer Kommission von Sachverständigen an (United States and United Kingdom Emergency Co-ordinating Committee der UNESCO), zu deren Mitgliedern auch der verstorbene Luber zählte. Er hatte ihre Arbeit auf einem Videoband festgehalten, das sich Larry Palmer (und mit ihm das Publikum) ansieht. Nicole D'Arcy und Raymond Trace sollen die Briten und Amerikaner beraten, wie mit der Nachricht des Todes von Hess umzugehen sei (40-41). Sie werden damit betraut, die 'offizielle Version' seines Todes zu schreiben und gezielt in den Medien zu verbreiten (46). Als Literaturwissenschaftler sind sie sich des Konstruktcharakters ihrer Aussage durchaus bewusst:

> NICOLE. It is ... an encoding of the truth. No more no less. Our statement is a construct. Like any sentence, or photograph. RAYMOND. Or the Mona Lisa. NICOLE. We construct it for the good. RAYMOND. How Goebbels would have loved modern literary theory. (47)

Dass jede Darstellung der Realität nur ein Konstrukt ist, wird im Drama durch den Einsatz der auf der Bühne sichtbaren und im Zuschauerraum verteilten technischen Medien verdeutlicht:

> Between the chairs [of the audience] are television monitors on trolleys, which the audience can move for their own convenience. A central VTR machine, upon which the performers sometimes play video tapes, is also on a mobile trolley. There should be a sense that the whole space is 'bugged', tense with multiple recording devices, audio and visual. (1)

Mehrfach im Drama wird eine Szene zunächst als Videoaufnahme und im Anschluss daran – oft mit leichten Abweichungen – 'live' auf der Bühne gezeigt.[98] Die Zuschauer,

[98] Die multimediale Darstellungsweise, so schreibt Raimund Borgmeier, "geht über die sonst in Brentons Dramenwerk zu findenden Elemente des epischen Theaters hinaus": Raimund Borg-

die beide Versionen vergleichen können, werden sich der Manipulierbarkeit durch die Medien und des Konstruktcharakters der in den Medien präsentierten Wirklichkeit bewusst, wie Maro Germanou schreibt: "the live version has asides that are missing from the videotape. The omitted asides encourage us to perceive the selective and editing process that has interfered between the recording and the playing of the videotape: we understand that incidents are recorded and erased at will."[99]

Raymond und Nicole konstruieren eine 'vermarktbare' Version der Geschichte, eine Version ohne störende Unklarheiten. Wie Nicole es ausdrückt, 'kochen' sie die Nachrichten, geben ihnen dabei künstliche Süße und verhindern damit, dass man sich an ihnen vergiftet – die Realität muss 'gereinigt' werden, denn die 'ungekochten Nachrichten' sind durch Salmonellen infiziert:

> To market history. On the shelves. To remove impurities. To add artificial sweeteners. So that tomato soup from the packets may be the colour of tomatoes. So that the news of the day may be black and white. Why was cooking invented? As a measure against the near poison of everything we eat. So cook the news. Reality is salmonella. (51-52).

Die Manipulation von 'Fakten' für die Öffentlichkeit wird auf dem Video auch von Luber angesprochen, der Beweise dafür haben will, dass es sich bei dem in Spandau gestorbenen Inhaftierten nicht um Rudolf Hess gehandelt habe: "The man who died in Spandau, was not Hess. [...] The real Hess took off, over the North Sea. To be shot down on Himmler's orders. [...] One of Himmler's agents flew a second plane, out to discredit Hitler. With a message, that Hitler be replaced, along with Churchill." (59) Als Beweis dient eine Röntgenaufnahme des in Spandau Gestorbenen, auf dem eine Kriegsverletzung an der Brust, die Hess sich im 1. Weltkrieg zugezogen hatte, nicht zu sehen ist. Diese Enthüllung, so Luber, würde schlecht ins Konzept der Vier Mächte passen, also wurde der angebliche Hess durch vorgetäuschten Selbstmord umgebracht.

Als Nicole und Raymond durch Lubers Videobotschaft erfahren, dass es sich bei Hess nicht um Hess handelt (57-60), wollen sie ihre Aussage zurückziehen, doch dazu ist es bereits zu spät: Sie ist "on the news, now." (60). Ein Zurechtrücken der Darstellung im Sinne der Wahrheitsfindung ist nicht möglich. Stattdessen wird eine verfälschte, bequeme Version von Geschichte vermittelt. Luber vergleicht die Aufgabe seines Expertenteams mit der von Leichenbestattern: "We are morticians, we deliver history with an acceptable face" (59).

Mit seinem Hess-Drama vermittelt Brenton die unbequeme Version vom Tod des Spandauer Häftlings, die von den Politikern im Drama vertuscht wird. Was Ferdinand Fasse 1982 über Brentons frühere Dramen schreibt, gilt insbesondere auch für *H.I.D.*:

meier, "Howard Brenton, *H.I.D. (Hess is Dead)* (1989)", in: *Can't We 'Ave Some Order 'Ere! Rechtsextremismus im zeitgenössischen britischen Drama*, hg. von Bernhard Reitz, Anglistik & Englischunterricht, 57 (Heidelberg: Universitätsverlag Winter, 1995), 59-72, 71. Siehe dazu auch Reinelt, "Bertold Brecht and Howard Brenton", 46-52.

[99] Maro Germanou, "History, Politics and Drama in Brenton's *H.I.D. (Hess is Dead)*", *Arbeiten aus Anglistik und Amerikanistik* 23.2 (1998), 229-38, 232. Siehe auch Borgmeier, "Howard Brenton, *H.I.D.*", 71.

Theater diene Brenton als "Ärgernis, als Affront sowohl gegen die sich als 'offiziell' etablierte Wahrheit als auch gegen vertraute Vorstellungen und Normen."[100]

Mit dem Titel des Dramas (*H.I.D.*) unterstreicht Brenton die im Stück in den Vordergrund gestellten Verschleierungen. Zusammenhängend gelesen, verweist der Titel ('hid') auf den Akt des Verheimlichens und auf die "Suche nach der (versteckten) Wahrheit",[101] die Brenton in einem anderen Zusammenhang als eine Funktion der Literatur bezeichnet: "I believe that if you write well, that's a tool for finding the truth."[102] Der Dramentitel wird bewusst als Akronym gefasst worden sein, meint Raimund Borgmeier: "Akronyme dienen politischen Organisationen [...] zu dem Zweck, dubiose Aktionen, Machenschaften und Zusammenhänge zu verschleiern",[103] die das Drama offen legen will.

Neben einer offiziellen Version vom Tod des Kriegsverbrechers Rudolf Hess formulieren Nicole D'Arcy und Raymond Trace auch Empfehlungen, was mit dem Spandauer Gefängnis nach dem Tod des dort letzten Inhaftierten geschehen solle – eine Frage, die nach Hess' Tod in der Öffentlichkeit diskutiert worden war. Karl M. Michel schrieb 1987 in der *Zeit*: "Was tun mit dem ausgestorbenen Spandauer Gefängnis – abreißen oder erhalten? Die Briten haben schon darüber verfügt, und der örtliche Bürgermeister ist's zufrieden, er will keinen Wallfahrtsort für alte und neue Stellvertreter."[104] In Brentons Drama lautet die Empfehlung, das alte Gebäude abzureißen und an seiner Stelle einen Supermarkt zu bauen, um den Ort des Gefängnisses zu 'entmythologisieren':

> When the prison has been demolished, it should not be left derelict, or, worse still, made into a public park. There must be no shrine. We suggest that the site be sold to a commercial enterprise for immediate development. To demythologise the ground upon which Spandau gaol once stood, a supermarket should be built there. (45)

In ihren Empfehlungen berücksichtigen Nicole und Raymond Überlegungen, wie die Ruinen des gesprengten Spandauer Kriegsverbrecher-Gefängnisses in Zukunft genutzt bzw. instrumentalisiert werden könnten. Es solle verhindert werden, dass Teile des Gefängnisses oder persönliche Gegenstände von Hess als Souvenire in Umlauf kommen (44-45). Aus demselben Grund sollten keine Demonstrationen vor dem Gefängnis stattfinden (45), und der Tote solle an einem geheimen Ort beerdigt werden (46).

Das Drama endet mit Videobildern vom Abriss des Spandauer Gefängnisses. Istvan Luber spricht dazu und verweist auf die Kontingenz der Geschichte, für die ihm der Ab-

[100] Fasse, *Geschichte als Problem von Literatur*, 174.

[101] Borgmeier, "Howard Brenton, *H.I.D.*", 61.

[102] Richard Boon, "Writers with Dirty Hands: Howard Brenton's *A Sky Blue Life: Scenes after Maxim Gorki*", *Modern Drama* 32 (1989), 183-99, 190.

[103] Borgmeier, "Howard Brenton, *H.I.D.*", 60. Liest man es Buchstabe für Buchstabe, so Borgmeier, erinnerte das Akronym an H.I.V.: "Ähnlich wie bei der AIDS-Seuche, die in dem Stück an einer Stelle auch erwähnt wird, geht es um krankhafte Zustände, um Schwächungen der gesunden Widerstandskraft in der Gesellschaft und im einzelnen, die am Ende tödlich sein können." (ebd.)

[104] Michel, "Die Magie des Ortes".

rissstaub ein Symbol ist. Hier zeigt sich (wie auch in anderen Dramen Brentons) eine zyklische Geschichtsauffassung.[105] Der Staub der abgerissenen Gefängnismauern wird wiederkehren:

> The day the Nazi died
> his prison walls were just
> hard dust
> Waiting to be smashed
> by demolition balls
> swung from cranes to crack
> The hardened crust of that dead
> history – the walls of Spandau
> thought 'Why must
> They pulverise the memory
> of the horror that we held
> into thin air? We are free
> But the past falls with us –
> we are dispelled
> the old lies
> Are forgotten, we are
> condemned, expelled
> An unseen cloud
> Of molecules blown
> over European skies [...]
> We
> do not disappear
> we were imprinted
> By a monstrous pain
> we faced with stone
> what you pretend
> Was never there
> so! Check the food
> the water and the air
> We are in you
> and will rise again
> we are cancer, we are there
> We will be
> revenged
> and rise again. (66-67)

[105] Müller, "Theater als Sinnsuche", 31. So schreibt auch Fasse: "Die Geschichte, die Brenton in seinen Dramen zeigt, ist eine nicht zu bewältigende": Fasse, *Geschichte als Problem von Literatur*, 176.

Damit macht Brenton auch in diesem Drama "Geschichte als bis in die Gegenwart reichenden Schrecken bewusst".[106] Dass die "selbstgefällige Gegenwart [...] den Schrecken der Geschichte" braucht,[107] suggerieren die im Stück angestellten Überlegungen zum Umgang mit Konzentrationslagern. Der Journalist Palmer moniert: "Dachau and Sobibor have to be cleaned up for the viewers, and, by American TV mini-series, the true horror dies. Hard facts become 'beliefs'. Puffs of smoke. Phantoms. Stones to burnt marshmallows." (13) Professor Istvan Luber äußert auf einem Videoband seine Besorgnis darüber, dass die Vernichtungslager in Zukunft ästhetisiert werden könnten; sie könnten zu Kunstobjekten und im folgenden Jahrhundert zu Reklameorten für Hamburger werden: "that the death camps would become art. A pause. That, in the next century, there will be adverts for Hamburgers, set in Belsen?" (16)[108]

III.5.4 Zeitreisen: Martin Amis' *Time's Arrow or The Nature of the Offense* (1991) und Stephen Frys *Making History* (1996)

III.5.4.1 "A terrible journey toward a terrible secret": Ein Erzähler auf Zeit- und Raumreise

Martin Amis' Roman *Time's Arrow or The Nature of the Offense* (1991) enthüllt durch eine Reise in die Vergangenheit die Gräueltaten eines NS-Kriegsverbrechers.[109] Anders als viele Erinnerungsromane und -dramen, in denen zwei Zeitebenen miteinander verknüpft werden, indem Ereignisse aus der Vergangenheit in der Gegenwart erinnert werden (häufig fragmentarisch, in Nachahmung von – nicht-linear ablaufenden – Erinnerungsvorgängen[110]), hat dieser Roman eine lineare Erzählweise. Allerdings zeigt der im Titel genannte Zeitpfeil rückwärts: Der Zeitverlauf wird umgekehrt, die natürliche Chronologie der Ereignisse durchbrochen. Catherine Bernard spricht hier von einer

[106] Ebd., 175. "Brenton", so schreibt Ferdinand Fasse, "ist es nicht an einer Beschäftigung mit der Geschichte um ihrer selbst willen, also nicht um eine Rekonstruktion der Historie auf einer Wahrheit beanspruchenden Basis von Fakten gelegen." Vielmehr ginge es Brenton um eine Verknüpfung von Geschichte und Gegenwart, und er mache "Geschichte als bis in die Gegenwart reichenden Schrecken bewusst" (ebd.)

[107] Ebd.

[108] Luber warnt hier vor einer Ästhetisierung des Holocaust, gegen die sich Theodor Adorno mit seinem Diktum "nach Auschwitz ein Gedicht zu schreiben, ist barbarisch" (1951) ausgesprochen hatte: Theodor Adorno, "Kulturkritik und Gesellschaft" [1951], in: Petra Kiedaisch (Hg,), *Lyrik nach Auschwitz? Adorno und die Dichter* (Stuttgart: Reclam, 1995), 27-49, 49. Später äußerte sich Adorno erneut zu dieser Frage: ders., "Engagement" [1962], in: *Noten zur Literatur III* (Frankfurt/M.: Suhrkamp, 1966), 125-26. Elie Wiesel spricht vom "Holocaust as literary inspiration" als einer "contradiction in terms": "Wouldn't that mean, then, that Treblinka and Belzec, Ponar and Babi Yar all ended in fantasy, in words, in beauty, that it was simply a matter of literature?" Elie Wiesel, "The Holocaust as Literary Inspiration", in: *Dimensions of the Holocaust. Lectures at Northwestern University*, hg. von Elie Wiesel und Elliot Lefkovitz, 2. Aufl. (Evanston: Northwestern University Press, 1990) [1977], 4-19, 7.

[109] Zitierte Ausgabe: Martin Amis, *Time's Arrow* (New York: Vintage, 1991).

[110] Vice, *Holocaust Fiction*, 22.

"subversion of realistic, mimetic or, more widely, meaning-making conventions",[111] von einer "biography written backward."[112] Die Menschen in der amerikanischen Kleinstadt, in der die Romanhandlung zunächst angesiedelt ist, werden nicht älter, sondern jünger (8); in ihren Gärten drehen sie mühsam Unkraut in die Erde (18-19), und der Abfall wird ihnen vor die Tür geschüttet (12, 43). So stellt der Erzähler zu Beginn der Reise in die Vergangenheit verwundert fest: "Why am I walking backward into the house? Wait. Is it dusk coming, or is it dawn? What is the – what is the sequence of the journey I'm on? What are its rules? Why are the birds singing so strangely? Where am I heading?" (6)

Der Erzähler des Romans kann nicht eindeutig als hetero- *oder* homodiegetischer Erzähler bestimmt werden; er selbst beschreibt sich als "passenger or parasite" (8), der sich in den Körper seiner Hauptfigur, anfangs bekannt unter dem Namen Tod T. Friendly, eingenistet habe. Auf diese unbestimmte Position des Erzählers als gleichzeitig inner- und außerhalb der Handlungsebene weist auch der Gebrauch der Personalpronomina hin, mit denen der Erzähler im 1. Teil des Romans über oder als Tod Friendly spricht: manchmal in der 3. Person Singular (z.B. 12-16, 29-31), manchmal in der 1. Person Singular (z.B.76), auch in der 1. Person Plural (z.B. 13, 22). Somit bleibt unklar, ob man, wie Catherine Bernard, von einer "*biography* written backward"[113] oder, wie Nicoletta Caputo, speziell von einer "*autobiografia* straniata"[114] sprechen sollte. Der Erzähler ist gleichsam in der Lage eines Psychiaters, der zwar die Krankheitssymptome seines Patienten kennt, der aber noch nicht ihre Ursachen durchschaut. Er kann sich zwar bis zu einem gewissen Grad in Tods Lage versetzen, seine Wahrnehmungen, Wünsche, Emotionen und Obsessionen empfinden, aber er ist nicht imstande (stellvertretend für Tod) die Funktion des sich erinnernden Subjekts zu übernehmen und so Tods in früheren Erlebnissen und Erfahrungen gründende Befindlichkeiten zu erklären;[115] er

[111] Catherine Bernard, "Dismembering/Remembering Mimesis: Martin Amis, Graham Swift", in: Theo D'haen, Hans Bertens (Hgg.), *British Postmodern Fiction,* Postmodern Studies, 7 (Amsterdam, Atlanta, GA: Rodopi, 1993), 121-44, 122.

[112] Ebd., 126.

[113] Ebd.; meine Hervorhebung.

[114] Nicoletta Caputo, "L'Etica Della Forma: Strategie Di Straniamento In *Other People: A Mystery Story* (1981) E *Time's Arrow* Di Martin Amis", *Il Confronto Letterario* 12 (1995), 73-104, 83; meine Hervorhebung.

[115] Der Erzähler hat keinen Zugang zu Tods Erinnerungen und Gedanken (mit Ausnahme von "value-free information" und "general knowledge" wie grammatikalischen Regeln, historischen Daten und physikalischen Gesetze, 8-9), nimmt aber dessen Körper (5-6) und Gefühle wahr: "I have no access to his thoughts – but I am awash with his emotions" (7). Seiner Hauptfigur fehlen hingegen (außer den Gefühlen von Angst und Scham) Emotionen sowie ein moralisches Gewissen. Über das Auseinanderbrechen seiner Affären meint der Erzähler: "the trouble is, apparently, that Tod can't feel" (52), und über die Arbeit im Krankenhaus: "Tod *isn't* squeamish. *I'm* squeamish. I'm the squeamish one. […] Tod can take all this – whereas I'm harrowed by it. From my point of view, work is an eight-hour panic attack. You can imagine me gagging, and trying to avert my eyes […] It was always this way, I realize […]. A child's breathless wailing calmed by the farm slap of the father's hand, a dead ant revived by the careless press of a passing

kann seine Vergangenheit nicht in der Rückerinnerung wachrufen, sondern nur in der regredierenden Narration erreichen, indem er seine Romanperson auf ihrem rückwärts gewandten Weg in die Vergangenheit begleitet. So kann der Erzähler zwar beschreiben, wie Tod auf den Geruch verbrannter Fingernägel oder auf den Anblick von Feuer reagiert (50, 55), wie ihn Angst und Scham bedrängen, ohne aber die Gründe für seine Reaktionen und Ängste angeben zu können:

> Each glance, each pair of eyes, even as they narrow in ingenous appraisal, draws a bead on something inside him, and I sense the heat of fear and shame. [...] And Tod's fear, when I stop and analyze it, really is frightening. And inexplicable. (8)
> The face itself: among its ruins and relics, which say nothing, there is a swirl of expressiveness around the eyes, severe, secretive, unforgivably droll, and full of fear. (10)[116]

Auch was Tod Friendlys sonntäglichen Messbesuche angeht, so kann der Erzähler zwar vermuten, dass er die vergebenden Blicke der anderen Messbesucher zu brauchen scheint (15), doch weiß er nicht, warum er diese Vergebung so dringend sucht.[117] Seine wiederkehrenden Alpträume (z.B. 8, 39, 45, 54) sind für den Erzähler ein weiteres Anzeichen dafür, dass die Reise in die Vergangenheit ein 'schreckliches Geheimnis' zutage bringen wird ("a terrible journey, toward a terrible secret", 5) – ein Geheimnis, das er unbedingt lüften will:

> He is traveling toward his secret. Parasite or passenger, I am traveling there with him. It will be bad. It will be bad, and not intelligible. But I will know one thing about it (and at least the certainty brings comfort): I *will* know *how* bad the secret is. I will know the nature of the offense. (63)[118]

Der Leser ist in diesem Fall wissender als der Erzähler, denn Tod Friendlys Träume und Ängste, die der Erzähler nicht zu deuten vermag, sind für den Leser Hinweise auf NS-Verbrechen in der Vergangenheit, die der Erzähler in seiner rückwärts gewandten

sole, a wounded finger healed and sealed by the knife's blade: anything like that made me flinch and veer. But the body I live and move in, Tod's body, feels nothing." (26).

[116] Siehe auch: "His sheets have the white smell of fear. [...] I am obliged to smell what he smells" (10); "He's [...] all bent and askance and ashamed." (10); "We don't like it when people are looking at us" (50).

[117] Irene scheint aus eben diesem Grund seine Geliebte zu sein: "A fat woman [...] of a certain age, one who forgives everything and looks over us when we sleep" (89); "the fine dining, the peace and safety (the forgiveness) that her presence confers" (46). Das Foto seiner Frau Herta zerreißt er: ihr Gesichtsausdruck ist "[n]ot especially forgiving" (110).

[118] Der Leser und der Erzähler haben somit eine andere Absicht als der Protagonist, der seine Vergangenheit verbergen möchte: "The antithetical aims of reader and protagonist create a unique structural situation": Ronald Granofsky, *The Trauma Novel. Contemporary Symbolic Depictions of Collective Disaster* (New York et al.: Peter Lang, 1995), 61. Dermot McCarthy verweist in diesem Zusammenhang auch auf "the unfolding and unpacking of time" in Martin Amis' Roman *Information* (1995): Dermot McCarthy, "The Limits of Irony. The Chronillogical World of Martin Amis's *Time's Arrow*", *War, Literature, and the arts* 11.1 (1999), 294-320, 306.

Zeitreise erst noch erreichen muss. Der in Tods Träumen erscheinende Arzt in weißem Kittel und schwarzen Stiefeln (5, 39) kann vom Leser als SS-Arzt identifiziert werden. Zudem sind im Text Wörter und Phrasen in den Vordergrund gerückt,[119] die lexikalischen Feldern entnommen sind, welche deutlich dem Sprachduktus der Nationalsozialisten zuzuordnen sind und die im Leser die Erinnerung an die Verbrechen der Nazis wachrufen: "select" (11),[120] "Work liberates" (48) "just following orders" (9), "the local frauleins" (14), "Nordic superrace" und "*Atlantis*" (12). In den Vordergrund gerückt werden auch solche Wörter, die Lawrence Langer zufolge mit "associative despair" behaftet sind ('train', 'track', 'smoke', 'roundup', 'deport', 'gas', 'shower'),[121] und solche, deren Verwendung etwa für Elie Wiesel mit einem "feeling of sacrilege" einhergeht ('concentration', 'night and fog', 'selection' or 'transport').[122] Hierzu zählen in Amis' Roman etwa "select" (11),[123] "transport" und "train" (62), die im 1. Teil des Romans im Kontext des Alltagslebens in einer amerikanischen Kleinstadt gebraucht werden. Auch Tod Friendlys Abneigung gegen "pimps, hookers, junkies, the insane, the clubfooted, the hairlipped, the homosexual male" (41) und seine Kategorisierung von Menschen in "subspecies" – "Hispanics", "Asians", "Arabs", "Amerindians", "Jews" (41) – schaffen die Verbindung zur NS-Zeit und NS-Ideologie.

Den markantesten Hinweis auf NS-Verbrechen erhält der Leser bei der Beschreibung von Tod Friendlys Arbeit als Arzt, die in der inversiven Erzählweise des Romans als Verkehrung der Heilpraxis in ihr Gegenteil erscheint: Die Patienten verlassen sein Sprechzimmer in bedrückterem Zustand, als sie es betreten haben: "It has to be said that they usually look fairly cheerful on their way in. [...] They certainly don't look too cheerful on their way out." (26, 28) Der Patient erscheint als "victim" des Arztes (76), der den hippokratischen Eid pervertiert (24-25). Statt Heilung erfährt der Patient durch die Hand des Arztes Folter und Qualen: "Some guy comes in with a bandage around his head. We don't mess about. We'll soon have that off. He's got a hole in his head. So what do we do? We stick a nail in it. Get the nail – a good rusty one – from the trash or wherever [...]" (76). Den Erzähler verstören derartige Behandlungsmethoden ("I'm harrowed by it", 26), doch bleibt ihm der Blick in die NS-Vergangenheit, die für ihn bei seiner rückwärts gerichteten Zeitreise noch 'Zukunft' ist, verwehrt. Die Leser allerdings wird die qualvolle Behandlung durch den Arzt an die von den NS-Ärzten in ihren

[119] Verstanden im Sinne des *foregrounding*: "an aspect of the text is brought to the fore through repetition and parallelism"; "the point of foregrounding as a stylistic strategy is that it should acquire salience in the act of drawing attention to itself.": Paul Simpson, *Stylistics* (London, New York: Routledge, 2004), 50. Siehe zum *foregrounding* auch John Douthwaite, *Towards a Linguistic Theory of Foregrounding* (Torino: Edizioni dell'Orso, 2000).

[120] Dazu ausführlich Vice, *Holocaust Fiction*,16-17.

[121] Lawrence L. Langer, *Admitting the Holocaust: Collected Essays* (Oxford, New York: OUP, 1995), 77.

[122] "I cannot write the words 'concentration', 'night and fog', 'selection' or 'transport' without a feeling of sacrilege." Elie Wiesel, *All Rivers Run to the Sea: Memoirs. Vol. 1: 1928-1969* (London: Harper Collins, 1996), 321.

[123] Dazu ausführlich Vice, *Holocaust Fiction*,16-17.

Menschenversuchen und Tötungsprogrammen praktizierte Pervertierung der ärztlichen Verpflichtung, Menschen zu heilen, erinnern.

Zwar verfügt der Erzähler, wie er in einer (als einem metafiktionalen Kommentar zu verstehenden) Selbstreflexion bemerkt, über ein reiches Vokabular und beherrscht grammatikalische Regeln ("I have a superb vocabulary [...] and a non-chalant command of all grammatical rules", 9). Auch ist er sprachgewandt genug, um die – entsprechend der regredierenden Erzählstruktur – rückwärts gesprochenen Wörter und Sätze der Romanpersonen für den Leser zu übersetzen.[124] Doch der fehlende Zugang zu den Gedanken des Protagonisten und zu seiner Vergangenheit kennzeichnet ihn dennoch als einen Erzähler mit nur eingeschränkter Kompetenz.

Die in gegenläufiger Chronologie erzählte Reise in die Vergangenheit der Hauptfigur, von seinem Tod bis zu seiner frühen Kindheit, wird im Roman in drei Teile gegliedert: Teil 1 (3-93) schildert sein Leben in den USA. Der rückwärtsgerichteten Erzählweise gemäß beginnt die Erzählung seiner Lebensgeschichte mit seinem Tod (3-4), woran sich sein Krankenhausaufenthalt in Folge eines Schlaganfalls (6), sein Leben als Pensionär und dann als Krankenhausarzt anschließt – zunächst in einer Kleinstadt in New Jersey, wo er sich als Tod T. Friendly ausgibt, dann in New York, wo er unter dem Namen John Young lebt. Teil 2 (97-158) berichtet von seiner Reise nach und dann quer durch Europa – per Schiff, Zug, Jeep, Laster, Fuhrwerk und zu Fuß. Seine Reise führt ihn 1948 zunächst nach Lissabon (97), wo er unter dem Namen Hamilton de Souza lebt (101), dann nach Salerno und Rom. Unter dem Namen Odilo Unverdorben (111) reist er über den Brenner und schließlich durch "the towns and cities of middle Europe" (112) nach Auschwitz, wo er drei Jahre lang als SS-Arzt arbeitet und an den Aktionen der Massenvernichtungen teilhat (hier "genesis" genannt!, 122) und dem im Roman als "Uncle Pepi" bezeichneten Arzt (gemeint ist Dr. Josef Mengele[125]) bei seinen Menschenversuchen assistiert. Von Auschwitz begibt er sich zunächst zu seiner Frau Herta nach Berlin (138), anschließend auf eine "five-month tour of duty in the East with a Waffen SS unit" (139), daraufhin zum österreichischen Schloss Hartheim und schließlich nach München, wo er vor dem Krieg eine medizinische Ausbildung erhält (154). Teil 3 (161-65) berichtet, stark gerafft, von seiner Kindheit in Solingen.

Die Zeitreise wird somit, bis zur Enthüllung der Verbrechen des Protagonisten, mit einer räumlichen Bewegung gen Osten verknüpft: von New Jersey nach New York und schließlich über Europas Westen nach Polen. Erzähler und Leser rücken damit dem "terrible secret" sowohl zeitlich als auch räumlich näher. Mit der Zeit- und Raumreise

[124] "'Dug. Dug,' says the lady in the pharmacy. 'Dug,' I join in, 'Oo y'rrah?' 'Aid u too y'rrah?' 'Mh-mm', she'll say, as she unwrapped my hair lotion. I walk away, backward, with a touch of the hat. I speak without volition, in the same way that I do everything else. To tell the truth, it took me quite a while to realize that the pitiable chirruping I heard all about me was human speech. [...] I translate this human warble, out of interest. I soon picked it up. I know I'm fluent, now, because I can dream in it." (7)

[125] In Auschwitz wurde Mengele, den Worten von Überlebenden zufolge, von den Zwillingskindern, an denen er seine Untersuchungen durchführte, 'Uncle Pepi' genannt: Robert Jay Lifton, *The Nazi Doctors. Medical Killing and the Psychology of Genocide* (New York: Basic Books, 1986), 355.

geht eine Sprachveränderung des Protagonisten einher. Je näher er Auschwitz und seiner Identität als NS-Verbrecher kommt, desto stärker dringt die deutsche Sprache, die er in Amerika verdrängt hatte, in sein Bewusstsein: "The other language, stoppered in Hamilton's throat: it is climbing to the surface. It twitches inside him." (107) – bis es schließlich heißt: "My German worked like a dream, like a brilliant robot you switch on and stand back and admire as it does all the hard work." (118)[126]

In den erzählten Zeitabschnitten ist das unterschiedliche Erzähltempo auffällig: das langsame Schritttempo und die teilweise szenische Erzählweise bei der Wiedergabe der in Amerika spielenden Ereignisse,[127] dagegen die starke Zeitraffung bei dem auf nur 17 Seiten zusammengedrängten Bericht über die Reise quer durch Europa nach Auschwitz (in den Jahren 1948-1945), wo der Leser Zeuge der Verbrechen des Protagonisten wird.[128] Betrachtet man, wie etwa Dermot McCarthy und Sabine Birchall, den Roman auch als einen Detektivroman, in dem der Erzähler die "Rolle des Detektivs" übernimmt,[129] entsprechen die sprunghaft erzählten Stationen der Reise bis zu ihrem Fluchtpunkt Auschwitz der für die Erzählstruktur von Detektivromanen typischen Steigerung des Erzähltempos vor der Aufklärung eines Verbrechens. In der 'verkehrten' Chronologie von Amis' Roman entsprechen die im Zeitraffer präsentierten Etappen den Fluchtbewegungen des Protagonisten; auf sie weisen auch seine häufigen Namenswechsel hin.[130]

Wegen seiner ungewöhnlichen, höchst artifiziell angelegten Erzählstruktur ist dieser Roman des britischen 'enfant terrible' heftig kritisiert worden. Denn dadurch – so die Meinung einiger Kritiker – werde die Aufmerksamkeit mehr auf die Form des Romans als auf seinen Inhalt gelenkt.[131] So schreibt etwa James Buchan: "Listen: Auschwitz is not just about style."[132] Der Vorwurf der ästhetisierenden Behandlung des Holocaust in *Time's Arrow* ist im Kontext der Diskussion um die (Un-)Möglichkeit und Grenzen der literarischen Darstellung des Holocaust zu sehen, die entscheidend geprägt wurde von

[126] Die Muttersprache des Protagonisten ist englisch: Seine Mutter war Engländerin, sein Vater Deutscher.

[127] Siehe etwa 20-21 und 36-37.

[128] Birchall, *Erinnerung und kollektive Identitäten*, 174. Zu den unterschiedlichen Erzählweisen und Raffungsarten siehe ausführlich Eberhard Lämmert, *Bauformen des Erzählens*, 5. unveränderte Aufl. (Stuttgart: J. B. Metzler, 1972) [1955], 82-94.

[129] Birchall, *Erinnerung und kollektive Identitäten*, 172f., Zitat 173; McCarthy, "The Limits of Irony", 307.

[130] Ebd, 174-75.

[131] Dazu ausführlich Vice, *Holocaust Literature*, 12-13.

[132] James Buchan, "The return of Dr Death", *The Spectator* vom 28. September 1991, 37. Amis antwortete mit einem Leserbrief: "Nothing in my book can compare with the blasphemous cuteness, and robust vulgarity, of your front-page headline [...]: 'Designer gas ovens'. As for your reviewer, James Buchan: I couldn't shock him as much as he shocks me. His vision is, indeed, forbiddingly bleak. 'I find it creepy', he writes, 'to see Primo Levi – his suffering, his calm – rearranged for literary fun and profit.' What could be creepier, and more callowly ungenerous, than such an imputation? All books, by the way, including *If This Is a Man*, are written 'for profit'. All reviews are too – however exalted, however eagerly cynical." Martin Amis, "Creepier than thou", *Spectator* vom 5.10.1991, 25.

Theodor Adornos Diktum "nach Auschwitz ein Gedicht zu schreiben, ist barbarisch" (1951) und die bis heute anhält.[133]

Doch wie im Folgenden gezeigt werden soll, rückt die von Amis gewählte Form des Romans (seine regredierende Erzählweise) den Inhalt des Romans (den Holocaust) gerade in den Vordergrund – sowohl in den Passagen über Auschwitz als auch in den Passagen über die Nachkriegszeit, die im Roman den größten Raum einnehmen.[134] Die narrative Inversion der realen Chronologie und die verfremdende Verkehrung üblicher Abläufe und Verhaltensweisen, sie schafften die für Lawrence Langer die Literatur über den Holocaust kennzeichnende "disfiguration [of reality], the conscious and deliberate alienation of the reader's sensibilities from the world of the usual and the familiar, with an accompanying infiltration into the work of the grotesque, the senseless, and the unimaginable",[135] und sie machen den Holocaust als 'Zäsur' bewusst, als "the radical break that necessitates a re-thinking of the relation between past, present and future."[136]

[133] Adorno, "Kulturkritik und Gesellschaft", 49. Die Beiträge in dem von Saul Friedländer herausgegebene Band *Probing the Limits of Representation: Nazism and the Final Solution* (Cambridge, Mass.: Harvard UP, 1992) beschäftigen sich mit der Problematik, den Holocaust darzustellen. Eine jüngere Zusammenfassung der Debatte findet sich in S. Lillian Kremers Einleitung zu der von ihr herausgegebenen Enzyklopädie *Holocaust Literature. An Encyclopedia of Writers and their Work*, Bd. 1: Agosín to Lentin (New York, London: Routledge, 2003), xxi-xxviii und in Claude Schumachers Einleitung zu dem von ihm herausgegebenen Band *Staging the Holocaust. The Shoah in drama and performance*, Cambridge Studies in Modern Theatre (Cambridge: CUP, 1998), 1-9. Siehe auch Zsuzsanna Ozsvath und Martha Satz, "The Audacity of Expressing the Inexpressible: The Relation between Moral and Aesthetic Considerations in Holocaust Literature", *Judaism* 34.2 (1985), 197-210.

[134] Die Kriegsverbrechen selbst werden auf 30 (von 162) Seiten erzählt; den weitaus größten Raum nimmt das Leben des Protagonisten in der Nachkriegszeit ein, das allerdings maßgeblich von den Auswirkungen der Vergangenheit geprägt ist.

[135] Lawrence Langer, *The Holocaust and the Literary Imagination* (New Haven, London: Yale UP, 1975), 3.

[136] Ann Parry, "The caesura of the Holocaust in Martin Amis's *Time's Arrow* and Bernhard Schlink's *The Reader*", *European Studies* 29 (1999), 249-67, 249. Zur Deutung des Holocaust als Zäsur siehe Jean-François Lyotard, *Heidegger and 'the jews'* (Minneapolis: University of Minnesota Press, 1990) und Philippe Lacoue-Labarthe, *Heidegger, Art and Politics* (Oxford: Basil Blackwell, 1990), bes. 45-46, und dazu Parry, "The caesura of the Holocaust". Die Zäsur wird in Amis' Roman besonders deutlich an der Bahnhofsuhr in Treblinka; die Zeiger sind aufgemalt, die Zeit steht still: "Every station, every journey, needs a clock. When we passed it, on our way to inspect the gravel pits, the big hand was on twelve and the little hand was on four. Which was incorrect! An error, a mistake: it was exactly 13:27. But we passed again, later, and the hands hadn't moved to an earlier time. How could they move? They were painted, and would never move to an earlier time. Beneath the clock was an enormous arrow, on which was printed: Change Here For Eastern Trains. But time had no arrow, not here." (142-43). Siehe dazu Parry, "The caesura of the Holocaust", 258 und Michel Morel, "*Time's Arrow* ou le récit palindrome", in: *Jeux d'écriture: Le Roman britannique contemporain*, hg. von Marie-Françoise Cachin und Ann Grieve (Paris: Institute d'Etudes Anglophones, Université Paris VII-Denis Diderot, 1995), 45-61, 56.

III.5.4.2 "The world is going to start making sense": Narrative Sinndeutung einer verkehrten Welt

In 'natürlicher' Chronologie erinnert die Biografie des Odilo Unverdorben (im Roman zuerst bekannt als Tod Friendly) stark an die Biografien von SS-Ärzten, die Robert Jay Lifton in seiner psychoanalytischen Studie *The Nazi Doctors* beschrieben hat.[137] Odilo Unverdorben, 1916 in Solingen geboren, studiert Medizin, heiratet und wird Sanitäter. Während des Krieges wird er zur NS-Tötungsanstalt Schloss Hartheim abkommandiert,[138] wo er an den Massentötungen von behinderten Kindern beteiligt ist. Im Anschluss nimmt er als Mitglied einer Einsatzgruppe der Waffen-SS an der Ghettoisierung und an der Vernichtung von Juden teil. Schließlich assistiert er im Vernichtungslager Auschwitz Dr. Josef Mengele bei seinen Menschenexperimenten, tötet zahlreiche Häftlinge mit Phenol-Injektionen und leitet Zyklon B in die Gaskammern ein. Nach dem Krieg flieht er, unterstützt von Mitgliedern der katholischen Kirche und finanziert vom 'Zahngold' seiner jüdischen Opfer, nach Amerika, wo er weiter als Arzt arbeitet.

Im Nachwort seines Romans benennt Martin Amis die Studie Liftons als eine bedeutende Inspiration und Quelle für *Time's Arrow*: "My novel would not and could not have been written without it."[139] Amis, der sich mit dem Gedanken trug, die Lebensgeschichte eines Mannes rückwärts zu erzählen, fand in den von Lifton beschriebenen Biografien von Nazi-Ärzten "the absolute example of the inverted world. [...] German doctors went, almost overnight, from healing to killing."[140] Auf das von Lifton beschriebene "killing-healing paradox" verweist in Amis' Roman bereits der Name Tod T. Friendly; ein Überlebender soll über Josef Mengele gesagt haben: "He could be friendly but kill."[141] Auch der Name Odilo Unverdorben, so schreibt Catherine Bernard, "is both metaphorical of the insane Nazi enterprise – to create a 'pure' human race – and 'ironically' of the doctor's own inhumanity."[142]

[137] Lifton, *The Nazi Doctors*. Siehe bes. die Seiten 103-33, 303-36 und 456-58.

[138] In Schloss Hartheim wurden kranke und behinderte Menschen sowie Häftlinge aus Konzentrationslagern getötet, und es fanden unter der Verantwortung von SS-Sturmbannführer Christian Wirth Experimente für Tötungsmethoden statt. Die Zahl der getöteten Menschen wird auf 30,000 geschätzt. Ebd., 169.

[139] Afterword. Zu Liftons *The Nazi Doctors* als Prätext siehe ausführlich Vice, *Holocaust Fiction*, 30-37 und James Diedrick, *Understanding Martin Amis* (Columbia: University of South Carolina Press, 1995), 173.

[140] Zitiert in: Mark Lawson, "The Amis Babies", *Independent Magazine* vom 7. September 1991, 43.

[141] Lifton, *The Nazi Doctors*, 355.

[142] Bernard, "Dismembering/Remembering Mimesis", 126. Gleichzeitig lässt der Name Odilo insofern auf die Identität eines NS-Verbrechers schließen, als er an Odilo Globocnik erinnert, der die Vernichtungslager Belzec, Sobibor und Treblinka 'organisierte'. Siehe Joseph Poprzeczny, *Odilo Globocnik – Hitler's Man in the East* (London: McFarland & Company, 2004). Weniger überzeugend ist Richard Menkes Vorschlag, den Namen des Protagonisten mit dem hl. Odilo von Cluny, der den Feiertag Allerseelen eingeführt hat, und der hl. Odilia, der Schutzheiligen der

Eine Anregung für die narrative Umsetzung der von Lifton ausführlich erörteren "transformation of the physician – of the medical enterprise itself – from healer to killer" (5)[143] war sicherlich Kurt Vonneguts Roman *Slaughterhouse-Five* (1969). In seinem Nachwort zu *Time's Arrow* verweist Amis explizit auf "a certain paragraph – a famous one – by Kurt Vonnegut". In der hier wohl gemeinten Passage,[144] in der der Protagonist des Romans, Billy Pilgrim, einen Kriegsfilm rückwärts anschaut, hat Amis' regressive Erzählweise, die Ansgar Nünning als ein "bislang einzigartiges Experiment" bezeichnet hat,[145] einen Vorgänger:

> He [...] turned on the television. It was a movie about American bombers in the Second World War and the gallant men who flew them. Seen backwards by Billy, it went like this: American planes, full of holes and wounded men and corpses took off backwards from an airfield in England. Over France, a few German fighter planes flew at them backwards, sucked bullets and shell fragments from some of the planes and crewmen. They did the same for wrecked American bombers on the ground, and those planes flew up backwards to join the formation. The formation flew backwards over a German city that was in flames. The bombers opened their bomb bay doors, exerted a miraculous magnetism which shrunk the fires, gathered them into cylindrical steel containers, and lifted the containers into the bellies of the planes. The containers were stored neatly in racks. The Germans below had miraculous devices of their own, which were long steel tubes. They used them to suck more fragments from the crewmen and planes. But there were still a few wounded Americans, though, and some of the bombers were in bad repair. Over France though, German fighters came up again, made everything and everybody as good as new. When the bombers got back to their base, the steel cylinders were taken from the racks and shipped back to the United States of America, where factories were operating night and day, dismantling the cylinders, separarting the dangerous contents into minerals. Touchingly, it was mainly women who did this work. The minerals were then shipped to specialists in remote areas. It was their business to put them into the ground, to hide them cleverly, so they would never hurt anybody ever again.[146]

Blinden, in Beziehung zu setzen: Richard Menke, "Narrative Reversals and the Thermodynamics of History in Martin Amis's Time's Arrow", *Modern Fiction Studies* 44.4 (1998), 959-80, 965.

[143] Die SS-Ärzte, so schreibt Lifton, redeten von der 'Endlösung' als einer therapeutischen Maßnahme ("a public health venture", 150): "killing became the prerequisite for healing" (ebd.). "[The Nazi doctor] became an advocate of killing on two fundamental levels: that of the ecology of the camp (selecting larger numbers at the ramp and on the medical block when the camp was overcrowded, hygienic conditions were threatened, and the quantity of sick or weak inmates strained medical facilities and lessened work efficiency); and in connections with the larger biomedical vision (curing the Nordic race by ridding it of its dangerous Jewish infection)" (ebd.).

[144] Vice, *Holocaust Fiction*, 25-26.

[145] Nünning, *Von historischer Fiktion zu historiographischer Metafiktion*, 2, 219.

[146] Kurt Vonnegut, *Slaughterhouse-Five or The Children's Crusade. A Duty-Dance with Death* (London: Vintage, 1991) [1969], 53f. Vice nennt als weiteren zentralen Intertext, in dem regredierend erzählt wird, Philip K. Dicks Kurzgeschichte "Your Appointment Will be Yesterday" (1966): Vice, *Holocaust Fiction*, 26. Bereits Amis' Kurzgeschichte "Bujak and the Strong Force" (1985), so schreibt McCarthy, "ends with a paragraph of time-reversal clearly in-

Wie schon Vonnegut zeigt auch Amis, dass Akten der Zerstörung nur in rückwärts ablaufender Chronologie ein 'Sinn' zugeschrieben werden könnte und kennzeichnet sie damit umso deutlicher als 'un-sinnig': "The narrator's descriptions of Billy's experience, of watching a film literally 'running backwards', to which the narrator of *Time's Arrow* likens his plot, turns reverse destruction into something 'miraculous'; both novels use the same device of making formal reversal entail more reversal."[147]

Die von den SS-Ärzten verübten Gräueltaten und Massenvernichtungen erscheinen in diesem die Zeit verkehrenden Roman als heilende und Leben spendende Akte, die auf Heilung bedachten Bemühungen von Ärzten dagegen als Handlungen, die Krankheit und Leid verursachen: "viewed backwards, doctors destroy, but doctors *at Auschwitz* create".[148] Bevor der Erzähler Auschwitz erreicht, muss der Leser die gleichsam im Rückspulverfahren erzählten Tätigkeiten der Ärzte mühsam entschlüsseln, indem er die rückwärtslaufende Ereignisfolge wieder in ihre 'normale' Richtung umkehrt und so das, was als Zerstören präsentiert wird, als Heilen liest, das Töten als Leben-Spenden, die Gräueltaten als Heilpraktiken. So ist die oben zitierte qualvolle Behandlung, bei der ein Nagel in den Kopf des Patienten gebohrt wird, in umgekehrter Richtung als eine heilende Operation zu verstehen.

Bevor er Auschwitz erreicht, sind dem Erzähler, der die rückwärts ablaufenden Prozesse, wie Maya Slater schreibt, durch "forward-looking eyes" betrachtet,[149] dementsprechend verhasst (4). Das Krankenhaus in Amerika beschreibt er als "an atrocity-producing situation" (92) und die Arbeit des Arztes als vernichtend (74). Die Gräueltaten der NS-Ärzte hingegen erscheinen in der regredierenden Erzählweise als Befolgen der ärztlichen Pflicht, als Ernstnehmen des im Roman zitierten hippokratischen Eides (24-25), jeglichen Schaden von dem Patienten abzuwenden und kein tödliches Medikament zu verabreichen: "A shockingly inflamed eyeball at once rectified by a single injection. Innumerable ovaries and testes seamlessly grafted into place. Women went out of that lab looking twenty years younger." (134) Die Massentötungen erscheinen hier als Leben spendende Prozesse: "Our preternatural purpose? To dream a race. To make a people from the weather. From thunder and from lightning. With gas, with electricity, with shit, with fire." (120)[150]

fluenced by the 'famous' paragraph in Vonnegut's *Slaughterhouse-Five*": Mc Carthy, "The Limits of Irony", 311. Siehe auch Martin Amis, *The Moronic Inferno and Other Visits to America* (New York: Viking, 1987), 133-34. Zu anderen Beispielen einer solchen Erzählweise siehe Mary Slater, "Problems When Time Moves Backwards. Martin Amis's Time's Arrow", *English* 42 (1993), 141-52, 141f.

[147] Vice, *Holocaust Fiction*, 28. Siehe auch Diedrick, *Understanding Martin Amis*, 164.

[148] Vice, *Holocaust Fiction*, 14. Siehe auch Phil Joffe, "Martin Amis' *Time's Arrow* and Christopher Hope's *Serenity House*. After Such Transgressions, What Reconciliation?", *Association of University English Teachers of South Africa* 1 (1996), 200-212, 203-04.

[149] Slater, "Problems When Time Moves Backwards", 145. "Imprisoned within a life that is moving backwards, he applies the logic and the powers of observation of a normal mind to the bizarre, topsy-turvy circumstances of his new existence." (ebd., 142).

[150] Siehe auch: "The overwhelming majority of the women, the children, and the elderly we process with gas and fire." (122). McCarthy schreibt in diesem Zusammenhang: "Amis' narrative method of 'making strange' forces us to share in the narrator's process of making sense, forces us

Dadurch, dass Auschwitz nur in der alles verkehrenden Erzählweise 'Sinn' ergibt, wird, wie Sue Vice schreibt, Auschwitz als Umkehr alles Sinnhaften und menschlich Fassbaren dargestellt:

> [I]n the Auschwitz section of the book, medicine suddenly seems to be the right way round and requires no such decoding: it helps, saves and restores. This means that now everything in Auschwitz *is* wrong, as nothing should make sense or look right in this backwards world. The satirical point is that everything in Auschwitz was the wrong way round, morally and humanly, to start with.[151]

Dies betrifft auch die Sprache der Nationalsozialisten: Während der Erzähler bislang die von ihm als "pitiable chirruping" (7) wahrgenommene, rückwärts gesprochene Sprache, übersetzen musste, macht die von ihm in Auschwitz vernommene Sprache ohne Übersetzung Sinn. So erhält die zynische Aufschrift "Arbeit macht frei", die über den Eingangstoren mehrerer Konzentrationslager angebracht war, Sinn, wenn man, wie der Erzähler, die Einlieferung der Häftlinge und ihre anschließende Zwangsarbeit und Ausmergelung zeitverkehrt darstellt:

> *Arbeit Macht Frei* says the sign to the gate, with typically gruff and undesigning eloquence. The men work for their freedom. There they go now, in the autumn dusk, the male patients in their light pajamas, while the band plays. They march in ranks of five, in their wooden clogs.---The men come here awfully thin. You can't get a stethoscope to them. The bell bridges on their ribs. Their hearts sound far away. (122)[152]

Das Diktum 'Arbeit macht frei' war zu Beginn des Romans, bei der Schilderung des Lebens in der amerikanischen Kleinstadt der 60er Jahre, als grotesk erschienen: "Work liberates: Friday evenings, as they move off towards it, how they laugh and shout and roll their shoulders." (48) Nur im Kontext der regredierenden Erzählweise erscheint also diese Devise als 'sinnvoll': "It is as if Amis has placed instances of the Nazis's damage of language in the one context where it makes sense: a backwards narrative."[153] So schreibt auch Daniel Oertel: "*Time's Arrow's* incoherent narrative structure becomes a suitable metaphor for the incoherence of history, the inexplicable nature of Hitler's regime."[154]

to imagine the unthinkable, and so implicates us in the (re)discovery of horrors we already know but must acknowledge yet again." Mc Carthy, "The Limits of Irony", 302.

[151] Vice, *Holocaust Fiction*, 31.

[152] Siehe zum Hintergrund dieser KZ-Devise auch Wolfgang Brückner, *"Arbeit macht frei". Herkunft und Hintergrund der KZ-Devise*, Otto-von-Freising-Vorlesungen der Katholischen Universität Eichstätt, 13 (Opladen: Leske & Budrich, 1998).

[153] Vice, *Holocaust Fiction*, 15.

[154] Daniel Oertel, "Effects of Garden-Pathing in Martin Amis's Novels *Time's Arrow* and *Night Train*", *Miscelánea: A Journal of English and American Studies* 22 (2001), 123-40, 131-32.

Ähnlich verhält es sich mit dem der Sprache der Nationalsozialisten entnommenen Begriff 'Selektion'.[155] In umgekehrter Chronologie wahrgenommen, erscheinen die Selektionen auf der Rampe als Zusammenführung von Familien und als 'Partnervermittlung':

> These familial unions and arranged marriages, known as *selections on the ramp*, were the regular high points of the KZ routine. […] When the families coalesced, how their hands and eyes would plead for one another, under our indulgent gaze. We toasted them far into the night. One guard, his knees bent and swaying, playing the accordion. Actually we all drank like fiends. The stag party on the ramp, and the *Kapos*, like the groom's best friends, shoving the man into the waiting cart – freshly sprayed with trash and shit – for the journey home. (123)[156]

Der Erzähler, der sich bis zu seinem Eintreffen in Auschwitz als von den rückwärts ablaufenden Ereignissen verstört gezeigt hatte, kommentiert nun erleichtert: "The world, after all, here in Auschwitz, has a new habit. It makes sense." (129)

Hier zeigt sich dann auch, dass sich der Erzähler, der sich zwar trotz seiner engen Bindung an den Protagonisten doch als von diesem unterscheidbar gab, jetzt mit diesem Protagonisten identifiziert: "The world is going to start making sense … Now. I, Odilo Unverdorben, arrived at Auschwitz Central … I was one now […] Was there a secret passenger on the back seat of the bike, or in some imaginary sidecar? No. I was one. I was also in full uniform." (115f.) Auch hier ist der Einfluss von Liftons psychoanalytischer Studie auf den Roman deutlich. Wie Neil Easterbrook schreibt, zeigt Unverdorben die psychologischen Mechanismen der Dopplung und der Unterdrückung der Gefühle, die Lifton an den SS-Ärzten beobachtet hat: "In almost every respect, Odilo's pathology parallels the psychological profile of the Nazi doctor outlined by Lifton, who names the Nazi doctors' two notable traits 'doubling' and 'psychic numbing'."[157] Was allerdings bislang nicht beachtet worden ist, ist die Tatsache, dass die Dopplung ("the division of the self into two functioning wholes"[158]) in Amis' Roman genau an der Stelle aufgehoben wird, an der Lifton sie ansetzt: in Auschwitz.[159] Dies entspricht der

[155] Zur Sprache der Nationalsozialisten siehe etwa Victor Klemperer, *LTI. Notizbuch eines Philologen*, 3. Aufl. (Leipzig: Reclam, 1975) [1957]; Dolf Sternberger, Gerhard Storz, Wilhelm E. Süskind, *Aus dem Wörterbuch des Unmenschen* (München: dtv, 1957); Siegfried Bork, *Mißbrauch der Sprache. Tendenzen nationalsozialistischer Sprachregelung* (Bern, München: Francke, 1970); Karl-Heinz Brackmann, Renate Birkenauer, *NS-Deutsch. Selbstverständliche Begriffe und Schlagwörter aus der Zeit des Nationalsozialismus* (Straelen: Straelener Ms-Verlag, 1988); Cornelia Schmitz-Berning, *Vokabular des Nationalsozialismus* (Berlin, New York: de Gruyter, 1998).

[156] An anderer Stelle sieht sich der Erzähler in der Rolle des "Cupid" (132).

[157] Neil Easterbrook, "'I know that it is to do with trash and shit': Narrative Reversal in Martin Amis's *Time's Arrow*", *Conference of College Teachers in English Studies* 55 (1995), 52-61, 57.

[158] Lifton, *The Nazi Doctors*, 418.

[159] Die Absplitterung der Seele, des Bewusstseins, findet nicht in Auschwitz statt: "We set sail for Europe in the summer of 1948 – for Europe, and for war. Well, I say *we*, but by now John Young

im Roman vorgegebenen Umkehr der temporalen, ereignishaften und eben auch psychischen Zusammenhänge. Aus dem Grund, dass Auschwitz für den Erzähler regressiv wahrgenommen 'Sinn' macht, braucht er gerade hier die Dopplung, die in Auschwitz für die SS-Ärzte zum 'psychologischen Überleben' nötig war,[160] nicht. Die Prozesse (wie etwa die Selektion), die – so Lifton – in Auschwitz die Dopplung auslösten, erfordern, verkehrt erzählt, gerade keine Dopplung, weil sie als wohltätig und Leben spendend erscheinen.

III.5.4.3 Entnazifizierung durch Zeitmanipulation: Versuchte, aber missglückte Annullierung des Holocaust

Am Ende seines Romans lässt Martin Amis seinen Erzähler, und mit ihm Odilo Unverdorben, fast in den Leib der Mutter zurückkehren – aber eben doch nur fast. Er erwartet sein Einswerden mit der Mutter – "Then, eventually, our corporeal bond will be tied" (164, etc.) –, doch bleibt Odilo auf dem Feld des Lebens, unwissend und unschuldig (165-165), und in dem Moment, in dem er die Augen schließt, wodurch eigentlich der Augenblick der Geburt angedeutet ist, sieht der Erzähler einen Pfeil. Doch dieser Pfeil, *Time's Arrow*, kommt ihm entgegen: "When Odilo closes his eyes, I see an arrow fly – but wrongly. Point first. Oh no, but then … We're away once more, over the field." (165) Offenbar, so wird hier angedeutet, beginnt jetzt die bis zu diesem Punkt in regredierender Weise erzählte 'Geschichte' von neuem (jetzt in normaler Chronologie von der frühen Kindheit bis zum Lebensende verlaufend); die im Vorgang des Erzählens zunächst umgekehrte Geschichte wird also erneut umgekehrt; die zweimal, aber gegenläufig erzählte Geschichte erweist sich – im Ergebnis – als zirkulär. Zugleich wird auch die narrative Sinnkonstruktion, die (in den Passagen über die NS-Verbrechen) aus dem Umkehrverfahren resultierte, wieder zerstört; in der doppelten Inversion der erzählten Geschichte wird klar, dass das Experiment, die Vergangenheit umzudeuten, zum Scheitern verurteilt ist.

Dass sich die Geschichte auch durch die Manipulation von Zeit nicht verändern oder ungeschehen machen lässt, ist auch das Thema von Stephen Frys Roman *Making History* (1996), obgleich das narrative Verfahren und das Vorgehen des Erzählers auf der Handlungsebene dort ein anderes ist.[161] In Frys Roman unternehmen zwei *fellows* am St. Matthew's College Cambridge im Jahr 1996 den Versuch, die Nazi-Verbrechen zu annullieren, die Vergangenheit gleichsam zu 'entnazifizieren': Michael Young, der soeben seine Dissertation über Hitlers Eltern und Hitlers Kindheit abgeschlossen hat, und der Physikprofessor Leo Zuckermann, der tief unter der Schuldverstrickung seines

was pretty much on his own out there. Some sort of bifurcation had occurred, in about 1959, or maybe even earlier. I was still living inside, quietly, with my own thoughts." (97-98)

[160] Lifton, *The Nazi Doctors*, 419. "The way in which doubling allowed Nazi doctors to avoid guilt was not by the elimination of conscience but by what can be called the transfer to conscience. The requirements of conscience were transferred to the Auschwitz self, which placed it within its own criteria for good […], thereby freeing the original self from responsibility for actions there" (ebd., 421).

[161] Stephen Fry, *Making History* (New York: Soho, 1996).

Vaters, eines ehemaligen KZ-Arztes in Auschwitz, leidet. Durch eine von Zuckermann entwickelte Zeitmaschine ("Temporal Interface Machine", 216) vergiften die beiden das Quellwasser von Hitlers Geburtsort Brunau-am-Inn [sic] mit einem Spermizid und erreichen damit rückwirkend, dass Hitler nie gezeugt wurde. Michael Young und Leo Zuckermann geraten bei ihrem Experiment in den Sog der Zeitmaschine, und in der 'neu geschaffenen' Zeit findet sich Michael mit unverändertem Bewusstsein im Körper eines Michael wieder, der dem von ihm geschaffenen alternativen Geschichtsverlauf entspricht; darin ist Michael US-Amerikaner und studiert Philosophie an der University of Princeton. Zu seiner großen Freude stellt er fest, dass das Spermizid seine Wirkung nicht verfehlt hat, so dass Adolf Hitler tatsächlich nie existiert hat: "I ran to the window and opened it. 'Leo!' I shouted to the campus, 'Leo, wherever you are, we've done it! Jesus holy God, we've only fucking done it!'" (218). Mit Stolz über das gelungene Geschichtsexperiment schlendert er über den Campus von Princeton:

> Every sight, every sound that came to me was new and perfect. This world around me glowed and shone with innocence, hope and perfection. If only I could get to Europe now! Check out London, Berlin, Dresden, all the buildings standing there whole, firm, unblitzed and all because of me. My God, I was a greater man than Churchill, Roosevelt, Gandhi, Mother Teresa and Albert Schweitzer rolled into one. [...] Auschwitz, Birkenau, Treblinka, Bergen-Belsen, Ravensbrück, Buchenwald, Sobibór. What were they now? Small towns in Poland and Germany. Happy, silly little towns whose names were washed clean of sin and blame. 'Have you visited the charming village of Dachau in Germany? Well worth a stop on the tourist route. Very handy for the grand old city of Munich. I would especially recommend the Hotel Adler. For those on a tour of Saxony and the north, don't forget, after exploring Hanover, that the little hamlet of Bergen-Belsen offers the traveler old world charm blended with modern convenience.' I giggled and hugged myself inside. (218f.)

Doch seine Freude und sein Stolz sind nur von kurzer Dauer. Denn wie er bald feststellen muss, hat er die Geschichte zwar von der Person Adolf Hitler befreit, doch damit keineswegs die Vergangenheit rückwirkend 'entnazifiziert'. Denn auch ohne Hitler hat sich die NSDAP formiert – anstelle von Hitler gegründet von Rudolf Gloder,[162] bis zu seinem Sturz 1963 Führer des Großdeutschen Reichs (240), in seinem Gefolge dieselben Personen wie unter Hitler, wie Michael in Princeton von seinem Studienfreund Steve erfährt:

> "You've never heard of Auschwitz or Dachau," I bubbled. "You've never heard of the Nazi Party. You've never heard of ..." "Woah, woah," said Steve. "Okay, so I'm not like Mr. Knowledge, but what do you mean I've never heard of the Nazi Party?" "Well, you haven't, have you?" "Are you nuts?" I stared at him. "You can't have done. It's impos-

[162] Wie Stephen Fry in seinen *acknowlegments* anmerkt, ist Rudolf Gloder, der im Roman im 1. Weltkrieg im gleichen Regiment wie Hitler kämpfte, der einzige fiktive Name dieses Handlungsstranges.

> sible." "Oh sure," said Steve, wiping froth from his lips, "and I've never heard of Gloder and Göbbels and Himmler and Frick, right? Hey, look out!" (228f.)[163]

Anders als Hitler, so erfährt Michael dann aus den Geschichtsbüchern, schmeichelte Gloder zunächst den deutsch-jüdischen Wissenschaftlern, um die Entwicklung der Atombombe voranzutreiben, mit deren Hilfe er schließlich seine Macht auf ganz Europa ausweiten konnte:

> 1938 [...] Detonation of atomic bombs devastates Moscow and Leningrad, killing Stalin and entire Politburo. German invasion of Soviet Union. Annexation of Poland, Czechoslovakia, Yugoslavia, Hungary, Greece, Turkey and the Baltic States. [...] Capitulation of Scandinavia, Benelux, France and the United Kingdom. [...] British possessions in India, Australia and Africa effectively under German control. [...] 1943 Unified system of education imposed across New Europe. German to become first language of all Europeans. (258f.)

Als er erkennt, dass Deutschland in dem von ihm veränderten Geschichtsverlauf den Sieg errungen hat und die Nazis viel länger ihre Macht behaupteten, klammert Michael sich verzweifelt an seine Überzeugung, dass es ohne Hitler zumindest keine Vernichtungslager, keinen Völkermord gegeben habe:

> in my arrogance I thought I'd generated a better [world]. I thought if Hitler wasn't born the century would have less to be ashamed of. I supposed I should have known better. The circumstances were still the same in Europe. There was still a vacuum in Germany waiting to be filled. There was still fifty years of anti-semitism and nationalism ready to be exploited. There was still a Versailles Treaty and a Wall Street Crash and a Great Depression. But one thing at least ... this Rudolf Gloder, this Führer. I mean, at least he wasn't as bad as Hitler. From what I could tell of him from that book he was human at least, sane. I mean there weren't any death camps, no Zyklon B, no Holocaust, no frothing monomania, no genocide. (255)

Doch er muss erkennen, dass Gloder ausgerechnet mit dem von ihm und Zuckermann vergifteten Wasser das jüdische Volk in ganz Europa ausgerottet hat; das Spermizid, das sie ursprünglich zum Zweck der nachträglichen 'Entnazifizierung' eingesetzt hatten, wurde in den Händen der Nazis zum Instrument der Judenvernichtung. Michael, der den Genozid ungeschehen machen wollte, ist genau dadurch zu seinem Verursacher geworden: "That most awful truth that it was I, Michael Young, who had contaminated the waters of Brunau. That it was I, Michael Young, who was the genocide." (294) Und Leo Zuckermann, der die Gräueltaten seines Vaters als KZ-Arzt von Auschwitz aus der Geschichte tilgen wollte, trägt durch seinen Eingriff in die Vergangenheit dazu bei, dass sein Vater auch im veränderten Geschichtsverlauf in Auschwitz an der Judenvernichtung mitwirkt: Wie sich herausstellt, hat Leos Vater das vergiftete Wasser von Brunau

[163] Siehe 240-46.

analysiert und dabei das für die Sterilität der männlichen Einwohner von Brunau verantwortliche Spermizid gefunden. In Auschwitz befindet sich kein Vernichtungslager, aber die von Gloder errichtete Fabrik zur Produktion von Brunauwasser, mit dem die Juden vernichtet werden: "The water of Brunau was to be used, in the Führer's words, 'to cleanse the Reich, as Hercules has cleansed the Augean stables. All the filth of Europe will be washed away. […]'" (290)

Um seinen Eingriff in die Geschichte unwirksam zu machen, muss Michael erneut in die Geschichte eingreifen: Um zu verhindern, dass Hitlers Mutter, Klara Pölzl, ihrem Mann das mit Spermizid versetzte Wasser zu trinken gibt und damit die Zeugung Hitlers unmöglich macht, schleust er über Leos Zeitmaschine verweste Ratten in das Wasser von Brunau, in der Hoffnung, dass man die deshalb übelriechende Quelle auspumpen und desinfizieren werde. Damit ist wieder der Anfang der vom Erzähler zu Beginn des Romans als Zirkel beschriebenen Geschichte erreicht ("This story, which can start everywhere and nowhere like a circle", 3): Im zweiten Kapitel übergibt sich Klara wegen des Gestanks des Quellwassers, das sie aus dem Brunnen pumpt: "Klara clapped a hand to her mouth and nose. But to no avail. Vomit leaked from between her fingers as her body tried to force out the reek, the terrible, terrible stench. Death and corruption filled the air." (13). Wie in Martin Amis' *Time's Arrow* liegt diesem Roman also ein zyklisches Geschichtsverständnis zugrunde; die Annullierung der NS-Gräueltaten gelingt nicht.

Frys Roman ist der parahistorischen Literatur zuzuordnen (bekannt auch als *alternate history, allohistory*), "gedanklichen Entwürfe[n] alternativer Geschichtsverläufe", einer Literaturform, die sich besonders in den 90er Jahren des 20. Jahrhunderts großer Beliebheit erfreute.[164] Doch in *Making History* wird der in vielen britischen *allohistories* ausgemalte Zustand – was wäre, wenn Hitler nie gelebt hätte? – erst aus der post-Holocaust-Perspektive konstruiert. Die Nazivergangenheit wird demnach nicht von vornherein ausgeschlossen, sondern rückwirkend 'entnazifiziert'. Doch "die Annahme, dass der Krieg ohne die Person Adolf Hitlers niemals stattgefunden hätte", die Jörg Helbig als den in der parahistorischen Literatur "beliebtesten Weg zur Nivellierung des

[164] Jörg Helbig, "*When Helmut Came*: Das britische Deutschlandbild im Spiegel aktueller Unterhaltungsliteratur", in: *Unterhaltungsliteratur der achtziger und neunziger Jahre*, hg. von Dieter Petzold und Eberhard Späth, Erlanger Forschungen, Reihe A, Band 81 (Erlangen: Univ.-Bibliothek, 1998), 213-28, 214. Bei Helbig findet sich neben einem Überblick und einer Auswahl parahistorischer Schriften zum Zweiten Weltkrieg auch weitere Sekundärliteratur zum Thema. Siehe auch ders., *Der parahistorische Roman. Ein literaturhistorischer und gattungstypologischer Beitrag zur Allotopieforschung* (Frankfurt: Peter Lang, 1988), bes. 184-188 (Alternativen zum Zweiten Weltkrieg) und Alexander Demandt, "Wenn Hitler gewonnen hätte...", *Tango* 27 (April 1995), 20-27; ders., *Ungeschehene Geschichte: Ein Traktat über die Frage: Was wäre geschehen, wenn...?* (Göttingen: Vandenhoeck&Ruprecht, 1986). Die Popularität parahistorischer Literatur in Großbritannien erklärt Helbig mit dem 2. Weltkrieg als dem 'letzten Auftritt' Großbritanniens auf weltpolitischer Bühne: "[E]s erscheint plausibel, daß das fiktionale Recycling des heroischen Kampfes gegen das Hitlerreich eine ideale Möglichkeit bietet, die Wunden einer Nation zu lecken, die nun zum gleichberechtigten Teil eines föderalistisch geprägten Kontinents verkümmert ist": Helbig, "When Helmut Came", 215.

Weltkrieges" bezeichnet[165] und von der in Frys Roman Michael Young und Leo Zuckermann geleitet sind, wird in dem hier vorgeführten Geschichtsexperiment falsifiziert, und als unbegründet erweist sich gleichfalls die Hoffnung, dass ohne Hitler die mit der Nazi-Herrschaft verbundenen Verbrechen an den Juden nicht geschehen wären.

III.5.5 Der War Crimes Act (1991) und die späte strafrechtliche Verfolgung von NS Kriegsverbrechern

III.5.5.1 Die Diskussion über den War Crimes Act in der britischen Öffentlichkeit

Nach der Verabschiedung des War Crimes Act im Jahr 1991 gewann in Großbritannien die Jagd nach Kriegsverbrechern erneut an Aktualität. In seinem Buch *Justice Delayed* von 1992 erläutert David Cesarani die Hintergründe der von der Queen am 10. Mai 1991 gebilligten Gesetzesänderung, die zum ersten Mal seit 1945 die strafrechtliche Verfolgung auch derjenigen Briten oder in Großbritannien Ansässigen ermöglichte, die zum Zeitpunkt ihrer Straftat noch nicht naturalisiert oder in Großbritannien wohnhaft waren.[166]

[165] Ebd., 219. Die beliebteste Frage in der britischen parahistorischen Literatur ist Helbig zufolge die Frage nach den Implikationen einer Niederlage gegen Nazideutschland, mit der sich die britische Unterhaltungsliteratur seit den späten 1930er Jahren befasse. Als Beispiele nennt Jörg Helbig etwa den Roman *Swastika Night* der Autorin Katherine Burderkin, die unter dem Pseudonym Murray Constantine das Leben in einem von den Nazis kontrollierten Europa schildert: Murray Constantine, *Swastika Night* (London: Victor Gollancz, 1940) [1937] sowie Len Deightons Roman *SS-GB* (London: Arrow, 1991) [1978], in dem die britische Führung 1941 in London die Kapitulationsurkunde unterzeichnen soll, und auch den Roman *Fatherland* (London: Hutchison, 1992) des britischen Journalisten Robert Harris, der in der 'Reichshauptstadt Berlin' im Jahr 1964 spielt: Helbig, "When Helmut Came", 217-222.

[166] David Cesarani, *Justice Delayed* (London: Heinemann, 1992). Dies entspricht der "territoriality of criminal jurisdiction [...] which is linked historically with the function of the criminal courts, with the requirement that the jury should be summoned from the locality where the incident occurred, and last but not least, with evidentiary rules.": Luc Reydams, *Universal Jurisdiction. International and Municipal Legal Perspectives*, Oxford Monographs in International Law (Oxford: Oxford University Press, 2003), 202. Reydams zitiert aus dem *War Crimes Act*: "Subject to the provisions of this section, proceeding for murder, manslaughter or culpable homicide may be brought against a person in the United Kingdom irrespective of his nationality at the time of the alleged offence if that offence a) was committed during the period beginning with 1st September 1939 and ending with 5th June 1945 in a place which at the time was part of Germany or under German occupation; and b) constituted a violation of the laws and customs of war. 2) No procceedings shall by virtue of this section be brought against any person unless he was on 8 March 1990, or has subsequently become, a British citizen or resident in the United Kingdom, the Isle of Man or any of the Channel Islands.": ebd., 205. Zur Vorgeschichte des War Crimes Act siehe ausführlich Anthony Glees, "The Making of British Policy on War Crimes: History as Politics in the UK", *Contemporary European History* 1.2 (1992), 171-97.

Neue Kriegsverbrecherermittlungen waren in den 70er und 80er Jahren des 20. Jahrhunderts zunächst in den USA, später auch in Kanada und Australien, durchgeführt worden.[167] In Großbritannien wurde schließlich auf den verstärkten Druck der im November 1986 von Parlamentsmitgliedern verschiedener Parteien gegründeten All-Parliamentary War Crimes Group[168] der Behauptung des mit der Jagd nach Kriegsverbrechern befassten Simon Wiesenthal Center nachgegangen, dass es Naziverbündeten vor allem aus Osteuropa nach dem Krieg möglich gewesen sei, sich in Großbritannien niederzulassen.[169] Die britische Regierung musste die Richtigkeit dieser Behauptung im Februar 1987 einräumen und setzte im Jahr darauf einen Untersuchungsausschuss ein (Home Office Inquiry unter Sir Thomas Hetherington und William Chalmers).[170] Die Veröffentlichung ihres *war crimes report* im Juli 1989 veränderte die Kriegsverbrecherdebatte in Großbritannien grundlegend: "It gave", so Cesarani, "unimpeachable support to the claims which had been made by the war crimes campaigners and confirmed the woeful record of previous administrations."[171]

Die britischen Nachforschungen hatten bestätigt, dass sich unter den unmittelbar nach dem Krieg in Großbritannien aufgenommenen und für den wirtschaftlichen Aufbau benötigten *voluntary workers* aus dem Baltikum und der Ukraine zahlreiche Nazi-Kollaborateure, darunter auch Angehörige der Waffen-SS, befanden.[172] Diese hatten sich oft freiwillig den deutschen Einsatztruppen angeschlossen[173] und waren für die Judenvernichtung und als Wachmannschaften in den Konzentrationslagern eingesetzt worden.[174] 27.000 solcher Freiwilliger waren 1943 in der 14. Waffen-SS Einheit Galizien organisiert worden.[175] Unter den Kriegsgefangenen,[176] die im Mai 1947 aus dem

[167] Cesarani, *Justice Delayed*, 192ff. Einen Überblick über die strafrechtliche Verfolgung von NS-Kriegsverbrechern in den USA, Kanada, Australien und Großbritannien bis zum Jahr 1987 bietet Eli M. Rosenbaum, "The Investigation and Prosecution of Suspected Nazi War Criminals: a Comparative Overview", *Patterns of Prejudice* 21.2 (1987), 17-24; mit der strafrechtlichen Verfolgung von speziell deutschen Kriegsverbrechern in Europa befassen sich die Beiträge in: Norbert Frei (Hg.), *Transnationale Vergangenheitspolitik. Der Umgang mit deutschen Kriegsverbrechern in Europa nach dem Zweiten Weltkrieg*, Beiträge zur Geschichte des 20. Jahrhunderts, 4 (Göttingen: Wallstein, 2006), darin zur Ahndung deutscher Kriegsverbrecher durch Großbritannien: Donald Bloxham, "Pragmatismus als Programm. Die Ahndung deutscher Kriegsverbrecher durch Großbritannien", 140-79.

[168] Cesarani, *Justice Delayed*, 198.

[169] Ebd., 2 und 197f.

[170] Ebd., 2.

[171] Ebd., 225.

[172] Ebd., 82ff. und 102ff.

[173] Ebd., 9-31.

[174] Ebd., 11ff.; S.20f. und 30. "Local militiamen in the Ukraine searched for Jews, rounded them up and, from August 1941, increasingly did the killing themselves." (17) "The arrival of the Germans unleashed a wave of Ukrainian nationalism, anti-Communism and anti-semitism that led to spontaneous pogroms all over the region" (14).

[175] Ebd., 30. Michael Burleigh stellt fest: "Die Ukraine hat in der westlichen Welt eine schlechte Presse gehabt, wurde sie doch vor allem mit Wachmannschaften für deutsche Konzentrationslager oder mit der SS-Division 'Galizien' identifiziert": Michael Burleigh, *Die Zeit des Nationalsozial-*

Kriegsgefangenenlager Riccione (bei Rimini) nach Großbritannien einreisen durften und die auf diese Weise der Repatriierung in Russland entgingen,[177] befanden sich 9.000 Mann dieser Einheit – die meisten von ihnen wurden bald darauf britische Staatsbürger.[178] Obwohl bekannt war, dass unter den Kriegsgefangenen auch ukrainische SS-Angehörige waren,[179] verlief deren Rasterung nur stichprobenartig: "security screening was subordinated to speed of movement".[180] Am 17. Januar 1947 war im britischen Kabinett der Vorschlag diskutiert worden, die Einreise- und Arbeitsbedingungen für *Displaced Persons* zu erleichtern, um diese für die Aufbauarbeit im eigenen Land einzusetzen.[181] Arbeitsminister George Isaacs hoffte mit der European Voluntary Workers Scheme 'Westward Ho!' die Zuwanderung von einer Million *DPs* zu erreichen. Auch der britische Geheimdienst rekrutierte aus der Zahl der im Rahmen dieses Programms nach Großbritannien eingereisten Osteuropäer ehemalige Waffen-SS-Angehörige,[182] deren Informationen man sich im Kalten Krieg zunutze machte.[183]

In der britischen Öffentlichkeit lösten das Bekanntwerden der Einreise- und Naturalisierungsmodalitäten nach dem Krieg und die Veröffentlichung des *war crimes report* mehrere Wellen heftiger Diskussionen und Kampagnen aus: "The War Crimes Act arrived on the statute book after one of the longest, most emotional and fiercely

ismus. Eine Gesamtdarstellung (Frankfurt/M.: Fischer, 2000), 614. M. I. Koval schreibt von einer "insignificant minority [which] supported the anti-Jewish actions": "the overwhelming majority took a neutral stand. At the same time, many people [...] opposed the pogrom makers and torturers, helping the victims": M. I. Koval, "The Nazi Genocide of the Jews and the Ukrainian Poulation, 1941-1944", in: *Bitter Legacy. Confronting the Holocaust in the USSR*, hg. von Zvi Gitelman (Bloomington/Indianapolis: Indiana University Press, 1997), 51-60, 54.

[176] Cesarani, *Justice Delayed*, 102f.

[177] Nach Artikel 45 des Friedensvertrags mit Italien mussten die Italiener alle *Allied subjects*, die der Kriegsverbrechen beschuldigt wurden, an ihre Heimatländer ausliefern: Cesarani, *Justice Delayed*, 109.

[178] Lediglich 32 Personen wurde das Recht verwehrt, sich dort niederzulassen: ebd., 129.

[179] So Brigadier Fitzroy McLean in einem Interview mit Tom Bower für BBC 2 am 11.12.1989: "it was fairly clear that quite a number of them must have been either in the SS as part of the Ukrainian SS Division. There was every possibility that there were war criminals amongst them" (*Newsnight*, zit. in: Cesarani, *Justice Delayed*, 111). Brigadier Fitzroy McLean hatte Whitehall berichtet: "Really careful screening of the whole camp would take many months": zit. in: ebd., 110.

[180] Ebd., 109. Ähnlich war die Situation in Kanada, über die David Matas schreibt: "Security checks were weak, conducted by scantily trained personnel and often dependent on dubious foreign sources [...] Canada was more concerned – indeed obsessed – with screening out Communist sympathizers than suspected Nazi war criminals": David Matas mit Susan Charendoff, *Justice Delayed. Nazi War Criminals in Canada* (Toronto: Summerhill Press, 1987), 21.

[181] Cesarani, *Justice Delayed*, 74.

[182] Ebd., 144f. Anthony Glees betont, dass es sich dabei nur um wenige Ausnahmen gehandelt habe: "there is overwhelming evidence that they [the war criminals] were not knowingly admitted (save possibly in the apparently few cases where exceptions may have been made for security and intelligence purposes." Glees, "The Making of British Policy on War Crimes", 189.

[183] Cesarani, *Justice Delayed*, 134ff.

contested campaigns in British post-war political history."[184] Unterstützt wurde das Interesse der Öffentlichkeit durch die zeitliche Nähe zu den Debatten über die Verurteilung von Klaus Barbie (1987) und die Waldheim-Affäre (1986-88), über Prinz Philips umstrittene Anwesenheit bei der Beerdigung des japanischen Kaisers Hirohito (1989), über Jahresfeiern zum Zweiten Weltkrieg (etwa Dünkirchen 1990) und über den Golfkrieg (1990).[185]

Zum ersten Mal wurde die britische Öffentlichkeit am 24. Oktober 1986 durch die Presse mit Erkenntnissen über die Einreise und Naturalisierung ehemaliger Kriegsverbrecher in Großbritannien konfrontiert. Die *Times* schrieb damals: "It is believed to be the first time that alleged Nazis have been traced to Britain."[186] Der erste Name, der in diesem Zusammenhang in der Presse genannt wurde, war der des 71-jährigen Antanas Gecas aus Newington bei Edinburgh.[187] Der schottische Fernsehbeitrag *Britain – The Nazi Safe House*, am 28. Januar 1987 zuerst in Schottland, dann im Februar auf Channel 4 landesweit ausgestrahlt, löste Empörung über die bekanntgewordenen Vorgänge aus und zog eine Fülle von Pressebeiträgen nach sich.[188] In der Presse wurden bald auch Stimmen laut, die eine strafrechtliche Verfolgung ehemaliger Kriegsverbrecher ablehnten.[189] Ein Beitrag in der *Times* von März 1987 berief sich dabei auf die christliche Tradition und das 'Prinzip' Gnade – "Britain is a Christian country. Its laws enshrine principles of justice tempered with mercy, not vengeance"[190] – und war damit, so Cesarani, "the first of many [expositions] which constructed Judaism as a vengeful, unforgiving creed opposed to Christian concepts of justice and mercy."[191] So betonte etwa der konservative MP Ivor Stanbrook, die Kriegsverbrecherkampagne sei 'unbritisch': "Most British people regard justice as being tempered by mercy and even forgiveness. It is not a concept in British eyes to temper justice with revenge. [...] part of the Christian philosophy is not to accept revenge as part of its concept of justice."[192] Der *Daily Telegraph*, der sich als unnachgiebiger Gegner der *war crimes campaign*

[184] Ebd., 247. Schließlich wurde der Gesetzentwurf ohne die Zustimmung des House of Lords verabschiedet. Siehe A. T. Richardson, "War Crimes Act 1991", *Modern Law Review* 55 (1992), 73-86.

[185] Cesarani, *Justice Delayed*, 191.

[186] *Times* vom 24.10.1986, 5. Siehe Cesarani, *Justice Delayed*, 197. Kurz zuvor war die Aufmerksamkeit der Öffentlichkeit im Fernsehen, und danach in der Zeitung (etwa *Times* vom 3. Oktober 1986, 1), auf Australien als einem Zufluchtsort der Nazis gelenkt worden.

[187] Cesarani, *Justice Delayed*, 197.

[188] Ebd., 199. Der Beitrag hatte auch über die sogenannte Rattenlinie (*rat line*) informiert, womit die Amerikaner den Fluchtweg von Nazis bezeichneten, der sie über Südtirol und Rom (wo ihnen durch Vertreter der katholischen Kirche und das Rote Kreuz zu einer neuen Identität verholfen wurde) vor allem in südamerikanische und arabische Staaten führte.

[189] Cesarani, *Justice Delayed*, 202.

[190] *Times* vom 4.3.1987, editorial. Siehe dazu Cesarani, *Justice Delayed*, 204.

[191] Ebd., 204.

[192] Zit. in: ebd., 213f.

erwies,[193] bezeichnete die Jagd auf Nazis als "bloodsport" und "search for vengeance".[194]

Die Home Office Inquiry (1988)[195], in deren Verlauf die Bevölkerung dazu aufgefordert wurde, sich durch Informationen an der Aufklärung von Kriegsverbrechen zu beteiligen[196], sowie der 1989 vorliegende Hetherington-Chalmers report ließen in den beiden darauf folgenden Jahren die Presse erneut die Diskussion um die strafrechtliche Verfolgung von Kriegsverbrechern aufgreifen.[197] Bernard Levin etwa warf in der *Times* vom 8. Juni 1989 die Frage auf, ob Abschreckung oder Rache ("Deterrence? Retribution?") das Motiv für die Verfolgung von Kriegsverbrechern sei.[198] Deren Gegner – wie Stanbrook – gaben ihrer Sorge Ausdruck, dass auf diese Weise ein Aufleben des Antisemitismus provoziert würde,[199] und schienen bestätigt, als Nigella Lawson im Oktober 1989 in ihrer Kolumne des Evening Standard die Verfolgung von Kriegsverbrechern als "moral imperative" darstellte und daraufhin Briefe antisemitischer Prägung erhielt, in denen ihre Kolumne als "another arm of the world Jewry conspiracy" bezeichnet wurde.[200] "[T]ime and again", so Cesarani, "the promoters of the War Crimes Bill were accused of motives that belonged to anti-semitic myths about the Jews".[201]

Stimmen für und wider die strafrechtliche Verfolgung von Kriegsverbrechern wurden erneut 1997 laut, als die Presse über den Fall der ersten Anklage gegen einen in Großbritannien sesshaften Kriegsverbrecher, Szymon Serafinowicz, berichtete und auch weitere Namen von Kriegsverbrechern publik wurden.[202] Während der konservative MP Norman Tory die Nachforschungen um die Kriegsverbrechen als "waste of the time of Parliament, the police and the judiciary and a colossal waste of public money" bezeichnete,[203] empfahlen andere, wie etwa Lord Janner, Vorsitzender des *Holocaust Educa-*

[193] Ebd., 205.

[194] Ebd., 204. Es gab durchaus auch jüdische Stimmen, die sich gegen eine Bestrafung der Kriegsverbrecher aussprachen: ebd., 205f.

[195] 1988 wurde zudem Tom Bowers *The Paperclip Conspiracy. The Battle for the Spoils and Secrets of Nazi Germany* (London: Michael Joseph, 1988) publiziert, das die Rekrutierung von Nazis für die Forschung und Industrie offenlegte.

[196] Siehe etwa den Aufruf in der *Times* vom 25. März 1988: "War Criminals. Evidence wanted".

[197] Cesarani, *Justice Delayed*, 216.

[198] Bernard Levin, "Evil too old for hounding", *Times* vom 8. Juni 1989, 16.

[199] Cesarani, *Justice Delayed*, 219.

[200] Ebd., 223f.

[201] Ebd., 191.

[202] Berichterstattungen über die erste Anklage in diesem Zusammenhang gegen Szymon Serafinowicz, der 1995 der Ermordung von Juden in Belarus 1941 und 1942 beschuldigt wurde und im Alter von 86 Jahren, wenige Monate nachdem entschieden worden war, dass es aus Gesundheitsgründen (er litt unter Alzheimer) nicht zu einer Verhandlung kommen würde, erschienen etwa in der *Times* vom 18. Januar 1997, in der *Independent* vom 13. August 1997 und im *Jewish Chronicle* vom 15. August 1997.

[203] Bill Frost, "Man charged with war crimes dies", *The Independent*, 13. August 1997.

tional Trust, die Verfolgung der NS-Kriegsverbrecher in Großbritannien auch in der Zukunft.[204]

Die in den 80er und 90er Jahren in die britische Öffentlichkeit gedrungenen Erkenntnisse und die Kriegsverbrecherdebatte schlugen sich auch in der britischen Literatur nieder; so etwa in Peter Flannerys Drama *Singer* (1989), in Ronald Harwoods Drama *The Handyman* (1996) und Ian Rankins Kriminalroman *The Hanging Garden* (1998), die im Folgenden behandelt werden sollen.

III.5.5.2 Reaktionen auf die "retrospective legislation" in der britischen Literatur

III.5.5.2.1 Ronald Harwoods *The Handyman* (1996)

Ronald Harwoods Zweiakter *The Handyman*[205] wurde 1996 am Minerva Theatre in Chichester uraufgeführt. Der Autor gibt bekannt, dass die in der britischen Öffentlichkeit geführte Debatte über den *War Crimes Act* seine Entscheidung, dieses Drama zu schreiben, veranlasst habe. Er habe es verfasst

> at the suggestion of a friend [...] After seeing [*Taking Sides*] somebody said to me that I should write a play about one of these elderly men who were at that time, as a result of a change in British law, being tried for war crimes. [...] we now learn that even so-called neutral states behaved appallingly [...] The Holocaust was a European impulse.[206]

Wie in *Taking Sides* beschäftigt sich Harwood auch in *The Handyman* mit der Nazivergangenheit und der Schuldverstrickung des Einzelnen, doch schafft er hier einen unmittelbaren Bezug zur britischen Gegenwart. Er thematisiert die im Gefolge der Gesetzesänderung in der britischen Öffentlichkeit aufgeworfenen Fragen:

> And if we have at any given time submitted to the crushing weight of social forces that have been brought to bear upon us, are we to be accused and punished decades later, even to our last breath? Can such monstrous crimes ever be forgiven? Can one man be held responsible for the crimes of so many? Are the motives that drive the hunters a longing for justice or for revenge?[207]

Der Frage, ob Schuld und die Verantwortlichkeit für vergangene Straftaten verjähren können, wird anhand eines konkreten Falles nachgegangen. Das bukolische Gartenidyll von Julian und Cressida Field im ländlichen Sussex wird von zwei Kriminal-

[204] Siehe Jenni Frazer, "Suspect's death 'must not stop war crimes hunt'", *Jewish Chronicle* vom 15. August 1997.

[205] Ronald Harwood, *The Handyman* (London: Faber and Faber, 1996).

[206] Zitiert in der Einleitung zu: Ronald Harwood, *The Handyman*, hg. und mit Anmerkungen versehen von Gunther Volk (Stuttgart/Düsseldorf/Leipzig: Klett, 2000), 4-5.

[207] Ebd., 6. Vgl. hier auch wieder Bernard Levins Artikel in der *Times* vom 8. Juni 1989: "I do not believe that more than a few of those who want these trials to take place are inspired by hatred or vengeance; their motto is a nobler one: *fiat justitia, ruat coelum*".

beamten der Kriegsverbrecherabteilung von Scotland Yard, Washbourne und Mather, gestört. Sie beschuldigen den 78-jährigen Handyman des gutsituierten Ehepaars mittleren Alters, den gebürtigen Ukrainer Roman (Romka) Kozachenko, der Mittäterschaft an der Ermordung von 817 Juden in der Ukraine während seines Dienstes in der *miliz* (11). Sie vermuten, dass Cressidas verstorbener Vater, Major Leonard Field, der Romka 1945 in einem Kriegsgefangenenlager in Rimini kennengelernt hatte, ihm im Austausch für Informationen über das sowjetische Militär nach dem Krieg die Einreise in Großbritannien ermöglicht habe (40-42).[208] Der Versuch Julian Fields, der – ebenso wie Cressida – von Romkas Unschuld überzeugt ist, Romka ausgerechnet einen jüdischen Anwalt zur Seite zu stellen, ist erfolglos. Als "next best thing" (19) übernimmt Marian Stone, die mit einem Juden verheiratet ist, die Verteidigung. Im Laufe des zweiten Aktes, der zum größten Teil in einem Büro des Scotland Yard in London spielt, verdichten sich die Beweise, bis Romkas Schuld aufgrund zweier Zeugenaussagen erwiesen ist. Cressida, die bis zum Ende an der Unschuld des alten Mannes festhält, verfällt schließlich darauf, den Holocaust zu leugnen, da ihr dies die einzig mögliche Auflösung des Dilemmas zu sein scheint:

> You've only one defence, Romka, darling. There is only one defence. You deny it. Not just these charges against you, but the whole Jewish fantasy [...] How do we know it really happened? [...] how do we know that all these millions were murdered at all? (80)

Noch zu Beginn des Stückes hatte Cressida die 'Holocaustlüge', die ihr jetzt ganz flüssig über die Lippen geht, als "obscene" verurteilt (27). In ihrem Verhalten bewahrheitet sich Marian Stones größte Sorge, die sie von Anfang an mit dem Fall verbunden hat: "Airing these events may provide an impetus to Jew-baiting. [...] these investigations, a trial, evidence, witnesses, arguments, may relieve the poison. [...] What I specially fear is something else. That those who deny the Holocaust ever happened will have a field day." (27) Die sonst so beherrschte Marian schlägt Cressida ins Gesicht, die daraufhin – im letzten Bild – weinend zusammenbricht und von Roman und Julian getröstet wird (81).

Die oben skizzierte öffentliche Diskussion um den War Crimes Act und seine strafrechtlichen Konsequenzen wird in Harwoods *Handyman* exemplarisch vorgeführt. Die Rolle der informierenden Medien wird hier von den Kriminalbeamten Mather und Washbourne und von der Anwältin Marian Stone übernommen, die Julian und Cressida (und sicherlich auch einen Teil der Zuschauer) über die neue Gesetzgebung und ihren Hintergrund aufklären. Die Möglichkeit, dass Ukrainer im Rahmen der European Voluntary Workers Scheme 'Westward Ho!' nach erfolgreichem *screening* der eigenen Kriegsaktivitäten nach Großbritannien einzureisen und somit der Auslieferung an die Sowjetunion entgehen oder als Gegenleistung für Informationen über das sowjetische Militär hier bleiben konnten, wird während Romkas Verhör von den Kriminalbeamten

[208] Dass Major Leonard Field von Romkas Mittäterschaft wußte, wird von Julian angedeutet. Er berichtet, dass Leonard sich darüber gewundert habe, dass Romka niemals Reue zeigte (61).

Washbourne und Mather erwähnt (39-44). Die Gesetzesänderung wird von Marian Stone erläutert:

> until this new War Crimes Act, British courts had jurisdiction only over British citizens who had committed manslaughter or murder abroad, but didn't have jurisdiction over people who may now be British citizens, or who may now live here and have done for some time, if the allegations relate to events before they became British citizens, or before they came to live here. The New Act changed all that. (18)
> We can now prosecute them as we would any other British citizen. There is an element of what we lawyers call retrospective legislation (25).

Die unterschiedlichen Reaktionen der Öffentlichkeit auf die Fragen, die diese Gesetzesänderung aufwirft (insbesondere Schuldverjährung, Sinn und Zweck einer Verhandlung), werden aus verschiedenen Perspektiven von den Dramenfiguren beleuchtet. Cressida plädiert, ihrem eigenen Moralempfinden gemäß, von Anfang an für eine Verjährung von Schuld: "It can't be right, can it, to pursue old men for a crime they're alleged to have committed more than fifty years ago?" (25) Sie glaubt fest an Romkas Unschuld und möchte ihm und anderen ein Verfahren ersparen – "[g]uilty or not" (77).

Cressida ist überzeugte Katholikin und begründet die Ablehnung von Vergeltung mit ihrem Glauben. Die strafrechtliche Verfolgung Romkas ist ihrer Ansicht nach nichts als ein Racheakt der Juden:

> It's revenge. That's all. Old-fashioned, Old Testament revenge. Nothing more. Nothing less. (74)
> I think we should forgive and forget. We're Christians, aren't we? (77)
> Come on, admit it, this is revenge, revenge, that's all it is, nothing short of revenge. That's what they want. That's what the Jews want, revenge. [...] Jesus taught forgiveness and Jehovah taught vengeance. That's the difference. That's why Romka was in the dock today. (78)

Julian, der davon überzeugt ist, ein richtiger Anwalt werde das Problem aus der Welt zu schaffen wissen (17), betrachtet die Frage nicht unter ethisch-moralischem, sondern unter einem rein pragmatischen Gesichtspunkt; er fragt nach dem Sinn einer Verhandlung: "What's the point? [...] Is he to be rehabilitated so that he can return to the community and lead – what's the phrase – a useful life? Or will they be locking him away so that he won't be able to repeat the offence?" (26) Marian argumentiert dagegen, dass der Sinn einer Verhandlung über Bestrafung und Rehabilitation der Täter hinausgehe: "It can be argued that a trial is as good a way as any of a society proclaiming the standards by which it lives. This trial, if we get that far, may demonstrate our society's revulsion to the crimes of which Mr Kozachenko and others may be accused." (26)

Während Cressida das Vergangene auf sich beruhen lassen möchte (78), betont Marian die Gefahr des Vergessens: "And how dare we forget this most terrible event in human history? We forget it at our own peril. Because if we forget it, it'll happen again.

And if we forget it we allow those who now deny it to triumph." (77) Ihrem persönlichen Gerechtigkeitssinn nach sollten Mörder ungeachtet der Zeit, die zwischen Straftat und strafrechtlicher Verfolgung liegt, bestraft werden, denn "[a]fter all, murder is murder." (25) Ähnlich sieht Inspector Washbourne den Fall. Der Kritik "to rake up the past" (49) entgegnet er: "[I]f the suspect is guilty, then he's had fifty years longer on this planet than the people he killed." (50)

Aus ganz anderen Motiven plädieren die beiden befragten Zeugen für die Bestrafung Romkas. Nikita Fedorenko, der nach dem Krieg dreißig Jahre in Sibirien im Gefängnis war, sieht Gerechtigkeit darin, dass es Romka nun ähnlich ergehen soll: "Well, if I've done time, why shouldn't he?" (55) Die Ordensschwester Sophia sieht in Romans Bestrafung die einzige Möglichkeit, seine Seele zu retten: "[I]f Romka Kozachenko is punished for his sins, I will give thanks [...] because his suffering will be the only path of his eternal soul to eternal, everlasting redemption." (71)

Bereits zu Beginn des ersten Aktes werden sämtliche Themen und Motive eingeführt; im Laufe des Stückes erhalten sie jedoch eine andere Dimension. Was im Anfang auf den privaten Raum beschränkt bleibt und unbedenklich erscheint, entfaltet sich in der Folge in seiner öffentlichen und politischen Dimension, die mit ihrem Schrecken einen scharfen Gegensatz zur Beschaulichkeit des Landhauslebens darstellt. Die vermeintlich abgeschlossene Vergangenheit wird aus der Distanz geholt und erhält Relevanz für das Großbritannien des ausgehenden 20. Jahrhunderts.

Die Verschränkung von privater und politischer Dimension wird bereits vor dem Eindringen der beiden Kriminalbeamten in den Garten der Fields angekündigt. Im Rahmen ihres *gender studies programme* hat Cressida einen Essaytitel zur Auswahl bekommen, den sie aber nicht zu bearbeiten gedenkt: "There was another title they gave. [...] 'If the personal is political, should the law intervene in the private domain?'" (7)[209] Was kurz darauf geschieht, wäre durchaus angetan, ihr einige Anregungen zur Bearbeitung dieses Themas zu geben, und auch Julian, der zugibt, den Titel nicht zu verstehen, wird einiges dazulernen.[210] Denn verkörpert durch die beiden Beamten des Scotland Yard greift das Gesetz kurz darauf in ihre eigene "private domain" ein. Beide werden dazu gezwungen, sich inmitten ihres Landhausidylls mit den Gräueltaten der Nazis, die sie zuvor in den Hintergrund ihres Bewusstseins gedrängt haben, in ihren Einzelheiten zu befassen:

> In ordinary circumstances we lead quiet, orderly, predictable lives. Rather protected. Now, this. I've only ever thought about – these things in the most general terms, thought of them as a kind of pervasive horror of which the details are best left unknown. (29)

Bereits der Titel des Dramas lässt sich auf Romkas Handlangertätigkeit im Hause der Fields ebenso beziehen wie auf seinen Dienst in der ukrainischen *miliz.* Als

[209] Zu dem feministischen Slogan "the personal is the political" siehe weiter Gaby Weiner, *Feminisms in Education. An introduction* (Buckingham: Open University Press, 1994).

[210] Auch die in dem von Cressida gewählten Essaytitel gestellte Frage nach "gender equality" (7) wird im Drama beleuchtet, indem hier stereotype Geschlechterrollen vorgeführt und teilweise aufgebrochen werden.

'Handyman' im Haushalt der Fields wird Romka als dienstbeflissen und hilfsbereit eingeführt; er erledigt dort alle Aufgaben, die anfallen:

> He does everything for us. Cooks, sews, builds, digs, mends fences, drives the car, grows the most wonderful vegetables, and just look at the garden, he's a life-saver, nothing's too much trouble for him. (28)

Als nützlicher Handlanger, der für alle Aufgaben eingesetzt werden konnte, erwies sich Romka, wie sich später herausstellt, schon während seines Dienstes in der ukrainischen *miliz*. Nikita Fedorenko, der ihn als Zeuge belastet, bezeichnet Romka in diesem Zusammenhang im Rückblick als "[u]seful man. Could do anything" (54) und als "[g]ood man. [...] Good worker" (57). Mit ihm zusammen, so Fedorenko, erschoss Romka zahlreiche Juden mit dem Maschinengewehr: "Romka and me, we preferred machine guns. More efficient" (57). Befehle der Deutschen, so versichert Fedorenko, waren für die Erschießung der Juden nicht notwendig: "[W]e didn't need orders. We were volunteers. We just knew what had to be done" (55). Vor diesem Hintergrund mutet Julians Kommentar gegen Ende des Dramas bitter ironisch an: "Romka, do as you're told for once in your life" (72).

Die anonymen Massengräber, die die *miliz* die Juden von Starivka, Mikolja und Kovlici vor ihrer Hinrichtung ausheben ließ (56), stehen in starkem Kontrast zu dem zu Beginn des Stückes liebevoll von Romka für die verstorbene Familienkatze geschaufelten Grab. Während die Inschrift auf dem Grabmal der Katze ihren Namen und ihr Alter vermerkt (2), wurden die jüdischen Opfer in Mikolja anonym verscharrt: "[t]here is a memorial in Mikolja but there are no names of the victims." (58) Romkas große Trauer um die beerdigte Katze ("When I dig grave, I blub", 2) steht in krassem Missverhältnis zu seiner kaltblütigen Erschießung zahlreicher Juden in der Ukraine.[211]

Auch die Thematik des schwindenden Erinnerungsvermögens wird bereits zu Beginn des Dramas eingeführt, wenn auch zunächst in einem harmlosen, rein privaten Zusammenhang: Romka kann sich nicht daran erinnern, dass er seinen Strohhut von Cressida geschenkt bekommen hat, die daraufhin Julian gegenüber besorgt äußert: "his memory is going" (5). Romkas Gedächtnisschwund erhält im Verlauf des Stückes eine politische Dimension, als er während des Verhörs bei Scotland Yard die schwindende Erinnerung instrumentalisiert. Die Zeugenaussagen alter Leute stellt er als unglaubwürdig dar:

> How can there be witnesses? Witness what? I kill no one. And these witnesses, old men now, like me, all old men. They got such good memories? Fifty years more ago? They remember who, what, where? If they remember me, they remember wrong. (37)

So versucht Romka auch, Fedorenkos Zeugenaussage unter Verweis auf dessen schlechtes Gedächtnis zu diskreditieren: "He make mistake! He forget Romka Two. My God! He has eighty-two years, his memory is perfect?" (64).

[211] Romka und Julian werden von Cressida aufgrund ihrer Trauer um die Katze als "soft-hearted" bezeichnet (2).

Romkas eigenes Gedächtnis stellt sich als selektiv dar: “We are talking more than fifty years past. Is difficult. I am old. Memory comes, goes.” (46) Während er die Ereignisse, in die er schuldhaft verstrickt war, ausblendet, was ihm im Hause der Fields, wo er nicht dazu angehalten wird, die Erinnerung wachzurufen, erleichtert wird (Cressida: “It’s not a subject – we just don’t – never have – it’s not part of our – there are no Jews living in our village, for example – ”, 31), kann er sich ohne Schwierigkeiten an die Vorkriegszeit erinnern, die ihn selbst als Opfer des stalinistischen Systems erscheinen lässt – während des Verhörs (43-45) und gegenüber Julian und Cressida: “We heard him bang on about the Communists, haven’t we? Stalin and all that. How the Ukraine suffered – [...] He lost his whole family, parents, brothers, sisters.” (31).[212] An späterer Stelle merkt Julian an: “we like to remember our history, don’t we, we just don’t want other people to remember theirs” (78). Romkas Beharren auf seiner fehlenden Erinnerung an die Kriegsjahre wird durch die Aussage einer weiteren Zeugin konterkariert. Sophia Demidenko besteht darauf, dass man Anblicke wie den der Erschießung der Juden von Starivka nicht vergessen könne: “the Jewish women were holding their frightened children. They were wailing. And the children were crying. I can hear it now. You don’t forget things like that.” (67)[213] So sei der Anblick Romkas, der die noch lebenden Juden in der Grube erschoss, “branded in [her] memory” (69).[214]

Auch Romkas verstärkter Alkoholkonsum ist, wie sich im Laufe des Dramas herausstellt, weniger auf private Probleme der Gegenwart – auf seine Einsamkeit nach dem Tode seiner Frau, wie Julian vermutet (6) – zurückzuführen, als vielmehr auf seine Schuldverstrickungen in der Vergangenheit, die ihn nun einzuholen scheint. Er hatte gehofft, alle Spuren der Vergangenheit mit der Einreise nach Großbritannien beseitigt zu haben. Er beharrt darauf, seine Identität mit der Immigration nach Großbritannien gewechselt zu haben:

> We are not in Ukraine. I am not that man. I am not that Ukranian. [...] now, I am British subject. I am different man. [...] Yes, I say you, this is my country now. Here. Great

[212] Vgl. 38; und (während des Verhörs beim Scotland Yard) 43. In diesem Zusammenhang ist auch der Roman *The Hand that Signed the Paper* (St Leonards: Allen & Unwin, 1994) der australischen Schriftstellerin Helen Darville von Interesse, in dem der Ukrainer Vitaly die Nationalsozialisten als Befreier vor dem stalinistischen Regime begrüßt und sich freiwillig den Tötungsmannschaften der SS anschließt. Siehe weiter Jacques Adler, *Genocide, History and Fictions. Historians Respond to Helen Demidenko/Darville’s The Hand that Signed the Paper* (Melbourne: History Department, University of Melbourne, 1997).

[213] Auch die Kalkspur, die der LKW hinterließ, der den fortgetriebenen Juden folgte, so versichert Sister Sophia, werde sie niemals vergessen (67f.).

[214] Ein vergleichbares Verhalten zeigte 1999 Alfons Götzfried im Prozess vor dem Stuttgarter Landgericht. Die Zeit zwischen 1941, als der Angeklagte aus Rastad, dem heutigen Porentschje in der Ukraine, von den Deutschen aufgefordert wurde, deren Pferde zu versorgen, bis zum Kriegsende ließ er bei seinen Aussagen aus; er äußerte kein Wort darüber, wie er zum Unterscharführer wurde und wie er nach Majdanek kam, wo er 1943 an der Massentötung von Juden teilgenommen hatte. Auf die Frage, ob er von den Massakern gewusst bzw. daran teilgenommen habe, antwortete er “unwillig bis unwirsch”: “Nein, davon weiß er nichts mehr. Oder er will es nicht mehr wissen.” *Stuttgarter Zeitung* vom 28. April 1999, 3.

> Britain. Good, just, fair. British justice, top in the world. This I believe. This I trust. And in God I trust. I am loyal subject of Queen Elizabeth. (36, 38)

Der Zeitpunkt, zu dem Romka mit dem Trinken beginnt ("[j]ust after Easter", 5), fällt mit einem Besuch in London zusammen, bei dem er erfahren hat, dass die Polizei Erkundigungen über ihn eingeholt habe: "Easter time, when I went to London, to Club, I heard, people say me police asking questions, here, there" (14). Romka wird von seiner Vergangenheit, die er bislang erfolgreich ausblenden konnte, eingeholt und versucht nun, sie im Alkohol zu ertränken.

Eine weitere Fluchtburg ist für Romka sein Glaube. Wie Cressida ist er Katholik, und nach der Durchsuchung seiner Wohnung durch die Kriminalbeamten tröstet diese ihn damit, ihn am folgenden Sonntag zur Heiligen Messe begleiten zu wollen (15). Der Beichtstuhl ist Romkas Zuflucht nach dem Massaker an den Juden (70). Hier vermag er seine Schuld abzuladen, ohne befürchten zu müssen, dass etwas an die Öffentlichkeit gelangen könnte. Auch in der Ehe, so vermutet Julian, habe Romka die 'private' Buße zur Bestrafung seiner Taten gesucht: Buße tat er, so mutmaßt Julian, indem er sich von seiner irischen Frau Maureen schlagen ließ, ohne sich zu wehren (30):

> Just suppose he is guilty. You'd think that he would suffer from remorse and show it. Distress. Anguish. Something. [...] I've always thought that when he and Maureen had a spat, and he'd appear the next morning with a black eye or a cut across his lip, he liked it, wanted it, needed it [...] I think he wanted to be punished. (61-62)

Durch die neue Gesetzgebung wird die Buße nun in den öffentlichen Raum getragen.

Die Beichte spielt auch in der Beziehung von Julian und Cressida eine wichtige Rolle – und auch hier ist wieder eine Verschränkung der privaten und der politischen Dimension zu beobachten. Denn parallel zur 'politischen' Schuldfrage wird hier der persönliche Umgang mit Schuld diskutiert: Julian beichtet Cressida einen zwei Jahre zurückliegenden Ehebruch. Zwar hat er bereits in der Kirche gebeichtet, doch sucht er Cressidas Verzeihung (62). Im Kontext der Frage, ob die Verfolgung der NS-Straftäter ein Racheakt sei, ist von Bedeutung, dass Julian, bevor er Cressida beichtet, Mozarts *Zauberflöte* hört: "He is listening to 'Bei Männern, welche Liebe fühlen', which gives way to 'Zum Ziele führt dich diese Bahn'. The music plays throughout the scene." (58). Die heiligen Hallen, in denen es keine Rache gibt, werden, so könnte man meinen, von Julian vor seiner Beichte herbeigesehnt.

Im Verhalten des an den Verbrechen der Nazis beteiligten Romkas zeigen sich die von Alexander und Margarete Mitscherlich in ihrer sozialpsychologischen Studie *Die Unfähigkeit zu trauern* für die Nachkriegsdeutschen beschriebenen Abwehrvorgänge "Vergessen, Verleugnen, Projizieren" – "instinktiv und unbewußt arbeitende Kräfte des Selbstschutzes", die mobilisiert wurden, um Angst, Schuld und Scham zu vermeiden und die im Prozess der Bewältigung der Vergangenheit, verstanden als die von Freud bezeichnete Folge von Erkenntnisschritten "erinnern, wiederholen, durcharbeiten"[215],

[215] Freud, "Erinnern, Wiederholen und Durcharbeiten", 126-136. Dazu A. und M. Mitscherlich, *Die Unfähigkeit zu trauern*, 24, 42 und M. Mitscherlich, *Erinnerungsarbeit*, 26.

überwunden werden müssen.[216] Wie gezeigt wurde, lässt Romka, bei der "Trennung in genehme und nicht genehme Erinnerung",[217] nur die "passenden Bruchstücke der Vergangenheit zur Erinnerung" zu – die Vorkriegszeit, in der er als Opfer, nicht als Täter, hervortritt. Hingegen werden "[a]lle Vorgänge, in denen [er] schuldhaft verflochten ist, [...] verleugnet, der Verantwortung anderer zugeschoben, jedenfalls nicht im Nacherleben mit [seiner] Identität verknüpft."[218] Er beteuert, immer als Koch in der Küche gearbeitet zu haben (34, 51-52), und projiziert die Taten, derer man ihn beschuldigt, auf einen Romka II (56-57, 64), den er während eines Verhörs auf einem Foto zu erkennen vermeint (46), dessen Name allerdings nicht in den Akten auftaucht (48).[219] Auf diese Weise versucht er, seinen Fall als "case of mistaken identity" darzustellen, wofür ihn auch Julian zu Beginn gehalten hatte (22).

Romkas Festnahme und die in diesem Zusammenhang aufgedeckte Tatsache, dass Großbritannien Nazi-Kollaborateuren zur Einreise verholfen und einen sicheren Unterschlupf geboten hat, konfrontieren Julian und Cressida mit den Gräueltaten der Nazis, deren 'Details' Cressida bislang erfolgreich von sich ferngehalten hat,[220] und mit der Schuldverstrickung des eigenen Landes. "[C]hocolate-box" England (7) bröckelt: Die Nazivergangenheit betrifft nun auch die eigene Geschichte, und mit Romka erleben sie sie im eigenen Haus. Die Festnahme ihres 'Handyman' zwingt ihnen die Konfrontation mit der Vergangenheit und die Erinnerung daran auf. Dass die (antisemitische) Vergangenheit längst nicht bewältigt ist, zeigt sich im Fortleben von Stereotypen des Jüdischen und von Vorurteilen – dem "psychischen Immobilismus", den Margarete Mitscherlich als Folge der unbewältigten Vergangenheit bezeichnet hat.[221] Julian hat ein bestimmtes Erscheinungsbild vor Augen ("You don't look Jewish", 18) und ist Juden gegenüber misstrauisch. Obwohl er selbst vom Geldvermehren "in the City" lebt ("[m]aking money out of money", 20), ist er zunächst doch davon überzeugt, dass die Polizei eigentlich zu seinen Nachbarn, den Miltons, wolle, denn: "Nobody knows what Milton does, nobody knows where he comes from or how he got his money." (3)[222] Und so vermutet Julian, dass Milton Jude sei: "Cressida: [...] there are no Jews living in our

[216] A. und M. Mitscherlich, *Die Unfähigkeit zu trauern*, Zitate: 27, 24. Zu Strategien des Vergessens siehe auch Harald Weinrich, *Lethe. Kunst und Kritik des Vergessens* (München: C. H. Beck, 1997), insb. 228ff.

[217] Ebd., 26.

[218] Ebd., 26. Der Abwehrmechanismus der Verleugnung bezieht sich "auf die störende Wahrnehmung der äußeren Realität": ebd., 39 Anm. 1.

[219] Denjenige, den Romka mit Romka II bezeichnet, kennen sie als "Ruslan Grigorovich" (51).

[220] "I've only ever thought about – these things in the most general terms, thought of them as a kind of pervasive horror of which the details are best left unknown" (29); "It's not a subject – we just don't – never have" (31).

[221] Margarete Mitscherlich-Nielsen, "Die Notwendigkeit zu trauern", in: *Psychoanalyse und Nationalsozialismus. Beiträge zur Bearbeitung eines unbewältigten Traumas*, hg. von Hans-Martin Lohmann (Frankfurt: Fischer, 1984), 15-23, 22. In ihrer Studie zum 'autoritären Charakter' haben Adorno et al. Stereotypie als eine psychologische Grundlage von insbesondere antisemitischen Vorurteilen herausgestellt: Theodor W. Adorno et al., *The Authoritarian Personality* (New York et al.: Harper & Row, 1950), insb. Kap. XVI.

[222] Vgl. auch 7.

village […] – Julian: I don't know about the Miltons, he may be –" (31). Die alten Vorurteile leben weiter, entgegen der Behauptung Cressidas: "It's all ancient history" (78).

Mit den Kriegsverbrecherprozessen im eigenen Land besteht nun, folgt man Mitscherlichs These, eine Chance zur Vergangenheitsbewältigung in Großbritannien. Denn mit den Prozessen und der damit verbundenen Berichterstattung wird die britische Schuldverstrickung immer wieder 'erinnert', 'durchgearbeitet'. Nur so können Abwehrvorgänge, die die Vergangenheitsbewältigung unterbinden, überwunden werden, und nur so kann dem "psychischen Immobilismus" entgegengewirkt werden, was Marian Stone als große Chance der Prozesse sieht: "if we forget it, it'll happen again." (77)

III.5.5.2.2 Peter Flannerys *Singer* (1989)

Bereits im September 1989, also zu jener Zeit, als die strafrechtliche Verfolgung von Kriegsverbrechen erneut in der britischen Öffentlichkeit diskutiert wurde, war mit Peter Flannerys *Singer* ein Drama uraufgeführt worden,[223] das sich unter anderem mit einem in England ansässigen Ukrainer der Wachmannschaft in Auschwitz befasst. Sein Name, Antanas Gailunas, erinnert an den Antanas Gecas, der drei Jahre zuvor als erster mutmaßlicher Kriegsverbrecher in der Presse genannt worden war.[224]

Drei ehemalige KZ-Häftlinge (Peter Singer, Stefan und Malik) erkennen in dem in England ansässigen Ukrainer Antanas Gailunas den Wachmann wieder, der sie in Auschwitz gequält hatte. Gailunas Tochter Ruby, die vielmehr glaubt, auch er sei ein ehemaliger KZ-Häftling, hat das Treffen organisiert, damit er sich im Gespräch mit anderen Lagerinsassen mit der Vergangenheit konfrontieren und sie – wie sie hofft – endlich hinter sich lassen kann: "Father, you have to talk about it. Peter can talk about it. When you can talk about the camp, you'll finally leave it. Peter, please. Help him. Help him to face the past." (75). Bereits bei der Einreise hatte den drei ehemaligen KZ-Häftlingen der Beamte der Einwanderungsbehörde geraten: "Forget: forget the past. You've had terrible experiences. But there is nothing to be gained by dwelling on the past. The future's what counts." (11)

Während Singer tatsächlich in der Gegenwart lebt und Karriere macht, malt Stefan Bilder, die an die KZs erinnern sollen. Singers abweisender Haltung – "That's all in the past – people don't want to be reminded" (39) – entgegnet Stefan: "The past must be confronted so that it will never return" (82). Auch Antanas, der seine Schuldverstrickung in England geleugnet hatte, wird nun tatsächlich mit seiner Vergangenheit konfrontiert – aber anders als Ruby dies erwartet. Geblendet durch ihr persönliches Verhältnis glaubt sie nicht an das Böse in den Menschen, die (wie ihr Vater) zu Handlangern der Nazis geworden waren: "I think those men – those camp guards – weren't supermen of any kind, not big men at all, ... they were just... ordinary! ... There is no such thing as evil." (75) Dass Ruby das tiefere Verständnis für die Taten ihres Vaters fehlt, wird von Singer damit begründet, dass sie wohlbehütet in England aufgewachsen sei und sich keinen echten Begriff davon, was das Böse sei, machen könne: "You're

[223] Peter Flannery, *Singer* (London: Nick Hern Books, 1989). Uraufführung RSC (Swan), Regie Terry Hands.
[224] Siehe etwa die *Sunday Times* vom 26.10.1986.

English, Ruby. English through and through – which is to say you have no idea of evil." (75)

Im Kontext der Debatte um die späte strafrechtliche Verfolgung von Kriegsverbrechern ist eine solche Aussage bezeichnend. Sie versucht, indem sie die Nähe des Bösen und seine Existenz in Großbritannien aufzuzeigen sucht, auch hier ein – wenn auch verspätetes – Verständnis für die Fragen von Schuld und Sühne zu provozieren und für die aktuelle Problematik zu sensibilisieren.

III.5.5.2.3 Ian Rankins *The Hanging Garden* (1998)

Mit dem Fall eines mutmaßlichen Kriegsverbrechers befasst sich Detective Inspector John Rebus in Edinburgh in Ian Rankins Kriminalroman *The Hanging Garden* (1998).[225] Rebus soll dem Verdacht nachgehen, dass sich hinter dem seit 1945/46 in Edinburgh ansässigen Linguisten elsässischer Herkunft Joseph Lintz der Kriegsverbrecher Josef Linzstek verbirgt, der als Leutnant der Kompanie eines SS-Regiments maßgeblich an dem Massaker der Bewohner des französischen Dorfes Villefranche d'Albarede beteiligt war (29f.), eines fiktiven Ortes, dem in der Realität das Dorf Oradour-sur-Glâne entspricht, wo am 10. Juni 1944 fast alle Anwesenden von der 3. SS-Kompanie 'Das Reich', unter dem Kommando von General Lammerding, hingerichtet wurden.[226] Im Nachwort seines Romans weist Rankin auf die schonende Behandlung der 1953 in Bordeaux für dieses Massaker schuldig Gesprochenen[227] sowie ehemaliger Waffen-SS-Angehöriger in der Bundesrepublik Deutschland hin. Zwei Jahre vor dem Erscheinen des Romans war berichtet worden: "around 12,000 foreign volunteers to the Waffen SS are still receiving pensions from the Federal German govern-

[225] Ian Rankin, *The Hanging Garden* (London: Orion, 1999) [1998]. Hierbei handelt es sich um den 9. Roman der 'Inspector Rebus Series'.

[226] Rankin, 'Afterword' zu *Hanging Garden*, 411. Insgesamt wurden in dem Dorf, in dem die SS Kämpfer und ein Waffenlager der Résistance vermutete, 642 Menschen getötet. Der amtliche Bericht des französischen Generals Bridoux über das Massaker in Oradour-sur-Glâne, der im Auftrag der Vichy-Regierung abgefasst wurde und dem deutschen Oberbefehlshaber West übergeben wurde, wurde von Charles Dubost während der Nürnberger Prozesse verlesen: Heydecker, Leeb, *Der Nürnberger Prozeß*, 387.

[227] Sämtliche der 1953 in Bordeaux für schuldig Gesprochenen wurden straflos entlassen, wie im Roman vermerkt wird: "The trial had opened in February 1953 and lasted just under a month. Of seventy-five men identified as having been part of the German force at Villefranche, only fifteen were present – six Germans and nine French Alsatians. Not one of them was an officer. One German received the death sentence, the others jail terms of between four and twelve years, but they were all released as soon as the trial finished. Alsace hadn't been enjoying the trial, and in a bid to unite the nation, the government had passed an amnesty. The Germans, meantime, were said to have already passed their sentences." (31). Siehe auch Rankins 'Afterword' zu *Hanging Garden*, 411. Hier spricht Rankin von insgesamt 65 Involvierten, von denen 21 bei den Verhandlungen anwesend waren. Siehe weiter Claudia Moisel, *Frankreich und die deutschen Kriegsverbrecher. Politik und Praxis der Strafverfolgung nach dem 2. Weltkrieg* (Göttingen: Wallstein, 2004).

ment. One of these pensioners, a former Obersturmbannführer, was a participant at Oradour ...".[228]

Mit Blick auf die nur wenige Jahre vor Erscheinen seines Romans an die Öffentlichkeit gedrungene Rolle Großbritanniens als eines Schutz bietenden Einreiselandes für ehemalige NS-Kollaborateure verlegt Rankin die Jagd nach dem Kriegsverbrecher Linzstek nach Edinburgh. Wie dieser nach dem Krieg nach Großbritannien einreisen konnte, ist unklar (34), doch das Holocaust Investigation Bureau (HIB) in Tel Aviv, das den Fall zuerst an die britische Presse gegeben hatte (28f.), vermutet, dass ihm die Flucht über die so genannte *rat line* ermöglicht wurde. Mit diesem Begriff bezeichneten die Amerikaner den Fluchtweg vieler Nazis und SS-Leute, der diese über Südtirol und Rom (wo sie durch Vertreter der katholischen Kirche und das Rote Kreuz eine neue Identität erhielten) vor allem in südamerikanische und arabische Staaten führte.[229] Wie David Levy, ein jüdischer Historiker, der für das HIB arbeitet, Rebus erklärt, ist die einzige Möglichkeit, die 'Rattenlinie' nachzuweisen, "'[i]f someone talks. If we can get just *one* of them to talk ...'" (104). So erklärt sich auch das besondere Interesse des HIB an Lintz. Als Lintz tot aufgefunden wird – Levy vermutet Fremdeinwirkung[230] –, bezeichnet er dies als 'Betrug an der Geschichte' (268). Denn mit jedem Tod eines Verdächtigen verringere sich die Wahrscheinlichkeit, die Existenz der *rat line* jemals nachweisen zu können: "With each suspect who dies, we're that much less likely to prove its existence" (268).

Rebus hat seine Ermittlungen kaum aufgenommen (Lintz lebt zu diesem Zeitpunkt noch), als sich Inspector Abernethy vom Special Branch aus London für den Fall zu interessieren beginnt. Nach einiger Zeit vermutet Rebus, dass Abernethy im Auftrag des "public arm of the secret services" (104), wie er den *Special Branch* nennt, die Aufdeckung der *rat line* vereiteln solle (321). Schon als Rebus seine Untersuchungen begann, hatte Levy ihn auf das Interesse der "secret services" hingewiesen, die lange vor der Öffentlichkeit verborgen gehaltene Rekrutierung von Kriegsverbrechern für den britischen Geheimdienst zu Beginn des Kalten Krieges nicht aufzuklären:

> there are people out there who want the truth to stay hidden. [...] The Cold War was starting, Inspector. You know the old saying: My enemy's enemy is my friend. These murderers were protected by the secret services. Military Intelligence offered them jobs. There are people who would rather this did not become general knowledge. (64)[231]

[228] Rankin, 'Afterwod' zu *Hanging Garden*, 411.

[229] Auf diesem Weg entkamen etwa Adolf Eichmann, Walter Rauff, Josef Mengele, Franz Stangl und Friedrich Warzok.

[230] "Lintz isn't the first, you know. One man, the brakes failed on his car. Another fell from an upstairs window. There've been two apparent suicides, six more cases of what look like natural causes" (268).

[231] Siehe auch: "It was said that Klaus Barbie, the 'Butcher of Lyons', had been offered a job with British Intelligence. It was rumoured that high-profile Nazis had been spirited away to America" (106); siehe auch 63.

Die schützende Hand des Geheimdienstes scheint nun Abernethy über Lintz zu halten, den er in Rebus' Beisein schließlich selbst befragt: "'Well, Mr Lintz,' Abernethy was saying, 'thanks for your time.' His hand was on the elderly man's shoulder: protective, comforting." (98)

Rebus gelingt es bis zum Ende nicht, Lintz' Identität eindeutig zu klären (400). Eine Zeugin des Massakers kann ihn nicht sicher als Linzstek identifizieren (33); seine Papiere wurden, wie er behauptet, im Krieg vernichtet (98); und er beruft sich (ähnlich wie Romka in Harwoods *Handyman*) auf Gedächtnislücken, wenn es darum geht, dass er genauere Angaben bezüglich der Umstände seiner Einreise nach Großbritannien machen soll:

> He'd lived in Scotland since 1945 or '46 – he was vague about exact dates, blaming his memory. His early life was vague, too. He said paper had been destroyed. The Allies had had to create a duplicate set for him. There was only Lintz's word that these new papers were anything but an official record of lies he'd told and which had been believed. [...] Lintz's war record was vague, too. He mentioned shell-shock to explain the gaps in his memory. (33f.)

Mit seinen neuen Papieren, so vermutet Rebus, konstruierte sich Lintz eine neue Identität. Die nötige Raffinesse, die Fähigkeit zur Anpassung an seine neue Umgebung, traut Rebus ihm durchaus zu: Ähnlich wie Romka, der mit Liebe und Sorgfalt ein Grab für die verstorbene Hauskatze bereitet, gibt sich Lintz jeden Morgen mit Akribie der Pflege und Bepflanzung von Gräbern ihm Unbekannter auf einem Edinburgher Friedhof hin (94f.). Mit seiner Kleidung ("green rubber overshoes, green woolen jersey, tweed jacket", 96) macht er dabei den Anschein eines Gärtners und erregt keinerlei Aufsehen. Die Anpassung an seine Umgebung, so überlegt Rebus, könnte einstudiert sein: "Rebus wondered how artful he was, how deeply he'd learned the skill of invisibility" (96). Doch wie Romka kann auch Lintz seine Vergangenheit, seine 'Kriegs-Identität', nicht ganz auslöschen:

> He'd lived in Scotland the best part of half a century, but there was still something lurking beneath the local accent, peculiarities of phrasing and tone that would be with Lintz until he died, reminders of his far less recent history. (166)

Nach Beginn der Anschuldigungen (400) lässt Lintz die Vergangenheit immer wieder aufleben, indem er *call girls* in seiner Wohnung dazu auffordert, sich einen Strick umzulegen und sich den Anschein zu geben, erhängt zu sein; damit lässt er sie die Art der Exekution von Villefranche d'Albarede nachstellen:

> He wanted the girls ... he had this length of rope ... he'd made it into a noose [...] He wanted the girls to slip it over their heads, then lie down like they were dead. [...] And he'd ... he'd sit on his chair and get off. [...] He wanted the works: bulging eyes, tongue sticking out, neck twisted... (397)

Auch sein Freitod, zu dem ihm der Zuhälter der *call girls* verhilft (399), ist nach dem Muster der Hinrichtungen von Villefranche inszeniert: "the body found hanging from a tree in Warriston Cemetery" (178).[232]

Wie in *The Handyman* wird auch in Rankins Roman die Frage nach dem Sinn der Aufarbeitung eines lange zurückliegenden Verbrechens aufgeworfen und die Verjährung von Schuld diskutiert. Rebus selbst ist zunächst wenig an dem Fall interessiert, nicht nur aufgrund der seiner Erfahrung nach bislang erfolglosen Jagd nach Kriegsverbrechern ("Sir, we've been through this before. It's the whole reason the War Crimes section was shut down", so Rebus, als er mit dem Fall beauftragt wird, 28), sondern auch, weil er – wie Julian in *The Handyman*, der Scotland Yard vorwirft, falsche Prioritäten zu setzen (13) – die Aufdeckung von aktuellen Straftaten für dringlicher hält: "He had a drawerful of doubts, especially now that he had a real, living, breathing case" (63). Die Frage, ob die Bearbeitung des Falles Sinn macht, wird immer wieder neu gestellt: "And again, the recurring question: did any of it matter?" (106). David Levy versucht Rebus von der Bedeutung der Beweisfindung zu überzeugen. Wie für Marian Stone in *The Handyman* sind die Ermittlungen für ihn ein für die Zukunft wichtiger Akt der Erinnerung:

> 'The question you've no doubt been pondering is the same one I've asked myself on occasions: can time wash away responsibility? For me, the answer would have to be no. The thing is this, Inspector.' Levy leaned forward. 'You are not investigating the crimes of an old man, but of a young man who now happens to be old. Focus your mind on that. There have been investigations before, half-hearted affairs. Government wait for these men to die rather than have to try them. But each investigation is an act of remembrance, and remembrance is never wasted. Remembrance is the only way we learn. (63)

Inspector Abernethy, der (so Levy) zu denen gehört, "who'd rather this was all relegated to history" (103), spricht sich gegen eine Strafe aus:

> 'Even suppose he *did* order that massacre – you think a trial and a couple of years in clink till he snuffs it is the answer? Better to just give them all a bloody good scare, stuff the trial, and save the taxpayer millions.' (99)

Wie in Harwoods *Taking Sides* wird auch in Rankins *The Hanging Garden* die "Et tu quoque"-Frage gestellt – Lintz fragt Rebus: "Can't you see the hypocrisy of trying someone, when you'd probably have done the same thing yourself? One soldier standing out from the crowd ... saying no to the massacre: would you have made that stand yourself?" (108). Und Rebus, der (durchgängig in der gesamten Reihe von Rankins um

[232] Siehe auch 399. In der entsprechenden Textstelle, die die Hinrichtungen in Villefranche beschreibt, heißt es: "ropes were produced, and strung over half a dozen of the trees which lined the square. The men were hauled to their feet, their heads pushed through the nooses. An order was given, a hand raised then dropped, and soldiers pulled on each rope, until six men were hanging from the trees, bodies writhing, legs kicking uselessly, the movements slowing by degrees." (29).

seine Figur konstruierten Romanen) immer wieder seine eigene Vergangenheit als britischer Soldat in Nord-Irland durchlebt und zu verarbeiten sucht, sieht sich mit dieser Frage im Innersten getroffen.

Der Roman verknüpft die von den Nationalsozialisten verübten Gräueltaten mit späteren Menschenrechtsverletzungen; Parallelen zu Rwanda und vor allem zu Bosnien lassen sich durch den gesamten Roman verfolgen. Verwoben mit der Jagd nach Linzstek ist die Untersuchung um Candice, die nach ihrer Flucht aus Sarajevo in Edinburgh zur Prostitution gezwungen wird (85); Lintz zieht einen direkten Vergleich zwischen dem Massaker von Villefranche und den Kriegsverbrechen in Bosnien:

> 'You're wondering if a Christian could commit an atrocity like Villefranche. It's perhaps not in my interest to say this, but I think it entirely possible. I've been explaining this to Inspector Rebus.' [...] 'Religious belief is no defence, you see. Look at Bosnia, plenty of Catholics involved in the fighting, plenty of good Muslims, too. "Good" in that they are believers. And what they believe is that their faith gives them the right to kill.' Bosnia: Rebus saw a sharp image of Candice escaping the terror, only to end up more terrified still, and more trapped than ever. (96)[233]

Dass die Menschheit aus den Gräueln der Vergangenheit jemals lernen könne, wird von Rebus in Zweifel gezogen; es gibt zu viele neue Untaten: "it was hard to have faith in a human race that never learned, that seemed ready to accept torture, murder, destruction. He opened his newspaper: Kosovo, Zaire, Rwanda. Punishment beatings in Northern Ireland..." (330).

In Rankins Kriminalroman wie auch in den Dramen *The Handyman* und *Singer* wird Großbritannien zum Schauplatz für die Jagd nach NS-Verbrechern, bei denen es sich um Nazi-Kollaborateure aus Osteuropa handelt. Im Zuge der Diskussion um den War Crimes Act, in deren Kontext diese Texte zu betrachten sind, rücken auch in der Literatur andere Fragen in den Blick, als man sie von Texten derjenigen Gattungen, die sich schon längere Zeit mit der Jagd nach NS-Tätern befassen – dem Agentenroman und dem politischen Thriller – kennt. Die Jagd nach flüchtigen NS-Tätern spielt in britischen Agentenromanen seit den 50er Jahren eine große Rolle,[234] und auch die meisten

[233] Zu den Kriegsverbrechen in Bosnien heißt es im Roman weiter: "Like a lot of people he knew, Rebus didn't know much about the war in ex-Yugoslavia. He'd seen some of the news reports, been shocked by the pictures, then had got on with his life. But if the cuttings were to be believed, the whole region was being run by war criminals." (124); im Verhör des Universitätsdozenten Dr. Colquhoun äußert sich dieser wie folgt über die *rat line*: "I mean the stories you hear about Bosnia and Croatia... slaughterhouses, mass torture, the guilty being spirited away... It's hard to know what's *true*." (292f.).

[234] Im britischen Agentenroman spielt Deutschland eine bedeutende Rolle: Moritz, *Im Schatten des Dritten Reichs*, 141. In Anbetracht des "Wirklichkeitsanspruchs" der Gattung (Bernd Lenz, *Factifiction. Agentenspiele wie in der Realität. Wirklichkeitsanspruch und Wirklichkeitsgehalt des Agentenromans*, Anglistische Forschungen, 188 [Heidelberg: Winter, 1987], 265; Michael Denning, *Cover Stories. Narrative and Ideology in the British Spy Thriller*, Popular Fiction Series [London/New York: Routledge, 1987], 2) ist es nicht verwunderlich, dass im Zuge der beiden

der politischen Thriller, so fasst Malcolm Humble zusammen, "deal with the Third Reich and its aftermath."[235] Doch während in politischen Thrillern wie Frederick Forsyths *The Odessa File* (1972) oder in Agentenromanen wie Ian Flemings *The Moonraker* (1955) die Präsenz von NS-Tätern auch im Deutschland der Nachkriegszeit thematisiert wird,[236] fokussieren die Texte, die zur Zeit der Diskussion um die strafrechtliche Verfolgung der Kriegsverbrecher verfasst wurden, die Rolle Großbritanniens bei der Flucht von NS-Kollaborateuren aus Osteuropa und die damit zusammenhängenden Fragen.

Weltkriege die Rolle der Deutschen als Gegenspieler der Briten auch im Agentenroman festgelegt wurde. Mit dem Kalten Krieg lösten zwar die Russen die Deutschen als Schurken im Agentenroman ab, doch Deutschland spielte als Schauplatz weiterhin eine große Rolle: "In Berlin verläuft die Frontlinie im Kalten Krieg, hier ist die Ost-West-Konfrontation ständig greifbar." Hasenberg, "'The Teuton's inbred mistake...'", 228. Berlin bzw. Deutschland bleibt dabei häufig "Kulisse, vor der deutsche Charaktere in Statistenrollen agieren" (Moritz, *Im Schatten des Dritten Reichs*, 227), doch lenken einige Agentenromane den Blick auf die Jagd nach NS-Tätern, so etwa Ian Fleming, *Moonraker* (1955), Sarah Gainham, *The Mythmaker* (1957), Adam Hall, *The Berlin Memorandum* (1965), John le Carré, *A Small Town in Germany* (1968), Ted Allbeury, *The Only Good German* (1976), Len Deighton, *XPD* (1981). Siehe Haseberg, "'The Teuton's inbred mistake…'", Anm. 56.

235 Malcolm Humble, "How Trivial is 'Trivialliteratur'? The Exploitation of the Nazi Past in the British and American Bestseller since 1945", *Anglistentag 1984: Proceedings*, hg. von Manfred Pfister (Trier: wvt, 1985), 208-17, 207.

236 In Forsyths *The Odessa File* liest der deutsche Journalist Peter Miller im Jahr 1963 im Tagebuch eines Holocaust-Überlebenden, das ihn auf die Spur der 'Odessa' (Organisation der ehemaligen SS-Angehörigen) bringt: "There are some men whose crimes surpass comprehension and therefore forgiveness, and here is the real failure. For they are still among us, walking through the cities, working in the offices, lunching in the canteens, smiling and shaking hands and calling decent men Kamerad. That they should live on, not as outcasts but as cherished citizens, to smear a whole nation in perpetuity with their individual evil, this is the true failure." Frederick Forsyth, *The Odessa File* (New York: Bantam Books, 1995) [1972], 29. In *Moonraker* (1955) lässt Ian Fleming den Vorgesetzten Bonds, 'M', äußern: "As for the Germans. Well, we all knew there was plenty of Nazism left." Ian Fleming, *Moonraker* (London: Pan Books, 1971) [1955], 184.

Schlussbetrachtung

"What, then, shall we do with the German people?" – so war zu Beginn dieser Arbeit aus der schon während des Zweiten Weltkriegs einsetzenden Diskussion der Alliierten um die politische und ökonomische ebenso wie gesellschaftliche und kulturelle Zukunft Deutschlands nach dem Ende der nationalsozialistischen Herrschaft zitiert worden. Im Verlauf der Arbeit wurde zunächst ein besonderer Aspekt der britischen Kulturpolitik im besetzten Deutschland – selbst ein Teil der Bemühungen, jener Frage gerecht zu werden – mit Blick auf seine Prämissen, seine praktische Umsetzung und seine Auswirkungen untersucht: der Einsatz von Literaten und, in Anlehnung an kolonialherrschaftliche Erfahrungen, die Überzeugung von der Wirkmächtigkeit ihrer Literatur. Wie die weitere literarische Auseinandersetzung mit den damals so aktuellen Themen von Besatzung, Entnazifizierung und Umerziehung erweist, ist das Bewusstsein von der Relevanz der Literatur für die Beantwortung gesellschaftlicher und politischer Fragen wie der oben genannten in diesem Kontext mindestens indirekt bis in die Gegenwart zu verfolgen. Denn bis in die Gegenwart hinein haben sich britische Autoren immer wieder, veranlasst durch bestimmte historische Situationen und gesellschaftspolitische Diskurse, mit den in der Erfahrung mit Nazi- und Nachkriegsdeutschland bewusst gewordenen Problemstellungen im Kontext ihrer jeweils gegenwärtigen Erfahrungen auseinandergesetzt. So ist etwa in jüngerer Zeit, angesichts der von den Vereinten Nationen eingesetzten Kriegsverbrechertribunale für das ehemalige Jugoslawien und für Ruanda und der Einrichtung eines Ständigen Internationalen Gerichtshofs, vornehmlich der Nürnberger Prozess gegen die Hauptkriegsverbrecher erneut in den Vordergrund des öffentlichen und des literarischen Interesses gerückt. Auch wurde in Großbritannien die strafrechtliche Verfolgung von NS-Verbrechern mit dem Inkrafttreten des War Crimes Act (1991) wieder aktuell und in der britischen Literatur thematisiert. Mit zunehmender historischer Distanz und entsprechend schwindender Zeitzeugenschaft – auch unter den Schuldigen – ist ferner ein besonderes Interesse an der Psychologie der damals bestraften Täter und an der Frage, wie jene aus der immer größeren zeitlichen Distanz den Nationalsozialismus und ihre Verbrechen deuten, zu beobachten.

Von der Literaturgeschichtsschreibung ist zumal die Beteiligung britischer Literaten am Prozess der Entnazifizierung und Umerziehung der Deutschen in der britischen Besatzungszone zu wenig beachtet worden; und es fehlte bislang auch eine umfassende Untersuchung über die anhaltende Beschäftigung der britischen Literatur mit den Fragen, mit denen die Briten in der Besatzungszone konfrontiert wurden und die – in modifizierter Weise – bis heute relevant sind (etwa die Probleme der Kriegsverbrechen und ihrer Ahndung, des Genozids oder der Bewältigung der NS-Vergangenheit). In der vorliegenden Studie habe ich mich bemüht, diese Forschungslücken zu schließen.

Dabei war im ersten Kapitel zu sprechen über die Organisation des Kulturbetriebs in der britisch besetzten Zone Deutschlands im Rückblick auf koloniale Erfahrungen, über die der Umerziehung und Entnazifizierung dienenden Institutionen, über die diesbezüglichen Aktivitäten britischer Literaten und die Beweggründe für ihr Engagement. Das zweite Kapitel behandelte zentrale Probleme, die sich aus dem Zusammenleben von Besatzern und Besetzten in Nachkriegsdeutschland ergaben und die in der Literatur der damaligen Zeit, aber auch in zeitlichem Abstand ventiliert wurden: Fragen der wechselseitigen Beurteilung, des sich wandelnden Fremd- und Selbstbildes beim Kontakt der britischen Soldaten mit den Deutschen und mit den Alliierten der anderen Besatzungszonen. Im dritten Kapitel war der Blick gerichtet auf die Möglichkeiten der Artikulation und Konstitution des Geschichtsbewusstseins, auf die Funktionsweisen und Verfahren der literarischen Sinnstiftung: die Verschränkung und wechselseitige Beeinflussung der Zeitdimensionen, die Ausnutzung des assoziativen Potentials 'beredter' Ruinen, die Freilegung und Verknüpfung von Erinnerungsschichten, die "palimpsestuöse Lektüre" und das Arbeiten mit Hypo- und Hypertexten, Strategien der Vergegenwärtigung, der Verdrängung und der versuchten Annullierung der Vergangenheit, Aktualisierung und Neuperspektivierung von Kriegsverbrecherprozessen und Nachkriegsereignissen im Lichte veränderter mentaler Einstellungen und Interessenslagen.

Eine der faszinierendsten Personen im Zusammenhang mit vielen in dieser Arbeit erörterten Fragen und Aspekte ist zweifellos der britische Dichter und Essayist Stephen Spender. Sein Leben und sein Werk sind deshalb geeignet, weitgehend als Orientierungshilfe beim Versuch einer Rückschau auf den Gang der Untersuchung und auf die dabei gewonnenen Beobachtungen und Ergebnisse zu fungieren.

Mehr als alle anderen an Besatzung, Entnazifizierung und Umerziehung beteiligten Literaten, wie Vera Brittain, Elizabeth Bowen, T. S. Eliot, W. H. Auden oder James Stern, wirkte Spender aktiv an diesen Prozessen mit. Bereits während des Krieges veröffentlichte er seine Gedanken zur Umerziehung der Deutschen durch Literatur, wobei die Lehrmeister seiner Ansicht nach nicht englische, sondern deutsche Literaten (er nennt Schiller, Goethe, Hölderlin, Heine) sein sollten; und nach dem Krieg wurde er dann selbst zum 'Lehrmeister' für die Deutschen: In der britischen Besatzungszone führte Spender, der in seiner offiziellen Funktion von dem sonst verbindlichen Fraternisierungsverbot ausgenommen war, zahlreiche Gespräche mit Deutschen, vor allem mit Hochschullehrern, Studierenden und Politikern, und suchte zu ihrer geistigen Neuorientierung beizutragen. Diesem Zweck diente auch die 'Säuberung' deutscher Bibliotheken von nationalsozialistischem Gedankengut, an der Spender als *library officer* teilnahm, und seine Mitarbeit im Book Selection Committee, das in den Jahren 1945 bis 1949 Vorschläge für die zu Umerziehungszwecken in Deutschland einzusetzende britische Literatur erarbeitete. Einige seiner eigenen Essays zirkulierten in den von der britischen Kontrollkommission in Auftrag gegebenen Anthologien für deutsche Leser in der britischen Besatzungszone. Im Jahr 1955 reiste der Dichter erneut nach Deutschland, um in verschiedenen British Centres und vor der Deutsch-Englischen Gesellschaft Vorträge über englische Literatur zu halten.

Spenders Texte schärfen den Blick für die Beweggründe sowohl der Kontrollkommission, Literaten in der britischen Zone einzusetzen, als auch für die der Literaten, sich für den Dienst im besetzten Deutschland zu bewerben. Spender sah die britische Besatzungspolitik als von den Erfahrungen als Kolonialmacht beeinflusst. Es konnte in dieser Arbeit gezeigt werden, dass die Briten – bei allen Unterschieden, die zwischen Deutschland und den Kolonien gesehen wurden – in ihrer Besatzungspolitik in der Tat auf die in der Kolonialadministration gesammelten Erfahrungen im Umgang mit anderen Völkern und Kulturen rekurrierten. So hatte auch der kulturpolitische Einsatz von Literatur ein Vorbild in den Kolonien, wo Literatur und insbesondere das Studium der englischen Literatur zur Bildung und Charakterformung nach englischem Vorbild und zur Werbung für die britische Kultur dienen sollten. Ähnlich hoffte man, mit dem Einsatz von Literatur in der britischen Besatzungszone in Deutschland Bewunderung für britische Geschichte, Kultur und Gesellschaft und die Orientierung der Deutschen am britischen Vorbild zu erwecken sowie, damit zusammenhängend, die zukünftige Marktsicherung britischer Produkte zu betreiben und die Akzeptanz der britischen Besatzungspolitik zu forcieren: Literatur sollte die Britische Kontrollkommission bei der 'projection of Britain' unterstützen.

Wie in den Kolonien war die britische Kulturpolitik auch in Nachkriegsdeutschland durch das Kontrollprinzip der indirekten Herrschaft gekennzeichnet. Eine intellektuelle Elite, auf die das Kulturprogramm ausgerichtet war, sollte Multiplikatorenfunktion für die Umerziehung der 'Massen' übernehmen. Spender trug einerseits selbst zur 'projection of Britain' bei, indem er britische Bücher zu Umerziehungszwecken auswählte, mit seinen Vorträgen dem deutschen Publikum die englische Literatur nahebrachte und in Gesprächen die Deutschen auf die Notwendigkeit der Besatzung hinwies. Andererseits wurde deutlich, dass er selbst als Lehrmeister für die Deutschen lieber die "good Germans" gesehen hätte[1] und als Medien für die Umerziehung die deutsche Literatur und die deutsche Musik für wirkungsvoller hielt.[2] Allerdings wollte er es den Deutschen nicht ersparen, ihnen die in ihrem Namen verübten Gräueltaten vorzuhalten, und machte der britischen Besatzungsmacht den Vorwurf, diese Aufklärungsarbeit nicht energisch genug zu betreiben, was mit dem opportunistischen Grundsatz der britischen Besatzungspolitik zusammenhing, die Gräueltaten im Nazi-Deutschland nicht allzu sehr in den Vordergrund zu rücken, um Ressentiments unter den Besiegten zu vermeiden und die Deutschen nicht durch Hinweise auf ihre Schuld zu 'entfremden' – eine Strategie im Dienste der angestrebten 'projection of Britain'.

Anders als die meisten britischen Besatzungssoldaten waren britische Literaten häufig mit der deutschen Sprache und der deutschen Kultur vertraut, und es war nicht zuletzt dies ein Grund dafür, dass sie sich in besonderer Weise für den Einsatz in Deutschland empfahlen. Mit den Erfahrungen, die viele dieser Literaten im Deutschland der Weimarer Republik gemacht hatten, wurde in dieser Arbeit auch ihre Entscheidung begründet, sich für den Dienst im besetzten Deutschland zur Verfügung zu stellen. Das Deutschland der Weimarer Republik hatte für Spender, der sich zwischen 1929 und 1932 mehrfach für längere Zeit in Deutschland aufgehalten hatte, ebenso wie für andere britische Literaten seiner Generation, einen Zufluchtsort und eben die persönliche und künstlerische Freiheit geboten, die sie in England vermissten. Gleichzeitig wurden dort erstmals ihr politisches Bewusstsein und ihr politisches Engagement geweckt, was Spender – wie andere auch – dann nach dem Krieg dazu veranlasste, eine gesellschaftspolitische Rolle in Deutschland zu übernehmen. Spender, der vor seinen Aufenthalten in Deutschland zur Zeit der Weimarer Republik (unter dem Einfluss von W. H. Auden) ein durchaus unpolitischer Dichter gewesen war, war erst in Deutschland mit politischer

[1] Spender, EW, 412.
[2] Spender, "Hoelderin, Goethe and Germany", 273.

Kunst vertraut gemacht worden, hatte dort zugleich die Missstände und die bedrohlichen politischen und gesellschaftlichen Verhältnisse miterlebt und sich dadurch von der Notwendigkeit des politischen Engagements auch der Dichter überzeugen lassen. Nach dem Krieg nahm er dann die kultur- und gesellschaftspolitische Aufgabe wahr, durch literarische Beiträge, durch Vorträge und durch Gespräche (vor allem mit deutschen Intellektuellen) zur geistigen Erneuerung des Landes beizutragen. Dabei waren sein Dienst im Auftrag der Kontrollkommission und sein literarisches Schaffen bestimmt durch das Vertrauen in die Veränderbarkeit der Geschichte durch das Wirken des Einzelnen und in die Wirkmächtigkeit der Literatur, ein Vertrauen, das keineswegs von allen am Dienst in Nachkriegsdeutschland beteiligten britischen Literaten geteilt wurde. Am deutlichsten kontrastieren sein vom Gedanken des Forschritts geprägtes Geschichtsbild und sein damit zu erklärender Drang "to counter despair and evil"[3] wohl mit dem Pessimismus Audens, der schon sehr früh (bereits zu Beginn des Krieges) bezüglich der politischen Effektivität des Dichters desillusioniert war.

Indem Spender – aus unterschiedlichem zeitlichen Abstand – über seine Erfahrungen im besetzten Deutschland schrieb, entschied er mit darüber, welche Aspekte von Besatzung, Entnazifizierung und Umerziehung, welche Orte, Personen und Ereignisse aus dem kommunikativen in das kulturelle Gedächtnis überführt werden sollten. Spenders Texte, in welche die Erwartungen und Erfahrungen des Autors, seine Wertvorstellungen, Hoffnungen und Ängste eingingen, stellen subjektiv gebrochene Darstellungen von Besatzung, Entnazifizierung und Umerziehung und gleichzeitig Deutungsangebote dieser Prozesse zur Verfügung. Seine Schriften sind nicht 'Beschreibungen' seiner sozio-kulturellen Aufgaben, sondern zeugen von einer kritischen Auseinandersetzung mit seiner eigenen Rolle im Dienst der Besatzungsmacht. Sie eröffnen vornehmlich auch den Blick auf das Verhältnis zwischen Besatzern und Besetzten. Wie viele andere Texte weisen auch Spenders Schriften auf die Diskrepanz zwischen den von Stereotypen durchsetzten Vorstellungen von 'den' Deutschen, mit denen viele britische Besatzungssoldaten ihren Dienst in Deutschland aufnahmen, und den Erfahrungen, die sie bei der persönlichen Begegnung mit Deutschen in der 'Kontaktzone' der britischen Besatzungszone machten.

Spender selbst zählte zu den vehementesten Kritikern der pauschalen Verurteilung aller Deutschen; er plädierte für eine Differenzierung zwischen Nazis und Anti-Nazis und forderte, dass jeder Deutsche individuell beurteilt werden sollte. Spender, wie andere britische Literaten auch (darunter Fenner Brockway und Victor Gollancz), sah das britische Fremd- und Selbstbild als von kolonialen Erfahrungen geprägt, die den Umgang der Besatzer mit den Deutschen bestimmten. Wie etwa die Journalisten Arthur Dickens und Leonard Mosley oder der Dramatiker und Theaterentrepreneur Gerry Raffles nahm er die Kluft zwischen Besatzern und Besetzten wahr, die sich am drastischsten wohl in der unterschiedlichen Wohn- und Lebensmittelsituation äußerte. Gleichzeitig sah Spender die Besatzung jedoch als notwendig an, da in seiner Wahrnehmung das deutsche Selbstbild nicht von einer kritischen Betrachtung der eigenen Rolle

[3] Spender, EW, 286.

in der Vergangenheit und einem Bewusstsein der in ihrem Namen verübten Gräueltaten, sondern von Selbstmitleid ob der eigenen wirtschaftlichen Misere bestimmt war.

Welche Wahrnehmung und Deutung der Prozesse von Besatzung, Entnazifizierung und Umerziehung in den Texten einzelner Literaten beobachtbar werden, ist allerdings nicht nur mit Blick auf solche Texte, die während der Besatzungszeit entstanden sind, von Interesse, sondern auch mit Blick auf solche Texte, die im Rückblick verfasst wurden. Denn auch diese Texte sind entscheidend an der Konservierung, Vermittlung und Sinndeutung dieser Prozesse beteiligt und sind insbesondere in einer Zeit, in der die Besatzung und ihre Umstände aus dem kommunikativen Gedächtnis verloren gehen, von großer Bedeutung. Das Erkenntnisinteresse dieser Arbeit richtete sich darum sowohl auf Texte jener Literaten, die – wie Spender – selbst in der Besatzungszone tätig waren, als auch auf Texte von Literaten, die selbst nicht an diesen Prozessen teilhatten, etwa Ian McEwan, Ronald Harwood oder Graham Swift. Diese blicken nicht nur aus unterschiedlicher zeitlicher Distanz auf diese Prozesse zurück, sondern in ihren Werken manifestieren sich in Bezug auf die 'gleiche' Vergangenheit deutlich unterschiedliche Inhalte und Formen von Geschichtsbewusstsein, d.h., in ihren Werken tritt Geschichte in deutlich unterschiedlichen Konstruktionen und Rekonstruktionen ins Bewusstsein.

Im Falle Spenders ebenso wie im Falle anderer Autoren artikulieren die Inhalte der jeweiligen Texte des hier untersuchten, weithin unbekannten Korpus von Texten, die sich mit den Prozessen von Besatzung, Entnazifizierung und Umerziehung auseinandersetzen und die in dieser Arbeit erstmals thematisch erschlossen wurden, die subjektiv gebrochene Wahrnehmung im Bewusstsein einzelner Autoren. Da diese Inhalte damit auch die Art beeinflussen, in der Vergangenes – spezifisch die Vergangenheit dieser Prozesse – in der Vorstellung des einzelnen gegenwärtig ist, da sie in hohem Maße das kollektiv geteilte Wissen über die Verhältnisse in Nachkriegsdeutschland mitbestimmen, war es notwendig, sie ausführlich darzustellen und auch zu untersuchen, wie die Vermittlung dieser Inhalte durch die Literatur funktioniert, welcher narrativen Gestaltungsmittel sich die Literatur und insbesondere das historische Erzählen bedienen, um die Gegenwärtigkeit der Vergangenheit und ihre Bedeutung für die Zukunft hervorzuheben, Verbindungen und Zusammenhänge zu schaffen, Möglichkeiten des Denkens und Handelns zu eröffnen und so in ihrer sinnstiftenden Funktion ein die Dimensionen des Vergangenen, Gegenwärtigen und Zukünftigen umspannendes Geschichtsbewusstsein zu artikulieren und zu konstituieren.

An Spenders Texten über Deutschland ließ sich die Verschränkung von Vergangenheit, Gegenwart und Zukunft besonders gut zeigen. Wie an seinen Schriften über Deutschland aus den Jahren 1929-1994 herausgestellt wurde, zeichnet Spender seine Wahrnehmung Deutschlands nach dem Krieg als entscheidend von der Erinnerung an die während seiner früheren Aufenthalte zwischen 1929 und 1932 gemachten Erfahrungen beeinflusst. Umgekehrt ist seine Erinnerung an das Deutschland der Weimarer Republik vom Anblick des zerstörten Deutschlands überlagert. Diese gegenseitige Durchdringung der Zeitebenen wird narrativ durch das Oszillieren des Erzählers, Spenders, zwischen Gegenwart und Vergangenheit (im Medium der Erinnerung) auf der einen Seite und zwischen Gegenwart und Zukunft bzw., im Fall der retrospektiven Antizipation, zwischen Gegenwart, Vergangenheit und Zukunft auf der anderen Seite, realisiert. Spender kann die Gegenwart in Deutschland nicht ohne seine vergangenen Erfahrungen in Deutschland betrachten, die deshalb seine Gegenwartsschilderungen durchdringen. Dass Spenders Deutschlanderfahrungen von 1929-32 rückblickend von seinen späteren Erfahrungen überlagert wurden, konnte an seinen Tagebuchaufzeichnungen "September Journal" (1939), seinem Reisetagebuch *European Witness* (1946) und seiner Autobiographie *World Within World* (1951) aufgezeigt werden. Insbesondere aber ließ sich dieses Phänomen durch den Vergleich von Spenders Manuskript seines Romans *The Temple* aus dem Jahr 1929 mit der schließlich in den Jahren 1986-87 verfassten und 1988 publizierten Romanfassung belegen. Beide Texte sind (von der bisherigen Forschung nicht beachtete) Zeugnisse eines sich wandelnden Geschichtsbewusstseins. Eine wesentliche Erkenntnis, die der Vergleich der beiden Textversionen zu Tage förderte, liegt darin, dass Spender nur im Rückblick, nämlich mit dem retrospektiven Wissen über die NS-Gewaltherrschaft, Deutschland bereits während seiner früheren Aufenthalte als bedrohlich wahrzunehmen meinte – eine prophetische Vorahnung des herannahenden Übels, die in der Version von 1929 noch fehlte. Die Überlagerung der Erinnerung an Vergangenes durch spätere Erfahrungen ist hier besonders deutlich erkennbar.

Die narrative Verschränkung der Zeitebenen in seinen Texten ließ sich mit Spenders im ersten Kapitel der Arbeit erörterten Bemühungen um das Deutschland der Nachkriegszeit in Verbindung bringen. So wie seine Wahrnehmung Deutschlands im Jahr 1945 in seinen Texten immer wieder von seiner Erinnerung an das Deutschland der Weimarer Republik durchdrungen wird, so scheint auch sein Wirken im besetzten Deutschland von der Erinnerung an jenes Deutschland, in dem er "a great potentiality for good" (EW, 232) wahrgenommen hatte, geleitet. So wie er sich andererseits nicht an das Deutschland der Weimarer Republik erinnern kann, ohne dass seine Erinnerung durch die Ruinen des Zweiten Weltkriegs überlagert wäre, war es Spender ein Anliegen, die Erinnerung an den Zweiten Weltkrieg präsent zu halten, wobei Ruinen wegen ihres materiellen und symbolischen Erinnerungscharakters eine große Rolle spielen.

Die Ruine wurde für Spender zu einem mehrdeutigen Zeichen, das er – ebenso wie auch andere Autoren – gezielt in seinen Texten einsetzte: Die Ruine stellt sich zum einen seiner Erinnerung an die Vergangenheit in den Weg und steht als solche für den Bruch mit seiner Vergangenheit, seiner 'Vorkriegs-Identität'; zum anderen werden durch die Ruine Erinnerungsprozesse ausgelöst: an die kriegerische Zerstörung, aber auch an Abwesendes, dessen Spuren die Ruine festhält; als Relikt der Vergangenheit fungiert die Ruine als Erinnerungsträger in Gegenwart und Zukunft. Zudem sind die Trümmer deutscher Städte bei Spender auch ein äußeres Zeichen für die Verfassung ihrer Bewohner. Hatte Spender in den Ruinen des ersten Weltkriegs Vitalität und Hoffnung auf Neues wahrgenommen, erschienen ihm die 'Wunden', die der zweite Weltkrieg hinterlassen hatte, als unheilbar. Dass sich Spender inmitten der Ruinen des zweiten Weltkriegs verstärkt bemüht, auf die Ruinen des ersten Weltkriegs zurückzublicken, scheint dann ein Versuch, auch in den Ruinen des zweiten Weltkriegs die in den Ruinen des ersten Weltkriegs wahrgenommene Hoffnung und Zukunftsperspektive zu finden.

Die Bezugnahme auf Ruinen bietet sich in der Tat als geeignetes literarisches Verfahren an, die Artikulation von Geschichtsbewusstsein in Gang zu setzen. Denn Ruinen können ja auf ihren Betrachter stimulierend wirken, Bewusstseins- und Erinnerungsprozesse auslösen, die das gegenwärtig Sichtbare zu dem, was einmal existiert hat, und vielleicht auch zu dem, was einmal sein wird, in Beziehung setzen und das Spannungsverhältnis zwischen den auf drei Zeitebenen fixierten Bewusstseinsinhalten ausloten; für den Erzähler können Ruinen Anlass sein, die Möglichkeiten einer zwischen den Zeitebenen oszillierenden Erzählweise zu nutzen.

Mit der Ruine hinsichtlich der Offenheit für unterschiedliche Sinndeutungen vergleichbar ist das Palimpsest, das mehrfach beschriebene Pergament, bei dem unter der zuletzt eingetragenen Schrift die überschriebenen Texte durchscheinen und (wenn auch nicht mehr ganz deutlich) noch lesbar sind – eine Vorstellung, die auf Erinnerungsorte übertragbar ist, denen im Laufe der Geschichte vielfältige Bedeutungen zugewachsen sind, wie es etwa bei Nürnberg der Fall ist, der Stadt der Mittelalterromantik, der Stadt der nationalsozialistischen Selbstinszenierungen und der 'Rassegesetze', der zerbombten Ruinenstadt und der Stadt der Nürnberger Prozesse. Nürnbergs Vielschichtigkeit wird sowohl in Julia Pascals Drama *A Dead Woman on Holiday* (1991) als auch in Graham Swifts Roman *Out of this World* (1988) in "palimpsestuöser Lektüre" bewusst gemacht und dabei Reflexionen über das defizitäre Geschichtsbewusstsein der Nachkriegsdeutschen ausgelöst, bei denen mangelnde Bereitschaft zur Bewältigung ihrer schuldbehafteten Vergangenheit und zum Umdenken diagnostiziert wird.

Der mit Nürnberg verbundene Prozess gegen die führenden Vertreter des NS-Regimes stehen in Norton-Taylors Drama, das den Namen dieser Stadt als Titel verwendet (*Nuremberg*), im Mittelpunkt; am Londoner Tricycle Theatre wurde dieses Werk zusammen mit weiteren Dramen aufgeführt, in denen Kriegsverbrechen der jüngsten Vergangenheit thematisiert sind, Dramen, die im Aufführungsverbund als Hypertexte auf den Hypotext *Nuremberg* beziehbar wurden – auch das ein Angebot zu "palimpsestuöser Lektüre", durch die (in diesem Fall) der Nürnberger Prozess neue Aktualität gewann: als historisches Modell, nach dessen Vorbild ein Ständiger Internationaler Strafgerichtshof – 1996 zwar heftig diskutiert, aber noch nicht existent – zu fordern sei.

Die in jüngster Zeit recht häufige Thematisierung des Nürnberger Hauptkriegsverbrecherprozesses hängt mit einem weiteren in dieser Arbeit beobachteten auffälligen Phänomen zusammen: mit der Konzentration des Interesses auf die Täter-Figuren der NS-Zeit und die Analyse der bei ihnen ablaufenden Vorgänge der Erinnerung, selektiven Wahrnehmung und Verdrängung der Vergangenheit. Bei der Fokussierung des Blicks auf die NS-Täter sind die Mechanismen bei der Artikulation von Geschichtsbewusstsein besonders gut beobachtbar, der stets sich ändernde "Bezug einer Person [...] zur Geschichte".[4] Die Wirkung der Vergangenheit auf die Täter und die Auseinandersetzung der Täter mit ihr können – wie gezeigt wurde – in der Literatur in der Form des Erinnerungsdramas mit der ihm eigenen Verschachtelung von Vergangenheit und Gegenwart vorgestellt werden (so etwa in David Edgars *Speer* oder in Michael Burrells *Hess*), aber auch auf andere Weise, so in Martin Amis' Roman *Time's Arrow*, in dem ein Kriegsverbrecher mittels einer Zeitreise an den Ort und in die Zeit seiner Verbrechen zurückkehrt. An den Figuren eines Speer (in Edgars Drama) oder eines Hess (in Burrows *H.I.D.*) wird nicht nur der Konstruktcharakter der Geschichtsdarstellung (als Selbstinszenierung im Fall Speers und als von den Machthabern in Auftrag gegebene selektive Geschichtsdarstellung im Fall Hess') thematisiert, sondern es wird darüber

[4] Leonhard, *Politik- und Geschichtsbewusstsein im Wandel*, 24.

hinausgehend auch an ethische Fragen gerührt – so etwa, angesichts der andauernden Aktualität von Vergehen und Ahndung, mit Blick auf die Verfolgung 'alter' (*War Crimes Act* von 1991) und 'neuer' (Jugoslawien und Ruanda) Verbrechen sowie auf den Sinn und die Wirksamkeit einer Haftstrafe.

Über die Verschränkung der Zeitebenen, die mit den oben genannten Mitteln erzielt wird und in denen sich das Geschichtsbewusstsein artikuliert, wird erreicht, dass der Sinn der Vergangenheit in der Literatur immer wieder neu bestimmt wird und dass zugleich auch Probleme der Zeit, in der jene Texte jeweils entstehen, vor dem Sinnhorizont erinnerter Geschichte deutbar werden. Historisches Erzählen, das die verschiedenen Zeitebenen in einen inneren Zusammenhang bringt, ist das Resultat der in der sinnbildenden Tätigkeit des Geschichtsbewusstseins gedeuteten Zeiterfahrung und hat gleichzeitig selbst sinnstiftende Funktion. Von den von Straub genannten Funktionen des historischen Erzählens wurden für die hier untersuchten Texte insbesondere die identitätsstiftende, die orientierungsbildende, die moralische/pädagogische, die psychische und die Kontingenz stiftende Funktion erkennbar.

Die Rolle der Literaten, die sich mit dem Deutschland der Nazi- und Nachkriegszeit beschäftigen, ist in mancher Hinsicht vergleichbar mit der in Kapitel III.4 behandelten Rolle der Dolmetscher in den Kriegsverbrechertribunalen: Wie diese tragen auch die Literaten eine hohe Verantwortung bezüglich der Vermittlung des recherchierten Geschehens; wie diese 'übersetzen' auch die Literaten das Ermittelte in ihre eigene Sprache und geben ihm damit eine subjektive Färbung; wie diese bleiben sie nicht unberührt von dem, was sie zu sagen haben, kann der Vorgang der Aneignung dessen, was sie vermitteln wollen, geradezu peinvoll sein und sich sogar darin äußern, dass sie verstummen. Julia Pascal hat in ihrem Drama *A Dead Woman on Holiday* die Qual der Dolmetscher im Nürnberger Hauptkriegsverbrecherprozess bei der Wiedergabe der Gräueltaten der Angeklagten gezeigt; und sie hat von ihrer eigenen Qual bei den Recherchen für ihr Drama *Theresa* gesprochen, beim Sammeln von dokumentarischem Material über die Protagonistin des Dramas, die österreichisch-jüdische Pianisten Theresa Steiner, die bei der Besetzung der Insel Guernsey durch die Deutschen von dort nach Auschwitz deportiert worden ist.[5] Da es Pascal nicht erlaubt war, im Channel Island Occupation Museum von Guernsey die sie interessierenden Dokumente zu fotokopieren,[6] musste sie sie eigenhändig abschreiben – eine Erfahrung, die, wie sie später

[5] Theresa Steiner, eine österreichische Jüdin, war 1938 nach England ausgewandert und mit der Familie, bei der sie arbeitete und wohnte, im Sommer 1939 nach Guernsey gegangen. Im Sommer 1939 wurde ihr die Erlaubnis verweigert, die Insel wieder zu verlassen (als *enemy alien*). Als die Deutschen Guernsey besetzten, (1940), nahm der *bailiff* von Guernsey die antisemitische Gesetzgebung an; 1942 wurde Steiner der deutschen Besatzungsmacht übergeben und nach Auschwitz deportiert, wo sie ermordet wurde. Siehe dazu Frederick E. Cohen, *The Jews in the Channel Islands during the German Occupation 1940-1945* (London: The Institute of Contemporary History and Wiener Library in association with the Jersey Jewish Congregation, 1998). Siehe auch Julia Pascal, "Guernsey and the Holocaust", *Review of the Guernsey Society* 47.1 (1994), 4-5.

[6] Im Juni 1990 verweigerten die Guernsey Authorities Pascal die Erlaubnis, *Theresa* auf der Insel aufzuführen. Siehe dazu ausführlich Mary Luckhurst, "The Case of Theresa: Guernsey, the Holo-

sagte, ihr Leben veränderte: "Something happens to you when the words pass through your head to your hand."[7] In einem Interview antwortete sie auf die Frage, ob zwischen ihrer eigenen Schreiberfahrung und der Befindlichkeit Sophias (der Dolmetscherin der NS-Gräueltaten in ihrem Drama *A Dead Woman on Holiday*) ein Zusammenhang bestehe: "I came out [of the museum] with the most crushing migraine. I felt pretty ill. It's very distressing because you become – you absorb the personality of the writer – so, yes, there must be a connection."[8] Den unmittelbaren Bezug stellt Pascal her, wenn sie die Funktion der Figur der Dolmetscherin in ihrem Drama über den Nürnberger Hauptkriegsverbrecherprozess geradezu als symbolisch für ihre eigene Generation darstellt – "those who, like me, were lucky to have been born too late to experience the death camps but whose lives were obsessed by Hitler's Final Solution".[9] Im Interview hielt Pascal fest: "When I wrote *A Dead Woman on Holiday* I thought that Sophia Goldenberg in a way, although she is of that period, is a symbol of my generation, which is transmitting the holocaust. We are the communicators, we who write about it."[10]

Zwar denkt Pascal hier insbesondere an die Schriftsteller als Vermittler des Holocaust. Doch dürfte die erwähnte Mittlerfunktion prinzipiell aller Literatur inhärent sein, die im weitesten Sinne als 'engagiert' bezeichnet werden kann, und engagiert ist zweifellos die in dieser Arbeit besprochene Literatur; engagiert waren auch jene Literaten, die wie Spender, an der Besatzung und den Prozessen von Entnazifizierung und Umerziehung aktiv teilhatten.

Auf die eingangs zitierte Frage – "What, then, shall we do with the German people?" – hatte man in der Nachkriegszeit weder eine allgemeingültige, noch eine letztlich befriedigende Antwort gefunden. Vielmehr hatte man mit zahlreichen Lösungsversuchen experimentiert, um die Entnazifizierung und die Umerziehung der Deutschen effektiv zu gestalten, wobei Literatur und Literaten, wie in dieser Arbeit gezeigt wurde, eine maßgebliche Rolle zuerkannt wurde und in der Tat zukam. Der historischen Tragweite und des beispielhaften Charakters dieser Versuche war man sich durchaus bewusst, und sie sind durch die bis heute nicht abbrechende Beschäftigung der Literatur mit Nazi- und Nachkriegszeit fortgesetzt und auf die Thematisierung damit zusammenhängender Probleme ausgedehnt worden. Denn angesichts der anhaltenden traurigen Aktualität von Kriegsverbrechen und von Verbrechen gegen die Menschlichkeit bleibt die Frage, welche die Literatur immer wieder auch durch sinnstiftendes In-Bezug-Setzen von Vergangenem, Gegenwärtigem und Zukünftigem zu beantworten sucht: "What, then, shall we do"? – mit Opfern und Tätern, mit der Vergangenheit und mit deutungsbedürftigen Zeiterfahrungen der Gegenwart.

caust and Theatre Censorship in the 1990s", *European Studies* 17 (2001), 255-67; Alan Montague, "Guernsey says no to Holocaust play", *Jewish Chronicle*, 14. Dezember 1994.

[7] Michael Arditti, *The Guardian*, 22. November 1995.

[8] "Julia Pascal, London, in Interview with Annette Kern-Stähler, Düsseldorf", *Anglistik* 16.1 (2005), 131-37, 134.

[9] Julia Pascal, "Introduction" to *The Holocaust Trilogy*, 7.

[10] "Julia Pascal, London, in Interview", 134.

Literaturverzeichnis

Archivmaterial

Deutsches Literaturarchiv Marbach (DLA)

Weiskopf, Franz Carl

DLA 89.66.269:
An Ernst Sommer:
- 8. November 1944, New York
- 29. November 1947 [?], New York

Harry Ransom Center, University of Texas at Austin (HRC)

Bowen, Elizabeth
HRC, Elizabeth Bowen Collection, Box 12.1:
An Alan Pryce-Jones:
- 3. Juni 1954

Brazelton, Churchill J.
HRC, Churchill J. Brazelton Collection, March-April 1945, Box 2.1:
An die Mutter:
- 16. März 1945
- 19. März 1945
- 4. April 1945
- 5. März 1945
- 13. März 1945
- 28. April 1945

British Foreign Office
HRC, Elizabeth Bowen Collection, Box 11.5:
An Elizabeth Bowen:
- 6. Mai 1953

Isherwood, Christopher
HRC, Christopher Isherwood Collection, Works, Box 1.2-3:
- *Down There on a Visit*. Typoskript, 1959-1961.

Lehmann, John
HRC, John Lehmann Collection, Letters, Box 5.44:
An Louis MacNeice:
- 16. Oktober 1945
- 3. August 1948

An Stephen Spender:
- 12. Juni 1947

Littlewood, Joan
HRC, Michael Barker Collection, Box 2.5:
An Gerry Raffles:
- 9. Februar 1947 [Poststempel]

Lloyd, Nora
HRC, Stephen Spender, Misc., Corresponding files relating to Stephen Spender, Box 51:
An A. D. Peters:
- 22. Mai 1945

Nabokov, Nicolas
HRC, Michael Josselson Papers, Box 23.1:
An Michael Josselson:
- 13. November 1977

Peters, A. D.
HRC, Stephen Spender, Misc., Corresponding files relating to Stephen Spender, Box 51:
An Nora Lloyd:
- 24. Mai 1945

Raffles, Gerry
HRC, Michael Barker Collection, Box 2.5:
An Joan Littlewood:
- 31. Januar 1947 [?]
- Februar 1947
- [?] Februar 1947
- [?] März 1947
- 6. [?] Februar 1947
- 8. Februar 1947 [?], Bad Salzuflen
- 18. Februar 1947
- 19. Februar 1947
- 21. [?] Februar 1947
- 24. Februar 1947

Read, Herbert
HRC, Edward Dahlberg Collection:
An Edward Dahlberg:
- 16. Januar 1949
- 13. Februar 1949

Shaw, George Bernard
HRC, George Bernard Shaw Collection, Letters to Siegfried Trebitsch, 1938-1950, Box 46.1:
An Siegfried Trebitsch:
- 13. Juni 1950

Spender, Stephen
HRC, John Lehmann Collection, Letters, Box 5.44:
An John Lehmann:
- nicht datiert
- 14. August 1945

HRC, John Lehmann Collection, Misc., Box
- Reader's report on *The Temple* by Stephen Spender

HRC, E. Garnett Collection, Box 108.55:
- *Collected Poems 1930-1950 by Stephen Spender*. Typoskript.

HRC, The Temple Page proofs/inc…/photocopy.
- *The Temple*. Korrekturfahnen.

Thomas, Dylan
HRC, Dylan Thomas, Letters. Box 8:
An John Davenport:
- 29. Mai 1947

National Archives (PRO), London

Air Ministry, Royal Air Force and Related Bodies
National Archives, AIR 48/70: *The United States Strategic Bombing Survey* (1947), Bd. 1, IV.

British Council
National Archives, British Council, Registered Files, Germany: BW 32/7: Germany – Books. General Correspondence.
National Archives, British Council, Registered Files, Germany: BW 32/3: British cultural propaganda 1944-1947.
National Archives, British Council, Registered Files, Germany: BW 32/34: Library Reports.
National Archives, British Council, Registered Files, Tours by Specialists: BW 83/9: London Sponsored Tours 1949.

Foreign Office
National Archives, FO 1050/1363: Libraries and Library Books, Book Selection Committee.
National Archives, FO 898/480: Germany. The British Soldier's Pocketbook.

War Office
National Archives, WO 235/13: Judge Advocate General's Office – War Crimes Case Files.

Primärliteratur

Adorno, Theodor. "Engagement" [1962], in: *Noten zur Literatur III* (Frankfurt/M.: Suhrkamp, 1966), 125-26.
Adorno, Theodor. *Erziehung zur Mündigkeit*, hg. von Gerd Kadelbach (Frankfurt: Suhrkamp, 1972), 10-28.
Adorno, Theodor. "Kulturkritik und Gesellschaft" [1951], in: Petra Kiedaisch (Hg,), *Lyrik nach Auschwitz? Adorno und die Dichter* (Stuttgart: Reclam, 1995), 27-49.
Adorno, Theodor W. *Schuld und Abwehr* (Frankfurt: Suhrkamp, 2003) [1955].
Adorno, Theodor W. et. al. *The Authoritarian Personality* (New York: Harper & Row, 1950).
Akten der Britischen Militärregierung in Deutschland. Sachinventar 1945-1955, hg. von Adolf Birke et al. und unter Mitwirkung des Deutschen Historischen Instituts London, Niedersächsisches Hauptstaatsarchiv Hannover, 11 Bde. (München et al: Saur, 1993).
Allbeury, Ted. *The Only Good German* (London: Davies, 1976).
Amis, Martin. "Creepier than thou", *Spectator* vom 5. Oktober 1991, 25.
Amis, Martin. *The Moronic Inferno and Other Visits to America* (New York: Viking, 1987).
Amis, Martin. *Time's Arrow* (New York: Vintage, 1991).
Andersch, Alfred. "Das junge Europa formt sein Gesicht", *Ruf* 1 vom 15.8.1946, in: Schwab-Felisch, *Der Ruf*, 21-26.
Andersch, Alfred. "Der richtige Nährboden für die Demokratie. Bericht von einer Reise in den deutschen Westen", *Ruf* 11 vom 15.1.1947, 272-279.
Andersch, Alfred. "Die Kriegsgefangenen – Licht und Schatten", *Ruf* 5 vom 15. Oktober 1946, in: Schwab-Felisch, *Der Ruf*, 62-71.
Andersch, Alfred. "Grundlagen einer deutschen Opposition", *Ruf* 8 vom 1.12.1946, in: Schwab-Felisch, *Der Ruf*, 94-99.
Andersch, Alfred. "Wintersende in einer frierenden Stadt", *Ruf* 16 vom 1.4.1947.
Ardrey, Robert. *Leuchtfeuer* (Zürich: Neuer Bühnenverlag [1941]).
Arendt, Hannah. "Besuch in Deutschland", in: dies., *Zur Zeit. Politische Essays* (München: dtv, 1989), 43-70.
Arendt, Hannah. "The Aftermath of Nazi Rule. Report from Germany", *Commentary* 10 (1950), 342-353.
Arendt, Hannah. *Eichmann in Jerusalem. A Report on the Banality of Evil* (New York: Viking Press, 1963).
Arendt, Hannah. *Elemente und Ursprünge totaler Herrschaft,* von der Verfasserin übertragene und neubearbeitete Ausgabe, 3 Bde., Bd. 3: Totale Herrschaft (Frankfurt/M. et al: Ullstein, 1975).
Arnold, Matthew. *Culture and Anarchy* (Cambridge: Cambridge University Press, 1996) [1869].
Auden, W. H. "A Communist to Others", in: Michael Roberts, *New Country: Prose and Poetry by the Authors of New Signatures* (London: Hogarth Press, 1933), 213.
Auden, W. H. "A Communist to Others", *The Twentieth Century* (September 1932).
Auden, W. H. "As It Seemed to Us", *The New Yorker* 41 (3. April 1965), 180.
Auden, W. H. "Letter to Lord Byron", in: *Collected Longer Poems* (London: Faber and Faber, 1968), 74.
Auden, W. H. "Memorial for the City", in: W. H. Auden, *Selected Poems*, hg. von Edward Mendelson, Nachdr. (London/Boston: Faber and Faber, 1988) [1979], 190-195.
Auden, W. H. "Sir, no man's enemy" [1929], in: *The English Auden. Poems, Essays and Dramatic Writings 1927-1939*, hg. von Edward Mendelson (London: Faber and Faber, 1977), 36.

Auden, W. H. *Selected Poems*, hg. von Edward Mendelson (London: Faber and Faber, 1988) [1979].
Auden, W. H. *The Dyer's Hand and Other Essays* (New York: Random House, 1962).
Auden, W. H. und John Garrett. "Introduction", in: dies. (Hgg.), *The Poet's Tongue: An Anthology* (London: G. Bell & Sons, 1935), v-x.
Ball, George W. *The Past has another Pattern. A Memoir* (New York/London: Norton, 1982).
Barnes, Peter. *Laughter*, in: Peter Barnes, *Collected Plays. With Barnes' People: Seven Monologues and an Introduction* (London: Heinemann, 1978), 339-412.
Bentley, Eric. *Are you now or have you ever been?* (New York et al.: Harper & Row, 1972).
Beveridge, Lord William H. *An Urgent Message from Germany* (London: Pilot Press, 1946).
Birley, Robert. *The German Problem and the Responsibility of Britain, The Burge Memorial Lecture of 3 December 1947* (London: SCM Press, 1947).
Blackburn, Thomas. "A Signpost to Dachau", in: *Selected Poems* (London: Hutchinson, 1975).
Blair, Jon und Norman Fenton. *The Biko Inquest* (London: Rex Collings, in association with the RSC, 1978).
Bold, Alan. "June 1967 in Buchenwald", in: *British Poetry since 1945*, hg. von Edward Lucie-Smith (Harmondsworth: Penguin, 1970), 335.
Böll, Heinrich. *Und sagte kein einziges Wort* (Frankfurt/Berlin: Ullstein, 1962) [1953].
Bowen, Elizabeth. *The Demon Lover and Other Stories* (London: Jonathan Cape, 1945).
Bowen, Elizabeth. *The House in Paris* (London: Jonathan Cape, 1935).
Braby, Ion. *The Flower in the Gutter* (London: Michael Joseph, 1951).
Brebner, John B. und Allan Nevin. *The Making of Modern Britain: A Short History* (New York: Norton, 1943).
Brenton, Howard. *H.I.D. (Hess Is Dead)* (London: Nick Hern Books, 1989).
Brenton, Howard. "A Load of Old Tat", in: *British Drama in the Eighties and Beyond (A Symposium)*, hg. von Wolfgang Lippke, Unterricht – Studium – Fortbildung, 3 (Siegen: Universität-Gesamthochschule-Siegen, 1991), 53-63.
British Zone Review. A fortnightly review of activities of the Control Commission of Germany 1 (1945/47), 2 (1947/49), 3 (1949).
Brittain, Vera. *Testament of Experience. An Autobiographical Story of the Years 1925-1950* (London: Virago, 1984) [1957].
Brockway, Fenner. *German Diary* (London: Victor Gollancz, 1946).
Buchenwald Camp. The Report of a Parliamentary Delegation. Presented by the Prime Minister, First Lord of the Treasury and Minister of Defence, to Parliament by Command of Her Majesty April 1945 (London: His Majesty's Stationery Office, 1945).
"Buchenwald", *Tribune* vom 20. April 1945, 2.
Burger, Franz. *Gollancz's Buchenwald Never Existed* (London: Hutchinson, 1945).
Burrell, Michael. *Hess* (Ashover: Amber Lane, 1980).
Cadell, James. *Roast Pigeon* (London: MacGibbon & Kee, 1951).
Chamberlin, Brewster und Marcia Feldman (Hgg.). *The Liberation of the Nazi Concentration Camps: Eyewitness Accounts of the Liberators* (Washington: United States Holocaust Memorial Council, 1987).
Cicero, Marcus Tullius. *De finibus bonorum et malorum.Über das höchste Gut und das größte Übel, Lateinisch/Deutsch*, übersetzt und hg. von Harald Merklin (Stuttgart: Reclam, 1989).
Cicero, Marcus Tullius. *De oratore*, with an English translation by E. W. Sutton, with an introduction by H. Rackham, Loeb Classical Library, 2 Bde., Nachdr. (London/Cambridge, Mass.: Harvard University Press, 1948) [1942].
Clare, George. *Berlin Days 1946-1947* (London: Macmillan, 1989).
Collis, Robert und Han Hagerzeil, *Straight On* (London: Methuen, 1947).

Constantine, Murray [d.i. Katherine Burderkin], *Swastika Night* (London: Victor Gollancz, 1940) [1937].
Coole, W. W. und M. F. Potter (Hgg.). *Thus Spake Germany* (London: Routledge, 1941).
Cotterell, Geoffrey. *Randle in Springtime* (London: Eyre & Spottiswoode, 1949).
Cottrell, Leonard. "The Man from Belsen", in: *BBC Features*, hg. von Laurence Gilliam (London: Evans Brothers, 1950), 97-110.
Darling, Frank Fraser. *Island Farm* (London: G. Bell & Sons, 1943).
Darling, Frank Fraser. *Island Years* (London: G. Bell & Sons, 1940).
Darville, Helen. *The Hand that Signed the Paper* (St Leonards: Allen & Unwin, 1994).
de Quincey, Thomas. "The Palimpsest of the Human Brain", in: *The Collected Writings of Thomas de Quincey*, neue erweiterte Ausgabe, 14 Bde., hg. by David Masson, Bd. XIII: Tales and Prose Phantasies (Edinburgh: Adam and Charles Black, 1890), 340-49.
Deighton, Len. *SS-GB* (London: Arrow, 1991) [1978].
Deighton, Len. *XPD* (London: Granada, 1981).
"Denkschrift der Deutschen Shakespeare-Gesellschaft", *Shakespeare-Jahrbuch* 80/81 (1946), 139-49.
Der Nürnberger Lernprozess. Von Kriegsverbrechern und Starreportern, zusammengestellt und eingeleitet von Stefan Radlmaier (Frankfurt/M.: Eichborn, 2001).
Der Prozeß gegen die Hauptkriegsverbrecher vor dem Internationale Militärgerichtshof Nürnberg. Nürnberg 14. November 1945 - 1. Oktober 1946. Amtlicher Wortlaut in deutscher Sprache, 42 Bde. (Nürnberg: n.p., 1947-49).
Dickens, Arthur Geoffrey. *Lübeck Diary* (London: Victor Gollancz, 1947).
Dilthey, Wilhelm. *Vom Anfang des geschichtlichen Bewußtseins* [1917] (*Gesammelte Schriften, 1923-31*).
Dimbleby, Richard. "Richard Dimbleby's Despatch of 17 April 1945", in: *Remembering Belsen. Eyewitnesses Record the Liberation*, hg. von Ben Flanagan und Donald Bloxham, in association with the Holocaust Educational Trust (London/Portland: Vallentine Mitchell, 2005), xi-xiii.
Donne, John. "To His Mistress Going to Bed", in: *The Complete English Poems of John Donne*, hg. C. A. Patrides (London: Dent, 1990) [1985], 183.
Dos Passos, John. *Tour of Duty* (Boston: Houghton Mifflin, 1946).
Edgar, David. *Albert Speer* (London: Nick Hern Books, 2000).
"Eine Stellungnahme der britischen Filmkontrolle", *Der Monat* 1.10 (1948), 121.
Eliot, T. S. "Tradition and the Individual Talent" [1919], in: ders., *Selected Essays*, 3. erw. Aufl. (London: Faber and Faber, 1963) [1932], 13-22.
Enright, Dennis J. "Apocalypse" [1962], in: ders., *The Typewriter Revolution & Other Poems* (New York: The Library Press, 1971), 67-68.
Enright, Dennis J. "Another World", in: ders., *Some Men are Brothers* (London: Chatto & Windus, 1960), 30-31.
Enright, Dennis J. *Memoirs of a Mendicant Professor* (London: Chatto & Windus, 1969).
Fénelon, Fania. *Das Mädchenorchester in Auschwitz* (Frankfurt: Fischer, 1980).
Fiedeler, Hans, d. i. Alfred Döblin. *Der Nürnberger Lehrprozess* (Baden-Baden: Neuer Bücherdienst, 1946).
Flannery, Peter. *Singer* (London: Nick Hern Books, 1989).
Fleming, Ian. *Moonraker* (London: Pan Books, 1971) [1955].
Flenley, Ralph (Hg.), *The Treatment of post-war Germany* (Toronto: Ryerson Press, 1943).
Forester, Cecil Scott. *The Ship* (London: Book Society, 1943).
Forsyth, Frederick. *The Odessa File* (New York: Bantam Books, 1995) [1972].
Fry, Stephen. *Making History* (New York: Soho, 1996).

Gainham, Sarah. *The Mythmaker* (London: Sphere Books, 1970) [1957].
Galbraith, John Kenneth. *A Life in Our Times. Memoirs* (London: Deutsch, 1981).
Gallant, Mavis. "The Latehomecomer" in: *The Collected Stories of Mavis Gallant* (New York: Random House, 1996), 144-62.
Germany 1944. The British Soldier's Pocketbook. With a foreword by Charles Wheeler and an introduction by Edward Hampshire (Kew, Richmond: The National Archives, 2006).
Gide, André. *Die Verließe des Vatikans* (Hamburg: Rowohlt, 1947).
Gide, André. *Retour de l'U.R.S.S.* (Paris: Gallimard, 1936).
Gilbert, Gustave Mark. *Nuremberg Diary* (New York: Signet, 1961).
Gollancz, Victor. "A further note on Herrenvolk", in: ders., *In Darkest Germany*, 103-109.
Gollancz, Victor. "Herrenvolk", *Manchester Guardian* vom 2. Dezember 1946, Nachdr. in: ders., *In Darkest Germany*, 94-98.
Gollancz, Victor. *In Darkest Germany* (London: Victor Gollancz, 1947).
Gollancz, Victor. "Isolation of the Mind", *TLS* vom 30. November 1946, 591.
Gollancz, Victor. *On Reconciliation: Two speeches* (London: Victor Gollancz, 1948).
Gollancz, Victor. "Totalitarian Democracy", in: ders., *In Darkest Germany*, 98-102.
Gollancz, Victor. *Versöhnung* (Hamburg: Hammerich & Lesser, 1948).
Gollancz, Victor. *What Buchenwald Really Means* (London: Victor Gollancz, 1945).
Gorki, Maxim. *The Lower Depths*, übers. von Laurence Irving (New York: Duffield, 1912).
Gorki, Maxim. *Kinder der Sonne*, übersetzt von Alexander von Huhn (Berlin: J. Ladyschnikow, 1906).
Hall, Adam. *The Berlin Memorandum* (London: Collins, 1965).
Hall, Radclyffe. *The Well of Loneliness* (London: Jonathan Cape, 1928).
Harris, Robert. *Fatherland* (London: Hutchison, 1992).
Harwood, Ronald (Hg.). *The Faber Book of the Theatre* (London: Faber and Faber, 1993).
Harwood, Ronald. "Introduction", in: *Ronald Harwood: Plays 2* (London: Faber and Faber 1995), xi.
Harwood, Ronald. *Another Time*, in: *The Collected Plays of Ronald Harwood* (London: Faber and Faber, 1993), 195-278.
Harwood, Ronald. *Home* (London: Weidenfeld & Nicolson, 1993).
Harwood, Ronald. *Taking Sides*, in: *Ronald Harwood: Plays 2* (London: Faber and Faber 1995), 1-67.
Harwood, Ronald. *Taking Sides,* with additional material, hg. und mit Anmerkungen versehen von Albert-Reiner Glaap (Frankfurt/M.: Moritz Diesterweg, 1999).
Harwood, Ronald. *The Handyman* (London: Faber and Faber, 1996).
Harwood, Ronald. *The Handyman*, hg. und mit Anmerkungen versehen von Gunther Volk (Stuttgart/Düsseldorf/Leipzig: Klett, 2000) [London, 1996].
Heine, Heinrich. *Zur Geschichte der Religion und Philosophie in Deutschland*, in: Heinrich Heine, *Sämtliche Werke*, Bd. VII (Leipzig: Max Hesse, 1852) [1834], 11-112.
Hemingway, Ernest. *In einem anderen Land* (Hamburg: Rowohlt, 1946).
Isherwood, Christopher. *Christopher and his Kind* (London: Eyre Methuen, 1977).
Isherwood, Christopher. *Down There on a Visit* (London: Methuen 1985) [1962].
Isherwood, Christopher. *Exhumations. Stories, Articles, Verses* (London: Methuen, 1966).
Isherwood, Christopher. "German Literature in England", *The New Republic* vom 5. April 1939, 254-55.
Isherwood, Christopher. *Goodbye to Berlin* (Harmondsworth: Penguin, 1958) [1939].
Isherwood, Christopher. "The Berlin Stories", *Isherwood on Writing*, hg. von James J. Berg (Minniapolis/London: University of Minnesota Press, 2007), 161-172.
Jarman, Wrenne. "Threnody for Berlin", in: *Poems of Wrenne Jarman*, mit einem Vorwort von Edmund Blunden (London: Hilary Press, 1970), 40.

Jaspers, Karl. *Hoffnung und Sorge* (München: Piper, 1965).
Johnson, Uwe. *Jahrestage: Aus dem Leben von Gesine Cresspahl*, 4 Bde. (Frankfurt/M.: Suhrkamp, 2001) [1970-1983].
"Julia Pascal, London, in Interview with Annette Kern-Stähler, Düsseldorf", *Anglistik* 16.1 (2005), 131-37.
Karpf, Anne. *The War After. Living with the Holocaust* (London: Heinemann, 1996). Deutsche Übersetzung: *Der Krieg danach. Leben mit dem Holocaust* (Berlin: Ullstein, 1998).
Kästner, Erich. "Streiflichter aus Nürnberg", *Die Neue Zeitung* vom 23.11.1945, Nachdr. in: *Das Jahr '45. Dichtung, Bericht, Protokoll deutscher Autoren*, hg. von Hans Rauschning (Gütersloh: Bertelsmann, 1970), 282-89.
Kästner, Erich. "Wert und Unwert des Menschen", *Neue Zeitung* vom 4.2.1946.
Kaye, Mary M. *Death in Berlin* (Harmondsworth: Penguin, 1986) [zuerst Staples Press, 1955].
Kee, Robert. *A Crowd is not Company* (London: Jonathan Cape, 1982) [zuerst Eyre & Spottiswoode, 1947].
Kent, Nicolas. *Srebrenica* (London: Oberon, 2005).
King, Francis. *Punishments* (London: Hamish Hamilton, 1989).
Kirstein, Lincoln. "Siegfriedslage", in: Spender (Hg.), *Auden. A Tribute*, 128-33.
Klemperer, Victor. *LTI. Notizbuch eines Philologen*, 3. Aufl. (Leipzig: Reclam, 1975) [1957].
Klie, Barbara. "Die Verdammten und nochmals die Verdammten", *Der Monat* 1.10 (1948), 119-121.
Kloss, Erich. "Erinnerungen an die Besetzung Weimars durch die Amerikaner im April 1945. Eine verwaltungsgeschichtliche Studie von Bürgermeister a.D. Kloss, Weimar" [Auszüge] in: Peter Krahulec, Roland Schopf und Siegfried Wolf, *Buchenwald – Weimar: April 1945. Wann lernt der Mensch?*, mit einem Begleitwort von Ralph Giordano, Studien zum Nationalsozialismus, 4 (Münster: LIT, 1994), 55-69.
Kracauer, Siegfried. *From Caligari to Hitler* (Princeton: Princeton University Press, 1947).
Kroog, Antjie. *Country of My Skull* (London: Jonathan Cape, 1999).
Larkin, Philip. *Jill* (London: Faber and Faber, 1975).
Lawrence, D. H. "Red Moon-Rise", in: *The Complete Poems of D. H. Lawrence*, hg. von Vivian de Sola Pinto und Warren Roberts, 2 Bde., Nachdr. (London: Heinemann, 1972) [1964], 88-89.
Lawrence, D. H. "The Border Line", in: *The Tales of D. H. Lawrence* (London: Martin Secker, 1934), 794-810.
Lawrence, D. H. *Twilight in Italy and Other Essays*, hg. von Paul Eggert, The Cambridge Edition of the Letters and Works of D. H. Lawrence (Cambridge: Cambridge University Press, 1994).
Layton, Sir Walter. *How to deal with Germany* (London: News Chronicle Publications Department, 1943).
Le Carré, John. *A Small Town in Germany* (London: Heinemann, 1968).
Lehmann, John. *In My Own Time* (Boston: Little, 1969).
Lehmann, John. *The Whispering Gallery* (London: Longman, 1955).
Lemkin, Raphael. *Axis Rule in Occupied Europe* (Washington: Carnegie Endowment for International Peace, Division of International Law, 1944).
Lessing, Doris. "The Eye of God in Paradise", in: dies., *To Room Nineteen. Collected Stories*, 1 (London: Jonathan Cape, 1978), 140-93.
Lessing, Doris. *In Pursuit of the English. A Documentary* (London: MacGibbon & Kee, 1960).
Lodge, David. "Afterword" (1984), in: ders., *Out of the Shelter* (London: Penguin, 1986) [1985], 273-82.
Lodge, David. "Memories of a Catholic Childhood", in: ders., *Write On. Occasional Essays '65-'85* (London: Secker & Warburg, 1986), 28-31.

Macaulay, Thomas Babington. “Minute on Indian Education” [1835], in: *Selected Writings*, hg. von John Clive und Thomas Pinney (Chicago/London: Chicago University Press, 1972), 237-51.
MacDonald, Robert David. *In Quest of Conscience*, adapted by Robert David MacDonald from *Into That Darkness* by Gitta Sereny (London: Oberon, 1994).
MacNeice, Louis. *The Strings are False. An Unfinished Autobiography* (London/Boston: Faber and Faber, 1965).
Mann, Abby. *Judgment at Nuremberg. The Script of the Film* (London: Cassell, 1961).
Mann, Klaus. *Mephisto: Roman einer Karriere* (Amsterdam: Querido, 1936).
Mann, Klaus. *Wendepunkt. Ein Lebensbericht* (Frankfurt/M.: Fischer, 1966).
Martin, Kingsley. “The Re-education of Germany”, *Political Quarterly* (April/Juni 1944), 135-48.
McEwan, Ian. “Introduction”, in: ders., *The Imitation Game*, 9-20.
McEwan, Ian. *Black Dogs* (London: Vintage, 1998) [zuerst Jonathan Cape, 1992].
McEwan, Ian. *The Imitation Game*, in: *The Imitation Game. Three Plays for Television by Ian McEwan* (London: Jonathan Cape, 1981), 95-175.
McEwan, Ian. *The Innocent* (London: Vintage, 2001) [1990].
Miller, Arthur. *Timebends: A Life* (New York: Grove Press, 1987).
Mosley, Leonard O. *Report from Germany* (London: Victor Gollancz, 1945).
Nabokov, Nicolas. *Old Friends and New Music* (London: Hamish Hamilton, 1951).
Nizer, Louis. *What to do with Germany* (Chicago/New York: Ziff-Davis, 1944).
Norton-Taylor, Richard. *Nuremberg: The War Crimes Trial.* Transcript ed. by Richard Norton-Taylor. With additional documentary material comp. by Nicolas Kent and Richard Norton-Taylor (London: Nick Hern Books, 1997).
Orwell, George. “Inside the Whale” (11.3.1940), in: *The Complete Works of George Orwell*, Bd. 12: *A Patriot After All*, hg. von Peter Davison (London: Secker & Warburg, 1998), 86-115.
Orwell, George. “The Frontiers of Art and Propaganda”, in: *The Collected Essays. Journalism and Letters of George Orwell.* Bd. 2: *My Country Right or Left, 1940-1943*, hg. von Sonia Orwell und Ian Angus (New York: Harcourt, Brace and World, 1968), 126.
Osofisan, Femi. *Reel, Rwanda!* In: Femi Osofisan, *Recent Outings II. Two Plays, comprising Nkrumah-Ni... Africa-Ni! And Reel, Rwanda!* (Ibadan: Kenbim Press, 1999), 177-223.
Pascal, Julia. *A Dead Woman on Holiday*, in: dies., *The Holocaust Trilogy*, 51-100.
Pascal, Julia. “Guernsey and the Holocaust”, *Review of the Guernsey Society* 47.1 (1994), 4-5.
Pascal, Julia. *The Holocaust Trilogy* (London: Oberon, 2000).
Pascal, Julia. *Theresa*, in: dies. *The Holocaust Trilogy*, 10-50.
Peake, Mervyn. *Shapes and Sounds* (London: Chatto & Windus, 1941).
Peters, William. *In Germany Now. A Diary of Impressions in Germany August-December, 1945* (London: Progress Publishing, 1946).
Plevier, Theodor. *Moskau. Stalingrad. Berlin: Der große Krieg im Osten. Drei Romane* (Wien: Buchgemeinschaft Donauland, o.J).
Prebble, John. *Edge of Darkness* (London: Secker & Warburg, 1947).
Quintilian. *The Institutio Oratoria of Quintilian*, with an English translation by H. E. Butler, 4 Bde., Loeb Classical Library, Nachdr. (London/Cambridge, Mass: Harvard University Press, 1961) [1922].
Rankin, Ian. *The Hanging Garden* (London: Orion, 1999) [1998].
Rees, Goronwy. *A Bundle of Sensations. Sketches in Autobiography* (London: Chatto & Windus, 1960).
Rees, Goronwy. “Berlin in the Twenties”, in: *Brief Encounters* (London: Chatto & Windus, 1974), 176-180.
Rhetorica ad Herennium, hg. von Gualtiero Calboli (Bologna: Pàtron, 1969).
Richter, Hans Werner. “Die Ablehnung in Stuttgart”, *Der Monat* 1.10 (1948), 115-16.

Roberts, Michael. *New Country. Prose and Poetry by the authors of* New Signatures (London: Woolf, 1933).
Ross, Alan. *The Derelict Day: Poems in Germany* (London: Lehmann, 1947).
Ross, Alan. *Blindfold Games* (London: Collins Harvill, 1986).
Sack, Leeny. *The Survivor and the Translator*, in: Leonora Champagne (Hg.), *Out from Under. Texts by Women Performance Artists* (New York: Theatre Communications Group, 1990), 123-51.
Schwab-Felisch, Hans (Hg.), *Der Ruf. Eine deutsche Nachkriegszeitschrift* (München: dtv, 1962).
Shaughnessy, Alfred. *Dearest Enemy* (Padstow: Tabb House, 1991).
Shirer, William L. *Berlin Diary. The Journal of a Foreign Correspondent 1934-1941* (London: Hamish Hamilton, 1941).
Shirer, William L. *End of a Berlin Diary* (New York: Alfred A. Knopf, 1947).
Silone, Ignazio. *Fontamara* (Hamburg/Stuttgart: Rowohlt, 1947).
Sington, Derrick. *Belsen Uncovered* (London: Duckworth, 1946).
Speer, Albert. "Antwort an Goldhagen", in: Reif, Adelbert (Hg.), *Albert Speer: Kontroversen um ein deutsches Phänomen* (München: Bernard & Graefe, 1978), 395-403.
Speer, Albert. "Ein Nachtrag", in: Reif, Adelbert (Hg.), *Albert Speer: Kontroversen um ein deutsches Phänomen* (München: Bernard & Graefe, 1978), 404-407.
Speer, Albert. *Erinnerungen* (Berlin: Propyläen, 1969).
Speer, Albert. *Spandauer Tagebücher* (Frankfurt/M./Berlin: Propyläen, 1975).
Spender, Stephen. *The God that Failed. Six Studies in Communism by Arthur Koestler, Ignazio Silone, André Gide presented by Enid Starkie, Richard Wright, Louis Fischer, Stephen Spender*, with an introduction by Richard Crossman, 4. Aufl. (London: Hamish Hamilton, 1950), 231-72.
Spender, Stephen. *Citizens in War – And After* (London et al.: George G. Harrap, 1945).
Spender, Stephen. "Confessions and Autobiography", in: James Olney (Hg.), *Autobiography: Essays Theoretical and Critical* (Princeton: Princeton UP, 1980), 251f.
Spender, Stephen. *European Witness*, 2. Aufl. (London: Hamish Hamilton, 1947) [1946].
Spender, Stephen. *Forward from Liberalism* (London: Gollancz, 1937).
Spender, Stephen. "From 'Rhineland Journal'", in: Cyril Connolly (Hg.), *The Golden Horizon* (London: Weidenfels & Nicolson, 1953), 120-30.
Spender, Stephen. "German Diary", in: ders., *Journals 1939-1983*, 61-91.
Spender, Stephen. "Hoelderlin, Goethe and Germany", *Horizon* 8 (1943), 273-80.
Spender, Stephen. "I Join the Communist Party", *Daily Worker* 19. Februar 1937, Nachdr. in: ders., *The Thirties and After*, 80-82.
Spender, Stephen. "Introduction", in: Günter Metken (Hg.), *Herbert List. Photographs 1930-1970* (London: Thames and Hudson, 1981), übers. von Ingeborg von Zitzewitz, *Herbert List: Fotografia Metafisica* (München: Schirmer/Mosel, 1980), 7-12.
Spender, Stephen. "Introduction", in: Stern, *Hidden Damage*, viii.
Spender, Stephen. *Journals 1939-1983*, hg. von John Goldsmith (London: Faber and Faber, 1985).
Spender, Stephen. *Life and the Poet* (London: Secker & Warburg, 1942).
Spender, Stephen. "Looking back in 1994. A New Introduction to *World Within World*", in: ders., *World Within World*, vii-xx.
Spender, Stephen. "Poetry", *Fact* 4 (1938), 18-30.
Spender, Stephen. "Rheinland Tagebuch", übers. von N. O. Scarpi, *Neue Schweizer Rundschau* N. F. 13 (1945-1946), 563-81.
Spender, Stephen. "Rhineland Journal", *Horizon* 12 (1945), 394-413.
Spender, Stephen. "Rhineland Journey", in: ders., *The Thirties and After*, 133-51.

Spender, Stephen. “September Journal”, in: ders., *The Thirties and After*, 106.
Spender, Stephen. “Spain Invites the World’s Writers”, *New Writing* 4 (Autumn 1947), Nachdr. in: ders., *The Thirties and After*, 71-79.
Spender, Stephen. “The English Intellectuals and the World of To-Day”, in: George B. de Huszar (Hg.), *The Intellectuals. A Controversial Portrait* (Glencoe, Ill.: The Free Press of Glencoe, 1960), 470-76.
Spender, Stephen. *The Creative Element. A Study of Vision, Despair and Orthodoxy among some Modern Writers* (New York: British Book Center, 1954).
Spender, Stephen. “The Fool and the Princess”, in: Stephen Spender, *Engaged in Writing* (London: Hamish Hamilton, 1958), 159-239.
Spender, Stephen. *The Still Centre* (London: Faber and Faber 1946) [1939].
Spender, Stephen. *The Temple*, 2. Aufl. (London: Faber and Faber, 1989) [1988].
Spender, Stephen. *The Thirties and After. Poetry, Politics, People (1933-75)* (London: Macmillan, 1978).
Spender, Stephen. *Trial of a Judge: A Tragedy in Five Acts* (London: Faber and Faber, 1938).
Spender, Stephen. “W. H. Auden and His Poetry”, *Atlantic Monthly* 192 (1953), 74-79, Nachdr. in: Monroe K. Spears (Hg.), *Auden. A Collection of Critical Essays* (Eaglewood Cliffs: Prentice-Hall, 1964), 26-38.
Spender, Stephen (Hg.). *W. H. Auden. A Tribute*, Nachdr. (London: Weidenfeld & Nicolson, 1975) [1974].
Spender, Stephen. “W. H. Auden”. Memorial Address delivered in Christ Church Cathedral, Oxford, 27. Oktober 1973, in: ders., *The Thirties and After*, 268-75.
Spender, Stephen. *World Within World. The Autobiography of Stephen Spender. With a new introduction by the author* (New York: St. Martin’s Press, 1994) [1951].
Spender, Stephen. “Writers and Revolutionaries: The Spanish War”, *New York Review of Books* vom 25. September 1969, 3-8.
Spender, Stephen. “Zerbrochene Brücken über den Rhein”, *Der Ruf* 9 und 10 vom 15.12.1946 und 1.1.1947, Nachdr. in: Schwab-Felisch (Hg.), *Der Ruf*, 258-72.
Spottiswoode, Sybil. *Her Husband’s Country* (New York: Duffield & Co, 1911).
Steiner, George. “Dying is an Art”, in: ders., *Language and Silence* (Harmondsworth: Penguin, 1979).
Stern, James. “The indispensible presence”, in: Spender (Hg.), *Auden. A Tribute*, 123-27.
Stern, James. *The Hidden Damage* (New York: Harcourt Brace, 1947).
Strang, Lord William. *Home and Abroad* (London: Andre Deutsch, 1956).
Svevo, Italo. *Zeno Cosini*, übers. Piero Rismondo (Hamburg: Rowohlt, 1959).
Swift, Graham. *Out of this World* (London: Viking, 1988).
Tacitus. *Germania*, in: *Dialogus, Agricola, Germania*, transl. M. Hutton, The Loeb Classical Library, 35 (London: Heinemann, 1946), 263-354, 284.
Tate, Mavis. “More on Buchenwald”, *The Spectator* vom 4. Mai 1945, 402-03.
Thatcher, Margaret. *The Downing Street Years* (London: Harper Collins, 1993).
“The Problem of Germany”, *Time and Tide* vom 14. April 1945, 301.
Trevelyan, Charles. *On the Education of the People of India* (London: Longman, 1838).
Vansittart, Robert. *Black Record: Germans Past and Present* (London: Hamish Hamilton, 1941).
Vansittart, Robert. *Lessons of My Life* (London/New York/Melbourne: Hutchinson & Co, 1943).
Vilar, Esther. *Speer*, aus dem Deutschen übertragen von Martin Wagner (London: Profile Books, 1999) [1998].
Vonnegut, Kurt. *Slaughterhouse-Five or The Children’s Crusade. A Duty-Dance with Death* (London: Vintage, 1991) [1969].
Walsh, Jill Paton. *Fireweed* (London/Basingstoke: Macmillan, 1984) [1972].

Waugh, Eveleyn. *The Diaries of Evelyn Waugh*, hg. von Michael Davie (London: Weidenfeld & Nicolson, 1976).
Waugh, Evelyn. *Brideshead Revisited* (Boston: Little, Brown, 1945).
Waugh, Evelyn. *When the Going was Good* (London: Duckworth, 1946).
Weiskopf, Franz C. *Himmelfahrtskommando* (Berlin: Dietz, 1944).
Weiskopf, Franz C. *The Firing Squad* (Alfred Knopf, 1944).
Weiss, Peter. *Die Ermittlung* (Reinbek: Rowohlt, 1985).
Wendorf, Patricia. *Lives of Translation* (London: Viking, 1992).
Wendorf, Patricia. *Peacefully: In Berlin*. 2. Ausgabe (London/Sydney: Futura, 1988) [1983].
Wiesel, Elie. *All Rivers Run to the Sea: Memoirs*. Bd. 1: *1928-1969* (London: Harper Collins, 1996).
Woolf, Leonard. *Barbarians Within and Barbarians Without* (New York: Harcourt, Brace and Co. 1939).
Woolf, Virginia. *Between the Acts* (London: Hogarth Press, 1941).
Wylie, I. A. R. *Dividing Waters* (Indianapolis: Bobbs-Merrill, 1911).

Filme

Conspiracy, Regie: Frank Pierson (USA/GB, 2001).
Schindler's List, Regie: Stephen Spielberg (USA, 1993).
The Innocent, Regie: John Schlesinger, Drehbuch: Ian McEwan (GB/D, 1995).
The Pianist, Regie: Roman Polanski, Drehbuch: Ronald Harwood (F/D/GB/PL, 2002).
Speer und er. Fernsehfilm in drei Teilen und einer Dokumentation (WDR), Regie: Heinrich Breloer, Drehbuch: Horst Königstein (D, 2005)
Taking Sides, Regie: Istvan Szábó, Drehbuch: Ronald Harwood (D/F, 2001).
Todesmühlen/Death Mills, Regie: Hans Burger (USA/D, 1945).
Un Spécialiste. Portrait d'un criminel moderne, Regie: Rony Brauman und Eyal Sivan (Israel/F/D/A/B, 1999).

Sekundärliteratur

Aarons, Mark. "Justice Betrayed: Post-1945 Responses to Genocide", in: Blumenthal, McCormack (Hgg.), *The Legacy of Nuremberg*, 69-97.
Abzug, Robert H. *Inside the Vicious Heart: Americans and the Liberation of Nazi Concentration Camps*. New York: Oxford University Press, 1985.
Adler, Jacques. *Genocide, History and Fictions. Historians Respond to Helen Demidenko/ Darville's The Hand that Signed the Paper* (Melbourne: History Department, University of Melbourne, 1997).
Alloula, Malek. *The Colonial Harem* (Minneapolis: University of Minnesota Press, 1986).
Anderson, Benedict. *Imagined Communities: Reflections on the Origin and Spread of Nationalism*, rev. ed. (London: Verso, 1991) [1983].
Angehrn, Emil. *Geschichte und Identität* (Berlin/New York: de Gruyter, 1985).
Ankersmit, Frank R. "Historiography and Postmodernism", *History and Theory* 28 (1989), 137-153.

Ankersmit, Frank R. "Reply to Professor Zagorin", *History and Theory* 29 (1990), 275-96.
Annan, Noel. *Changing Enemies. The Defeat and Regeneration of Germany* (London: Harper Collins, 1995).
Applegate, Celia. "Saving Music. Enduring Experiences of Culture", *History & Memory* 17 (2005), 217-37.
Ashcroft, Bill und Gareth Griffiths, Helen Tiffin, *The Empire Writes Back* (London: Routledge, 2002) [1989].
Assmann, Aleida. "Das Gedächtnis der Orte", *Deutsche Vierteljahresschrift für Literaturwissenschaft und Geistesgeschichte* 68 (1994), 17-35.
Assmann, Aleida. *Erinnerungsräume. Formen und Wandlungen des kulturellen Gedächtnisses* (München: Beck, 1999).
Assmann, Aleida und Jan. "Kanon und Zensur", in: dies. (Hgg.), *Kanon und Zensur. Archäologie der literarischen Kommunikation II* (München: Fink, 1987), 7-27.
Assmann, Aleida und Ute Frevert. *Geschichtsvergessenheit – Geschichtsversessenheit. Vom Umgang mit deutschen Vergangenheiten nach 1945* (Stuttgart: Deutsche Verlags-Anstalt, 1999).
Assmann, Aleida und Heidrun Friese (Hgg.). *Identitäten*, Erinnerung, Geschichte, Identität, 3 (Frankfurt/M.: Suhrkamp, 1998).
Assmann, Aleida und Heidrun Friese. "Einleitung", in: dies. (Hgg.), *Identitäten*, 11-23.
Assmann, Aleida, Monika Gomille, Gabriele Rippl (Hgg.). *Ruinenbilder* (München: Wilhelm Fink, 2002).
Assmann, Aleida und Monika Gomille, Gabriele Rippl. "Ruinenbilder: Einleitung", in: dies. (Hgg.), *Ruinenbilder*, 7-14.
Assmann, Jan. "Kollektives Gedächtnis und kulturelle Identität", in: Jan Assmann und Tonio Hölscher (Hgg.), *Kultur und Gedächtnis* (Frankfurt/M.: Suhrkamp,1988), 9-19.
Assmann, Jan. "Stein und Zeit. Das 'monumentale' Gedächtnis der altägyptischen Kultur", in: Jan Assmann und Tonio Hölscher (Hgg.), *Kultur und Gedächtnis* (Frankfurt/M.: Suhrkamp, 1988), 87-114.
Augstein, Rudolf et al. (Hgg.). *"Historikerstreit": Die Dokumentation der Kontroverse um die Einzigartigkeit der nationalsozialistischen Judenvernichtung* (München: Piper, 1987).
Aust, Hugo. *Der historische Roman* (Stuttgart/Weimar: Metzler, 1994).
Awodiya, Muyiwa P. (Hg.). *Excursions in Drama and Literature: Interviews with Femi Osofisan* (Ibadan: Kraft Books, 1993).
Baker, Gary L. "'Als wäre eine Decke weggerissen': Figurative Language in Rubble Literature", *Colloquia Germanica. Internationale Zeitschrift für Germanistik* 36 (2003), 269-85.
Balfour, Michael. "Four-Power Control in Germany, 1945-1946", in: *Four-Power Control in Germany and Austria 1945-1946*, Survey of International Affairs 1939-1946, vol. VIII (London etc.: Oxford University Press, 1956), 43-46.
Balfour, Michael. *Vier-Mächte-Kontrolle in Deutschland 1945-1946* (Düsseldorf: Droste, 1959).
Bance, Alan (Hg.). *The Cultural Legacy of the British Occupation in Germany. The London Symposium*, Stuttgarter Arbeiten zur Germanistik, 350; gleichzeitig Publications of the Institute of Germanic Studies, 70 (Stuttgart: Hans-Dieter Heinz, Akademischer Verlag Stuttgart, 1997).
Bann, Stephen. "The Sense of the Past: Image, Text, and Object in the Formation of Historical Consciousness in Nineteenth-Century Britain", in: *The New Historicism*, hg. von H. Aram Veeser (New York/London: Routledge, 1989), 102-115.
Barfoot, Cedric C. (Hg.). *Beyond Pug's Tour. National and ethnic stereotyping in theory and literary practice* (Amsterdam: Rodopi, 1997).
Barley, Tony. "'A narrow strictness': Political Constraints in Edward Upward's *The Rotten Element*", *Literature & History* 6.1 (1997), 63-79.

Barnouw, Dagmar. *Germany 1945. Views of War and Violence* (Bloomington: Indiana UP, 1996).
Barthes, Roland. "Historical Discourse" [1967], in: Michael Lane (Hg.), *Structuralism. A Reader* (London: Jonathan Cape, 1970), 145-155.
Bartlitz, Christine. "Der Nürnberger Prozeß in Reportagen und Kommentaren des Berliner Rundfunks", *Schuld und Sühne? Kriegserlebnis und Kriegsdeutung in deutschen Medien der Nachkriegszeit (1945-1961), Internationale Konferenz vom 01.-04.1999 in Berlin*, hg. von Ursula Heukenkamp, Amsterdamer Beiträge zur neuen Germanistik, 50 (Amsterdam/Atlanta: Rodopi, 2001), 555-66.
Barton, Brian. *Das Dokumentartheater* (Stuttgart: Metzler, 1987).
Bass, Gary Jonathan. *Stay the Hand of Vengeance. The Politics of War Crimes Tribunals* (Princeton, Oxford: Princeton University Press, 2000).
Bassiouni, M. Cherif. "Das 'Vermächtnis von Nürnberg': eine historische Bewertung fünfzig Jahre danach", in: Gerd Hankel, Gerhard Stuby (Hgg.), *Strafgerichte gegen Menschheitsverbrechen. Zum Völkerstrafrecht 50 Jahre nach den Nürnberger Prozessen* (Hamburg: Hamburger Edition, 1995), 15-38.
Basu, Aparna. "Policy and Conflict in India: The Reality and Perception of Education", in: Philip G. Altbach und Gail P. Kelly (Hgg.), *Education and Colonialism* (New York: Longman, 1978), 53-68.
Baxendale, John. "Mentioning the War: The Second World War and Post-War British National Identity", in: Ulrike Borgmann (Hg.), *From Empire to Multicultural Society: Cultural and Institutional Changes in Britain.* Proceedings of the Ninth British Cultural Studies Conference, Würzburg 1998 (Trier: wvt, 1999), 9-20.
Bayer, Erich (ed.), *Wörterbuch zur Geschichte. Begriffe und Fachausdrücke*, 4., überarbeitete Auflage (Stuttgart: Kröner, 1980) [1960].
Beach, Joseph. *Amerikanische Prosadichtung 1920-1940* (Aschaffenburg: Paul Pattloch, 1947).
Beigbeder, Yves. *Judging War Criminals. The Politics of International Justice* (Houndmills, Basingstoke/London: Palgrave Macmillan, 1999).
Bellis, Peter. "Stephen Spender", *Images. Daily Texan* vom 13. März 1978, 10.
Belsey, Catherine. "Reading Cultural History", in: Tamsin Spargo (Hg.), *Reading the Past* (Basingstoke: Palgrave, 2000), 103-17.
Benjamin, Walter. "Ausgraben und Erinnern", in: *Gesammelte Schriften*, IV, 1, hg. von Tillman Rexroth, Werkausgabe, 10 (Frankfurt a. M.: Suhrkamp, 1980).
Bényei, Tamás. "Places in Between: The Subversion of Initiation Narrative in Ian McEwan's *The Innocent*", *British and American Studies* 4.2 (1999), 66-73.
Benz, Wolfgang (ed.), *Deutschland unter alliierter Besatzung 1945-1949/55* (Berlin: Akademie-Verlag, 1999).
Berger, Mark T. "Imperialism and Sexual Exploitation: A Response to Ronald Hyam's 'Empire and Sexual Opportunity', *Journal of Imperial and Commonwealth History* 17.1 (1988), 83-89.
Bernard, Catherine. "Dismembering/Remembering Mimesis: Martin Amis, Graham Swift", in: Theo D'haen, Hans Bertens (Hgg.), *British Postmodern Fiction, Postmodern Studies*, 7 (Amsterdam, Atlanta, GA: Rodopi, 1993), 121-44.
Berthoff, Warner. "Fiction, History, Myth: Notes toward the Discrimination of Narrative Forms", in: *The Interpretation of Narrative: Theory and Practice*, hg. von M. W. Bloomfield (Cambridge, Mass.: Harvard University Press, 1970), 263-287.
Betsworth, Roger. *Social Ethics. An Examination of American Moral Traditions* (Louisville: Westminster Knox, 1990).
Betts, Paul. "Germany, International Justice and the Twentieth Century", *History & Memory* 17 (2005), 45-86.

Biddiscombe, Perry. “Dangerous Liaisons: The Anti-Fraternization Movement in the U.S. Occupation Zone of Germany and Austria, 1945-1948”, *Journal of Social History* 34 (2001), 611-47.

Birchall, Sabine. *Erinnerung und kollektive Identitäten. Zur Wahrnehmung der Kriegsvergangenheit im englischen Roman der Gegenwart*, Beiträge zur anglo-amerikanischen Literatur, 4 (Frankfurt/M.: Peter Lang, 2003).

Birke, Adolf M. “Geschichtsauffassung und Deutschlandbild im Foreign Office Research Department”, in: Bernd-Jürgen Wendt (Hg.), *Das britische Deutschlandbild im Wandel des 19. und 20. Jahrhunderts* (Bochum: Studienverlag Brockmeyer, 1984), 171-97.

Birley, Robert. “British Policy in Retrospect”, in: Hearnden (Hg.), *The British in Germany*, 46-63.

Birley, Robert. “Potsdam in Practice”, in: Brian Rees (Hg.), *History and Idealism. Essays, Addresses and Letters* (London: John Murray, 1990), 75-93.

Birrell, Francis. *Gladstone* (London: Duckworth, 1933).

Blaicher, Günther. *Das Deutschlandbild in der englischen Literatur* (Darmstadt: Wissenschaftliche Buchgesellschaft, 1992).

Blank, Thomas. “Wer sind die Deutschen? Nationalismus, Patriotismus, Identität – Ergebnisse einer empirischen Längsschnittstudie”, *Aus Politik und Zeitgeschichte* 13 (1997), 38-46.

Bloxham, Donald. “Dresden as a War Crime”, in: *Firestorm. The Bombing of Dresden, 1945*, hg. von Paul Addison und Jeremy A. Crang (London: Pimlico, 2006), 180-208.

Bloxham, Donald. “Pragmatismus als Programm. Die Ahndung deutscher Kriegsverbrechen durch Großbritannien”, in: Frei (Hg.), *Transnationale Vergangenheitspolitik*, 140-79.

Bloxham, Donald. “The Holocaust on Trial. Crimes against Humanity, Justice, and the Writing of the Holocaust”, in: Schaller et al. (Hgg.), *Enteignet – Vertrieben – Ermordet*, 295-317.

Bloxham, Donald. “The occupation experience and the genocidal past in western Germany, 1945-6”, *European History Quarterly* 34 (2004), 305-35.

Bloxham, Donald. *Genocide on Trial. War Crime Trials and the Formation of Holocaust History and Memory* (Oxford: Oxford University Press, 2001).

Blumenthal, David A. und Timothy L. H. McCormack (Hgg.). *The Legacy of Nuremberg: Civilising Influence or Institutionalised Vengeance?* (Leiden, Boston: Martinus Nijhoff, 2008).

Blunden, Edmund Charles. *Shelley: A Life Story* (London: Collins, 1946).

Boerner, Peter. “Das Bild vom anderen Land als Gegenstand literarischer Forschung”, *Sprache im technischen Zeitalter* 56 (1975), 313-321.

Bomam-Behram, B. K. *Educational Controversies of India. The cultural conquest of India under British imperialism* (Bombay: D. B. Taraporevala, 1943).

Boon, Richard. “Retreating to the Future: Brenton in the Eighties”, *Modern Drama* 40.1 (1990), 30-41.

Boon, Richard. “Writers with Dirty Hands: Howard Brenton’s *A Sky Blue Life: Scenes after Maxim Gorki*”, *Modern Drama* 32 (1989), 183-99.

Borgmann, Monika. “Transporttechnische Angelegenheiten”, *Die Zeit* 11. Februar 1999.

Borgmeier, Raimund. “Howard Brenton, *H.I.D. (Hess is Dead)* (1989)”, in: *Can’t We ’Ave Some Order ’Ere! Rechtsextremismus im zeitgenössischen britischen Drama*, hg. von Bernhard Reitz, Anglistik & Englischunterricht, 57 (Heidelberg: Universitätsverlag Winter, 1995), 59-72.

Bork, Siegfried. *Mißbrauch der Sprache. Tendenzen nationalsozialistischer Sprachregelung* (Bern, München: Francke, 1970).

Botting, Douglas. *In the Ruins of the Reich* (London: Allen & Unwin, 1985).

Bowen, Margareta, David Bowen, Francine Kaufmann und Inga Kurz, “Interpreters and the Making of History”, in: Jean Delisle und Judith Woodsworths (Hgg.), *Translators through*

History, Benjamins Translations Library, 13 (Amsterdam, Philadelphia: John Benjamins, 1995), 245-73.

Bowers, Tom. *The Paperclip Conspiracy. The Battle for the Spoils and Secrets of Nazi Germany* (London: Michael Joseph, 1988).

Bozorth, Richard R. *Auden's Games of Knowledge. Poetry and the Meanings of Homosexuality* (New York: Columbia University Press, 2001).

Brackman, Arnold C. *The other Nuremberg. The untold story of the Tokyo war crimes trial* (London: Collins, 1989).

Brackmann, Karl-Heinz und Renate Birkenauer, *NS-Deutsch. Selbstverständliche Begriffe und Schlagwörter aus der Zeit des Nationalsozialismus* (Straelen: Straelener Ms-Verlag, 1988).

Brauman, Rony und Eyal Sivan. *Éloge de la désobéissance. A propos d'"un spécialiste" Adolf Eichmann* (Paris: Le Pommier-Fayard, 1999).

Braunthal, Julius. "Einleitung", in: *Victor Gollancz, Stimme aus dem Chaos*. Eine Auswahl der Schriften von Victor Gollancz, aus dem Englischen von Werner Buhre et al., hg. von Julius von Braunthal (Nürnberg: Nest, 1948), 12ff.

Breitenstein, Rolf (Hg.). *Pillars of Partnership. After "Total War to Total Trust" – The Second Volume of Personal Accounts of 30 Years of Anglo-German Relations – The Vital Role of Non-Governmental Organisations* (London: Oswald Wolff, 1978).

Breloer, Heinrich. *Unterwegs zur Familie Speer. Begegnungen, Gespräche, Interviews* (Berlin: Propyläen, 2005).

Brenner, Hildegard. *Die Kunstpolitik des Nationalsozialismus* (Reinbek: Rowohlt, 1963).

Bridgman, Jon. *The End of the Holocaust: The Liberation of the Camps* (Portland: Areopagitica Press, 1990).

Brink, Cornelia. *Ikonen der Vernichtung. Öffentlicher Gebrauch von Fotografien aus nationalsozialistischen Konzentrationslagern nach 1945* (Berlin: Akademie Verlag, 1998).

Brock, Bazon. *Ästhetik gegen erzwungene Unmittelbarkeit. Die Gottsucherbande. Schriften 1978-1986*, in Zusammenarbeit mit dem Autor herausgegeben von Nicola von Velsen (Köln: DuMont, 1986).

Broich, Ulrich. "Das englische historische Drama der Gegenwart", *Anglia* 98 (1980), 357-382.

Broich, Ulrich. "Symposium: Das europäische Geschichtsdrama nach 1945: Einleitung", *Literaturwissenschaftliches Jahrbuch im Auftrage der Görres-Gesellschaft* 28 (1987), 153-65.

Brückner, Wolfgang. *"Arbeit macht frei". Herkunft und Hintergrund der KZ-Devise*, Otto-von-Freising-Vorlesungen der Katholischen Universität Eichstätt, 13 (Opladen: Leske & Budrich, 1998).

Brunkhorst, Martin. "Der Erzähler im Drama: Versionen des *Memory Play* bei Fry, Shaffer, Stoppard und Beckett", *Arbeiten aus Anglistik und Amerikanistik* 5 (1980), 225-40.

Buch, Estaban. *Beethoven's Ninth: A Political History*, übers. von Richard Miller, Chicago: University of Chicago Press 2003).

Buchan, James. "The return of Dr Death", *The Spectator* vom 28. September 1991, 37.

Bucknell, Katherine und Nicholas Jenkins (Hgg.), *"In Solitude, for Company". W. H. Auden after 1940: Unpublished Prose, and Criticism*, Auden Studies, 3 (Oxford: Clarendon Press, 1995).

Bucknell, Katherine. "The Achievement of Edward Upward", in: Katherine Bucknell und Nicholas Jenkins (Hgg.), *W.H. Auden. 'The Language of Learning and the Language of Love' Uncollected Writing, New Interpretations*, Auden Studies, 2 (Oxford: Clarendon Press, 1994), 165-186.

Buell, Frederick. *W. H. Auden as a Social Poet* (Ithaca and London: Cornell University Press, 1973).

Bull, John. *New British Political Dramatists*, Grove Press Modern Dramatists (New York: Grove Press, 1983).

Burleigh, Michael. *Die Zeit des Nationalsozialismus. Eine Gesamtdarstellung*, übersetzt von Udo Rennert und Karl Heinz Silber (Frankfurt/M.: Fischer, 2000).

Caiger-Smith, Martin. *The Face of the Enemy. British Photographers in Germany 1944-1952* (Berlin: Dirk Nishen, o.J.).

Caputo, Nicoletta. "L'Etica della forma: strategie di straniamento in *Other People: A Mystery Story* (1981) e *Time's Arrow* di Martin Amis", *Il Confronto Letterario* 12 (1995), 73-104.

Carey, John. "Tunnel of Love", *Sunday Times* 13. Mai 1990, 32.

Carpenter, Humphrey. *W. H. Auden. A biography*, überarb. Aufl. (London: Unwin Paperbacks, 1983) [1981].

Carruthers, Mary. *The Book of Memory. A Study of Memory in Medieval Culture*, Cambridge Studies in Medieval Literature, Nachdr. (Cambridge: Cambridge University Press, 1996) [1990].

Cesarani, David. *Britain and the Holocaust* (London: Holocaust Educational Trust, 1998).

Cesarani, David. *Eichmann: His Life and Crimes* (London etc.: Heinemann, 2004).

Cesarani, David. *Justice Delayed* (London: Heinemann, 1992).

Chamberlin, Brewster S. "Todesmühlen. Ein früher Versuch zur Massen-'Umerziehung' im besetzten Deutschland 1945-1946", *Vierteljahreshefte für Zeitgeschichte* 29 (1981), 420-36.

Chamberlin, Brewster und Marcia Feldman (Hgg.), *The Liberation of the Nazi Concentration Camps 1945. Eyewitness Accounts of the Liberators* (Washigton: United States Memorial Council, 1987).

Chambers, Colin und Mike Prior, *Playwrights' Progress: Patterns of Postwar British Drama* (Oxford: Amber Lane Press, 1987).

Chartier, Roger. "Der Lesezirkel", in: Heinz-Gerhard Haupt (Hg.), *Orte des Alltags. Miniaturen aus der europäischen Kulturgeschichte* (München: Beck, 1994), 184-192.

Chartier, Roger. *Lesewelten. Buch und Lektüre in der frühen Neuzeit* (Frankfurt/M., New York: Campus, 1990).

Cheyette, Bryan. "Ghostly overwriting", *TLS* vom 8.12.1995.

Cheyette, Bryan. "Writing the Unwritable", *Jewish Quarterly* 25.2 (1998), 12-16.

Churchill, Clarissa. "Berlin Letter", *Horizon* 13 (1946), 188-94.

Clemens, Gabriele. *Britische Kulturpolitik in Deutschland 1945-1949. Literatur, Film, Musik und Theater*, Historische Mitteilungen, Beiheft 24 (Stuttgart: Franz Steiner, 1997).

Clifford, James und George E. Marcus (Hgg.), *Writing Culture. The Poetics and Politics of Ethnography* (Berkeley, Los Angeles, London: University of California Press, 1986).

Cofino, Alan. "Traveling as a Culture of Remembrance. Traces of National Socialism in West Germany, 1945-1960", *History & Memory* 12 (2001), 92-121.

Cohen, Frederick E. *The Jews in the Channel Islands during the German Occupation 1940-1945* (London: The Institute of Contemporary History and Wiener Library in association with the Jersey Jewish Congregation, 1998).

Cohn, Bernard S. *Colonialism and its Forms of Knowledge. The British in India* (Princeton: Princeton University Press, 1996).

Cohn, Dorrit. "Fictional versus Historical Lives: Borderlines and Borderline Cases", *Journal of Narrative Technique* 19 (1989), 3-24.

Cohn, Dorrit. "Signposts of Fictionality", *Poetics Today* 11 (1990), 775-804.

Coleman, Peter. *The Liberal Conspiracy. The Congress for Cultural Freedom and the Struggle for the Mind of Postwar Europe* (New York: Free Press, 1989).

Colley, Linda. *Britons: Forging the Nation 1707-1837* (London: Vintage, 1996) [1992].

Collingwood, R. G. *The Idea of History* (Oxford: Clarendon Press, 1946).

Confino, Alon. "Traveling as a Culture of Remembrance. Traces of National Socialism in West Germany, 1945-1960", *History & Memory* 12 (2001), 92-121.

Conot, Robert E. *Justice at Nuremberg* (London: Weidenfeld & Nicolson, 1983).

Conrad, Bernadette. "Eine Nomadin des Herzens. Eine Begegnung mit der 85-jährigen Doris Lessing im windumtosten Hampstead", *Die Zeit* vom 19. Mai 2004, Literaturbeilage, www.zeit.de/2004/22/L-Lessing-Doris?page=all.

Cooper, John. "'The Crow on the Crematorium Chimney': Germany, Summer 1945", *English Studies in Canada* 30 (2004), 129-44.

Cortiel, Jeanne und Walter Grünzweig, "Das Erzählen in der Kultur. Narrativ, Religion und Kulturanalyse", in: Friedrich Jäger (Hg.), *Kulturwissenschaftliche Perspektiven der Nordamerika-Forschung* (Tübingen: Stauffenburg 2001), 27-40.

Court, Franklin E. *Institutionalizing English Literature. The Culture and Politics of Literary Study, 1750-1900* (Stanford: Stanford University Press, 1992).

Craps, Stef. "Cathartic Fables, Fabled Catharses: Photography, Fiction and Ethics in Graham Swift's *Out of this World*", *European Journal of English Studies* 7.3 (2003), 293-309.

Crawley, Aidan. *Escape from Germany, 1939-45. Methods of Escape used by RAF Airmen during World War II* (London: The Stationery Office, 2001).

Culbert, David. "American Film Policy in the Re-education of Germany after 1945", in: Pronay, Wilson (Hgg.), *The Political Re-education of Germany*, 173-202.

Cunningham, Valentine. "Zerbombte Städte – Die vorzeitigen Ruinen des Zweiten Weltkriegs", in: Assmann, Gomille, Rippl (Hgg.), *Ruinenbilder*, 105-30.

Curti, Merle. *Das Amerikanische Geistesleben von dem Anfang bis zur Gegenwart* (Stuttgart: Klett, 1947).

Czwarnowski, Katja. "Nürnberg – 'Gemauerte Chronik' oder 'Abfallhaufen der Geschichte'?", in: *Steinbruch. Deutsche Erinnerungsorte. Annäherung an eine deutsche Gedächtnisgeschichte*, hg. von Constanze Carcenac-Lecomte, et al. (Frankfurt/M.: Lang, 2000), 167-85.

D'Addario, Ray. *Nürnberg: Damals – Heute. 116 Bilder zum Nachdenken*, 7., aktualisierte Aufl. (Nürnberg: Verlag Nürnberger Presse, 1997) [1970].

Daiber, Hans. *Deutsches Theater nach 1945: Bundesrepublik Deutschland, Deutsche Demokratische Republik, Österreich, Schweiz* (Stuttgart: Reclam, 1976).

Danto, Arthur C. *Analytical Philosophy of History* (Cambridge: Cambridge University Press, 1965).

Darwin, John. *The End of the British Empire. The Historical debate* (Oxford: Blackwell, 1991).

Davenport-Hines, Richard P. T. *Auden* (London: Heinemann, 1995).

Davies, Trevor. "A British View of Education in Berlin", in: Hearnden (Hg.), *The British in Germany*, 212-223.

Deak, Istvan. *Weimar Germany's Left-Wing Intellectuals* (Berkeley: University of California Press, 1968).

Demandt, Alexander. "Wenn Hitler gewonnen hätte...", *Tango* 27 (April 1995), 20-27.

Demandt, Alexander. *Ungeschehene Geschichte: Ein Traktat über die Frage: Was wäre geschehen, wenn...?* (Göttingen: Vandenhoeck & Ruprecht, 1986).

Demetz, Peter. "Der historische Roman. Skizze eines Modells", in: ders., *Formen des Realismus. Theodor Fontane. Kritische Untersuchungen* (München: Hanser, 1964), 17-50.

Demetz, Peter. "Englische Spiegelungen Rilkes", *Orbis Litterarum* 11 (1956), 18-30.

Denning, Michael. *Cover Stories. Narrative and Ideology in the British Spy Thriller*, Popular Fiction Series (London/New York: Routledge, 1987).

Destexhe, Alain. *Rwanda and Genocide in the Twentieth Century*, übersetzt von Alison Marschner, Vorwort von William Shawcross (New York: New York University Press, 1995).

Die Musik in Geschichte und Gegenwart: Allgemeine Enzyklopädie der Musik. 20 Bde., hg. von Friedrich Blume und Ludwig Finscher, 2. neubearb. Aufl. (Kassel: Bärenreiter, 1994-).

Diedrick, James. *Understanding Martin Amis* (Columbia: South Carolina University Press, 1995).

Dieffendorf, Jeffry M. *In the Wake of War: The Reconstruction of German Cities After World War II* (New York: Oxford University Press, 1993).
Dollinger, Hans (Hg.). *Deutschland unter den Besatzungsmächten 1945-1949. Seine Geschichte in Texten, Bildern und Dokumenten* (München: Kurt Desch, 1967).
Donaldson, Frances. *The British Council. The First Fifty Years* (London: Jonathan Cape, 1984).
Donaldson, Laura E. *Decolonizing Feminisms: Race, Gender, and Empire Building* (Chapel Hill: University of North Carolina Press, 1992).
Donnison, F. S. V. *Civil Affairs and Military Government North- West Europe 1944-1946*, History of the Second World War, United Kingdom Military Series (London: HMS, 1961).
Dose, Gerd. "The Soul of Germany. Bemerkungen zum angloamerikanischen Deutschlandbild vor und zu Beginn des Ersten Weltkrieges", in: *Images of Germany*, Anglistik und Englischunterricht, 29/30 (Heidelberg: Universitätsverlag Winter, 1986), 21-55.
Douthwaite, John. *Towards a Linguistic Theory of Foregrounding* (Torino: Edizioni dell'Orso, 2000).
Droysen, Johann Gustav. *Historik* [1857, 1857/58, 1882], hg. von Peter Leyh, Studienausgabe (Stuttgart/Bad Cannstatt: Frommann-Holzboog, 1977).
Dubiel, Helmut. *Niemand ist frei von der Geschichte. Die nationalsozialistische Herrschaft in den Debatten des Deutschen Bundestages* (München: Hanser, 1999).
Dukore, Bernard F. *Barnestorm. The Plays of Peter Barnes* (New York/London: Garland, 1995).
Dukore, Bernard F. *The Theatre of Peter Barnes* (London/Exeter: Heinemann, 1981).
Dunton, Chris. "Representations of Horror: The Rwandan Genocide and Femi Osofisan's Reel, Rwanda!", in: *Portraits for an Eagle: Essays in Honour of Femi Osofisan*, Bayreuth African Studies Series, 78 (Bayreuth: Breitinger, 2006), 133-142.
Durth, Werner. *Deutsche Architekten. Biographische Verflechtungen 1900-1970* (Braunschweig/Wiesbaden: Vieweg, 1986).
Dyserinck, Hugo. "Komparatistische Imagologie. Zur politischen Tragweite einer europäischen Wissenschaft von der Literatur", in: ders. und Karl Ulrich Syndram (Hgg.), *Europa und das nationale Selbstverständnis. Imagologische Probleme in Literatur, Kunst und Kultur des 19. und 20. Jahrhunderts* (Bonn: Bouvier, 1988), 13-38.
Dzenitis, Sigurds. *Die Rezeption deutscher Literatur in England durch Wystan Hugh Auden, Stephen Spender und Christopher Isherwood* (Hamburg: Hartmut Lüdke Verlag, 1972).
Easterbrook, Neil. "'I know that it is to do with trash and shit': Narrative Reversal in Martin Amis's *Time's Arrow*", *Conference of College Teachers in English Studies* 55 (1995), 52-61.
Edwards, Ruth Dudley. *Victor Gollancz. A Biography* (London: Victor Gollancz, 1987).
Eggert, Hartmut, Ulrich Profitlich und Klaus R. Scherpe (Hgg.). *Geschichte als Literatur: Formen und Grenzen der Repräsentation von Vergangenheit* (Stuttgart: Metzler, 1990).
Eley, Geoff. "Nazism, Politics and the Image of the Past: Thoughts on the West German *Historikerstreit* 1986-1987", *Past & Present* 121 (1988), 171-208.
Emig, Rainer. *W. H. Auden. Towards a Postmodern Poetics* (London: Palgrave, 2000).
Engler, Balz. "Englishness and English Studies", in: *European English Studies: Contributions towards the History of a Discipline*, hg. von Balz Engler und Renate Haas (Leicester: Published for the European Society for the Study of English by The English Association, 2000), 335-348.
Erdheim, Mario. "Zur Problematik kultureller Identität", in: ders., *Psychoanalyse und Unbewußtheit in der Kultur* (Frankfurt/M.: Suhrkamp, 1988), 345-63.
Farquharson, John E. *The Western Allies and the Politics of Food: Agrarian Management in Postwar Germany* (Leamington Spa/New York: Berg, 1985).
Fasse, Ferdinand. *Geschichte als Problem von Literatur: Das 'Geschichtsdrama' bei Howard Brenton und Rolf Hochhuth* (Frankfurt/M.: Peter Lang, 1983), 98-177.

Faulk, Henry. *Die deutschen Kriegsgefangenen in Großbritannien, Re-education*, Zur Geschichte der deutschen Kriegsgefangenen des zweiten Weltkrieges, XI, 2 (München/Bielefeld: Gieseking, 1970).

Feinberg, Anat. "The Appeal of the Executive: Adolf Eichmann on the Stage", *Monatshefte für deutschen Unterricht, deutsche Sprache und Literatur* 78.2 (1986), 203-14.

Felman, Shoshana. "Theatres of Justice: Arendt in Jerusalem, the Eichmann Trial, and the Redefinition of Legal Meaning in the Wake of the Holocaust", *Critical Inquiry* 27 (2001), 201-38.

Fest, Joachim C. "Albert Speer und die technische Unmoral", in: ders., *Das Gesicht des Dritten Reiches* (München: Piper, 1963), 271-85.

Fest, Joachim C. "Albert Speer und die technizistische Unmoral", in: Adelbert Reif (Hg.), *Albert Speer. Kontroversen um ein deutsches Phänomen* (München: Bernard & Graefe, 1978), 240-57.

Fest, Joachim C. "Der Architekt", *Interview mit Albert Speer*, NDR 1969, in: Heinrich Breloer und Horst Königstein, *Speer und er. Fernsehfilm in drei Teilen und einer Dokumentation*, WDR 2005, Teil 3: Nachspiel – Die Täuschung.

Fest, Joachim C. *Die unbeantworteten Fragen. Notizen über Gespräche mit Albert Speer zwischen Ende 1966 und 1981* (Reinbek: Rowohlt, 2005).

Fest, Joachim C. *Speer. Eine Biographie* (Berlin: Alexander Fest Verlag, 1999).

Fetscher, Justus, Eberhard Lämmert und Jürgen Schütte (Hgg.). *Die Gruppe 47 in der Geschichte der Bundesrepublik* (Würzburg: Königshausen & Neumann, 1991).

Firchow, Peter Edgerly. *Strange Meetings. Anglo-German Literary Encounters from 1910 to 1960* (Washington: The Catholic University of America Press, 2008).

Firchow, Peter Edgerly. *The Death of the German Cousin. Variations on a Literary Stereotype, 1890-1920* (London, Toronto: Associated University Presses, 1986).

Fischer, Manfred S. *Nationale Images als Gegenstand Vergleichender Literaturgeschichte. Untersuchungen zur Entstehung der komparativen Imagologie* (Bonn: Bouvier, 1981).

Fischer, Manfred S. "Literarische Imagologie am Scheideweg. Die Erforschung des 'Bildes vom anderen Land' in der Literatur-Komparatistik", in: Günther Blaicher (Hg.), *Erstarrtes Denken. Studien zu Klischee, Stereotyp und Vorurtei in englischsprachiger Literatur* (Tübingen: Narr, 1987), 55-71.

Fischer, Michael M. J. "Ethnicity and the Post-Modern Arts of Memory", in: James Clifford und George E. Marcus (Hgg.), *Writing Culture. The Poetics and Politics of Ethnography* (Berkeley/Los Angeles/London: University of California Press, 1986), 194-233.

Flanagan, Ben und Donald Bloxham (Hgg.). *Remembering Belsen: Eyewitnesses Record the Liberation* (London: Vallentine Mitchell, 2005).

Fleishman, Avrom. *The English Historical Novel. Walter Scott to Virginia Woolf* (Baltimore, London: The Johns Hopkins Press, 1971).

Flood, John L. (Hg.). *Common Currency? Aspects of Anglo-German Literary Relations since 1945. London Symposium*, Stuttgarter Arbeiten zur Germanistik (Stuttgart: Verlag Hans-Dieter Heinz, Akademischer Verlag Stuttgart, 1991).

Fluck, Winfried. *Das kulturelle Imaginäre. Eine Funktionsgeschichte des amerikanischen Romans 1790-1900* (Frankfurt/M.: Suhrkamp, 1997).

Fludernik, Monika. *The Fictions of Language and the Languages of Fiction* (London: Routledge, 1993).

Ford, Hugh D. *A Poet's War: British Poets and the Spanish Civil War* (Philadelphia: University of Pennsylvania Press, 1965).

Fountain, James Richard Thomas. "Auden's Spain", *The Explicator* 65.3 (2007), 171-174.

Fox, David Anthony. "Reich and Wrong", *Philadelphia City Paper* vom 1. Februar 2001.

François, Etienne und Hagen Schulze, "Einleitung" zu dies. (Hgg.), *Deutsche Erinnerungsorte*, 3 Bde. (München: Beck, 2001), Bd. 1, 9-24.
Frazer, Jenni. "Suspect's death 'must not stop war crimes hunt'", *Jewish Chronicle* vom 15. August 1997.
Freadman, Richard. "Ethics, Autobiography and the Will", in: Andrew Hadfield, Dominic Rainsford und Tim Woods (Hgg.), *The Ethics in Literature* (Basingstoke: Macmillan, 1999), 17-37.
Freadman, Richard. *Threads of Life. Autobiography and the Will* (Chicago: University of Chicago Press, 2001).
Freese, Peter. *Die Initiationsreise: Studien zum jugendlichen Helden im modernen amerikanischen Roman mit einer exemplarischen Analyse von J. D. Salingers* The Catcher in the Rye, Kieler Beiträge zur Anglisitik und Amerikanistik, 9 (Neumünster: Wachholtz, 1971).
Frei, Norbert. "Before and After Nuremberg", *Journal of Contemporary History* 38 (2003), 333-35.
Frei, Norbert. *1945 und wir. Das Dritte Reich im Bewußtsein der Deutschen* (München: Beck, 2005).
Frei, Norbert (Hg.). *Transnationale Vergangenheitspolitik. Der Umgang mit deutschen Kriegsverbrechern in Europa nach dem Zweiten Weltkrieg*, Beiträge zur Geschichte des 20. Jahrhunderts, 4 (Göttingen: Wallstein, 2006).
Freud, Sigmund. "Erinnern, Wiederholen und Durcharbeiten", in: *Gesammelte Werke. Chronologisch geordnet, X: Werke aus den Jahren 1913-1917*, hg. von Anna Freud et al. (Frankfurt: Fischer, 1999) [1946], 126-36.
Freund, Michael. *Der zweite Weltkrieg* (Gütersloh: Bertelsmann, 1962).
Friedländer, Saul (Hg.). *Probing the Limits of Representation: Nazism and the Final Solution* (Cambridge, Mass.: Harvard University Press, 1992).
Friedrich, Jörg. *Der Brand: Deutschland im Bombenkrieg* (Berlin: Propyläen, 2002).
Friedrich, Jörg. *Die kalte Amnestie. NS-Täter in der Bundesrepublik* (München /Zürich: Piper, 1994).
Friese, Heidrun. "Identität: Begehren, Name und Differenz", in: Assmann, Friese (Hgg.), *Identitäten*, 24-43.
Fromm, Hermann. *Deutschland in der öffentlichen Kriegszieldiskussion Großbritanniens 1939-1945*, Europäische Hochschulschriften: Reihe 3 Geschichte und ihre Hilfswissenschaften, 167 (Frankfurt et al.: Peter Lang, 1982).
Frost, Bill. "Man charged with war crimes dies", *The Independent*, 13. August 1997.
Füger, Wilhelm. "Streifzüge durch Allotopia: Zur Topographie eines fiktionalen Gestaltungsraums", *Anglia* 102 (1984), 349-391.
Fuller, John. *A Reader's Guide to W. H. Auden* (New York: Farrar, Straus & Giroux, 1970).
Fuller, John. *W. H. Auden. A Commentary* (Princeton: Princeton University Press, 1998).
Furtwängler, Elisabeth. *Über Wilhelm Furtwängler* (Wiesbaden: Brockhaus, 1979).
Fussell, Paul. *Abroad. British Literary Traveling Between the Wars* (New York/Oxford: Oxford University Press, 1980).
Gaiba, Francesca. *The Origins of Simultaneous Interpretation: The Nuremberg Trial* (Ottawa: University of Ottawa Press, 1998).
Galinsky, Hans. *Deutschland in der Sicht von D. H. Lawrence und T. S. Eliot. Eine Studie zum anglo-amerikanischen Deutschlandbild des 20. Jahrhunderts* (Mainz: Verlag der Akademie der Wissenschaft und der Literatur, 1956).
Gallagher, John. *The Decline, Revival and Fall of the British Empire. The Ford Lectures and Other Essays*, hg. von Anil Seal (Cambridge: Cambridge University Press, 2004).
Gallmeister, Petra. "Der historische Roman", in: Knörrich (Hg.), *Formen der Literatur*, 160-170.

Gamby, Vincent. "Shining the Light on the Mind of a Genius", *New York Times*, 28. Oktober 1996.
"Gebirge an Schuld. SPIEGEL-Gespräch mit dem Historiker Norbert Frei über den Umgang mit der NS-Vergangenheit, die Rolle der Alliierten beim Aufbau der Demokratie und die Deutschen als Opfer", *SPIEGEL Spezial* 4 (2005), 46-49.
Gehrke, Hans-Joachim (Hg.). *Geschichtsbilder und Gründungsmythen.* Identitäten und Alteritäten, 7 (Würzburg: Ergon, 2001).
Genette, Gérard. "Fictional Narrative, Factual Narrative", *Poetics Today* 11 (1990), 755-74.
Genette, Gérard. *Palimpseste. Die Literatur auf zweiter Stufe*, aus dem Französischen von Wolfram Bayer und Dieter Hornig (Frankfurt/M.: Suhrkamp, 1993) [frz. Originalausgabe 1982].
Genette, Gérard. *Paratexte. Das Buch vom Beiwerk des Buches*, mit einem Vorwort von Harald Weinrich, aus dem Französischen von Dieter Hornig (Frankfurt/M.: Suhrkamp, 2001) [frz. Originalausgabe 1987].
Germanou, Maro. "History, Politics and Drama in Brenton's *H.I.D. (Hess is Dead)*", *Arbeiten aus Anglistik und Amerikanistik* 23.2 (1998), 229-38.
Giles, Julie und Tim Middleton (Hgg.), *Writing Englishness 1900-1950. An Introductory Sourcebook on National Identity* (London: Routledge, 1995).
Gillis, Daniel. *Furtwängler and America* (New York: Manyland Books, 1970).
Ginsburgs, George und V. N. Kudriavtsev (Hgg.), *The Nuremberg Trial and International Law* (Dordrecht: Martinus Nijhoff, 1999).
Glaser, Hermann. "'Dieses England!' Das England-Bild in der ersten Phase der Zeitschrift *Der Monat*", in: Bance (Hg.), *The Cultural Legacy of the British Occupation in Germany*, 169-88.
Glaserfeld, Ernst von. *Konstruktivistische Diskurse*, LUMIS-Schriften, 2 (Siegen: Universität Siegen 1984).
Glees, Anthony. "The Making of British Policy on War Crimes History as Politics in the UK", *Contemporary European History* 1.2 (1992), 171-97.
Glendinning, Victoria. *Elizabeth Bowen. A Biography* (New York: Avon Books, 1977).
Glomb, Stefan. "Identität, persönliche" (Art.), in: Nünning (Hg.), *Metzler Lexikon Literatur- und Kulturtheorie*, 267.
Glomb, Stefan. *Erinnerung und Identität im britischen Gegenwartsdrama*, Mannheimer Beiträge zur Sprach- und Literaturwissenschaft, 34 (Tübingen: Narr, 1997).
Goetsch, Paul. "Der Holocaust in der englischen und amerikanischen Lyrik", in Frank Link (Hg.), *Jewish Life and Suffering as Mirrored in English and American Literature/Jüdisches Leben und Leiden im Spiegel der englischen und amerikanischen Literatur*, Beiträge zur Englischen und Amerikanischen Literatur, 6 (Paderborn etc.: Ferdinand Schöningh, 1987), 165-189.
Goetsch, Paul. "Die Macht des Buches in kolonialer und postkolonialer Literatur", in: *Fiktion und Geschichte in der anglo-amerikanischen Literatur. Festschrift für Heinz-Joachim Müllenbrock zum 60. Geburtstag*, hg. von Rüdiger Ahrens und Fritz-Wilhelm Neumann, Anglistische Forschungen, 256 (Heidelberg: Universitätsverlag Winter, 1998), 515-33.
Goldhagen, Daniel J. *Hitler's willing executioners. Ordinary Germans and the Holocaust* (New York: Knopf, 1996).
Goldhagen, Erich. "Albert Speer, Himmler und das Geheimnis der Endlösung", in: Albert Reif (Hg.), *Albert Speer. Kontroversen um ein deutsches Phänomen* (München: Bernard & Graefe, 1978), 383-94.
Goldhagen, Erich. "Albert Speer, Himmler, and the Secrecy of the Final Solution", *Midstream* 17 (1971), 43-50.
Goldman, A. "Germans and the Nazis. The Controversy over 'Vansittarism' in Britain during the Second World War", *Journal of Contemporary History* 14 (1979), 155-191.

Goody, Jack und Ian Watt. "Konsequenzen der Literalität", in: dies. (Hgg.), *Entstehung und Folgen der Schriftkultur* (Frankfurt: Suhrkamp, 1991) [1968], 63-122.

Gowrie, Grey. "Glockengeläut für St. Wystan", *Merkur. Deutsche Zeitschrift für Europäisches Denken* 61.7 (2007), 633-637.

Grabes, Herbert. "Literary History and Cultural History. Relations and Difference", in: ders. (Hg.), *REAL. Yearbook of Research in English and American Literature, 17: Literary History/Cultural History: Force-Fields and Tensions* (Tübingen: Gunter Narr, 2001), 1-34.

Grabes, Herbert. "Textwissenschaftlich fundierte Kulturwissenschaft/Landeskunde", Forum "Cultural Studies – British Studies" (Barbara Korte), *Anglistentag Greifswald 1995. Proceedings*, hg. von Jürgen Klein und Dirk Vanderbeke (Tübingen: Niemeyer, 1996), 35-40.

Graefrath, Bernhard. "Jugoslawien und die internationale Strafgerichtsbarkeit", in: Hankel, Stuby (Hgg.), *Strafgerichte gegen Menschheitsverbrechen*, 295-324.

Granofsky, Ronald. *The Trauma Novel. Contemporary Symbolic Depictions of Collective Disaster* (New York etc.: Peter Lang, 1995).

Grant, Damian. "D. H. Lawrence: a suitable case for censorship", in: Paul Hyland und Neil Sammells (Hgg.), *Writing & Censorship in Britain* (London/New York: Routledge, 1992), 200-218.

Grant, Steve. "Voicing the Protest: The New Writers", in: Sandy Craig (Hg.), *Dreams and Deconstructions. Alternative Theatre in Britain* (Ambergate: Amber Lane Press, 1980), 116-44.

Graves, Robert. *The Long Weekend. A Social History of Great Britain 1918-1939* (London: Abacus, 1995) [1940].

Green, Martin. *Children of the Sun. A Narrative of 'Decadence' in England after 1918* (London: Constable, 1977).

Greul, Heinz. *Bretter, die die Zeit bedeuten* (Köln: Kiepenhauer und Witsch, 1961).

Grierson, John. "The Documentary Producer", *Cinema quarterly* 2.1 (1933), 7-9.

Gymnich, Marion. "Individuelle Identität und Erinnerung aus Sicht von Identitätstheorie und Gedächtnisforschung sowie als Gegenstand literarischer Inszenierung", in: Astrid Erll, Marion Gymnich und Ansgar Nünning (Hgg.), *Literatur-Erinnerung-Identität. Theoriekonzeptionen und Fallstudien*, ELK: Studien zur Englischen Literatur- und Kulturwissenschaft, 11 (Trier: wvt, 2003), 29-48.

Habermas, Jürgen. "Eine Art Schadensabwicklung: Die apologetischen Tendenzen in der deutschen Zeitgeschichtsschreibung", *Die Zeit* vom 11. Juli 1986 [Nachdr. in: Augstein et al. (Hgg.), *"Historikerstreit"*, 72-76].

Halbritter, Maria. *Schulreformpolitik in der britischen Zone von 1945 bis 1949*, Studien und Dokumentationen zur deutschen Bildungsgeschichte, 13 (Weinheim/Basel: Beltz, 1979).

Halbwachs, Maurice. *La mémoire collective*, édition critique par G. Namer (Paris: Albin Michel, 1997) [1950].

Halls, W. D. "The 'German Question' and Post-War University Reform in Germany: A Comparative Note", in *Hochschuloffiziere und Wiederaufbau des Hochschulwesens in Westdeutschland 1945-1952,* Teil 1: *Die Britische Zone*, hg. von Manfred Heinemann, bearbeitet von David Phillips (Hildesheim: August Lax, 1990), 61-70.

Hamard, J. "Christopher Isherwood et l'Allemagne. Un Itinéraire Spirituel", *Revue de Littérature Comparée* 45 (1971), 514-540.

Hamburger, Käte. *Die Logik der Dichtung* (Stuttgart: Klett, 1957).

Hamilton, Craig A. "A Possible Source for 'Memorial for the City'", *W. H. Auden Society Newsletter* 24 (2004), 29.

Hamilton, Craig. "The Imagined Cities in W. H. Auden's 'Memorial for the City'", *English Language Notes* 43 (2005), 170-79.

Hammerschmidt, Hildegard. *Das historische Drama in England (1956-1971): Erscheinungsformen und Entwicklungstendenzen* (Wiesbaden: Humanitas-Verlag, 1972).

Hampshire, Edward. "Introduction", in: *Germany 1944. The British Soldier's Pocketbook.* With a foreword by Charles Wheeler and an introduction by Edward Hampshire (Kew, Richmond: The National Archives, 2006) [siehe National Archives, FO 898/480], viii-xxix.

Hancock, Geoff. "An Interview with Mavis Gallant", *Canadian Fiction Magazine* 28 (1978), 19-67.

Hanke, Gerd und Gerhard Stuby (Hgg.). *Strafgerichte gegen Menschheitsverbrechen: Zum Völkerstrafrecht 50 Jahre nach den Nürnberger Prozessen* (Hamburg: Hamburger Ed., 1995).

Hansen, Alvin H. *Die Rolle Amerikas in der Weltwirtschaft* (Wiesbaden: Limes, 1947).

Hardy, Forsyth. "Introduction", in: *Grierson on Documentary*, hg. und zusammengestellt von Forsyth Hardy, überarbeitete Ausgabe (New York/Washington: Praeger, 1971) [1966; zuerst Collins, 1946].

Harmsen, Hans. *Die Integration heimatloser Ausländer und nichtdeutscher Flüchtlinge in Westdeutschland. Ergebnisse einer sozialbiologischen Strukturanalyse der 1954/55 noch in Lagern, Wohnheimen und Wohnsiedlungen sowie in Heimen und Krankenhäusern erfassten 53642 nichtdeutschen Flüchtlinge*, unter Mitarbeit von Karl-Heinz Weber et al., Schriftenreihe der deutschen Nansen-Gesellschaft, 1 (Augsburg: Hofmann, 1958).

Harris, Greg. "Men Giving Birth to New World Orders: Martin Amis's *Time's Arrow*", *Studies in the Novel* 31.4 (1999), 489-505.

Hartman, Geoffrey H. (Hg.). *Bitburg in Moral and Political Perspective* (Bloomington: Indiana University Press, 1986).

Hasenberg, Peter. "'The Teuton's inbred mistake…': Das Deutschlandbild im britischen Agentenroman", *Images of Germany*, Anglistik & Englischunterricht, 29/30 (Heidelberg: Universitätsverlag Winter, 1986), 217-45.

Hay, Malcolm. "David Edgar: Public Playwright", *Drama* 151 (1984), 13-16.

Healy, Thomas und Jonathan Sawday, "Introduction: 'Warre is all the world about'", in: dies. (Hgg.), *Literature and the English Civil War* (Cambridge: Cambridge University Press, 1990), 1-17.

Hearnden, Arthur (Hg.). *The British in Germany: Educational Reconstruction after 1945* (London: Hamish Hamilton, 1978).

Hearnden, Arthur. *Red Robert. A Life of Robert Birley* (London: Hamish Hamilton, 1984).

Heinemann, Manfred (Hg.). *Hochschuloffiziere und Wiederaufbau des Hochschulwesens in Westdeutschland 1945-1952.* Teil I: *Die Britische Zone* (Hildesheim: August Lax, 1990).

Heist, Walter. "Das deutsche Volk und die Demokratie", *Ruf* 16 vom 1.4.1947, Nachdr. in: Schwab-Felisch (Hg.), *Der Ruf*, 174-80.

Helbig, Jörg (Hg.). *Welcome to Berlin. Das Image Berlins in der englischsprachigen Welt von 1700-heute*, mit einem Vorwort von Anthony Burgess (Berlin: Stapp, 1987).

Helbig, Jörg. "When Helmut Came. Das britische Deutschlandbild im Spiegel aktueller Unterhaltungsliteratur", in: Dieter Petzold und Eberhard Späth (Hgg.), *Unterhaltungsliteratur der achtziger und neunziger Jahre*, Erlanger Forschungen, Reihe A, Band 81 (Erlangen: Univ.-Bibliothek, 1998), 213-28.

Helbig, Jörg. *Der parahistorische Roman. Ein literaturhistorischer und gattungstypologischer Beitrag zur Allotopieforschung* (Frankfurt/M.: Peter Lang, 1988).

Held, Christine und Ursula Lorenz. *Die Entwicklung der Wochenschau in Deutschland: Wochenschau-Chronik 1947. Zusammengestellt aus einer Jahresfolge von "Welt im Film"* (Göttingen: Institut für den wissenschaftlichen Film, 1974).

Heydecker, Joe J. und Johannes Leeb, *Der Nürnberger Prozeß. Neue Dokumente, Erkenntnisse und Analysen* (Köln: Kiepenheuer & Witsch, 1979).

Higdon, David L. *Shadows of the Past in Contemporary British Fiction* (London/Basingstoke: Macmillan, 1984).

Hoare, Peter. "'Hungry for Reading': Libraries in the British Zone of Occupation", in: Bance (Hg.), *The Cultural Legacy of the British Occupation in Germany*, 205-22.

Hobsbawm, Eric. *Nations and Nationalism since 1780. Programme, Myth, Reality* (Cambridge: Cambridge University Press, 1990).

Hobsbawm, Eric. *On History* (London: Weidenfeld & Nicolson, 1997).

Hoenisch, Michael u. a. (Hgg.). *USA und Deutschland. Amerikanische Kulturpolitik 1942-1949. Bibliographie – Materialien – Dokumente* (Berlin: John-F.-Kennedy-Institut für Nordamerikastudien, 1980), 318-23.

Höfele, Andreas. "'Goebbels in reverse'? Re-education und Zensur im deutschen Theater nach 1945", in: Beate Müller (Hg.), *Zensur im modernen deutschen Kulturraum*, Studien und Texte zur Sozialgeschichte der Literatur, 94 (Tübingen: Max Niemeyer, 2003), 97-113.

Holman, Valerie. "Carefully Concealed Connections. The Ministry of Information and British Publishing, 1939-1946", *Book History* 8 (2005), 197-226.

Holzner, Johann und Wolfgang Wiesmüller (Hgg.). *Ästhetik der Geschichte*, Innsbrucker Beiträge zur Kulturwissenschaft, Germanistische Reihe, 54 (Innsbruck: Institut für Germanistik, 1995).

Horatschek, Annegret. "Identität, kollektive" (Art.), in: Nünning (Hg.), *Metzler Lexikon Literatur- und Kulturtheorie*, 267.

Horatschek, Annegret. *Alterität und Stereotyp. Die Funktion des Fremden in den 'International Novels' von E. M. Forster und D. H. Lawrence*, Mannheimer Beiträge zur Sprach- und Literaturwissenschaft, 37 (Tübingen: Gunter Narr Verlag, 1998).

Hörisch, Jochen. *Einführung in die Medienwissenschaft. Entwicklungen und Theorien*, 2., überarb. Aufl. (Berlin: Erich Schmidt, 2003) [1998].

Horn, Wolfgang. *Kulturpolitik in Düsseldorf. Situation und Neubeginn nach 1945* (Opladen: Leske & Budrich, 1981).

Horwitz, Gordon. *In the Shadow of Death. Living Outside the Gates of Mauthausen* (New York: Free Press, 1990).

Hoskins, Katherine Bail. *Today the Struggle. Literature and Politics in England during the Spanish Civil War* (Austin/London: University of Texas Press, 1969).

Houswitschka, Christoph. "Der Holocaust, die Musik und nationale Identität(en) in Ronald Harwoods *Taking Sides* (1995)", in: Peter Csobádi et al. (Hgg.), *Politische Mythen und Nationale Identitäten im (Musik-)Theater. Vorträge und Gespräche des Salzburger Symposiums* (Anif/Salzburg: Verlag Mueller-Speiser, 2003), Bd. 1, 421-35.

Huddleston, Miles. *James Stern. A Life in Letters. 1904-1993* (Norwich: Michael Russell, 2002).

Hugger, Paul. "Die Bedeutung der Photographie als Dokument des privaten Erinnerns", in: Brigitte Bönisch-Bredrich et al. (Hgg.), *Erinnern und Vergessen. Vorträge des 27. Deutschen Volkskundekongresses Göttingen 1989* (Göttingen: Schmerse, 1991), 235-242.

Humble, Malcolm. "How Trivial is 'Trivialliteratur'? The Exploitation of the Nazi Past in the British and American Bestseller since 1945", *Anglistentag 1984: Proceedings*, hg. von Manfred Pfister (Trier: wvt, 1985), 208-17.

Husemann, Harald. "Sour Krauts Wrapped in English Newspapers", in: *Anglistentag 1994 Graz: Proceedings*, hg. von Wolfgang Riehle und Hugo Keiper (Tübingen: Niemeyer, 1995), 577-592.

Huster, Ernst-Ulrich, Gerhard Kraiker, Burkhard Scherer et al. *Determinanten der westdeutschen Restauration 1945 bis 1949* (Frankfurt: Suhrkamp, 1972).

Hutcheon, Linda. "'The Pastime of Past Time': Fiction, History, Historiographic Metafiction", in: Marjorie Perloff (Hg.), *Postmodern Genres* (Norman: University of Oklahoma Press, 1988), 54f.

Hutcheon, Linda. "Beginning to Theorize Postmodernism", *Textual Practice* 1 (1987), 10-31.

Hutcheon, Linda. *A Poetics of Postmodernism: History, Theory, Fiction*, Nachdr. (New York/London: Routledge, 1992) [1988].

Hutcheon, Linda. *The Canadian Postmodern: A Study of Contemporary English-Canadian Fiction* (Toronto: Oxford University Press, 1988).

Huyssen, Andreas. "Air War Legacies: From Dresden to Baghdad", *New German Critique* 90 (2003), 163-76.

Hyam, Ronald. "'Imperialism and Sexual Exploitation': A Reply", *Journal of Imperial and Commonwealth History* 17.1 (1988), 90-98.

Hyam, Ronald. *Empire and Sexuality. The British Experience*, Nachdr. (Manchester/New York: Manchester University Press, 1992) [1990].

Hyde, Montgomery H. *Norman Birkett. The Life of Lord Birkett of Ulverston* (London: Penguin, 1989) [zuerst London: Hamish Hamilton, 1964].

Hylander, Clarence. *Amerikanische Erfinder* (München: Hanser, 1947).

Hynes, Samuel. *The Auden Generation. Literature and Politics in England in the 1930s* (London/Sydney/Toronto: The Bodley Head, 1976).

Ingelbien, Raphaël. "Imagined Communities / Imagined Solitudes: Versions of Englishness in Postwar Literature", *European Journal of English Studies* 8 (2004), 159-171.

Innes, Christopher. *Modern British Drama 1890-1990* (Cambridge: Cambridge University Press, 1992).

"Inquiring mind", *Socialist Review* 226 (1999).

Iser, Wolfgang. "Akte des Fingierens oder Was ist das Fiktive im fiktionalen Text?", in: Dieter Henrich und Wolfgang Iser (Hgg.), *Funktionen des Fiktiven*, Poetik und Hermeneutik, 10 (München: Fink, 1983), 121-151.

Iser, Wolfgang. *Das Fiktive und das Imaginäre. Perspektiven literarischer Hermeneutik* (Frankfurt/M.: Suhrkamp, 1993).

Iser, Wolfgang. *Der Akt des Lesens* (München: Fink, 1976).

Isser, Edward R. *Stages of Annihilation. Theatrical Representations of the Holocaust* (Madison: Farleigh Dickinson University Press; London: Associated University Presses, 1997).

Itzin, Catherine. "David Edgar and The General Will", in: *Stages in the Revolution: Political Theatre in Britain Since 1968* (London: Methuen, 1980), 139-51.

Jackson, Margaret. "Sexology and the social construction of male sexuality (Havelock Ellis)", in: Lal Coveney et al. (Hgg.), *The Sexuality Papers: Male Sexuality and the Social Control of Women* (London: Hutchinson, 1984), 45-68.

Jackson, Robert H. "Opening Address for the United States", 21. November 1945 (in Auszügen), in: Michael R. Marrus, *The Nuremberg War Crimes Trial 1945-46. A Documentary History*, The Bedford Series in History and Culture (Boston et al: Bedford Books, 1997), 79-83.

Jacobmeyer, Wolfgang. *Vom Zwangsarbeiter zum Heimatlosen Ausländer. Die Displaced Persons in Westdeutschland 1945-1951* (Göttingen: Vandenhoeck & Ruprecht, 1985).

Jacobs, Steven L. "Raphael Lemkin and the Armenian Genocide", in: Richard G. Hovannisian (Hg.), *Looking Backward, Moving Forward. Confronting the Armenian Genocide* (New Brunswick/London: Transaction, 2003), 125-135.

Jacobsen, Cornelia. "Ein halbes Jahr zu Gast in Berlin. Ein Gespräch mit dem Dichter, Essayisten und Librettisten Wystan Hugh Auden", *Die Zeit* vom 23. April 1965, 22.

Jahn, Manfred. "Narrative Voice and Agency in Drama: Aspects of a Narratology of Drama", *New Literary History* 32 (2001), 659-79.

James, David. "'A boy stepped out': migrance visuality, and the mapping of masculinities in later fiction of Ian McEwan", *Textual Practice* 17 (2003), 81-100.

Jameson, Fredric. *The Political Unconscious: Narrative as a Socially Symbolic Act* (Ithaca: Cornell University Press, 1981).

Janik, Elizabeth. "'The Golden Hunger Years': Music and Superpower Rivalry in Occupied Berlin", *German History* 22.1 (2004), 76-100.

Jarausch, Konrad und Michael Geyer. *Shattered Past: Reconstructing German Histories* (Princeton: Princeton University Press, 2003).

Jauß, Hans Robert. "Zur Analogie von literarischem und historischem Ereignis", in: Koselleck und Stempel (Hgg.), *Geschichte – Ereignis und Erzählung*, 535f.

Jauß, Hans Robert. *Ästhetische Erfahrung und literarische Hermeneutik 1: Versuche im Feld der ästhetischen Erfahrung* (München: Wilhelm Fink Verlag, 1977).

Jeismann, Karl-Ernst. "'Geschichtsbewußtsein'. Überlegungen zur zentralen Kategorie eines neuen Ansatzes der Geschichtsdidaktik", in: Hans Süssmuth (Hg.), *Geschichtsdidaktische Positionen. Bestandsaufnahme und Neuorientierung* (Paderborn: Schöningh, 1980), 179-222.

Jeismann, Karl-Ernst. "Geschichtsbewußtsein als zentrale Kategorie der Geschichtsdidaktik", in: Gerhard Schneider (Hg.), *Geschichtsbewußtsein und historisch-politisches Lernen* (Pfaffenweiler: Centaurus, 1988), 1-24.

Jeismann, Karl-Ernst. "Geschichtsbewußtsein", in: *Handbuch der Geschichtsdidaktik*, hg. von Klaus Bergmann et al., 5., überarbeitete Aufl. (Seelze-Velber: Kallmeyer, 1997) [1979], 40-43.

Jenkins, Nicholas. "Auden in America", in: Stan Smith (Hg.), *The Cambridge Companion to W. H. Auden* (Cambridge: Cambridge University Press, 2004), 39-54.

Jochmann, Werner (Hg.). *Adolf Hitler. Monologe im Führerhauptquartier 1941-1944. Die Aufzeichnungen von Heinrich Heims* (Hamburg: Knaus, 1980).

Joffe, Phil. "Martin Amis's *Time's Arrow* and Christopher Hope's *Serenity House*. After such Transgressions, What Reconciliation?", *Association of University English Teachers of South Africa* 1 (1996), 200-12.

Johnson, Daniel. "Breaking the Silence", *Times Literary Supplement* vom 25. April 2003.

Johnstone, Richard. "Television Drama and the People's War: David Hare's *Licking Hitler*, Ian McEwan's *The Imitation Game*, and Trevor Griffith's *Country*", *Modern Drama* 28 (1985), 189-97.

Jones, Francis R. "Ethics, Aesthetics and *Décision*: Literary Translating in the Wars of the Yugoslav Succession." *Meta* 49.4 (2004), 711-728.

Jones, Jill. "Eradicating Nazism from the British Zone of Germany: Early Policy and Practice", *German History* 8 (1990), 145-62.

Jürgensen, Kurt. "The Concept and Practice of 'Re-education' in Germany", in: Pronay und Wilson (Hgg.), *The Political Re-education of Germany*, 83-96.

Kamel, Rose. "The Impending Holocaust: Spender's *Vienna* and *Trial of a Judge*", *Durham University Journal* 36 (1975), 189-99.

Kampe, Norbert. "Normalizing the Holocaust? The Recent Historians' Debate in the Federal Republic of Germany", *Holocaust and Genocide Studies* 2 (1987), 61-90.

Karlson, Albert. "From Agitprop to SRO: The political drama of David Edgar", *Cultural power/cultural literacy*, hg. von Bonnie Braendlin, Conference on Literature and Film (Tallahassee, FL: Florida State University Press, 1991), 96-109.

Karstedt, Susanne. "The Nuremberg Tribunal and German Society: International Justice and Local Judgment in Post-Conflict Reconstruction", in: David A. Blumenthal und Timothy L. H. McCormack (Hgg.), *The Legacy of Nuremberg: Civilising Influence or Institutionalised Vengeance?* (Leiden, Boston: Martinus Nijhoff, 2008), 13-35.

Kastner, Klaus und Ray D'Addario. *Der Nürnberger Prozeß. Das Verfahren gegen die Hauptkriegsverbrecher 1945-1946 mit 200 Abbildungen* (Nürnberg: Hofmann, 1994).

Kater, Michael H. *The Twisted Muse* (New York et. al.: Oxford University Press, 1997).

Keezer, Dexter. *A Unique Contribution to International Relations. The Story of Wilton Park* (Maidenhead: McGraw-Hill, 1973).

Kempner, Robert M. W. "Vorwort", in: Heydecker und Leeb, *Der Nürnberger Prozeß*.
Kent, Nicolas. "Inquiring Mind", Interview mit Nicolas Kent, in: *Socialist Review* 226 (1999), http://pubs.socialistreviewindex.org/uk/sr226/theatre.htm (12.10.2005).
Kern-Stähler, Annette und Stephan Kohl, "University Control Officers, British Writers and an Enemy People: Education Policy in the British Zone", *Anglistentag 2002 Bayreuth: Proceedings*, hg. von Ewald Mengel, Hans-Jörg Schmid, Michael Steppat (Trier: wvt, 2003), 110-130.
Kern-Stähler, Annette. "'The inability to mourn': The Post-War German Psyche in Mavis Gallant's Fiction", in: *Refractions of Germany in Canadian Literature and Culture*, hg. von Heinz Antor, Sylvia Brown, John Considine und Klaus Stierstorfer (Berlin: Walter de Gruyter, 2003), 259-70.
Kern-Stähler, Annette. "Translating the Unspeakable: Interpreters at War Crimes Trials on the Contemporary British Stage", in: *Cultures of Translation*, hg. von Klaus Stierstorfer und Monika Gomille (Newcastle upon Tyme: Cambridge Scholars Publishing, 2008), 107-127.
Kettenacker, Lothar (Hg.). *Ein Volk von Opfern? Die neue Debatte um den Bombenkrieg 1940-45* (Berlin: Rowohlt, 2003).
Kettenacker, Lothar. "Die anglo-amerikanischen Planungen für die Kontrolle Deutschlands", in: Josef Foschepoth (Hg.), *Kalter Krieg und Deutsche Frage. Deutschland im Widerstreit der Mächte 1945-1952*, Veröffentlichungen des Deutschen Historischen Instituts, 16 (Göttingen/Zürich: Vandenhoeck & Ruprecht, 1985), 66-87.
Kettenacker, Lothar. "Die britische Haltung zum deutschen Widerstand während des Zweiten Weltkriegs", in: ders. (Hg.), *"Das Andere Deutschland" im Zweiten Weltkrieg. Emigration und Widerstand in internationaler Perspektive. The "Other Germany" in the Second World War. Emigration and Resistance in International Perspective*. Veröffentlichungen des Deutschen Historischen Instituts London, 2 (Stuttgart: Ernst Klett, 1977), 49-76.
Kettenacker, Lothar. "Englische Spekulationen über die Deutschen", in: Trautmann (Hg.), *Die häßlichen Deutschen?*, 194-208.
Kettenacker, Lothar. "The Planning of 'Re-education' During the Second World War", in: Nicholas Pronay and Keith Wilson (Hgg.), *The Political Re-education of Germany and her Allies After World War II* (London: Croom Helm, 1985), 59-81.
Kettenacker, Lothar. *Krieg zur Friedenssicherung. Die Deutschlandplanung der britischen Regierung während des Zweiten Weltkrieges*, Veröffentlichungen des Deutschen Historischen Instituts London, 22 (Göttingen/Zürich: Vandenhoeck & Ruprecht, 1989).
King, Francis. *Christopher Isherwood*, Writers & their Work, 240 (Harlow: Longman, 1976).
King, James. *The Last Modern. A Life of Herbert Read* (New York: St. Martin's Press, 1990).
Klein, Jürgen. "Die Auseinandersetzung der britischen Schriftsteller 1933 bis 1945 mit dem Dritten Reich", *Neue Rundschau* 4 (1987), 45-74.
Kleinsteuber, Hans. "Stereotype, Images und Vorurteile – Die Bilder in den Köpfen der Menschen", in: Trautmann (Hg.), *Die häßlichen Deutschen?*, 60-75.
Knörrich, Otto (Hg.). *Formen der Literatur. In Einzeldarstellungen* (Stuttgart: Kröner, 1981).
Koch, Andreas. "Übersetzen und Dolmetschen im ersten Nürnberger Kriegsverbrecherprozeß", *Lebende Sprachen* 37 (1992), 1-7.
Kolb, Eberhard. *Bergen-Belsen. Geschichte des "Aufenthaltslagers" 1943-1945* (Hannover: Verlag für Literatur und Zeitgeschehen, 1962).
Konzentrationslager Buchenwald 1937-1945. Begleitband zur ständigen historischen Ausstellung, hg. von der Gedenkstätte Buchenwald, erstellt von Harry Stein (Göttingen: Wallstein, 1999).
Korte, Barbara und Ralf Schneider (Hgg.), *War and the Cultural Construction of Identities in Britain*, Internationale Forschungen zur Allgemeinen und Vergleichenden Literaturwissenschaft (Amsterdam/New York: Rodopi, 2002).

Korte, Barbara. "Wars and 'British' Identities: From Norman Conquerors to Bosnian Warriors. An Overview of Cultural Representations", in: Korte, Schneider (Hgg.), *War and the Cultural Construction of Identities in Britain*, 9-24.

Koselleck, Reinhart und W.-D. Stempel (Hgg.). *Geschichte – Ereignis und Erzählung* (München: Fink, 1973).

Koselleck, Reinhart. "Die Herausbildung des modernen Geschichtsbegriffs", in: Otto Brunner, Werner Conze und Reinhard Koselleck (Hgg.), *Geschichtliche Grundbegriffe. Historisches Lexikon zur politisch-sozialen Sprache in Deutschland*, 2 (Stuttgart: Klett-Cotta, 1975), 647-717.

Koselleck, Reinhart. "Geschichte, Geschichten und formale Zeitstrukturen", in: ders. und Stempel (Hgg.), *Geschichte – Ereignis und Erzählung*, 211-222.

Koselleck, Reinhart. "Wozu noch Historie?", in: *Über das Studium der Geschichte*, hg. von Wolfgang Hardtwig (München: dtv 1990) [1970], 347-365.

Koselleck, Reinhart. *Vergangene Zukunft. Zur Semantik geschichtlicher Zeiten* (Frankfurt/M.: Suhrkamp 1989) [1979].

Koselleck, Reinhart. "Formen und Traditionen des negativen Gedächtnisses", in: Volkhard Knigge und Norbert Frei (Hgg.), *Verbrechen erinnern. Die Auseinandersetzung mit Holocaust und Völkermord* (München: Beck, 2002), 21-32.

Kosfeld, Anne G. "Nürnberg", in: François, Schulze (Hgg.), *Deutsche Erinnerungsorte*, Bd. 1, 68-85.

Koszyk, Kurt. "'Umerziehung' der Deutschen aus britischer Sicht. Konzepte und Wirklichkeit der 'Re-education' in der Kriegs- und Besatzungsära", *Aus Politik und Zeitgeschichte* 29 (1978), 3-12.

Koval, M. I. "The Nazi Genocide of the Jews and the Ukrainian Population, 1941-1944", in: *Bitter Legacy. Confronting the Holocaust in the USSR*, hg. von Zvi Gitelman (Bloomington/Indianapolis: Indiana University Press, 1997), 51-60.

Kracauer, Siegfried. *Schriften*, Bd. 1: *Soziologie als Wissenschaft. Der Detektiv-Roman. Die Angestellten* (Frankfurt/M.: Suhrkamp 1971).

Krahé, Peter. "Eine verlorene Stadt. Berlin in der englischen Lyrik der vierziger Jahre", in: Helbig (Hg.), *Welcome to Berlin*, 107-116.

Krahulec, Peter, Roland Schopf und Siegfried Wolf. *Buchenwald – Weimar: April 1945. Wann lernt der Mensch?* Mit einem Begleitwort von Ralph Giordano, Studien zum Nationalsozialismus, 4 (Münster: LIT, 1994).

Kramer, Jane. *The Politics of Memory: Looking for Germany in the New Germany* (New York: Random House, 1996).

Krämer, Jörg D. *Das Verhältnis der politischen Parteien zur Entnazifizierung in Nordrhein-Westfalen*, Europäische Hochschulschriften III, 898 (Frankfurt/M.: Peter Lang, 2001).

Krämer, Jürgen. "Kulturwissenschaft: Anglistik/Amerikanistik", in: Klaus Stierstorfer und Laurenz Volkmann (Hgg.), *Kulturwissenschaft interdisziplinär* (Tübingen: Gunter Narr, 2005), 173-192.

Kremer, S. Lillian. "Introduction", in: *Holocaust Literature. An Encyclopedia of Writers and their Work*, Bd. 1: *Agosín to Lentin* (New York, London: Routledge, 2003), xxi–xlvii.

Kremer, S. Lillian. *Holocaust Literature. An Encyclopedia of Writers and their Work*, 2 Bde. (New York, London: Routledge, 2003).

Kreß, Claus. "Leipzig – Nürnberg – Rom", *FAZ* vom 2. Oktober 2006, 10.

Krönig, Jürgen. "Vergiften die Medien die deutsch-britischen Beziehungen?", in: Reinhard Tenberg (Hg.), *Intercultural Perspectives. Images of Germany in Education and the Media* (München: Iudicium, 1999), 5-29.

Krug, Doris. "Young Königswinter", in: Breitenstein (Hg.), *Pillars of Partnership*, 69-74.

Kurz, Ingrid. "Als Dolmetscher beim Nürnberger Prozeß. Gespräch mit Marie-France Skuncke", *Mitteilungsblatt des Österreichischen Übersetzer- und Dolmetscherverbandes Universitas Wien* 2 (1985), 2-7.

Kurz, Ingrid. *Simultandolmetschen als Gegenstand der interdisziplinären Forschung* (Wien: WUV-Universitätsverlag, 1993).

Kurz, Ingrid. "Dolmetschen beim Tokioter Kriegsverbrecherprozess", in: Ina Müller (Hg.), *Und sie bewegt sich doch... Translationswissenschaft in Ost und West. Festschrift für Heidemarie Salevsky zum 60. Geburtstag* (Frankfurt/M. et al.: Peter Lang, 2004), 197-206.

LaCapra, Dominick. *History and Criticism* (Ithaca/London: Cornell University Press, 1985).

LaCapra, Dominick. *History and Memory after Auschwitz* (Ithaca/London: Cornell University Press, 1998).

Lachmann, Renate. "Kultursemiotisches Projekt", in: *Memoria. Vergessen und Erinnern*, hg. von Anselm Haverkamp und Renate Lachmann, Poetik und Hermeneutik, 15 (München: Fink, 1993), ix-xxvii.

Lacoue-Labarthe, Philippe. *Heidegger, Art and Politics* (Oxford: Basil Blackwell, 1990).

Lämmert, Eberhard. "Das Ende der Germanistik und ihre Zukunft", in: Jürgen Kolbe (Hg.), *Ansichten einer künftigen Germanistik* (München: Hanser, 1969), 79-104.

Lämmert, Eberhard. "Die Geisteswissenschaft in der Hochschulpolitik des letzten Jahrzehnts", in: Georg Stötzel (Hg.), *Germanistik – Forschungsstand und Perspektiven*, 2. Teil (Berlin/New York: de Gruyter 1986), 1-23.

Lämmert, Eberhard. "Geschichte unter wechselndem Blick. Schlußbemerkungen zum Symposion 'Geschichte als Literatur'", in: Eggert, Profitlich, Scherpe (Hgg.), *Geschichte als Literatur*, 415-23.

Lämmert, Eberhard. "Geschichten von der Geschichte. Geschichtsschreibung und Geschichtsdarstellung im Roman", *Poetica* 17 (1985), 228-54.

Lämmert, Eberhard. *Bauformen des Erzählens*, 5. unveränderte Aufl. (Stuttgart: J. B. Metzler, 1972) [1955].

Langer, Lawrence L. *Admitting the Holocaust: Collected Essays* (Oxford/New York: Oxford University Press, 1995).

Langer, Lawrence L. *The Holocaust and the Literary Imagination* (New Haven/London: Yale University Press, 1975).

Lavsky, Hagit. "The Day After: Bergen-Belsen from Concentration Camp to the Centre of the Jewish Survivors in Germany", *German History* 11 (1993), 39-46.

Lawson, Mark. "The Amis Babies", *Independent Magazine* vom 7. September 1991, 43.

Leavis, F. R. *Mass Civilisation and Minority Culture* (Cambridge: Minority, 1930).

Lebrecht, Norman. *Der Mythos vom Maestro* (Zürich: M-und- T-Verlag , 1993) [engl.: *The Maestro Myth*, 1991].

Ledebur, Ruth Freifrau von. *Deutsche Shakespeare-Rezeption seit 1945* (Frankfurt/M.: Akademische Verlagsgesellschaft, 1974).

Ledebur, Ruth Freifrau von. *Der Mythos vom deutschen Shakespeare. Die deutsche Shakespeare-Gesellschaft zwischen Politik und Wissenschaft 1918-1945* (Köln: Böhlau, 2002).

Leeming, David. *Stephen Spender: A Life in Modernism* (London: Duckworth, 1999).

Lenz, Bernd. *Factifiction. Agentenspiele wie in der Realität. Wirklichkeitsanspruch und Wirklichkeitsgehalt des Agentenromans*, Anglistische Forschungen, 188 (Heidelberg: Universitätsverlag Winter, 1987).

Leonhard, Nina. *Politik- und Geschichtsbewusstsein im Wandel. Die politische Bedeutung der nationalsozialistischen Vergangenheit im Verlauf von drei Generationen in Ost- und Westdeutschland*, Politik und Geschichte, 3 (Münster: LIT, 2002).

Levin, Bernard. "Evil too old for hounding", *Times* vom 8. Juni 1989, 16.

Levy, Alan [Interview mit W. H. Auden]. “On Audenstraße – In the Autumn of the Age of Anxiety”, *New York Times Magazine* vom 8. August 1971, 10ff., 36.

Lewis, C. Day. *A Hope for Poetry*, 7. Ausg., Nachdr. mit einem Nachwort (Oxford: Basil Blackwell 1945) [1934].

Liebkind, Karmela. “Ethnic Identity – Challenging the Boundaries of Social Psychology”, in: Glynis M. Breakwell (Hg.), *Social Psychology of Identity and the Self Concept*, Surrey Seminars in Social Psychology (London: Surrey University Press published by Academic Press, 1992), 147-85.

Lifton, Robert Jay. *The Nazi Doctors. Medical Killing and the Psychology of Genocide* (New York: Basic Books, 1986).

Lippke, Wolfgang. “David Edgar and his Audience”, *Coup de Théâtre* 6 (December 1986), 135-42.

Liska, Vivian. “Die Versuchung der Bilder und der Anspruch des Denkens. Hannah Arendts Eichmann in Jerusalem und Rony Braumans und Eyal Sivans *Un Spécialiste*”, *KulturPoetik* 2.1 (2002), 68-81.

Löhlein, Heinz-Harald. “Des Teufels Kapellmeister. Ronald Harwoods Drama ‘Furtwängler, Kategorie 4’ in Wiesbaden uraufgeführt”, *Süddeutsche Zeitung* vom 11. April 1997.

Loomba, Ania. *Colonialism/Postcolonialism*, The New Critical Idiom (London/New York: Routledge, 2001) [1998].

Lorenz, Chris. *Konstruktion der Vergangenheit. Eine Einführung in die Geschichtstheorie*, Beiträge zur Geschichtskultur, 13 (Köln/Weimar/Wien: Böhlau, 1997).

Louvish, Simon. “Martin Amis’ *Time’s Arrow*”, *New Moon*, November 1991, 10.

Luckhurst, Mary. “The Case of Theresa: Guernsey, the Holocaust and Theatre Censorship in the 1990s”, *European Studies* 17 (2001), 255-67.

Lyotard, Jean-François. *Heidegger and ‘the Jews’* (Minneapolis: University of Minnesota Press, 1990).

MacDonagh, Josephine. “Writings on the Mind: Thomas de Quincey and the Importance of the Palimpsest in Nineteenth Century Thought”, *Prose Studies* 10.2 (1987), 207-224.

Maier, Charles S. *The Unmasterable Past. History, Holocaust, and National Identity* (Cambridge, Mass./London: Harvard University Press, 1988).

Mannoni, Octave. *Prospero and Caliban: The Psychology of Colonization*, übersetzt von Pamela Powesland (New York: Praeger, 1956).

Manske, Eva. “History and Fabulation. Zur Auseinandersetzung postmodernistischer Schriftsteller mit der Geschichte”, *Zeitschrift für Anglistik und Amerikanistik* 35 (1987), 136-46.

Marshall, Barbara. *The Origins of Post-War German Politics* (London: Croom-Helm, 1988).

Maser, Werner. *Nürnberg – Tribunal der Sieger* (Düsseldorf/Wien: Econ, 1977).

Mason, Ian Garrick. “Logics of War”, *TLS* vom 28. April 2006, 26.

Matas, David und Susan Charendoff. *Justice Delayed. Nazi War Criminals in Canada* (Toronto: Summerhill Press, 1987).

Mathieu, Thomas. *Kunstauffassung und Kulturpolitik im Nationalsozialismus* (Saarbrücken: Pfau, 1997).

Maturana, Humberto R. *Erkennen. Die Organisation und Verkörperung von Wirklichkeit. Ausgewählte Arbeiten zur biologischen Epistemologie* (Braunschweig/Wiesbaden: Vieweg, 1982).

Matz, Elisabeth. *Die Zeitungen der US-Armee für die deutsche Bevölkerung* (Münster: Fahle, 1969).

Mayring, Eva A. “The Impact of British Occupation on Political Culture in Germany after 1984”, in: Bance (Hg.), *The Legacy of the British Occupation in Germany*, 189-204.

McCarthy, Dermot. "The Chronillogical World of Martin Amis's *Times Arrow*", *War, Literature, and the Arts* 11.1 (1999), 294-320.
McClelland, Grigor. *Embers of War: Letters from a Quaker Relief Worker in War-torn Germany* (London: British Academy Press, 1997).
McDiarmid, Lucy. *Saving Civilization. Yeats, Eliot, and Auden Between the Wars* (Cambridge: Cambridge University Press, 1984).
Mead, George Herbert. *The Philosophy of the Present* (Amherst, NY: Prometheus Books, 2002) [1932].
Meehan, Patricia. *A Strange Enemy People. Germans under the British, 1945-1950* (London: Owen, 2001).
Meier, Christian. *Vierzig Jahre nach Auschwitz. Deutsche Geschichtserinnerung heute*, 2., erw. Aufl. (München: Beck, 1990) [1987].
Mendelson, Edward. *Later Auden* (New York: Farrar, Straus and Giroux, 1999).
Mengel, Ewald. *Geschichtsbild und Romankonzeption. Drei Typen des Geschichtsverstehens im Reflex der Form des englischen historischen Romans*, Anglistische Forschungen, 190 (Heidelberg: Universitätsverlag Winter, 1986).
Menke, Richard. "Narrative Reversals and the Thermodynamics of History in Martin Amis's *Time's Arrow*", *Modern Fiction Studies* 44.4 (1998), 959-80.
Merewether, Charles. "Traces of Loss", in: Roth, Lyons, Charles Merewether (Hgg.), *Irresistible Decay,* 25-40.
Merritt, Anna J. und Richard L. Merritt (Hgg.). *Public Opinion in Occupied Germany. The OMGUS Surveys, 1945-1949*, mit einem Vorwort von Frederick W. Williams (Urbana/Chicago/London: University of Illinois Press, 1970).
Meyer, Martin. "American Literature in Cold War Germany", *Libraries & Culture* 36 (2001), 162-71.
Meyer, Silke. *Checkpoint Shakespeare. Shakespeare-Rezeption in Deutschland als deutsche Nationsgeschichte 1945-1990* (Düsseldorf: Grupello, 2006).
Michel, Karl Markus. "Die Magie des Ortes. Über den Wunsch nach aktuellen Gedenkstätten und die Liebe zu Ruinen", *Die Zeit* vom 11. September 1987, 51.
Mikulam, Steven. "Should I Stay or Should I Go?", *LA Weekly* vom 18. August 2000.
Miller, Judith. *One, by One: Facing the Holocaust* (New York: Simon & Schuster, 1990).
"'Missing' in Bosnia", *Financial Times* vom 17. Oktober 1996.
Mitchell, Breon. "W. H. Auden and Christopher Isherwood: The 'German Influence'", *Oxford German Studies* 1 (1966), 163-172.
Mitchell, Tony. *File on Brenton* (London: Methuen, 1988).
Mitscherlich, Margarete. "Die Notwendigkeit zu trauern", in: *Psychoanalyse und Nationalsozialismus. Beiträge zur Bearbeitung eines unbewältigten Traumas*, hg. von Hans-Martin Lohmann (Frankfurt: Fischer, 1984), 15-23.
Mitscherlich, Alexander und Margarete. *Die Unfähigkeit zu trauern. Grundlagen kollektiven Verhaltens* (München: Piper, 1967).
Mitscherlich, Margarete. *Erinnerungsarbeit. Zur Psychoanalyse der Unfähigkeit zu trauern* (Frankfurt: Fischer, 1993) [1987].
Moeller, Robert G. *War Stories: The Search for a Usable Past in the Federal Republic of Germany* (Berkeley: University of California Press, 2001).
Moisel, Claudia. *Frankreich und die deutschen Kriegsverbrecher. Politik und Praxis der Strafverfahren nach dem 2. Weltkrieg* (Göttingen: Wallstein, 2004).
Monod, David. *Settling Scores: German Music, Denazification, and the Americans 1945-1953.* Chapel Hill: University of North Carolina Press, 2004).

Montague, Alan. "Guernsey says no to Holocaust play", *Jewish Chronicle* vom 14. Dezember 1994.

Moorehead, Alan. "Glimpses of Germany II – Belsen", *Horizon* 12 (1945), 26-35 [Nachdr. in: Connolly (Hg.), *The Golden Horizon*, 103-112].

Morel, Michel. "*Time's Arrow* ou le récit palindrome", in: *Jeux d'écriture: Le Roman britannique contemporain*, hg. von Marie-Françoise Cachin und Ann Grieve (Paris: Institute d'Etudes Anglophones, Université Paris VII-Denis Diderot, 1995), 45-61.

Moritz, Gudula. *Im Schatten des Dritten Reichs. Deutschland im britischen Roman des ausgehenden 20. Jahrhunderts*, Studien zur Anglistischen Literatur- und Sprachwissenschaft, 9 (Trier: wvt, 1998).

Moseley, Merritt. *David Lodge: How far can you go?*, Milford Series: Popular Writers of Today, 16 (San Bernadino: Borgo Press, 1991).

Moses, A. Dirk. "The Holocaust and Genocide", in: *The Historiography of the Holocaust*, hg. von Dan Stone (Houndmills, Basingstoke: Palgrave Macmillan, 2004), 533-55.

Moyle, Lachlan R. "Once a German – Always a German! Germans and Germany in Contemporary British Press Cartoons", in: Cedric C. Barfoot (Hg.), *Beyond Pug's Tour. National and ethnic stereotyping in theory and literary practice* (Amsterdam: Rodopi, 1997), 423-44.

Müllenbrock, Heinz-Joachim. "Der historische Roman der frühviktorianischen Epoche zwischen Vergangenheit und Gegenwart: Eine Analyse unter dem Aspekt seiner zeitgenössischen Orientierung", *Anglia* 94 (1976), 404-430.

Müllenbrock, Heinz-Joachim. "Die Entstehung des Scottschen historischen Romans als Problem der Literaturgeschichtsschreibung", *Anglia* 99 (1981), 355-378.

Müller, Klaus Peter. "Theater als Sinnsuche und Geschichtsschreibung: Signifikante Entwicklungen im englischen Theater der Gegenwart", in: ders. (Hg.), *Englisches Theater der Gegenwart. Geschichte(n) und Strukturen*, Forum Modernes Theater, Schriftenreihe, 10 (Tübingen: Gunter Narr, 1993), 3-58.

Munslow, Alun. *Deconstructing History* (London: Routledge, 1997).

Munton, Alan und Alan Young. "Edward Upwood: A Conversation", *PN Review* 19 (1980), 41-45.

Murray, George. "The British Contribution", in: Hearnden (Hg.), *The British in Germany*, 64-94.

Murrow, Edward R. "Camp of Death and Misery. Liberation of Buchenwald", *Times* vom 16. April 1945.

Nabokov, Nicolas. "Excerpts from memories", in: Spender (Hg.), *Auden. A Tribute*, 133-48.

"Nein, davon weiß er nichts mehr. Oder er will es nicht mehr wissen." *Stuttgarter Zeitung* vom 28. April 1999, 3.

Neumann, Franz L. "Re-educating the Germans. The Dilemma of Reconstruction", *Commentary* 3 (1947), 517-25.

Newey, Glen. "Et tu quoque?", *TLS* vom 31. Mai 1996.

Newman, Gerald. *The Rise of English Nationalism. A Cultural History 1740-1830* (New York: St. Martin's Press, 1987).

Niethammer, Lutz. "Privat-Wirtschaft", in: ders. (Hg.), *"Hinterher merkt man, daß es richtig war, daß es schiefgegangen ist." Nachkriegserfahrungen im Ruhrgebiet* (Berlin: Dietz, 1983), 22-25.

Nissen, Margret. *Sind Sie die Tochter Speer?* Unter Mitarbeit von Margit Knapp und Sabine Seifert (München: DVA, 2005).

Nowak, Helge. "Britain, Britishness and the Blitz. Public Images, Attitudes and Visions in Times of War", in: Korte und Schneider (Hgg.), *War and the Cultural Construction of Identities in Britain*, 241-59.

Nünning, Ansgar. "Englische Bilder von Deutschland und den Deutschen: Zur Bedeutung von Nationalstereotypen für das kollektive Gedächtnis und das Verstehen fremder Kulturen", in: Lothar Bredella und Werner Delanoy (Hgg.), *Interkultureller Fremdsprachenunterricht* (Tübingen: Narr, 1999), 322-57.

Nünning, Ansgar (Hg.). *Metzler Lexikon Literatur- und Kulturtheorie. Ansätze – Personen – Grundbegriffe*, 2., überarbeitete und erweiterte Aufl. (Stuttgart, Weimar: Metzler, 2001) [1998].

Nünning, Ansgar. "Historiographische Metafiktion", in: ders. (Hg.), *Metzler Lexikon Literatur- und Kulturtheorie*, 252.

Nünning, Ansgar (Hg.). *Literaturwissenschaftliche Theorien, Modelle und Methoden. Eine Einführung*, 3., verb. und erw. Aufl (Trier: wvt, 1998) [1995].

Nünning, Ansgar. *Von historischer Fiktion zu historiographischer Metafiktion*, 2 Bde. (Trier: wvt, 1995).

Nünning, Ansgar und Roy Sommer, "Drama und Narratologie: Die Entwicklung erzähltechnischer Modelle und Kategorien für die Dramenanalyse", in: Vera Nünning und Ansgar Nünning (Hgg.), *Erzähltheorie transgenerisch, intermedial, interdisziplinär* (Trier: wvt, 2002), 105-28.

Nünning, Vera und Ansgar. "Autoritätshörig, unpolitisch und opportunistisch. Englische Vorstellungen vom deutschen Nationalcharakter am Ende des Zweiten Weltkriegs", *Geschichte in Wissenschaft und Unterricht* 45 (1994), 224-39.

Nünning, Vera und Ansgar. "England", in: Klaus Stierstorfer (Hg.), *Deutschlandbilder im Spiegel anderer Nationen. Literatur, Presse, Film, Funk, Fernsehen* (Reinbek: Rowohlt, 2003), 99-139.

Nünning, Vera. "Wahrnehmung und Wirklichkeit. Perspektiven einer konstruktivistischen Geistesgeschichte", in: Gebhard Rusch und Siegfried J. Schmidt (Hgg.), *Konstruktivismus: Geschichte und Anwendung*, DELFIN, 1992 (Frankfurt: Suhrkamp, 1992), 91-118.

Nünning, Vera. "Where Literature, Culture and the History of Mentalities Meet. Changes in British National Identity as a Paradigm for a New Kind of Literary/Cultural History", in: *REAL. Yearbook of Research in English and American Literature, 17: Literary History/Cultural History: Force-Fields and Tensions*, hg. von Herbert Grabes (Tübingen: Gunter Narr, 2001), 211-38.

O'Connell, Mary Ellen. "The UN, NATO and International Law after Kosovo", *Human Rights Quarterly* 22.1 (2000), 57-89.

O'Connor, John E. "Howard Brenton", in: *British Playwrights 1956-1995. A Research and Production Sourcebook*, hg. von William W. Demastes (Westport/London: Greenwood Press, 1996), 94-106.

Oelze, Klaus-Dieter. *Das Feuilleton der Kölnischen Zeitung im Dritten Reich* (Frankfurt/M. et. al.: Peter Lang, 1990).

Oertel, Daniel. "Effects of Garden-Pathing in Martin Amis's Novels *Time's Arrow* and *Night Train*", *Miceİánea: A Journal of English and American Studies* 22 (2001), 123-40.

Olaniyan, Tejumola. "Femi Osofisan: The Form of Uncommon Sense", *Research in African Literatures* 30 (1999), 74-91.

Osofisan, Femi. "'The Revolution as Muse': Drama as Surreptitious Insurrection in a Post-Colonial, Military State", in: *Theatre Matters. Performance and Culture on the World Stage*, hg. von Richard Boon und Jane Plastow (Cambridge: Cambridge University Press, 1998), 11-35.

Ostendorf, Heribert. "Die Bedeutung der Nürnberger Prozesse für die Strafverfolgung von Kriegsverbrechen durch die UN", in: Ueberschär (Hg.), *Der Nationalsozialismus vor Gericht*, 262-74.

Overy, Richard. *Interrogations. The Nazi Elite in Allied Hands, 1945* (London: Allen Lane, 2001).

Ozsvath, Zsuzsanna und Martha Satz, "The Audacity of Expressing the Inexpressible: The Relation between Moral and Aesthetic Considerations in Holocaust Literature", *Judaism* 34.2 (1985), 197-210.

Page, Norman. *Auden and Isherwood: The Berlin Years* (New York: St. Martin's Press, 1998).

Paget, Derek. "Documentary Theatre in the United Kingdom, 1960-1990", in: Klaus Peter Müller (Hg.), *Englisches Theater der Gegenwart. Geschichte(n) und Strukturen* (Tübingen: Gunter Narr, 1993), 117-32.

Paget, Derek. *True Stories? Documentary drama on radio, screen and stage* (Manchester: Manchester University Press, 1990).

Painter, Susan. *Edgar the Playwright* (London: Methuen, 1996).

Pakschies, Günter. "Re-education und die Vorbereitung der britischen Bildungspolitik in Deutschland während des Zweiten Weltkrieges", in: Manfred Heinemann (Hg.), *Umerziehung und Wiederaufbau. Die Bildungspolitik der Besatzungsmächte in Deutschland und Österreich*, Veröffentlichungen der Historischen Kommission der Deutschen Gesellschaft für Erziehungswissenschaft, 5 (Stuttgart: Klett-Cotta, 1981), 103-13.

Palmer, D. J. *The Rise of English Studies. An Account of the Study of English Language and Literature from its Origins to the Making of the Oxford English School* (London/New York/Toronto: Oxford University Press, 1965).

Pandel, Hans-Jürgen. "Dimensionen des Geschichtsbewußtseins. Ein Versuch, seine Struktur für Empirie und Pragmatik diskutierbar zu machen", *Geschichtsdidaktik. Probleme, Projekte, Perspektiven* 12 (1987), 130-42.

Parry, Ann. "The caesura of the Holocaust in Martin Amis's *Time's Arrow* and Bernhard Schlink's *The Reader*", *European Studies* 29 (1999), 249-67.

Patraka, Vivian M. *Spectacular Suffering. Theatre, Fascism, and the Holocaust* (Bloomington: Indiana University Press, 1999).

Paxton, Nancy L. *Writing under the Raj. Gender, Race, and Rape in the British Colonial Imagination, 1830-1947* (New Brunswick, NJ/London: Rutgers University Press, 1999).

Pearsall, Cornelia. "The Poet and the Postwar City", *Raritan* 17.2 (1997), 104-20.

Perry, Ralph Barton. *Amerikanische Ideale: Puritanismus und Demokratie* (Nürnberg: Carl Verlag, 1947).

Persico, Joseph E. *Nuremberg. Infamy on Trial* (New York: Viking, 1994).

Peters, John. "At a moral crossroads", *Sunday Times* vom 28. Mai 1995.

Pfister, Manfred (Hg.). *Alternative Welten* (München: Fink, 1982).

Pfister, Manfred. "Konzepte der Intertextualität", in: Ulrich Broich und Manfred Pfister (Hgg.), *Intertextualität. Formen, Funktionen, anglistische Fallstudien*, Konzepte der Sprach- und Literaturwissenschaft, 35 (Tübingen: Niemeyer, 1985), 1-30.

Phillips, David (Hg.). *German Universities after the Surrender: British Occupation Policy and the Control of Higher Education* (Oxford: University of Oxford Department of Educational Studies, 1983).

Pingel, Falk. "'Die Russen am Rhein?' Zur Wende der britischen Besatzungspolitik im Frühjahr 1946", *Vierteljahreshefte für Zeitgeschichte* 30 (1982), 98-116.

Pingel, Falk. "Verborgener Nazismus unter demokratischem Gewand? – Ein Beitrag zum Deutschlandbild im Wandel", in: Wendt (Hg.), *Deutschlandbild*, 198-218.

Pinthus, Kurt. "Ernst Rowohlt und sein Verlag", in: *Rowohlt Almanach 1908-1962*, hg. von Mara Hintermeier und Fritz J. Raddatz (Reinbek: Rowohlt, 1962).

Polkinghorne, Donald E. "Narrative Psychologie und Geschichtsbewußtsein. Beziehungen und Perspektiven", in: Straub (Hg.), *Erzählung, Identität und historisches Bewußtsein*, 12-45.

Pommerening, Ingo. "Als Gastdozent und Lyriker im Berlin der fünfziger Jahre: D. J. Enright", in: Helbig (Hg.), *Welcome to Berlin*, 131-41.

Poprzeczny, Joseph. *Odilo Globocnik – Hitler's Man in the East* (London: McFarland & Company, 2004).

Posner, Roland. "Kultur als Zeichensystem. Zur semiotischen Explikation kulturwissenschaftlicher Grundbegriffe", in: Aleida Assmann und Dietrich Harth (Hgg.), *Mnemosyne. Formen und Funktionen der kulturellen Erinnerung* (Frankfurt/M.: Fischer, 1991), 37-74.

Pratt, Mary Louise. "Scratches on the Face of the Country; or, What Mr. Barrow Saw in the Land of the Bushmen", *Critical Inquiry* 12 (1985), 119-43.

Pratt, Mary Louise. *Imperial Eyes. Travel Writing and Transculturation* (London/New York: Routledge, 1992).

Prieberg, Fred K. *Kraftprobe: Wilhelm Furtwängler im Dritten Reich* (Wiesbaden: Brockhaus, 1986).

Prieberg, Fred K. *Musik im NS-Staat* (Köln: Dittrich, 2000) [1982].

"Principles of International Law Recognized in the Charter of the Nürnberg Tribunal and in the Judgment of the Tribunal", in: *The Work of the International Law Commission*, 4. Aufl. (New York: United Nations, 1988), 140-41.

Pronay, Nicholas. "Introduction", in: Nicholas Pronay und Keith Wilson (Hgg.), *The Political Re-education of Germany and her Allies after World War II* (London/Sydney: Croom Helm, 1985).

Puaux, Françoise. "A propos d'Un spécialiste de Brauman et Sivan: Le Point de vue d'un avocat, entretien avec Maître Hutman", in: dies. (Hg.), *La Justice à l'écran* (Condé-sur-Noireau: Corlet, 2002), 66-71.

Raby, David Ian. "Audience engagement and reflexive history in the plays of David Edgar", *Critical Inquiry* 25 (1983), 49-60.

Ramler, Siegfried. "Origins and Challenges of Simultaneous Interpretation: The Nuremberg Trials Experience", in: Deanna Lindberg Hammond (Hg.), *Languages at Crossroads. Proceedings of the 29th Annual Conference of the American Translators Association, Seattle, Washington, October 12-16, 1988* (Medford, NJ: Learned Information, 1988), 437-440.

Ranke, Leopold von. "Vorrede" zu seiner "Geschichte der romanischen und germanischen Völker von 1494 bis 1535" [1824], in: Wolfgang Hardtwig (Hg.), *Über das Studium der Geschichte* (München: dtv, 1990), 44-46.

Reichel, Peter. "Auschwitz", in: Etienne François und Hagen Schulze (Hgg.), *Deutsche Erinnerungsorte*, 3 Bde. (München: Beck, 2001), Bd. 1, 600-621.

Reichel, Peter. *Die Politik mit der Erinnerung. Gedächtnisorte im Streit um die nationalsozialistische Vergangenheit*, überarbeitete Aufl. (Frankfurt/M.: Fischer, 1999) [1995].

Reilly, Joanne. *Belsen: The Liberation of a Concentration Camp* (London: Routledge, 1998).

Reinelt, Janelle. "'Politics, Playwriting, Postmodernism': An Interview with David Edgar", *Contemporary Theatre Review* 14.4 (2004), 42-53.

Reinelt, Janelle. "Bertold Brecht and Howard Brenton: The Common Task", *Pacific Coast Philology* 20 (1985), 46-52.

Reisner, Thomas A. "De Quincey's Palimpsest Reconsidered", *Modern Language Studies* 12.2 (1982), 93-94.

Reitz, Bernhard. *The Stamp of Humanity. Individuum, Identität, Gesellschaft und die Entwicklung des englischen Dramas nach 1956*, Literatur – Imagination – Realität, 9 (Trier: wvt, 1993).

Reusch, Ulrich. "Die Londoner Institutionen der britischen Deutschlandpolitik. Eine behördengeschichtliche Untersuchung", *Historisches Jahrbuch* 100 (1980), 318-443.

Reusch, Ulrich. *Deutsches Beamtentum und britische Besatzung. Planung und Politik 1943-1947*, Forschungen und Quellen zur Zeitgeschichte, 6 (Stuttgart: Klett-Cotta, 1985).

Reydams, Luc. *Universal Jurisdiction. International and Municipal Legal Perspectives*, Oxford Monographs in International Law (Oxford: Oxford University Press, 2003).

Rhodes, Anthony. *Propaganda – The Art of Persuasion 1933-45* (New York: Chelsea House, 1979).

Richardson, A. T. "War Crimes Act 1991", *Modern Law Review* 55 (1992), 73-86.

Richardson, Brian. "Point of View in Drama: Diegetic Monologue, Unreliable Narrators, and the Author's Voice on Stage", *Comparative Drama* 22.3 (1988), 193-214.

Richardson, Brian. "Voice and Narration in Postmodern Drama", *New Literary History* 32.3 (2001), 681-94.

Ricoeur, Paul. *Zeit und Erzählung. Bd. 3: Die erzählte Zeit*, aus dem Französischen von Andreas Knop (München: Fink, 1991) [1985].

Ricoeur, Paul. *Zufall und Vernunft in der Geschichte* (Tübingen: Konkursbuchverlag, 1985).

Rigaux, François. "Internationale Tribunale nach den Nürnberger Prozessen", in: Hanke, Stuby (Hgg.), *Strafgerichte gegen Menschheitsverbrechen*, 142-68.

Roberts, Adam. "Beyond Victor's Justice", *TLS* vom 28. Januar 2000.

Robinson, Benjamin. "The Specialist on the Eichmann Precedent: Morality, Law, and Military Sovereignty", *Critical Inquiry* 30 (2003), 63-97.

Rodewald, Helmut. "Anti-deutsche Wellen und kritische Gegenreaktionen in der britischen Presse der 90er Jahre", *Hard Times. Neue Deutsch-Britische Gesellschaft* 59/60 (1997), 8-11.

Roger, Angela. "Ian McEwan's Portrayal of Women", *Forum for Modern Language Studies* 32 (1996), 11-25.

Roger, Philippe. "Le Visuel d'archives: A Propos de Un Spécialiste d'Eyel Sivan", in: Michel Serceau und Roger Philippe (Hgg.), *Les Archives du cinéma et de la télévision* (Condé-sur-Noireau: Corlet, 2000), 219-24.

Rolley, Katrina. "The treatment of homosexuality and *The Well of Loneliness*", in: Paul Hyland und Niel Sammells (Hgg.), *Writing and Censorship in Britain* (London: Routledge, 1992), 219-231.

Rorty, Richard (Hg.). *The Linguistic Turn* (Chicago: University of Chicago Press, 1992) [1967].

Rosenbaum, Eli M. "The Investigation and Prosecution of Suspected Nazi War Criminals: A Comparative Overview", *Patterns of Prejudice* 21.2 (1987), 17-24.

Roth, Michael S., Claire Lyons und Charles Merewether (Hgg.), *Irresistible Decay: Ruins Reclaimed*, Bibliographies & Dossiers: The Collections of the Getty Research Institute for the History of Art and the Humanities, 2 (Los Angeles: Getty Research Institute for the History of Art and the Humanities, 1997)

Roth, Michael S. "Irresistible Decay: Ruins Reclaimed", in: Roth, Lyons, Merewether (Hgg.), *Irresistible Decay*, 1-23.

Rüsen, Jörn, Klaus Fröhlich, Hubert Horstkötter und Hans-Günter Schmidt. "Untersuchungen zum Geschichtsbewußtsein von Abiturienten im Ruhrgebiet", in: Bodo von Borries, Hans-Jürgen Pandel und Jörn Rüsen (Hgg.), *Geschichtsbewußtsein empirisch* (Pfaffenweiler: Centaurus, 1991), 221-344.

Rüsen, Jörn. "Einleitung. Geschichtsbewußtsein thematisieren – Problemlagen und Analysestrategien", in: ders. (Hg.), *Geschichtsbewußtsein. Psychologische Grundlagen, Entwicklungskonzepte, empirische Befunde*, Beiträge zur Geschichtskultur, 21 (Köln: Böhlau, 2001), 1-13.

Rüsen, Jörn. *Historische Orientierung. Über die Arbeit des Geschichtsbewußtseins, sich in der Zeit zurechtzufinden* (Köln/Weimar/Wien: Böhlau, 1994).

Rüsen, Jörn. *Historische Vernunft. Grundzüge einer Historik I. Die Grundlagen der Geschichtswissenschaft* (Göttingen: Vandenhoeck & Ruprecht 1983).

Rüsen, Jörn. *Rekonstruktion der Vergangenheit. Grundzüge einer Historik II: Die Prinzipien der historischen Forschung* (Göttingen: Vandenhoeck & Ruprecht, 1986).

Rüsen, Jörn. *Lebendige Geschichte. Grundzüge einer Historik III: Formen und Funktionen des historischen Wissens* (Göttingen: Vandenhoeck & Ruprecht, 1989).

Rüsen, Jörn. *Zeit und Sinn. Strategien historischen Denkens* (Frankfurt/M.: Fischer, 1990).

Said, Edward W. "East isn't East. The impending end of the age of orientalism", *TLS* vom 3. Februar 1995, 3-6.

Said, Edward W. *Orientalism* (New York: Random House, 1978).

Samuel, Raphael. *Island Stories. Unravelling Britain, Theatres of Memory*, vol. 2, hg. von Alison Light, Sally Alexander und Gareth Stedman Jones (London: Verso, 1998).

Samuel, Raphael. *Patriotism. The Making and Unmaking of British National Identity* (London: Routledge, 1989).

Sanders, Andrew. *The Victorian Historical Novel 1840-1880* (London: Macmillan, 1978).

Saunders, Frances Stonor. *The Cultural Cold War: The CIA and the World of Arts and Letters* (New York: New Press, 2000).

Scanlan, Margaret. *Traces of Another Time. History and Politics in Postwar British Fiction* (Princeton: Princeton University Press, 1990).

Schabert, Ina. *Der historische Roman in England und Amerika* (Darmstadt: Wissenschaftliche Buchgesellschaft, 1981).

Schäffner, Raimund. *Politik und Drama bei David Edgar. Eine Studie zum politischen Gegenwartstheater in England* (Essen: Verlag Die Blaue Eule, 1988).

Schaller, Dominik J. "Genozidforschung: Begriffe und Debatten", in: ders. et al. (Hgg.), *Enteignet – Vertrieben – Ermordet. Beiträge zur Genozidforschung* (Zürich: Chronos, 2004), 9-26.

Scheunemann, Dietrich. "'Fiktionen – auch aus dokumentarischem Material'. Von Konstruktionen der Geschichte in Literatur und Film seit den sechziger Jahren", in: *Geschichte als Literatur. Formen und Grenzen der Repräsentation von Vergangenheit*, hg. von Hartmut Eggert (Stuttgart: Metzler, 1990), 296-314.

Schmidt, Dennis J. "Circles – Hermeneutic and Otherwise: On Various Senses of the Future as 'Not Yet'", in: David Wood (Hg.), *Writing the Future* (London/New York: Routledge, 1990), 67-77.

Schmidt, Matthias. "Albert Speer und die geniale Manipulation der Geschichte", Vorwort zu ders., *Albert Speer*, 10-24.

Schmidt, Matthias. *Albert Speer. Das Ende eines Mythos*, mit einem Geleitwort von Heinrich Breloer, 2. Aufl. (Berlin: Netzeitung, 2005) [1982].

Schmidt, Siegfried J. "Medien, Kultur, Medienkultur: Ein konstruktivistisches Gesprächsangebot", in: ders. (Hg.), *Kognition und Gesellschaft: Der Diskurs des Radikalen Konstruktivismus 2* (Frankfurt/M.: Suhrkamp, 1992), 425-450.

Schmitz, Götz. "'Deepest Friendship' – Ernst Robert Curtius und Stephen Spender. Zur Entwicklung einer Intellektuellenfreundschaft in den dreißiger und vierziger Jahren", in: Wolf-Dietrich Lange (Hg.), *"In Ihnen begegnet sich das Abendland." Bonner Vorträge zur Erinnerung an Ernst Robert Curtius* (Bonn: Bouvier, 1990), 257-78.

Schmitz-Berning, Cornelia. *Vokabular des Nationalsozialismus* (Berlin/New York: de Gruyter, 1998).

Schneider, Gerhard und Irmgard Wilhelm. "Geschichtsbild", in: *Handbuch der Geschichtsdidaktik*, hg. von Klaus Bergmann et al., 5., überarbeitete Aufl. (Seelze-Velber: Kallmeyer, 1997) [1979], 290-93.

Schneider, Ulrich. "Nach dem Sieg: Besatzungspolitik und Militärregierung 1945", in: Josef Foschepoth und Rolf Steininger (Hgg.), *Britische Deutschland- und Besatzungspolitik 1945-1949* (Paderborn: Schöningh, 1985), 57-62.

Schöink-Huppe, Marion. "The Image of Nazi Germany in British Popular Literature", in: Barfoot (Hg.), *Beyond Pug's Tour*, 393-411.
Schulze, Rainer (Hg.), *Unruhige Zeiten. Erlebnisberichte aus dem Landkreis Celle 1945-1949* (München: Oldenbourg, 1990).
Schulze, Rainer. "A Difficult Interlude: Relations Between British Military Government and the German Population and their Effects for the Constitution of a Democratic Society", in: Bance (Hg.), *The Cultural Legacy of the British Occupation in Germany*, 67-109.
Schulze, Rainer. "Besatzer und Besetzte. Die Briten im Landkreis Celle 1945/1946", *Celler Chronik* 5 (1992), 21-50.
Schumacher, Claude (Hg.). *Staging the Holocaust. The Shoah in drama and performance*, Cambridge Studies in Modern Theatre (Cambridge: Cambridge University Press, 1998).
Schütz, Alfred. "Tiresias oder unser Wissen von zukünftigen Ereignissen", in: ders., *Gesammelte Aufsätze*, 2 Bde., Bd. 2: *Studien zur soziologischen Theorie*, hg. von Arvid Brodersen, Übertragung aus dem Amerikanischen von Alexander von Baeyer (Den Haag: Martinus Nijhoff, 1972), 261.
Schwarze, Michael. "Komparatistische Imagologie", in: Nünning (Hg.), *Metzler Lexikon zur Literatur- und Kulturtheorie*, 275.
Schweda Nicholson, Nancy. "Professional Ethics for Court and Community Interpreting.", in: *Professional Issues for Translators and Interpreters*, hg. von D. L. Hammond, American Translators Association Scholarly Monograph Series, 7 (Amsterdam/Philadelphia: John Benjamins, 1994), 79-97.
Sebald, Winfried G. *Luftkrieg und Literatur. Mit einem Essay zu Alfred Andersch* (München, Wien: Hanser, 1999).
Segev, Tom. *The Seventh Million: The Israelis and the Holocaust*, übersetzt von Hiam Watzmen (New York: Hill and Wang, 1993) [1991].
Sellin, Volker. "Mentalität und Mentalitätsgeschichte", *Historische Zeitschrift* 241 (1985), 555-598.
Sereny, Gitta. "Playing Out the Guilt of a Nazi", *Sunday Times* vom 7. Mai 2000, 4.
Sereny, Gitta. "The New Speer Controversy: Did He Tell All?", *Sunday Times Magazine* vom 17. September 1978, 64-66, 68, 73, 75.
Sereny, Gitta. *Albert Speer. His Battle with Truth* (London: Picador, 1996) [1995].
Sereny, Gitta. *Into that Darkness. An Examination of Conscience* (London: Picador, 1977).
Sereny, Gitta. *The German Trauma. Experience and Reflections 1938-2000* (London: Allen Lane, 2000).
Settis, Salvatore. "Foreword" zu: Roth, Lyons und Merewether (Hgg.), *Irresistible Decay*, vii.
Shami, Jeanne. "John Donne: Geography as Metaphor", in: William E. Mallory und Paul Simpson-Housley (Hgg.), *Geography and Literature. A Meeting of the Disciplines* (Syracuse: Syracuse University Press, 1987), 161-67.
Sharpe, Jenny. "The Unspeakable Limits of Rape: Colonial Violence and Counter-Insurgency", *Genders* 10 (1991), 25-46.
Sharpe, Jenny. *Allegories of Empire: The Figure of Woman in the Colonial Text* (London/Minneapolis: University of Minnesota Press, 1993).
Shirakawa, Sam H. *The Devil's Music Master. The Controversial Life and Career of Wilhelm Furtwängler* (Oxford: Oxford University Press, 1992).
Shusterman, Ronald. "Fragmentation et montage en littérature: L'Exemple de Graham Swift", in: Bertrand Rougé (Hg.), *Montages/collages: actes du second colloque du CICADA, 5, 6, 7 décembre 1991, Université de Pau* (Pau: Publications de l'Université de Pau, 1993), 161-167.
Sicher, Efraim. "The Burden of Memory: The Writing of the Post-Holocaust Generation", in: ders. (Hg.), *Breaking Crystal. Writing and Memory after Auschwitz* (Chicago: University of Illinois Press, 1998), 19-89.

Siebers, Tobin. "The Politics of Storytelling: Hannah Arendt's *Eichmann in Jerusalem*", *Southern Humanities Review* 26.3 (1992), 201-11.

Sieder, Reinhard. "Gesellschaft und Person: Geschichte und Biographie", in: ders. (Hg.), *Brüchiges Leben: Biographien in sozialen Systemen*, Kultur als Praxis, 1 (Wien: Turia und Kant, 1999), 234-64.

Simmons, James C. *The Novelist as Historian: Essays on the Victorian Historical Novel* (The Hague/Paris: Mouton, 1973).

Simpson, Paul. *Stylistics* (London/New York: Routledge, 2004).

Skloot, Robert. "Holocaust theatre and the problem of justice", in: Claude Schumacher (Hg.), *Staging the Holocaust. The Shoah in drama and performance*, Cambridge Studies in Modern Theatre (Cambridge: Cambridge University Press 1998), 10-26.

Skloot, Robert. *The Darkness We Carry. The Drama of the Holocaust* (Madison: University of Wisconsin Press, 1988).

Slater, Mary. "Problems When Time Moves Backwards. Martin Amis's *Time's Arrow*", *English* 42 (1993), 141-52.

Slay, Jack. *Ian McEwan*, Twayne English Author Series, 518 (New York: Twayne, 1996).

Smith, Bradley. *Reaching Judgment at Nuremberg* (New York: Basic Books, 1977).

Smith, Bradley. *The Road to Nuremberg* (London: Andre Deutsch, 1982).

Sokel, Walter. *The Writer in Extremis* (Stanford: Stanford University Press, 1959).

Söllner, Alfons. *Deutsche Politikwissenschaftler in der Emigration. Studien zu ihrer Akkulturation und Wirkungsgeschichte. Mit einer Bibliographie* (Opladen: Westdeutscher Verlag, 1996).

Sontag, Susan. *On Photography*, Nachdr. (London: Penguin, 2002) [1977].

Spears, Monroe K. *The Poetry of W. H. Auden. The Disenchanted Island* (New York: Oxford University Press, 1963).

Spice, Nicholas. "Die Wiederkehr der schwarzen Ritter. Englands Deutsche am Ende des Jahrhunderts", *Freibeuter. Vierteljahreszeitschrift für Kultur und Politik* 55 (1993), 41-48.

Splitt, Gerhard. "Die 'Säuberung' der Reichsmusikkammer: Vorgeschichte – Planung – Durchführung", in: Horst Weber (Hg.), *Musik in der Emigration 1933-1945: Verfolgung, Vertreibung, Rückwirkung. Symposium Essen, 10.-13. Juni 1992* (Stuttgart: Metzler, 1994), 10-55.

Stachowiak, Herbert. "Über Historiographische Beschreibungsmodelle", in: Willie Oelmüller (Hg.), *Wozu noch Geschichte?* (München: Fink, 1977), 182-202.

Stanley, Louis T. "The Warped Mind of the German Youth", *Sunday Express* (London) vom 22. Oktober 1944, 2.

Stanton, Gregory H. "Could the Rwandan genocide have been prevented?", in: Schaller et al. (Hgg.), *Enteignet – Vertrieben – Ermordet*, 437-56.

Stanzel, Franz K. "Der literarische Aspekt unserer Vorstellungen vom Charakter fremder Völker", *Anzeiger der Österreichischen Akademie der Wissenschaften, Philosophisch-historische Klasse* 111 (1974), 63-82.

Stanzel, Franz K. "Historie, Historischer Roman, Historiographische Metafiktion", *Sprachkunst* 26 (1995), 113-23.

Stanzel, Franz K. *Theorie des Erzählens*, 4. Aufl. (Göttingen: Vandenhoeck & Ruprecht, 1989) [1979].

Steinbach, Peter. "Der Nürnberger Prozeß gegen die Hauptkriegsverbrecher", in: Ueberschär (Hg.), *Der Nationalsozialismus vor Gericht*, 32-44.

Stemmler, Theo. "English and American Literature in *DER SPIEGEL*; the First Decade (1946-1955)", in: Flood (Hg.), *Common Currency*, 31-45.

Stern, Guy. "Furtwängler – the Testing of Art: Ronald Harwood's Drama *Taking Sides*", in: Bernhard Reitz (Hg.), *Race and Religion in Contemporary Theatre and Drama in English*, Contemporary Drama in English, 6 (Trier: wvt, 1999), 55-64.

Sternberger, Dolf, Gerhard Storz und Wilhelm E. Süskind. *Aus dem Wörterbuch des Unmenschen* (München: dtv, 1957).

Stierstorfer, Klaus (Hg.). *Deutschlandbilder: Im Spiegel anderer Nationen. Literatur, Presse, Film, Funk, Fernsehen*, rororo Enzyklopädie, 55657 (Reinbek: Rowohlt, 2003).

Stierstorfer, Klaus. "Einleitung", in: ders. (Hg.), *Deutschlandbilder*, 7-17.

Stierstorfer, Klaus. "Geschichte und Literaturgeschichte: Vergleichende Problemstellungen", Zeitschrift für Anglistik und Amerikanistik 50 (2002), 113-128.

Stierstorfer, Klaus. *Konstruktion literarischer Vergangenheit. Die englische Literaturgeschichtsschreibung von Warton bis Courthope und Ward* (Heidelberg: Universitätsverlag Winter, 2001).

Stolz, Peter. "Der literarische Gattungsbegriff. Aporien einer literaturwissenschaftlichen Diskussion. Versuch eines Forschungsberichtes zum Problem der 'literarischen Gattungen'", *Romanistische Zeitschrift für Literaturgeschichte* 14 (1990), 209-227.

Straub, Jürgen (Hg.). *Erzählung, Identität und historisches Bewußtsein. Die psychologische Konstruktion von Zeit und Geschichte*, Erinnerung, Geschichte, Identität, 1 (Frankfurt/M.: Suhrkamp, 1998).

Straub, Jürgen. "Geschichten erzählen, Geschichte bilden. Grundzüge einer narrativen Psychologie historischer Sinnbildung", in: ders. (Hg.), *Erzählung, Identität und historisches Bewußtsein*, 81-169.

Straub, Jürgen. "Personale und kollektive Identität. Zur Analyse eines theoretischen Begriffs", in: Assmann und Friese (Hgg.), *Identitäten*, 73-104.

Straub, Jürgen. "Psychoanalyse, Geschichte und Geschichtswissenschaft. Eine Einführung in systematischer Absicht", in: Jörn Rüsen und Jürgen Straub (Hgg.), *Die dunkle Spur der Vergangenheit. Psychoanalystische Zugänge zum Geschichtsbewusstsein*, Erinnerung, Geschichte, Identität, 2 (Frankfurt: Suhrkamp, 1998), 12-32.

Stüber, Gabriele. *Der Kampf gegen den Hunger 1945-1950. Die Ernährungslage in der britischen Zone Deutschlands, insbesonder in Schleswig-Holstein und Hamburg* (Neumünster: Wachholtz, 1984).

Stückrath, Jörn und Jürg Zbinden (Hgg.). *Metageschichte: Hayden White und Paul Ricoeur* (Baden-Baden: Nomos, 1997).

Sullivan, Matthew Barker. *Thresholds of Peace. Four Hundred Thousand German Prisoners and the People of Britain 1944-1948* (London: Hamish Hamilton, 1979).

Sutherland, John. *Stephen Spender. The Authorized Biography* (London: Viking, 2004).

Swain, Elizabeth. *David Edgar: Playwright and Politician* (New York/Bern/Frankfurt/M.: Peter Lang, 1986).

Tallents, Stephen. *The Projection of England* (London: Faber and Faber, 1932).

Taylor, D. J. *After the War. The Novel and English Society since 1945* (London: Chatto & Windus, 1993).

Taylor, Telford. *Die Nürnberger Prozesse. Hintergründe, Analysen und Erkenntnisse aus heutiger Sicht*, übersetzt von Michael Schmidt (München: Heyne, 1994).

Taylor, Telford. *The Anatomy of the Nuremberg Trials* (London: Bloomsbury, 1993).

Tenberg, Reinhard (Hg.). *Intercultural Perspectives: Images of Germany in Education and the Media* (München: Iudicum, 1999).

Tenberg, Reinhard. "'Szenen einer Beziehung': Zum Deutschlandbild in den britischen Medien nach der Wende", in: ders. (Hg.), *Intercultural Perspectives*, 16-29.

Terry, Reginald C. (Hg.). "Edward Dahlberg and Herbert Read. An Exchange of Letters", in: Robin Skelton (Hg.), *A Memorial Symposium, The Malahat Review* 9 (1969), 95-126.

Tetzeli von Rosador, Kurt. *Das englische Geschichtsdrama seit Shaw* (Heidelberg: Universitätsverlag Winter, 1976).

Thomas, Gina. "Englands dirigierender Naziliebling. 'Taking Sides' zwischen Kunst, Mißbrauch und Diktatur: Furtwänglers Drama im Entnazifizierungsverhör aus britischer Sicht", *FAZ* vom 14. Juni 1995.

Thomas, Hugh. *The Spanish Civil War*, überarb. Ausg. (Harmondsworth: Penguin, 1965) [1961].

Thomas, Hugh. *Hess. A Tale of Two Murders*. 2., überarb. Ausg. von: *The Murder of Rudolf Hess* (London: Hodder & Stoughton, 1998) [1979].

Thomas, Stephen G. "The Königswinter Conferences", in: Breitenstein (Hg.), *Pillars of Partnership*, 48-68.

Tibenderana, Peter K. *Education and Cultural Change in Northern Nigeria 1906-1966. A Study in the Creation of a Dependent Culture* (Kampala: Fountain Publishers, 2003), 77-79.

Tomuschat, Christian. "Von Nürnberg nach Den Haag", in: *Von Nürnberg nach Den Haag. Menschenrechtsverbrechen vor Gericht. Zur Aktualität der Nürnberger Prozesse*, hg. vom Nürnberger Menschenrechtszentrum in Zusammenarbeit mit der Stadt Nürnberg/Jugendzentrum für politische Bildung und der Evangelischen Akademie Tutzing, mit einer Einleitung von Rainer Huhle (Hamburg: Europäische Verlagsanstalt, 1996), 93-115.

Tonkin, Boyd. "Trials of a War Baby", *New Statesman & Society* vom 11. Mai 1990, 19.

Topographie des Terrors. Gestapo, SS und Reichssicherheitshauptamt auf dem „Prinz-Albrecht-Gelände". Eine Dokumentation, hg. von Reinhard Rürup, erweiterte überarbeitete 13. Aufl. (Berlin: Verlag Wilhelm Arenhövel, 2001) [1987].

Tracey, Michael. *Das unerreichbare Wunschbild – Ein Versuch über Hugh Greene und die Neugründung des Rundfunks in Nordwestdeutschland nach 1945* (Köln: Kohlhammer – Grote, 1982).

Trautmann, Günter (Hg.). *Die häßlichen Deutschen? Deutschland im Spiegel der westlichen und östlichen Nachbarn* (Darmstadt: Wissenschaftliche Buchgesellschaft, 1991).

Trees, Wolfgang, Charles Whiting, Thomas Omansen. *Drei Jahre nach Null. Geschichte der britischen Besatzungszone 1945-1948* (Düsseldorf: Droste, 1978).

Trittel, Günter J. *Hunger und Politik. Die Ernährungskrise in der Bizone (1945-1949)* (Frankfurt/M./New York: Peter Lang, 1990).

Tüngel, Richard, Hans Rudolf Berndorf. *Auf dem Bauche sollst Du kriechen... Deutschland unter den Besatzungsmächten* (Hamburg: Wegner, 1958).

Turner, Ian D. (Hg.). *Reconstruction in Post-War Germany. British Occupation Policy and the Western Zones* (Oxford/New York/München: Berg, 1989).

Turner, Ian D. "Denazification in the British Zone", in: ders. (Hg.), *Reconstruction in Post-War Germany*, 239-267.

Turner, Victor. *Das Ritual. Struktur und Anti-Struktur* (Frankfurt/M.: Campus, 2005) [1989].

Tusa, Ann und John. *The Nuremberg Trial* (London: Macmillan, 1984) [1983].

Ueberschär, Gerd R. (Hg.) *Der Nationalsozialismus vor Gericht. Die alliierten Prozesse gegen Kriegsverbrecher und Soldaten 1943-1952* (Frankfurt/M.: Fischer, 1999).

Uhlig, Ralph. *Die deutsch-englische Gesellschaft 1949-1983. Der Beitrag ihrer "Königswinter-Konferenzen" zur britisch-deutschen Verständigung* (Göttingen/Zürich: Vandenhoeck & Ruprecht, 1966).

Umlauff, Ernst. *Der Wiederaufbau des Buchhandels. Beiträge zur Geschichte des Büchermarktes in Westdeutschland nach 1945* (Frankfurt/M.: Buchhändler-Vereinigung, 1978).

van der Vat, Dan. *The Good Nazi: The Life and Lies of Albert Speer* (London: Weidenfeld & Nicolson, 1997).

van der Will, Wilfried. "The Agenda of Re-education and the Contributors of *Der Ruf* 1946-47", *German Monitor. The Gruppe 47 Fifty Years on. A Re-Appraisal of its Literary and Political Significance*, hg. von Stuart Parkes und John J. White (Amsterdam: Rodopi, 1999), 1-13.

Veeser, Harold Aram. "Introduction", in: ders. (Hg.), *The New Historicism* (London: Routledge, 1989), ix-xvi.

Vice, Sue. *Holocaust Fiction* (London/New York: Routledge, 2000).

Viswanathan, Gauri. *Masks of Conquest. Literary Study and British Rule in India* (London: Faber and Faber, 1990).

Volle, Angelika. *Deutsch-Britische Beziehungen*. Geschichte und Gegenwart, Politik kurz und aktuell, 43 (Berlin: Landeszentrale für politische Bildungsarbeit, 1985).

von Wartensleben, Gabriele. "Beiträge zur Psychologie des Übersetzens", *Zeitschrift für Psychologie* 57 (1910), 89-115.

Watt, Donald. *Britain looks to Germany. British Opinion and Policy towards Germany since 1945* (London: Wolff, 1965).

Weatherhead, A. Kingsley. *Stephen Spender and the Thirties* (Cranbury, NJ/London: Associate University Presses, 1975).

Wehler, Hans-Ulrich. "Zum Verhältnis von Geschichtswissenschaft und Psychoanalyse", in: ders. (Hg.), *Geschichte und Psychoanalyse*, um die Bibliographie erweiterte ungekürzte Ausg. (Frankfurt/M./Berlin/Wien: Ullstein, 1974) [1971], 7-26.

Weimar, Klaus. "Der Text, den (Literatur-)Historiker schreiben", in: Hartmut Eggert, Ulrich Proftlich und Klaus R. Scherpe (Hgg.), *Geschichte als Literatur. Formen und Grenzen der Repräsentation von Vergangenheit* (Stuttgart: Metzler, 1990), 29-39.

Weiner, Gaby. *Feminisms in Education. An Introduction* (Buckingham: Open University Press, 1994).

Weinrich, Harald. *Lethe. Kunst und Kritik des Vergessens* (München: C. H. Beck, 1997).

Weiss, Peter. "Das Material und die Modelle. Notizen zum dokumentarischen Theater", *Theater heute* 3 (März 1968), 33-34.

Welch, David. "Citizenship and Politics: The Legacy of Wilton Park for Post-War Reconstruction", in: Bance (Hg.), *The Cultural Legacy of the British Occupation in Germany*, 223-37.

Welch, David. "Priming the Pump of German Democracy. British 'Re-education' Policy in Germany after the Second World War", in: Turner (Hg.), *Reconstruction in Post-War Germany*, 215-38.

Wellek, René und Austin Warren, *Theory of Literature*, 3. Aufl. (Harmondsworth: Penguin, 1973) [1949].

Welzer, Harald. "Albert Speers Erinnerungen an die Zukunft. Über das Geschichtsbewußtsein einer Führungsfigur des 'Dritten Reiches'", in: Straub (Hg.), *Erzählung, Identität und historisches Bewußtsein*, 389-403.

Wember, Heiner. *Umerziehung im Lager. Internierung und Bestrafung von Nationalsozialisten in der britischen Besatzungszone Deutschlands*, Düsseldorfer Schriften zur Neueren Landesgeschichte und zur Geschichte Nordrhein-Westfalens, 30 (Essen: Klartext, 1991).

"'Wer sind die Deutschen?' Geheimprotokoll eines von Premierministerin Thatcher einberufenen Deutschland-Seminars", *Der Spiegel* 29 (1990), 109-112.

Wesseling, Elisabeth. *Writing History as a Prophet* (Amsterdam: Benjamins, 1991).

White, Hayden. "The Historical Text as Literary Artifact", in: *The Writing of History*, hg. von Robert Canary und Henry Kozicki (Madison: University of Wisconsin Press, 1978), 41-62.

White, Hayden. *Metahistory. The Historical Imagination in Nineteenth Century Europe* (Baltimore/London: John Hopkins Press, 1973).

White, Hayden. *Tropics of Discourse. Essays in Cultural Criticism* (Baltimore/London: Johns Hopkins University Press, 1978).

White, John J. "Sexual Mecca, Nazi Metropolis, City of Doom. The Pattern of English, Irish and American Reactions to the Berlin of the Inter-War Years", in: Derek Glass, Dietmar Rösler und John J. White (Hgg.), *Berlin. Literary Images of a City. Eine Großstadt im Spiegel der Literatur* (Berlin: Erich Schmidt Verlag, 1989), 124-45.

White, Nick. "Gitta Sereny and Albert Speer's 'Battle with Truth' on the London Stage", *New Theatre Quarterly* 17.2 (2001), 170-85.

Widman, Carlos. "Bandleader des Führers", *Der Spiegel* 52 (1996), 162-65.

Wiesel, Elie. "The Holocaust as Literary Inspiration", in: *Dimensions of the Holocaust. Lectures at Northwestern University*, hg. von Elie Wiesel und Elliot Lefkovitz, 2. Aufl. (Evanston: Northwestern University Press, 1990) [1977], 4-19.

Wilhelm Furtwängler. Dokumente – Berichte und Bilder – Aufzeichnungen, Zusammenstellung und Zwischentexte Karla Höcker (Berlin: Rembrandt Verlag, 1968).

Wilke, Jürgen. "Ein früher Versuch der 'Vergangenheitsbewältigung': Der Nürnberger Prozess und wie darüber berichtet wurde", *Frankfurter Allgemeine Zeitung* vom 15. November 1995.

Williams, Rhys W. "'The Selections of the Committee are not in Accord with the Requirements of Germany': Contemporary English Literature and the Selected Book Scheme in the British Zone of Germany (1945-1950)", in: Bance (Hg.), *The Cultural Legacy of the British Occupation in Germany*, 110-38.

Williams, Rhys W. "'Nicht programmatisch, sondern human': Alfred Andersch's Image of England and English Literature", in: Flood (Hg.), *Common Currency*, 57-70.

Wilson, Sir Geoffrey. "Foreword" in: Grigor McClelland, *Embers of War. Letters from a Quaker Relief Worker in War-torn Germany* (London/New York: British Academic Press, 1997), viii-ix.

Wilss, Wolfram. "Übersetzen und Dolmetschen im 20. Jahrhundert. Teil 1. Die Zeit von 1945-1990", *Lebende Sprachen* 43 (1998), 145-49.

Wolff, Erwin. "Sir Walter Scott und Dr. Dryasdust: Zum Problem der Entstehung des historischen Romans im 19. Jh.", in: *Dargestellte Geschichte in der europäischen Literatur des 19. Jahrhunderts*, hg. von Wolfgang Iser und F. Schalk (Frankfurt: Klostermann, 1970), 15-37.

Wolff, Kurt. *Ernst Rowohlt. Doppelheft für die Ausstellung von Juni-Dezember 1987 im Schiller-Nationalmuseum Marbach am Neckar*, hg. von Ulrich Ott (Marbach a. N.: Deutsche Schillergesellschaft, 1987).

Woolland, Brian. *Dark Attractions. The Theatre of Peter Barnes* (London: Methuen, 2004).

Wulf, Joseph. *Musik im Dritten Reich. Eine Dokumentation* (Gütersloh: S. Mohn, 1963).

Würzbach, Natascha. "Erzählter Raum. Fiktionaler Baustein, kultureller Sinnträger, Ausdruck der Geschlechterordnung", in: Jörg Helbig (Hg.), *Erzählen und Erzähltheorie im 20. Jahrhundert. Festschrift für Wilhelm Füger* (Heidelberg: Universitätsverlag Winter, 2001), 105-129.

Wuttke, Dieter. *Nuremberg: Focal Point of German Culture and History. A Lecture / Nürnberg als Symbol deutscher Kultur und Geschichte. Ein Vortrag*, GRATIA. Bamberger Schriften zur Renaissanceforschung, 16 (Bamberg: H. Keiser-Verlag, 1987).

Yass, Marion. *This is Your War. Home Front Propaganda in the Second World War* (London: Her Majesty's Stationery Office, 1983).

Yates, Frances. *The Art of Memory* (London: Routledge and Paul, 1966).

Young, James Edward. *The Texture of Memory. Holocaust memorials and meaning* (New Haven/London: Yale University Press, 1993).

Young, James Edward. *Writing and Rewriting the Holocaust. Narrative and the Consequences of Interpretation* (Bloomington/Indianapolis: Indiana University Press, 1988).

Young-Bruehl, Elizabeth. *Hannah Arendt: For Love of the World* (New Haven: Yale University Press, 1982).

Zacharasiewicz, Waldemar. "National Stereotypes in Literature in the English Language: A Review of Research", *REAL. The Yearbook of Research in English and American Literature* 1 (1982), 75-120.

Zahn, Peter. "Das Geschichtsdrama", in: Knörrich (Hg.), *Formen der Literatur*, 123-35.

Zapf, Hubert. "Poiesis", in: Nünning (Hg.), *Metzler Lexikon Literatur- und Kulturtheorie*, 512-13.

Zieher, Jürgen. "Amerikanische Reaktionen auf die Befreiung der deutschen Konzentrationsalger (April-November 1945)", unveröffentlichte Magisterarbeit (Universität Mannheim, 1996).

Zink, Harold. *The United States in Germany, 1944-1955* (Princeton: D. von Norstrand, 1957).

Zweiniger-Bargielowska, Ina. *Austerity in Britain: Rationing, Controls, and Consumption 1939-1955* (Oxford: Oxford University Press, 2000).

Register